☑ 사례형 실전 문제로 행정법 공부의 틀을 잡고
☑ 유형별 쟁점 정리로 시험을 대비하는 방법서

| 제2판 |

행정법
사례형
연습

방동희 저

박영사

| 제2판 |

행정법
사례형
연습

방동희 저

박영사

제2판 서문

2020년 코로나 19의 대유행의 시기에 운이 좋게 UC Berkeley Law School의 초청으로 연구년을 다녀왔다. 부족한 책임에도 불구하고 그간 독자들의 호응과 응원이 잇따랐다. 독자들께 진심으로 감사의 마음을 드리고자 한다.

2021년 행정법학계에서는 역사적으로 매우 큰 의미가 있는 성과가 있었다. 행정기본법의 제정과 시행이다. 2019년부터 법제처가 중심이 되고 행정법학자 그리고 법원과 헌법재판소의 법조실무가들이 중심이 되어 준비해온 행정기본법이 이례적으로 매우 신속하게 제정되고 시행된 것이다. 행정기본법의 시행은 행정법학계와 실무계에 매우 큰 변화를 가져다 줄 것이다. 곧바로 변호사시험이 답안지 작성에도 행정기본법의 시행은 영향을 준다. 현재 행정기본법의 전체 조문이 시행된 것은 아니지만 기본적인 조문들은 이미 시행에 들어갔고, 답안지 작성에 있어서도 반영이 되어야 할 것이다.

금번 개정판에서는 행정기본법 시행에 따른 실정법화된 사항들을 해당 문제 해결의 기준으로 반영하였다. 특히 행정의 법 원칙(제8조 법치행정의 원칙, 제9조 평등의 원칙, 제11조 성실의무 및 권한남용금지의 원칙, 제12조 신뢰보호의 원칙, 제12조 부당결부금지의 원칙)은 본안 판단의 위법성 판단기준으로 반드시 그 근거가 명시되어야 할 것이다. 그 밖에도 행정행위 즉 처분에 관한 기본 조항(제14조 법적용의 기준, 제15조 처분의 효력, 제17조 부관, 제18조 위법 또는 부당한 처분의 취소, 제19조 적법한 처분의 철회, 제21조 자동적 처분) 및 기타 조항(제6조 행정에 관한 기간의 계산, 제7조 법령등 시행일의 기간 계산, 제27조 공법상 계약 등)은 사례형 문항의 해당 관련 쟁점의 풀이에 있어 그 근거로 명시되어야 한다.

지난 초판에서 학습자의 편의를 위하여 제공하였던 행정심판법-행정소송법 비교표, 시험용 법전 주요 법률조문, 시험장 최종정리용 핸드북은 금번 개정판에서는 삭제하였다. 본 책은 가급적 심플하게 하고, 부수적인 사항에 대해서는 독자의 요청이 있을 시 별도 추록의 형태로 출판사 홈페이지를 통해 무료제공하여 독자들의 부담을 덜고자 하는 의도다.

2021년에 시행된 변호사시험과 2021년에 시행된 5급 공채 시험을 추가하였으며, 사례형 문항의 목차는 해당 문항의 대표쟁점을 중심으로 행정법 교과서의 편제에 맞춰 배열하였다. 진도별 학습을 가능하게 하고 대표쟁점을 중심으로 한 연계문항을 구조적으로 한 번에 학습하게 하기 위한 의도이다. 독자들이 잘 활용하고 짧은 시간 효과적 학습을 하게 된다면 가장 큰 보람이다.

이 책을 펴내는 데 도움을 주신 분들께 짧게나마 감사의 말씀을 드리고자 한다. 늘 아낌없이 격려해주시는 김남철 교수님, 이기춘 교수님, 이 책의 구성과 내용 등 전 분야에 대한 조언을 주는 한국법령정보원 정주영 부장님, 행정법 연구실의 식구들인 김희진 박사·장호정 박사과정·김경준 박사과정·유도영 박사과정·김빛나 박사과정과 조영진 석사·박소영 석사·정현정 석사과정에게도 감사드린다.

행정법 연구실의 모든 구성원들에게 늘 학운이 함께 하기를 바라며 본인이 있는 자리 어디에서나 건승하기를 기원한다.

끝으로 본 개정판을 흔쾌히 내주신 안상준 대표이사님, 출판기획과 전 과정 내내 늘 깊게 배려해 주신 박세기 부장님·정성혁 대리님, 명확하고 깔끔한 편집에 노고를 아끼지 않으신 이승현 과장님, 표지 디자인을 예쁘게 해 주신 이미연 님께도 진심으로 감사드린다.

2021년 8월 31일

방 동 희 씀

서문

1 본서 출간의 배경과 동기

이 책은 부산대학교 법학전문대학원에 개설된 행정법사례연습의 강의자료이다. 법학전문대학원의 방대한 학습량과 공부시간의 제약, 변호사시험의 중압감으로 힘겹게 공부하는 학생들을 지켜보면서, 어떻게 하면 학교 수업시간에 이뤄지는 강의와 변호사시험을 연계하여 가장 효율적이고 효과적인 학습을 하게 할까를 고민하였다. 그래서 매 수업시간 행정법의 주요 쟁점을 담고 있는 변호사시험형 사례를 풀도록 하고, 이에 대한 모범답안을 작성하여 학생들에게 프린트물로 제공하고 강평을 하였다. 학생들은 실제 작성된 답안지를 보면서 시험장에서 답안에 작성할 수 있는 내용과 그 분량에 대한 감을 조금씩 익혀 나갔다. 실제 답안을 보면서 시험장에서 쓸 수 있고, 써야만 하는 내용을 스스로 체화해 나갔다. 매 수업시간 모범답안을 만들면서 변호사시험의 사례형 답안지 4면, 총 132줄에 출제자가 요구하는 쟁점을 추출하여 요약하고 사례를 포섭하여 기술하는 것은 쉽지 않았다. 강의 준비를 하면서 실제 시험장에서 겪는 학생들의 제한된 시간과 한정된 지면에 대한 압박을 매번 경험하였다. 이 책의 출간은 변호사시험을 앞에 두고 있는 학생들에게 실제 답안기술을 반복 연습하게 함으로써 행정법 사례형에서 고득점을 하는 방법론을 보다 수월하게 익히게 하는 데 오직 초점을 두었다.

2 본서의 구성과 내용

이 책은 총 3편과 부록편으로 구성하였다. 1편은 중요 사례문제와 모범답안, 2편은 쟁점별 일반론(답안작성내용)과 관련판례의 정리, 3편은 사례형 시험 필수 법률의 중요 법조항 모음으로 구성하였고, 부록은 시험장 최종정리용 핸드북을 붙였다. 시험장 최종정리용 핸드북은 이 책의 전반의 내용을 습득하고 여러분들이 정리할 수 있는 최종정리 자료이다.

1편은 실제 변호사시험형 사례문제와 모범답안이다. 총 20개의 문제와 답안으로 구성하였다. 여러분들이 실제 시험장에서 문제지를 받아 답안을 작성하는 과정에서 필요한 사고와 행위의 순서를 기준으로 하여 배열하였다. 즉 문제지를 받고, 여러분들은 먼저 문제의 핵심을 파악해야 한다. 그리고 쟁점을 추출하여 정리하여야 한다. 따라서 1편의 구성은 사례형 문제, 문제의 핵심 & 쟁점의 정리, 모범 답안의 3단계로 구성하였다. 1편의 각 문항의 순서를 따라 학습한다면 시험장에서 당황하지 않고 답안을 작성할 수 있을 것이며, 여러분들이 목적하는 소기의 성과를 편안하게 달성할 것이라 본다. 행정법 전 영역의 수험 빈출 쟁점이 다 다뤄지도록 핵심이 되는 사례형 문제를 골고루 선별하였다. 변호사시험, 사법시험, 5급 공채시험, 입법고시, 변호사시험 모의시험 중 수험 빈출 쟁점이 포함된 중요도가 높은 문제들로 구성하였다. 최근 치러진 2019년 5급 공채시험과 2020년 변호사시험도 포함시켰다.

2편은 시험출제 가능성이 매우 높은 쟁점에 관하여 답안에 작성되어야 할 일반이론을 기술하고, 이의 근거가 되는 관련 판례를 부기하였다. 순서는 여러분들이 공부한 행정법 기본서의 목차에 따랐다. 사례형 시험은 문항의 쟁점을 명확하게 파악하는 능력(쟁점 추출), 그 쟁점을 해결하는 다양한 관점(이론(학설; 學說)과 (판례; 判例)을 제시하고 수험자의 입장에서 비판·정리하는 능력(소결; 小結), 추출된 쟁점을 요건과 효과에 맞춰 사례에서 제시된 사건을 해결하는 능력(포섭; 包攝)으로 평가된다. 이것이 결국 모범답안의 구성과 기술방식이다. 2편의 기술은 이를 따랐다. 더불어 각 쟁점에 대한 일반론 이후에, 해당 쟁점의 리딩케이스에 해당하는 판례를 제시했다. 이는 판결요지를 숙지하고 해당 판결의 법리를 익혀 관련 쟁점의 해결 기준을 보다 명확하게 드러내기 위함이다. 따라서 판례의 입장을 명확히 숙지하고 답안에 제시하는 것도 매우 중요하겠다. 판례 공부는 사례형과 더불어 선택형(객관식)에도 필수적으로 요구되는바, 사례형 학습을 하면서 선택형도 충분히 대비가 되도록 선택형 시험의 대상이 되는 핵심 판례는 모두 포함시켰다. 2020년 1월 1일자 판례공보를 기준으로 정리하였다.

3편은 행정법 사례문제 해결에 있어서 가장 중요한 기준이 되는 사례형 필수 법률을 정리하였다. 제1장은 행정소송법과 행정심판법의 전체 조문을 주제별로 비교하는 표로 구성하였다. 제2장은 변호사시험용 법전에서 사례형 해결의 근거 조문으로 자주 인용되는 필수 중요 법조항을 선별하여 정리하였다. 이 두 가지는 사실 평소 공부를 하면서도 매우 중요함에도 공부하는 학생들 입장에서는 쉽게 간과하고 있는 듯하다. 결국 법전을 가지고 시험을 치면서 법전에 답이 적혀 있는 것들은 빠르게 찾을 수 있도록 사전에 연습을 하고 익숙해져 있어야 한다. 교과서의 이론이나 판례의 내용도 중요하지만 더 중요한 것은 실정법 조문이고, 더욱더 우리가 유의깊게 봐야 할 것은 시험장에서 우리가 볼 수 있는 법전에 있는 법조문이다. 이 점을 명심하기를 바란다. 행정소송법과 행정심판법의 주제별 조문 비교 학습을 통하여 여러분들이 행정쟁송법을 보다 넓은 시각에서 보게 될 것이고, 시험용 법전의 필수법률의 주요조문을 친숙하게 함으로써 사례 문제 해결에 자신감도 붙을 것이다.

부록은 시험장에서 주어진 짧은 시간 동안 그간 공부하고 정리한 내용을 정확하게 리마인드하기 위한 것으로 사례형 시험 예상 쟁점에 대한 답안의 목차와 주요 작성 내용을 정리하였다. 이 책 전반을 공부하고 숙지한 이후에 실제 시험장에서 활용한다면 그 효과가 매우 클 것이다.

③ 본서의 활용법

이 책을 활용하는 것은 여러분의 몫이다. 이 책은 시험장에서 보는 최종정리 핸드북으로 활용이 가능하다. 다시 말하면 시험에 임하기 직전, 더 나아가 시험장 현장에서 시험 직전에 속독하고 그 내용을 머리에 담아 답안지에 시험 문항에서 요구하는 답안을 바로 정리하여 쓸 수 있도록 하게 하는 용도로

쓰면 그 효용과 성과가 매우 클 것이다. 이렇게 되려면 모든 공부가 그렇듯이, 이 책의 구성·내용·문자가 여러분의 눈에 상당히 익숙해져 있어야 한다. 즉 시험장용 책으로 이 책의 모든 지면이 여러분들 머리에 사진으로 찍혀 있을 정도로 되어야 한다. 그만큼 책을 자주 맞대고 완전히 내 것으로 만들어야 한다. 그 방법으로 행정법총론, 행정구제법, 행정법각론 등 행정법 일반이론 강의를 수강할 때부터 이 책을 부교재로 활용할 것을 제안한다. 결국 학교에서 행정법 교과목을 수강하고 익히는 목적은 시험장에서 답안지를 유연하게 써 내려 가는 데 있고, 이를 위해서는 수업시간부터 실제 시험문제를 접하고 그 해결방법을 즉시 익혀야 한다. 즉, 시험이라는 대전제 하에 학습의 방향과 목적을 설정하고 공부의 방법론도 그에 맞춰져야 한다는 것이다. 이러한 방법은 모든 학생들이 이미 익히 잘 알고 있다. 그런데 아는 것보다 시도하고 실천하는 것이 매우 중요한 진리임은 여러분들이 더 잘 알 것이다. 행정법 과목 뿐만 아니라 여타 과목에서도 이 방법을 실천해 보고 꼭 시험을 대비하며 공부하는 즐거움과 기쁨을 진정으로 느끼고 누려보길 바란다.

행정법을 처음 접하고 행정법학 공부를 이제 시작하려는 입장에서 이 책으로 공부를 다 하겠다는 것은 지양할 일이다. 이 책은 행정법학 이론서에 대한 부교재로서 수험연습용 또는 시험장정리용으로 활용하는 데 최적이다. 법학전문대학원을 입학한 목적은 법조인이 되기 위함이고 이를 위해서는 결국 변호사시험이라는 어려운 관문을 통과해야 하는 것이 현실이다. 결국 행정법 일반이론에 대한 충분한 학습이 온전하게 이뤄져야 함은 기본이고, 이에 더하여 변호사시험에 대한 적응능력도 수업과 동시에 이뤄지는 것이 가장 효과적이고 효율적임을 양지하여야 한다. 따라서 기본이론에 대한 강의를 수강하는 경우에도 항상 수험을 염두하며 공부하는 것이 가까운 미래를 준비하는 현명한 처사이다.

이 책은 행정법일반이론에 대한 기본강의의 보조교재로서 평소에 시험 유형에 맞는 학습을 유도하고 더불어 실제 시험장에서 하는 답안쓰기를 하게 할 것이다. 이로 인해 소위 '수험기반형 학습패턴'을 자연스럽게 형성하게 할 것이다. 특히 2편의 각 쟁점을 정리한 부분은 실제 변호사시험에서 나오는 전체 유형의 문제에 대한 일반론을 정리한 것으로 어떤 문제에서건 들어가야 하는 필수 내용에 해당한다. 결국 시험장에서 여러분들이 정리해서 봐야 할 내용은 2편이다. 2편의 내용은 여러분들이 직접 써 보고 암기하여 여러분들 것으로 완전히 만들기 바란다. 최종적으로는 수험용 단권화 교재로 활용할 것을 권장한다. 시험장에서 시험 직전에 볼 수 있는 가장 유용한 자료가 될 것이다.

시험을 목전에 두고 있는 3학년 학생의 경우는, 1편의 사례형 문항을 직접 풀어보고 본인이 답안을 작성하고, 모범답안과 대조하여 본인의 부족한 부분을 보완해 가는 방식으로 활용할 수 있겠다. 총 20개의 실제 변호사시험형 사례는 빈출되는 행정법 사례형 쟁점을 포괄하고 있으므로, 이 책에 수록되어 있는 사례형에 대한 학습을 온전하게 할 경우, 변호사시험 사례형에 대한 대비가 충분히 가능할 것이다. 20개의 사례형에 대한 문제풀이와 모범답안 대조를 통해 연습한 이후에는 행정법 목차별로 답안에 들어갈 내용을 정리한 2편의 쟁점별 일반론을 반복하여 써보고 암기할 것을 권장한다. 그렇게 한다면 부록편의 시험장 최종정리용 핸드북은 시험장에서 시험 직전에 속독하며 정리할 수 있는 유용한 자료가 될 것이다.

④ 감사의 글

무엇보다도 이 책의 기본이 되는 답안자료를 만들게 했고, 이 책의 출간을 요청한 부산대학교 법학전문대학원 행정법사례연습 강의 수강생들에게 감사함을 표하고 싶다. 2017년, 2018년과 2019년 2학기에 강의를 들었던 6기생, 7기생, 8기생, 9기생 학생들이다. 변호사시험을 치고 온 뒤로 행정법사례연습 강의와 자료가 도움이 많이 되었다는 말들을 아낌없이 건네준 우리 학생들, 그 고마운 마음은 무엇과도 바꿀 수 없었다. 학교생활을 하며 느끼는 최고의 보람이고, 이후 늘 큰 원동력이 되었다. 이론을 연구하고 실제와 연계하여 비판과 대안을 제시해 나가야 하는 사명을 가진 학자로서 이 책을 낸다는 것은 쉬운 결정은 아니었고, 또한 여전히 부족한 학자로서 선배학자님들께서 만들어 놓으신 학문의 여정에 누를 끼치는 것이 아닌가라는 고민도 거듭했다. 이 책은 무엇보다도 법학전문대학원에 재학하며 변호사시험이라는 힘겨운 도전에 전력을 다하는 학생들에게 작게나마 보탬이 되는 보조 방향타 정도로 생각하며 발간함을 선배학자들께서 이해해 주셨으면 하는 바람이다.

이 책은 그야말로 선배학자님들께서 이뤄놓으신 연구성과에 기반한 것은 말할 나위가 없다. 이 책 안에 이미 행정법학의 기본서를 저술하신 선배학자님들의 존함을 감히 일일이 다 열거하지 못하였으나, 이 책은 선배학자님들의 연구결과가 있었기에 나올 수 있었다. 이 지면을 통해 감히 일일이 칭할 수 없는 모든 선배학자님들께 감사말씀을 올린다. 지도교수님이신 존경하는 홍정선 은사님, 김해룡 교수님, 김성수 교수님, 한견우 교수님, 김중권 교수님, 최진수 교수님께 감사말씀을 드린다. 늘 따뜻한 지도와 격려를 아끼지 않으시고 학자로서 갖춰야 할 소양과 도리를 깨닫게 해 주시는 김남철 교수님, 늘 곁에서 학문적 영감을 주시고 물심양면, 사랑과 애정을 아끼지 않으시는 이기춘 교수님께 감사의 말씀을 드린다. 같은 학교에서 재직하면서 함께 연구하고 공부하는 김재선 교수님께도 감사의 말씀을 드린다.

이 책이 출간되는 처음부터 끝까지 책의 기획·구성·검토·보완을 해 준 한국법령정보원 정주영 부장, 대한민국시도지사협의회 김희진 연구위원, 부산대학교발전기금 조영진 연구원에게 특별히 그 감사함을 표하고자 한다. 늘 곁에서 같이 연구하고 공부하며 생활의 원동력이 되어주는 부산대학교 대학원 행정법연구실의 제자들에게도 감사드린다. 박사과정을 수료한 김희진, 장호정, 박사과정 중에 있는 김경준, 유도영, 김빛나, 석사과정을 마친 조영진, 박소현에게 공부하는 즐거움이 더욱 배가 되기를 바라고 늘 학운이 함께 하기를 바란다. 부산대학교 법학전문대학원에서 행정법사례연습 강의를 직접 수강한 조방글 법무석사는 독자의 입장에서 이 책의 전반의 내용을 검토하고 좋은 의견을 주었으며, 행정법 강의를 수강한 8기, 9기, 10기 학생들은 수업과 병행하며 이 책의 내용에 대한 교정의견을 주었다. 수업시간 즐겁게 소통했던 우리 부산대학교 법학전문대학원 모든 학생들에게 감사함을 표하고자 한다. 이들의 앞날에 늘 행운이 함께 하기를 바란다. 끝으로 2019년 2학기 부산대학교 법학전문대학원 연구보조조교 김무진 군은 이 책을 기초로 하는 특강의 요약자료를 잘 만들어 주어 변호사시험을 앞둔 학생들에게 큰 도움을 주었다. 본 지면을 통해 그 노고에 감사함을 표한다.

    사랑하는 가족, 할머니, 아버지, 어머니께 특별한 감사의 말씀을 올린다. 늘 나를 믿고 따라주며 응원해 주는 사랑하는 아내와 이 세상에서 가장 소중한 예쁘고 아름다운 사랑하는 큰 딸과 늘 웃음을 주는 멋지고 늠름하며 듬직한 사랑하는 둘째 아들에게 감사함을 전하고 싶다.

    끝으로 이 책을 출간하도록 해 주신 안상준 대표이사님, 출판기획과 전 과정을 도맡아 고생하시면서 늘 깊게 배려해 주신 박세기 부장님, 편집에 고생을 해 주신 장유나 과장님, 표지 디자인을 예쁘게 해 주신 이미연님께도 진심으로 감사드린다.

2020년 2월 28일
방 동 희 씀

행정법 사례형 문제해결 TOOL

Administrative
LAW

문항		물음? (예시, 법적 성격은?, 적법한가?, 권리구제방안은? 등)
I. 문제의 소재	쟁점제시	*** 답안 작성 방법** : 발문의 키워드와 이를 해결하기 위한 법리상 키워드를 언급하여 양자를 매칭시켜서 간단히 기술할 것

II. 물음에 대한 검토	1. 문제 해결 기준 제시	**i) 일반법 조항상 문제해결 기준 있는 경우** *** 답안 작성 방법** : 해당 일반법상 관련 조문을 근거로 1) 2) 3)의 해석론 기술 {ex. 행정법의 일반원칙, 사전통지, 처분, 원고적격, 대집행, 국가배상, 지방자치 등} ※ 일반법은 시험장 법전에 수록되어 있음	

		1) 의의 · 개념	2) 요건	3) 효과 등
		「행정기본법」, 「행정절차법」, 「행정심판법」, 「행정소송법」, 「행정대집행법」, 「지방자치법」등 일반법 조문해석론	좌동	좌동

ii) 개별법 조항상 문제해결 기준 있는 경우
* 답안 작성 방법 : 해당 개별법상 관련 조문을 근거로 1) 2) 3) 의 해석론 기술
{ex. 건축신고, 시정명령, 변상금부과, 손실보상, 교원징계, 공물사용, 권한의 위임 등}
※ 개별법은 일부 시험장 법전에 있으나, 없는 경우 문항 하단에 참조조문으로 제시

1) 의의 · 개념	2) 요건	3) 효과 등
「건축법」, 「국유재산법」, 「공익사업을 위한 토지 등의 취득 및 보상에 관한 법률」등 개별법 조문해석론	좌동	좌동

iii) 실정법상 문제해결 기준 없는 경우 (판례로 정립되어 있는 경우가 대부분임)
* 답안 작성 방법 : 판례에서 제시하는 문제해결 기준을 1) 2) 3) 순으로 기술
{ex. 행정계획 · 처분적 행정입법 등 처분성, 하자 승계, 처분사유 추가변경 등}

1) 의의 · 개념	2) 요건	3) 효과 등
문제해결기준에 대한 판례 내용 제시 및 관련 해석론 기술	좌동	좌동

	2. 사례포섭	*** 답안 작성 방법** : 앞의 "1. 문제 해결 기준(일반론)"과 사례 관련 부분을 구체적으로 (요건, 효과 부분 등) 매칭(포섭)하여 논리적 · 체계적으로 답을 제시함 {ex. 법적성격 - 처분이다. 재량행위이다., 적법한가? - 부적법하다., 효력은? - 유효하다. 취소가능하다., 권리구제방안은? - 국가배상, 손실보상, 집행정지, 취소소송 등}
III. 문제의 해결	단답 결론 제시	*** 답안 작성 방법** : 문항에서 묻고 있는 최종적인 답안을 단답형으로 기술

변호사시험 기출문제 쟁점 분포

제1회(2012)~제10회(2021) 변호사시험 행정법 사례형 기출문제 쟁점 분포

2021.2.28. 기준

	행정법 서론	행정행위	행정입법	행정계획 등 기타작용	행정절차 행정정보	행정의 실효성확보
제1회 (2012)		• 부관의 가능성과 한계, 독립쟁송가능성				
제2회 (2013)				• 행정계획변경신청권(거부처분취소소송)	• 사전통지절차 요부(거부처분시)	
제3회 (2014)		• 하자의 치유 • 수익적 행정행위의 직권취소	• 제재적 차분기준의 법적 성격-구체적 규범통제 • 제재적 처분기준(시행령)의 법규성과 자기구속의 원칙, 비례원칙)		• 영업양도허가에 있어 양도인에 대한 행정절차(양도인에 대한 침익적 처분이므로 사전통지, 의견제출절차)	
제4회 (2015)			• 법령보충규칙(규범구체화 행정규칙의 법규성 여부, 헌법상 허용성)			
제5회 (2016)		• 선결문제 · 공정력(형사법원 유죄판결 가능성) • 부관의 가능성과 한계 • 사후 부관 • 직권취소의 한계			• 사전통지 • 절차하자 위법	
제6회 (2017)		• 권한 재위임 부적법(조례의 하자정도(취소)) • 하자의 승계				
제7회 (2018)		• 위헌결정의 소급효와 처분의 효력 • 선결문제				• 세무조사결정의 효력 • 위법한 조사에 근거한 처분의 효력
제8회 (2019)	• 법원의 효력(진정소급입법, 부진정소급입법 허용성, 신뢰보호원칙)	• 행정행위의 효력발생요건(고시의 효력발생일)	• 고시, 즉 법령보충규칙의 법적성격(법규명령인가) • 고시의 처분성			
제9회 (2020)		• 행정행위의 하자(규준력이론, 사업인정-수용재결)				
제10회 (2021)		• 행정행위의 법적 성격(건강진단 및 예방접종명령)		• 공법상 계약의 해지(행정절차법 적용여부)		

x

	국가책임(보상)	행정심판 행정소송	지방자치	행정조직 공무원	공물 공용부담
제1회 (2012)		• 취소소송 원고적격(경업자 소송) • 예방적 금지소송 가능성			
제2회 (2013)		• (행정계획변경) 거부처분 취소소송 • 취소판결의 기속력 • 가구제(거부처분 집행정지) • 간접강제 • 소의 변경		• 공무원관계 금전급부의무불이행 – 공법상 당사자소송 • 공무원임용결격과 당연무효 • 공무원임용결격시 퇴직통보의 처분성	
제3회 (2014)		• 변경처분에 대한 취소소송의 대상과 제소기간 • 일부취소 가능성			
제4회 (2015)	• 국가배상 위법성	• 부작위위법확인소송(신청권) • 처분기간도과후의 취소소송의 소의 이익 문제 • 취소소송과 국가배상소송의 기판력문제	• 조례의 적법성 문제		
제5회 (2016)		• 거부처분 취소소송 인용가능성 • 제3자 원고적격	• 권한 재위임 방식의 적법(조례 또는 규칙)		• 도로점용 허가 법적 성격
제6회 (2017)		• 변경명령재결에 따른 변경처분시 소의 대상(원처분) • 제소기간 • 피고적격(원처분자)	• 권한 재위임 방식의 적법여부 (조례 또는 규칙)		
제7회 (2018)		• 취소소송의 대상 • 취소소송과 국가배상소송 위법성관계 (기판력) • 관련청구소송병합(취소, 부당이득)	• 조례의 적법성 (자치사무 분별) • 조례 사법적 통제		
제8회 (2019)	• 국가배상요건(법령해석미비–과실) • 이중배상금지해당여부	• 취소소송 대상적격(고시의 처분성) • 취소소송 원고적격(법인) • 취소소송 제소기간			
제9회 (2020)	• 수용재결 불복절차 • 보상금증감청구소송	• 행정소송 심리(위법성 판단기준시) • 거부처분 취소소송 가구제수단(집행정지, 가처분 검토) • 거부회신 반려회신의 처분성 • 판결의 기속력(거부처분취소확정판결 후 재거부 가능성)			
제10회 (2021)	• 손실보상 (예방접종 등에 따른 피해의 국가보상의 법적성격)	• 수회의 거부처분이 있는 경우 취소소송의 대상과 제소기간의 기산점 • 취소소송의 원고적격(제3자)	• 주민소송의 대상 · 절차 · 종류		• 도로점용 허가

사례문제와 모범답안

☞ **사례문제의 배열과 효과적 학습법**

　＊ 사례문제별《대표쟁점》을 ＊{　　}로 표시함. 본 사례문제의 순서는 ＊{　　}의《대표쟁점》을 기준으로 잡아 행정법 교과서 목차에 따른 행정법학 이론체계 순으로 구성·배열함.

　＊＊ 학습자는 본 사례문제의 배열순서에 따라 각《대표쟁점》에 해당하는 주 문항과 관련 연계 문항의 내용을 파악하며 풀 것을 권함. 행정법학 이론체계에 따라 사례문제 해결방법을 익히는 것은 행정법학 각 분야의 개념·이론·판례를 구조화해서 체계적으로 지식을 습득하고 나아가 주 문항과 연계 문항의 형태를 자동적으로 숙지하게 하는 효과적인 학습 방법임.

제 1 부 행정법총론

제 1 편 행정법 서론

제 2 편 행정작용법

【행정정보】

【행정의 실효성 확보】

제 2 부 행정구제법

제 1 편 행정상 손해전보

제 2 편 행정쟁송

제 3 부 행정법각론

제 1 편 행정조직법

제 2 편 지방자치법

제 3 편 공무원법

제 4 편 경찰행정법

제 5 편 공물법·영조물법·공기업법

제 6 편 공용부담법

제 7 편 건축행정법

PART 01

사례문제와 모범답안

사례문제 세부쟁점

20XX년도 제XX회 변호사시험 문제

시험과목	공 법(사례형)	응시번호		성 명	

응시자 준수사항

1. 시험 시작 전 문제지의 봉인을 손상하는 경우, 봉인을 손상하지 않더라도 문제지를 들추는 행위 등으로 문제 내용을 미리 보는 경우 그 답안은 영점으로 처리됩니다.

2. 시험시간 중에는 휴대전화, 스마트워치 등 무선통신 기기나 전자계산기 등 전산기기를 지녀서는 안 됩니다.

3. **답안은 반드시 문제번호에 해당하는 번호의 답안지**(제1문은 제1문 답안지 내, 제2문은 제2문 답안지 내)에 작성하여야 합니다. 즉, 해당 문제의 번호와 답안지의 번호가 일치하지 않으면 그 답안은 영점으로 처리됩니다. 다만, 답안지를 제출하기 전에 시험관리관이 답안지 번호를 정정해 준 경우에는 정상적으로 채점됩니다.

4. 답안은 흑색 또는 청색 필기구(사인펜이나 연필 사용 금지) 중 한 가지 필기구만을 사용하여 답안 작성란(흰색 부분) 안에 기재하여야 합니다.

5. 답안지에 성명과 수험번호 등을 기재하지 않아 인적사항이 확인되지 않는 경우에는 영점으로 처리되는 등 불이익을 받게 됩니다. 특히 답안지를 바꾸어 다시 작성하는 경우, 성명 등의 기재를 빠뜨리지 않도록 유의하여야 합니다.

6. 답안지에는 문제 내용을 쓸 필요가 없으며, 답안 이외의 사항을 기재하거나 밑줄 기타 어떠한 표시도 하여서는 안 됩니다. 답안을 정정할 경우에는 두 줄로 긋고 다시 써야 하며, 수정액·수정테이프 등은 사용할 수 없습니다.

7. 시험 종료 시각에 임박하여 답안지를 교체했더라도 시험 시간이 끝나면 그 즉시 새로 작성한 답안지를 회수합니다.

8. 시험 시간이 지난 후에는 답안지를 일절 작성할 수 없습니다. 이를 위반하여 **시험 시간이 종료되었음에도 불구하고 계속 답안을 작성할 경우 그 답안은 영점으로 처리됩니다.**

9. **배부된 답안지는 백지 답안이라도 모두 제출**하여야 하며, **답안지를 제출하지 아니한 경우 그 시간 시험과 나머지 시험에 응시할 수 없습니다.**

10. 지정된 시각까지 지정된 시험실에 입실하지 않거나 시험관리관의 승인 없이 시험 시간 중에 시험실에서 퇴실한 경우, 그 시간 시험과 나머지 시간의 시험에 응시할 수 없습니다.

11. 시험 시간 중에는 어떠한 경우에도 문제지를 시험실 밖으로 가지고 갈 수 없고, 그 시험 시간이 끝난 후에는 문제지를 시험장 밖으로 가지고 갈 수 있습니다.

〈제 1 문〉

2013. 9. 7. 결혼식을 한 동성(同性) 커플인 甲과 乙은 같은 해 12. 10. A시 B구청에 혼인신고서를 접수하였으나, 수리가 거부되었다. B구청장은 "우리나라에서 동성 간의 혼인은 민법상 보호되지 않기 때문에 이들의 혼인신고를 받아들이지 않기로 했다."라며 수리거부 사유를 밝혔다. 甲과 乙은 "헌법과 민법 어디에도 동성끼리는 결혼할 수 없다는 조항이 없다. 국가가 남녀 간의 혼인이 아니라는 이유로 혼인신고를 거부하는 것은 위헌·위법이다."라고 주장하면서, 그 지역을 관할하는 A 가정법원에 불복신청을 제기하였다.

A가정법원은 2016. 5. 25. "헌법과 민법 등 관련법에서 명문으로 혼인이 남녀 간의 결합이라고 규정하지는 않았지만 구체적으로 성(性) 구별적인 용어(남편과 아내, 父母 등)를 사용해 혼인이 남녀 간의 결합이라는 점을 당연한 전제로 놓고 있으며, 대법원도 민법상 혼인의 개념을 남녀 간의 결합으로 해석하고 있다."라는 이유로 甲과 乙의 불복신청을 각하하였다. 甲과 乙은 이에 불복하여 항고하였다. 항고심 계속중 甲과 乙은 민법 제807조, 가족관계의 등록 등에 관한 법률(이하 '가족관계등록법'이라 한다) 제71조 중 "혼인"을 남녀 간의 결합으로 해석하는 한 위헌이라고 주장하면서 위헌제청신청을 하였으나, 항고심법원은 2017. 4. 3. 이를 기각하였다. 이에 甲과 乙은 2017. 4. 6. 기각결정을 송달받고, 헌법소원심판을 청구하기 위하여 2017. 5. 8. 헌법재판소에 국선대리인 선임 신청을 하였다. 헌법재판소는 2017. 5. 16. 변호사 丙을 국선대리인으로 선정하는 결정을 하였고, 丙은 위 법률조항들에 대한 헌법소원심판청구서를 2017. 5. 30. 헌법재판소에 제출하였다.

4. 甲과 乙은 함께 거주할 목적으로 A시 B구 소재 공동 명의의 신혼집을 마련하여 2013. 9. 10. 구청장에게 주민등록 전입신고를 하였다. 그러나 담당 공무원은 유명 연예인 동성커플인 甲 과 乙이 B구에 전입하는 경우 사회적 논란을 일으키는 등 지역사회에 부정적인 영향을 가져 온다는 이유로 전입신고의 수리를 거부하였다. 이에 甲과 乙은 2013. 9. 17. 전입신고거부를 다투는 취소소송을 서울행정법원에 제기하였다.

　　가. 위 주민등록전입신고의 법적 성질은?　(10점)
　　나. 위 취소소송에서 甲과 乙은 승소할 수 있는가?　(10점)

※ 위 <2.와 3.>의 경우 다음의 대화내용을 참고자료로 활용할 수 있음.

> 청구인 甲은 헌법소원심판을 청구하기 전에 이성(異性) 친구인 丁과 아래의 대화를 나누었다.
> 甲 : 도대체 국가가 동성혼을 인정하지 않는 이유를 모르겠어. 동성혼을 인정한다고 해서 어떤 문제가 생기는 것도 아니잖아? 누구에게 무슨 피해를 주는 것도 없잖아?

丁 : 글쎄……. 국가사회의 기능유지 관점에서 보면 나름의 이유를 댈 수는 있을 것 같기도 해. 기본적으로 혼인과 가족제도가 있음으로 해서 국가사회가 안정적으로 유지되는 측면이 있잖아. 남녀가 결혼해서 애를 낳아서 가족을 이루고 애를 키워야 우리 사회의 새로운 구성원이 계속해서 생겨나게 되고 그렇게 해서 국가사회가 지속적이고 안정적으로 유지·발전해 갈 수 있는 토대가 만들어지는 게 아니겠어? 또한 우리 사회에서 오랜 세월동안 전통적으로 혼인이란 남녀의 결합으로 이해해 왔고 지금도 이런 이해가 일반적이잖아. 국가로서는 이런 전통적인 혼인관(婚姻觀)을 법개정을 통해서 갑자기 바꾸기에는 부담이 너무 크지 않을까? 그 밖에 또 어떤 그럴듯한 이유가 있을까? 모르겠네…….

甲 : 그런데 말이야. 최근에 와서는 혼인관도 많이 바뀌고 있는 거 아냐? 혼인의 본질은 두 사람의 사랑, 헌신, 뭐 이런 거 아닌가? 그리고 자녀 출산이 꼭 혼인의 본질적 요소인가? 최근에는 남녀 간 혼인에서도 애를 못 낳거나 일부러 안 낳는 경우가 얼마나 많은데. 현재 법에 애를 낳을 가능성을 혼인의 성립요건으로 하고 있는 것도 아니잖아. 그리고 꼭 혼인해야만 애를 낳는 것도 아니고 말이야.

丁 : 그래, 그런 점도 있긴 하네……. 그런데 동성혼을 법적으로 인정해서 만일 대다수가 동성끼리 혼인한다고 하면 사회가 어떻게 될까? 아무튼 그건 그렇고, 동성혼이 인정되지 않아서 너에게 법적으로 어떤 불이익이 있는 거야?

甲 : 불이익이 크지. 무엇보다 내가 정말로 사랑하는 사람과 혼인하지 못한다는 사실이 나를 절망하게 만들어. 사회의 모든 구성원이 승인하고 인정하는 분위기 속에서 내가 선택한 동성(同性) 배우자와 함께 살고 싶어. 그리고 이것이 혼인으로 인정이 안 되니까 내가 죽더라도 나의 재산에 대해 내 사랑하는 사람이 상속을 받을 수도 없고, 배우자로서 의료보험이나 연금 관련 혜택도 받지 못하고, 수술 받을 때 보호자가 되지도 못해. 세법상 가족공제를 청구할 수도 없고…… 등등 아주 많아.

[참조조문]

「민법」

제807조(혼인적령) 만 18세가 된 사람은 혼인할 수 있다.

「가족관계의 등록 등에 관한 법률」

제71조(혼인신고의 기재사항 등) 혼인의 신고서에는 다음 사항을 기재하여야 한다. 다만, 제3호의 경우에는 혼인당사자의 협의서를 첨부하여야 한다. <개정 2010.5.4.>
  1. 당사자의 성명·본·출생연월일·주민등록번호 및 등록기준지(당사자가 외국인인 때에는 그 성명·출생연월일·국적 및 외국인등록번호)
  2. 당사자의 부모와 양부모의 성명·등록기준지 및 주민등록번호
  3. 「민법」 제781조 제1항 단서에 따른 협의가 있는 경우 그 사실
  4. 「민법」 제809조 제1항에 따른 근친혼에 해당되지 아니한다는 사실

「주민등록법」

제 1 조(목적) 이 법은 시(특별시·광역시는 제외하고, 특별자치도는 포함한다. 이하 같다)·군 또는 구(자치구를 말한다. 이하 같다)의 주민을 등록하게 함으로써 주민의 거주관계 등 인구의 동태

(動態)를 항상 명확하게 파악하여 주민생활의 편익을 증진시키고 행정사무를 적정하게 처리하도록 하는 것을 목적으로 한다.

제6조(대상자) ① 시장·군수 또는 구청장은 30일 이상 거주할 목적으로 그 관할 구역에 주소나 거소(이하 "거주지"라 한다)를 가진 다음 각 호의 사람(이하 "주민"이라 한다)을 이 법의 규정에 따라 등록하여야 한다. 다만, 외국인은 예외로 한다.
1. 거주자 : 거주지가 분명한 사람(제3호의 재외국민은 제외한다)
2. 거주불명자 : 제20조 제6항에 따라 거주불명으로 등록된 사람
3. 재외국민 : 「재외동포의 출입국과 법적 지위에 관한 법률」 제2조 제1호에 따른 국민으로서 「해외이주법」 제12조에 따른 영주귀국의 신고를 하지 아니한 사람 중 다음 각 목의 어느 하나의 경우 가. 주민등록이 말소되었던 사람이 귀국 후 재등록 신고를 하는 경우 나. 주민등록이 없었던 사람이 귀국 후 최초로 주민등록 신고를 하는 경우
② (생략)

제8조(등록의 신고주의 원칙) 주민의 등록 또는 그 등록사항의 정정, 말소 또는 거주불명 등록은 주민의 신고에 따라 한다. 다만, 이 법에 특별한 규정이 있으면 예외로 한다.

제10조(신고사항) ① 주민(재외국민은 제외한다) 다음 각 호의 사항을 해당 거주자를 관할하는 시장·군수 또는 구청장에게 신고하여야 한다. (각 호 생략)
② 누구든지 제1항의 신고를 이중으로 할 수 없다.

제14조의2(다른 법령에 의한 신고와의 관계) 주민의 거주지이동에 따른 주민등록의 전입신고가 있는 때에는 「병역법」·「민방위기본법」·「인감증명법」·「국민기초생활 보장법」·「국민건강보험법」 및 「장애인복지법」에 의한 거주지이동의 전출신고와 전입신고를 한 것으로 본다.

제17조의2(사실조사와 직권조치) ① 시장·군수 또는 구청장은 신고의무자가 이 법에 규정된 기간 내에 제10조에 규정된 사항을 신고하지 아니한 때와 부실하게 신고하거나 신고된 내용이 사실과 다르다고 인정할 만한 상당한 이유가 있는 때에는 그 사실을 조사할 수 있다.
② 시장·군수 또는 구청장은 제1항의 규정에 의한 사실조사등을 통하여 신고의무자가 신고할 사항을 신고하지 아니하였거나 신고된 내용이 사실과 다른 것을 확인한 때에는 일정한 기간을 정하여 신고의무자에게 사실대로 신고할 것을 최고하여야 한다. 제13조의3제2항의 규정에 의한 통보를 받은 때에도 또한 같다.
③ 시장·군수 또는 구청장은 신고의무자에게 최고를 할 수 없는 때에는 대통령령이 정하는 바에 의하여 일정한 기간을 정하여 신고할 것을 공고하여야 한다.
④ 제2항 또는 제3항의 최고나 공고를 함에 있어서는 정하여진 기간내에 신고를 하지 아니한 경우 시장·군수 또는 구청장이 주민등록을 하거나 등록사항을 정정 또는 말소할 수 있다는 내용이 포함되어야 한다.
⑤ 신고의무자가 제2항 또는 제3항의 규정에 의하여 정하여진 기간내에 신고를 하지 아니한 때에는 시장·군수 또는 구청장은 제1항의 규정에 의한 사실조사, 공부상의 근거 또는 통·이장의 확인에 의하여 주민등록을 하거나 등록사항을 정정 또는 말소하여야 한다.
⑥ 시장·군수 또는 구청장이 제5항의 규정에 의하여 공부상의 근거 또는 통·이장의 확인의 방법으로 직권조치를 한 때에는 14일 이내에 그 사실을 신고의무자에게 통지하고, 통지할 수 없는 때에는 대통령령이 정하는 바에 의하여 공고하여야 한다.
⑦ 관계공무원은 제1항의 규정에 의한 조사를 함에 있어서 그 권한을 증명하는 증표를 관계인에게 내보여야 한다.

제17조의7(주민등록자의 지위등) ① 다른 법률에 특별한 규정이 없는 한 이 법에 의한 주민등록

지를 공법관계에 있어서의 주소로 한다.

〈제 2 문〉

외국인 甲은 단기방문을 목적으로 대한민국에 체류하던 중 乙회사에서 기술 분야에 종사하고자 출입국관리법 제24조 제1항 및 동법 시행령 제12조에 따라 관할 행정청 A에게 단기방문(C-3)에 서 기업투자(D-8)로 체류자격 변경허가를 신청하였다. 이에 A는 "乙회사는 외국인이 투자하기 직전에 대한민국 법인 내지 대한민국 국민이 경영하는 기업이 아니어서 외국인투자 촉진법에 따른 '외국인투자기업'에 해당하지 아니한다."는 것을 이유로 甲의 체류자격 변경신청에 대해 거부 처분(이하 '제1차 거부처분'이라 함)을 하였다.

1. 체류자격 변경허가의 법적 성질은? (10점)

2. 甲이 A를 상대로 제1차 거부처분에 대한 취소심판을 제기하면서 동시에 체류자격에 관한 임시처분을 행정심판위원회에 신청한 경우, 행정심판위원회는 임시처분을 결정할 수 있는가? (20점)

3. 甲은 A를 상대로 제1차 거부처분에 대한 취소소송을 제기하면서, "거부처분에 앞서 A가 행정절차법 상의 의견청취절차 관련 사항 등을 미리 알려주지 않았으므로 제1차 거부처분은 위법하다."고 주장한다. 이에 대해 A는 "이 처분에 대하여는 ① 행정절차법이 적용되지 않고, ② 설령 행정절차법이 적용된다고 하더라도 사전통지가 필요 없다."고 주장한다. A의 주장은 타당한가? (30점)

4. 甲이 제기한 제1차 거부처분 취소소송에서 인용판결이 확정된 이후, A는 "乙회사는 관계법 령상 외국인이 주식 또는 출자지분의 일부 또는 전부를 소유해야 함에도 불구하고 판결 확정 후 소유관계의 변동으로 인하여 현재는 그렇지 아니하다."는 사유를 들어 甲의 기존 신청에 대해 다시 거부처분(이하 '제2차 거부처분'이라 함)을 하였다. 제2차 거부처분은 적법한가? (단, A가 제시한 사실은 모두 인정되는 것으로 가정한다) (20점)

[관련법령]

「출입국관리법」

제 1 조(목적) 이 법은 대한민국에 입국하거나 대한민국에서 출국하는 모든 국민 및 외국인의 출입국 관리를 통한 안전한 국경관리와 대한민국에 체류하는 외국인의 체류관리 및 난민(難民)의 인정절차 등에 관한 사항을 규정함을 목적으로 한다.

제10조(체류자격) ① 입국하려는 외국인은 대통령령으로 정하는 체류자격을 가져야 한다.

② 1회에 부여할 수 있는 체류자격별 체류기간의 상한은 법무부령으로 정한다.

제20조(체류자격 외 활동) 대한민국에 체류하는 외국인이 그 체류자격에 해당하는 활동과 함께 다른 체류자격에 해당하는 활동을 하려면 미리 법무부장관의 체류자격 외 활동허가를 받아야 한다.

제23조(체류자격 부여) 대한민국에서 출생하여 제10조에 따른 체류자격을 가지지 못하고 체류하게 되는 외국인은 그가 출생한 날부터 90일 이내에, 대한민국에서 체류 중 대한민국의 국적을 상실하거나 이탈하는 등 그 밖의 사유로 제10조에 따른 체류자격을 가지지 못하고 체류하게 되는 외국인은 그 사유가 발생한 날부터 30일 이내에 대통령령으로 정하는 바에 따라 체류자격을 받아야 한다.

제24조(체류자격 변경허가) ① 대한민국에 체류하는 외국인이 그 체류자격과 다른 체류자격에 해당하는 활동을 하려면 미리 법무부장관의 체류자격 변경허가를 받아야 한다.

제25조(체류기간 연장허가) 외국인이 체류기간을 초과하여 계속 체류하려면 대통령령으로 정하는 바에 따라 체류기간이 끝나기 전에 법무부장관의 체류기간 연장허가를 받아야 한다.

제46조(강제퇴거의 대상자) ① 지방출입국·외국인관서의 장은 이 장에 규정된 절차에 따라 다음 각 호의 어느 하나에 해당하는 외국인을 대한민국 밖으로 강제퇴거시킬 수 있다.
8. 제17조 제1항·제2항, 제18조, 제20조, 제23조, 제24조 또는 제25조를 위반한 사람

제68조(출국명령) ① 지방출입국·외국인관서의 장은 다음 각 호의 어느 하나에 해당하는 외국인에게는 출국명령을 할 수 있다. <개정 2014. 3. 18.>
1. 제46조 제1항 각 호의 어느 하나에 해당한다고 인정되나 자기비용으로 자진하여 출국하려는 사람

「출입국관리법 시행령」

제12조(체류자격의 구분) 법 제10조 제1항에 따른 외국인의 체류자격은 별표 1과 같다.

[**별표1**] 외국인의 체류자격(제12조 관련)

체류자격 (기호)	체류자격에 해당하는 사람 또는 활동범위
....	....
8. 단기방문(C-3)	시장조사, 업무 연락, 상담, 계약 등의 상용활동과 관광, 통과, 요양, 친지 방문, 친선경기, 각종 행사나 회의 참가 또는 참관, 문화예술, 일반연수, 강습, 종교의식 참석, 학술자료 수집, 그 밖에 이와 유사한 목적으로 90일을 넘지 않는 기간 동안 체류하려는 사람(영리를 목적으로 하는 사람은 제외한다)
....	....
17. 기업투자(D-8)	가. 외국인투자 촉진법에 따른 외국인투자기업의 경영·관리 또는 생산·기술 분야에 종사하려는 필수 전문인력(국내에서 채용하는 사람은 제외한다) (이하 생략)

「외국인투자 촉진법」

제1조(목적) 이 법은 외국인투자를 지원하고 외국인투자에 편의를 제공하여 외국인투자 유치를 촉진함으로써 국민경제의 건전한 발전에 이바지함을 목적으로 한다.

제2조(정의) ① 이 법에서 사용하는 용어의 뜻은 다음과 같다.
1. "외국인"이란 외국의 국적을 가지고 있는 개인, 외국의 법률에 따라 설립된 법인(이하 "외국법인"이라 한다) 및 대통령령으로 정하는 국제경제협력기구를 말한다.
2. "대한민국국민"이란 대한민국의 국적을 가지고 있는 개인을 말한다.
3. "대한민국법인"이란 대한민국의 법률에 따라 설립된 법인을 말한다.
4. "외국인투자"란 다음 각 목의 어느 하나에 해당하는 것을 말한다.
    가. 외국인이 이 법에 따라 대한민국법인(설립 중인 법인을 포함한다. 이하 1)에서 같다) 또는 대한민국국민이 경영하는 기업의 경영활동에 참여하는 등 그 법인 또는 기업과 지속적인 경제 관계를 수립할 목적으로 대통령령으로 정하는 바에 따라 그 법인이나 기업의 주식 또는 지분 (이하 "주식등"이라 한다)을 다음 어느 하나의 방법에 따라 소유하는 것
        1) 대한민국법인 또는 대한민국국민이 경영하는 기업이 새로 발행하는 주식등을 취득하는 것
        2) 대한민국법인 또는 대한민국국민이 경영하는 기업이 이미 발행한 주식 또는 지분(이하 "기존 주식등"이라 한다)을 취득하는 것
5. "외국투자가"란 이 법에 따라 주식등을 소유하고 있거나 출연을 한 외국인을 말한다.
6. "외국인투자기업이나 출연을 한 비영리법인"이란 외국투자가가 출자한 기업이나 출연을 한 비영리법인을 말한다.
    (이하 생략)

13

※ 시험장에서 문제를 받자마자 여러분들이 3~5분 동안 해야 할 작업입니다. 문제에서 핵심을 찾아내고, 답안의 쟁점을 파악하여 간략하게 목차를 구성해 보는 것입니다. 이 이후에 본 답안작성에 들어가기 바랍니다.

〈제 1 문〉

☑ 문제의 핵심

가. 위 **주민등록전입신고의 법적 성질**은? (10점)
나. 위 취소소송에서 甲과 乙은 **승소할 수 있는가?** (10점)

☑ 쟁점의 정리

가. 주민등록전입신고의 법적 성질은?
  - (쟁점) 사인의 공법행위로서 신고 – 수리를 요하지 않는 신고, 수리를 요하는 신고?
                        – 형식적 심사, 실질적 심사?
    . (문제해결기준 : 근거조문) 행정절차법 제40조, 주민등록법 제6조·제8조·제17조의2, 행정기본법 제34조(현 미시행·2023년 시행)
    . (답안기술내용) 신고의 의의, 종류, 구별론, 효과
  - (포섭) 수리를 요하는 신고, 형식적 심사
  - (보론) 행정기본법 제34조 수리를 요하는 신고의 효력 신설, 2023년 시행

나. 전입신고거부처분 취소소송 승소가능성?
  - (쟁점1) 본안전 판단 (취소소송 적법한가?)
    . (문제해결기준 : 근거조문) 행정소송법 소송요건 관련 조항
    . (답안기술내용) 처분성인정가능, 원고적격, 피고적격, 제소기간, 소의 이익등 본안전 판단
  - (쟁점2) 본안 판단 (승소가능성? 거부가 적법한가? 위법한가?)
    . (문제해결기준 : 근거조문) 법률우위, 법률유보, 주민등록법 제6조, 제8조, 제17조의2
    . (답안기술내용) 수리를 요하는 신고, 형식적 심사, 견해대립(실질적 심사, 판례(형식적 심사), 소결
  - (포섭) 수리를 요하는 신고, 형식적 심사, 다른 사유로 거부는 위법, 승소 가능성有

〈제 2 문〉

☑ 문제의 핵심

1. **체류자격 변경허가의 법적 성질**은? (10점)
2. 甲이 A를 상대로 제1차 **거부처분에 대한 취소심판**을 제기하면서 동시에 체류자격에 관한 임시처분을 행정심판위원회에 신청한 경우, **행정심판위원회는 임시처분을 결정할 수 있는가?** (20점)
3. 甲은 A를 상대로 제1차 거부처분에 대한 취소소송을 제기하면서, "**거부처분에 앞서 A가 행정절차법상의 의견청취절차 관련 사항 등을 미리 알려주지 않았으므로** 제1차 거부처분은 위법하다."고 주장한

다. 이에 대해 A는 "이 처분에 대하여는 ① **행정절차법이 적용되지 않고**, ② 설령 행정절차법이 적용된다고 하더라도 **사전통지가 필요 없다**."고 주장한다. A의 주장은 **타당한가?** (30점)

4. 甲이 제기한 제1차 **거부처분 취소소송에서 인용판결이 확정**된 이후, A는 "乙회사는 관계법령상 외국인이 주식 또는 출자지분의 일부 또는 전부를 소유해야 함에도 불구하고 판결 확정 후 소유관계의 변동으로 인하여 현재는 그렇지 아니하다."는 사유를 들어 甲의 기존 신청에 대해 **다시 거부처분(이하 '제2차 거부처분'이라 함)을 하였다. 제2차 거부처분은 적법한가?** (20점)

☑ 쟁점의 정리

1. 체류자격 변경허가의 법적 성질은?
   - (쟁점) 행정행위에 해당, 특허인가? 허가인가?, 기속인가? 재량인가?
     . (문제해결기준 : 근거조문) 출입국관리법 제24조, 제1조, 제10조, 동법 시행령 제12조
     . (답안기술내용) 특허와 허가의 의의 및 구별, 기속과 재량의 구별 및 구별기준(학설·판례·소결)
   - (포섭) 특허, 재량

2. 임시처분결정 가능성?
   - (쟁점) 임시처분의 의의, 요건, 절차, 효과
     . (문제해결기준 : 근거조문) 행정심판법 제31조, 제30조 준용 부분
     . (답안기술내용) 법조문 기술, 집행정지 보충성
   - (포섭) 임시처분 가능?

3. 거부처분의 행정절차법 적용여부? 거부처분에 대한 사전통지 필요여부?
   - (쟁점1) 거부처분에 행정절차법 적용되는가?
     . (문제해결기준 : 근거조문) 행정절차법 제2조 처분개념, 행정절차법 제3조 적용범위(제3조 제1항, 제8호), 제2장 처분
     . (답안기술내용) (제2조) 거부처분이 처분이려면, 판례는 거부의 대상이 처분, 권리의무영향, 신청권, (제3조 제8호) 행정작용의 성질상 절차 거치기 곤란, 거칠 필요가 없는 사항)
     . (포섭) 거부처분은 처분이고, 행정절차법 적용됨
   - (쟁점2) 거부처분에 행정절차법 제21조 사전통지 적용되는가?
     . (문제해결기준 : 근거조문) 행정절차법 제21조
     . (답안기술내용) 거부처분이 의무부과 권익제한(침익처분)인가?(학설 - 긍정·부정, 판례, 소결)
     . (포섭) 판례 - 침익이 현실화 안되어 있음, 침익처분 아님, 사전통지 적용 안됨

4. 제2차로 한 거부처분이 적법한가?
   - (쟁점) 취소인용확정판결의 기속력의 범위(주관적, 객관적, 시간적)
     . (문제해결기준 : 근거조문) 행정소송법 제30조 제1항, 제2항
     . (답안기술내용) 기속력의 의의, 내용(반복금지, 재처분, 결과제거), 범위(주관적·객관적·시간적 범위)
   - (포섭) 객관적 범위(기본적 사실관계의 동일성 인정 범위내), 시간적 범위(처분시까지), 처분시 이후에 변경이므로 기속력 미치지 않음

관리번호	시험과목명	사 례 형 제 1 문	시험관리관 확 인	점 수	채점위원인

〈 4. 주민등록전입신고의 법적 성질, 전입신고거부 취소소송의 인용가능성 〉

I. 문제의 소재

(1) 주민등록전입신고의 법적 성질에 관해서는 수리를 요하는 신고인지 여부, 수리를 요하는 신고인 경우 수리는 형식적 심사에 그치는지, 실질적 심사까지 가능한지에 대한 판단이 필요하다.

(2) 전입신고거부의 취소소송의 인용가능성은 취소소송의 요건을 갖췄는지, 전입신고거부가 적법요건을 갖추고 있는지를 검토해야 한다.

II. 주민등록전입신고의 법적 성질과 전입신고거부 취소소송의 인용가능성 검토

1. 주민등록전입신고의 법적 성질 (수리를 요하는 신고, 수리시 형식적 심사)

1) 신고의 의의

(1) 강학상 신고는 사인의 공법행위로서 자체완성적 사인의 공법행위로서의 신고와 행정요건적 사인의 공법행위로서의 신고로 대별된다.

(2) 자체완성적 신고는 신고가 행정청에 도달함으로써 행정법관계가 형성되며, 이 경우 행정청의 수리는 법적인 의미를 갖지 못한다.

(3) 행정요건적 신고는 사인의 신고 이후 행정청이 이를 수리함으로써 그 법적효력이 발생하며, 이 경우 수리는 법률관계를 변동시키는 처분에 해당한다.

2) 신고의 근거와 구별론

(1) 행정절차법 제40조는 수리를 요하지 않는 신고의 의의와 요건을 정하고 있다.

(2) 행정기본법 제34조는 수리를 요하는 신고의 요건(법정주의)과 효과(수리시 효력발생)을 정하고 있다. (이 규정은 2023년 시행예정이다.)

(3) 수리를 요하는 신고의 법적성격(구별논의)에 관하여 (가) 學說은 (i) 허가와 구별하여 형식적 심사를 요하는 등록에 해당한다는 견해 (ii) 수리를 요하지 않는 신고에서 행정청은 형식적 심사를 하고, 수리를 요하는 신고에서는 실질적 심사까지 한다는 견해, (iii) 수리를 요하는 신고는 일종의 허가와 같다는 견해가 있다. (나) 判例는 우리헌법이 기본권제한의 단계를 등록과 허가로 분별하고 있으므로 허가와 등록과 신고는 각각 구별되어야 한다는 입장으로 허가(실질심사), 등록(형식심사), 신고(수리없음)으로 구별하는 것으로 보인다. (다) (小結) 判例의 입장이 타당하다.

3) 사안 포섭

(1) 주민등록전입신고는 (ㄱ) 주민등록법 제6조에 따라 시장군수구청장이 등록하여야 한다고 규정하고, (ㄴ) 제8조에 따른 신고에 의한다는 규정, (ㄷ) 제17조의2에 따른 사실조사 등 형식적 심사에 그치는 취지를 볼 때 형식적 심사만을 하는 수리를 요하는 신고로 봄이 타당하다.

(2) 判例도 전입신고를 수리함에 있어서 전입신고에 따라 지자체에 미치는 영향 등의 실질적 심

사는 불가능하다는 입장으로 형식적 심사에 그친다고 판시하고 있다.

(3) 따라서 주민등록전입신고는 수리를 요하는 신고로 봄이 타당하다.

2. 주민등록전입신고거부 취소소송의 인용가능성 판단

1) 소송요건 판단

(1) 처분성 - 주민등록전입신고는 수리가 있어야 법적효력이 발생하는 바, 수리는 준법률행위적 행정행위로서 처분에 해당하고, 수리거부로 권리의무에 영향을 받고, 甲과 乙에게 전입신고에 대한 신청권이 인정되는 바, 전입신고거부 역시 처분성이 인정된다. 기타 (2) 원고적격, (3) 소의 이익, (4) 제소기간 등은 설문상 갖춰져 있다고 판단된다.

2) 수리거부의 위법성 판단

(1) 주민등록전입신고는 수리를 요하는 신고로 그 수리는 형식적 심사에 그쳐야 함을 앞서 주민 등록법 각 조항 및 判例, 學說에 근거하여 판단할 수 있다.

(2) 그럼에도 본 사안에서는 법률상 근거 없이 '부정적인 영향'이라는 실질적 심사를 통하여 전입 신고의 거부를 한 바, 법률유보의 대원칙에 어긋난다고 할 것이다. 判例도 같은 입장이다.

(3) 따라서 전입신고거부에 대한 취소소송은 인용가능성이 높다고 할 것이다.

III. 문제의 해결

전입신고의 수리에 있어 실질적 심사를 통해 거부한 처분은 주민등록법을 위반한 바, 동 전입신 고거부처분에 대한 취소소송에서 갑과 을의 승소가능성은 높다고 할 것이다.

관리번호	시험과목명	사 례 형 제 2 문	시험관리관 확 인	점 수	채점위원인

〈1. 체류자격 변경허가의 법적 성질; 특허〉

I. 문제의 소재

체류자격 변경허가는 행정청이 사인의 직업선택의 자유(기본권)에 대하여 직접 영향을 미치는 구체적 법집행행위로서 행정행위에 해당한다. 변경허가의 성질이 특허인지, 허가인지가 문제되 겠다. 또한 기속과 재량여부의 검토가 필요하다.

II. 체류자격 변경허가의 법적 성질

1) 강학상 허가인가? 특허인가?

(1) (가) 강학상 허가는 사인에게 원래 부여된 기본권에 대하여 다수 공익을 위하여 예방적으로 금지하고 허가를 통해서 자유를 회복하게 하는 행정행위이다. (나) 반면 특허는 사인에게 특정 한 권리와 법률관계를 형성하는 행정행위 즉 설권적 처분이다.

(2) 본 사안에서 기업투자로 체류자격의 변경을 허가하는 것는 甲에게 기술분야에 종사할 수 있 는 권리를 설정한 것으로 강학상 특허로 보는 것이 타당하다.

2) 기속인가 재량인가?

(1) 행정행위는 기속과 재량으로 구별하는 바, 이것은 사법심사의 방식, 부관의 가능성 등에서 구별의 실익이 있다.

(2) 기속과 재량을 구별하는 (가) 學說로는 (i) 효과재량설, (ii) 요건재량설, (iii) 판단여지설, (iv) 기본권기준설, (v) 종합설이 있고 (나) 判例는 효과재량설, 종합설, 기본권기준설의 입장을 고루 취하고 있다. (다) (小結) 기본권기준설에 따라 공익관련성이 큰 경우는 행정청의 재량의 폭을 줄 필요가 있는 바, 기본권기준설이 합당하다.

(3) 본 사안에서 (ㄱ) 출입국관리법 제1조에 나타난 공익 중요성, (ㄴ) 체류자격이 수익적 처분이 라는 점, (ㄷ) 출입국관리법 여타규정을 종합적으로 해설할 경우 재량행위로 보는 것이 타당하 겠다.

III. 문제의 해결 – 특허, 재량

〈2. 임시처분 결정가능성〉

I. 문제의 소재 – 행정심판법상 임시처분이 가능한지가 문제되며, 임시처분의 의의, 요건, 절차, 내용, 효과를 검토한다.

II. 행정심판위원회의 임시처분 결정 가능성

1. 임시처분의 의의 · 개념 · 요건 · 절차 등

1) (1) 행정심판법은 가구제제도로 집행정지와 임시처분제도를 규정하고 있다.

(2) 임시처분은 (ㄱ) 처분이 위법하다고 상당히 의심되는 경우로 (ㄴ) 행정심판청구 계속 중 (ㄷ) 처분으로

당사자가 받을 우려가 있는 중대한 불이익이나 당사자에게 생길 급박한 위험이 존재하여 (ㄹ) 이를 막기 위해 임시의 지위를 정하여야 할 필요가 있는 경우에 행정심판위원회에 의해서 결정될 수 있다.

(3) 소극요건으로 (ㅁ) 공공복리에 중대한 영향을 미칠 우려가 없으며(제31조 제2항, 제30조 제3항), (ㅂ) 집행정지로는 목적을 달성할 수 없는 경우이어야 한다(보충성)(제31조 제3항).

2. 본 사안에서 임시처분 결정의 가능성

(1) A행정청의 변경허가 거부의 사유가 명백히 출입국관리법 및 외국인투자 촉진법에 명시되어 있다고 보기 어려워 (ㄱ) 위법이 상당히 의심이 되는 경우이며, (ㄴ) 취소심판을 기 청구한 바, (ㄷ) 甲이 받을 불이익을 막기 위해 임시처분결정이 가능하다고 판단된다. (라) 또한 거부처분에 대한 집행정지는 判例상 허용되지 않는 바, 보충성도 갖추고 있다.

(2) 더불어 행정심판위원회 직권으로 임시처분결정도 가능할 것이다.

III. 문제의 해결

임시처분결정이 가능하다.

〈3. 거부처분의 행정절차법 적용여부, 거부처분의 사전통지 적용여부〉

I. 문제의 소재

(1) 출입국관리법상 체류자격변경허가 거부처분이 행정절차법의 적용제외사항에 해당하는지, (2) 동 거부처분에 대하여 행정절차법상 사전통지가 적용되는지가 문제되겠다.

II. 거부처분의 행정절차법 적용여부 검토

1. 행정절차법의 적용대상과 의의

1) 행정절차법은 처분, 신고, 행정상 입법예고, 행정예고 및 행정지도에 관한 절차를 규정하고 있다(동법 제3조).

2) 다만, 다른 법률에 의해서 행정절차와 동일한 절차가 규율되어 있어 중복이 되는 경우는 행정절차법에서 적용을 제외하도록 하고 있다(동법 제3조 제2항). 즉 국회의 의결, 법원의 재판, 행정심판등의 경우 적용을 제외한다.

3) 判例는 법률에 의해서 행정절차법의 적용제외가 되는 부분도 행정절차에 준하는 절차가 있는 경우, 성질상 행정절차를 거치기 곤란하거나 불필요하다고 인정되는 경우로 한정하여 해석함이 상당하다고 판시하여 제한적으로 해석하고 있다.

2. 본 사안 거부처분의 행정절차법 적용제외 여부

1) 동법 제2조 제2호는 처분을 '행정청이 행하는 구체적 사실에 관한 법 집행으로서의 공권력의 행사 또는 그 거부와 그 밖에 이에 준하는 행정작용'으로 정의하여 '처분의 거부' 역시 행정절차법의 적용대상으로 적시하고 있다. 2) 동법 제3조 제2항 제9호에서 외국인의 출입국 난민인정 귀화를 적용제외사항으로 하고 있으나, 동호 후단에 '행정절차에 준하는 절차를 거친 사항'일 것을 전제로 하는 바, 3) 사안과 참조조문에서 이를 확인하기 어려운 바, 4) 행정절차법의 적용제외사항으로 보기 어렵다.

III. 거부처분에 대한 행정절차법상 사전통지 규정 적용여부

1. 행정절차법과 사전통지절차의 의의, 요건, 효과

1) 의의, 요건, 효과

(1) 행정절차법 제21조는 행정청은 당사자에게 의무를 부과하거나 권익을 제한하는 처분을 하는 경우에는 미리 처분의 제목, 당사자의 성명, 처분의 원인사실과 처분의 내용 및 법적근거 등을 당사자등에게 통지하도록 정하고 있다. 2) 사전통지절차는 불이익한 처분에 대하여 사전에 통지하고 그에 대하여 당사자에게 의견을 듣는 절차로서 당사자의 절차적 권리를 보장하는 것으로 처분의 절차적 적법요건에 해당하고, 3) 사전통지절차를 결한 경우 그 처분은 위법하며, 취소될 수 있다(하자치유 가능).

2. 사안에서 거부처분에 있어 사전통지절차 필요 여부

1) (가) 學說은 (i) 거부처분은 신청에 대한 반려로 기존에 갖는 이익을 침해하는 즉 권익을 제한하는 처분에 해당하지 않으므로 사전통지절차가 필요하지 않다는 부정설 (ii) 거부처분은 처분을 예상하는 잠재적 이익을 침해하는 것이므로 불이익처분에 해당하고 사전통지가 필요하다는 긍정설이 있고 (나) 判例는 거부처분은 기존에 이익이 없었으므로 불이익도 없고 따라서 사전통지절차는 불필요하다는 부정설, (다) (小結)로 현실화된 불이익이 없으므로 부정설이 타당하다.

2) 사안에서 변경신청 거부처분은 불이익처분이라 할 수 없으므로 행정절차법 제21조의 적용대상에 해당하지 않고 따라서 사전통지 절차를 거칠 필요가 없다.

IV. 문제의 해결

행정절차법 적용되고, 사전통지는 적용 안 됨

〈4. 2차로 한 거부처분의 적법성 검토; 취소인용확정판결의 기속력〉

Ⅰ. 문제의 소재

거부처분 취소인용확정판결이 있으면 판결의 기속력으로 인하여 처분청은 원래 신청에 따른 처분을 하여야 하는 이른바 재처분의무가 있는 바, 甲의 신청에 대하여 A 행정청이 2차로 한 거부처분이 취소인용판결의 기속력에 반하는 것이 아닌지가 문제된다. 즉 A행정청이 재처분의무를 위반한 것이 아닌지 문제된다. 기속력의 내용과 범위가 문제되겠다.

II. A행정청의 제2차 거부처분의 적법성 판단(재처분의무 위반 판단)

1. 거부처분 취소인용 확정판결의 기속력의 의의 · 근거 · 내용 · 범위

1) 의의 · 근거

(1) 기속력이란 당사자인 행정청과 관계행정청에게 처분을 취소하는 확정판결에 구속되는 효력을 말한다(행정소송법 제30조).

(2) 특히 신청을 거부한 것을 취소하는 확정판결에 대해서는 이전의 신청에 대하여 처분청은 처분을 내려야 하는 기속력을 갖는다(동법 제30조 제2항).

(3) 기속력에 대하여 (가) 學說 (i) 기판력설 (ii) 취소인용판결에서 인정되는 특수한 효력이라는 주장 (나) 判例는 행정소송법이 판결의 실효성을 확보하는 특수한 효력 (다) (小結) 判例의 입장이 타당하다.

4쪽으로→

2) 내용·범위

(1) 기속력은 구체적으로 행정청에게 반복금지·재처분·결과제거 의무를 지운다.

(2) 기속력은 소송의 당사자인 행정청과 그밖에 관계행정청을 기속하며(주관적 범위), 판결주문과 그 전제가 되는 처분 등의 구체적 위법사유에 관한 이유 중의 판단에 대하여 인정된다(객관적 범위). 또한 처분당시를 기준으로 그때까지 존재하던 처분사유에 한하여 인정된다(시간적 범위).

3) 판단 기준(기본적 사실관계의 동일성)

(1) 특히, 기속력의 객관적 효력범위는 판결주문과 그 이유에서 기 판단한 위법의 사유와 그 기본적 사실관계가 동일한 부분에만 미치는 바, (2) 즉 기본적 사실관계의 동일성이 인정되지 않는 부분은 기속력이 미치지 않고 반복금지, 재처분, 결과제거의무가 인정되지 않는다.

2. 2차거부처분의 적법성 판단 – 사안포섭

1) 2차거부의 사유가 판결확정 후에 새롭게 발생한 사유라는 점, 즉 시간적으로 기속력이 미치지 않고, 2) 나아가 외국인이 주식 또는 출자지분의 일부 전부를 소유해야 하는 요건을 결하고 있는 점은 앞선 인용확정판결의 주문 및 이유와 관련성이 없고, 기본적 사실관계의 동일성도 인정될 수 없으므로 객관적으로도 기속력이 인정되기 어렵다.

III. 문제의 해결

기속력 미치지 않고, 재처분의무 없으며, 법령상 거부사유에 의한 적법처분이다.

<제 2 문>

「인천광역시 교육감 소관 행정권한의 위임에 관한 규칙(이하 '권한위임규칙'이라 함)」에 의하면 교육감의 권한 중 「사립학교법」 제20조 제2항에 의한 이사취임승인과 동법 제20조의2에 의한 이사취임승인취소에 관한 권한이 교육장에게 위임되어 있다. 인천광역시에 있는 학교법인 A는 이사 1인이 사임함에 따라 이사회를 개최하여 甲을 신규 이사로 선임하였고, 인천광역시 동부 교육장 B는 이를 승인하였다. 신규 이사의 취임에 반대하는 기존 이사인 乙은 이사회 의결에 필요한 정족수가 미달되었다는 이유로 교육장 B를 상대로 이사취임승인의 취소를 구하는 행정소송을 제기하였다.

1. 이사취임승인의 법적 성질을 밝히고, 乙이 제기한 행정소송의 적법성을 검토하시오. (20점)

2. 이러한 행정소송이 진행되는 과정에서 교육장 B는 「사립학교법」 제20조의2와 권한위임규칙에 따라 이사취임승인을 취소하였다. 이에 甲은 교육감의 권한을 조례가 아닌 권한위임규칙에 의하여 위임한 것은 위법하므로 교육장 B에게는 이사취임승인취소에 관한 권한이 없다는 이유로 이사취임승인 취소처분을 항고소송으로 다투고자 한다. 단, 이사취임승인 자체는 적법한 것으로 본다.
   (1) 이사취임승인 및 이의 취소에 관한 사무의 법적 성질을 밝히고, 이를 토대로 교육감의 권한을 교육장 B에게 위임하기 위한 규범형식에 대해 설명하시오. (15점)
   (2) 만일 甲의 주장과 같이 교육장 B에 대한 권한위임이 위법하다면 이사취임승인취소처분의 하자의 법적 효과를 검토하시오. (15점)
   (3) 甲이 제기한 항고소송의 계속 중 甲의 이사임기가 만료되었다면 계속 중인 항고소송은 여전히 적법한가? (20점)
   (4) 만일 甲이 위 취소소송에서 승소한 후 인천광역시를 상대로 이사취임승인취소처분의 위법을 이유로 국가배상청구소송을 제기한다면 승소가능성이 있는가? (손해발생은 입증되는 것으로 본다) (30점)

[참조조문]

※ 이하의 법령은 사례를 위해 가공하였음

「사립학교법」

제 4 조(관할청) ① 다음 각 호의 1에 해당하는 자는 그 주소지를 관할하는 특별시·광역시·도(이하 "시·도"라 한다) 교육감의 지도·감독을 받는다.
1. 사립의 초등학교·중학교·고등학교·고등기술학교·공민학교·고등공민학교·특수학교·유치원 및 이들에 준하는 각종학교
2. 제1호에 규정한 사립학교를 설치·경영하는 학교법인 또는 사립학교경영자

제20조(임원의 선임과 임기) ② 임원은 관할청의 승인을 얻어 취임한다. 이 경우 교육부장관이 정하는 바에 따라 인적사항을 공개하여야 한다.

제20조의2(임원취임의 승인취소) ① 임원이 다음 각 호의 1에 해당하는 행위를 하였을 때에는 관할청은 그 취임승인을 취소할 수 있다.
1. 이 법, 「초·중등교육법」 또는 「고등교육법」의 규정을 위반하거나 이에 의한 명령을 이행하지 아니한 때

제71조(권한의 위임) 이 법에 의한 교육부장관의 권한은 그 일부를 대통령령이 정하는 바에 의하여 시·도교육감에게 위임할 수 있다.

「지방교육자치에 관한 법률」

제 1 조(목적) 이 법은 교육의 자주성 및 전문성과 지방교육의 특수성을 살리기 위하여 지방자치단체의 교육·과학·기술·체육 그 밖의 학예에 관한 사무를 관장하는 기관의 설치와 그 조직 및 운영 등에 관한 사항을 규정함으로써 지방교육의 발전에 이바지함을 목적으로 한다.

제36조(사무의 위임·위탁등) ① 교육감은 조례가 정하는 바에 의하여 그 권한에 속하는 사무의 일부를 보조기관·소속교육기관에 위임하거나 법인에 위탁할 수 있다. 이 경우 법인에 위탁하는 사무가 주민의 권리·의무와 직접 관계되는 때에는 법령의 근거가 있어야 한다.

제44조(교육장의 분장사무) 교육장은 시·도의 교육·학예에 관한 사무중 다음 각 호의 사무를 위임받아 분장한다.
1. 공·사립의 초등학교·중학교·기술학교·공민학교·고등공민학교 및 유치원과 이에 준하는 각종 학교의 운영·관리에 관한 지도·감독
2. 기타 시·도의 조례로 정하는 사무

「행정권한의 위임 및 위탁에 관한 규정」

제 4 조(재위임) 서울특별시장·광역시장 또는 도지사(서울특별시·광역시·특별자치시·도교육위원회의 교육감을 포함한다)는 행정의 능률향상과 주민의 편의를 위하여 필요하다고 인정할 때에는 수임사무의 일부를 그 위임기관의 장의 승인을 얻어 규칙을 정하는 바에 따라 구청장·시장·군수(교육장을 포함한다) 기타 소속기관의 장에게 다시 위임할 수 있다.

문제의 핵심 & 쟁점의 정리 📋

※ 시험장에서 문제를 받자마자 여러분들이 3~5분 동안 해야 할 작업입니다. 문제에서 핵심을 찾아내고, 답안의 쟁점을 파악하여 간략하게 목차를 구성해 보는 것입니다. 이 이후에 본 답안작성에 들어가기 바랍니다.

〈제 2 문〉

☑ **문제의 핵심**

1. **이사취임승인의 법적 성질**을 밝히고, 乙이 제기한 **행정소송의 적법성**을 검토하시오. (20점)

2. 이러한 행정소송이 진행되는 과정에서 교육장 B는 「사립학교법」 제20조의2와 권한위임규칙에 따라 이사취임승인을 취소하였다. 이에 甲은 **교육감의 권한을 조례가 아닌 권한위임규칙에 의하여 위임**한 것은 위법하므로 교육장 B에게는 이사취임승인취소에 관한 권한이 없다는 이유로 이사취임승인 취소처분을 항고소송으로 다투고자 한다. 단, 이사취임승인 자체는 적법한 것으로 본다.

   (1) **이사취임승인 및 이의 취소에 관한 사무의 법적 성질**을 밝히고, 이를 토대로 **교육감의 권한을 교육장 B에게 위임하기 위한 규범형식**에 대해 설명하시오. (15점)

   (2) 만일 甲의 주장과 같이 교육장 B에 대한 **권한위임이 위법**하다면 **이사취임승인취소처분의 하자의 법적 효과**를 검토하시오. (15점)

   (3) 甲이 제기한 **항고소송의 계속 중 甲의 이사임기가 만료**되었다면 **계속 중인 항고소송은 여전히 적법한가?** (20점)

   (4) 만일 甲이 위 **취소소송에서 승소한 후** 인천광역시를 상대로 이사취임승인취소처분의 **위법을 이유로 국가배상청구소송을 제기한다면 승소가능성**이 있는가? (손해발생은 입증되는 것으로 본다) (30점)

☑ **쟁점의 정리**

1. 이사취임승인(인가)의 법적 성질과 乙이 제기한 소송의 적법성
   - (쟁점1) **이사취임승인은 인가인가? 허가인가? (행정행위의 내용 종류 판단)**
     . (문제해결기준 : 개념, 이론(학설)) 허가와 인가의 구별, 기속과 재량의 구별
     . (답안기술내용) 허가와 인가 구별의 의의, 구별 기준(이론, 판례) / 기속재량의 구별
     . (포섭) 인가
   - (쟁점2) **乙이 제기한 행정소송의 적법성; 원고적격, 소의 이익(인가의 하자를 다투는 방식)**
     . (문제해결기준 : 조문, 이론, 학설) 원고적격(행정소송법 제12조), 인가 하자를 다투는 심사 방식
     . (답안기술내용) 원고적격일반론, 소의 이익(의의, 근거, 인가하자 사법심사 방식에 관한 논의(학설, 판례, 소결))
     . (포섭) 乙의 원고적격, 민사소송의 문제? 소의 이익.

2. [1] 이사취임승인 사무의 법적 성격(자치사무?, 국가사무?)과 권한 위임의 형식
   - (쟁점1) **자치사무인가? 국가사무의 판별기준 (지방자치법)**
     . (문제해결기준 : 조문, 이론(학설)) 지방자치법 제9조, 제11조
     . (답안기술내용) 자치사무 국가사무 의의, 구별기준(지방자치법, 판례, 학설, 소결)
     . (포섭)
   - (쟁점2) **사무에 따른 권한위임의 형식(규칙인가?, 조례인가?)**
     . (문제해결기준 : 조문) 지방자치법, 정부조직법(권한위임위탁규정)

. (답안기술내용) 사무권한 위임의 의의, 사무권한 위임의 형식과 방법
. (포섭)

2. [2] 권한위임의 위법(근거규범의 하자에 따른)과 이에 근거하여 발령한 처분의 효력

- (쟁점) 무효인가? 취소인가? (무효와 취소의 구별, 학설, 판례, 소결)
  . (문제해결기준 : 학설, 판례) 무효와 취소의 구별
  . (답안기술내용) 무효와 취소의 의의, 구별실익, 구별기준(학설, 판례, 소결)
  . (포섭) 무효인 규칙(조례)에 근거한 처분의 효력(하자의 정도와 그 효력)

2. [3] 이사임기 만료와 협의의 소의 이익 판단

- (쟁점) 협의의 소의 이익 개념, 근거, 판단기준
  . (문제해결기준 : 조문, 학설, 판례) 협의의 소의 이익 근거, 개념
  . (답안기술내용) 협의의 소의 이익 근거(학설, 판례, 소결), 개념, 판단기준
  . (포섭) 이사임기 만료된 경우 협의의 소의 이익 판단

2. [4] 국가배상청구소송의 승소가능성(국가배상법 제2조 요건 충족여부 판단 : 과실, 위법성판단 등)

- (쟁점1) 고의나 과실이 있는가?
  . (문제해결기준 : 조문, 학설, 판례) 국가배상법 제2조, 과실의 해석
  . (답안기술내용) 과실의 개념, 의의, 판단기준(학설, 판례, 소결)
  . (포섭)
- (쟁점2) 위법한가? (취소소송의 기판력과 국가배상소송에서 위법성 판단)
  . (문제해결기준 : 조문, 학설, 판례) 기판력 근거와 인정범위(효력), 국가배상의 위법
  . (답안기술내용) 기판력 개념, 기판력 인정범위(학설, 판례, 소결), 국가배상에 있어 위법성
  . (포섭)

관리번호	시험과목명	사 례 형 제 2 문	시험관리관 확 인	점 수	채점위원인

〈1. 이사취임승인의 법적 성질, 이사취임승인 취소소송의 적법성; 인가, 적법요건〉

I. 문제의 소재

이사취임승인이 강학상 인가에 해당되는지를 검토한다. 乙이 제기한 취소소송이 소송요건 중 보충행위로서 인가의 특성(구조)에 따른 원고적격, 소의 이익이 갖춰져 있는지가 문제된다.

II. 이사취임승인의 법적 성질과 취소소송의 적법성 판단

1. 이사취임승인의 법적 성질(강학상 인가? 재량행위?)

1) 인가인가?

(1) 인가는 행정청이 일반사인의 사법상 법률행위의 효력을 완성해주는 보충적 행정행위이다.

(2) 인가는 공익성 있는 사인의 법률행위에 대하여 행정청이 효력여부를 결정함으로써 공익의 보장과 실현을 목적으로 한 처분유형이다.

(3) 설문에서 「사립학교법」 제20조 제2항에 따른 교육장B의 이사취임승인은 학교법인의 임원선임행위라는 사법상 법률행위를 보충하여 효력을 완성하게 하는 행정행위로 인가에 해당한다.

2) (1) 이사취임승인의 법적 성질이 재량행위인지 기속행위인지를 검토한다. (2) 기속행위와 재량행위의 구별은 (가) 學說 (i) 요건재량설 (ii) 효과재량설 (iii) 판단여지설 (나) 判例는 종합설-당해 행위 근거 법규 체제·형식과 그 문언, 당해 행위가 속하는 행정 분야의 주된 목적과 특성, 당해 행위 자체의 개별적 성질과 유형 등을 모두 고려 (다) (小結) 判例의 입장과 공익사익의 비교형량하는 기본권기준설을 종합판단 (3) 「사립학교법」 제20조 제2항의 규정형식, 사립학교임원의 공익보호의무, 수익적 행위, 공익 등을 감안할 때 재량행위로 보는 것 합당.

2. 이사취임승인처분 취소소송의 적법요건 구비여부 판단(원고적격, 소의 이익)

1) (1) 행정소송법상 취소소송은 ① 관할 ② 당사자(원고적격, 피고적격) ③ 행정심판전치 ④ 처분성 ⑤ 제소기간 ⑥ 협의의 소의 이익을 갖춰야 적법하다. (2) (가) 설문에서는 처분의 직접상대방이 아닌 乙이 원고적격을 갖는가? (나) 보충적 행정행위로서 인가에 있어 기본행위에 하자가 있는 경우 인가의 하자로 보아 인가취소의 소를 구할 수 있는지?가 문제된다.

2) (1) 원고적격은 행소법 제12조에 정하고 있으며, 취소소송의 성질(권리구제, 법률상 이익, 법률상보호가치있는이익, 적법성보장) 논의가 있는 바, 判例는 법률상이익설을 취하고, 小結도 같다. 원고적격에 대한 판단의 기준(당해 법률, 관련 법률, 기본권)에 대해서 최근에는 폭넓게 해석하는 경향이 있다. (2) 설문에서 기존이사 乙의 원고적격에 대해서는 甲이 이사자격이 취소될 경우에 乙은 긴급업무처리에 대해서는 일정의 권한으로서 법률상 이익을 갖을 수 있는 바, 따라서 취소를 구할 법률상 이익, 즉 원고적격이 있다고 봄이 상당하다.

3) (1) 인가에 있어 기본 법률행위의 하자가 있는 경우에, 인가를 대상으로 하는 취소소송에서 다툴

2쪽으로→

수 있는지 여부에 대하여 (가) 學說은 (i) 부정설 - 기본행위의 하자가 민사판결에서 확정되어야만 비로서 인가에 대한 취소 또는 무효확인을 구할 수 있음, 기본행위의 하자를 이유로 인가의 취소 또는 무효확인을 구할 협의의 소의 이익은 없음 (ii) 긍정설 - 분쟁의 일회적 해결, 행정청이 인가 당시 기본행위의 하자여부에 대한 검토를 빠뜨린 고유의 위법인 존재, 인가취소 가능 (나) 判例 - 부정설 - 행정법원에서 사법상 행위 판단 불가, 민사 행정판결 저촉 가능 (다) (小結) 부정설이 타당 - 判例입장 (2) 설문에서 이사회 의결 정족수 미달은 사법상 법률행위인 임원선임행위(기본행위)의 하자이고, 인가(보충행위)의 하자는 아니다. (3) 이 경우, 기본행위인 임원선임행위의 취소 또는 무효확인에 대한 판결이 확정되지 않으면, 보충행위인 인가의 하자에 대해서 취소를 구할 소의 이익이 없다고 봄이 타당하므로 본 소는 부적법하다(判).

Ⅲ. 문제의 해결 - 인가, 재량행위, 본 소 부적법(원고적격 유, 소이익 무)

〈2. (1) 이사취임승인·승인취소사무의 법적 성질, 권한위임 근거규범형식; 자치사무? 규칙?〉

Ⅰ. 문제의 소재

이사취임승인 및 승인취소에 관한 사무가 자치사무인지 국가사무가 기관위임된 것인지 문제되고, 교육감이 교육장 B에게 위임하기 위한 규범형식이 조례인지 규칙인지가 문제된다.

Ⅱ. 이사취임승인 및 동 취소 사무의 법적 성질과 권한위임의 규범형식(자치? 조례?)

1. 이사취임승인 및 승인취소 사무의 법적 성질(자치? 국가?)

1) 자치사무의 의의 구별기준

(1) 지방자치법 제9조 제2항과 제11조는 각각 자치사무의 예, 국가사무의 예를 열거하여 정한다.

(2) 判例는 자치사무와 국가사무의 구별기준으로 ㉠ 법률의 규정형식과 취지를 고려하고, ㉡ 불분명한 경우에는 전국적 통일적 처리가 요구되는지? ㉢ 경비부담, 책임귀속주체 등을 고려한다.

(3) (小結) 지방자치법 제9조, 제11조, 判例의 기준을 종합적으로 판단하고 이러한 기준적용에도 불분명한 경우에는 자치사무의 포괄성원칙을 고려하여 자치사무로 추정하는 것이 타당하다.

2) 사례의 포섭 - (1) 설문상 사립학교법 제4조는 사립학교의 일반적 지도감독권을 교육감에게 부여하고 있고, (2) 지방자치법 제9조 제2항도 교육진흥사무는 자치사무로 분류하고 있다.

(3) 따라서 사립학교이사승인 또는 승인취소사무는 지자체의 교육·학예에 관한 사무의 교육감이 특별집행기관으로서 가지는 권한으로 자치사무에 해당한다고 하겠다(判例).

2. 교육감의 권한을 교육장 B에게 위임하기 위한 규범형식(자치사무, 조례)

1) 사무권한위임의 의의, 법형식 - (1) 권한의 위임은 행정관청이 자신에게 주어진 권한을 스스로 행사하지 않고 법에 근거하여 타자에게 사무처리권한 일부를 이전하여 그 자의 권한과 책임으로 특정의 사무를 처리하게 하는 것이다. (2) (a) 권한위임의 근거인 법형식에 대하여, 자치사무는 지방자치법 제104조에 근거하여 조례와 규칙으로 정하고, (b) 국가사무는 정부조직법 및 행정권한의 위임 및 위탁에 관한 규정에 근거하여 규칙으로 정하고 있다.

2) 사례의 포섭 - (1) 설문에서 교육감의 학교법인 임원취임의 승인취소권은 지방자치단체의 자치사무에 해당하고 (2) 따라서 설문상 「지방교육자치에 관한 법률」 제36조 제1항에 근거하여 조

례로서 권한을 위임할 수 있다.

Ⅲ. 문제의 해결 - 자치사무, 조례

〈2. (2) 권한위임 위법의 경우 이사취임승인취소처분의 하자의 법적효과〉

Ⅰ. 문제의 소재 - 위법한 권한위임규칙의 효력, 위법한 규칙에 근거한 처분의 하자의 정도, 하자의 정도에 따른 효과로서 무효일지 취소일지가 문제된다.

Ⅱ. 위법한 권한위임규칙에 근거한 이사선임승인취소처분의 효력

1. 권한위임의 위법과 권한위임규칙의 효력 - 1) (1) 설문상 권한위임규칙은 「사립학교법」제36조 제1항을 위반한 것으로 위법하다. (2) 행정입법의 경우 공정력이 인정되지 않으므로 위법한 행정입법(법규명령, 행정규칙)은 무효이다. (3) 따라서, 권한위임규칙은 무효이다.

2. 무효인 규칙에 근거한 처분의 하자의 정도(취소할 수 있는가? 무효인가?)

1) 무효와 취소의 구별 - (1) 처분의 무효와 취소의 구별기준으로 (가) (學說)은 (i) 중대설 - 능력규정, 강행규정위반 중대 하자 - 무효 (ii) 중대명백설 - 중요한 법률요건에 위반하여 하자가 내용적으로 중대하고 일반인을 기준으로 명백하다고 판단되면 - 무효 (iii) 명백성보충요건설 - 명백성은 이해관계를 가지고 있는 제3자가 있는 경우에 요구, (iv) 조사의무설 - 명백성의 판단을 공무원을 기준으로 하여 완화, (v) 구체적가치형량설 - 일반적 기준에 따라 구분하는 것에 반대하고 구체적인 사안마다 권리구제의 요청과 법적안정성의 요청 및 제3자의 이익 사이의 구체적 개별적인 비교형량에 의하여 결정 (나) (判例) - 중대명백설 (법적안정성 사인권익구제 공히 보호) (다) (小結) 중대명백설

2) 사례의 포섭 - (1) 설문상 권한위임규칙은 무효이므로 동 규칙에 근거해서 이뤄진 처분의 하자는 중대하다. (2) 하자의 명백성에 관하여, (ㄱ) 지방자치단체장의 이중적 지위(특별행정기관(자치사무), 국가행정기관(기관위임사무), (ㄴ) 헌법 제107조 제1항의 '규칙'에 조례와 규칙을 포괄하고 있어 용어사용이 유사하며, (3) 조례로 근거를 정해야 할 것을 규칙에 근거하여 정하였다 하더라고 이를 명백한 하자로 판단하기는 어렵다.

3. 이사취임승인취소처분의 하자의 법적 효과 - 무효인 권한위임규칙에 근거한 이사취임승인취소처분의 하자는 중대하나 명백하다고 할 수 없으므로 취소할 수 있겠다(다만 제소기간 도과 전에).

Ⅲ. 문제의 해결 - 취소가능

〈2. (3) 이사임기 만료 후 항고소송의 적법성, 협의의 소의 이익 존부〉

Ⅰ. 문제의 소재

甲의 임기만료로 이사취임승인취소처분 취소소송의 협의의 소의 이익 존부가 문제된다.

Ⅱ. 이사취임승인취소처분 취소소송의 협의의 소의 이익 존부 판단

1. 협의의 소의 이익의 의의, 근거, 판단기준

1) 의의, 근거

(1) 소의 이익은 원고가 재판을 통해 얻을 수 있는 실제적 이익 또는 원고가 보호받는 법률상 이익의 실제적 보호 필요성을 말한다. (2) 행정소송법 제12조 제2문은 처분등의 효과가기간의 경과, 처분 등의 집행 그 밖의 사유로 인하여 소멸된 뒤에도 그 처분등의 취소로 인하여 회복되는 법률상 이익

4쪽으로→

이 있는 경우에는 취소소송을 제기할 수 있다고 정하고 있다. (3) 이에 대하여 (가) 學說은 (i) 협의의 소의 이익의 근거규정으로 보는 견해 (ii) 원고적격으로 보는 견해가 있으며, (나) 判例는 처분 등의 효과가 소멸된 경우 소의 이익을 판단하는 기준으로서, 제12조 제1문의 원고적격인 '법률상이익'과 제2문의 '법률상이익'이 동일하다고 판단하고 있어 원고적격설에 가까우며, (다) (小結) 협의의 소의 이익은 본안판단의 전제요건을 구비하면 당연히 인정되는 것으로 별도의 근거가 있어야 인정되는 것은 아니므로, 결국 제12조 제2문은 제1문과 같이 원고적격을 정하는 기준임.

2) 판단기준 - (1) 따라서, 협의의 소의 이익은 제12조 제2문상 법률상 이익에 한정되는 것이 아니고, 그 밖에 경제상 또는 정신상의 이익도 포함하여 넓게 인정. (2) 그러나, (가) 소송보다 간이한 방법으로 달성가능한 경우 (나) 권리보호가 이론상 의미만 있는 경우 (다) 부당한 목적으로 소구하는 경우는 협의의 소의 이익을 인정할 수 없다. (3) 최근 判例는 (가) 위법한 처분이 반복될 위험성이 있어 행정처분의 위법성 확인 내지 불분명한 법률문제에 대한 해명이 필요하다고 판단되는 경우, 그리고 (나) 선행처분과 후행처분이 단계적인 일련의 절차로 연속하여 행하여져 후행처분이 선행처분의 적법함을 전제로 이루어짐에 따라 선행처분의 하자가 후행처분에 승계된다고 볼 수 있어 이미 소를 제기하여 다투고 있는 선행처분의 위법성을 확인하여 줄 필요가 있는 경우에도 소의 이익을 긍정하고 있다.

2. 이사취임승인취소처분 취소소송의 협의의 소의 이익 존부 판단

1) 甲의 임기가 만료되었더라면, 다시 취소소송에서 인용판결을 받는다 하더라도 이사로 취임될 수 있는 가능성이 없으므로 협의의 소익이 없다고 판단할 수 있겠다. 2) 다만, 협의의 소의 이익을 최근 넓게 봐, 경제상, 정신상의 이익 즉 이전 급여, 명예에 대하여 보전 또는 회복의 의미가 있으므로 인정할 수도 있겠다.

Ⅲ. 문제의 해결

〈2.(4) 취소소송 승소 후 국가배상청구시 승소가능성 판단; 기판력〉

Ⅰ. 문제의 소재 - 국가배상청구의 인용가능성에 관한 문제로 국가배상법 제2조의 요건 특히, 고의과실의 성립과 법령위반(위법성)이 문제되며, 위법성은 취소판결 기판력이 문제된다.

Ⅱ. 국가배상청구 승소가능성 판단

1. 국가배상법상 제2조 의의, 요건 / 2. 과실 - 1) 과실개념 객관화 - (1) 보통일반공무원을 표준으로 객관적주의의무를 결한 경우 (2) 법령해석과실-표준법령숙지의무, 미숙지위법한처분 2) 행정처분항고소송취소 그 자체만으로 과실충족은 아님 충족

3. 법령위반 - 1) 국배법상 위법의 의미에 대하여 (가) 學說 (i) 결과불법, (ii) 행위불법 (ii-1) 항고소송위법동일 (ii-2) 항고소송위법보다넓음(권리남용, 신의성실위반 포함) (나) 判例 - 위법 넓게 (다) (小結) 判例 2) (1) 취소판결의 기판력 - 판결확정시 동일소송물대상 소제기 불가, 법원 모순판단 금지 (2) 소송물 - (가) 學說 (i) 처분의 위법성일반, (ii) (위법한 처분+권리침해)법적주장, (나) 判例 - 처분위법성 일반, (다) (小結) 判例입장 (3) 취임승인취소처분의 취소소송승소 확정판결시 취소처분위법성 기판력발생, (4) 따라서 국가배상법상 위법성도 취소확정판결에 따라 기판력 긍정

Ⅲ. 문제의 해결

〈제 2 문〉

甲은 「공유수면관리 및 매립에 관한 법률」(이하 '공유수면매립법'이라고 한다) 제28조 제1항 제3호에 근거하여 A도지사로부터 매립장소 및 면적을 지정받고 매립목적을 택지조성으로 하는 공유수면 매립면허를 부여받았다. 이후 甲은 당초의 매립목적과 달리 조선(造船)시설용지지역으로 이 사건 매립지를 이용하고자 A도지사에게 공유수면매립목적 변경신청을 하였고, A도지사는 공유수면매립법 제49조 제1항 제3호에 따라 甲의 변경신청을 승인하는 처분(이하 '이 사건 처분'이라 한다)을 하였다.

그런데 이 사건 매립예정지의 인근에는 딸기잼을 만들어 판매하고 있는 S수녀원(재단법인)이 있고, S수녀원은 딸기잼 판매 수익으로 불우 이웃을 돕고 있었다. 한편, 이 딸기잼은 청정지역에서 재배되는 딸기로 만들어 소비자에게 인기가 있었다. 이에 S수녀원은 이 사건 처분으로 인하여 매립지에 조선시설이 조성되면 청정지역의 딸기잼이라는 기존의 이미지에 타격을 받게 되어 딸기잼의 판매수입이 떨어짐은 물론 수녀들의 환경상 이익을 침해하게 된다고 하면서 A도지사를 상대로 이 사건 처분의 취소를 구하는 행정소송을 제기하였다.

1. 위 사안에서 공유수면 매립목적변경승인의 법적 성질은? (10점)

2. 위 소송에서 S수녀원에게 원고적격이 인정되는가? (30점)

3. 매립예정지 근처의 주민 乙 등이 이 사건 처분의 취소소송을 제기하였다. 그런데 해당 매립지가 이미 상당부분 매립이 이루어졌고 그 일부에는 이미 조선시설의 기초 시설도 일부 완성된 상태라고 가정한다. 이때 법원은 어떤 판결을 하여야 할 것인지 검토하시오(취소소송의 요건은 적법하게 갖추었으며, 이 사건 처분은 위법하다고 본다). (25점)

4. 이 사건 매립예정지가 A도 내의 B군과 C군에 걸쳐 있고, 매립이 끝난 후 B군과 C군 사이에 매립지가 어느 지방자치단체에 귀속되어야 하는지에 대한 다툼이 있다면, 이를 해결할 수 있는 「지방자치법」상의 방법에 관하여 약술하시오. (15점)

5. 이 사건에서 S수녀원은 기본권침해를 주장하며 헌법소원심판을 청구하려고 한다. 이 경우 S수녀원의 청구인능력이 인정될 수 있는가? (20점)   〈헌법문항〉

[참조조문]

「공유수면관리 및 매립에 관한 법률」

제28조(매립면허) ① 공유수면을 매립하려는 자는 대통령령으로 정하는 바에 따라 매립목적을 구체적으로 밝혀 다음 각 호의 구분에 따라 해양수산부장관, 시·도지사 또는 특별자치도지사(이하 "매립면허관청"이라 한다)로부터 공유수면 매립면허(이하 "매립면허"라 한다)를 받아야 한다.
　1.「항만법」제3조 제1항 각 호에 따른 항만구역의 공유수면 매립 : 해양수산부장관
　2. 면적이 10만 제곱미터 이상인 공유수면 매립: 해양수산부장관
　3. 제1호 및 제2호에 따른 공유수면을 제외한 공유수면 매립 : 시·도지사 또는 특별자치도지사
② 매립예정지가 제1항 제1호에 따른 공유수면과 같은 항 제3호에 따른 공유수면에 걸쳐 있으면 해양수산부장관의 매립면허를 받아야 한다.
③ 제1항 제3호에 따른 공유수면의 매립으로서 매립예정지가 둘 이상의 특별시·광역시·도·특별자치도의 관할 지역에 걸쳐 있으면 관계 시·도지사 또는 특별자치도지사의 협의에 의하여 결정되는 시·도지사 또는 특별자치도지사의 면허를 받아야 한다. 다만, 협의가 성립되지 아니할 때에는 해양수산부장관이 지정하는 시·도지사 또는 특별자치도지사의 매립면허를 받아야 한다.

제30조(매립면허의 기준) ① 매립면허관청은 매립예정지 공유수면 및 매립으로 피해가 예상되는 매립예정지 인근의 구역에 관하여 권리를 가진 자(이하 "공유수면매립 관련 권리자"라 한다)가 있으면 다음 각 호의 어느 하나에 해당하는 경우를 제외하고는 매립면허를 할 수 없다.
　1. 공유수면 매립 관련 권리자가 매립에 동의하고, 매립이 환경과 생태계의 변화를 충분히 고려한 것으로 인정되는 경우
　2. 매립으로 생기는 이익이 그 손실을 현저히 초과하는 경우
　3. 법령에 따라 토지를 수용하거나 사용할 수 있는 사업을 위하여 매립이 필요한 경우
　4. 그 밖에 국방 또는 재해예방 등 공익을 위하여 필요한 경우로서 대통령령으로 정하는 경우
② 제1항에 따른 매립으로 피해가 예상되는 매립예정지 인근 구역의 범위는 대통령령으로 정한다.

제45조(준공검사) ① 매립면허취득자는 매립공사를 완료하였을 때에는 대통령령으로 정하는 바에 따라 매립지의 위치와 지목(「측량·수로조사 및 지적에 관한 법률」제67조에 따른 지목을 말한다)을 정하여 매립면허관청에 준공검사를 신청하여야 한다.

제48조(매립목적 변경의 제한) ① 매립면허취득자, 매립지의 소유권을 취득한 자와 그 승계인은 면허를 받은 매립예정지와 매립지 또는 준공검사를 받은 매립지에 대하여 준공검사 전이나 준공검사일로부터 10년 이내에는 매립목적을 변경하여 사용할 수 없다. 다만, 대통령령으로 정하는 매립목적의 경미한 변경인 경우에는 그러하지 아니하다.

제49조(매립목적 변경제한의 예외) ① 매립면허취득자, 매립지의 소유권을 취득한 자와 그 승계인은 제48조 제1항 본문에도 불구하고 면허를 받은 매립예정지와 매립지 또는 준공검사를 받은 매립지가 다음 각 호의 어느 하나에 해당하는 경우에는 대통령령으로 정하는 바에 따라 매립면허관청의 승인을 받아 매립목적을 변경할 수 있다.
　1. 매립지의 일부를 공용 또는 공공용으로 변경함으로써 나머지 매립지를 매립목적에 맞게 사용할 수 없게 된 경우
　2. 관련 법령에 따른 국가계획이 변경되어 매립지를 매립목적에 맞게 사용할 수 없게 된 경우
　3. 산업의 발전, 그 밖에 주변여건의 변화 등으로 매립목적을 변경할 수밖에 없는 경우

※ 시험장에서 문제를 받자마자 여러분들이 3~5분 동안 해야 할 작업입니다. 문제에서 핵심을 찾아내고, 답안의 쟁점을 파악하여 간략하게 목차를 구성해 보는 것입니다. 이 이후에 본 답안작성에 들어가기 바랍니다.

〈제2문〉

☑ 문제의 핵심

1. 위 사안에서 **공유수면 매립목적변경승인의 법적 성질**은? (10점)
2. 위 소송에서 **S수녀원에게 원고적격이 인정**되는가? (30점)

   위 소송 : S수녀원은 이 사건 처분으로 인하여 매립지에 조선시설이 조성되면 청정지역의 딸기잼이라는 기존의 이미지에 타격을 받게 되어 **딸기잼의 판매수입이 떨어짐**은 물론 **수녀들의 환경상 이익을 침해**하게 된다고 하면서 **A도지사를 상대로 이 사건 처분의 취소를 구하는 행정소송**을 제기하였다.
3. 매립예정지 근처의 주민 乙 등이 이 사건 처분의 취소소송을 제기하였다. 그런데 **해당 매립지가 이미 상당부분 매립이 이루어졌고 그 일부에는 이미 조선시설의 기초 시설도 일부 완성된 상태**라고 가정한다. 이때 **법원은 어떤 판결을 하여야 할 것인지** 검토하시오(취소소송의 요건은 적법하게 갖추었으며, 이 사건 처분은 위법하다고 본다). (25점)
4. 이 사건 매립예정지가 A도 내의 B군과 C군에 걸쳐 있고, **매립이 끝난 후 B군과 C군 사이에 매립지가 어느 지방자치단체에 귀속되어야 하는지에 대한 다툼이 있다면, 이를 해결할 수 있는 「지방자치법」상의 방법**에 관하여 약술하시오. (15점)

☑ 쟁점의 정리

1. 공유수면 매립목적변경승인의 법적 성질은?
   - (쟁점1) 행정행위의 내용은? 특허, 허가, 인가?
     . (문제해결기준 : 근거조문) 공유수면관리 및 매립에 관한 법률 제28조, 제30조, 제48조, 제49조
     . (답안기술내용) 특허, 허가, 인가 개념 일반론, 구별의 실익, 특허인가?
   - (쟁점2) 기속? 재량?
     . (문제해결기준 : 근거조문) 공유수면관리 및 매립에 관한 법률 제28조, 제30조, 제48조, 제49조
     . (답안기술내용) 기속과 재량의 구별이유, 구별기준(학설, 판례, 소결), 재량인가?
   - (쟁점3) 제3자효 행정행위
     . (문제해결기준 : 이론) 행정행위의 종류
     . (답안기술내용) 침익적, 수익적, 복효적(혼효적, 제3자효), 구별의 실익, 제3자효인가?

2. S수녀원에게 원고적격이 인정되는가?
   - (쟁점) 원고적격 인정요건, 침해되는 기본권, 법인의 원고적격, 수녀의 환경권 침해에 대하여 수녀원이 원고적격 갖는가?
     . (문제해결기준 : 근거조문) 행정소송법 제12조, 공유수면 관리 및 매립에 관한 법률 제30조(매립면허의 기준), 제49조(변경제한의 예외)
     . (답안기술내용) 원고적격의 개념, 의의, 취소소송의 법적 성질(학설(권리구제설, 법률상이익설,

법률상보호가치이익설, 행정통제설), 판례, 소결)
원고적격 인정요건 – 행정청의 의무, 사익보호성(근거법률, 관련법률, 헌법), 소
구가능성
S수녀원에게 침해되는 권리(법률상 보호이익) 있는가? 재산권, 수녀들의 환경권

3. 조선시설의 기초 시설 완성, 이 사건 처분 위법시 취소소송 제기시 어떤 판결?
- (쟁점) 사정판결의 의의, 개념, 요건, 절차, 가능성
  . (문제해결기준 : 근거조문) 행정소송법 제28조
  . (답안기술내용) 사정판결 의의, 요건, 절차, 효과, 본 사안 가능성 검토

4. 매립지 지방자치단체 귀속 분쟁에 대한 해결방법 – 지방자치법 제4조 제3항
- (쟁점) 매립지 구역결정의 의의, 절차, 쟁송
  . (문제해결기준 : 근거조문) 지방자치법 제4조 제3항
  . (답안기술내용) 매립지 구역결정의 의의, 절차, 쟁송

관리번호	시험과목명	사 례 형 제 2 문	시험관리관 확 인	점 수	채점위원인

〈1. 공유수면 매립목적변경승인의 법적 성질; 허가? 특허? 기속? 재량? 복효〉

Ⅰ. 문제의 소재

「공유수면매립법」 제49조 제1항에 따른 공유수면 매립목적변경승인(이하 '변경승인')은 매립면허관청이 甲에게 조선시설용지지역으로의 매립지이용을 가능하게 하는 구체적 사실에 대하여 법의 집행으로서 행하는 권력적 단독행위로서의 공법행위 즉 강학상 행정행위에 해당하는 바, 그 내용적 특성과 기속·재량여부, 나아가 제3자효 행정행위인지 여부를 검토한다.

Ⅱ. 변경승인의 법적 성질 – 행정행위의 내용, 기속·재량, 제3자효 행정행위, 대인대물 여부

1. 변경승인의 내용적 특성 – 특허

1) 허가인가? 특허인가? – (1) 변경승인은 승인을 받은 자에게 매립면허 당시 이용목적에서 변경하여 승인한 용도대로 사용가능하게 하는 처분이다. (2) 여기서 변경승인이 제한의 해제인지? 권리의 설정인지?가 문제가 되겠다. 즉 허가인지, 특허인지의 문제이다. (3) (가) 허가는 예방적 금지의 해제로서, 법령에 의해서 자유가 제한되고, 그 제한을 해제하여 자유를 회복시켜주는 행정행위로, 위험방지가 주목적으로, 요건을 충족한 누구나에게 해제가 예정되어 있으며, (나) 특허는 설권행위로서, 특정인에 대하여만 특정한 권리를 설정하는 행정행위로, 새로운 권리부여가 주목적으로, 누구나가 그 권리를 가질 수 있는 것은 아니다.

2) 변경승인은 특허 – 설문에서 변경승인은 위험방지를 목적으로 일반인에게 제한된 자유를 회복시켜주는 것이 아니라 특정인인 甲에게 조선시설용지로 사용할 수 있는 특정한 권리를 부여하는 설권행위, 즉 특허의 성격을 가지고 있다고 봄이 타당하다. 특히 기존의 매립목적에 대한 권리의 내용을 변경하는 변경행위에 해당한다.

2. 기속·재량, 제3자효 행정행위 검토

1) 법 제49조 제1항이 '매립면허취득자가 매립목적을 변경할수 있다'고 규정하는 바, 매립면허관청의 변경승인의 법적 성격은 명확치 않다. 2) 기속과 재량의 판단에 대해서 (가) 學說은 (ⅰ) 요건에 기초해 판단하는 요건재량설 (ⅱ) 행정행위의 효과(수익, 침익)를 기준으로 판단하는 효과재량설 (ⅲ) 법령규정방식, 취지·목적, 행정행위 성질을 종합적으로 고려하는 종합설, (나) 判例는 종합설의 기본입장에서 효과재량설을 보충기준으로 활용, 최근에는 공익성도 기준으로 제시 (다) (小結) 判例의 입장을 기본으로, 헌법의 기본권보장 즉 사익과 행정행위의 공익을 교량해 판단하는 기본권기준설을 가미하는 것이 타당하다고 본다.

3) (1) 사례에서 변경승인은 공유수면매립과 그 활용이라는 측면에서 매우 공익성이 요구되고, 이러한 취지는 법 제30조 제1항의 제3자의 피해를 고려한 엄격한 매립면허의 기준, 제48조의 원칙적 변경금지 등에서 살펴진다. (2) 따라서 변경승인을 받는 자의 사익보다 제3자인 매립관련 권

리자의 이익 즉 공익이 매우 중대한 바, 행정청이 폭넓은 재량을 가지고 판단(재량행위)함이 타당하다.

4) 변경승인은 승인을 받는 자에게 권리가 설정되고, 매립 관련 권리자 즉 제3자에게 권리침해 또는 이익이 이뤄질 수 있는 바, 복효적 행정행위로 제3자효 행정행위에 해당한다.

Ⅲ. 문제의 해결 – 법적 성질은 특허, 재량행위, 제3자효 행정행위로 파악된다.

〈2. S수녀원의 원고적격 인정 여부〉

Ⅰ. 문제의 소재

변경승인으로 재단법인인 S수녀원의 딸기잼 판매수입 감소와 수녀들의 환경상 이익 침해가 발생한 바, 이러한 이익의 침해가 변경승인 취소소송에서 원고적격을 인정할 수 있는 법률상 이익의 침해로 볼 수 있는지 검토한다.

Ⅱ. S수녀원의 원고적격 인정 여부 – 법률상 이익을 갖는가? – 법인 재산권, 수녀 환경권

1. 행정소송법 제12조 원고적격 – 법률상 이익

1) 원고적격의 의의 – (1) 행정소송법 제12조는 '취소소송은 처분등의 취소를 구할 법률상 이익이 있는 자가 제기할 수 있다'고 규정한다. (2) 법률상 이익의 의미와 관련해서 취소소송이 갖는 기능이 문제되는 바, (가) 學說은 (i) 권리가 침해된 자만이 소송을 제기하고 구제받을 수 있다는 권리구제설 (ii) 권리는 법률에서 정하고 있는 것이고, 따라서 법률에서 보호하는 이익을 침해당한 자의 구제기능을 한다는 법률상보호이익설 (iii) 법률에서 정하는 이익 외에도 보호가치가 있는 이익이라면 구제해야 한다는 보호가치있는이익설 (iv) 권리침해여부를 떠나 누구나 위법한 처분에 대해서는 시정을 요구할 수 있다는 적법성보장설 (나) 判例는 원고적격을 지나치게 확대하는 것은 주관소송을 원칙으로 하는 취소소송체계에 부합하지 않으므로 법률상보호이익설을 따른다. (다) (小結) 법률상 쟁송을 기본으로 하는 사법제도의 기본 틀을 감안할 때 判例견해 타당

2) 법률상 이익의 판단 – (1) 법 제12조의 법률상 이익의 해석에 있어 '법률'의 범위와 내용이 문제되는 바, (가) 學說은 (i) 해당처분의 근거법률의 규정과 취지 (ii) 근거법률 이외에 관련법률의 규정과 취지도 고려 (iii) 근거·관련법률 외에 헌법상 기본권 규정까지 고려, (나) 判例는 근거·관련법률 외에 기본권 규정까지 고려하여 해당 처분과 관련되는 법률, 기본권 규정이 있는 한 넓게 원고적격을 인정, (다) (小結) 헌법상 기본권 보호의 대원칙, 기본권 제한의 한계로서의 법률의 존재라는 관점에서 判例 견해가 타당하다.

2. S수녀원의 법률상 이익 침해가 있는가? – 법인의 재산권, 수녀들의 환경권 검토

1) (1) S수녀원은 재단법인으로 법 제12조의 법률상 이익이 있는 자의 '자'에 해당한다. (2) 다만, 변경승인으로 인한 딸기잼의 판매수입의 감소는 S수녀원이 갖는 재산권을 직접적·구체적으로 침해하는 것으로 처분의 근거법률인 공유수면매립법 제30조에서 보호하는 매립 관련 권리자의 이익과 헌법 제23조 제1항의 재산권에 근거한 이익을 침해한 것이다. (3) 따라서 법인은 재산권의 향유주체가 될 수 있는 바, 법률상 이익의 침해가 인정되므로 원고적격이 있다.

2) (1) 사안에서 변경승인은 수녀들의 환경상 이익을 침해하는 바, 수녀들의 이익의 침해를 이유로 수녀원이 원고적격을 가질 수 있는가 문제되겠다. (2) 수녀원은 수녀와 다른 권리주체로서 법인

이며, 수녀들이 갖는 환경권은 수녀원의 권리와는 구분된다. (3) 법인이 환경권의 주체가 될 수 있는가 여부에서는 논란이 있는 바, 본 설문에 근거해 판단할 경우, 수녀들의 환경권 침해가 곧 법인의 환경권 침해가 될 수는 없다. (4) 따라서 수녀들의 환경권 침해에 대해서는 수녀원이 직접 법률상 이익의 침해가 있다고 볼 수 없고, 환경권에 기한 원고적격은 부정된다.

Ⅲ. 문제의 해결 – 재산권 침해에 기하여 원고적격은 인정될 수 있다.

〈3. 취소소송에 대한 판결의 종류; 사정판결 가능성 검토〉

Ⅰ. 문제의 소재

매립예정지 근처 주민 乙의 취소소송 제기 시점에 이미, 상당부분 매립이 이뤄져 있고, 조선시설의 기초시설도 완성되어 있는 경우에, 변경명령이 위법하여 수소법원이 취소 인용판결을 하는 경우 현저히 공공복리에 적합하지 않을 수 있으므로 행정소송법 제28조의 사정판결 가능성을 검토한다.

Ⅱ. 법원의 사정판결 가능 여부 – 행정소송법(이하 '법') 제28조

1. 사정판결의 의의, 요건, 효과

1) 의의, 개념 – (1) 법 제28조는 (ㄱ) 원고의 청구가 이유가 있다고 인정하는 경우에도 (ㄴ) 처분을 취소하는 것이 현저히 공공복리에 적합하지 아니하다고 인정하는 때에는 (ㄷ) 법원이 원고의 청구를 기각할 수 있도록 하는 사정판결을 정하고 있다. (2) 사정판결을 하는 경우 법원은 (ㄱ) 주문에서 처분의 위법함을 명시하고 (ㄴ) 원고가 입게 될 손해의 정도와 배상방법을 미리 조사하여야 한다. (3) 원고는 또한 피고 행정청이 속하는 지방자치단체를 상대로 손해배상, 제해시설의 설치 등의 청구를 취소소송이 제기된 법원에 병합하여 제기할 수 있다.

2) 요건 절차 – (1) 사정판결은 취소소송의 경우에만 적용가능하다(행소법 제38조). 이에 대하여 무효확인소송 적용 여부가 문제되는 바, (가) 學說은 (i) 긍정설 – 무효와 취소는 하자의 정도에 차이에 불과하다 (ii) 부정설 – 행정소송법상 준용규정이 없고, 사정판결은 법치주의의 예외 (나) 判例는 당연무효인 처분은 존치시킬 효력 조차도 없으므로 사정판결을 할 수 없다고 판시 (다) (小結) 법치주의의 예외인점에서 엄격하게 해석하여야 하므로 부정설이 타당 (2) 또한 처분의 위법여부에 대한 판단은 처분시를 기준으로 하되, 공공복리로 인한 사정판결의 가능성 판단은 판결시를 기준으로 한다. (3) 사정판결은 당사자의 주장과 입증이 필요하나, 법 제26조 직권심리주의에 의거 명백한 주장이 없는 경우에도 기록에 나타난 사실을 기초로 사정판결을 할 수 있다(判例).

2. 법원의 사정판결 가능성 검토

(1) 변경승인이 위법한 경우에도 주민 乙이 제기한 취소소송의 수소법원은 매립이 상당부분 이뤄졌고, 조선시설의 기초도 일부 완성되어, 처분의 취소로 시설 철거에 소요되는 막대한 예산의 소요가 제기되어 오히려 현저히 공공복리에 적합하지 않다고 인정하면 기각판결(사정판결)을 할 수 있다고 할 것이다.

(2) 이 경우 피고 행정청의 주장과 입증이 없는 경우에도 법원은 직권심리원칙에 근거하여 기록을 근거로 석명권과 증거조사를 바탕으로 사정판결이 가능하다.

(3) 이때 주민 乙은 수소법원에 지방자치단체인 A도를 상대로 손해배상청구소송 및 재해시설의 설치 그 밖에 적당한 구제방법의 이행을 요구하는 당사자소송을 병합 제기할 수 있다.

Ⅲ. 문제의 해결 - 법원은 乙이 제기한 취소소송에 대하여 사정판결이 가능하다.

〈4. 매립지 구역결정 절차; 지방자치법 제4조 제3항부터 제9항까지〉

Ⅰ. 문제의 소재

공유수면매립법에 따른 매립지의 구역결정은 지방자치법 제4조 제3항부터 제9항까지의 절차에 따라 이뤄져야 하는 바, 이를 검토한다.

Ⅱ. 매립지 구역결정 - 지방자치법(이하 '법') 제4조 제3항

1. 구역결정 신청, 결정 및 이의 절차

1) 의의, 근거

(1) 공유수면의 매립지의 구역은 행정안전부장관이 정한다(법 제4조 제3항).

(2) 우선, 공유수면 매립면허관청 또는 관련 지방자치단체의 장은 준공검사 전에 행정안전부장관에게 해당 지역이 속할 지방자치단체의 결정을 신청하여야 한다(동조 제4항).

(3) 이 경우, 매립지의 매립면허를 받은 자는 매립면허관청에 해당 매립지가 속할 지방자치단체의 결정 신청을 할 것을 요구할 수 있다(동항).

2) 절차

(1) 행정안전부장관은 신청을 받은 후 지체 없이 그 사실을 20일 이상 관보나 인터넷 등의 방법으로 널리 알려야 한다(제4조 제5항).

(2) 알리는 기간이 끝난 이후 행정안전부장관은 지방자치단체중앙분쟁조정위원회의 심의·의결에 따라 매립지가 속할 지방자치단체를 결정하고, 그 결과를 면허관청, 관계 지방자치단체의 장 등에게 통보하고 공고하여야 한다(동조 제6항).

(3) 지방자치단체 중앙분쟁조정위원장은 심의과정에서 관계 지방자치단체의 장에게는 의견을 진술할 기회를 주어야 하며, 필요하다고 인정되는 경우 관계 중앙행정기관 및 지방자치단체의 공무원 또는 관련 전문가를 출석시켜 의견을 듣거나 관계 기관이나 단체에 자료 및 의견 제출 등을 요구할 수 있다.

3) 불복소송

(1) 관계 지방자치단체의 장은 행정안전부장관의 결정에 이의가 있으면 그 결과를 통보받은 날부터 15일 이내에 대법원에 소송을 제기할 수 있다(법 제4조 제8항).

(2) 이후 대법원의 인용결정이 있는 경우 행정안전부장관은 그 취지에 따라 다시 결정하여야 한다(법 제4조 제9항).

2. A도지사·B군수·C군수 신청, 지자체중앙분쟁조정위원회 심의의결, 행정안전부장관 결정

(1) 설문에서 매립면허관청인 A도지사나 관련 지방자치단체장인 B군수 또는 C군수는 행정안전부장관에게 결정신청을 하고, (2) 행정안전부장관은 지방자치단체중앙분쟁조정위원회의 심의·의결에 따라 결정한다. (3) 이 결정에 이의가 있는 B군수·C군수는 대법원에 소송을 제기할 수 있다.

Ⅲ. 문제의 해결

A도지사·B군수·C군수의 신청, 분쟁조정위 심의의결, 행안부장관 결정

<제 2 문>

甲, 乙, 丙 등은 노후·불량건축물에 해당하는 공동주택이 밀집한 지역에 거주하고 있는데, 그 지역('P지구'라 함)이 「도시 및 주거환경정비법」에 따라 정비구역으로 지정되어서 재개발사업을 추진하기 위해 재개발조합을 설립하기로 하였다. 그리하여 甲, 乙, 丙 등은 우선 그 정비구역에 위치한 건축물 및 그 부속토지의 소유자 과반수의 동의를 얻어 P지구 조합설립추진위원회를 구성하여 A시장의 승인을 받았다. 그 이후 P지구 조합설립추진위원회가 상기 소유자 4분의 3 이상의 동의를 받아 A시장으로부터 조합설립의 인가를 받았다. 그 후 이 P지구 재개발조합은 A시장으로부터 재개발사업 시행인가를 받았는데, A시장은 인가조건으로'지역발전협력기금 10억원을 기부할 것'을 부가하였다. 다음 물음에 답하시오.

1) 丙은 조합설립추진위원회 구성합의에 있어 하자가 있어 그 하자를 다투고자 한다. 이 경우 조합설립추진위원회구성 승인의 법적 성질과 하자를 다투기 위한 분쟁해결의 수단을 검토하라. (20점)

2) 乙은 조합설립추진위원회의 조합설립을 위한 소유자 동의 과정에서 하자가 있어 그 하자를 다투고자 한다. 이 경우 조합설립인가의 법적 성질과 이 하자를 다투기 위한 분쟁해결의 수단을 검토하라. (25점)

3) 재개발사업시행인가에 부가된 지역발전협력기금 기부조건은 어떤 부관에 해당하는가? 이 기부조건은 적법한가? (30점)

[참조조문]

※ 아래 법령은 각 처분당시 적용된 것으로 가상의 것이다.

「도시 및 주거환경정비법」(현행 법령을 사례 해결에 적합하도록 수정하였음)

제8 조(주택재개발사업 등의 시행자) ① 주택재개발사업은 조합이 이를 시행하거나 조합이 조합이 조합원 과반수의 동의를 얻어 시장·군수, 주택공사등, 건설업자, 등록사업자 또는 대통령령이 정하는 요건을 갖춘 자와 공동으로 이를 시행할 수 있다.

제13조(조합의 설립 및 추진위원회의 구성) ① 시장·군수, 지정개발자 또는 주택공사등이 아닌 자가 정비사업을 시행하고자 하는 경우에는 토지등소유자로 구성된 조합을 설립하여야 한다.
② 제1항에 따라 조합을 설립하고자 하는 경우에는 정비구역지정 고시 후 위원장을 포함한 5인 이상의 위원 및 운영규정에 대한 토지등소유자 과반수의 동의를 받아 조합설립을 위한 추진위원회를 구성하여 시장·군수의 승인을 받아야 한다.

제16조(조합의 설립인가 등) ① 주택재개발사업 및 도시환경정비사업의 추진위원회가 조합을 설립하려면 토지등소유자 4분의 3 이상이 동의를 얻어 다음 각 호의 사항을 첨부하여 시장·군수의 인가를 받아야 한다.
  1. 정관
  2. (이하 생략)

제28조(사업시행인가) ① 사업시행자는 정비사업을 시행하고자 하는 경우에는 사업시행계획서에 정관 등과 그 밖에 국토교통부령이 정하는 서류를 첨부하여 시장·군수에게 제출하고 사업시행인가를 받아야 한다.

※ 시험장에서 문제를 받자마자 여러분들이 3~5분 동안 해야 할 작업입니다. 문제에서 핵심을 찾아내고, 답안의 쟁점을 파악하여 간략하게 목차를 구성해 보는 것입니다. 이 이후에 본 답안작성에 들어가기 바랍니다.

〈제 2 문〉

☑ 문제의 핵심

1) 丙은 **조합설립추진위원회 구성합의**에 있어 하자가 있어 그 하자를 다투고자 한다. 이 경우 **조합설립추진위원회구성 승인의 법적 성질**과 **하자를 다투기 위한 분쟁해결의 수단**을 검토하라. (20점)

2) 乙은 조합설립추진위원회의 **조합설립을 위한 소유자 동의 과정에서 하자**가 있어 그 하자를 다투고자 한다. 이 경우 **조합설립인가의 법적 성질**과 이 하자를 다투기 위한 **분쟁해결의 수단을 검토**하라. (25점)

3) 재개발사업시행인가에 부가된 **지역발전협력기금 기부조건은 어떤 부관에 해당**하는가? 이 **기부조건은 적법한가?** (30점)

☑ 쟁점의 정리

1. 조합설립추진위원회 구성승인의 법적 성질과 하자의 다툼 방식
   - **(쟁점1) 인가? 특허? 허가?**
     . (문제해결기준 : 조문, 이론(허가, 특허, 인가) 판례)
     . (답안기술내용) 인가, 특허, 허가, 일반론, 도시 및 주거환경 정비법 제13조, 허가·인가·특허의 개념, 특성
     . (사례 포섭)
   - **(쟁점2) 기속? 재량?**
     . (문제해결기준 : 근거조문, 이론(학설, 판례 소결)) 도시 및 주거환경 정비법 제13조, 기속과 재량의 구별 이론(학설, 판례, 소결)
     . (답안기술내용) 기속과 재량의 구별이유, 구별기준(학설, 판례, 소결)
     . (사례 포섭)
   - **(쟁점3) 구성합의 하자 다툼의 방법, 인가에 있어서 기본행위 하자에 대한 다툼의 방식**
     . (문제해결기준 : 근거조문, 이론, 학설, 판례) – 인가에 있어서 분쟁해결방식
     . (답안기술내용) 학설, 판례, 소결
     . (사례 포섭) 기본행위 하자

2. 조합설립인가의 법적 성질과 설립결의의 하자에 대한 다툼 방식
   - **(쟁점1) 문제의 소재 : 특허인가? 인가인가?**
     . (문제해결기준 : 개념, 조문, 이론, 판례) – 도시 및 주거환경정비법 제16조, 제8조
     . (답안기술내용) 특허와 인가의 개념과 구별, 조합설립인가 규정, 법적 성질, 학설, 판례(판례변화), 소결
     . (포섭)

     – (쟁점2) **설립결의의 하자 다툼의 방법**

       . (문제해결기준 : 이론, 학설, 판례)

       . (답안기술내용) 인가의 법적 성질에 따라 설립결의는 행정행위의 한 요건,

                        따라서 특허 항고소송, 설립결의 자체 다툼 가능? (보충성, 즉시확정의 이익X)

       . (사례 포섭) 특허 취소소송

3. 지역발전협력기금 기부조건의 법적 성질, 조건인가? 부담인가?

     – (쟁점1) **부관의 종류 분별**

       . (문제해결기준 : 개념, 이론, 판례) – 부관의 개념, 종류, 구별

       . (답안기술내용) 부관의 개념, 의의, 종류(학설, 판례, 소결)

       . (포섭)

     – (쟁점2) **부관의 가능성, 부관의 한계(적법성)**

       . (문제해결기준 : 개념, 조문, 이론, 판례)

       . (답안기술내용) 부관의 가능성, 부관의 한계(적법성) – 이론, 학설, 판례, 소결

       . (포섭)

관리번호	시험과목명	사 례 형 제 2 문	시험관리관 확 인	점 수	채점위원인

〈 (1) 조합설립추진위원회 구성승인의 법적 성질과 구성합의의 하자에 대한 분쟁해결수단 〉

Ⅰ. 문제의 소재

조합설립추진위원회 구성합의의 하자를 다툼에 있어 (1) 「도시 및 주거환경정비법」 (이하 '법') 상 A시장의 조합설립추진위원회구성 승인의 법적 성질이 강학상 인가인지 또는 특허 등 다른 성격을 갖는지 밝혀야 하고, (2) 그에 따라 분쟁의 방법은 어떻게 취할 것인지가 문제되겠다.

Ⅱ. A시장의 조합설립추진위원회구성 승인의 법적 성질과 구성합의 하자에 대한 다툼의 방법

1. 조합설립추진위원회구성의 승인(이하 '구성승인')의 의의, 법적 성질

1) 의의 – A시장의 조합설립추진위원회 구성승인은 조합을 설립하기 위한 전단계 처분으로 법 제 13조 제2항에 따라 토지등소유자 과반수의 동의를 받은 구성결의에 대하여 행정청이 승인을 하여 효력을 부여하는 것이다.

2) 법적 성질 Ⅰ (인가?, 특허?, 허가?) – (1) 이에 대하여 구성승인이 인가에 해당하는지, 특허에 해당하는지, 또는 허가에 해당하는지가 문제되겠다. (2) 가) 인가는 행정청이 타자의 법률행위를 동의로써 보충하여 그 행위의 효력을 완성시켜주는 행정행위이고, 나) 특허는 행정청이 특정인에게 특정한 권리를 설정해 주는 행정행위이며, 다) 허가는 법령에 의하여 자유가 제한되어 있는 경우에 행정청이 그 제한을 해제하여 자유를 회복시켜 주는 행정행위를 말한다. (3) 도시 및 주거환경정비법 제13조에 따라 문언을 체계적으로 해석해 보면, 구성승인은 조합설립추진위원회를 구성하겠다는 토지소유자등의 구성결의의 효력을 완성시켜주는 인가로 보는 것이 타당해 보인다. (4) 구성승인에 따라 특별한 권리나 권한이 부여되거나, 예방적 금지의 해제로 보기도 어려워 특허나 허가로 보기 어렵다. (5) 따라서 인가로 봄이 타당하다.

3) 법적 성질 Ⅱ (기속행위?, 재량행위?) – (1) 구성승인이 사법상행위의 효력을 완성시켜주는 인가로 볼 경우 그 법적 성질이 기속행위에 해당하는지, 재량행위에 해당하는지도 문제가 되겠다. (2) 기속과 재량은 행정청의 법규에 대한 구속의 정도와 법원의 사법심사의 방식에 차이, 부관의 가능성 문제 등 그 구별의 실익이 존재한다. (3) 기속과 재량의 구별기준은 (가) 學說은 (i) 법률요건의 내용에 따라 구별(요건재량설), (ii) 법률효과에 따라 구별하는 입장(효과재량설), (iii) 법령의 규정방식, 취지, 목적, 행정행위의 유형을 종합적으로 고려하여 판단하는 입장(종합설)이 있다. (iv) 공익과 사익의 비교형량으로 기본권(사익)보장의 의미가 크면 기속으로 보는 기본권 기준설 (나) 判例는 종합설, (다) (小結) 기본권기준설을 중심으로 한 종합설로 보는 것이 타당해 보인다. (4) 그렇다면 구성승인은 주택재개발을 통하여 주거환경을 개선하려는 토지소유자의 구성결의에 대하여 효력을 완성시켜 주는 것으로 사인의 기본권과 그들의 적법한 합의를 존중하는데 의의가 있는 바, 행정청 입장에서는 요건을 충족하면 승인하는 기속행위로 보는 것이 합당하다고 사료된다.

2. 구성합의 하자에 대한 다툼의 방법 – 다툼의 대상 기본행위? 인가행위?

1) 인가의 하자에 대한 쟁송방법 – (1) 인가는 기본행위와 인가라는 보충행위로 구성되는 바, 기본행위에 하자가 있는 경우 다툼의 방법이 문제되겠다. (2) (가) 學說은 (i) 기본행위의 하자는 인가의 하자로 볼 수 없으므로 기본행위의 효력을 부인하는 민사소송을 제기하여 민사판결이 확정이 되면 인가의 무효나 취소를 다툴 수 있다는 주장, (ii) 일회적 분쟁해결과 기본행위의 하자를 제대로 검토하지 못한 인가행위에도 하자가 있는 것으로 곧바로 인가의 취소나 무효를 구할 수 있다는 주장 (나) 判例는 기본행위의 하자는 민사소송을 통해서 다투도록, (다) (小結) 기본행위의 하자판단은 민사법원의 전속관할사항이므로 判例의 입장이 타당할 것이다.

2) (1) 사안에서 구성합의의 하자는 기본행위의 하자에 해당하므로, 민사소송을 통해 다투는 것이 타당할 것이다. (2) 이후 행정소송을 통해 무효의 확인을 구해야 할 것이나, 민사판결에서 구성합의의 무효가 확인되면, 그 효력을 보충 완성시키는 인가도 당연무효가 될 것이다.

〈 2) 조합설립인가의 법적 성질과 소유자 동의 과정의 하자를 다투는 방법 〉

Ⅰ. 문제의 소재

조합설립을 위한 소유자 동의과정에서 하자를 다툼에 있어서 (1) A시장의 법 제16조 제1항에 근거한 조합설립인가가 강학상 인가에 해당하는지?, 특허에 해당하는지? 허가에 해당하는지? 이를 밝혀야 하고 (2) 그에 따라 동의과정의 하자의 다툼의 방식이 문제되겠다.

Ⅱ. 조합설립인가의 법적 성질과 동의과정의 하자에 대한 다툼의 방식 검토

1. 조합설립인가의 법적 성질I(강학상 인가? 특허? 허가?)

1) 인가, 특허, 허가의 의의 – (1) 인가는 행정청이 타자의 법률행위를 동의로써 보충하여 그 행위의 효력을 완성시켜주는 행정행위이며, (2) 특허는 행정청이 특정인에게 특정한 권리를 설정해 주는 형성적 행정행위이다. (3) 허가는 사인의 기본권에 대하여 행정청이 질서의 유지를 위하여 예방적으로 금지하였던 것을 해제하여 자유를 회복시켜 주는 명령적 행정행위이다.

2) 조합설립인가의 법적 성질 – (1) 이에 대하여 (가) 學說은 (i) 조합설립행위를 기본행위로, 설립인가를 기본행위의 효력을 완성하는 보충행위의 인가로 보는 인가설 (ii) 조합은 법 제8조 제1항에 의하여 주택재개발사업을 시행할 수 있는 시행자의 지위를 갖고, 사업시행계획서를 작성하는 등 일정한 행정작용을 행하는 행정주체로서의 권한을 갖는 바, 권리를 설정하는 형성적 행정행위로서 특허로 보는 특허설 (나) 判例는 이전에 인가설을 취하다가 최근에 주택재건축사업을 시행하는 목적범위내에서 법령이 정하는 행정작용을 행하는 행정주체의 지위를 부여하는 특허로 봄이 타당하다고 하여 현재 특허로 보고 있다. (다) (小結) 判例의 견해가 타당하다.

3) 조합설립인가의 법적 성질Ⅱ(기속행위? 재량행위?) – (1)행정청의 법규의 구속의 정도와 법원의 사법심사의 방식의 차이, 부관의 가능성의 문제로 기속과 재량의 구별이 필요한바, (2) 기속행위와 재량행위의 구별에 관하여 (가) 學說 (i) 요건재량설, (ii) 효과재량설, (iii) 판단여지설 (iv) 기본권기준설 (v) 종합설 (나) 判例는 종합설 (다) (小結) 기본권기준설에 입각한 종합설 (3) 조합설립인가는 행정주체로서의 일정한 권한을 부여하는 설권적 처분으로 법의 규정취지, 목적상 재량행

위로 봄이 타당하고 더더욱 기본권기준설에 입각할 때 조합설립인가는 사익보다 공익관련성이 매우 큰 바, 재량행위로 봄이 타당하다고 할 것이다.

2. 소유자 동의 과정의 하자에 대한 분쟁해결의 수단

1) (1) 조합설립인가는 조합에 일종의 행정청의 권한을 부여하는 설권적 처분에 해당하는 바, 조합설립에 있어 소유자 동의는 조합설립인가라는 행정행위를 이루는 하나의 절차에 해당하고 따라서 동의과정의 하자는 일종의 절차상 하자로 봄이 타당하다. (2) 따라서 조합원의 동의는 별도의 민사소송에 의해서 다투는 것이 아니라 인가의 절차의 하자를 다투는 방식인 인가의 취소를 구하는 방식으로 다툼이 타당할 것이다. (3) 判例도 조합설립결의의 하자는 항고소송의 방법으로 인가 자체의 취소나 무효를 다투는 것이 합당하다고 판시한바 있다. (4) 또한 인가가 있은 이후에 설립결의의 하자만을 다투는 소송에서 인가가 있는 이상 설립결의의 하자만을 다툴 확인의 이익이 없다고 판시한 바 있다(보충성 부재, 최종적 권리구제 수단 아님, 확정이익 없음).

Ⅲ. 문제의 해결 – 조합설립인가는 강학상 특허, 재량행위, 동의 하자는 인가취소소송으로 권리구제.

〈 3) 기부조건의 법적 성질 및 위법성 〉

Ⅰ. 문제의 소재

(1) 지역발전협력기금 기부조건이 어떤 부관에 해당하는지? 특히 조건인지 부담인지가 문제되고, (2) 기부조건의 적법성과 관련하여 재개발사업시행인가에 부관이 가능한지 그 부관이 적법한지가 문제된다.

Ⅱ. 지역발전협력기금 기부조건의 법적 성질과 부관의 가능성 적법성 검토

1. 기부조건의 법적 성질 – 조건인가 부담인가

1) 부관의 의의, 종류 – (1) 부관은 행정행위의 효과를 제한하거나 특별한 의무를 부과하거나 요건을 보충하기 위하여 주된 행위에 붙여진 종된 규율로 부관은 조건, 기한, 철회권유보, 부담, 부담유보, 수정부담, 법률효과의 일부배제로 분류된다. (2) 조건은 행정행위의 효력의 발생소멸을 장래에 발생여부가 객관적으로 불확실한 사실에 의존시키는 부관이며, (3) 기한은 행정행위의 효력발생소멸을 장래에 발생여부가 확실한 사실에 종속시키는 부관이고, (4) 부담은 수익적행정행위에 부가된 부관으로 상대방에게 작위, 부작위, 수인, 급부의무를 명하는 부관이다.

2) 조건과 부담의 구별 일반 – (1) 지역발전협력기금 기부조건은 법 제28조 사업시행인가에 붙여진 부관으로 조건인지 부담인지가 문제된다. (2) 조건과 부담의 구별에 관하여 부관 준수의 중요성, 주된 행정행위와의 밀접성에 따라 판별한다. (3) 즉 행정행위의 효력 자체를 부관에 의존시켜야 할 필요가 있는 경우, 부가된 부관의 내용이 행정행위의 요건과 밀접하게 관련되어 있는 경우는 조건으로 보는 것이 타당하고, 그렇지 않은 경우는 부담으로 보는 것이 타당하다. (4) 또한 부담이 조건보다 상대방에게 유리하므로 구별이 모호한 경우에는 부담으로 추정하는 것이 타당하다.

3) 조건인가? 부담인가? – (1) 조건이면, 기부가 이뤄져야 사업시행인가의 효력이 발생하며, (2) 부담이면, 기부여부와 관계없이 사업시행인가의 효력은 발생하고 10억원 기부조건은 별도의 급부의무로 보게 된다. (3) 본 사안의 경우 기부는 사업시행인가의 효력과의 밀접관련성이 있다

4쪽으로→

고 보기 어렵다. 즉 사업시행인가의 효력 자체를 의존시킬 필요는 없어 보인다. 또한 구별이 모호하면 상대방에게 유리하게 부담으로 해석하는 것이 타당하므로 10억원의 기부조건은 사업시행인가의 효력발생과는 무관한 부담으로 보는 것이 타당하다.

2. 기부조건의 가능성 판단(부관에 대한 법률의 근거 규정 없음에도 부관 붙일 수 있는가?)

1) 부관의 가능성(법률유보 없이 가능?) 판단 기준

(1) 부관의 가능성은 어떠한 종류의 행정행위에 대하여 부관을 부가할 수 있는가? 특히 법률에 근거가 없는 경우 부관이 가능한가의 문제이다.

(2) 이에 대하여 (가) 學說은 법률의 규정이 없는 경우에 (i) 재량행위에는 부관을 붙일 수 있으나, 기속행위에는 붙일 수 없다는 견해 (ii) 법률행위적 행정행위에는 붙일 수 있으나, 준법률행위적 행정행위에는 붙일 수 없다는 견해 (iii) 수익적 행정행위에는 붙일 수 있다는 입장 등이 있고 (나) 判例는 이상의 각 견해를 취한바 있어 일관된 기준을 설시하고 있지 않으나 대체로 재량행위에는 법률에 규정이 없더라도 부관을 붙일 수 있다고 판시하고 있다. (다) (小結) 判例의 입장은 일관되지 않는 바, 부관도 법률유보의 대원칙에 따라 법률에 근거가 있는 경우에 부관을 붙일 수 있다고 보는 것이 타당하고 사료된다. (라) 다만 본 사례해결의 기준은 判例에 따른다.

2) 본 사안에서 법률의 규정 없이도 부관 붙일 수 있는가?

(1) 본 법에 따른 사업시행인가는 기속행위와 재량행위의 구별에 관하여 법령의 규정방식, 취지, 목적, 행정행위의 유형을 종합적으로 고려하여 판단하는 입장(종합설)에 따를 때, 법 제28조의의 규정취지, 목적상 재량행위로 봄이 타당하고 더더욱 기본권기준설에 입각할 때 공익관련성이 매우 큰 바, 재량행위로 봄이 타당하다고 할 것이다.

(2) 따라서 재량행위인 사업시행인가에는 법령에 근거가 없더라도 부관이 가능하다.

3. 기부조건의 적법성(사항적 한계 지키고 있는가?, 법률우위의 원칙)

1) 부관의 한계(법률우위의 문제)

(1) 부관은 사항적, 목적상, 시간상 한계를 충족하여야 하는 바, 부관의 한계를 충족하여야 한다. 사항적 목적상 한계로 주된 행정행위와의 관계에서 부당결부금지원칙을 위반함이 없어야 하고, 시간상 한계로 사후에 부관은 명문의 규정이 있거나 상대방 동의가 있는 경우를 제외하고는 붙일 수 없다.

2) 기부조건 적법한가?

(1) 본 사례에서는 사업시행인가와 10억원의 기부조건이 과연 상호 실질적 관련성이 있으며, 법률우위의 원칙에 따라 행정법의 일반원칙을 위반함이 없는가? 특히 부당결부금지원칙, 비례원칙에 위반되지 않는가가 문제된다.

(2) 지역발전협력기금은 재개발사업과 관계가 없으므로 주된 행정행위인 사업시행인가와 실질적 관련성이 없다고 봄이 타당하다. 즉 부당결부금지의 원칙에 반하는 바, 위법하다고 할 것이다.

Ⅲ. 문제의 해결

기부조건은 부담에 해당하며, 부당결부금지원칙을 위반하는 위법한 부담이다.

〈제 1 문〉

Y세무서장은 '甲이 구(舊) 국세기본법 제39조 제1항 제2호 다목에 규정된 제2차 납세의무자에 해당한다'는 이유로 주택건설업을 영위하는 A주식회사의 체납 국세 전액에 대한 납부를 명하는 과세처분을 甲에게 부과하였다. 甲은 A주식회사의 최대주주인 배우자 丙과 함께 과점주주에 해당하였다.

그런데 그 후 헌법재판소는 위 조세 부과의 근거가 되었던 법률 규정이 조세평등주의와 실질적 조세법률주의에 위반되고 과점주주의 재산권을 침해한다는 이유로 위헌을 결정하였다. 그러나 Y세무서장은 그 이후에 이 사건 과세처분에 따라 당시 유효하게 시행 중이던 국세징수법을 근거로 체납 중이던 원고 甲의 체납액 및 결손액(가산세 포함)을 징수하기 위하여 甲 명의의 예금 채권을 압류하였다.

1. 위 사안에서 Y세무서장의 과세처분의 근거가 되는 법률조항은 해당 과세처분이 발급된 후에 위헌결정이 내려졌다. 이에 甲은 위헌 법률에 근거하여 Y세무서장이 내린 과세처분은 무효라고 주장하고 있다. 甲의 주장은 타당한가? (30점)

2. 한편, 甲은 Y세무서장의 과세처분에 대한 취소소송을 제기하려 하였으나, 그 제소기간이 경과하여서, Y세무서장의 예금채권 압류의 위법을 다투면서 Y세무서장의 과세처분에 대한 하자를 주장하려고 한다. 압류의 위법을 다투면서 과세처분의 하자를 주장할 수 있는지를 검토하라. (25점)

3. 甲이 Y세무서장의 압류에 대하여 하자가 있음을 주장하면서 권리구제를 받으려면 어떠한 행정소송을 제기할 수 있겠는가? (20점)

[참조조문]

「국세기본법」

제39조(출자자의 제2차 납세의무) 법인의 재산으로 그 법인에 부과되거나 그 법인이 납부할 국세·가산금과 체납처분비에 충당하여도 부족한 경우에는 그 국세의 납세의무 성립일 현재 다음 각 호의 어느 하나에 해당하는 자는 그 부족한 금액에 대하여 제2차 납세의무를 진다. 다만, 제2호에 따른 과점주주의 경우에는 그 부족한 금액을 그 법인의 발행주식 총수(의결권이 없는 주식은 제외한다. 이하 이 조에서 같다) 또는 출자총액으로 나눈 금액에 해당 과점주주가 실질적으로 권리를 행사하는 주식 수(의결권이 없는 주식은 제외한다) 또는 출자액을 곱하여 산출한 금액을 한도로 한다. <개정 2013.5.28., 2014.12.23. >

1. 무한책임사원
2. 주주 또는 유한책임사원 1명과 그의 특수관계인 중 대통령령으로 정하는 자로서 그들의 소유주식 합계 또는 출자액 합계가 해당법인의 발행주식 총수 또는 출자총액의 100분의 50을 초과하면서 그에 관한 권리를 실질적으로 행사하는 자들(이하 "과점주주"라 한다)

「국세징수법」

제14조(납기 전 징수) ① 세무서장은 납세자에게 다음 각 호의 어느 하나에 해당하는 사유가 있을 대에는 납기 전이라도 이미 납세의무가 확정된 국세는 징수할 수 있다.
1. 국세의 체납으로 체납처분을 받을 때

제24조(압류) ① 세무서장(체납기간 및 체납금액을 고려하여 대통령령으로 정하는 체납자의 경우에는 지방국세청장을 포함한다. 이하 같다)은 다음 각 호의 어느 하나에 해당하는 경우에는 납세자의 재산을 압류한다.
1. 납세자가 독촉장(납부최고서를 포함한다)을 받고 지정된 기한까지 국세와 가산금을 완납하지 아니한 경우
2. 제14조 제1항에 따라 납세자가 납기 전에 납부 고지를 받고 지정된 기한까지 완납하지 아니한 경우
② 세무서장은 납세자에게 제14조 제1항 각 호의 어느 하나에 해당하는 사유가 있어 국세가 확정된 후에는 그 국세를 징수 할 수 없다고 인정할 때에는 국세로 확정되리라고 추정되는 금액의 한도에서 납세자의 재산을 압류할 수 있다.
③ ~⑤ <생략>
⑥ 세무서장은 제2항에 따라 압류한 재산이 금전, 납부기한 내 추심(推尋)할 수 있는 예금 또는 유가증권인 경우 납세자의 신청이 있을 때에는 확정된 국세에 이를 충당할 수 있다.

※ 시험장에서 문제를 받자마자 여러분들이 3~5분 동안 해야 할 작업입니다. 문제에서 핵심을 찾아내고, 답안의 쟁점을 파악하여 간략하게 목차를 구성해 보는 것입니다. 이 이후에 본 답안작성에 들어가기 바랍니다.

〈제 1 문〉

☑ 문제의 핵심

1. 위 사안에서 Y세무서장의 과세처분의 근거가 되는 법률조항은 **해당 과세처분이 발급된 후에 위헌결정**이 내려졌다. 이에 **甲은 위헌 법률에 근거하여** Y세무서장이 내린 **과세처분은 무효라고 주장**하고 있다. 甲의 주장은 타당한가? (30점)

2. 한편, 甲은 Y세무서장의 과세처분에 대한 취소소송을 제기하려 하였으나, 그 **제소기간이 경과**하여서, Y세무서장의 예금채권 **압류의 위법을 다투면서** Y세무서장의 **과세처분에 대한 하자를 주장**하려고 한다. 압류의 위법을 다투면서 과세처분의 하자를 주장할 수 있는지를 검토하라. (25점)

3. 甲이 **Y세무서장의 압류에 대하여 하자가 있음을 주장하면서 권리구제를 받으려면 어떠한 행정소송을 제기**할 수 있겠는가? (20점)

☑ 쟁점의 정리

1. 위헌법률에 근거한 과세처분의 효력
  - (쟁점1) **위헌법률심판 위헌결정의 효력**(소급효와 소급효인정의 범위)
    . (문제해결기준 : 조문, 이론(학설), 판례) 헌법재판소법 제47조 제2항의 해석(실정법)
    . (답안기술내용) 근거조문의 명시와 의의 기술, 헌법재판소, 대법원의 입장 - 위헌결정의 효력(당해, 동종, 병행, 일반사건)
  - (쟁점2) **위헌결정의 효력이 과세처분에 미치는 경우 과세처분의 하자의 정도**
    . (문제해결기준 : 개념(무효와 취소), 관련조문, 이론, 학설, 판례) 무효와 취소 구별의 의의와 구별기준(학설, 판례, 소결)
    . (답안기술내용) 무효와 취소(개념, 의의, 구별실익, 구별기준), 구별기준에 따른 과세처분의 하자의 정도 판단과 무효여부 판단
  - (포섭)

2. 과세처분의 하자가 압류의 하자에 승계되는가? (하자의 승계)
  - (쟁점) 하자의 승계
    . (문제해결기준 : 이론(하자승계 인정논의), 요건, 효과) 하자승계론의 의의, 논의, 판례
    . (답안기술내용) 전통적 하자승계론(하나의 효과를 목적으로 단계적으로 이뤄지는 경우), 규준력이론(수인가능성을 기준으로 개별적으로 판단)
      ※ (수인가능성이론, 수인불가능하면 규준력이 존재할 수 없다고 하는 이론), 하자승계(당시 예측불능의 상황이므로)
    . (포섭) 과세처분과 압류와의 하자승계 인정가능성 검토

3. 압류의 하자에 대해 甲이 취할 수 있는 권리구제 수단

- (쟁점) **헌법재판소 위헌결정의 기속력 인정 문제**
  - . (문제해결기준 : 조문, 이론(학설), 판례) – 헌법재판소법 제47조, 헌재결정례(다수, 소수)
  - . (답안기술내용) – 과세처분의 근거법률 위헌결정, 제소기간 도과 불가쟁력, 유효, 그에 기한 압류, 과연 압류할 수 있겠는가? 압류의 하자를 다툴 수 있는 방법
    - 헌법재판소 위헌결정의 기속력(헌법재판소법 제47조, 다수의견), 헌재결정례 (※ 소수의견 : 유효한 과세처분과 유효한 국세징수법에 따른 압류이므로 하자 없다!, 따라서 압류는 유효하므로 사법적 권리구제수단은 부재하다는 입장)
  - . (포섭)

관리번호	시험과목명	사 례 형 제 1 문	시험관리관 확　　인	점　　수	채점위원인

〈1. 위헌인 법률에 근거한 과세처분의 효력〉

Ⅰ. 문제의 소재

甲의 주장의 타당성을 판단하기 위하여는 (1) 위헌결정의 효력이 위헌결정 이전에 이뤄진 과세처분에도 미치는지?(위헌결정의 소급효의 인정범위), (2) 소급효가 인정되는 경우 과세처분의 하자가 무효에 이르는지?(하자의 정도)를 검토해야 한다.

Ⅱ. 위헌결정의 효력이 과세처분에도 미치는가? - 위헌결정의 소급효의 인정범위

1. 헌법재판소의 위헌법률심판 위헌결정의 효력 범위 일반론 - 소급효의 인정범위

1) 의의, 근거 (장래효 원칙) - 헌법재판소법 제47조 제2항은 위헌으로 결정된 법률 또는 법률의 조항은 그 결정이 있는 날부터 효력을 상실한다고 하여 결정일 이후부터 법률의 효력이 상실되는 장래효를 원칙으로 하고 있다.

2) 이에 대하여, 憲裁 判例는 (1) 위헌제청신청을 한 당해사건과 제청신청중인 동종사건에 위헌결정의 효력이 소급해서 미치고, (2) 위헌제청신청 당시 법원에서 위헌결정의 대상이 되는 법률에 근거한 처분의 위법성을 다투고 있는 병행사건에 대해서도 위헌결정의 효력이 미친다고 본다. (3) 한편, 위헌결정 이후에 법원에 제소한 일반사건은 원칙적으로 위헌결정의 소급효가 인정되지 않으나 법원의 판단에 따라 사인의 권리구제와 신뢰보호의 원칙 및 법적안정성을 고려하여 사인의 권리구제의 이익이 큰 경우에는 소급효를 인정할 수 있음을 용인한다(법원의 판결재량).

3) 大法院은 당해사건, 동종사건, 병행사건에 대해서 위헌결정의 소급효를 인정할 뿐만 아니라, 일반사건의 경우에도 사인의 권리구제의 이익이 크므로 소급효를 인정함이 타당하다고 본다. 다만, 예외적으로 일부사건에서 신뢰보호의 원칙과 법적안정성을 크게 고려해야 할 필요가 있는 경우로 위헌결정의 소급효를 제한한 바 있다.

4) (小結) 일반사건에 대한 소급효의 인정에 있어 헌법재판소와 대법원간에 차이가 있으나 이는 결국과 공익과 사익을 비교형량하여 사익 즉 개인의 권리구제가 우선되는 경우에는 공히 소급효를 인정하고 있는 바, 결국 같은 입장으로 이해 된다.

2. 위헌결정의 효력이 위헌결정 이전에 한 과세처분에 미치는지? - 일반사건 소급효 긍정

1) (1) 설문에 따르면 달리 과세처분에 대한 항고소송을 제기한 바 없이 위헌결정이 나온 바, 이는 일반사건에 해당한다. (2) 결국 과세처분의 하자를 다퉈 효력을 바로 잡는 문제가 사인의 권익구제와 공익 즉 법적안정성을 비교교량한 경우 어떤 이익이 더 큰가의 문제로 귀결되는 바, (3)이는 사인의 권리의 구제에 보다 중요성이 있는 사안이라 사료된다.

2) 따라서, 헌재와 대법원의 견해와 같이 위헌결정의 효력은 당연히 과세처분의 효력을 영향미치며, 이는 과세처분 이후에 근거법률의 효력이 없어진 경우로, 하자의 정도의 문제로 귀결된다.

Ⅲ. 과세처분 이후의 근거법률이 무효가 된 경우 과세처분의 효력 – 무효인가 취소인가?

1. 행정행위 하자론(무효와 취소의 구별 문제)

1) 의의와 구분

(1) 행정행위 하자는 강학상 개념으로 행정행위의 적법요건상의 흠을 의미한다. (2) 행정행위의 공정력으로 인하여 무효인 하자와 행정행위의 법적안정성을 위하여 공정력을 인정하는 취소를 구할 수 있는 하자로 구분한다.

2) 구별기준

(1) 무효와 취소의 구별에 대하여 (가) (學說) (ⅰ) 중대한 하자가 있으면 무효로 보는 중대설 (ⅱ) 중대하고 명백한 하자가 있는 경우 무효로 보는 중대명백설 (ⅲ) 중대명백설의 입장에서, 명백성요건을 완화하여 관계공무원입장에서 명백하면 무효로 보는 조사의무설 (ⅳ) 원칙적으로 중대하면 무효로 보는 것이 타당하나 당해 처분이 제3자에게 영향을 미칠 경우에는 명백성을 추가요건으로 판단하는 명백성보충요건설이 있으며 (나) (ⅰ) 大法院 判例는 중대명백설의 입장에 따른다. 다만 난지도펜스공사사건에서 소수의견으로 명백성보충요건설이 주장된 바 있다. (ⅱ) 憲法裁判所도 중대명백설을 따르나, 예외적으로 행정처분의 효력이 쟁송기간이 도과한 이후에도 여전히 잔존하고 무효로 하더라도 제3자의 피해가 없으며(법적안정성 유지), 그 하자가 중대하여 사인의 권익구제가 절실한 사안에서 중대한 하자만으로도 무효가 된다는 입장을 취한 바 있다. (다) (小結) 법률적합성의 원칙과 법적안정성을 공히 도모하는 중대명백설이 타당하다고 본다.

2. 과세처분 이후의 근거법률의 효력이 상실(무효가)된 경우 과세처분의 효력

1) (1) 근거법률이 무효가 된 이상 무효인 근거법률에 기한 과세처분의 하자는 내용상 중대하다고 할 것이다. (2) 다만, 과세처분 당시에는 근거법률의 효력이 유효한 바, 그 하자가 명백하다고 보기 어렵다고 할 것이다.

2) 따라서 중대한 하자이기는 하나 명백한 하자라고 보기 어려우므로 중대명백설에 따를 경우 취소할 수 있는 정도의 하자(단순위법)로 볼 수 있다고 할 것이다.

3) 더불어, 만약 명백성보충요건설의 입장에 따를 때에는 본 과세처분은 사인의 권익구제가 더욱 절실한 침익적 처분에 해당하고 법적안정성 즉 공익의 측면은 그에 비에 다소 형량가치가 적은 바, 그렇다면 명백성 요건은 심사기준에서 제외되므로, 중대한 하자로 무효의 하자로 판단될 것이다.

Ⅳ. 문제의 해결

1) (1) 위헌 법률에 근거하여 내린 과세처분의 효력은 하자의 정도가 중대하나 명백에 이르지 않아 취소정도의 하자에 해당하므로 ㉠ 취소소송이 제기전이면 유효하고 ㉡ 취소소송으로 확정판결을 받은 경우에는 소급해서 효력이 없어져 무효가 될 것이다. (2) 다만, 제소기간이 도과하여 취소소송 제기가 어려운 경우에는 유효인 과세처분으로 확정될 것이다.

2) 따라서, 본 사안에서 甲이 과세처분이 무효라는 주장은 이유가 없다. 타당하지 않다.

〈2. 하자의 승계 ; Y세무서장의 압류에 Y세무서장의 과세처분의 하자 승계 가능?〉

Ⅰ. 문제의 소재

과세처분의 하자가 압류에 승계될 수 있는지? 하자의 승계가 문제되며, 특히 최근 判例가 전통적인 하자승계론과 구속력설(규준력설, 수인한도론)을 고루 적용하여 문제를 해결하고 있는 바, 이에 대한 검토가 필요하다.

II. 하자승계의 의의, 논의, 판례 및 본 사안 해결

1. 하자승계론의 의의, 논의, 판례의 입장

1) (1) 하자승계는 선행행위의 하자가 후행행위에 승계되는 것을 말한다. (2) 하자승계논의는 ① 둘 이상의 행정행위가 연속으로 이뤄지고, ② 선행행위의 하자에 취소사유가 있음에도 제소기간의 도과로 선행행위를 다툴 수 없게 되어(선행행위의 불가쟁력 발생), ③ 최종적인 목적을 같이 하는 연속된 후행 행정행위에 관한 다툼에서 선행행위의 하자를 이유로 후행 행정행위를 취소할 수 있게 함으로써 ④ 사인의 권익을 적극 구제하는데 의의가 있다.

2) (가) 學說은 (i) 〈전통적 하자승계론〉 하자는 원칙적으로 행정행위마다 독립적으로 판단되어야 하나, 예외로 선행행위와 후행행위가 ① 일련의 절차를 구성하면서 ② 하나의 효과를 목적으로 하는 경우에 하자가 승계된다는 논의와 (ii) 〈수인한도론〉 일반적으로 선행 행정행위의 내용과 효력이 후행 행정행위에 영향을 미쳐, 법원과 당사자를 구속하나(구속력), 선행 행정행위가 후행 행정행위에 영향을 미칠지에 대하여 ① 예측이 불가능한 상황이었거나 ② 미치는 영향이 수인한도를 넘는 경우에는 선행행위의 구속력이 후행행위에 미친다고 할 수 없고, 선행행위에 대한 구속력이 배제되어 후행행위를 다투면서도 선행행위의 위법을 주장할 수 있다는 논의이다.

3) (나) 判例는 (1) 원칙적으로는 하자승계론에 따르고, 더불어서 수인한도론에 의거한 판결을 내고 있다. (2) 하자승계론에 입각하여 대집행절차상 계고처분과 영장발부통보처분, 국세징수법상 독촉과 가산금·중가산금 징수처분에 대해 하자의 승계를 인정하였고, 건물철거명령과 대집행계고처분, 과세처분과 체납처분은 하자의 승계를 부정하였다. (3) 더불어서 수인한도론에 의거하여 개별공시지가결정과 양도소득세부과처분, 표준지공시지가결정과 수용재결에서 선행행위 단계에서 후행행위를 예측할 수 없어 수인한도를 넘는 바, 구속력을 부인하고 선행행위의 하자를 후행행위단계에서 주장할 수 있게 하였다.

4) (다) (小結) 하자승계론을 기본으로 하되 수인한도론을 공히 수용하는 判例의 태도는 타당하다고 보며, 사인의 권익구제에 보다 기여할 수 있는 방안이라 사료된다.

2. 과세처분의 하자가 압류에 승계될 수 있겠는가?

1) (1) 과세처분과 압류는 시간적으로 선후의 관계에 있으나, 과세처분은 납세의무 이행을 목적으로 하며, 압류는 국세수입확보를 목적으로 하는 바, 하나의 효과를 목적으로 하는 단계적 행정행위로 보기 어렵다고 할 것이다.

(2) 따라서 전통적 하자승계론에 의한 하자승계는 적용되지 어렵다 할 것이다.

2) 또한 수인한도론에 의하는 경우에도 과세처분과 압류의 관계에서 예측불가능하거나 수인한도를 초과하여 불측의 피해를 입을 사정이 없는 바, 적용하기 어렵다 할 것이다.

3) 따라서 과세처분의 하자를 압류의 위법을 다투면서 주장하기 어렵다 할 것이다.

4쪽으로→

Ⅲ. **문제의 해결** – 甲은 압류의 위법을 다투면서 과세처분의 하자를 주장할 수 없다.

〈3. 압류의 효력과 행정소송의 종류〉

Ⅰ. **문제의 소재**

과세처분 이후 과세의 근거가 되는 법률이 위헌으로 결정되어 그 효력이 상실된 경우, 과세처분의 집행력을 확보하는 체납처분으로서의 압류의 효력이 문제되는 바, 어떠한 행정소송을 제기하여야 할지를 결정함에 있어서는 헌법재판소 위헌결정이 갖는 효력이 집행력을 확보하는 처분에까지 미칠 수 있는가? 그 가부에 대한 검토가 필요하다.

Ⅱ. **헌법재판소 결정의 효력, 체납처분의 효력(하자의 정도)과 행정소송의 유형**

1. **헌법재판소 위헌결정의 효력 – 기속력 (처분의 집행에 까지 미치는가?)**

1) (1) 헌법재판소법 제47조 제1항은 법률의 위헌결정은 법원과 그 밖의 국가기관 및 지방자치단체를 기속한다고 규정하여 기속력을 규정하고 있다. (2) 기속력으로 위헌으로 결정한 법률에 근거한 처분과 판결은 할 수 없으며, 만약 이에 위반하여 처분이나 판결을 하는 경우 그 처분이나 판결은 기속력 위반으로 당연무효가 된다. (3) 나아가 기속력은 처분이 있은 이후, 당해 처분의 근거가 되는 법률이 위헌으로 결정된 경우에, 그 처분의 효력을 유지하기 위한 집행력 확보수단인 후속 처분(독촉, 압류 등)도 위헌결정의 기속력에 결국 배치되는 것이므로 당연무효가 된다는 것까지 포함한다(判例).

2) (1) 위헌법률에 근거한 처분의 집행에 기속력이 미쳐 무효가 된다는 것에 대하여 (가) (學說)은 (i) 위법성의 승계, 위헌적 법적용의 집행배제로 처분의 집행은 당연무효가 된다는 주장(무효설) (ii) 위헌법률에 근거한 처분이지만 불가쟁력이 발생하여 유효한 것으로 확정된 이상 이후의 집행(독촉, 압류)은 유효한 처분의 실효성을 확보하는 것으로 유효하다는 주장(유효설)이 있고, (나) 判例는 기속력이 미쳐 무효가 된다는 입장이며, (다) (小結) 헌법재판소법 제47조 제1항의 위헌결정의 기속력 즉 결정준수의무를 위반한 것이므로 그 처분의 집행은 무효가 됨이 타당하다고 본다.

2. **압류의 하자 – 기속력 위반으로 무효인 하자**

압류는 헌법재판소 위헌결정의 기속력, 즉 결정준수의무를 위반한 것으로 중대명백한 하자인 바, 무효라 봄이 타당하다.

3. **행정소송의 유형**

(1) 압류는 처분이고, 무효이므로 행정소송법 제4조 제2호의 무효확인소송을 제기할 수 있을 것, (2) 소송요건 – 제소기간의 제한이 없고, 행정심판전치, 즉시확정의 이익(확인의 이익)도 불필요하며, 원피고적격도 충족, 관할법원에 무효확인소송을 제기

Ⅲ. **문제의 해결** – Y세무서장의 압류에 대하여 무효확인소송을 제기하는 것이 타당하고 본다.

〈제 2 문〉

법무법인 甲, 乙 및 丙은 2015. 3. 3. 정기세무조사의 대상이 되어 2014 사업연도의 법인세 신고 및 납부내역에 대한 세무조사를 받았다. 정기세무조사는 매년 무작위로 대상자를 추출하여 조사하는 것으로 세무조사로 인한 부담을 덜어주기 위하여 동일한 과세기간에 대해서는 원칙적으로 재조사를 금지하고 있다. 그러나 관할 세무서장은 甲, 乙 및 丙의 같은 세목 및 같은 과세기간에 대하여 재조사 결정 및 이에 따른 통지 후 2016. 5. 20. 재조사를 실시하면서, 재조사 이유에 대해 과거 위 각 법인에서 근무하던 직원들의 제보를 받아 법인세 탈루혐의를 입증할 자료가 확보되었기 때문이라고 밝혔다. 관할 세무서장은 재조사 결과 甲, 乙 및 丙의 법인세 탈루사실이 인정된다고 보아 甲과 乙에 대해서는 2017. 1. 10., 丙에 대해서는 2017. 11. 3. 증액경정된 조세부과처분을 각각 발령하였다. 한편, 甲, 乙 및 丙은 세무조사로서의 재조사에 대하여 제소기간 내에 취소소송을 제기하였다.

1. 甲의 취소소송의 대상적격은 인정되는가? (15점)

2. 甲은 연이은 세무조사로 인하여 법무법인으로서의 이미지가 실추되었다고 생각하고 국가배상청구소송을 제기하고자 한다. 위 1.에 의한 취소소송에서 甲의 소송상 청구가 인용되어 그 판결이 확정된 것을 전제로 할 때 국가배상청구소송에서의 위법성 인정 여부를 설명하시오. (20점)

3. 위 乙의 취소소송 계속 중, 乙은 재조사의 법적 근거인 「국세기본법」 제81조의4 제2항 제1호가 '조세탈루의 혐의가 인정되거나 의심되는 자료가 있는 경우'라고만 규정하여, 위법하게 수집된 자료 또는 명백히 혐의를 인정하기 부족한 자료가 있는 경우에도 재조사를 허용하는 것은 위헌이라고 주장하며 위헌법률심판제청을 신청하였다. 이에 헌법재판소는 2017. 12. 29. 동 조항에 대하여 위헌결정을 내렸다. 甲은 위 헌법재판소의 위헌결정의 효력을 자신의 취소소송에서 주장할 수 있는가? (20점)

4. 위 재조사에 근거하여 발령된 甲에 대한 2017. 1. 10.자 조세부과처분은 적법한가? (단, 하자승계 논의는 제외함) (20점)

5. 丙은 위 조세부과처분에 따라 부과금액을 납부하였다. 丙이 재조사의 근거 조항에 대한 헌법재판소의 2017. 12. 29. 위헌결정 이후 이미 납부한 금액을 돌려받기 위하여 제기할 수 있는 소송에 관하여 논하시오. (단, 제소시점은 2018. 1. 4.로 하며, 국가배상청구소송과 헌법소송은 제외함) (25점)

[참조조문]

※ 아래의 법령은 가상의 것임을 전제로 하며, 헌법재판소에서 해당 조항의 위헌 여부에 대하여 판단한 바 없다.

「국세기본법」

제81조의4(세무조사권 남용 금지) ① 세무공무원은 적정하고 공평한 과세를 실현하기 위하여 필요한 최소한의 범위에서 세무조사를 하여야 하며, 다른 목적 등을 위하여 조사권을 남용해서는 아니 된다.
② 세무공무원은 다음 각 호의 어느 하나에 해당하는 경우가 아니면 같은 세목 및 같은 과세기간에 대하여 재조사를 할 수 없다.
1. 조세탈루의 혐의가 인정되거나 의심되는 자료가 있는 경우
2. ～ 6. ＜생략＞
7. 그 밖에 제1호부터 제6호까지와 유사한 경우로서 대통령령으로 정하는 경우

제81조의7(세무조사의 통지와 연기신청) ② 사전통지를 받은 납세자가 천재지변이나 그 밖에 대통령령으로 정하는 사유로 조사를 받기 곤란한 경우에는 대통령령으로 정하는 바에 따라 관할 세무관서의 장에게 조사를 연기해 줄 것을 신청할 수 있다.

제81조의17(납세자의 협력의무) 납세자는 세무공무원의 적법한 질문·조사, 제출명령에 대하여 성실하게 협력하여야 한다.

「조세범 처벌법」

제17조(명령사항위반 등에 대한 과태료 부과) 관할 세무서장은 다음 각 호의 어느 하나에 해당하는 자에게는 2,000만원 이하의 과태료를 부과한다.
1. ～ 4. ＜생략＞
5. 「소득세법」·「법인세법」 등 세법의 질문·조사권 규정에 따른 세무공무원의 질문에 대하여 거짓으로 진술을 하거나 그 직무집행을 거부 또는 기피한 자

※ 시험장에서 문제를 받자마자 여러분들이 3~5분 동안 해야 할 작업입니다. 문제에서 핵심을 찾아내고, 답안의 쟁점을 파악하여 간략하게 목차를 구성해 보는 것입니다. 이 이후에 본 답안작성에 들어가기 바랍니다.

〈제 2 문〉

☑ 문제의 핵심

1. 甲의 **취소소송의 대상적격**은 인정되는가? (15점)

2. 甲은 연이은 세무조사로 인하여 법무법인으로서의 이미지가 실추되었다고 생각하고 국가배상청구소송을 제기하고자 한다. 위 1.에 의한 **취소소송에서 甲의 소송상 청구가 인용되어 그 판결이 확정된 것을 전제로 할 때 국가배상청구소송에서의 위법성 인정 여부를 설명**하시오. (20점)

3. 위 乙의 취소소송 계속 중, 乙은 재조사의 법적 근거인 「국세기본법」제81조의4 제2항 제1호가 '조세탈루의 혐의가 인정되거나 의심되는 자료가 있는 경우'라고만 규정하여, 위법하게 수집된 자료 또는 명백히 혐의를 인정하기 부족한 자료가 있는 경우에도 재조사를 허용하는 것은 위헌이라고 주장하며 위헌법률심판제청을 신청하였다. 이에 **헌법재판소는 2017. 12. 29. 동 조항에 대하여 위헌결정을 내렸다. 甲은 위 헌법재판소의 위헌결정의 효력을 자신의 취소소송에서 주장할 수 있는가?** (20점)

4. 위 **재조사에 근거하여 발령된 甲에 대한 2017. 1. 10.자 조세부과처분은 적법한가?** (단, 하자승계 논의는 제외함) (20점)

5. 丙은 위 조세부과처분에 따라 부과금액을 납부하였다. 丙이 재조사의 근거 조항에 대한 **헌법재판소의 2017. 12. 29. 위헌결정 이후 이미 납부한 금액을 돌려받기 위하여 제기할 수 있는 소송**에 관하여 논하시오. (단, 제소시점은 2018. 1. 4.로 하며, 국가배상청구소송과 헌법소송은 제외함) (25점)

☑ 쟁점의 정리

1. 甲의 취소소송의 대상적격은 인정되는가?
 - (쟁점) 문제의 소재 : 재조사의 처분성 문제
  . (문제해결기준 : 개념, 이론) 행정소송법 제2조 제1항 제1호, 개념론
  . (답안기술내용) 규정내용, 학설(일원론, 이원론), 판례, 소결, 처분성 인정 요건
  . (포섭) 처분성 판단 – 재조사의 법적 성격 – 행정소송법상 처분에 해당하는가?
       처분의 개념, 근거, 요건, 재조사가 처분에 해당하는지 검토

2. 취소소송 인용 확정 판결에 대하여 국가배상소송 위법성 인정 여부?
 - (쟁점) 취소소송 인용판결의 기판력
  . (문제해결기준 : 개념, 조문, 이론, 판례) – 행정소송법 제8조 제2항, 민사소송법 제216조, 제218조
                      기판력이론
                      국가배상법 제2조
  . (답안기술내용) 기판력 의의, 개념, 근거, 인정 범위, 효과
            국가배상청구소송에서의 위법의 의미, 취소소송의 위법과의 관계
  . (포섭)

3. 위헌결정의 효력을 취소소송에서 주장 가능한가?
    - (쟁점1) **위헌결정의 효력**
    . (문제해결기준 : 조문, 개념, 내용, 판례) - 헌법재판소법 제47조 제2항, 소급효의 범위 관련 이론
    . (답안기술내용) 위헌결정의 효력 일반(장래효, 소급효(당해, 동종, 병행, 일반사건))
    . (포섭)
    - (쟁점2) **위헌인 법률에 근거한 처분의 효력 - 무효와 취소의 구별론**
    . (문제해결기준 : 조문, 개념, 학설, 판례) - 무효와 취소의 구별, 학설, 판례, 소결
    . (답안기술내용) 위헌인 법률에 근거한 처분의 효력 (무효인가? 취소인가?)
    . (포섭)

4. 위법한 재조사에 근거하여 발령된 과세처분의 효력
    - (쟁점) **위법한 조사과 이후에 발령된 과세처분의 효력**
    . (문제해결기준 : 개념, 학설, 판례)
    . (답안기술내용) 위법한 재조사에 근거한 과세처분의 효력 - 학설, 판례, 소결
    . (포섭) 과세처분의 효력 - 취소

5. 기 납부한 금액을 돌려받기 위하여 제기하여야 하는 소송
    - (쟁점) **부당이득반환청구와 선결문제**
    . (문제해결기준 : 조문, 개념, 학설, 판례) 민법 제741조, 행정소송법 제11조
    . (답안기술내용) 행정행위의 효력 공정력(구성요건적 효력) - 선결문제
               취소소송과 부당이득반환청구소송의 관련청구소송여부

관리번호	시험과목명	사 례 형 제 2 문	시험관리관 확 인	점 수	채점위원인

〈1. 재조사의 처분성 판단 〉

I. 문제의 소재

甲은 관할 세무서장의 재조사에 대하여 제소기간 내에 취소소송을 제기한 바, 재조사가 취소소송의 대상인지 즉 처분에 해당하는지가 문제된다. 행정행위의 개념논의와 함께 재조사를 처분으로 볼 수 있는지에 대한 검토가 필요하다.

II. 관할 세무서장의 재조사의 처분성(대상적격) 판단

1. 대상적격으로서의 처분의 의의, 개념, 근거, 요건 일반론

1) 의의 - (1) 처분은 행정소송법상 개념이다. (2) 행정소송법 제2조 제1항 제1호는 처분을 행정청이 행하는 구체적 사실에 관한 법집행으로서의 공권력의 행사 또는 그 거부 그 밖에 이에 준하는 행정작용으로 정의하고 있다.

2) 개념론

처분의 개념범위와 관련해서 (가) 學說은 (i) 행정작용 중 행정행위와 처분을 하나로 보는 일원론과 (ii) 처분은 강학상 행정행위보다는 넓고, 권력적 사실행위 등 여타 행정작용도 포괄할 수 있다는 이원론이 있다. (나) 判例는 처분의 개념을 강학상 행정행위보다는 더 넓게 해석하여 여타 행정작용이라 하더라도 사인의 권리나 의무에 영향을 미치는 작용이면 '처분'으로 새기고 취소소송의 대상적격을 인정하고 있다. (다) (小結) 判例의 입장이 타당하다고 본다.

3) 요건 - (1) 행정소송법상 정의규정대로 '행정청이', '구체적사실에 관하여 행하는', '법집행으로서의 공권력 행사'에 해당하면 처분으로 볼 수 있다. (2) 判例는 통상 법률관계에 영향을 미친다 즉 행정청의 행정작용이 권리를 제한하거나 의무를 부과하면 대부분 '처분'으로 본다.

2. 재조사의 처분성 판단 - 적극

1) 재조사는 피조사자에게 과세를 하기 위하여 실시하는 것으로 피조사자의 권리나 의무에 직접 영향을 미치는 권력적 사실행위에 해당한다. 2) 본 사례에서 재조사의 결정과 통지가 있고 그 이후에 재조사가 있어 재조사의 결정은 하명으로 행정행위에 해당하고, 재조사는 권력적 사실행위에 해당할 것이다. 3) 최근 判例는 세무조사의 결정도 처분으로 취소소송의 대상이 된다고 판시한바 있다. 4) 본 사례에서 재조사 결정이 아니라 재조사의 취소를 구하는 소를 제기한 바, 재조사도 권력적 사실행위로서 判例에 따르면 취소소송의 대상으로 보는 것이 타당하다. 다만, 재조사가 이뤄진 이후이므로 소의 이익이 있는지에 대한 검토가 필요해 보인다.

III. 문제의 해결

재조사는 권력적 사실행위로 취소소송의 대상적격이 인정된다.

〈2. 재조사의 취소확정판결의 기판력 인정범위, 국가배상청구소송에서 위법성 인정여부〉

I. 문제의 소재

재조사의 취소소송에서 인용하는 확정판결이 있을 경우 국가배상청구소송에서 위법이 인정되는지 여부에 대해서는 취소인용확정판결의 기판력의 인정범위와 국가배상청구소송에서의 위법의 의미에 대한 검토가 필요하며, 그에 따라 국가배상소송에서 위법의 인정여부가 결정될 것이다.

II. 취소인용확정판결의 기판력의 인정범위

1. 기판력의 의의, 개념, 근거, 내용

1) 기판력은 (1) 행정소송법 제8조 제2항에 의거하여 민사소송법 제216조 및 제218조의 준용에 따라 정의되는 바, (2) 판결이 확정되는 경우, 후소에서 동일한 사항이 문제되는 경우 당사자와 승계인은 이에 반하는 주장을 할 수 없고, (3) 법원도 그것에 반하는 판단을 할 수 없는 구속력을 말한다.

2) 기판력이 발생하면, (1) 당사자는 동일한 소송물을 대상으로 다시 소를 제기할 수 없고(반복금지효), (2) 후소에서 전소의 확정판결의 내용에 반하는 주장을 할 수 없고, 법원은 모순되는 판단을 할 수 없다(모순금지효).

2. 기판력의 인정범위 논의 (소송물론)

1) 기판력은 (1) 주관적으로 당사자 또는 승계인, 제3자, 처분청이 속하는 국가 또는 공공단체에 미치고 (2) 객관적으로 판결주문에 나타난 판단에만 미치며 (3) 시간적으로 사실심의 변론종결시를 기준으로 미친다.

2) 기판력은 취소소송의 소송물론(견해)에 따라 그 범위를 달리하는 바, (1) 學說은 (i) 취소소송의 소송물은 처분의 적법요건을 충족시키지 않은 모든 위법사유 즉 처분의 위법성 일반으로 처분의 위법성 일반에 기판력이 미친다는 견해 (ii) 위법한 처분으로 자신의 권리가 침해되었다는 원고의 법적 주장이 소송물이므로 위법한 처분과 권리침해 주장에 기판력이 미친다는 견해가 있다. (2) 判例는 처분의 위법성 일반에 기판력이 미친다고 보고 있다. (3) (小結) 취소소송이 주관소송이라는 점을 감안할 때 위법한 처분과 권리침해의 법적 주장을 소송물로 보는 견해가 타당하겠다. (4) 사례의 해결은 判例에 따른다.

III. 국가배상청구소송에서 위법의 의미와 취소확정판결로 인한 위법 인정 여부 판단

1. 국가배상청구소송에서 위법의 의미 (국가배상법상 '위법성'의 인정기준)

1) (가) 學說은 (i) 결과불법설, (ii) 행위 자체의 적법·위법뿐 아니라 피침해이익의 성격과 침해의 정도 및 가해행위의 태양 등을 종합적으로 고려하여 행위가 객관적으로 정당성을 결여한 경우를 의미한다는 상대적 위법성설, (iii) 행위위법설이 있고, (iii-1) 행위위법설은 항고소송에서의 위법과 동일하는 협의의 행위위법설과 (iii-2) 항고소송의 위법보다 넓게 파악하여 행위 자체의 위법뿐만 아니라 인권존중, 권리남용금지원칙, 신의성실의 원칙 등도 포함하는 광의의 행위위법설이 있다. (나) 判例는 법령 위반이라 함은 엄격한 의미의 법령 위반뿐만 아니라 인권존중, 권력남용금지, 신의성실, 공서양속 등의 위반도 포함하여 널리 그 행위가 객관적인 정당성을 결여하고 있음을 의미한다고 하여 기본적으로 광의의 행위위법설을 취한다. (다) (小結) 광의의 행위위법설이 타당하다. 즉 항고소송의 위법과 동일하게 볼 필요는 없다 할 것이다.

2. 취소인용확정판결로 인한 국가배상청구소송에서의 위법 인정 여부 판단

1) 判例는 취소인용확정판결의 기판력이 '재조사의 위법성 일반'에 대하여 인정된다고 하는 바, 광의의 행위위법성을 위법의 인정기준으로 취하는 국가배상청구소송에서도 '재조사'의 위법이 당연히 인정된다고 봄이 타당하다.

2) 다만, 국가배상청구소송에서 위법의 인정범위가 더 넓으므로, 재조사 취소소송에서 재조사가 적법하다는 기각판결이 있더라도, 국가배상청구소송에서 재조사를 적법한 행정이라고 당연히 인정할 수는 없다. 즉 국가배상청구소송에서는 위법성이 별도로 인정될 수 있다. 따라서 취소소송의 기각판결의 기판력은 국가배상청구소송에 미치지 않는다고 볼 것이다.

IV. 문제의 해결 – 재조사 취소인용 확정판결의 기판력으로 국가배상청구소송에서 위법성은 당연히 인정된다고 하겠다.

〈3. 甲의 취소소송에서 乙의 위헌제청신청에 따른 위헌결정의 효력을 주장 여부〉

I. 문제의 소재

甲과 乙은 제소기간내에 재조사에 대하여 취소소송을 제기한 바 불가쟁력은 발생하지 않았고, 乙의 국세기본법 해당조항 위헌제청신청에 따른 위헌결정에 대하여 甲의 취소소송 제기 사건은 이른 바 병행사건에 해당하는 바, 동 위헌결정의 소급효가 甲 사건에 미치는지가 문제된다.

II. 위헌결정의 소급효의 인정범위와 甲 사건에서 주장할 수 있는지 여부

1. 위헌결정의 효력 일반(내용, 근거, 소급효 인정범위)

1) 헌법재판소법 제47조 제2항은 위헌으로 결정된 법률 또는 법률의 조항은 그 결정이 있는 날부터 효력을 상실한다고 하여 결정일 이후부터 법률의 효력이 상실되는 장래효를 원칙으로 하고 있다.

2) 다만 憲裁 判例는 (1) 위헌제청신청을 한 당해사건에 한해서는 위헌결정의 효력이 소급해서 미치고, (2) 위헌제청 신청 당시 위헌결정의 대상이 되는 법률에 근거한 처분의 위법성을 다투고 있는 병행사건에 대해서도 위헌결정의 효력이 미친다고 보고 있다. (3) 한편, 위헌결정 이후에 제소된 일반사건의 경우에는 원칙적으로 소급효가 인정되지 않으나 법원의 판단에 따라 사인의 권리구제와 신뢰보호의 원칙 및 법적안정성을 고려하여 사인의 권리구제의 이익이 큰 경우에는 소급효를 인정할 수 있음을 용인하고 있다(법원의 판결재량).

3) 이에 대하여 (1) 大法院은 일반사건의 경우에도 사인의 권리구제의 이익이 큰 바 당연히 위헌결정의 소급효가 인정되는 것이 타당하다고 본다. (2) 다만, 불가쟁력이 발생한 처분에 대해서는 소급효를 제한하고 있으며, (3) 또한 신뢰보호의 원칙과 법적안정성을 크게 고려해야 할 필요가 있는 경우에는 소급효를 제한한다.

2. 甲의 취소소송에서 乙이 신청하여 나온 위헌결정의 효력을 주장할 수 있는지 판단

1) 甲과 乙은 제소기간내에 재조사의 취소소송을 제기하였고, 동 사건의 병합여부는 설문상 나타나 있지 않은 바, 일반적으로 위헌제청 신청 당시 위헌결정의 대상이 되는 법률에 근거한 처분의 위법성을 다투고 있는 병행사건으로 볼 수 있다. 2) 따라서 헌법재판소와 대법원의 判例에 따라 甲은 본인의 취소소송에서 소득세법 위헌결정의 효력을 주장할 수는 있다고 봄이 타당하다.

III. 문제의 해결 - 甲은 소득세법 위헌결정의 효력을 취소소송에서 주장가능함

〈4, 5. 위법조사에 근거한 과세처분의 위법여부(효력)과 부당이득반환청구소송과 선결문제〉

I. 문제의 소재

(1) 위법한 재조사에 근거한 과세처분의 효력이 무효인지 취소인지가 문제되고, (2) 취소인 경우, 선결문제를 검토하여야 하며, (3) 이러한 경우 취소소송과 부당이득반환청구소송이 관련청구소송으로 행정법원에 동시에 제기될 수 있는지 문제된다.

II. 위법한 재조사에 근거한 과세처분의 위법여부와 그 효력

1. 위법한 재조사에 근거한 과세처분의 위법여부

1) (1) 행정조사는 통상 필요한 정보나 자료수집을 위한 준비작용으로 조사 그 자체를 목적으로 하는 권력적 사실행위이다. (2) 다만 행정조사 이후에 이에 기인하여 행정결정이 이뤄진 경우에는 행정조사가 위법하게 이뤄졌다면 그 하자가 최종적인 행정결정의 절차상 하자에 해당하므로 최종적인 행정결정 역시 위법하게 되어야 하는 것 아닌가가 문제된다. (3) (가) 學說은 (i) 부정설 - 행정조사와 이후 행정결정(처분)은 별개의 작용이므로 영향을 받지 않는다는 견해, (ii) 긍정설 - 행정조사와 최종적인 행정결정은 하나의 과정이므로 행정조사에 중대한 하자가 있다면 그에 기초한 행정결정도 위법하다는 견해, (iii) 절충설 - 행정조사가 행정결정의 필수절차로 규정되어 있는 경우에는 조사의 하자는 행정결정의 하자가 된다는 견해가 있다. (나) 判例는 위법한 중복세무조사에 기초하여 이뤄진 과세처분은 위법하다고 판시하고 있다. (다) (小結) 행정조사가 최종적인 행정결정과 하나의 과정으로 이뤄진 경우에는 행정조사의 위법은 최종처분의 위법으로 귀결된다고 봄이 타당하다.

2) 이 사건에서 재조사는 과세처분에 이르는 중요한 과정에 해당하므로 위법한 재조사에 기한 증액경정부과처분은 위법하다고 할 것이다.

2. 위법한 재조사에 기한 증액경정부과처분의 효력〈하자의 정도(무효인가 취소인가)〉

1) 하자론에 대하여 (가) 學說은 (i) 중대설 (ii) 조사의무설 (iii) 중대명백설 (iv) 명백성보충요건설 (나) 判例는 중대명백설을 취한다. (다) (小結) 사인의 권리구제의 중요성과 더불어 법적안정성도 중시하여 하므로 중대명백설이 타당하다.

2) 본 건에서 과세처분 당시에는 재조사의 위법이 명백하다고 볼 수 없는바, 명백성이 결여되어 증액경정부과처분은 취소정도의 하자에 있다고 보는 것이 타당하다.

III. 취소소송과 부당이득반환청구소송의 제기(선결문제, 관련청구소송 검토)

1. 증액경정부과처분의 효력(공정력)과 부당이득반환청구에 있어 선결문제

1) 부당이득반환청구소송 - 민법 제741조

2) 행정행위의 효력 - 공정력 - 개념, 의의 - 당연무효가 아닌 한 권한 있는 기관이 취소하기 전까지는 그 행정행위의 효력이 유지, 국가기관은 효력을 그대로 유지 존중

3) 취소소송 - 제소기간 등 소송요건

4) 관련청구 소송병합 - 근거

〈제 1 문〉

A군의 군수(이하 'A 군수')는 甲 주식회사에게 「중소기업창업 지원법」 제33조 및 제35조에 따라 관할행정청과의 협의를 거쳐 산지전용허가 등이 의제되는 사업계획을 승인하였다. 산지전용허가가 의제되는 부지 인근에 거주하고 있는 주민 乙은 해당 사업이 실시될 경우 산에서 내려오는 물의 흐름이 막혀 지반이 약한 부분에서 토사유출 및 산사태 위험이 있다며 해당 산지전용허가에 반대하고 있다. 관할행정청은 이후 「산지관리법」 제37조에 따라 재해위험지역 일제점검을 하던 중 甲의 시설공사장에서 토사유출로 인한 산사태 위험을 확인하고, 甲에게 시설물철거 등 재해의 방지에 필요한 조치를 할 것을 명하였다. 다만, 甲에게 통지된 관할행정청의 처분서에는 甲이 충분히 알 수 있도록 처분의 사유와 근거가 구체적으로 명시되지는 않았다.

1. 甲의 신청이 산지전용허가요건을 완비하지 못한 경우에도, A 군수가 사업계획승인을 할 수 있는지를 검토하시오. (15점)

2. 이해관계인 乙이 산지전용허가를 대상으로 취소소송을 제기할 수 있는지를 검토하시오. (원고적격은 논하지 않는다) (10점)

3. 甲은 관할행정청의 조치명령을 이행하지 아니하여 「산지관리법」 위반으로 형사법원에 기소되었으나 해당 조치명령이 위법하므로 자신이 무죄라고 주장한다. 甲의 주장이 타당한지를 검토하시오. (25점)

[참조조문]

「중소기업창업 지원법」 (현행 법령을 사례 해결에 적합하도록 수정하였음)

제33조(사업계획의 승인) ① 제조업을 영위하고자 하는 창업자는 대통령령으로 정하는 바에 따라 사업계획을 작성하고, 이에 대한 시장·군수 또는 구청장(자치구의 구청장만을 말한다. 이하 같다)의 승인을 받아 사업을 할 수 있다. 사업자 또는 공장용지의 면적 등 대통령령으로 정하는 중요 사항을 변경하려는 경우에도 또한 같다.

제35조(다른 법률과의 관계) ① 제33조 제1항에 따라 사업계획을 승인할 때 다음 각 호의 허가, 인가, 면허, 승인, 지정, 결정, 신고, 해제 또는 용도폐지(이하 이 조에서 "허가등"이라 한다)에 관하여 시장·군수 또는 구청장이 제4항에 따라 다른 행정기관의 장과 협의를 한 사항에 대하여는 그 허가등을 받은 것으로 본다.
  6. 「산지관리법」 제14조 및 제15조에 따른 산지전용허가, 산지전용신고, 같은 법 제15조의2에

따른 산지일시사용허가·신고 및 같은 법 제21조에 따라 산지전용된 토지의 용도변경 승인과 「산림자원의 조성 및 관리에 관한 법률」 제36조제1항 및 제4항에 따른 입목벌채 등의 허가 와 신고

④ 시장·군수 또는 구청장이 제33조에 따른 사업계획의 승인 또는 「건축법」 제11조제1항 및 같 은 법 제22조제1항에 따른 건축허가와 사용승인을 할 때 그 내용 중 제1항부터 제3항까지에 해 당하는 사항이 다른 행정기관의 권한에 속하는 경우에는 그 행정기관의 장과 협의하여야 하며, 협의를 요청받은 행정기관의 장은 대통령령으로 정하는 기간에 의견을 제출하여야 한다. 이 경 우 다른 행정기관의 장이 그 기간에 의견을 제출하지 아니하면 의견이 없는 것으로 본다.

「산지관리법」

제14조(산지전용허가) ① 산지전용을 하려는 자는 그 용도를 정하여 대통령령으로 정하는 산지의 종류 및 면적 등의 구분에 따라 산림청장등의 허가를 받아야 하며, 허가받은 사항을 변경하려 는 경우에도 같다. 다만, 농림축산식품부령으로 정하는 사항으로서 경미한 사항을 변경하려는 경우에는 산림청장등에게 신고로 갈음할 수 있다.

④ 관계 행정기관의 장이 다른 법률에 따라 산지전용허가가 의제되는 행정처분을 하기 위하여 산림청장등에게 협의를 요청하는 경우에는 대통령령으로 정하는 바에 따라 제18조에 따른 산지 전용허가기준에 맞는지를 검토하는 데에 필요한 서류를 산림청장등에게 제출하여야 한다.

제37조(재해의 방지 등) ① 산림청장등은 다음 각 호의 어느 하나에 해당하는 허가 등에 따라 산 지전용, 산지일시사용, 토석채취 또는 복구를 하고 있는 산지에 대하여 대통령령으로 정하는 바 에 따라 토사유출, 산사태 또는 인근지역의 피해 등 재해 방지나 산지경관 유지 등에 필요한 조사·점검·검사 등을 할 수 있다.

1. 제14조에 따른 산지전용허가

8. 다른 법률에 따라 제1호부터 제5호까지의 허가 또는 신고가 의제되거나 배제되는 행정처분

⑥ 산림청장등은 제1항 및 제2항에 따른 조사·점검·검사 등을 한 결과에 따라 필요하다고 인정 하면 대통령령으로 정하는 바에 따라 제1항 각 호의 어느 하나에 해당하는 허가 등의 처분을 받거나 신고 등을 한 자에게 다음 각 호 중 필요한 조치를 하도록 명령할 수 있다.

1. 산지전용, 산지일시사용, 토석채취 또는 복구의 일시중단

2. 산지전용지, 산지일시사용지, 토석채취지, 복구지에 대한 녹화피복(綠化被覆) 등 토사유출 방 지조치

3. 시설물 설치, 조림(造林), 사방(砂防) 등 재해의 방지에 필요한 조치

4. 그 밖에 산지경관 유지에 필요한 조치

제55조(벌칙) 보전산지에 대하여 다음 각 호의 어느 하나에 해당하는 자는 2년 이하의 징역 또는 2천만원 이하의 벌금에 처하고, 보전산지 외의 산지에 대하여 다음 각 호의 어느 하나에 해당 하는 자는 1년 이하의 징역 또는 1천만원 이하의 벌금에 처한다.

7. 제37조제6항 각 호에 따른 조치명령을 위반한 자

※ 시험장에서 문제를 받자마자 여러분들이 3~5분 동안 해야 할 작업입니다. 문제에서 핵심을 찾아내고, 답안의 쟁점을 파악하여 간략하게 목차를 구성해 보는 것입니다. 이 이후에 본 답안작성에 들어가기 바랍니다.

〈제 1 문〉

☑ 문제의 핵심

1) 甲의 신청이 산지전용허가요건을 완비하지 못한 경우에도, **A군수가 사업계획승인을 할 수 있는지**를 **검토**하시오. (15점)

2) 이해관계인 乙이 **산지전용허가를 대상으로 취소소송을 제기할 수 있는지**를 **검토**하시오. (원고적격은 논하지 않는다) (10점)

3) 甲은 관할행정청의 조치명령을 이행하지 아니하여 「산지관리법」 위반으로 형사법원에 기소되었으나 해당 **조치명령이 위법하므로 자신이 무죄라고 주장한다. 甲의 주장이 타당한지**를 검토하시오. (25점)

☑ 쟁점의 정리

1. 인허가 의제에 있어 관련 인허가가 요건을 갖추고 있지 못한 경우 주된 인허가 처분이 가능한가?
   - 쟁점(문제의 소재): 인허가 의제에 있어 관련 인허가의 요건이 완비된 경우에만 주된 인허가 처분이 가능한가?
     . (문제해결기준 : 근거조문, 개념, 이론) 인허가 의제에 있어 주된 인허가와 관련 인허가의 관계(이론, 판례), 최근 시행된 행정기본법 조항(현재 미시행)
     . (답안기술내용) 인허가 의제의 의의, 기능, 요건, 효과 - 특히 관련 인허가가 요건을 갖추지 못한 경우에 주된 인허가 처분 가능한가? (학설, 판례, 소결)
     . (포섭) 산지전용허가요건을 갖추지 못한 경우 산지전용허가 처분이 발령되지 못하면 A군수의 사업계획승인의 본질적 요건이자 대전제인 토지형질변경허가가 이뤄질 수 없으므로 사업계획승인의 발령요건을 갖추지 못한 것이되므로 사업계획승인의 내용요건(가능성요건) 결여로 승인이 이뤄지기 어려울 것임
     . (보론) 행정기본법 인허가의제 조항 신설 및 2023년 시행 예정 (법문상 주된 인허가 및 관련 인허가로 표현하고 있음)

2. 산지전용허가 자체에 대하여 취소소송을 제기할 수 있겠는가?
   - 쟁점(문제의 소재): 인허가 의제에 있어서 관련 인허가를 대상으로 취소소송을 제기할 수 있겠는가?
     . (문제해결기준 : 개념, 조문, 이론, 판례) 인허가 의제 법률관계에서 관련 인허가에 대한 취소소송 대상적격 인정여부, 소의 이익 인정가능성 판단
     . (답안기술내용) 인허가 의제에 있어서 취소소송의 대상적격 판단, 처분성 판단, 침해의 직접성 판단
     . (포섭) 인허가 의제에 있어서 관련 인허가 행정청이 의제된 인허가(관련 인허가)에 대한 처분권한을 갖고 실체적 판단을 하고 있는 바, 본 처분의 대한 위법성 판단은 본 처분을 대상으로 하는 것이 타당함

3. 甲은 관할행정청의 조치명령을 이행하지 아니하여 「산지관리법」 위반으로 형사법원에 기소되었으나 해당 조치명령이 위법하므로 자신이 무죄라고 주장한다. 甲의 주장이 타당한지를 검토하시오.

— 쟁점(문제의 소재): 조치명령이 위법한 경우, 명령을 따르지 않아도 조치명령위반죄는 성립하지 않는가? 형사법원은 이를 판단할 수 있는가?

. (문제해결기준 : 개념, 조문, 이론, 판례) 행정행위의 공정력의 개념과 내용(학설, 판례, 소결), 형사법원의 선결문제판단권 (행정소송법 제11조의 해석, 위법성 판단권한 유무)

. (답안기술내용) 공정력은 적법성의 추정이 아니라 유효성의 추정효, 유효성에 추정은 권한 있는 기관에 의해서만 깨뜨릴 수 있음. 구성요건적 효력 즉 관할의 존중의 범위는 유효성의 문제, 적법성 추정은 부재하므로 구성요건적 효력의 내용에도 포함되지 않고, 결국 형사법원은 독자적으로 그 행정행위의 적법·위법을 판단할 수 있음.

. (포섭) 조치명령의 위법성 판단이 형사법원에서 가능하고(공정력, 구성요건적 효력 미치지 않음), 조치명령은 절차적 하자를 갖는 바, 위법함. 조치명령위반죄는 적법한 조치명령에 불복하는 경우에만 성립가능, 위법한 조치명령에 불복하는 것은 조치명령 위반에 해당하지 않음

. (보론) 행정기본법 행정행위의 효력 조항 신설 — 공정력 명시하고 있음. 동 조항을 근거로 활용할 필요가 있음

관리번호	시험과목명	사 례 형 제 1 문	시험관리관 확 인	점 수	채점위원인

제1문 〈1〉 산지전용허가 요건 미완비시 A군수의 사업계획승인 가능성 판단〉

Ⅰ. 문제의 소재

인허가 의제에 있어 의제되는 인허가(이하 '관련 인허가')의 요건이 갖춰져 있지 않은 경우 주된 인허가인 본 처분(이하 '주된 인허가')을 발령할 수 있는가를 검토한다. 최근 제정된 행정기본법은 인허가 의제의 복잡한 법률관계 및 모호한 해석을 정리하고자 명문으로 인허가 의제 규정을 두었으며(행정기본법 제24조부터 제26조까지), 동 규정은 2023년부터 시행예정이다.

Ⅱ. 인허가 의제의 법리와 주된 인허가와 관련 인허가의 관계

1. 인허가 의제의 개념·의의·근거·이론

1) 개념·의의·근거

(1) 인허가 의제는 산업화 시대에 기업 생산활동을 장려하기 위하여 다수부처가 관련된 복잡한 행정절차를 단일화함으로써 행정처리 기간을 단축하고 행정비용을 감축하기 위하여 등장한 입법조치였다.

(2) 인허가 의제는 주된 인허가와 관련 인허가의 관계를 개별법률에 규정하는 방식으로 시작되었으며,

(3) 최근 제정된 행정기본법은 인허가 의제의 일반조항을 둠으로써 그간의 해석논의에 대한 일반 기준을 제공하고자 하였다.

2) 이론

주된 인허가 관할 행정청이 의제되는 관련 인허가에 관한 판단권을 갖는가에 대하여 (가) 학설은 (i) 절차집중설 - 절차적 권한이 주된 인허가 관할 행정청에 집중, (ii) 실체집중설 - 절차적 권한 뿐만 아니라 실체적 권한까지 주된 행정청에 집중, 이외에도 (iii) 제한적 절차집중 (iv) 제한적 실체집중 (다) 판례는 절차집중설을 취하고 실체적 판단권한은 여전히 관련 인허가의 행정청에게 있다는 입장, (라) 소결은 인허가 의제는 행정간소화를 위한 예외적 제도인 만큼 최대한 제한적으로 해석해서 운용하는 것이 타당한 바, 절차집중설의 견해.

2. 주된 인허가와 관련 인허가의 관계

1) 인허가 의제에 있어 실체적 요건에 대한 판단권한은 각각 주된 인허가 관할 행정청, 관련 인허가 관할 행정청에서 보유하고 행사한다. 2) 따라서 관련 인허가의 실체적 요건이 완비되지 않은 경우에 관련 인허가 관할 행정청은 관련 인허가의 요건 불비를 이유로 인허가 처분을 거부할 것이다. 3) 주된 인허가 관할 행정청은 관련 인허가 처분의 거부로 인하여 주된 인허가의 내용상 적법요건의 불비가 있다면 주된 인허가 처분을 발령할 수 없다고 할 것이다. 4) 관련 인허가의 거부 내지 불발령이 주된 인허가 처분의 적법요건에 하등의 영향을 미치지 않을 경우에는 관련 인허가의 결과와 관계없이 주된 인허가 처분은 발령된다(판례).

2쪽으로 →

Ⅲ. 산지전용허가요건 미완비시 A군수 사업계획승인 처분 가능성 판단

1. 사업계획의 승인과 산지전용허가의 관계 - 인허가 의제(중소기업창원 지원법 제35조)

1) 동법 제35조 제1항은 '사업계획을 승인할 때 산지전용허가에 관하여 다른 행정기관의 장과 협의를 한 사항에 대하여는 허가를 받은 것으로 본다', 제4항은 협의의무를 규정한 바, 인허가의 제의 관계에 있다.

2. 산지전용허가와 사업계획승인의 관계 - 절차적 집중, 실체는 각 관할 행정청 권한

1) 산지전용허가에 대해서는 산림청의 관할이며, 2) 사업계획승인권은 A군수가 갖는다. 3) 산지전용허가의 요건을 갖추지 못한 경우 산림청은 A군수와의 협의를 통해 의제를 불허하게 할 것이다. 4) 나아가 사업계획승인은 산지전용이 불허가됨으로써 사업계획승인에 필요한 내용상 적법요건의 미비가 초래될 경우, 그 승인 역시 거부됨이 타당하다고 본다. 5) 산지전용의 불허는 토지형질변경등을 불가능하게 하며, 결국 사업계획의 본질적인 실현가능성에 지장을 주는 바, 내용상 적법요건(가능성)의 결여로 사업계획승인 역시 거부됨이 타당해 보인다.

Ⅳ. 문제의 해결

(1) 인허가 의제의 법리, (2) 절차적 집중, (3) 실체판단은 각 관할 행정청, (4) 결국 산지전용허가와 사업계획승인 각각의 실체판단을 달리 해야할 것이며, (5) 산지전용허가의 거부는 사업계획승인의 본질요건인 사업가능성에 영향을 미치는 바, 승인거부함이 타당해 보인다.

제1문 〈(2) 산지전용허가 취소소송을 제기할 수 있는지 검토〉

Ⅰ. 문제의 소재

인허가 의제에 있어 의제된 관련 인허가를 취소소송의 대상으로 삼을 수 있는가를 검토한다.

Ⅱ. 산지전용허가의 취소소송 대상적격 여부 검토

1. 취소소송의 대상(처분, 행정소송법 제19조, 제2조 제1항 제1호)

1) 행정소송법 제19조는 취소소송은 처분등을 대상으로 한다. 2) 행정소송법 제2조 제1항 제1호는 처분은 행정청이 행하는 구체적 사실에 관한 법집행으로서의 공권력 행사 또는 그 거부, 그밖에 이에 준하는 행정작용으로 정하고 있다. 3) 처분은 (ㄱ) 행정청이 (ㄴ) 구체적 사실에 관하여 (ㄷ) 법집행의 요건과 더불어 (ㄹ) 직접적으로 법률관계에 영향을 미칠 것을 요구하고 있다(판례).

2. 인허가의제에 있어서 취소소송의 대상적격 검토

1) 인허가 의제에 있어 주된 인허가의 관할 행정청은 관련 인허가의 발령에 대한 심사권한에 관하여 "절차집중설"에 입각하는 바, 2) 실체적 심사권은 각 관할 행정청에게 그대로 유보되어 있으며, 따라서 주된 인허가와 관련 인허가는 각 관할 행정청이 행하는 서로 별개의 처분으로 존재한다. 3) 결국 관련 인허가가 직접적으로 법률관계에 영향을 미쳐 사인의 권익을 침해하는 경우에는 그 관련 인허가 처분을 대상으로 취소소송을 제기할 수 있음은 물론이다(판례).

2. 주민 乙이 산지전용허가를 대상으로 취소소송을 제기할 수 있는가?(대상적격 판단)

1) 중소기업창업 지원법 제35조에 따라 산지전용허가가 의제되는 관계에서 주된 인허가인 사업계획승인과 의제되는 관련 인허가인 산지전용허가는 실체적으로 각각 별개의 처분으로 존재한다.

2) 이 경우, 산지전용허가가 직접적으로 주민 을의 안전에 관한 권리를 제한하는 때에는 산지전용허가 그 자체를 대상으로 취소소송이 가능하다. 3) 행정소송법상 처분이다.

Ⅳ. 문제의 해결

주민 乙은 산지전용허가를 대상으로 취소소송을 제기할 수 있다.

제1문 〈 3) 조치명령의 위법성 검토 및 위법한 조치명령 위반죄 성립 여부〉

Ⅰ. 문제의 소재

(1) 조치명령의 처분사유가 구체적으로 명시되지 않은데 따른 절차적 하자를 지닌 조치명령의 위법성 판단 (2) 위법한 조치명령 위반에 대한 형사법원의 무죄판단 가능여부를 검토한다.

Ⅱ. 처분사유를 구체적으로 명시하지 않은 조치명령의 위법성 판단

1. 행정절차법상 처분이유제시 의무 및 위반의 효과(처분의 독자적 위법사유)

1) 개념·의의

(1) '행정청은 처분을 할 때에는 당사자에게 그 근거와 이유를 제시하여야 한다(행정절차법 제12조 제1항). (2) 다만, 신청 내용을 모두 그대로 인정하는 처분, 단순 박복적인 처분 또는 경미한 처분으로서 당사자가 그 이유를 명백히 알 수 있는 경우, 긴급히 처분을 할 필요가 있는 경우에는 처분 이유제시의무의 예외를 인정한다.

2) 하자치유

처분을 할 당시에 처분이유제시의무를 다하지 못하였다 하더라고 그 처분을 전후해서 처분이유에 상당하는 근거를 제시하여 처분의 상대방이 충분히 알 수 있었다고 판단되는 경우에는 처분이유제시의무 불이행의 하자를 치유할 수 있음을 인정한다(판례).

2. 행정절차상 하자와 처분의 독자적 위법사유 여부

1) 행정절차는 최종적인 행정처분의 과정으로 절차의 하자가 최종 처분의 독자적 위법사유가 되는지가 문제된다. (가)學說은 (i)행정절차와 처분은 별개의 작용이므로 절차의 하자가 처분의 위법사유가 되지 않는다는 부정설 (ii)처분이 기속행위인 경우에는 절차는 처분발령여부에 직접 영향을 미치지 않으므로 독자적 위법성을 인정할 수 없지만 재량인 경우에는 처분발령에 영향을 미치므로 처분의 위법사유가 된다는 견해 (iii)행정절차도 절차적 공권으로 보장되므로 기속행위든 재량행위든 절차상 흠결이 있는 경우, 그 처분은 위법하게 된다는 견해 (나)判例는 기속행위든 재량행위든 절차상 흠결이 있는 경우 그 처분의 독자적 위법사유가 된다고 인정한다. (다)小結로 절차적 공권까지 개인적 공권을 확대하는 경향에서 기속·재량여부를 불문하고 절차상 하자도 독자적 위법성을 긍정하는 것이 타당하다.

3. 처분이유를 제시하지 않은 조치명령의 위법성 검토

1) 조치명령은 행정절차법상에 처분에 해당하는 바, 동법 제23조에 따라 처분의 이유를 제시하여야 한다. 2) 관할행정청은 조치명령을 함에 있어서 처분의 사유와 근거를 구체적으로 명시하지 않았고, 설문상 처분의 전후과정에서 처분의 이유제시가 확인되지 않는다. 3) 이는 행정절차법상 절차규정을 위반한 것으로 그 자체로 처분의 독자적 위법사유가 인정되는 바, 위법한 조치명령으로 확인된다. 4) 제소기간내 취소소송을 통해서 조치명령을 취소할 수 있다.

Ⅲ. 형사법원의 위법한 조치명령 위반죄의 무죄 선고 가능성 검토 (甲 주장의 타당성 검토)

1. 공정력(구성요건적 효력)과 형사법원의 선결문제 판단권

1) 공정력의 의의·근거

(1) 행정기본법 제15조는 "처분은 권한이 있는 기관이 취소 또는 철회하거나 기간의 경과 등으로 소멸되기 전까지는 유효한 것으로 통용된다"고 규정한다.

(2) 공정력의 개념에 관하여 행정기본법 제정 이전에는 "적법성의 추정" 또는 "유효성의 추정"에 관하여 이론상 대립이 있었으나, 동법은 이를 정리하였다.

(3) 공정력은 처분의 상대방의 관점에서, 구성요건적 효력은 처분청과 관계행정청 또는 법원간의 관계에서 그 관할과 권한에 근거하여 관할 기관의 그 처분의 효력을 존중하는 관점에서 쓰이는 용어이다.

(4) 판례는 공정력으로 통합해서 사용한다.

(5) 결국 공정력은 권한있는 기관의 행정행위에 대한 유효성을 추정하는 것이고 적법성을 추정하는 것은 아니다.

2) 형사법원의 선결문제 판단권

(1) 근거·의의

(1) 행정소송법 제11조는 처분등의 효력유무 또는 존재여부가 민사소송의 선결문제로 되어 민사소송의 수소법원은 이를 심리·판단할 수 있다고 규정한다.

(2) 이는 공정력이 미치지 않는 처분(무효, 부존재 처분)에 대해서 민사법원이 직접 그 선결문제로서의 판단권한을 갖는다는 규정이다.

(3) 형사법원은 규정이 부재한 바, (가) 학설은 (i) 동규정 준용설 (ii) 별도 개별 형사법원 독자 판단설 (나) 판례는 민사법원과 동일하게 해석 (다) 소결도 판례의 견해가 타당하다. 더욱이 최근 행정기본법의 처분의 효력규정 신설로 유효성 추정을 명문화하고 있어 무효, 부존재, 위법성 판단은 가능하다고 해석함이 타당하다.

2. 처분이유를 명시하지 않은 조치명령의 위법성 및 무죄 판단 가능성

1) 처분이유를 명시하지 않은 처분은 위법하나, 권한 있는 기관에 의해서 취소 또는 철회가 있기 전까지는 그 유효성이 추정된다. 2) 형사법원은 선결문제판단권한을 갖고 조치명령의 위법성 판단은 가능한 바, 처분 이유를 명시하지 않은 조치명령은 위법하다고 판단할 수 있다. 3) 위법한 조치명령에 대해서는 산지관리법 제55조에 따른 조치명령 위반죄가 성립될 수 없는 바, 형사법원은 甲에 대하여 무죄를 선고함이 타당하다.

Ⅳ. 문제의 해결

(1) 처분이유를 명시하지 않은 조치명령은 행정절차법 위반으로 위법한 처분이며 (2) 형사법원은 처분의 위법성에 대해서는 선결문제 판단권한을 갖고 위법판단이 가능하며 (3) 조치명령위반죄의 구성요건은 적법한 조치명령을 전제로 하는 바, 위법한 조치명령에 대해서는 조치명령 위반죄가 성립하지 않는다. (4) 형사법원은 조치명령의 위법성을 확인하고 위법한 조치명령에 대해서는 조치명령위반죄가 성립되지 않음을 이유로 甲에게 무죄선고를 할 수 있다.(5) 甲의 주장은 타당하다.

〈제 1 문의 2〉

丙은 현역병으로 입대하여 4주간의 군사훈련을 받은 후 의무경찰로 복무하던 중 허가 없이 휴대전화를 부대로 반입하여 이를 계속 소지·사용하였다는 사유로 경찰공무원 징계위원회에 회부되었고, 이러한 사유가 「의무경찰 관리규칙」 제94조 제1호(법령위반), 제5호(명령불복종), 제12호(기타 복무규율 위반)에 해당한다는 이유로 영창 15일의 징계처분을 받았다.

2. 丙은 영창 15일의 징계처분을 받은 후 소청심사를 청구하였다. 소청심사청구로 인해 「의무경찰대 설치 및 운영에 관한 법률」 제6조 제2항 단서의 규정에 따라 영창처분의 집행이 정지되었고, 이후 丙의 복무기간이 만료되었다. 그러나 경찰청장은 영창기간은 복무기간에 산입하지 아니한다는 같은 법률 제2조의5 제1항 제2호와 영창처분을 받은 경우 퇴직을 보류한다는 같은 법률 시행령 제34조의2 제4호에 따라 퇴직발령을 아니하였고, 소청심사청구가 기각되자 15일의 영창처분을 집행한 후에야 퇴직발령을 하였다. 이에 丙은 경찰청장이 법령을 잘못 해석하여 퇴직발령을 하지 아니한 결과 자신이 복무기간을 초과하여 복무하는 손해를 입었으므로, 국가는 「국가배상법」상 배상책임이 있다고 주장한다. 丙의 이러한 주장에 대해 국가는 "丙은 의무경찰대원이므로 「국가배상법」 제2조 제1항 단서에 의해 배상청구를 할 수 없다."라고 항변한다. 丙의 주장과 국가의 항변이 타당한지 각각 검토하시오. (30점)

[참고 조문]

「의무경찰대 설치 및 운영에 관한 법률」

제 2 조의5(휴직자 등의 전환복무기간 계산 등) ① 다음 각 호의 기간은 「병역법」 제25조 제1항에 따라 전환복무된 의무경찰대 대원의 전환복무기간에 산입하지 아니한다.
1. <생략>
2. 정직 및 영창 기간
3. <생략>

제 5 조(징계) ① 의무경찰에 대한 징계는 강등, 정직, 영창, 휴가 제한 및 근신으로 하고, 그 구체적인 내용은 다음 각 호와 같다.
1. 강등 : 징계 당시 계급에서 1계급 낮추는 것
2. 정직 : 1개월 이상 3개월 이하의 기간 동안 의무경찰의 신분은 유지하나 직무에 종사하지 못하게 하면서 일정한 장소에서 비행을 반성하게 하는 것
3. 영창 : 15일 이내의 기간 동안 의무경찰대·함정 내 또는 그 밖의 구금장소에 구금하는 것
4. 휴가 제한 : 5일 이내의 범위에서 휴가일수를 제한하는 것. 다만, 복무기간 중 총 제한일수

는 15 일을 초과하지 못한다.

5. 근신 : 15일 이내의 기간 동안 평상근무에 복무하는 대신 훈련이나 교육을 받으면서 비행을 반성 하게 하는 것

② 영창은 휴가 제한이나 근신으로 그 징계처분을 하는 목적을 달성하기 어렵고, 복무규율을 유지하기 위하여 신체 구금이 필요한 경우에만 처분하여야 한다.

제 6 조(소청) ① 제5조의 징계처분을 받고 처분에 불복하는 사람의 소청은 각기 소속에 따라 해당 의무경찰대가 소속된 기관에 설치된 경찰공무원 징계위원회에서 심사한다.

② 제1항에 따른 심사를 청구한 경우에도 이에 대한 결정이 있을 때까지는 해당 징계처분에 따라야 한다. 다만, 영창처분에 대한 소청 심사가 청구된 경우에는 이에 대한 결정이 있을 때까지 그 집행을 정지한다.

제 8 조(보상 및 치료) ① 의무경찰대의 대원으로서 전투 또는 공무수행 중 부상을 입고 퇴직한 사람과 사망(부상으로 인하여 사망한 경우를 포함한다)한 사람의 유족은 대통령령으로 정하는 바에 따라 「국가유공자 등 예우 및 지원에 관한 법률」 또는 「보훈보상대상자 지원에 관한 법률」에 따른 보상 대상자로 한다.

② 의무경찰대의 대원이 전투 또는 공무수행 중 부상하거나 질병에 걸렸을 때에는 대통령령으로 정하는 바에 따라 국가 또는 지방자치단체의 의료시설에서 무상으로 치료를 받을 수 있다.

「의무경찰대 설치 및 운영에 관한 법률 시행령」

제34조의2(퇴직 보류) 임용권자는 의무경찰이 다음 각 호의 어느 하나에 해당하는 경우에는 퇴직 발령을 하지 아니할 수 있다.

1. ~ 3. <생략>
4. 정직 또는 영창 처분을 받은 경우
5. <생략>

제39조(위원회의 구성) ① 소속기관등의 장은 제38조의 소청서를 받은 경우에는 7일 이내에 경찰 공무원 보통징계위원회(이하 "위원회"라 한다)를 구성하여 소청의 심사를 하게 하여야 한다. 이 경우 위원회는 5명 이상 7명 이하의 위원으로 구성한다.

② 제1항의 경우에는 소청의 요지를 피소청인에게 통보하여야 한다.

「의무경찰 관리규칙」

제94조(징계사유) 의경이 다음 각호의 1에 해당하는 때에는 징계의결의 요구를 하여야 하고 동 징계의결의 결과에 따라 징계처분을 행하여야 한다.

1. 의무경찰대 설치 및 운영에 관한 법률과 동법시행령 및 이 규칙(이하 "법령"이라 한다)을 위반한 때와 법령에 의한 명령에 위반하였을 때
2. ~ 4. <생략>
5. 상관의 명령에 복종하지 아니하였을 때
6. ~ 11. <생략>
12. 기타 제 복무규율을 위반한 때

제95조(징계의결의 요구) ① 경찰기관의 장은 소속 의경 중 제94조 각호에 해당하는 징계사유가 발생하였을 때에는 지체없이 관할 징계위원회를 구성하여 징계의결을 요구하여야 한다.

② 제1항의 징계는 소속 경찰기관에서 행한다.

제96조(징계위원회 구성과 징계의결) ① 의경을 징계하고자 할 때의 징계위원회 구성은 위원장을 포함한 3인 이상 7인 이하의 위원으로 의경 징계위원회(이하 "징계위원회"라 한다)를 구성한다.
② 제1항의 징계위원회 구성은 경사 이상의 소속 경찰공무원 중에서 당해 징계위원회가 설치된 경찰기관의 장이 임명한다.

〈제 2 문〉

2017. 12. 20. 보건복지부령 제377호로 개정된 「국민건강보험 요양급여의 기준에 관한 규칙」(이하 '요양급여규칙'이라 함)은 비용 대비 효과가 우수한 것으로 인정된 약제에 대해서만 보험급여를 인정해서 보험재정의 안정을 꾀하고 의약품의 적정한 사용을 유도하고자 기존의 보험 적용 약제 중 청구실적이 없는 미청구약제에 대한 삭제제도를 도입하였다. 개정 전의 요양급여규칙은 품목허가를 받은 모든 약제에 대하여 보험급여를 인정하였으나, 개정된 요양급여규칙에 따르면 최근 2년간 보험급여 청구실적이 없는 약제에 대하여 요양급여대상 여부에 대한 조정을 할 수 있다.

보건복지부장관은 위와 같이 개정된 요양급여규칙의 위임에 따라 사단법인 대한제약회사협회 등 의약관련단체의 의견을 받아 보건복지부 고시인 '약제급여목록 및 급여상한금액표'를 개정하여 2018. 9. 23. 고시하면서, 기존에 요양급여대상으로 등재되어 있던 제약회사 甲(이하 '甲'이라 함)의 A약품(1998. 2. 1. 등재)이 2016. 1. 1.부터 2017. 12. 31.까지의 2년간 보험급여 청구실적이 없는 약제에 해당한다는 이유로 위 고시 별지4 '약제급여목록 및 급여상한금액표 중 삭제품목'란(이하 '이 사건 고시'라 함)에 아래와 같이 A약품을 등재하였다. 요양급여대상에서 삭제되면 국민건강보험의 요양급여를 받을 수 없어 해당 약제를 구입할 경우 전액 자기부담으로 구입하여야 하고 해당 약제에 대해 요양급여를 청구하여도 요양급여청구가 거부되므로 해당 약제의 판매 저하가 우려된다.

보건복지부 고시 제2018-○○호(2018. 9. 23.)

약제급여목록 및 급여상한금액표

제 1 조(목적) 이 표는 국민건강보험법 …… 및 국민건강보험요양급여의 기준에 관한 규칙 ……의 규정에 의하여 약제의 요양급여대상기준 및 상한금액을 정함을 목적으로 한다.
제 2 조(약제급여목록 및 상한금액 등) 약제급여목록 및 상한금액은 [별표1]과 같다.

[별표1]
　별지4 삭제품목
　연번 17. 제조사 甲, 품목 A약품, 상한액 120원/1정

제약회사들을 회원으로 하여 설립된 사단법인 대한제약회사협회와 甲은 이 사건 고시가 있은지 1개월 후에야 고시가 있었음을 알았다고 주장하며 이 사건 고시가 있은 날로부터 94일째인 2018. 12. 26. 이 사건 고시에 대한 취소소송을 제기하였다.

1. 보건복지부 고시인 '약제급여목록 및 급여상한금액표'의 법적 성질과 이 사건 고시의 취소소송의 대상 여부를 논하시오. (30점)

2. 사단법인 대한제약회사협회와 甲에게 원고적격이 있는지 여부를 논하시오. (20점)

3. 사단법인 대한제약회사협회와 甲이 제기한 이 사건 소가 제소기간을 준수하였는지를 검토하시오. (20점)

4. 甲은 "개정 전 요양급여규칙이 아니라 개정된 요양급여규칙에 따라 A약품을 요양급여대상에서 삭제한 것은 위법하다."라고 주장한다. 이러한 甲의 주장을 검토하시오. (30점)

[참고 조문] (아래 법령은 현행 법령과 다를 수 있음)

「국민건강보험법」

제41조(요양급여) ① 가입자와 피부양자의 질병, 부상, 출산 등에 대하여 다음 각 호의 요양급여를 실시한다.
   1. 진찰·검사
   2. 약제·치료재료의 지급
   3. <이하 생략>
② 제1항에 따른 요양급여의 방법·절차·범위·상한 등의 기준은 보건복지부령으로 정한다.

「국민건강보험 요양급여의 기준에 관한 규칙」

(보건복지부령 제377호, 2017. 12. 20. 공포)

제8조(요양급여의 범위 등) ① 법 제41조 제2항에 따른 요양급여의 범위는 다음 각 호와 같다.
   1. 법 제41조 제1항의 각 호의 요양급여(약제를 제외한다) : 제9조에 따른 비급여대상을 제외한 것
   2. 법 제41조 제1항의 2호의 요양급여(약제에 한한다) : 제11조의2, 제12조 및 제13조에 따라 요양 급여대상으로 결정 또는 조정되어 고시된 것
② 보건복지부장관은 제1항의 규정에 의한 요양급여대상을 급여목록표로 정하여 고시하되, 법 제41조 제1항의 각 호에 규정된 요양급여행위, 약제 및 치료재료(법 제41조 제1항의 2호의 규정에 의하여 지급되는 약제 및 치료재료를 말한다)로 구분하여 고시한다.

제13조(직권결정 및 조정) ④ 보건복지부장관은 다음 각 호에 해당하면 이미 고시된 약제의 요양급여대상여부 및 상한금액을 조정하여 고시할 수 있다.
   1. ~ 5. <생략>
   6. 최근 2년간 보험급여 청구실적이 없는 약제 또는 약사법령에 따른 생산실적 또는 수입실적이 2년간 보고되지 아니한 약제

부칙

이 규칙은 공포한 날로부터 시행한다.

문제의 핵심 & 쟁점의 정리 📃

※ 시험장에서 문제를 받자마자 여러분들이 3~5분 동안 해야 할 작업입니다. 문제에서 핵심을 찾아내고, 답안의 쟁점을 파악하여 간략하게 목차를 구성해 보는 것입니다. 이 이후에 본 답안작성에 들어가기 바랍니다.

〈제 1 문의 2〉

☑ 문제의 핵심

2. "이에 **丙은** 경찰청장이 (1)**법령을 잘못 해석하여** 퇴직발령을 하지 아니한 결과 자신이 복무기간을 초과하여 복무하는 **손해를 입었으므로**, 국가는 「**국가배상법**」상 배상책임이 있다고 주장한다. 丙의 이러한 주장에 대해 **국가는** "丙은 (2)**의무경찰대원이므로** 「**국가배상법**」 제2조 제1항 단서에 의해 **배상청구를 할 수 없다.**"라고 항변한다. **丙의 주장과 국가의 항변이 타당한지** 각각 검토하시오. (30점)"

☑ 쟁점의 정리

2. 국가배상책임이 있는가? 의무경찰대원이므로 이중배상금지에 해당하여 배상청구를 할 수 없는가?
   - **(쟁점1) 국가배상책임의 성립요건**
     . (문제해결기준 : 근거 법조문) 국가배상법 제2조 제1항
     . (답안기술내용) 과실인정여부 판단 - 공무원의 법령해석과 과실
       　　　　　　　　법령위반? - 위법성 존재하는가? - 선결문제인가? (선행정소송?)
   - **(쟁점2) 이중배상금지 해당여부**
     . (문제해결기준 : 근거 법조문) 국가배상법 제2조 제1항 단서
     . (답안기술내용) 이중배상금지 의의, 요건
       　　　　　　　　전투훈련 직무집행 관련되어 있는가?

〈제 2 문〉

☑ 문제의 핵심

1. **보건복지부 고시**인 '약제급여목록 및 급여상한금액표'**의 법적 성질**과 이 사건 **고시의 취소소송의 대상 여부**를 논하시오. (30점)
2. 사단법인 **대한제약회사협회**와 甲에게 **원고적격이 있는지** 여부를 논하시오. (20점)
3. 사단법인 대한제약회사협회와 甲이 제기한 이 사건 소가 **제소기간을 준수하였는지**를 검토하시오. (20점)
4. 甲은 "**개정 전 요양급여규칙이 아니라 개정된 요양급여규칙에 따라 A약품을 요양급여대상에서 삭제한 것은 위법하다.**"라고 주장한다. 이러한 **甲의 주장을 검토하시오.** (30점)

☑ 쟁점의 정리

1. 보건복지부 고시 '약제급여목록 및 급여상한금액표'의 법적 성질, 취소소송의 대상성?
   - **(쟁점1) 법령보충규칙의 의의, 형태(요건), 효과**

．(문제해결기준 : 관련 법조문과 해석에 관한 학설) 헌법 제75조, 95조,
　　　　　　　법규명령설, 행정규칙설, 수권여부기준설, 위헌무효설, 규범구체화규칙설
．(답안기술내용) 학설, 판례, 소결과 그에 따른 결론
- (쟁점2) **취소소송의 대상?**
　．(문제해결기준 : 근거 법조문과 해석에 관한 학설) 행정소송법 제2조 제1항 제1호,
　　　　　　　행정행위와 처분과의 관계(일원론, 이원론)
　．(답안기술내용) 처분개념, 학설, 판례, 소결, 그에 따른 요건 판단과 결론

2. 사단법인 협회와 甲에게 원고적격이 있는가?
- (쟁점) **원고적격 인정여부 (법인의 원고적격, 법률상 이익 판단)**
　．(문제해결기준 : 근거조문과 학설) 행정소송법 제12조, 취소소송 성질(기능)에 따른 원고적격범
　　　　　　　위,
　　　　　　　법률상 이익의 존부판단 기준(근거, 관련, 헌법, 기본권등)
　．(답안기술내용) 원고적격 개념, 근거, 의의, 학설, 판례, 소결, 요건 (법률상 이익의 존부판단)

3. 제소기간을 준수하였는가?
- (쟁점) **고시의 경우 제소기간 기산점 판단**
　．(문제해결기준 : 근거조문과 판례) 행정소송법 제20조, 판례의 입장
　．(답안기술내용) 제소기간 일반론(의의, 근거 등), 고시의 경우 제소기간 기산점

4. 개정된 이후 요양급여규칙 적용 타당한가?
- (쟁점) **소급적용의 적법성 판단**
　．(문제해결기준 : 근거조문과 학설·판례) 행정기본법 제14조 및 제12조, 행정절차법 제4조
　　　　　　　진정소급과 부진정소급에 대한 학설, 판례 태도
　．(답안기술내용) 행정기본법 제14조(법적용의 기준), 행정기본법 제12조·행정절차법 제4조(신뢰보
　　　　　　　호의 원칙)
　　　　　　　소급적용의 적법성(진정소급과 부진정소급의 구분과 판단), 판례의 입장,
　　　　　　　그에 따른 본 사례

관리번호	시험과목명	사 례 형 제 1 문	시험관리관 확　　인	점　　수	채점위원인

〈2. 국가배상책임의 존부 및 이중배상금지 해당여부〉

I. 문제의 소재

(1) 丙은 경찰청장의 법령해석의 잘못을 이유로 국가배상책임이 있다고 주장하는 바, 국가배상책임의 성립요건, 특히 과실존부, 법령위반여부에 대한 검토가 필요하다. 또한 (2) 이중배상금지를 이유로 丙이 배상청구를 할 수 없다는 국가의 주장에 대하여는 이중배상금지의 요건 해당여부가 문제된다.

II. 국가배상책임 성부(과실과 법령위반여부 판단) - 丙의 주장의 타당성 검토

1. 국가배상책임의 개념 · 의의 · 요건 (과실 및 법령위반여부 판단기준)

1) 개념, 의의

(1) 헌법과 국가배상법은 공무원이 직무를 집행하면서 고의 또는 과실로 법령을 위반하여 타인에게 손해를 입힌 경우에 국가가 그 손해를 배상하도록 정하고 있다(헌법 제29조, 국가배상법 제2조 제1항).

(2) 국가배상제도는 위법한 행정으로 기본권을 침해한 경우에 이를 구제하는 것으로 기본권 보장을 목표로 하는 법치국가의 필수적인 행정구제제도이다.

2) 요건

(1) 국가배상책임은 국가배상법 제2조에 따라 (ㄱ) 공무원이 (ㄴ) 직무를 집행하면서 (ㄷ) 고의 또는 과실로 (ㄹ) 법령을 위반하여 (ㅁ) 타인에게 (ㅂ) 손해가 발생한 경우에 성립한다.

(2) 특히 본 사례에서 문제가 되는 '법령해석의 잘못'에 관하여는 '과실의 존부'가 문제되는 바, 과실 판단은 담당 공무원을 기준으로 당해 직무를 담당하는 평균 공무원이 통상 갖춰야 할 주의의무를 게을리 하는 것으로 하여 과실개념을 객관화하고 있다(判例).

(3) 법령해석의 잘못에 대해서는 일반적으로 공무원이 관계법규를 숙지하지 못하고 그르쳐 행정처분을 하였다면 과실이 있다고 인정한다. 다만 명확치 못한 법규에 대하여 신중을 다하여 해석을 한 이후에 근거 법규가 위헌 또는 위법으로 판단된 경우에는 공무원에게 과실을 인정하기 어렵다고 判例는 본다.

(4) 법령위반에 대해서는 선행하여 행정법원에서 위법판단을 받을 것을 요하지 않으며, 국가배상청구소송의 수소법원인 민사법원에서 독자적으로 법령위반여부를 판단할 수 있다(判例).

2. 丙의 주장의 타당성 검토 (국가배상책임 성부) - 부정

(1) 경찰청장은 현행 시행 법령에 근거하여 소청기각 이후에 영창처분을 집행한 후 퇴직발령을 한 바, 이후에 근거 법률의 위헌결정 여부와 관계없이 처분 당시에는 당해 법령이 시행중이고, 경찰청장은 법령심사권한이 없으므로 법령해석의 잘못이 있다고 보기 어렵다(과실없음). (2) 또한 직무집행에 있어 법령을 위반했다고 하기도 어렵다(법령위반 부재). (3) 따라서 국가배상책임은 성립하기 어렵고, 丙의 주장은 타당할 수 없다.

III. 이중배상금지 해당여부 - 국가의 항변의 타당성 검토

1. 이중배상금지 개념 · 의의 · 요건

1) 개념 · 의의

(1) 헌법과 국가배상법은 군인 · 군무원 · 경찰공무원 또는 예비군대원이 전투 · 훈련 등 직무 집행과 관련하여 전사 · 순직하거나 공상을 입은 경우에 본인이나 그 유족이 다른 법령에 따라 재해보상금 · 유족연금 · 상이연금 등의 보상을 지급받을 수 있을 때에는 이 법 및 「민법」에 따른 손해배상을 청구할 수 없다고 정하고 있다(헌법 제29조 제2항, 국가배상법 제2조 제1항 단서),

(2) 이중배상금지는 위험직무를 수행하는 공무원에게 주어지는 보상제도를 통해 보상을 받도록 하고 국가배상은 제외하여 국가의 과도한 재정지출을 막자는 취지에서 마련되었다.

(3) 보상과 배상은 법적 성격이 다르므로 이중배상금지는 폐지함이 타당하다.

2) 요건

(1) 이중배상금지는 (ㄱ) 군인 · 군무원 · 경찰공무원 등이 (ㄴ) 전투 · 훈련 등 직무집행과 관련하여 (ㄷ) 전사 · 순직 · 공상을 입어 (ㄹ) 보상을 지급받을 수 있을 때 국가배상청구를 할 수 없도록 하고 있다.

(2) 공무상 재해 등으로 인한 보상이 이뤄지지 않을 시 국가배상청구는 가능하다.

2. 국가의 항변의 타당성 여부 (이중배상금지에 해당하는가?)

(1) 丙은 의무경찰대원이나 「의무경찰대 설치 및 운영에 관한 법률」 제8조 제1항의 전투 또는 공무수행 중 부상을 입거나 사망을 한 자가 아니므로 보상대상자에 해당하지 않는다.

(2) 따라서 국가배상법 제2조 제1항 단서의 요건에 해당하지 않는 바, 의무경찰대원이므로 국가배상청구가 어렵다는 국가의 항변은 타당하지 않다.

IV. 문제의 해결 - 丙의 주장은 경찰청장의 과실이 없는 바 타당하지 않으며, 국가의 항변 역시 丙이 보상대상자에 아니므로 이중배상의 범위에 속하지 않은 바 타당하지 않다.

관리번호	시험과목명	사 례 형 제 2 문	시험관리관 확 인	점 수	채점위원인

〈1. '약제급여목록 및 급여상한금액표' 고시의 법적 성질과 취소소송 대상여부〉

I. 문제의 소재

국민건강보험법 및 국민건강보험 요양급여의 기준에 관한 규칙에 근거하여 발령된 고시 즉 법령보충규칙의 법적 성질과 동 고시가 처분성을 갖는지 여부를 검토한다.

II. '약제급여목록 및 급여상한금액표'의 법적 성질 – 법령보충규칙 여부 판단 및 법규성 유무

1. 법령보충규칙 개념 · 근거 논의

1) 개념, 근거 – (1) 법령보충규칙은 법률의 내용이 추상적이어서 전문적이고 기술적인 내용을 보충하거나 구체화하기 위하여 제정한 고시 또는 훈령을 말한다.

(2) 행정규제기본법 제4조 제2항 단서는 법령에서 구체적으로 범위를 정하여 위임한 경우에 한해, 고시형식의 법령보충규칙을 인정하고 있다.

2) 인정 논의 – (가) 學說은 (i) 상위법령의 위임이 있으므로 법규명령설 (ii) 헌법이 예정하는 법규명령의 형식이 아니므로 행정규칙설 (iii) 대외적구속력은 인정되나 행정규칙형식이므로 규범구체화행정규칙설 (iv) 행정규칙형식의 법규명령은 불허용되므로 위헌무효설, (나) 判例는 재산제세사무처리규정, 요양급여기준 사건에서 법령보충규칙을 인정하고 있다. (다) (小結) 행정의 신축성 탄력성을 감안하여 전문적 기술적인 부분에 한해서, 위임입법의 한계 등 법규명령의 한계를 지키는 경우, 법령보충규칙을 인정하는 것이 타당하다고 판단된다.

2. '약제급여목록 및 급여상한금액표'의 법적 성질 – 법령보충규칙 해당 (법규성 있음)

보건복지부 고시인 '약제급여목록 및 급여상한금액표'는 국민건강보험법 및 국민건강보험 요양급여의 기준에 관한 규칙에 근거하여 발령되었으며, 상위법령의 내용을 보충하는 바, 법규성이 인정되는 법령보충규칙에 해당한다.

III. '약제급여목록 및 급여상한금액표' 고시의 취소소송 대상여부 (처분성 판단)

1. 취소소송의 대상인 처분의 의의 · 개념론 · 요건

1) 의의 – (1) 처분은 행정소송법상 개념이다. (2) 행정소송법 제2조 제1항 제1호는 처분을 행정청이 행하는 구체적 사실에 관한 법집행으로서의 공권력 행사 또는 그 거부 그 밖에 이에 준하는 행정작용으로 정의하고 있다.

2) 개념론 – 처분의 개념범위와 관련해서 (가) 學說은 (i) 행정작용 중 강학상 행정행위와 처분을 하나로 보는 일원론과 (ii) 처분은 강학상 행정행위보다는 넓고, 권력적 사실행위 등 기타 행정작용도 포괄할 수 있다는 이원론이 있다. (나) 判例는 처분의 개념을 강학상 행정행위보다는 더 넓게 해석하여 기타 행정작용이라 하더라도 사인의 권리나 의무에 영향을 미치는 작용이면 '처분'으로 새기고 취소소송의 대상적격을 인정하고 있다. (다) (小結) 判例의 입장이 타당하다고 본다.

3) 요건 – (1) 행정소송법상 정의규정대로 '행정청이', '구체적 사실에 관하여 행하는', '법집행으로서의 공권력 행사'에 해당하면 처분으로 볼 수 있다.

(2) 判例는 통상 법률관계에 영향을 미친 경우, 직접적으로 권리를 제한하거나 의무를 부과하면 '처분'으로 본다.

2. '약제급여목록 및 급여상한금액표' 고시의 처분성 여부 – 취소소송의 대상 긍정

(1) 보건복지부 고시인 '약제급여목록 및 급여상한금액표'는 행정청인 보건복지부장관이 약제급여목록 포함여부 등 구체적 사실에 관하여 직접 법집행을 하는 것으로서 제약회사의 영업의 자유 등 법률관계에 직접적으로 영향을 미치는 것으로 행정소송법 제2조 제1항 제1호의 처분에 해당하며, (2) 따라서 취소소송의 대상이 된다고 할 것이다. (3) 고시는 형식상 행정입법의 형태이나, 현 우리 행정소송법하에서는 적합한 통제수단이 부재하므로 처분성을 긍정하여 우회적인 통제방식으로 사인의 권익구제를 도모하고 있다(判例).

IV. 문제의 해결 – 보건복지부 고시인 '약제급여목록 및 급여상한금액표'는 법령보충규칙에 해당하여 법규성이 있으며, 처분성도 인정되어 취소소송의 대상이 된다고 할 것이다.

〈2. 사단법인 대한제약회사협회와 제약회사 甲의 원고적격 성부〉

I. 문제의 소재

사단법인 대한제약회사협회(이하 '협회')와 제약회사 甲에게 재산권 등의 침해를 이유로 원고적격을 인정할 수 있겠는지가 문제되겠다.

II. 협회와 甲의 원고적격(법률상 이익) 인정 여부

1. 원고적격의 개념 · 의의 · 범위논쟁 · 요건 등

1) 개념 · 의의 · 논의 – (1) 행정소송법 제12조는 '취소소송은 처분등의 취소를 구할 법률상 이익이 있는지가 제기할 수 있다고 규정한다. (2) 법률상 이익의 의미와 관련해서 취소소송이 갖는 기능이 문제되는 바, (가) 學說은 (i) 권리가 침해된 자만이 소송을 제기하고 구제받을 수 있다는 '권리구제설' (ii) 권리는 법률에서 정하고 있는 것이고, 따라서 법률에서 보호하는 이익을 침해당한 자의 구제기능을 한다는 '법률상보호이익설' (iii) 법률에서 정하는 이익 외에도 보호가치가 있는 이익이라면 구제해야 한다는 '보호가치있는이익설' (iv) 권리침해여부를 떠나 누구나 위법한 처분에 대해서는 시정을 요구할 수 있다는 적법성보장설 (나) 判例는 원고적격을 지나치게 확대하는 것은 주관소송을 원칙으로 하는 취소소송체계에 부합하지 않으므로 법률상보호이익설을 따른다. (다) (小結) 법률상 쟁송을 기본으로 하는 사법제도의 기본 틀을 감안할 때 判例 견해가 타당하다.

2) 원고적격 성립요건 (법률상 이익) – (1) 법 제12조의 법률상 이익의 해석에 있어 '법률'의 범위와 내용이 문제되는 바, (가) 學說은 (i) 해당처분의 근거법률의 규정과 취지 (ii) 근거법률 이외의 관련법률의 규정과 취지도 고려 (iii) 근거 · 관련법률 외에 헌법상 기본권 규정까지 고려, (나) 判例는 근거 · 관련법률외에 기본권 규정까지 고려하여 해당 처분과 관련되는 법률, 기본권 규정이 있는 한 넓게 원고적격을 인정, (다) (小結) 헌법상 기본권 보호의 대원칙, 기본권 제한의 한계로서의 법률의 존재라는 관점에서 判例 견해가 타당하다.

2. 협회와 甲의 원고적격(법률상 이익) 존부 검토

(1) 甲은 요양급여대상 여부에 따라 직접 영업이익에 영향을 받는 등 헌법상 재산권에 침해를 받는 바, 법률상 이익을 인정할 수 있고 원고적격이 인정된다고 하겠다.

(2) 협회에 대해서는 제약회사 甲에 대한 재산권 침해를 협회에 대한 직접적인 침해로 간주하기 어려우므로 재산권에 근거한 법률상 이익의 침해는 인정하기 어려우나 설문에 명시된 협회의 의견제출권 등 절차참여권에 근거해서 절차상의 법률상 이익의 침해를 주장하여 원고적격을 인정할 수 있겠다.

III. 문제의 해결 - 협회-원고적격 긍정, 甲-원고적격 긍정

〈3. 취소소송의 제소기간 준수여부〉

I. 문제의 소재

고시가 있은 날로부터 94일째인 날에 취소소송을 제기하였으나, 고시가 있은 지 1개월 이후에 고시가 있었음을 알았다고 주장하고 있는 바, 제소기간 산정시 안 날의 기산점을 어디로 두는지가 문제된다.

II. 취소소송의 제소기간 준수여부 검토 (고시의 경우)

1. 제소기간의 개념 · 의의 · 판단기준 등

1) 개념 · 의의 - (1) 취소소송은 처분이 있음을 안 날부터 90일 이내에, 처분이 있은 날로부터 1년 이내에 제기하여야 한다(행정소송법 제20조). (2) 처분이 있음을 안 날은 당해 처분의 존재를 현실적으로 안 날을 의미하며, 처분이 있은 날은 처분이 대외적으로 표시되어 효력을 발생한 날을 의미한다. 어느 하나의 기간이 만료되면 제소기간은 도과한다. (3) 제소기간은 처분등을 둘러싼 법률관계의 신속한 확정을 통해 법적 안정성을 도모하는 취지에서 마련되었다.

2) 고시 · 공고 시 판단기준 - (1) 고시 · 공고에 의해서 처분을 하는 경우 그 상대방이 불특정다수이고, 처분의 효력이 일률적으로 적용되는 것이므로 현실적으로 알았는지와 상관없이 고시가 효력을 발생한 날에 행정처분이 있음을 알았다고 본다(判例). (2) 다만 특정인의 주소불명으로 관보 등에 공고한 경우는 상대방이 처분등을 현실적으로 안 날을 처분이 있음을 안날로 보고 있다(判例).

2. 취소소송의 제소기간 준수여부 판단

이 사건 고시는 불특정다수를 상대방으로 하는 것이므로 고시가 있은 날을 행정처분이 있음을 알았다고 보아야 하며, 2018년 12월 22일이 90일이 되는 날이므로 94일째 제기한 취소소송은 제소기간을 도과하여 부적법하다.

III. 문제의 해결 - 제소기간을 준수하지 않아 취소소송은 부적법하다.

〈4. 개정 요양급여규칙에 근거한 급여대상 삭제의 위법성(신뢰보호?); 甲주장의 타당성 검토〉

I. 문제의 소재

개정된 요양급여규칙에 따라 A약품을 요양급여대상에서 삭제한 것은 신뢰보호의 원칙을 정하는 행정기본법 제12조, 새로운 법령등의 소급적용을 금지하는 행정기본법 제14조에 반하는 것이 아닌지 검토가 필요하다.

II. 개정 요양급여규칙에 따른 급여대상 삭제의 위법성 검토 (소급적용 가능?)

1. 소급적용금지의 개념 · 근거 · 유형구분 · 판단기준 등

1) 개념 · 근거

(1) 행정기본법 제14조(법적용의 기준)는 "새로운 법령등은 특별한 규정이 있는 경우를 제외하고는 그 법령등의 효력 발생 전에 완성되거나 종결된 사실관계 또는 법률관계에 대해서는 적용되지 아니한다"고 정하고 있다.

(2) 이는 신뢰보호의 원칙을 법령적용에 있어 구체화한 것으로 행정기본법 제8조와 행정절차법 제4조에서 정하는 신뢰보호의 원칙과 일맥상통한다.

2) 유형구분 · 판단기준

(1) 소급적용은 진정소급적용과 부진정소급적용으로 구분된다. (2) 진정소급적용은 법령등의 효력발생 이전에 완성된 사실관계나 법률관계를 규율하는 것이며, 행정기본법은 이를 금지하고 있다. (3) 부진정소급적용은 법령등의 효력발생일에 진행 중인 사실관계나 법률관계를 규율하는 것으로 동법은 원칙적으로 금지하고 있지 않다. (4) 헌법재판소와 대법원은 소급입법 및 적용에 있어서 진정소급은 원칙적금지, 부진정소급은 원칙적 허용의 입장을 취한다. (5) 행정기본법과 判例는 소급입법을 통해 달성하려는 공익과 이로 인해 침해되는 사익을 비교형량하여 공익이 큰 경우에 소급입법을 허용하고 있다. (6) 결국, 부진정소급은 공익 달성을 위하여 허용되며, 반면 진정소급은 원칙적으로 금지되나 예외적으로 공익 달성이 중대한 경우에 허용된다고 볼 수 있다.

2. 소급적용 유형 판단 및 급여대상 삭제의 위법성 검토 (甲의 주장의 타당성 검토)

1) 부진정소급적용 - 개정 요양급여규칙은 효력발생 이전에 완성된 사실관계를 규율하는 것이 아니라, 개정 요양급여규칙 효력발생 당시 진행중인 사실관계를 규율하는 것이며, 개정 요양급여규칙의 효력발생 당시 까지 그리고 이후 일정기간 까지도 청구실적이 없는 경우에 미청구약제로 정하는 것을 내용으로 하고 있는 바, 부진정소급적용에 해당한다.

2) 공익과 사익의 비교형량 (공익우선) - 개정 요양급여규칙의 시행과 미청구약제의 지정은 국민건강보험 재정의 안정과 의약품의 적정한 사용을 유도하는 공익 달성을 위한 것으로 침해되는 사익이 공익보다 크다고 보기 어렵다. 헌법재판소와 대법원의 입장도 같다.

3) 원칙적 적법(부진정소급, 신뢰보호원칙 위반 아님) - 그렇다면, 동 개정 요양급여규칙의 2017. 12.20.자 시행으로 2016.1.1.부터 2017.12.31.까지 보험급여 청구실적이 없었던 A약품을 요양급여대상에서 삭제한 것은 부진정소급적용에 해당하는 것으로 보험재정의 안정과 의약품의 적정한 사용이라는 공익적 목적을 위한 조처이므로 행정기본법 제14조에 위반되지 않으며, 헌법재판소나 대법원의 입장에도 배치된다고 보기 어렵다. (적법)

4) 개정된 요양급여규칙에 따라 A약품을 요양급여대상에서 삭제한 것은 위법하다는 甲의 주장은 타당하지 않다.

III. 문제의 해결

부진정소급적용에 해당하며, 행정기본법 제14조 및 헌법재판소 · 대법원의 입장에 배치되지 않는 바, 개정된 요양급여규칙의 적용은 적법하다. 따라서 위법하다는 甲의 주장은 타당하지 않다.

〈제 2-1 문〉

노정년은 2003년 박사학위를 취득하고 2005년 3월부터 사립 한국대학교 음대 성악과에서 교원으로 근무하고 있다. 대학의 연봉만으로는 노부모와 처, 자녀 등 9인의 가족을 부양하기가 몹시 어렵게 되자, 그는 그 대학 성악과에 지원하려는 중·고등학생을 대상으로 성악 과외교습에 나섰다.

한국대학교 인사위원회는 2011년 12월 23일 '학원의 설립·운영 및 과외교습에 관한 법률' 제3조(이하 "이 사건 법률조항"이라 함)가 대학교원으로 하여금 과외교습을 금지하고 있음에도 불구하고 노정년이 주 30시간이 넘는 과외교습활동을 하여 현행법을 위반하였을 뿐만 아니라, 그로 인하여 대학 강의를 소홀하게 하고 있어 대학교원으로서의 품위를 잃은 부적격자라는 이유로 그의 재임용을 거부하기로 결정하였고, 이에 따라 한국대학교 총장은 2011년 12월 29일 노정년에게 계약기간 만료와 더불어 재임용의사가 더 이상 없음을 통지하였다. 이에 그는 2012년 3월 2일 교원소청심사위원회에 소청심사를 청구하였으나 2012년 4월 5일 기각되었고, 4월 9일 이 결정을 통지받았다. (※ 위 노정년은 '학원의 설립·운영 및 과외교습에 관한 법률' 제3조의 교원에 해당함)

1. (1) 노정년은 2012년 7월 9일 서울행정법원에 취소소송을 제기하여 자신의 권리침해를 구제받고자 한다. 누구를 피고로 하여 어떤 행위를 대상으로 취소소송을 제기하여야 하는가? (20점)

   (2) 노정년이 위 (1)의 소송을 위한 자료로 사용하기 위하여 한국대학교 총장에게 자신에 대한 재임용 거부를 의결한 2011년 12월 23일자 교원인사위원회의 회의록(여기에는 참석자 명단, 참석자별 발언내용이 기재되어 있음)에 대하여 정보공개청구를 한 경우, 한국대학교 총장은 이를 공개하여야 하는가? (20점)

2. (1) 행정소송의 진행 중, 노정년은 재임용거부의 근거가 된 이 사건 법률조항이 자신의 직업선택의 자유, 근로의 권리, 평등권 그리고 행복추구권을 침해하여 위헌이라고 주장하면서 법원에 위헌제청신청을 하였다. 그러나 법원은 2012년 8월 21일 위 신청을 기각하였고, 그 결정은 8월 23일 그에게 통지되었다. 노정년은 변호사 정당해를 대리인으로 선임하여 같은 해 9월 24일 헌법재판소법 제68조 제2항에 따라 헌법소원심판을 청구하였다. 청구인은 이 사건 헌법소원심판청구가 적법한지 여부에 대하여 판단하시오. (20점)   〈헌법문항〉

   (2) 이 사건 법률조항의 위헌성 여부에 대하여 판단하시오. (40점)   〈헌법문항〉

[참조조문]

「학원의 설립·운영 및 과외교습에 관한 법률」

제 2 조(정의) 이법에서 사용하는 용어의 뜻은 다음과 같다.

　1.~3. 생략.

　4. "과외교습"이란 초등학교·중학교·고등학교 또는 이에 준하는 학교의 학생이나 학교 입학 또는 학력 인정에 관한 검정을 위한 시험 준비생에게 지식·기술·예능을 교습하는 행위를 말한다. 다만, 다음 각 목의 어느 하나에 해당하는 행위는 제외한다.

　　가. 제1호 가목부터 바목까지의 시설에서 그 설치목적에 따라 행하는 교습행위

　　나. 같은 등록기준지 내의 친족이 하는 교습행위

　　다. 대통령령으로 정하는 봉사활동에 속하는 교습행위

　5.~6. 생략

제 3 조(교원의 과외교습 제한) 「초·중등교육법」 제2조, 「고등교육법」 제2조, 그 밖의 법률에 따라 설립된 학교에 소속된 교원(教員)은 과외교습을 하여서는 아니 된다.

제22조(벌칙) ② 제3조를 위반하여 과외교습을 한 자는 1년 이하의 금고 또는 300만원 이하의 벌금에 처한다.

「교원지위향상을 위한 특별법」

제 7 조(교원소청심사위원회의 설치) ① 각급학교 교원의 징계처분과 그 밖에 그 의사에 반하는 불리한 처분(「교육공무원법」 제11조의3 제4항 및 「사립학교법」 제53조의2 제6항에 따른 교원에 대한 재임용 거부처분을 포함한다. 이하 같다)에 대한 소청심사(訴請審査)를 하기 위하여 교육과학기술부에 교원소청심사위원회(이하 "심사위원회"라 한다)를 둔다.

② 심사위원회는 위원장 1명을 포함하여 7명 이상 9명 이내의 위원으로 구성하되 위원장과 대통령령으로 정하는 수의 위원은 상임(常任)으로 한다.

③ 심사위원회의 조직에 관하여 필요한 사항은 대통령령으로 정한다.

제 9 조(소청심사의 청구 등) ① 교원이 징계처분과 그 밖에 그 의사에 반하는 불리한 처분에 대하여 불복할 때에는 그 처분이 있었던 것을 안 날부터 30일 이내에 심사위원회에 소청심사를 청구할 수 있다. 이 경우에 심사청구인은 변호사를 대리인으로 선임(選任)할 수 있다.

② 본인의 의사에 반하여 파면·해임·면직처분을 하였을 때에는 그 처분에 대한 심사위원회의 최종 결정이 있을 때까지 후임자를 보충 발령하지 못한다. 다만, 제1항의 기간 내에 소청심사청구를 하지 아니한 경우에는 그 기간이 지난 후에 후임자를 보충 발령할 수 있다.

제10조(소청심사 결정) ① 심사위원회는 소청심사청구를 접수한 날부터 60일 이내에 이에 대한 결정을 하여야 한다. 다만, 심사위원회가 불가피하다고 인정하면 그 의결로 30일을 연장할 수 있다.

② 심사위원회의 결정은 처분권자를 기속한다.

③ 제1항에 따른 심사위원회의 결정에 대하여 교원, 「사립학교법」 제2조에 따른 학교법인 또는 사립학교 경영자 등 당사자는 그 결정서를 송달받은 날부터 90일 이내에 「행정소송법」으로 정하는 바에 따라 소송을 제기할 수 있다.

④ 소청심사의 청구·심사 및 결정 등 심사 절차에 관하여 필요한 사항은 대통령령으로 정한다.

「교원소청에 관한 규정」

제 2 조(소청심사청구) ① 교원이 징계처분 그 밖에 그 의사에 반하는 불리한 처분(「교육공무원법」 제11조의3 제4항 및 「사립학교법」 제53조의2 제6항의 규정에 의한 교원에 대한 재임용 거부처분을 포함한다. 이하 "처분"이라 한다)을 받고 「교원지위향상을 위한 특별법」(이하 "법"이라 한다) 제9조 제1항의 규정에 의하여 교원소청심사위원회(이하 "심사위원회"라 한다)에 소청심사를 청구하는 때에는 다음 각 호의 사항을 기재한 소청심사청구서와 그 부본 1부를 심사위원회에 제출하여야 한다.

1. 소청심사를 청구하는 자(이하 "청구인"이라 한다)의 성명·주민등록번호·주소 및 전화번호
2. 청구인의 소속학교명 또는 전 소속학교명과 직위 또는 전 직위
3. 피청구인(소청심사의 대상이 되는 처분의 처분권자를 말하되, 대통령이 처분권자인 경우에는 처분제청권자를 말한다. 이하 같다.)
4. 소청심사청구의 대상이 되는 처분의 내용
5. 소청심사청구의 대상이 처분이 있음을 안 날
6. 소청심사청구의 취지
7. 소청심사청구의 이유 및 입증방법

② 청구인이 처분에 대한 사유설명서 또는 인사발령통지서를 받은 경우에는 그 사본 1부를 제1항의 소청심사청구에서 첨부하여야 한다.

「공공기관의 정보공개에 관한 법률 시행령」

제 2 조(공공기관의 범위) 「공공기간의 정보공개에 관한 법률」(이하 "법"이라 한다) 제2조 제3호에서 "그 밖에 대통령령이 정하는 기관"이라 함은 다음 각 호의 기관을 말한다.

1. 초·중등교육법 및 고등교육법 그 밖에 다른 법률에 의하여 설치된 각급학교

「고등교육법」

제 2 조(학교의 종류) 고등교육을 실시하기 위하여 다음 각 호의 학교를 둔다.

1. 대학 / 2. 산업대학 / 3. 교육대학 / 4. 전문대학
5. 방송대학·통신대학·방송통신대학 및 사이버대학(이하 "원격대학"이라 한다)
6. 기술대학
7. 각종학교

〈제 2-2 문〉

부산광역시장 甲은 복합환승센터 개발을 위해 도시철도 1호선 노포역 주변 지역을 유통상업지역으로 지정하였는데, A백화점은 이 지역에 부산 노포점을 건축하기 위하여 수년 전에 상당한 규모의 부지를 확보하여 보유하고 있다.

부산광역시장 甲은 노포역 주변을 포함한 몇몇 역세권지역을 과밀화방지를 위하여 건폐율제한을 강화하는 구역으로 지정하였고 부산광역시 의회는 이러한 구역의 건폐율을, 그 구역에 적용할 건폐율을 최대한도의 100분의 75 이하로 하는 규정을 도시계획조례에 마련하였다. 더 나아가 부산광역시장 甲은 위 복합환승센터 건설예정지 일대를 지구단위계획구역으로 지정·고시함과 동시에, 동 구역에 대한 지구단위계획을 도시관리계획으로 결정·고시하였는데 동 구역의 건폐율은 45%를 초과할 수 없는 것으로 더욱 강화되었다. 이에 A백화점은 건폐율제한이 과도하여 향후 부산 노포점의 건축 자체를 원점에서 재검토하여야 할 상황이 되었다고 여기고 있다.

1. (1) A백화점은 도시계획조례와 (지구단위계획에 관한) 도시관리계획에 의한 건폐율제한이 과도하다고 여기고 있다. A백화점은 도시계획조례 및 (지구단위계획에 관한) 도시관리계획의 취소를 구하는 행정소송을 제기할 수 있는가? (25점)

   (2) A백화점이 당해 건폐율을 상향조정하는 내용으로 지구단위계획을 변경하는 도시관리계획의 입안을 부산광역시장 甲에게 제안하였으나 부산광역시장 甲은 이를 거부하였다. A백화점은 이 거부행위에 대해 항고소송을 통해 다툴 수 있는가? (25점)

2. A백화점의 부산 노포점 예정부지는 B 소유의 밭을 매입한 것인데, A백화점은 매입 이후 2년간 회사 차량의 주차장으로 사용해 왔었다. 그런데 아래의 그림이 보여주듯이 B 소유의 밭은 당초 「도로법」상의 도로에 인접하였고, 인도에 해당하는 부분은 수년 전부터 그 형태가 거의 멸실되어 밭과 구분이 되지 않았다. B는 국유재산인 인도부분을 매각하기 전 20년 이상 점유하여 왔다. 최근 부산광역시 금정구청장 乙이 도로의 불법 점·사용을 이유로 A백화점에 변상금부과처분을 하였다. 이 변상금부과처분은 적법한가? (30점)

[참조그림]

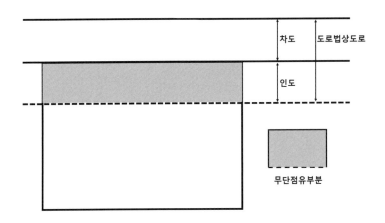

3. 한편, 부산광역시장 甲은 노포역 주변에 복합환승센터를 설치하기 위하여 수용절차를 진행하였다. 토지소유자 C가 협의에 불응함에 따라 부산광역시장 甲은 관할 지방토지수용위원회에 재결을 신청하여 수용재결을 받고 보상금을 공탁하였다. 토지소유자 C가 보상금을 증액받기 위하여 거쳐야 하는 절차를 설명하시오. (30점)

[관련법령]

(이하의 법령은 사례를 위해 가공하였음)

「건축법」

제55조(건축물의 건폐율) 대지면적에 대한 건축면적의 비율(이하 "건폐율"이라 한다)의 최대한도는 「국토의 계획 및 이용에 관한 법률」 제77조에 따른 건폐율의 기준에 따른다.

「국토의 계획 및 이용에 관한 법률」

제26조(도시·군관리계획 입안의 제안) ① 주민(이해관계자를 포함한다. 이하 같다)은 다음 각 호의 사항에 대하여 제24조에 따라 도시·군관리계획을 입안할 수 있는 자에게 도시·군관리계획의 입안을 제안할 수 있다. 이 경우 제안서에는 도시·군관리계획도서와 계획설명서를 첨부하여야 한다.

1. 기반시설의 설치·정비 또는 개량에 관한 사항
2. 지구단위계획구역의 지정 및 변경과 지구단위계획의 수립 및 변경에 관한 사항

② 제1항에 따라 도시·군관리계획의 입안을 제안받은 자는 그 처리 결과를 제안자에게 알려야 한다.

제50조(지구단위계획구역 및 지구단위계획의 결정) 지구단위계획구역 및 지구단위계획은 도시·군 관리계획으로 결정한다.

제52조(지구단위계획의 내용) ① 지구단위계획구역의 지정목적을 이루기 위하여 지구단위계획에는 다음 각 호의 사항 중 제2호와 제4호의 사항을 포함한 둘 이상의 사항이 포함되어야 한다. 다만, 제1호의2를 내용으로 하는 지구단위계획의 경우에는 그러하지 아니하다.

1.－1의2. 생략

2. 대통령령으로 정하는 기반시설의 배치와 규모

3. 생략

4. 건축물의 용도제한, 건축물의 건폐율 또는 용적률, 건축물 높이의 최고한도 또는 최저 한도

5.－8. 생략

제54조(지구단위계획구역에서의 건축 등) 지구단위계획구역에서 건축물을 건축 또는 용도변경하거 나 공작물을 설치하려면 그 지구단위계획에 맞게 하여야 한다. 다만, 지구단위계획이 수립되어 있지 아니한 경우에는 그러하지 아니하다.

제77조(용도지역의 건폐율) ① 제36조에 따라 지정된 용도지역에서 건폐율의 최대한도는 관할 구 역의 면적과 인구 규모, 용도지역의 특성 등을 고려하여 다음 각 호의 범위에서 대통령령으로 정하는 기준에 따라 지방자치단체의 조례로 정한다.

나. 상업지역 : 90퍼센트 이하

④ 다음 각 호의 어느 하나에 해당하는 경우로서 대통령령으로 정하는 경우에는 제1항에도 불구하고 대통령령으로 정하는 기준에 따라 지방자치단체의 조례로 건폐율을 따로 정할 수 있다.

1. 토지이용의 과밀화를 방지하기 위하여 건폐율을 강화할 필요가 있는 경우

「국토의 계획 및 이용에 관한 법률 시행령」

제84조(용도지역 안에서의 건폐율) ① 법 제77조 제1항 및 제2항의 규정에 의한 건폐율은 다음 각 호의 범위 안에서 지방자치단체의 도시계획조례가 정하는 비율을 초과하여서는 아니 된 다.

10. 유통상업지역 : 80퍼센트 이하

④ 지방자치단체장이 법 77조 제4항의 제1호의 규정에 의하여 도시지역에서 토지이용의 과밀화 를 방지하기 위하여 건폐율을 낮추어야 할 필요가 있다고 인정하여 당해 지방자치단체에 설치 된 도시계획위원회의 심의를 거쳐 정한 구역안에서의 건축물의 경우에는 그 구역에 적용할 건 폐율의 최대한도의 60퍼센트 이상의 범위에서 당해 지방자치단체의 도시·군계획조례가 정하는 비율을 초과하여서는 아니 된다.

「도로법」

제38조(도로의 점용) ① 도로의 구역에서 공작물이나 물건, 그 밖의 시설을 신설·개축·변경 또는 제거하거나 그 밖의 목적으로 도로를 점용하려는 자는 관리청의 허가를 받아야 한다.

제94조(변상금의 징수) 제38조에 따른 도로 점용허가를 받지 아니하고 도로를 점용한 자에 대하여는 그 점용기간에 대한 점용료의 100분의 120에 상당하는 금액을 변상금으로 징수할 수 있다.

「부산광역시 도시계획조례」

제52조(건폐율의 강화) ① 법 77조 제1항 및 영 제84조 제1항에 의한 용도지역별 건폐율의 최대한도는 다음과 같다.

10. 유통상업지역 : 80퍼센트 이하

② 법 제77조 제4항 제1호 및 영 제84조 제 4항에 의하여 토지이용의 과밀화를 방지하기 위하여 건폐율을 낮추어야 할 필요가 있다고 인정되는 구역 안에서의 건폐율은 그 구역에 적용할 건폐율의 최대한도의 100분의 75 이하로 한다.

문제의 핵심 & 쟁점의 정리 📋

※ 시험장에서 문제를 받자마자 여러분들이 3~5분 동안 해야 할 작업입니다. 문제에서 핵심을 찾아내고, 답안의 쟁점을 파악하여 간략하게 목차를 구성해 보는 것입니다. 이 이후에 본 답안작성에 들어가기 바랍니다.

〈제 2-1 문〉

☑ 문제의 핵심

1. (1) 노정년은 2012년 7월 9일 서울행정법원에 취소소송을 제기하여 자신의 권리침해를 구제받고자 한다. **누구를 피고로 하여 어떤 행위를 대상으로 취소소송을 제기**하여야 하는가? (20점)

   (2) 노정년이 위 (1)의 소송을 위한 자료로 사용하기 위하여 한국대학교 총장에게 자신에 대한 재임용 거부를 의결한 2011년 12월 23일자 교원인사위원회의 **회의록(여기에는 참석자 명단, 참석자별 발언내용이 기재되어 있음)**에 대하여 **정보공개청구**를 한 경우, 한국대학교 총장은 **이를 공개하여야 하는가?** (20점)

☑ 쟁점의 정리

1. [1] 누구를 피고로 하여 어떤 행위를 대상으로 취소소송을 제기하여야 하는가?
   - (쟁점) 사립학교 교원의 징계에 대한 쟁송구조
     . (문제해결기준 : 참조조문, 근거조문) 교원지위향상에 관한 특별법 제10조 제3항(재결주의와 피고), 행정소송법 제19조(원처분주의)
     . (답안기술내용) 행정소송법상 원처분주의 의의, 재결주의 예외
         사립학교 교원소청사건에 있어서 취소소송의 대상 및 피고
         국공립·사립학교 교원소청사건 쟁송체계 일반

1. [2] 사립 한국대학교총장은 이를 공개하여야 하는가?
   - (쟁점) 공개의무자로서의 공공기관의 범위? 참석자명단, 참석자의 발언내용은 공개대상 정보인가?
     . (문제해결기준 : 근거조문) 정보공개법 제2조(공공기관), 제3조(공개원칙), 제9조(비공개대상정보), 제14조(부분공개)
     . (답안기술내용) 공개의무자, 공개원칙, 비공개대상정보, 부분공개 기술

〈제 2-2 문〉

☑ 문제의 핵심

1. (1) A백화점은 도시계획조례와 (지구단위계획에 관한) 도시관리계획에 의한 건폐율제한이 과도하다고 여기고 있다. A백화점은 **도시계획조례 및 (지구단위계획에 관한) 도시관리계획의 취소를 구하는 행정소송을 제기할 수 있는가?** (25점)

   (2) A백화점이 당해 건폐율을 상향조정하는 내용으로 **지구단위계획을 변경하는 도시관리계획의 입안을 부산광역시장 甲에게 제안**하였으나 부산광역시장 甲은 **이를 거부**하였다. A백화점은 **이 거부행위에 대해 항고소송을 통해 다툴 수 있는가?** (25점)

2. A백화점의 부산 노포점 예정부지는 B 소유의 밭을 매입한 것인데, A백화점은 매입 이후 2년간 회사 차량의 주차장으로 사용해 왔었다. 그런데 아래의 그림이 보여주듯이 B소유의 밭은 당초 「도로법」상의 도로에 인접하였고, **인도에 해당하는 부분은 수년 전부터 그 형태가 거의 멸실되어 밭과 구분이 되지 않았다. B는 국유재산인 인도부분을 매각하기 전 20년 이상 점유하여 왔다. 최근 부산광역시 금정 구청장 乙이 도로의 불법 점·사용을 이유로 A백화점에 변상금부과처분을 하였다. 이 변상금부과처분은 적법한가?** (30점)

3. 한편, **부산광역시장 甲은** 노포역 주변에 복합환승센터를 설치하기 위하여 **수용절차를 진행**하였다. 토지 소유자 C가 협의에 불응함에 따라 부산광역시장 甲은 **관할 지방토지수용위원회에 재결을 신청**하여 수 용재결을 받고 보상금을 공탁하였다. **토지소유자 C가 보상금을 증액받기 위하여 거쳐야 하는 절차를** 설명하시오. (30점)

☑ 쟁점의 정리

1. [1] A백화점은 도시계획조례와 도시관리계획의 취소를 구하는 행정소송을 제기할 수 있는가?
   – (쟁점) 조례에 대한 취소소송 가능한가? 행정계획에 대한 취소소송 가능한가? 처분성판단
   　. (문제해결기준 : 근거조문) 행정소송법 제4조, 제19조(취소소송의 대상 처분), 행정소송법 제2조 제1항 제1호 처분개념
   　. (답안기술내용) 처분 개념의 의의, 논의(일원론, 이원론), 판례, 소결
   　　　　　　　　처분적 조례 – 대상적격(처분성) 인정 요건
   　　　　　　　　처분적 행정계획 – 대상적격(처분성) 인정 요건
   　　　　　　　　(추가, 보론) 행정계획에 대한 취소소송에서 위법성 판단 기준(계획재량)

1. [2] A백화점이 당해 건폐율을 상향조정 지구단위계획 변경 도시관리계획입안 제안 거부에 항고소송가능?
   – (쟁점) 행정계획입안 제안거부처분에 대한 취소소송 무효확인소송 가능성 판단?, 거부처분의 처 분성 인정?
   　. (문제해결기준 : 근거조문, 참조조문) 행정소송법 제4조, 행정소송법 제2조 제1항 제1호(처분), 국토계획법 제26조 제1항(계획입안제안)
   　. (답안기술내용) 거부처분의 처분성 판단(거부의 대상 처분?, 권리의무영향?, 신청권?(학판소)), 신청권?

2. A백화점에 변상금부과처분을 하였다. 변상금부과처분은 적법한가?
   – (쟁점) 변상금부과의 위법?, A백화점의 무단점유(권원없는점유) 판단? B의 취득시효인정?, 일반재 산?(공용폐지?)
   　. (문제해결기준 : 근거조문) 도로법 제38조(도로점용 허가), 제94조?(변상금징수)
   　. (답안기술내용) 변상금 부과처분 적법성 판단 – 권원 없는 점유 – 권원 (점용허가, 취득시효 소유권취득)
   　　　　　　　　점용허가 없음, 권원으로서 취득시효인정되는가? 검토
   　　　　　　　　취득시효가 인정요건 – 일반재산일 것 (행정목적에 공여되고 있는 행정재산(강 학상 공물)인 경우 취득시효 대상안됨)
   　　　　　　　　일반재산인가? 검토 – 행정목적에 공여되지 않는가? – 공물이 아닌? – 공

용폐지되었는가? － 공용폐지의 요건(형태요소소멸, 폐지 의사표시)

3. 토지소유자 C가 보상금 증액 받기 위하여 거쳐야 하는 절차?
 － (쟁점) 보상금 증액청구절차, 이의재결신청, 보상금증감청구소송
  . (문제해결기준 : 근거조문) 토지보상법 제83조 제1항, 제50조 제2항, 제85조 제1항, 제2항
  . (답안기술내용) 이의재결신청, 보상금증감청구소송(의의, 법적 성격 등)

관리번호	시험과목명	사 례 형 제 2 문	시험관리관 확 인	점 수	채점위원인

〈제 2-1 문 1. (1) 취소소송의 피고적격 대상적격; 교원소청심사위 결정 취소의 소 피고/대상적격〉

Ⅰ. 문제의 소재

사립학교 교원의 재임용거부결정에 대한 쟁송의 방법으로 교원소청심사위원회에의 소청심사청구, 이후 소청심사결정에 대한 취소 또는 무효확인소송의 방식이 있는 바, 동 소송에 있어 대상적격과 피고적격을 검토한다.

Ⅱ. 취소소송의 대상적격과 피고적격은?

1. 대상적격(어떤 행위가 취소소송의 대상인가?)개념 및 사례포섭

1) 의의, 개념, 요건

(1) 취소소송은 처분등을 대상으로 한다(행정소송법 제19조). 여기서 (2) 처분등은 '(ㄱ) 행정청이 행하는 (ㄴ) 구체적 사실에 관한 (ㄷ) 법집행으로서의 (ㄹ) 공권력의 행사 또는 그 거부와 그 밖에 이에 준하는 행정작용'('처분')과 행정심판에 대한 재결을 의미한다. (3) 실정법상 처분의 개념범위와 관련하여 (가) 學說은 (i) 행정행위와 동일하다는 일원론(실체법적행정행위개념설), (ii) 강학상 행정행위 개념보다 넓다고 보는 이원론(쟁송법적처분개념설) (나) 判例는 처분을 강학생 행정행위의 개념보다 넓게 해석하여 행정입법, 행정계획, 권력적 사실행위도 '처분' 개념에 포함시키고 있으며, (다) (小結) 행정소송법상 '처분' 개념에 근거한 행정소송체계(항고소송 중심주의)의 한계로, 判例의 입장처럼 '처분'개념을 넓게 새겨 국민의 권리구제의 범위를 확대하는 길을 열어주는 것이 타당하다고 본다.

2) 사례포섭

(1) 사례에서 교원지위향상을 위한 특별법 제10조 제3항에 따르면, '심사위원회 결정에 대하여 교원 등 당사자는 행정소송법으로 정하는 바에 따라 소송을 제기할 수 있다고 규정하고 있는 바, 법문상 소청심사위원회의 기각결정이 취소소송의 대상이 됨은 명확하고 (2) 나아가 행정소송법상 처분개념과 判例가 요구하는 요건인 행정청(소청심사위원회)이 행하는 구체적 사실(노정년의 재임용)에 관한 법집행(교원소청법)으로서의 공권력의 행사(직업선택의 자유 제한, 권리제한)에 해당하므로 (3) 소청심사위원회의 기각결정은 취소소송의 대상이 된다.

2. 피고적격(누구를 피고로?)개념 및 사례포섭

1) 의의, 개념, 요건

(1) 취소소송은 다른 법률에 특별한 규정이 없는 한 그 처분등을 행한 행정청을 피고로 한다(행소법 제13조). (2) 행정청은 행정에 관한 의사를 결정하여 표시하는 국가 또는 지방자치단체의 기관이다(행정절차법 제2조 제1호 가목). (3) 논리상 행정주체가 피고가 되는 것이 마땅하나 소송수행편의상 행정청으로 정해졌다.

2) 사안포섭

(1) 관련규정에 따라 교원소청심사위원회는 교원의 징계, 재임용결정등 교육행정에 관한 문제에 대하여 그 적부를 결정하여 표시하는 국가의 기관인 바, 행정청에 해당한다.

(2) 따라서 교원소청심사위원회가 피고가 된다.

Ⅲ. 문제의 해결 - 교원소청심사위원회의 기각결정, 교원소청심사위원회

〈제 2-1 문 1. (2) 회의록에 대한 정보공개청구 및 한국대학교 총장의 공개여부 판단〉

Ⅰ. 문제의 소재

노정년이 정보공개청구권을 갖는지?, 한국대학교가 정보공개의무기관인 공공기관에 해당하는지? 교원인사위원회 회의록이 비공개사유에 해당되는지?, 일부 공개가 가능한 경우 부분공개가 가능한지? 를 검토한다.

Ⅱ. 노정년의 정보공개청구권 여부, 한국대학교 공공기관 해당성, 비공개사유, 부분공개가능성

1. 정보공개청구권자, 정보공개대상 공공기관 및 사례포섭(본안전 판단)

1) 의의, 개념, 요건

(1) 모든 국민은 정보의 공개를 청구할 권리를 가진다(정보공개법 제5조), (2) 공개의무 공공기관은 국가기관, 지방자치단체, 공공기관, 각급 학교 등이 있다(정보공개법 제2조 제3호).

2) 사례포섭

(1) 정보공개청구권자는 직접적인 법률상 이익이 부재하더라도 국민이기만 하면 원칙적으로 인정하는 바, 노정년은 정보공개청권자가 된다. (2) 한국대학교는 정보공개법 시행령 제2조 제1호의 각급학교에 해당하므로 공개의무기관이 된다.

2. 비공개사유 및 부분공개가능성 검토

1) 의의, 개념, 요건

(1) 정보공개법은 정보공개를 원칙으로 하나 비공개대상정보를 열거하고 있다(제9조).

(2) 비공개대상정보로 개인정보로 사생활의 비밀과 침해를 우려할 정보(제9조 제1항 제6호)를 정하고 있다.

(3) 〈부분공개〉 공개 가능한 부분이 혼합되어 있는 경우로서 두 부분을 분리할 수 있는 경우에는 비공개사유에 해당하는 부분을 제외하고 공개하도록 하고 있다(제14조).

2) 사례포섭

정보공개는 원칙이나 교원인사위원회 회의록 중 참석자 발언내용은 개인에 관한 내용으로 사생활의 비밀과 자유를 침해할 우려가 있는 정보인바, 참석자 발언내용을 제외하고 회의록은 분리 가능하므로 부분공개하도록 함이 타당하다.

Ⅲ. 문제의 해결

한국대학교 총장은 위원들 사생활 제외하고 나머지 회의록 공개의무

〈제 2-2 문 1. (1) 도시계획조례 도시관리계획의 취소소송 가능성?; 처분성 문제〉

Ⅰ. 문제의 소재

도시계획조례와 도시관리계획의 취소소송을 제기하려면 도시계획조례와 도시관리계획이 각각 취소소송의 대상이 되는 처분으로 인정되어야 하는 바, 처분성 여부를 검토한다.

Ⅱ 도시계획조례 및 도시관리계획의 취소소송 제기가능성 검토(처분성 검토)

1. 취소소송의 대상적격 의의, 개념, 요건 — 〈본 답안지 1면 참조〉

2. 처분적 조례와 처분적 행정계획의 문제(고유한 쟁송방식 존부와 취소소송 허용가능 여부)

1) 의의, 개념

(1) 조례와 행정계획은 행정행위와는 별개의 행정작용이다.

(2) 즉 조례는 행정입법으로 행정행위가 갖는 구체성 개별성(구체적 사실에 관한)이 없고 추상성과 일반성을 띤다.

행정계획 역시 일반적으로 미래의 목적을 실현하기 위한 여러 가지 수단에 관한 종합 프로그램인바, 구체성과 개별성 보다는 추상성과 일반성을 띤다.

(3) 조례와 행정계획은 전통적인 행정행위의 쟁송방법 - 처분에 대한 취소소송의 쟁송방식 - 을 적용하기 어렵다.

(4) 따라서 조례는 헌법 제107조 제2항에 따른 재판의 전제가 되는 경우 위법여부를 판단하는 구체적 규범통제의 방식으로 쟁송이 이뤄지며, 행정계획은 현재까지 행정계획 자체에 대한 독자적 쟁송방식이 없다.

2) 처분적 조례, 처분적 행정계획

(1) 쟁송방식의 한계를 극복하기 위하여 조례나 행정입법이 처분성(구체적 사실에 관한 공권력의 행사; 구체성, 권리제한의무부과)이 인정될 경우 처분으로 보아 취소소송으로 통제한다.

(2) 따라서 조례와 행정계획 각각 처분성 여부를 판단하여 취소소송의 가능성 여부를 판단할 필요가 있다.

3. 도시계획조례와 도시관리계획의 처분성 여부(취소소송 가능성 판단)

1) 도시계획조례의 처분성 판단(구체적 사실에 관한 공권력 행사여부 판단)

(1) 사안에서 부산광역시 도시계획조례는 규율대상과 범위에 있어서 추상성과 일반성을 띠는 전형적인 행정입법에 해당하는 바, 처분성을 인정하기를 어렵겠다. (2) 따라서, 취소소송의 가능성은 없다고 봄이 타당하다. (3) 다만, 도시계획조례에 근거한 처분에 대한 항고소송 제소시에 본 조례안에 대한 위법성을 주장하는 구체적 규범통제의 방식으로 통제가 가능하겠다.

2) 도시관리계획의 처분성 판단

(1) 일반적으로 행정계획의 처분성 인정에 대해서 (가) 學說은 (i) 입법행위설, (ii) 행정행위설, (iii) 독자설, (iv) 개별검토설이 있고 (나) 判例는 개별검토설, (다) (小結) 행정계획의 형태가 다양하고 그 효과도 다양한 바, 개별검토설이 타당하다고 판단된다.

(2) 설문에서 도시관리계획은 '복합센터 건설예정지를 지구단위계획구역으로 결정고시하고 동 구역

의 건폐율을 45%를 초과할 수 없다'는 내용이 포함된 바, 이로 인해 사업을 원점에서 재검토 하는 등, 직접적이고 구체적인 권리침해 가능성 즉 '구체적 사실에 관한 법집행'에 해당한다고 볼 수 있어 처분성이 인정된다.

(3) 따라서 취소소송의 대상이 되므로 제기가능하다.

3) 도시관례계획의 위법성 판단(하자판단기준)

(1) 하자기본판단구조 - 행정계획의 주체, 내용(법률유보, 우위, 계획재량(목적-수단부합)), 절차(주민의견수렴), 형식, 표시(공표)

(2) 내용상 하자로서 계획재량판단 구조 - 목적과 수단의 비례관계 판단, 절차준수, 형량명령(형량의 해태, 형량흠결, 오형량으로 하자 판단)

Ⅲ. 문제의 해결 - 조례는 항고소송 제기 불가, 행정계획은 항고소송 제기 가능, 위법판단구조

〈제 2-2 문 1. (2) 도시관리계획입안 제안거부처분의 항고소송 가능성; 거부처분 처분성〉

Ⅰ. 문제의 소재

도시관리계획을 입안할 것을 제안한데 대하여 이를 거부한 바, 즉 제안거부에 대하여 처분성이 인정될 것인지의 문제이다. 거부처분의 처분성은 (i) 거부의 대상이 되는 것이 처분성을 갖는가? (ii) 거부의 대상이 되는 처분에 대한 신청권이 있는가? (iii) 동 거부로 인하여 당사자의 법률관계에 영향을 미치고 있는가?를 기준으로 판단하여야 한다.

Ⅱ. 입안 거부행위의 항고소송 가능성?(입안거부의 처분성 검토)

1. 거부처분의 처분성 인정 문제 - 개념, 의의, 요건 등

1) 의의

(1) 거부처분은 사인의 공권력행사 신청에 대하여 처분 발령을 거부하는 행정청의 의사작용이다.

(2) 행정소송법 제2조 제1호는 처분을 '행정청이 행하는 구체적 사실에 관한 법집행으로서 공권력의 행사 또는 그 거부'라 정하고 있는 바, 행정소송법은 거부의 대상이 '공권력 행사'일 것을 정하고 있다.

2) 요건

(1) 거부처분의 성립요건으로 (가) 判例는 (ㄱ) 거부의 대상(신청한 행위)이 '공권력 행사'이고 (ㄴ) 거부로 신청인의 권리나 의무의 영향(법률관계의 변동)이 있어야 하고 (ㄷ) 신청인에게 그 공권력 행사를 요청할 법규상 조리상 신청권이 있어야 처분으로 본다. (2) 신청권의 필요여부에 대하여 (가) 學說은 (i) 신청권을 대상적격으로 보아야 한다는 견해 (ii) 원고적격으로 보는 견해 (iii) 본안판단으로 보는 견해가 있다. (나) 判例는 대상적격으로 보고 있으며, (다) (小結) 신청권은 요건을 갖춘 일반인을 기준으로 추상적으로 판단하는 것이고, 신청내용 그대로의 인용을 요구하는 것이 아니라 신청에 대한 응답을 받을 권리이므로 대상적격으로 判例의 견해가 타당하다. 또한 신청권은 원고적격의 법률상 이익의 판단에서도 고려된다.

2. 도시관리계획 입안 제안 거부 행위의 처분성 검토

1) (1) 거부의 대상은 변경 입안은 확정계획수립 결정의 이전단계로서 아직 공권력행사로 보기에는 어렵다. (2) 또한, 변경 입안 제안(신청)을 거부하여도 직접 법률관계의 변동이 발생하지 않는다.

(3) 변경입안에 대한 신청권 존부에 대하여 국토계획법 제26조에 의하면 입안의 제안에 대한 권리를 명시하고 있는 바, 법규상 조리상 신청권은 인정될 수 있다고 할 것이다. (4) 거부의 대상이 종국적으로 권리와 의무를 변동시키는 공권력 행사인 처분이 아닌 점으로 보아 요건이 결하여 처분성인정은 어렵다.

2) 따라서 입안 제안을 거부한 행위는 항고소송을 통해서 다투기 어렵다고 할 것이다.

Ⅲ. 문제의 해결 – 입안제안거부 – 처분성 부정

〈**제 2-2 문 2. 변상금 부과처분의 적법성; 공물-특별사용-사용허가, 취득시효-일반재산-공물소멸**〉

Ⅰ. 문제의 소재

변상금부과처분의 적법성은 (1) 도로법 제94조의 요건을 충족하는가의 문제이며, (2) A백화점이 도로점용허가를 받지 않고 도로를 점용하고 있는지에 대한 검토가 필요하다. (3) 또한 대상토지의 이전 소유자인 B가 도로의 인도에 해당하는 부분에 대하여 시효취득을 하였는지?에 대한 검토가 필요하다.

Ⅱ. 변상금 부과처분의 적법성 검토

1. 변상금의 의의, 개념, 요건

1) 도로법상 변상금 부과처분

(1) 도로법 제94조는 도로점용허가를 받지 아니하고 도로를 점용한 자에 대하여 그 점용기간에 대한 점용료의 100분의 120에 상당하는 금액을 변상금으로 징수할 수 있다고 규정하고 있다. (2) 도로의 점용은 사인이 도로의 구역에 공작물, 물건 그 밖의 시설을 신설, 개축, 변경 또는 제거를 목적으로 지배하는 것으로 점용 허가가 필요하다.

2) 변상금의 적법성은 (1) A백화점이 도로를 주차장으로 사용하는 것이 도로법상 '점용'에 해당하는가? 즉 허가를 득해야 하는 점용인가? (도로의 사용관계에서 점용의 의미) (2) 두 번째로 이전 소유자인 B의 시효취득이 인정되어 정당하게 그 소유권이 A백화점에게 이전된 것 아닌가? (시효취득 성부) 여부에 따라 판단을 달리할 것이다.

2. A백화점은 도로를 점용하면서 허가를 받지 않고 있는가? (무단점용인가?)

1) 공물의 사용관계 의의, 구별, 기준

(1) 공물은 공공의 사용에 제공되는 것이 본래 목적이다. (2) 공물의 사용은 ㉠ 일반(보통)사용과 ㉡ 특별사용으로 구별된다. (3) 일반(보통)사용은 공물의 통상의 용도에 따라 사용하는 것으로 자유사용을 의미한다. (4) 특별사용은 공물의 본래의 목적범위를 넘어서 보통이상의 정도로 사용하는 것으로 이에는 특허사용 등이 있다.

2) 특별사용과 사용허가의 의의, 개념, 요건

(1) 특별사용은 공물의 일반적인 목적·범위를 능가하여 사용하는 것인 바, 공물사용에 있어 예외적인 방식이며, 통상 사용허가 등을 요한다. (2) 특별사용은 공물의 통상적인 사용인 자유사용을 방해하지 않는 범위에서 인정될 수 있다. (3) 즉 공물은 자유사용의 대상임과 동시에 일부분에 대해 특별사용의 대상이 될 수 있다. (4) 특별사용은 사용허가를 요하며 설권적 행정행위이다(判例).

(5) 허가를 득한 사인에게 일정한 범위에서 독점적 이익을 보장한다.

(6) 判例는 도로의 특별사용은 반드시 전적으로 독점·배타적인 것은 아니며, 사용목적에 따라 도로의 일반사용과 병존이 가능하다고 판시하였다.

3) 사안포섭(변상금 부과 적법한가?)

(1) 도로에 대한 A백화점의 주차장으로서의 사용은 공물의 특별사용에 해당한다. (2) 즉 도로법 제38조의 점용에 해당한다. (3) 이에 점용허가를 득하여야 한다. (4) 또한 도로의 일반사용이 있으면 특별사용은 언제나 없다는 주장은 불가하다. (5) 결국 일반사용이 존재하는 경우에도 甲은 특별사용을 하고 있으므로 허가를 득하여야 하며, 허가를 득하지 않는 것은 무단점용에 해당한다. 변상금 부과처분은 적법하다.

3. B의 시효취득 인정되는가? (B가 정당한 권원을 가지고 소유권을 이전했는가?)

1) 공물의 개념과 시효취득 인정 가능성

(1) 공물은 법령이나 행정주체에 의하여 직접 공적 목적에 제공되는 유체물, 무체물 및 물건의 집합이다. (2) 공물은 강학상 개념으로 국유재산법과 공유재산 및 물품관리법에서는 행정목적에 제공되는 재산을 행정재산으로 정하고 규율한다. (3) 공물의 성립은 의사적 요소로서 (행정주체 또는 법령에 의한) 공용지정과 형태적 요소로서 제공이 있어야 한다. (4) 더불어 공물의 폐지는 공용폐지(의사)와 소멸이 필요하다(判例). (5) 국유재산법은 행정재산에 대해서는 시효취득을 금한다. (6) 반면 행정재산을 제외한 일반재산산(행정목적에 제공되지 않는 재산)은 국고관계이므로 시효취득의 대상이 된다고 규정하고 있다.

2) B가 '인도' 부분 시효취득으로 권원인정? (변상금부과처분 적법성)

(1) '인도'부분이 국유재산법상 시효취득의 대상인 일반재산인지가 문제된다. (2) 즉 공물로서 행정재산인 도로가 공물폐지 되었는가이다. (3) 설문에서 '인도' 부분인 도로의 형태가 거의 멸실되었다고 적시되어 있으나, 법령이나 행정주체에 의한 명시적인 공용폐지의 의사는 확인할 수 없다. (4) 따라서, 도로의 인도부분은 여전히 공물로서 행정재산이고, 시효취득의 대상은 될 수 없다. (5) 결국 B는 '인도' 부분에 대하여 정당한 권원이 없고, A백화점 역시 어떠한 권원도 없다. (6) 따라서 권원없는 점용에 대한 도로법 제94조에 따른 변상금부과처분은 적법하다 할 것이다.

III. 문제의 해결

(1) 특별사용으로서의 도로점용(도로법 제38조)임에도 허가 없이 점용, (2) 공물(행정재산)으로 시효취득 부정되어 권원 없이 점용, (3) 변상금 부과처분은 적법

〈제 1 문의 2〉

甲은 2010. 6. 실시된 지방선거에서부터 2018. 6. 실시된 지방선거에서까지 세 차례 연속하여 A시의 시장으로 당선되어 2022. 6.까지 12년간 연임하게 되었다. 그런데 甲은 시장 재임 중 지역개발사업 추진과 관련한 직권남용 혐의로 불구속 기소되었다. 甲은 자신의 결백을 주장하며 2022. 6.에 실시될 지방선거에 A시장 후보로 출마하여 지역 유권자로부터 평가를 받으려고 한다. 하지만 지방자치단체장의 계속 재임을 3기로 제한하고 있는 「지방자치법」 제95조 후단(이하 '이 사건 연임제한규정'이라 한다)에 따르면 甲은 지방선거에 출마할 수가 없다. 이에 甲은 이 사건 연임제한규정이 자신의 기본권을 침해한다고 주장하며 2021. 1. 4. 이 사건 연임제한규정에 대해 「헌법재판소법」 제68조 제1항에 의한 헌법소원심판을 청구하였다.

한편, 甲의 후원회 회장은 자신이 운영하는 주유소 확장 공사를 위하여 보도의 상당 부분을 점하는 도로점용허가를 신청하였고, 甲은 이를 허가하였다. A시의 주민 丙은 甲이 도로 본래의 기능과 목적을 침해하는 과도한 범위의 도로점용을 허가하였다고 주장하며, 이 도로점용허가(이하 '이 사건 허가'라 한다)에 대하여 다투고자 한다.

3. 丙은 이 사건 허가에 대하여 취소소송을 제기하고자 한다. 丙의 원고적격을 검토하시오. (15점)

4. 丙은 위 3.의 취소소송과는 별도로 주민소송을 제기하고자 한다. 이때 주민소송이 가능한 요건을 검토하고, 주민소송이 가능하다면 어떤 종류의 주민소송을 제기하여야 하는지 검토하시오. (15점)

[참조 조문]

「지방자치법」 (2007. 5. 11. 법률 제8423호로 개정되고, 같은 날부터 시행된 것)

제95조(지방자치단체의 장의 임기) 지방자치단체의 장의 임기는 4년으로 하며, 지방자치단체의 장의 계속 재임(在任)은 3기에 한한다.

「도로법」

제61조(도로의 점용 허가) ① 공작물·물건, 그 밖의 시설을 신설·개축·변경 또는 제거하거나 그 밖의 사유로 도로(도로구역을 포함한다. 이하 이 장에서 같다)를 점용하려는 자는 도로관리청의

허가를 받아야 한다. 허가받은 기간을 연장하거나 허가받은 사항을 변경(허가받은 사항 외에 도로 구조나 교통안전에 위험이 되는 물건을 새로 설치하는 행위를 포함한다)하려는 때에도 같다.
② 제1항에 따라 허가를 받아 도로를 점용할 수 있는 공작물·물건, 그 밖의 시설의 종류와 허가의 기준 등에 관하여 필요한 사항은 대통령령으로 정한다.
③ 도로관리청은 같은 도로(토지를 점용하는 경우로 한정하며, 입체적 도로구역을 포함한다)에 제1항에 따른 허가를 신청한 자가 둘 이상인 경우에는 일반경쟁에 부치는 방식으로 도로의 점용 허가를 받을 자를 선정할 수 있다.
④ 제3항에 따라 일반경쟁에 부치는 방식으로 도로점용허가를 받을 자를 선정할 수 있는 경우의 기준, 도로의 점용 허가를 받을 자의 선정 절차 등에 관하여 필요한 사항은 대통령령으로 정한다.

〈제 2 문〉

甲은 A시 보건소에서 의사 乙로부터 폐렴구균 예방접종을 받았는데, 예방접종을 받은 당일 저녁부터 발열증상과 함께 안면부의 마비증상을 느껴 병원에서 입원 치료를 받았다. 이에 甲은 「감염병의 예방 및 관리에 관한 법률」(이하 '감염병예방법') 제71조에 따라 진료비와 간병비에 대한 예방접종 피해보상을 청구하였는데, 질병관리청장 B는 2020. 9. 15. 이 사건 예방접종과 甲의 증상 사이에 인과관계가 불분명하다는 이유로 예방접종 피해보상 거부처분(이하 '제1처분')을 하였다. 그러나 甲은 이 사건 예방접종을 받기 이전에는 안면마비 증상이 없었는데 예방접종 당일 바로 발열과 함께 안면마비 증상이 나타났으며 위 증상은 乙의 과실에 따른 이 사건 예방접종에 의하여 발생한 것이라고 주장하면서 피해보상을 재신청하였고, B는 2020. 11. 10. 재신청에 대하여서도 거부처분을 하였다(이하 '제2처분'). 그리고 위 각 처분은 처분 다음날 甲에게 적법하게 송달되었다.
한편 A시 보건소는 丙회사로부터 폐렴예방접종에 사용되는 의약품을 조달받아 왔다. 그런데 A시장은 丙회사가 위 의약품을 관리·조달하면서 조달계약을 부실하게 이행하였음을 이유로 丙회사에 의약품조달계약 해지를 통보하였다.

1. 甲이 2020. 12. 30. B가 행한 처분의 취소를 구하는 취소소송을 제기하는 경우, 취소소송의 대상과 제소기간의 준수 여부를 검토하시오. (20점)

2. 甲은 자신의 예방접종 피해가 예방접종에 사용되는 의약품의 관리 소홀과 乙의 부주의에 기한 것이라고 주장하고, B는 예방접종과 甲이 주장하는 증상 사이에 인과관계가 명확하지 않다고 주장한다. 행정상 손해전보제도로서 감염병예방법 제71조 '예방접종 등에 따른 피해의 국가보상'의 의의와 법적 성질을 설명하고, 위 규정에 기초하여 甲과 B의 각 주장을 검토하시오. (20점)

3. 丙회사는 A시장이 의약품조달계약을 해지하면서 「행정절차법」상의 사전 통지 및 의견 청취를 하지 않았음을 이유로 당해 통보가 위법하다고 주장한다. 丙회사 주장의 타당성을 검토하시오. (20점)

4. B는 A시에 제1급감염병이 급속하게 확산되자 이를 저지하기 위한 조치의 일환으로 감염병예방법 제46조 제2호에 근거하여 감염병 발생지역에 출입하는 사람으로서 감염병에 감염되었을 것으로 의심되는 사람이라는 이유로 丁에게 감염병 예방에 필요한 건강진단과 예방접종을 받도록 명하였다. 그러나 丁은 예방접종으로 인한 부작용을 우려하여 건강진단과 예방접종을 받기를 거부하고 있다. 이에 대하여 B는 일부 부작용이 있을 수도 있으나, 관계 법률이 정하는 절차에 따라 효과가 검증된 예방접종을 행하는 것은 감염병 확산을 막기 위하여 반드시 필요하며, 건강진단을 거부할 경우 감염병예방법에 의하여 형사처벌을 받을 수 있다고 하면서 그 불가피성을 주장한다.

丁은 B의 건강진단 및 예방접종명령에 대해서 취소소송을 제기하고 소송 중에 건강진단 및 예방접종명령의 근거가 되는 감염병예방법 제46조와 처벌규정인 제81조 각 해당 조항에 대하여 위헌법률심판제청을 신청하고자 한다.

(1) B가 丁에게 행한 건강진단 및 예방접종명령의 법적 성질을 검토하시오. (10점)

[참조 조문]

「감염병예방법」

제46조(건강진단 및 예방접종 등의 조치) 질병관리청장, 시·도지사 또는 시장·군수·구청장은 보건복지부령으로 정하는 바에 따라 다음 각 호의 어느 하나에 해당하는 사람에게 건강진단을 받거나 감염병 예방에 필요한 예방접종을 받게 하는 등의 조치를 할 수 있다.
1. 감염병환자등의 가족 또는 그 동거인
2. 감염병 발생지역에 거주하는 사람 또는 그 지역에 출입하는 사람으로서 감염병에 감염되었을 것으로 의심되는 사람
3. 감염병환자등과 접촉하여 감염병에 감염되었을 것으로 의심되는 사람

제71조(예방접종 등에 따른 피해의 국가보상) ① 국가는 제24조 및 제25조에 따라 예방접종을 받은 사람 또는 제40조제2항에 따라 생산된 예방·치료 의약품을 투여받은 사람이 그 예방접종 또는 예방·치료 의약품으로 인하여 질병에 걸리거나 장애인이 되거나 사망하였을 때에는 대통령령으로 정하는 기준과 절차에 따라 다음 각 호의 구분에 따른 보상을 하여야 한다.
1. 질병으로 진료를 받은 사람: 진료비 전액 및 정액 간병비
2. 장애인이 된 사람: 일시보상금
3. 사망한 사람: 대통령령으로 정하는 유족에 대한 일시보상금 및 장제비
② 제1항에 따라 보상받을 수 있는 질병, 장애 또는 사망은 예방접종약품의 이상이나 예방접종 행위자 및 예방·치료 의약품 투여자 등의 과실 유무에 관계없이 해당 예방접종 또는 예방·치료 의약품을 투여받은 것으로 인하여 발생한 피해로서 질병관리청장이 인정하는 경우로 한다.
③ 질병관리청장은 제1항에 따른 보상청구가 있은 날부터 120일 이내에 제2항에 따른 질병, 장애 또는 사망에 해당하는지를 결정하여야 한다. 이 경우 미리 위원회의 의견을 들어야 한다.

④ 제1항에 따른 보상의 청구, 제3항에 따른 결정의 방법과 절차 등에 관하여 필요한 사항은 대통령령으로 정한다.

제81조(벌칙) 다음 각 호의 어느 하나에 해당하는 자는 200만원 이하의 벌금에 처한다.

1. ― 9. <생략>

10. 제46조 또는 제49조제1항제3호에 따른 건강진단을 거부하거나 기피한 자

11. <생략>

문제의 핵심 & 쟁점의 정리 📃

※ 시험장에서 문제를 받자마자 여러분들이 3~5분 동안 해야 할 작업입니다. 문제에서 핵심을 찾아내고, 답안의 쟁점을 파악하여 간략하게 목차를 구성해 보는 것입니다. 이 이후에 본 답안작성에 들어가기 바랍니다.

〈제 1-2 문〉

☑ 문제의 핵심

3. 丙은 이 사건 허가에 대하여 **취소소송을 제기**하고자 한다. <u>丙의 원고적격</u>을 검토하시오. (15점)

4. 丙은 위 3.의 취소소송과는 별도로 **주민소송을 제기**하고자 한다. 이때 **주민소송이 가능한 요건을 검토**하고, **주민소송이 가능하다면 어떤 종류의 주민소송을 제기**하여야 하는지 검토하시오. (15점)

☑ 쟁점의 정리

3. 도로점용허가 취소소송의 원고적격 ― 처분의 상대방이 아닌 제3자의 원고적격 [15점]
   - 쟁점(문제의 소재): 일반주민인 병이 제3자로서 후원회장에 대한 도로점용허가 취소를 주장할 법률상 이익 있는가?
     . (문제해결기준 : 근거조문, 개념, 이론) 행정소송법 제12조(원고적격), 취소소송의 기능(성질), 개인적 공권의 성립요건, 법률상 이익의 판단 기준
     . (답안기술내용) 행정소송법 제12조 명시, 취소소송의 기능(성질) 기술, 법률상 이익의 의미 기술, 판례
     . (포섭) 일반주민인 병은 도로점용허가의 취소를 구할 법률상 이익 없음. 도로는 공물로서 일반사용의 대상, 특별히 고양된 일반사용권이 있는 경우 취소를 구할 법률상 이익이 존재가능하나, 본 설문에서는 관련 내용이 보이지 않음

4. 주민소송의 요건, 대상, 절차, 종류 [15점]
   - 쟁점(문제의 소재): 주민소송의 요건, 대상, 절차, 종류
     . (문제해결기준 : 개념, 조문, 이론, 판례) 지방자치법 제17조(주민소송)
     . (답안기술내용) 주민소송의 의의, 요건(대상 및 절차(감사전치)), 종류
     . (포섭) 주민소송 제기 전 주민감사청구하고 감사가 이뤄졌는가? 검토, 지방자치법 제17조 제2항 제2호에 따른 도로점용허가 취소소송 검토

〈제2문〉

☑ 문제의 핵심

1. 甲이 2020. 12. 30. B가 행한 처분의 취소를 구하는 취소소송을 제기하는 경우, **취소소송의 대상과 제소기간의 준수 여부**를 검토하시오. (20점)

2. 甲은 자신의 예방접종 피해가 예방접종에 사용되는 의약품의 관리 소홀과 乙의 부주의에 기한 것이라고 주장하고, B는 예방접종과 甲이 주장하는 증상 사이에 인과관계가 명확하지 않다고 주장한다. 행정상 손해전보제도로서 **감염병예방법 제71조 '예방접종 등에 따른 피해의 국가보상'의 의의와 법적 성질**을 설명하고, 위 규정에 기초하여 **甲과 B의 각 주장을 검토**하시오. (20점)

3. 丙회사는 A시장이 **의약품조달계약을 해지**하면서 **「행정절차법」상의 사전 통지 및 의견청취를 하지 않았음을 이유**로 당해 통보가 **위법하다고 주장**한다. 丙회사 주장의 타당성을 검토하시오. (20점)

4. B는 A시에 제1급감염병이 급속하게 확산되자 이를 저지하기 위한 조치의 일환으로 **감염병예방법 제46조 제2호에 근거하여 감염병 발생지역에 출입하는 사람으로서 감염병에 감염되었을 것으로 의심되는 사람이라는 이유로 丁에게 감염병 예방에 필요한 건강진단과 예방접종을 받도록 명하였다.** 그러나 丁은 예방접종으로 인한 부작용을 우려하여 건강진단과 예방접종을 받기를 거부하고 있다. 이에 대하여 B는 일부 부작용이 있을 수도 있으나, 관계 법률이 정하는 절차에 따라 효과가 검증된 예방접종을 행하는 것은 감염병 확산을 막기 위하여 반드시 필요하며, 건강진단을 거부할 경우 감염병예방법에 의하여 형사처벌을 받을 수 있다고 하면서 그 불가피성을 주장한다. 丁은 B의 건강진단 및 예방접종명령에 대해서 취소소송을 제기하고 소송 중에 건강진단 및 예방접종명령의 근거가 되는 감염병예방법 제46조와 처벌규정인 제81조 각 해당 조항에 대하여 위헌법률심판제청을 신청하고자 한다.

   (1) B가 丁에게 행한 **건강진단 및 예방접종명령의 법적 성질을 검토**하시오. (10점)

☑ 쟁점의 정리

1. 수회 거부처분에 있어서 취소소송의 대상과 제소기간의 기산점 [20점]
   - 쟁점(문제의 소재): **수회 거부처분이 있는 경우 취소소송의 대상과 제소기간의 기산점**
     - (판단기준 : 근거조문, 개념, 이론) 행정소송법 제19조, 동법 제2조제1항제1호, 행정소송법 제20조
     - (문제해결기준) 취소소송의 대상으로서의 처분, 거부처분이 수차례 있는 경우 대상적격 및 제소기간 산정기준
     - (포섭) 거부처분이 1차 2차 있는 경우, 2차 거부처분이 취소소송의 대상이 되며, 제소기간도 2차 거부처분을 기준으로 산정 (판례)

2. 감염병예방법 제71조 '예방접종 등에 따른 피해의 국가보상'의 의의와 법적 성질 및 甲과 B의 주장의 타당성? [20점]
   - 쟁점1(문제의 소재): **예방접종 등에 따른 피해의 국가보상의 법적성격? (손실보상인가? 국가배상인가?)**
     - (문제해결기준 : 개념, 조문, 이론, 판례) 국가책임론(국가배상과 손실보상 일반론), 헌법 제29조(국가배상), 23조(손실보상), 국가배상과 손실보상의 구별론

. (답안기술내용) 국가배상과 손실보상의 근거·의의·구별, 손실보상의 요건 및 효과 일반론

. (포섭) 적법한 행정작용과 이로 인한 특별한 희생, 그에 대한 보상으로서의 손실보상(희생보상)

- 쟁점2(문제의 소재): 예방접종과 피해 사이의 인과관계 존부
  . (문제해결기준 : 개념, 조문, 이론, 판례) 손실보상에 있어서 인과관계의 판단기준 (학설, 판례, 소결)
  . (답안기술내용) 상당인과관계가 존재하고 특별한 희생이라고 판단되면 인관관계 긍정이 타당
  . (포섭) 예방접종과 피해 사이의 인과관계 존재 甲의 주장이 타당

3. 의약품 조달계약 해지시 행정절차법상 사전통지 및 의견제출절차 거쳐야 하는가? [20점]
- 쟁점(문제의 소재) : 행정상 계약에 행정절차법상 사전통지 적용 여부
  . (문제해결기준 : 조문, 개념, 학설, 판례) 행정상 계약 일반론, 행정기본법 제27조, 행정절차법 제3조·제21조
  . (답안기술내용) 행정상 계약의 개념·의의·요건·효과, 행정상 계약의 행정절차법 적용 여부
  . (포섭) 행정상 계약은 행정절차법 적용되지 않음, 사전통지 및 의견제출 절차 거치지 않아도 위법이라고 할 수 없음

4[1]. 감염병예방법상 건강진단 및 예방접종명령의 법적 성질
- 쟁점(문제의 소재) : 명령적 행정행위로서 하명, 기속행위인가 재량행위인가?, 그 효력은?
  . (문제해결기준 : 개념, 학설, 판례) 행정행위 내용 일반론, 기속·재량 구별론, 감염병예방법 제46조·제81조
  . (답안기술내용) 명령적 행정행위, 행정행위의 효력, 행정행위의 구별(기속·재량)
  . (포섭) 명령적 행정행의로서 하명(작위 하명), 효력, 재량행위

관리번호	시험과목명	사 례 형 제 1 문	시험관리관 확 인	점 수	채점위원인

〈3. 일반주민(제3자)의 도로점용허가 취소소송 원고적격 검토〉

Ⅰ. 문제의 소재

일반주민의 도로사용권의 내용과 범위, 일반주민으로서 도로점용허가 취소소송의 원고적격을 가질 수 있는지가 문제된다.

Ⅱ. 일반주민인 丙의 도로 사용관계 및 사용자의 지위

1. 공물로서의 도로의 사용관계

1) 의의·사용관계 구분 – (1) 도로법상 도로는 공공목적에 제공되는 공공용물로서 공물에 해당한다. (2) 공물로서의 도로의 사용관계는 보통사용과 특별사용으로 분류될 수 있다. (3) 보통사용은 공물을 통상의 용도로 사용하는 것으로 모든 사인이 자유롭게 공물을 사용하는 것을 말한다. (4) 특별사용은 공물의 본래의 목적범위를 넘어서 보통이상의 정도로 사용하는 것으로 허가사용, 특허사용, 관습법상으로 사용으로 구분된다.

2. 도로의 보통사용과 사용자의 지위

1) 일반 사인의 지위 – (1) 보통사용은 모든 사인이 자유롭게 공물을 사용하는 것으로 일반 사인이 갖는 지위에 관하여 (가) 학설은 (i) 반사적 이익설 (ii) 공물을 방해받지 않고 그 공용목적에 따라 자유롭게 사용할 수 있는 정도라는 소극적 공권설이 있고, (나) 판례는 반사적 이익설을 취하여 소권을 보장하지 않으며 (다) 소결은 판례의 입장을 취한다.

2) 인접 주민의 지위 – (1) 공물의 인접주민에게는 인접지에서 해당 공물을 적정하게 이용할 수 있는 강화된 이용권을 갖는다고 할 것이며, (2) 판례도 적극적인 개인적 공권을 갖는다고 보고 있다.

Ⅲ. 丙이 도로점용허가 취소소송의 원고적격을 갖는가?

1. 취소소송 원고적격 일반론

1) 의의·근거 – 행정소송법 제12조는 법률상 이익이 있는 자가 취소소송을 제기할 수 있다고 규정한다. 2) 원고적격의 범위에 관해서는 취소소송의 성질(기능)에 따라 (가) 학설 (i) 권리구제설 (ii) 법률상보호이익설 (iii) 보호가치있는이익설 (iv) 적법성보장설이 주장되나 (나) 판례는 법률상보호이익설 (다) 소결로 법률상보호이익설이 타당하다. 3) 법률상 보호이익은 근거법령, 관련법령, 헌법상 기본권까지 함께 고려하여 판단한다.

2. 丙의 원고적격 가부

1) A시의 주민 丙은 도로의 일반사용자로서 반사적 이익을 갖는 것에 불과하고, 도로점용허가가 통상적 용도로의 사용을 배제한다고 보기 어려운 바, 법률상 이익을 침해한다고 할 수 없고, 따라서 원고적격을 갖는다고 보기 어렵다. 2) 만약 丙이 본 도로의 인접주민으로 강화되고 고양된 사용권을 갖고 있었고, 본 건 도로점용허가로 인하여 그 사용권을 제한하는 경우에는 도로점용

허가 취소소송의 원고적격을 갖는다고 볼 수 있다.

IV. 문제의 해결 - 일반사용자로서의 丙은 원고적격 부재, 만약 인접주민인 경우 원고적격 인정

〈4. 丙의 주민소송 제기요건 및 주민소송의 종류〉

Ⅰ. 문제의 소재

주민소송의 대상과 절차 등 제기요건 및 주민소송의 종류가 문제된다.

Ⅱ. 丙의 주민소송 제기요건(절차 · 대상) 및 주민소송의 종류

1. 주민소송의 의의 · 요건 · 절차 · 종류

1) 근거 · 의의 - (1) 지방자치법 제17조는 지방자치단체의 장, 직원 등의 위법한 재무회계행위에 대하여 주민이 제기하는 객관소송으로 주민소송을 정하고 있다. (2) 주민소송제도는 주민의 직접참여를 통해 지방행정의 투명 · 공정 · 적법성을 보장하는 제도이다.

2) 대상 · 절차 - (1) 주민소송의 대상은 위법한 재무회계행위이며, ① 공금의 지출, ② 재산의 취득 · 관리 · 처분, ③ 계약의 체결 · 이행, ④ 공금의 부과 · 징수를 게을리한 사실로 세분된다. (2) 주민소송이 적법하게 제기되기 위하여는 주민의 감사청구가 미리 필요하며, 감사청구에 참여한 주민이 주민소송을 제기할 수 있다(감사청구전치주의).

3) 종류 - (1) 주민소송은 객관소송으로 법률로 정한 바에 따른다.(법정주의, 행정소송법 제45조) (2) 지방자치법 제17조제2항에 따라 손해발생행위의 중지소송(제1호), 처분의 취소 · 무효확인소송(제2호), 해태사실의 위법확인소송(제3호), 손해배상등 요구소송(제4호)으로 나뉜다.

2. 丙의 주민소송 제기 가능성과 종류 판단

1) 甲의 도로점용허가는 주민소송의 대상인 '재산의 관리'에 해당하며, 丙은 주민소송을 제기하기 앞서 사전에 감사청구를 하여야 한다. 그 이후 감사청구를 수리한 날부터 60일이 지나도록 감사를 끝내지 않거나, 감사청구에 따른 감사결과에 불복하거나, 감사결과에 대하여 지방자치단체의 장이 이행하지 않거나 지방자치단체의 이행 조치에 불복하는 경우에 주민소송을 제기할 수 있다.

2) 丙은 甲을 피고로 하여 지방자치법 제17조 제1항 제2호에 따른 도로점용허가의 취소를 구하는 소로 관할 행정법원에 제기하는 것이 타당하다.

Ⅲ. 문제의 해결

도로점용허가는 재산관리 행위로 주민소송의 대상이 되며, 丙은 감사청구를 한 자로 감사결과에 불복하거나 감사결과 이행조치에 불복하고자 하는 경우 등에 도로점용허가 취소소송의 형태로 제기할 수 있다.

관리번호	시험과목명	사 례 형 제 2 문	시험관리관 확 인	점 수	채점위원인

〈1. 2회 거부처분의 경우 취소소송의 대상과 제소기간 기산점〉

I. 문제의 소재

거부처분 중 취소소송의 대상이 되는 처분을 검토하고, 제소기간 준수여부를 판단한다.

II. 甲의 취소소송 대상과 제소기간 준수 여부

1. 취소소송의 대상

1) 의의·근거·개념

(1) 행정소송법 제19조는 취소소송은 처분등을 대상으로 한다고 규정한다. (2) 동법 제2조 제1항 제1호에 따르면 '처분등'은 '행정청이 행하는 구체적 사실에 관한 법집행으로서 공권력의 행사 또는 그 거부와 그 밖에 이에 준하는 행정작용 및 행정심판에 대한 재결'이다. (3) '거부처분' 역시 취소소송의 대상이 되며, (4) 판례는 (ㄱ) 거부의 대상이 행정청이 행하는 구체적 사실에 관한 법집행으로서 공권력 행사일 것, (ㄴ) 거부로 인하여 권리를 제한 등 법률관계 영향을 받을 것 (ㄷ) 신청인에게 그 공권력 행사를 요청할 법규상 조리상 일반적인 신청권이 있을 것을 요건으로 한다.

2. 취소소송의 제소기간

1) 의의·근거·개념

(1) 취소소송은 처분등 있음을 안날부터 90일 이내에 제기하여야 한다.(행정소송법 제20조제1항)

(2) 제소기간은 행정법관계를 조속하게 확정하고 법률관계의 안정을 도모하기 위한 제도이다.

3. 수회 거부처분의 경우 취소소송의 대상과 제소기간의 기산점(판례)

1) 통상의 반복된 동일한 처분(예를 들어 대집행의 계고처분)의 경우 2차 처분은 최초 처분인 1차 처분의 확인으로 보아 취소소송의 대상은 최초의 처분으로 보며, 제소기간의 기산점도 최초의 처분 통지서를 수령한 날로 본다(판례).

2) 다만, 수익적 행정행위의 신청에 대한 거부처분의 경우, 이전의 거부처분 이후에 당사자가 다시 신청을 하면서 새로운 신청을 하는 취지라면 이에 대한 거부는 그로 인해 권리를 새롭게 제한하는 법적 행위가 되므로, 이 경우 취소소송의 대상과 제소기간의 기산점은 새로운 거부처분을 기준으로 하여야 한다(판례).

4. 甲의 취소소송의 대상과 제소기간의 준수여부 판단

피해보상신청에 대한 제1차 거부처분 이후, 재신청에 대한 거부처분은 甲이 보상받을 권리를 제한하는 새로운 법적행위로 봄이 타당하고, 따라서 취소소송의 대상은 제2처분이 됨이 타당하다. 제소기간의 산정은 제2차처분의 송달일인 2020.11.11.을 기산점으로 하는 바, 2020. 12. 30.은 90일 이내이므로 그 기간을 준수하였다고 봄이 타당하다.

III. 문제의 해결 - 취소소송의 대상은 2차처분이며, 제소기간은 준수하였다.

〈2. 예방접종 등에 따른 피해의 국가보상의 의의와 법적 성질과 甲과 B의 주장의 타당성〉

I. 문제의 소재

감염병예방법 제71조의 국가보상의 국가책임법상 법적성격을 검토하고 의약품의 관리소홀과 부주의가 인과관계 유무 판단시 고려대상이 되는지 파악한다.

II. 감염병예방법 제71조의 국가보상의 법적성격 검토

1. 국가책임제도로서 손해배상과 손실보상

1) 국가책임제도의 의의와 구별

(1) 국가책임제도는 국가작용으로 인하여 발생한 손해나 손실을 전보하여주는 것이다. (2) 손해배상은 국가의 위법한 직무행위로 인하여 발생한 손해를 배상하는 제도이고 (3) 손실보상은 공공필요에 의한 적법한 공권력행사로 인하여 발생한 손실을 보상하여 주는 제도이다.

2) 손해배상과 손실보상의 요건상 차이와 관련 법령

(1) 손해배상은 불법행위에 대한 피해구제로서 고의과실과 위법성등이 요건으로 요구되나, (2) 손실보상은 공공의 필요로 인하여 적법한 행정으로 권리가 침해되고, 이로 인한 개인의 희생을 공평부담의 관점에서 갚아주는 것으로 고의과실이나 위법성이 문제되지 않는다. (3) 손해배상은 국가배상법이 일반법으로 존재하나, 손실보상은 일반법이 존재하지 않고 개별법(토지보상법) 또는 헌법 제23조제3항 및 관련 법령을 간접적용 하는 방식을 취한다.

2. 감염병예방법 제71조의 내용과 예방접종에 따른 피해의 국가보상의 법적성격

1) 내용

예방접종을 받은 사람이 그 예방접종으로 인하여 질병에 걸리거나 장애인이 되거나 사망하였을 때 진료비·간병비·일시보상금·장제비의 보상금을 지급하는 것이다.

2) 법적성격

공공의 필요를 위한 적법한 보건행정작용인 예방접종으로 건강권 또는 생명권의 침해가 발생하여 특별한 희생이 존재하고 이를 공평부담의 견지에서 보상금을 지급하는 것이므로 희생보상으로서의 성격을 갖는다.

III. 甲과 B의 주장(인과관계 판단시 과실 검토 여부)의 타당성 검토

1. 희생보상청구권의 의의와 요건

(1) 의의

희생보상청구권은 공공의 필요에 의한 적법한 행정을 통해서 비재산적 법익에 대한 권리침해가 발생하고, 이에 대하여 특별한 희생이 있는 경우에 성립한다.

(2) 요건

희생보상청구권의 성립에 있어서 주관적 요소(고의 과실)는 고려되지 않고, 특별한 희생이 있는지에 대한 판단에 주안점을 두며, (가)학설은 (i)형식설 (ii)실질설 (iii)사회적비용설 등 (나)판례는 실질설 (다)소결은 판례의 견해에 따른다.

(3) 근거 법령

희생보상청구권은 개별법령에서 정하고 있는 경우는 그에 따라 행사가능하고, 법령 부재시 희생유사침해보상의 법리등을 통해 보상청구권 행사가 가능하다(판례)

2. 甲과 B의 주장(인과관계 판단시 과실 검토 여부) 검토 – 무과실책임

관리소홀과 부주의는 예방접종에 따른 희생보상청구권 성립요건이 아닌 바, 甲과 B의 주장은 희생보상청구권의 성립에 있어서는 의미가 없다고 할 것이다.

III. 문제의 해결 – 법적성격은 희생보상청구권이며, 관리소홀과 부주의는 요건해당성 없음

〈3. 의약품조달계약의 법적성격 및 행정절차법 적용여부〉

I. 문제의 소재

의약품조달계약이 행정상 계약인지 여부(특히 공법상 계약 여부) 및 행정절차법이 적용되는지 여부를 검토한다.

II. 의약품조달계약의 법적 성질 검토 (행정상 계약 여부)

1. 행정상 계약의 의의와 근거

1) 의의

행정계약은 행정주체 상호간 또는 행정주체와 국민 사이에 행정목적을 수행하기 위하여 체결되는 계약이다.

2) 분류

행정계약에는 공법상 계약과 사법상계약이 존재한다. 공법상 계약은 공법의 영역에서 대등한 복수당사자의 반대방향의 의사의 합치에 의해서 법률관계를 발생·변경·소멸하는 공법행위를 말한다.

3) 공법상 계약의 근거 신설

행정기본법 제27조는 행정청은 법령등을 위반하지 아니하는 범위에서 행정목적을 달성하기 위하여 필요한 경우에는 공법상 법률관계에 관한 계약을 체결할 수 있다고 규정한다.

2. 의약품조달계약의 법적 성질

A시와 丙회사간의 의약품조달계약은 지방자치단체를 당사자로 하는 계약에 관한 법률에 따라 대등한 당사자로서 의약품을 조달하고 이에 대한 비용을 지급하는 것을 내용을 하는 행정상 계약, 특히 사법상 계약이라고 볼 수 있다(판례).

III. 의약품조달계약의 해지의 법적 성격과 행정절차법상 사전통지 적용 여부

1. 의약품조달계약의 해지의 법적 성격 (계약관계의 소멸인가? 처분인가?)

1) 계약의 해지와 처분의 분별

(1) 행정상 계약은 대등한 당사자가 반대방향의 의사의 합치에 의해서 법률관계를 발생·변경·소멸하는 법률행위인데 반하여 (2) 처분은 행정청이 행하는 구체적 사실에 관한 권력적 단독행위로서의 공법행위를 의미한다.

2) 의약품조달계약의 해지는 조달계약의 부실한 이행에 따른 양당사자의 의사의 합치에 의해 작성된 행정상 계약에 근거한 행위이며, 이를 일방적 단독행위로서의 처분으로 보기 어렵다.

2. 행정절차법상 사전통지 및 의견청취

1) 행정절차법의 적용범위

(1) 행정절차법은 처분, 신고, 행정상입법예고, 행정예고 및 행정지도의 절차에 적용된다.

(2) 행정상 계약에 관해서는 행정절차법상 적용규정이 부재한다.

2) 사전통지 및 의견청취 절차

(1) 행정절차법은 침익적 처분의 경우 사전에 당사자에게 통지를 하고 이에 대한 의견청취 절차를 정하고 있다.

(2) 침익적 처분의 경우 본 절차를 빠뜨리면 해당 처분은 위법하여 취소될 수 있다.

3. 의약품 조달계약의 해지시 사전통지 및 의견청취 절차 결여의 위법성

행정상 계약인 의약품 조달계약의 해지는 침익적 처분에 해당하지 않으므로 행정절차법상 사전통지 및 의견청취절차를 거칠 필요가 없으며, 따라서 해지통보는 위법하지 않다.

IV. 문제의 해결 - 해지통보가 위법하다는 丙회사 주장은 이유가 없다. 타당하지 않다.

<제 2 문>

甲은 A군에서 S의원을 경영하고 있다. S의원이 담당하고 있는 진료과목과 동일한 과목을 진료하는 의료기관은 A군 내에는 달리 없는 실정이다. 보건복지부 소속 공무원 乙은 2015. 5. 13. 사전통지 없이 S의원을 현장조사하고, 그 결과 甲이 B바이오회사의 C치료재료에 대해 국민건강보험공단에 청구한 금액이 「치료재료 급여·비급여목록 및 급여상한금액표」(보건복지부 고시 제2015-00호, 2015. 3. 12. 이하 "고시"라 한다)에 따른 급여금액보다 5,000만원을 상회하였음을 적발하였다. 이 조사결과에 기초하여 보건복지부장관은 2015. 6. 30. S의원 대표 甲에게 「국민건강보험법」제98조에 따라 90일 업무 정지처분을 하고, 동법 제100조에 의거하여 그 위반사실을 공표하였다. 보건복지부장관은 업무정지처분에 대하여는 사전통지절차를 거쳤으나 위반사실공표에 대하여는 사전통지를 하지 아니하였다.

1. 甲은 처치에 사용하기 위하여 필요한 재료의 구입금액보다 급여상한금액을 현저히 저렴하게 책정한 "고시"에 대하여 다투고자 한다.
   (1) "고시"의 법적 성질을 논하시오. (10점)
   (2) "고시"에 대한 행정소송에 의한 통제방법에 대해 논하시오. (10점)

2. 甲은 보건 복지부장관이 행한 2015. 5. 13. 갑작스레 행한 현장조사에 기초한 업무정지처분에 대해 다투고자 한다.
   (1) 업무정지처분의 위법 여부를 논하시오. (10점)
   (2) 업무정지처분에 대해 甲이 취소쟁송을 제기한 경우 쟁송을 담당하는 기관이 업무정지처분을 과징금처분으로 전환할 수 있는지에 대해 논하시오. (10점)

3. 甲은 위반사실 공표에 대하여 다투고자 한다.
   (1) 甲은 보건복지부장관이 위반사실공표를 하면서 「행정절차법」에 따른 처분의 사전통지절차를 거치지 않아 위법하다고 주장한다. 이 주장의 타당성에 대해 논하시오. (10점)

  (2) 甲은 보건복지부장관이 위반사실공표를 결정할 때에는 그 위반행위의 동기, 정도,
      횟수 및 결과 등을 고려하여야 함에도 이를 고려치 않아 위법하다고 주장한다. 이
      경우 甲이 제기할 수 있는 행정법적 구제방법에 대해 논하시오. (20점)

4. 甲은 보건복지부장관의 위반사실 공표행위의 근거 법률이 자신의 기본권을 침해하여 위
   헌이라고 주장한다. 甲이 동원할 수 있는 헌법소송 수단을 설명하고 그 승소가능성을
   논하시오. (30점)   <헌법문항>

[참조 조문]

「국민건강보험법」

제46조(약제·치료재료에 대한 요양급여비용의 산정) 약제·치료재료(이하 "약재·치료재료"라 한
다)에 대한 요양급여비용은 요양기관의 약제·치료재료 구입금액 등을 고려하여 대통령령으로
정하는 바에 따라 달리 산정할 수 있다.

제98조(업무정지) ① 보건복지부장관은 요양기관이 다음 각 호의 어느 하나에 해당하면 그 요양
기관에 대하여 1년의 범위에서 기간을 정하여 업무정지를 명할 수 있다.
 1. 속임수나 그 밖의 부당한 방법으로 보험자·가입자 및 피부양자에게 요양급여비용을 부담하
    게 한 경우

제99조(과징금) ① 보건복지부장관은 요양기관이 제98조 제1항 제1호에 해당하여 업무정지 처분
을 하여야 하는 경우로서 그 업무정지 처분이 해당 요양기관을 이용하는 사람에게 심한 불편을
주거나 보건복지부장관이 정하는 특별한 사유가 있다고 인정되면 업무정지 처분을 갈음하여 속
임수나 그 밖의 부당한 방법으로 부담하게 한 금액의 5배 이하의 금액을 과징금으로 부과·징
수할 수 있다.
이하 생략

제100조(위반사실의 공표) ① 보건복지부장관은 관련 서류의 위조·변조로 요양급여비용을 거짓
으로 청구하여 제98조 또는 제99조에 따른 행정처분을 받은 요양기관이 다음 각 호의 어느
하나에 해당하면 그 위반 행위, 처분 내용, 해당 요양기관의 명칭·주소 및 대표자 성명, 그
밖에 다른 요양기관과의 구별에 필요한 사항으로서 대통령령으로 정하는 사항을 공표할 수 있

다. 이 경우 공표 여부를 결정할 때에는 그 위반행위의 동기, 정도, 횟수 및 결과 등을 고려하여야 한다.

1. 거짓으로 청구한 금액이 1천 500만원 이상인 경우

「국민건강보험법 시행령」

제22조(약제·치료재료의 요양급여비용) ② 약제 및 치료재료에 대한 요양급여비용의 결정 기준·절차, 그 밖에 필요한 사항은 보건복지부장관이 정하여 고시한다.

제72조(공표 사항) 법 제100조 제1항 각 호 외의 부분 전단에서 "대통령령으로 정하는 사항"이란 다음 각 호의 사항을 말한다.

1. 해당 요양기관의 종류와 그 요양기관 대표자의 면허번호·성별
2. 의료기관의 개설자가 법인인 경우에는 의료기관의 장의 성명
3. 그 밖의 다른 요양기관과의 구별을 위하여 법 제100조 제2항에 따른 건강보험공표심의위원회(이하 "공표심의위원회"라 한다)가 필요하다고 인정하는 사항

「국민건강보험법 시행규칙」

제8조(요양급여의 범위 등) ② 보건복지부장관은 요양급여대상을 급여목록표로 정하여 고시하되, 법 제41조 제1항 각호에 규정된 요양급여행위(이하 "행위"라 한다), 약제 및 치료재료로 구분하여 고시한다.

「행정조사기본법」

제3조(적용범위) ① 행정조사에 관하여 다른 법률에 특별한 규정이 있는 경우를 제외하고는 이 법으로 정하는 바에 따른다.

제17조(조사의 사전통지) ① 행정조사를 실시하고자 하는 행정기관의 장은 현장출입조사서를 조사개시 7일 전까지 조사대상자에게 서면으로 통지하여야 한다. 다만, 다음 각 호의 어느 하나에 해당하는 경우에는 행정조사의 개시와 동시에 출석요구서등을 조사대상자에게 제시하거나 행정조사의 목적 등을 조사대상자에게 구두로 통지할 수 있다.

1. 행정조사를 실시하기 전에 관련 사항을 미리 통지하는 때에는 증거인멸 등으로 행정조사의 목적을 달성할 수 없다고 판단되는 경우

「치료재료 급여ㆍ비급여목록 및 급여상한금액표」

(보건복지부 고시 제2015-00호, 2015. 3. 12.)

코드	품명	규격	제조회사	상한금액
M1010010	C치료재료	1.5CMx1.5CM	B바이오	211
M1010044	C치료재료	5.0CMx10.0CM	B바이오	3,150

문제의 핵심 & 쟁점의 정리 📝

※ 시험장에서 문제를 받자마자 여러분들이 3~5분 동안 해야 할 작업입니다. 문제에서 핵심을 찾아내고, 답안의 쟁점을 파악하여 간략하게 목차를 구성해 보는 것입니다. 이 이후에 본 답안작성에 들어가기 바랍니다.

〈제 2 문〉

☑ **문제의 핵심**

1. 甲은 처치에 사용하기 위하여 필요한 재료의 구입금액보다 급여상한금액을 현저히 저렴하게 책정한 "고시"에 대하여 다투고자 한다.
   (1) "고시"의 법적 성질을 논하시오. (10점)
   (2) "고시"에 대한 행정소송에 의한 통제방법에 대해 논하시오. (10점)

2. 甲은 보건복지부장관이 행한 2015. 5. 13. 갑작스레 행한 현장조사에 기초한 업무정지처분에 대해 다투고자 한다.
   (1) 업무정지처분의 위법 여부를 논하시오. (10점)
   (2) 업무정지처분에 대해 甲이 취소쟁송을 제기한 경우 쟁송을 담당하는 기관이 업무정지처분을 과징금처분으로 전환할 수 있는지에 대해 논하시오. (10점)

3. 甲은 위반사실 공표에 대하여 다투고자 한다.
   (1) 甲은 보건복지부장관이 위반사실공표를 하면서「행정절차법」에 따른 처분의 사전통지절차를 거치지 않아 위법하다고 주장한다. 이 주장의 타당성에 대해 논하시오. (10점)
   (2) 甲은 보건복지부장관이 위반사실공표를 결정할 때에는 그 위반행위의 동기, 정도, 횟수 및 결과 등을 고려하여야 함에도 이를 고려치 않아 위법하다고 주장한다. 이 경우 甲이 제기할 수 있는 행정법적 구제방법에 대해 논하시오. (20점)

☑ **쟁점의 정리**

1. [1]. 고시의 법적 성질을 논하시오.
   – (쟁점) 고시의 처분성, 법령보충규칙 여부 논의
     . (문제해결기준 : 개념, 조문, 이론, 판례) 행정소송법 제2조 제1항 제1호 처분개념, 처분이론, 법규명령과 행정규칙의 구별
     . (답안기술내용) 처분 개념, 처분 근거(행정소송법 제2조 제1항 제1호), 처분이론(일원론, 이원론, 판례, 소결)
       법규명령과 행정규칙의 개념, 근거, 구별, 구별논의, 구별기준
     . (포섭)

1. [2]. 고시에 대한 행정소송에 의한 통제방법?
   – (쟁점) 고시에 대한 쟁송방법
     . (문제해결기준 : 개념, 조문, 이론, 판례) 행정소송법상 취소소송, 가구제수단, 구체적 규범통제
     . (답안기술내용) 처분적 고시, 취소소송(대상적격 등 소송요건), 가구제(집행정지 등)
       법령보충규칙에 대한 일반적 규범통제의 방식(구체적 규범통제)
     . (포섭)

2. [1] 업무정지처분의 위법여부를 논하라?
   - (쟁점) **위법한 조사에 기한 후속 처분의 적법성**
     . (문제해결기준 : 개념, 조문, 이론, 판례) 위법한 조사에 근거해서 발령된 행정처분의 적법성 판
        단(학설, 판례, 소결)
     . (답안기술내용) 위법한 조사에 근거한 처분이 위법?(학설(처분위법설, 처분무관설, 절충), 판례
        : 처분위법설, 소결
     . (포섭)

2. [2] 취소심판 및 취소소송에서 변경재결 및 변경판결가능성 검토
   - (쟁점) **취소심판과 취소소송상 변경이 적극적 변경이 가능한가?**
     . (문제해결기준 : 개념, 조문, 이론, 판례) 행정소송법 제4조 제1호, 행정심판법 제5조 제1호, 학설,
   판례
     . (답안기술내용) 행정소송법과 행정심판법상 변경의 의미 학설(적극적변경 포함설, 불포함설),
        판례, 소결
     . (포섭)

3. [1] 위반사실의 공표가 사전통지를 거치지 않은 경우 위법한가?
   - (쟁점)
     . (문제해결기준 : 개념, 조문, 이론, 판례) 행정절차법 제21조, 사전통지
     . (답안기술내용) 행정절차법 제21조 사전통지 의의, 요건, 절차
        위반사실의 공표가 사전통지의 대상인가, 침익적 행정처분인가 논의
     . (포섭)

3. [2] 위반사실의 공표에 대한 행정법적 권리구제방안은?
   - (쟁점) **행정법적 권리구제방안** – **행정소송법, 행정심판법, 국가배상법**
     . (문제해결기준 : 개념, 조문, 이론, 판례) 행정소송법, 항고소송, 행정심판법상 항고심판, 가구제
        수단(집행정지), 국가배상법
     . (답안기술내용) 취소소송, 취소심판, 집행정지, 국가배상, 결과제거청구(당사자소송)의 요건과
        효과 검토
     . (포섭)

관리번호	시험과목명	사 례 형 제 2 문	시험관리관 확 인	점 수	채점위원인

〈 1. 고시의 법적 성질과 행정소송에 의한 통제방법 〉

Ⅰ. 문제의 소재

(1) 고시는 일반적으로 행정규칙에 해당하는 바, 본 사안에서 법규성을 갖는 법령보충규칙에 해당하는지?, 나아가 직접 처분성을 갖는 것은 아닌지?가 문제된다. (2) 이에 터 잡아 고시에 대하여 구체적 규범통제 또는 항고소송 가능성을 검토한다.

Ⅱ. 고시의 법적 성질 – 법령보충규칙?, 처분?

1. 법령보충규칙 의의 및 고시의 법령보충규칙 해당성 검토

1) (1) 법령보충규칙은 법률의 내용이 추상적이고 그 내용이 전문적이고 기술적인 경우에 이를 보충하거나 구체화하기 위하여 제정한 고시 또는 훈령을 말한다. (2) 행정규제기본법 제4조 제2항 단서는 법령에서 구체적으로 범위를 정하여 위임한 경우에 한해, 고시형식의 법령보충규칙을 인정하고 있다. (3) (가) 學說은 (i) 상위법령의 위임이 있으므로 법규명령설 (ii) 헌법이 예정하는 법규명령의 형식이 아니므로 행정규칙설 (iii) 대외적 구속력은 인정되나 행정규칙형식이므로 규범구체화행정규칙설 (iv) 행정규칙형식의 법규명령은 불허용되므로 위헌무효설, (나) 判例는 재산제세사무처리규정, 요양급여기준 사건에서 법령보충규칙을 인정하고 있다. (다) (小結) 행정의 신축성 탄력성을 감안하여 전문적 기술적인 부분에 한해서, 위임입법의 한계 등 법규명령의 한계를 지키는 경우, 법령보충규칙을 인정하는 것이 타당하다고 판단된다.

2) 고시는 국민건강보험법 제46조, 동법 시행령 제22조에서 위임의 근거를 갖춰 보건복지부 고시로 제정된 바, 법령보충규칙에 해당한다고 할 것이다.

2. 고시의 개념, 의의 및 본 사건 고시의 처분성 검토

1) (1) 고시는 행정기관이 법령이 정하는 바에 따라 일정한 사항을 불특정다수의 일반인에게 알리는 행위형식으로 일반적으로 행정규칙의 형식으로 간주된다. (2) 다만, 고시의 내용이 그 자체로 사인의 권리나 의무에 직접 영향을 미칠 경우, 이에 대하여 처분성을 긍정할 수 있다. (3) 이는 행정입법에 대한 사법적 통제방식이 불완전하고, 처분성 긍정을 통한 사인의 권익구제 신장에 기여한다는 측면이며, (가) 學說은 (i) 긍정설 (ii) 부정설, (나) 判例는 공히 처분요건을 구비한 경우에는 처분성을 긍정하고 있다. (다) (小結) 判例의 견해가 타당하다고 보인다.

2) 본 사안에서 요양급여비용의 상한을 정하고 있는 고시는 요양기관의 급여비용의 상환금액을 직접 정하여 요양기관의 법률관계에 직접 영향을 미치는 것으로 행정소송법 제2조 제1항 제1호의 처분요건에 해당한다고 판단 할 수 있겠다.

Ⅲ. 고시의 행정소송을 통한 통제방법 – 항고소송 가능성 및 구체적 규범통제

1. 항고소송에 의한 통제 가능성

2쪽으로→

1) (1) 고시의 처분성이 인정되면 고시는 행정소송법상 취소 또는 무효등확인소송의 항고소송을 통한 통제가 가능하다. (2) 이에 대하여는 행정소송법상 필요요건인 재판관할, 원고적격, 피고적격, 제소기간, 행정심판전치, 소의 이익 등이 갖춰져야 할 것이다.

2. 구체적 규범통제에 의한 통제 가능성

1) 구체적 규범통제 가능성 – 고시의 처분성을 인정할 수 없는 경우에는 업무정지처분의 취소를 구하는 소송을 제기하면서 업무정지처분의 요건에 해당하는 「국민건강보험법」(이하 '법') 제98조 제1항 제1호의 부당한 방법으로 요양급여비용을 부담하게 한 경우의 위반기준에 해당하는 법 제46조 및 동법시행령 제22조, 그에 근거한 법령보충규칙인 고시의 위법을 주장함으로써 2) 헌법 제107조 제2항에 근거한 구체적 규범통제를 통하여 본 사건에서 동 고시의 적용거부로 통제 가능하다.

Ⅳ. 문제의 해결 – 이 사건 고시의 법적 성질은 처분에 해당하고, 항고소송을 통해 통제 가능하다 할 것이며, 만약 처분성을 인정받지 못하는 경우 대외적 구속력을 갖는 법규명령에 해당하므로 구체적 규범통제제도를 활용할 수 있다.

〈2. 위법한 조사에 기초한 행정처분의 위법성 및 취소쟁송의 변경의 의미〉

I. 문제의 소재

(1) 현장조사가 「행정조사기본법」상 조사의 사전통지를 결한 위법한 조사에 해당하는지가 문제되고, 행정조사가 위법하다면, 그에 기초하여 이뤄진 본 처분인 업무정지처분은 적법한가가 문제된다. (2) 업무정지처분의 취소쟁송에서 업무정지처분을 과징금처분으로 전환할 수 있는가는 행정소송법 제4조 제1호의 취소소송 및 행정심판법 제5조 제1호의 취소심판의 "변경"에 적극적 변경도 포함되는지의 문제로 귀결된다.

II. 현장조사의 위법성 검토와 위법한 조사에 기초한 업무정치처분의 위법성 검토

1. 행정조사기본법상 사전통지의 의의 및 사전통지 결여시 하자판단

1) (1) 행정조사기본법(이하 '법')은 행정조사에 관한 일반법으로 다른 법률에 특별한 규정이 있는 경우를 제외하고는 이 법에 따르도록 규정하고 있다(법 제3조). (2) 법 제17조는 현장출입조사를 실시하는 경우, 서면으로 조사개시 7일전까지 통지하도록 규정하며, 증거인멸 등 예외적인 경우에 조사개시와 더불어 구두로 통지할 수 있도록 정하고 있다.

2) 본 사안에서 S의원이나 甲에게 증거인멸등 행정조사를 미리 통지하는 경우 조사의 목적을 달성할 수 있는 정황에 대한 언급이 없어, 법 제17조에 따라 7일전까지 서면으로 통지를 하여야 함에도 불구하고 보건복지부장관은 통지 없이 乙을 통해 현장조사를 진행한 바, 이는 행정조사기본법 제17조를 위반한 위법한 행정조사에 해당한다.

2. 위법한 현장조사에 기초한 업무정지처분의 위법성 검토

1) (1) 행정조사는 통상 필요한 정보나 자료수집을 위한 준비작용으로 조사 그 자체를 목적으로하는 권력적 사실행위이다. (2) 다만 행정조사 이후에 이에 기인하여 행정결정이 이뤄진 경우에는 행정조사가 위법하게 이뤄졌다면 그 하자가 최종적인 행정결정의 절차상 하자에 해당하므로 최종

적인 행정결정 역시 위법하게 되어야 하는 것 아닌가가 문제된다. (3) (가) 學說은 (i) 부정설-행정조사와 이후 행정결정(처분)은 별개의 작용이므로 영향을 받지 않는다는 견해, (ii) 긍정설 - 행정조사와 최종적인 행정결정은 하나의 과정이므로 행정조사에 중대한 하자가 있다면 그에 기초한 행정결정도 위법하다는 견해, (iii) 절충설 - 행정조사가 행정결정의 필수절차로 규정되어 있는 경우에는 조사의 하자는 행정결정의 하자가 된다는 견해가 있다. (나) 判例는 위법한 중복세무조사에 기초하여 이뤄진 과세처분은 위법하다고 판시하고 있다. (다) (小結) 행정조사가 최종적인 행정결정과 하나의 과정으로 이뤄진 경우에는 행정조사의 위법은 최종처분의 위법으로 귀결된다고 봄이 타당하다.

2) 이 사건 현장조사는 업무정지처분을 위한 하나의 과정 속에 있다고 볼 수 있으며, 법 제17조의 사전통지를 위반한 것은 그 하자가 매우 중대한 바, 최종적인 업무정지처분도 위법하다고 봄이 타당하다.

Ⅲ. 취소소송과 취소심판에 있어서 '변경'의 의미와 과징금처분 전환가능성 검토

1. 취소소송과 취소심판에 있어서 '변경'의 의미 – 적극적 변경 가능?

1) (1) 행정소송법 제4조 제1호는 취소소송을 행정청의 위법한 처분등을 취소 또는 변경하는 소송으로 정하고 있다. (2) 변경의 의미에 대하여 (가) 學說은 (i) 부정설-행정소송법은 의무이행소송을 명시하고 있지 않고 부작위위법확인소송을 규정하는 등 적극적 변경은 행정소송법의 권력분립원리에 배치되므로 부정하는 견해 (ii) 긍정설-권력분립원칙을 기능적 관점에서 이해하여 적극적 이행판결도 가능하다는 견해 (나) 判例는 권력분립원리의 원리에 충실한 입장으로 적극적 변경판결은 불가능하다고 보고 있다. 다만 가분성이 있는 경우에 일부취소 판시를 하고 있다. (다) (小結) 행정심판법과 대비하여 소송제도를 소극적으로 설계하고 있는 점을 감안할 때 적극적 변경은 불가능하다고 보는 것이 타당하겠다.

2) (1) 반면 행정심판법은 제5조에서 의무이행심판을 규정하고, 행정심판법 제43조 제3항에서 취소와 변경의 용례를 구분하는 등 '변경'의 의미를 적극적 변경으로 해석가능한 근거가 있다고 판단된다. (2) 또한 행정심판은 행정심판법 제1조에 의거하여 국민의 권익구제와 더불어 행정의 적정한 운영을 꾀한다는 것을 선언하고 있는 바, 적극적 행정개입을 통한 행정의 적정화를 유도하는 것으로 해석이 가능하다. (3) 취소심판에서의 변경은 적극적 변경도 포함된다고 본다.

2. 본 사안에서 과징금 처분 전환가능성 검토

(1) 취소소송에서의 변경에서 적극적 변경은 불가한 바, 과징금 처분으로 전환은 불가능하며,

(2) 취소심판에서는 적극적 변경이 가능한 바, 행정심판위원회가 재량의 범위내 에서 과징금처분으로의 전환이 가능하다고 할 것이다.

Ⅳ. 문제의 해결 – 영업정지처분은 위법, 취소심판 과징금전환 가능하고, 취소소송 불가능.

〈3. 행정절차법상 사전통지를 결한 처분의 위법성, 위법한 위반사실공표에 대한 권리구제〉

Ⅰ. 문제의 소재

(1) 보건복지부장관의 위반사실공표행위('이하 공표행위')는 행정절차법상 처분에 해당하는 바,

처분의 사전절차를 정한 행정절차법(이하 '법')상 사전통지절차를 결한 경우 위반

사실공표행위도 위법하게 되는지? (2) 공표행위는 처분으로 권력적사실행위에

해당하는 바, 취소의 소의 이익의 문제, 공표 그 자체로 회복하기 어려운 손해가

발생하는 바, 가구제문제, 국가배상을 통한 권리구제여부를 검토 필요가 있다.

II. 행정절차법상 사전통지절차를 결한 경우 공표행위의 위법성 판단

1. 공표행위의 처분성과 행정절차법상 사전통지절차의 적용

1) 본 사건에서 공표행위는 사인의 명예에 관한 권리를 제한하는 행정작용으로 법 제2조 제2호

상 처분에 해당한다. 2) 처분 절차에 관하여 다른 법률에 특별한 규정이 있는 경우를 제외하고는

법에 따르도록 정하고 있다(법 제3조 제1항). 3) 공표행위는 사인의 권익을 제한하는 처분이므

로 행정청은 법 제21조에 따라 처분의 제목등에 관한 사항을 사전에 통지하여야 한다.

4) 보건복지부장관의 사전통지 없는 공표행위는 행정절차법 위반으로 위법하다고 하겠다.

2. 행정절차상 하자의 독자적 위법성 검토

1) (1) 행정절차는 최종적인 행정처분의 과정으로 절차의 하자가 최종처분의 독자적 위법사유가

되는지가 문제된다. (2) (가) 學說은 (i) 긍정설 (ii) 별개의 작용으로 위법사유 안된다는 부정설

(iii) 기속행위의 경우 위법사유가 되지 않으나, 재량행위는 영향을 미치므로 독자적 위법사유가

된다는 절충설 (나) 判例는 긍정설, (다) (小結) 행정절차는 최종적인 처분의 한 과정이므로 그

하자는 최종처분의 하자로 보는 것이 타당하다고 하겠다(긍정설).

2) 보건복지부장관의 사전통지 없는 공표행위는 행정절차법을 위반한 것이며, 절차상 하자는 최

종처분의 독자적 위법사유가 되는바, 공표행위는 위법하다고 할 것이다. 甲주장은 타당하다.

III. 甲이 제기할 수 있는 행정법적 구제방법 – 항고쟁송, 가구제, 결과제거청구, 국가배상

1. 공표행위의 취소 등 항고쟁송 가능성 및 집행정지의 신청

1) (1) 공표행위는 권력적 사실행위로 처분에 해당하는 바, 재량의 하자가 있는 경우 이를 취소

쟁송으로 다툴 수 있다(행소법 제4조, 제27조; 행심법 제5조). (2) 공표행위는 공표행위를 취소

한다하더라도 위법상태의 원상회복이 불가능하므로 원칙적으로 소의 이익이 없다고 판단될 수

있으나, (3) 원상회복이 불가능하더라도 취소를 통해서 얻을 수 있는 이익이 남아 있는 경우에는

소의 이익을 인정한다(判例). (4) 따라서 이미 공표로 인해서 훼손된 명예에 대한 원상회복은 불

가능하더라도 이후의 공표행위를 중단하므로 더이상 명예훼손상황의 지속을 막을 수 있으므로

소의 이익도 인정된다고 봄이 타당하다.

2) 공표행위는 그 자체만으로 회복할 수 없는 손해를 야기하므로 취소쟁송과 더불어 행정소송법

(제23조) 또는 행정심판법(제30조)상 집행정지신청을 통하여 잠정적으로 권리보호가 가능하다.

3. 국가배상소송(국가배상법 제2조)–기판력

4. 관련청구 이송 및 병합(행정소송법 제10조)

IV. 문제의 해결 – 취소심판, 취소소송, 결과제거청구소송(당사자소송), 국가배상, 병합

〈제 2 문〉

甲은 A시(市)로부터 도시공원 내에 있는 A시 소유의 시설물에 대하여 '공유재산 및 물품 관리법'(이하 '공유재산법'이라 한다) 제20조 제1항에 근거하여 공유재산 사용허가를 받아 그 시설물에서 매점을 운영하고 있다. 그런데 위 도시공원을 이용하는 시민들의 수가 증가하면서 매점의 공간이 부족하게 되자 甲은 위 허가받은 시설물(이하 '이 사건 건축물'이라 한다)의 외부형태를 무단으로 대폭적으로 변경하였다.

이에 A시장은 2013. 5. 1.자로 甲에게 "2013. 5. 14. 내에 이 사건 건축물의 변경된 부분을 철거하라, 이를 이행하지 아니할 때에는 건축법 제80조에 따라 1,000,000원의 이행강제금을 부과할 예정이다."라는 내용의 '시정명령 및 이행강제금 부과계고'문서를 송달한 다음, 2013. 5. 15. 甲에게 1,000,000원의 이행강제금을 부과하였다. 그럼에도 甲이 여전히 시정하지 아니 하자 A시장은 '사용허가를 받은 행정재산의 원상을 A시장의 승인 없이 변경하였다'는 이유로 甲에 대하여 공유재산법 제25조 제1항 제3호를 근거로 하여 사전통지 및 서면에 의한 의결제출 절차를 거쳐 위 사용허가를 취소하였다. 이어서 A시장은 "(1) 2013. 6. 30. 내에 도시공원 내에 있는 A시 소유의 시설물(이 사건 건축물)로부터 퇴거하고 그 내부 시설 및 상품을 반출하라, (2) 2013. 7. 31. 내에 이 사건 건축물의 변경된 부분을 철거하라, (3) 이상을 이행하지 아니할 때에는 대집행할 것임을 알림."이라는 내용의 계고장을 발송하여 2013. 6. 18. 甲이 이를 수령하였다.

1. 이행강제금 부과처분과 관련하여
   (1) A시장이 甲의 이 사건 건축물의 변경된 부분에 대한 철거의무를 이행시키기 위하여 행정대집행의 방법에 의하지 않고 이행강제금을 부과한 것은 적법한가? (20점)
   (2) A시장이 하나의 문서에서 시정명령과 이행강제금 부과계고를 같이 한 것은 적법한가? (10점)

2. 공유재산의 사용허가취소와 관련하여,
   (1) 甲이 A시 소유의 시설물에서 매점을 운영하는 것이나 사인(私人) 소유의 다른 시설물에서 매점을 운영하는 것이나 모두 오로지 甲 개인의 영리활동이라는 사적 이익을 도모하기 위한 것이므로, A시장이 甲에게 한 사용허가 취소의 법적 성질은

'민법상 임대차계약의 해제'로 보아야 한다고 주장한다. 위 주장의 당부에 대해 논평하시오. (20점)

(2) A시장의 甲에 대한 사용허가취소는 적법한가? (15점)

3. 대집행 계고와 관련하여,
A시장의 甲에 대한 대집행 계고는 적법한가? (20점)

4. 허가권자는 건축법 제79조 제1항에 따라 시정명령을 받은 후 시정기간 내에 시정명령을 이행하지 아니한 건축주 등에 대하여 그 시정명령의 이행에 필요한 상당한 이행기한을 정하여 그 기한까지 시정명령을 이행하지 아니하면 그 시정명령이 이행될 때까지 반복하여 제1항에 따른 이행강제금 부과·징수할 수 있도록 하고 있는 건축법 제80조 제1항 및 제4항이 위헌인지 여부에 대하여 검토하시오. (15점)   <헌법문항>

[참조조문]

「공유재산 및 물품관리법」

제20조(사용·수익 허가) ① 지방자치단체의 장은 행정재산에 대하여 그 목적 또는 용도에 장애가 되지 아니하는 범위에서 사용 또는 수익을 허가할 수 있다.
⑤ 제1항에 따라 사용·수익의 허가를 받은 자는 허가기간이 끝나거나 제25조에 따라 사용·수익허가가 취소된 경우에는 그 행정재산을 원상대로 반환하여야 한다. 다만, 지방자치단체의 장이 미리 원상의 변경을 승인한 경우에는 변경된 상태로 반환할 수 있다.

제25조(사용·수익허가의 취소) ① 지방자치단체의 장은 제20조 제1항에 따라 행정재산의 사용·수익허가를 받은 자가 다음 각 호의 어느 하나에 해당하면 그 허가를 취소할 수 있다.
1. 사용·수익의 허가를 받은 행정재산을 제20조 제3항을 위반하여 다른 사람에게 사용·수익하게 한 경우
2. 해당 행정재산의 관리를 게을리하였거나 그 사용 목적에 위배되게 사용한 경우
3. 지방자치단체의 장의 승인 없이 사용·수익의 허가를 받은 행정재산의 원상을 변경한 경우
4. 거짓 진술, 거짓 증명서류의 제출, 그 밖의 부정한 방법으로 그 허가를 받은 사실이 발견된 경우
5. 제22조 제2항에 따른 납부기한까지 사용료를 내지 아니한 경우
② 지방자치단체의 장은 사용·수익을 허가한 행정재산을 국가나 지방자치단체가 직접 공용 또는 공공용으로 사용하기 위하여 필요로 하게 된 경우에는 그 허가를 취소할 수 있다.

제26조(청문) 지방자치단체의 장은 제25조 제1항에 따라 행정재산의 사용·수익허가를 취소하려면 청문을 하여야 한다.

「건축법」

제2조(정의) ① 이 법에서 사용하는 용어의 뜻은 다음과 같다.

　1.~7. (생략)

　8. "건축"이란 건축물을 신축·증축·개축·재축(再築)하거나 건축물을 이전하는 것을 말한다.

　9. "대수선"이란 건축물의 기둥, 보, 내력벽, 주계단 등의 구조나 외부 형태를 수선·변경하거나 증설하는 것으로서 대통령령으로 정하는 것을 말한다.

　10. "리모델링"이란 건축물의 노후화를 억제하거나 기능 향상 등을 위하여 대수선하거나 일부 증축하는 행위를 말한다.

　11.~19. (생략)

　② (생략)

제11조(건축허가) ① 건축물을 건축하거나 대수선하려는 자는 특별자치도지사 또는 시장·군수·구청장의 허가를 받아야 한다. 다만, 21층 이상의 건축물 등 대통령령으로 정하는 용도 및 규모의 건축물을 특별시나 광역시에 건축하려면 특별시장이나 광역시장의 허가를 받아야 한다.

　②~⑩ (생략)

제79조(위반 건축물 등에 대한 조치 등) ① 허가권자는 대지나 건축물이 이 법 또는 이 법에 따른 명령이나 처분에 위반되면 이 법에 따른 허가 또는 승인을 취소하거나 그 건축물의 건축주·공사시공자·현장관리인·소유자·관리자 또는 점유자(이하 "건축주등"이라 한다)에게 공사의 중지를 명하거나 상당한 기간을 정하여 그 건축물을 철거·개축·증축·수선·용도변경·사용금지·사용제한, 그 밖에 필요한 조치를 명할 수 있다.

　② 허가권자는 제1항에 따라 허가나 승인이 취소된 건축물 또는 제1항에 따른 시정명령을 받고 이행하지 아니한 건축물에 대하여는 다른 법령에 따른 영업이나 그 밖의 행위를 허가하지 아니하도록 요청할 수 있다. 다만, 허가권자가 기간을 정하여 그 사용 또는 영업, 그 밖의 행위를 허용한 주택과 대통령령으로 정하는 경우에는 그러하지 아니하다.

　③ 제2항에 따른 요청을 받은 자는 특별한 이유가 없으면 요청에 따라야 한다.

제80조(이행강제금) ① 허가권자는 제79조 제1항에 따라 시정명령을 받은 후 시정기간 내에 시정명령을 이행하지 아니한건축주등에 대하여는 그 시정명령의 이행에 필요한 상당한 이행기한을 정하여 그 기한까지 시정명령을 이행하지 아니하면 다음 각 호의 이행강제금을 부과한다. (단서 생략)

　1. 건축물이 제55조와 제56조에 따른 건폐율이나 용적률을 초과하여 건축된 경우 또는 허가를 받지 아니하거나 신고를 하지 아니하고 건축된 경우에는 「지방세법」에 따라 해당 건축물에 적용되는 1제곱미터의 시가표준액의 100분의 50에 해당하는 금액에 위반면적을 곱한 금액 이하

　2. 건축물이 제1호 외의 위반 건축물에 해당하는 경우에는 「지방세법」에 따라 그 건축물에 적

용되는 시가표준액에 해당하는 금액의 100분의 10의 범위에서 위반내용에 따라 대통령령으로 정하는 금액

② 허가권자는 제1항에 따른 이행강제금을 부과하기 전에 제1항에 따른 이행강제금을 부과·징수한다는 뜻을 미리 문서로써 계고(戒告)하여야 한다.

③ 허가권자는 제1항에 따른 이행강제금을 부과하는 경우에는 금액, 부과 사유, 납부기한, 수납기관, 이의제기 방법 및 이의제기 기관 등을 구체적으로 밝힌 문서로 하여야 한다.

④ 허가권자는 최초의 시정명령이 있었던 날을 기준으로 하여 1년에 2회 이내의 범위에서 그 시정명령이 이행될 때까지 반복하여 제1항에 따른 이행강제금을 부과·징수할 수 있다. 다만, 제1항 각 호 외의 부분 단서에 해당하면 총 부과 횟수가 5회를 넘지 아니하는 범위에서 해당 지방자치단체의 조례로 부과 횟수를 따로 정할 수 있다.

⑤ 허가권자는 제79조 제1항에 따라 시정명령을 받은 자가 이를 이행하면 새로운 이행강제금의 부과를 즉시 중지하되, 이미 부과된 이행강제금은 징수하여야 한다.

⑥ 허가권자는 제3항에 따라 이행강제금 부과처분을 받은 자가 이행강제금을 납부기한까지 내지 아니하면 지방세 체납처분의 예에 따라 징수한다.

문제의 핵심 & 쟁점의 정리 📄

※ 시험장에서 문제를 받자마자 여러분들이 3~5분 동안 해야 할 작업입니다. 문제에서 핵심을 찾아내고, 답안의 쟁점을 파악하여 간략하게 목차를 구성해 보는 것입니다. 이 이후에 본 답안작성에 들어가기 바랍니다.

〈제2문〉

☑ 문제의 핵심

1. 이행강제금 부과처분과 관련하여
   (1) A시장이 甲의 이 사건 건축물의 변경된 부분에 대한 철거의무를 이행시키기 위하여 **행정대집행의 방법에 의하지 않고 이행강제금을 부과한 것은 적법한가?** (20점)
   (2) A시장이 **하나의 문서에서 시정명령과 이행강제금 부과계고를 같이 한 것은 적법한가?** (10점)
2. **공유재산의 사용허가취소와** 관련하여,
   (1) 甲이 A시 소유의 시설물에서 매점을 운영하는 것이나 사인(私人) 소유의 다른 시설물에서 매점을 운영하는 것이나 모두 오로지 甲 개인의 영리활동이라는 사적 이익을 도모하기 위한 것이므로, A시장이 甲에게 한 **사용허가 취소의 법적 성질은 '민법상 임대차계약의 해제'로 보아야 한다고 주장한다. 위 주장의 당부에 대해 논평**하시오. (20점)
   (2) A시장의 甲에 대한 **사용허가취소는 적법한가?** (15점)
3. 대집행 계고와 관련하여,
   A시장의 甲에 대한 **대집행 계고는 적법한가?** (20점)

☑ 쟁점의 정리

❖ 철거의무 집행을 위해 이행강제금을 부과한 것이 적법한가? <이행강제금 부과 대상인가? 대집행으로 해야 하는가?>
  – (쟁점1) **이행강제금 부과처분 적법요건**
    . (문제해결기준 : 근거조문) 건축법 제80조의 이행강제금 부과요건 검토
    . (답안기술내용) 이행강제금 의의, 근거, 요건(특히 대상, 대집행과의 보충성등이 조문상 한계로 있는가?)
  – (쟁점2) **행정대집행과 이행강제금의 관계(대집행에 의해야 하는가?)**
    . (문제해결기준 : 근거조문) 행정대집행법 제2조
    . (답안기술내용) 행정대집행의 의의, 요건(대상, 특히 보충성부분)
  – (사례포섭) 이행강제금부과 가능함(대상의무해당), 대집행도 가능하지만, 오히려 대집행의 보충성으로 이행강제금이 타당함

❖ 시정명령과 이행강제금부과계고 같이 한 것 적법한가? <이행강제금부과에 있어 절차적 적법요건 갖추고 있는가?>
  – (쟁점1) **이행강제금부과 절차적 요건**
    . (문제해결기준 : 근거조문, 조문해석(학설, 판례, 소결)) 건축법 제80조 제1항 제2항
    . (답안기술내용) 상당한 이행기한확보의 의미 – 학설, 판례, 소결
    . (포섭) – 본 사안에서 상당한 이행기한이 주어졌다고 할 수 있겠는가?

❖ 사용허가 취소가 민법상 임대차계약의 해제에 해당하는가? <사용허가 취소의 법적 성질, 공법관계?, 행정행위? 특허? 재량?>
- (쟁점) 사용허가취소의 법적 성질
  . (문제해결기준 : 근거조문, 이론, 판례) 공유재산 및 물품관리법 제20조, 제25조
  . (답안기술내용) 공법관계인가?(공법관계사법관계구별, 학설, 판례, 소결), 처분인가?(처분성판단기준, 행소, 판례, 소결), 특허? 재량?(판단기준, 학, 판, 소)

❖ A시장의 甲에 대한 사용허가취소 적법한가? <건축법상 청문절차를 결여한 사용허가 취소 적법한가?>
- (쟁점) 청문절차결여 처분의 위법취소사유인가? (절차적하자의 독자적 취소사유)
  . (문제해결기준 : 근거조문) 공유재산및물품관리법 제26조 청문, 행정절차법 청문 관련 조항
  . (답안기술내용) 청문의 의의, 내용(행정절차법), 결여시 효과, 절차하자가 처분의 독자적 취소사유가 되겠는가?(학판소)

❖ 대집행 계고는 적법한가? <대집행의 실체적 요건, 절차적 요건 검토>
- (쟁점1) 행정대집행의 적법요건(특히, 행정대집행의 대상이 되는 의무는? (대체적 작위의무))
  . (문제해결기준 : 근거조문) 행정대집행법 제2조
  . (답안기술내용) 행정대집행의 의의, 실체적 요건 중 대상의무(대체적 작위의무, cf) 명도인도의무, 퇴거의무, 부작위의무)
- (쟁점2) 대집행의 절차요건(계고의 요건) <위에서 같이 검토해도 무방>
  . (문제해결기준 : 근거조문) 행정대집행법 제3조
  . (답안기술내용) 계고요건, 문서, 상당한 기간 등등
- (사례포섭) 본 사안에서 대집행의 대상이 되는 의무인가?, 절차요건 지키고 있는가?

관리번호	시험과목명	사 례 형 제 2 문	시험관리관 확 인	점 수	채점위원인

〈1. (1) 이행강제금 부과처분의 적법성 (2) 시정명령 이행강제금부과처분 동시발령가능성〉

I. 문제의 소재

이행강제금 부과의 적법성은 (1) (a) 철거의무는 대집행의 대상이 되는 것 아닌지? 즉 이행강제금의 부과대상의무에 해당하는지?의 문제, (b) 이행강제금에 앞서 대집행을 해야 하는 것 아닌지?의 이행강제금 부과에 있어 보충성요건이 있는지의 문제이며, (2) 시정명령과 이행강제금 부과계고의 동시발령이 적법한가의 문제는 이행강제금 부과계고에 있어 계고 전 시정명령에 대한 상당한 이행기간을 확보해주었는지의 문제이다.

II. 이행강제금 부과의 적법성 - 설문 (1)의 해결

1. 이행강제금의 근거, 의의, 부과요건

1) 의의, 근거 - (1) <u>이행강제금은 작위의무, 부작위의무, 수인의무 불이행시 일정액수의 금전이 부과될 것임을 의무자에게 미리 계고함으로써 의무이행을 확보를 도모하는 강제수단이다.</u> (2) 이행강제금은 침익적작용으로 엄격한 법률유보가 적용된다. <u>현재 일반법은 부재하며, 개별 법률의 규정에 근거하여 부과된다.</u> (3) <u>따라서 부과요건은 개별법률의 규정에 따른다.</u>

2) 부과요건 - (1) 설문에서 건축법 제80조에 근거하여 이행강제금이 부과되는 바, 그 요건으로 'ㄱ 공사중지, 철거등 시정명령을 받을 것 ㄴ 시정기간내에 시정명령을 불이행할 것 ㄷ 최초 시정명령에 대하여 이행기한을 정하여 시정명령을 이행하지 아니하면 이행강제금을 부과함을 계고할 것 ㄹ 이행기간 내에 시정명령을 불이행 할 것' 이 있다.

2. 행정대집행의 방법으로 의하지 않은 것의 위법성 - 문(1)의 해결

1) 행정대집행의 의의, 근거, 요건 - (1) <u>행정대집행(이하'대집행')은 대체적 작위의무의 불이행이 있는 경우 당해 행정청이 불이행된 의무를 스스로 행하거나 제3자로 하여금 이행하게 하고, 그 비용을 의무자로부터 징수하는 것을 말한다(행정대집행법 제2조).</u> (2) 행정대집행법이 일반법이다. 따라서 행정대집행법상 요건이 충족되면 대집행이 가능하다.

2) 대집행과 이행강제금과의 관계(보충성?) - (1) 대체적 작위의무에 대한 이행강제금 가능여부에 대하여 (가) 學說은 (i) 대체적 작위의무에 대해서는 이행강제금 부정설(대집행만 가능), (ii) 대체적작위의무에 대해서 이행강제금 긍정설(대집행도 선택가능), (나) 判例는 선택긍정설 (다) (小結) 대집행은 행정대집행법에 따라 이뤄지고, 이행강제금은 개별법에 따라 별개로 이뤄지는 실효성확보수단으로, 각 요건이 충족되면 별개로 발령될 수 있다 봄이 타당하다(긍정설).

3) 사안포섭 - (1) 설문에서 '甲의 철거의무'는 건축법상 이행강제금의 부과요건을 충족. (2) 대집행도 가능하나 건축법상 대집행여부가 이행강제금의 부과요건으로 규정된바 없어 대집행과는 무관하다. (3) 따라서 대집행에 의하지 않고 이행강제금 부과한 것 적법(헌재결 2001헌바80).

3. 하나의 문서로 시정명령 및 이행강제금 계고의 동시발령 적법성 판단 – 설문(2) 해결

1) 시정명령과 계고의 관계 근거, 내용 – (1) 설문상 건축법 제80조는 '시정명령은 일정한 시정기간을 두고 그 기간내에 이행하도록 정하고, (2) 계고는 시정명령이 앞선 이행기한 내에 이뤄지지 않았을 때, 다시 한 번 이행에 필요한 상당한 기한을 정하여 이행할 것을 촉구하고, 그 촉구기한 내에 불이행할 경우 이행강제금을 부과함을 문서로 알리는 것으로 정하고 있다. (3) 즉 시간상 시정명령–이행기한–계고–촉구기한–이행강제금의 순서로 이뤄진다.

2) 사안포섭 – (1) 본 사안에서는 시정명령에서 주어진 기간이 매우 짧아 시정명령과 계고를 동시에 하는 것은 시정명령의 이행기한에 대한 이익을 주지 않는 것으로 (2) 건축법 제80조의 중요한 부분을 위반한 것으로 부적법. 判例는 중대명백한 하자로 무효(대판 2015두46598).

Ⅲ. 문제의 해결 – 대집행 없이 이행강제금 부과 적법, 시정명령과 이행강제금계고 동시 위법

〈2. (1) 공유재산 사용허가 취소의 법적 성질, (2) 사용허가 취소의 적법성〉

Ⅰ. 문제의 소재

(1) 공유재산 사용허가취소가 '민법상 임대차계약의 해제'로 볼 수 있는지?는 '사용허가취소'의 법적 성질 문제로 공법관계? 행정행위? 특허? 인지의 문제로 귀결된다. (2) A시장의 사용허가취소의 적법성은 청문절차를 결한 사용허가취소의 위법여부 문제로 절차하자가 처분의 독자적 취소사유가 되는지의 문제이다.

Ⅱ. 공유재산 사용허가 취소의 법적 성질 – 공법관계 (문(1)의 해결)

1. 공유재산 사용허가의 근거, 의의, 성질

1) 공유재산 사용허가 근거, 의의 – 설문상 (1) 사용허가는 공유재산관리법 제20조에 따라 '행정재산'을 대상으로 한다. (2) 행정재산은 공용재산, 공공용재산, 기업용재산, 보존용재산으로 행정목적에 공여되는 재산이다. (3) 행정재산은 시효취득의 대상이 되지 않는다. (4) 반면 일반재산은 행정재산 이외의 재산으로 대부, 매각, 교환, 양여, 신탁의 대상이 되며, 시효취득의 대상이 된다.

2) 행정재산 사용허가의 법적 성질 – (1) 행정재산 사용허가는 행정재산의 목적 이외의 용도로 행정재산을 사용하도록 하는 것이다. (2) 이에 대하여 공법관계(행정처분설)냐 사법관계(사법상계약설)냐가 문제되는 바, 공사법의 구별에 관한 기준(주체, 성질, 이익, 행정주체에만 귀속–공법, 종합판단)에 따라 (가) (i) 행정처분설 – 행정주체가 당사자가 되고, 사용료 미납시 강제징수 등 수직적인 공권력 행사이고, 공익관련성이 큰 것을 근거로 행정처분이라는 견해 (ii) 사법상계약설 – 수평적 관계에 해당하고, 사용수익의 내용이 사익이라는 근거로 사법상계약이라는 견해 (iii) 이원적관계설 – 허가, 허가변경, 허가취소등의 발생변경소멸은 공법관계이나 사용수익의 관계는 사법관계라는 견해가 있다. (나) (判例)는 공법관계로 강학상 특허관계로 보고 있다. (다) (小結) 행정처분설 – 국유재산법과 공유재산법이 행정재산과 일반재산의 이용형태를 달리 규율하고 있는 점, 규정의 형태가 행정청의 일방적 의사표시로 규정하고 있는 점, 직권취소와 철회를 규정하고 있는 점, 강제징수규정이 있는 점으로 볼 때 행정처분으로 봄이 맞다.

2. 사안에의 포섭 – 따라서 행정재산의 사용허가취소는 행정처분 강학상 특허로 보는 것이 타당하다.

III. 청문절차 결여한 사용허가 취소의 적법성 - 절차하자의 독자적 위법성 (문(2)의 해결)

1. 행정재산 사용허가취소와 청문의 절차 (청문의 의의, 근거, 내용)

1) 행정재산 사용허가취소와 청문절차 - (1) 공유재산법 제26조는 행정재산의 사용허가 취소가 청문을 필수적 절차로 규정하고 있다. (2) 즉 사용허가 취소에 있어서 청문권을 당사자의 절차적 공권으로 보장하고 있다.

2) 청문 의의, 근거 - (1) 청문은 행정청이 어떠한 처분을 하기 전에 당사자의 의견을 직접 듣고 증거를 조사하는 절차이다(행정절차법 제2조 제5호). (2) 행절절차법은 청문에 관한 일반 절차와 내용을 규율하고 있다.

2. 청문권 결여시 처분 위법여부 (절차하자의 독자적 위법성 여부)

1) 절차적 하자의 독자적 위법여부 - 청문 절차 결여시 최종적 처분의 위법여부에 대하여 (가) 學說은 (i) 처분이 기속행위인 경우에 절차는 처분발령여부에 직접 영향을 미치지 않으므로 독자적 위법성을 인정할 수 없지만 재량인 경우에는 처분발령에 영향을 미치므로 처분의 위법사유가 된다는 견해 (ii) 행정절차도 절차적 공권으로 보장되므로 기속행위든 재량행위든 절차상 흠결이 있는 경우, 그 처분은 위법하게 된다는 견해 (나) 判例는 독자적 위법성을 인정하고 있다. (다) (小結) 절차적 공권까지 개인적 공권을 확대하는 경향에서 기속재량여부를 불문하고 절차상 하자도 독자적 위법성을 긍정하는 것이 타당하다.

2) 공유재산법상 청문절차 결여시 효과 - 설문에서 사용허가 취소는 공유재산법 제25조 제1항의 규율에 근거할 때 재량행위에 해당하는 바, 어떤 경우에도 청문을 결한 것은 독자적 위법사유가 된다고 하겠다.

3. 사안포섭 - 설문에서 (1) A시장이 사전통지 및 의견제출 절차를 거쳤다 하더라도 (2) 공유재산법 제26조에서 필수절차로 정하는 청문을 실시하지 않고 사용허가를 취소한 것은 (3) 절차적 공권을 침해한 것으로 절차상 하자가 인정되고 (4) 따라서 사용허가취소는 위법하다.

IV. 문제의 해결 - (1) 행정재산의 사용허가 취소 - 행정처분 (2) 청문절차결여 - 위법

〈3. 대집행 계고의 적법성〉

I. 문제의 소재

A시장의 대집행계고의 적법성에 관하여 퇴거의무가 대집행의 대상이 되는지 여부, 행정청의 철거명령을 통한 의무부과 없이 곧바로 대집행절차로 계고장을 발송이 가능한지 문제 된다.

II. 대집행 계고의 적법성 판단

1. 대집행의 의의, 근거, 적법요건

1) 의의, 근거- (1) 대집행이란 대체적 작위의무의 불이행이 있는 경우 당해 행정청이 불이행된 의무를 스스로 행하거나 제3자로 하여금 이행하게 하고, 그 비용을 의무자로부터 징수하는 것을 말한다(행정대집행법 제2조).

2) 대집행의 적법요건 - (1) 대집행은 (ㄱ) 법률에서 직접 또는 법률에 의거한 행정청의 명령을 의무자가 이행하지 않는 경우 (ㄴ) 그 의무가 대체적 작위의무에 해당하고, (ㄷ) 다른 수단으로써 그

이행을 확보하기 곤란하며 (ㄹ) 그 불이행을 방치함이 심히 공익을 해할 것으로 인정될 때, 발령될 수 있다.

3) 대집행의 절차 - (1) 대집행은 단계적 행정작용으로 (ㄱ) 대집행은 계고, (ㄴ) 대집행 영장에 의한 통지, (ㄷ) 대집행의 실행, (ㄹ) 비용의 징수라는 일련의 과정으로 이루어진다. (2) 집행은 실체적 적법요건이 구비된 이후에, 각 단계별 절차적 적법요건도 완비되어야 전체로서 적법한 행정작용이 된다.

2. 대집행의 절차와 계고의 의의, 적법요건

1) 대집행 계고의 의의 - (1) 계고는 상당한 이행기간 내에 의무를 이행하지 아니할 때 대집행을 한다는 뜻을 미리 문서로 알리는 행위이다. (2) 상대방에게 의무이행을 독촉하는 동시에, 대집행에 대한 예측가능성을 부여한다. (3) 대집행계고는 준법률행위적 행정행위로서 통지에 해당한다.

2) 대집행 계고 요건 - (ㄱ) 대집행의 요건이 충족된 경우에, (ㄴ) 의무의 내용을 구체적으로 특정하여, (ㄷ) 문서로써, (ㄹ) 상당한 이행기간을 정해서 하여야 한다(동법 제3조 제1항).

3. 사안의 해결 - 대집행 계고가 적법한가?

1) 퇴거의무가 대집행의 대상이 되는가? - (1) 사안에서 퇴거의무가 대체적 작위의무인지 문제된다. (2) 甲이 사용허가취소로 인하여 시설물로부터 퇴거하는 의무는 매점에 대한 점유자의 점유를 배제하고 점유이전을 해야 하는 것으로 비대체적 작위의무에 해당한다. (3) 행정대집행법에 의한 대집행의 대상이 되지 않는다. (4) 判例도 토지나 건물의 인도의무, 퇴거의무, 부작위의무에 대해서는 대집행의 대상이 되지 않는다고 판시한바 있다. (5) 따라서 퇴거의무 이행을 위한 대집행 계고는 대집행의 대상적격을 구비하지 못하여 부적법한 것이다.

2) 행정청의 시정명령 없는 계고가 적법한가? - (1) 행정대집행법상 대집행의 대상이 되는 의무는 행정청이 법률에 근거한 처분(시정명령)으로 부과되는 의무에 한정하지 않고 있다. 즉 개별 법률에서 직접 의무를 부과하는 경우에도 그 의무를 이행하지 않고 있다면 대집행의 대상이 된다(행정대집행법 제2조). (2) 사안에서 내부시설 및 상품을 반출하고 건축물의 변경된 부분을 철거하라는 원상대로의 반환의무는 공유재산 및 물품 관리법 제20조 제5항에 의해서 직접 부과되었다. (3) 따라서, 내부시설 및 상품 반출 및 변경된 부분의 철거에 대한 별도의 명령이 없더라도 공유재산 및 물품 관리법에 근거하여 직접 반출 및 철거의 의무가 이미 존재하고 있으며, 이를 불이행하고 있는 상황이므로 대집행의 전제 상황 및 요건을 갖추고 있다고 할 것이다.

3) 보충성 공익성 갖추고 있는가? - (1) 이미 이행강제금을 부과한 점은 보충성요건을 충족했다고 보여지고, (2) 대상시설물이 행정재산인 점을 감안할 때 불이행을 방치할 경우 공익에 현저히 해함도 인정된다.

4) 계고장 - 의무내용 특정, 문서, 상당한 이행기한 확보하고 있는가? - 갖추고 있으며 의무의 성질, 내용 등을 고려하여 사회통념상 해당의무 이행 필요기간을 확보했다고 보여진다(법 제3조).

Ⅲ. 문제의 해결 - 퇴거의무 계고 위법, 시설 및 상품반출 변경부분 철거 계고 적법(일부취소)

〈제 1 문〉

甲은 의료재단과 약사 등을 구성사업자로 하여 설립된 결합체로서 「독점규제 및 공정거래에 관한 법률」 제2조 제4호의 규정에 의한 사업자단체이다. 보건복지부가 의료기관의 조제실에서 조제업무에 종사하는 약사는 처방전이 교부된 환자에게 의약품을 조제해서는 안된다는 내용으로 「약사법」 제21조 제8항(이하 '이 사건 약사법조항'이라고 한다)을 개정한다고 입법예고하자, 甲은 구성사업자들에게 휴업을 하고 대회에 참석하도록 독려하면서 2018. 7. 16. 서울 소재 장충체육관에서 제1차 약사대회를 개최하고, 이어서 2018. 8. 6. 서울 광화문광장에서 제2차 약사대회를 개최하였다.

공정거래위원회는 甲의 위 행위가 구성사업자의 사업내용 또는 활동을 부당하게 제한하는 행위로서 「독점규제 및 공정거래에 관한 법률」 제26조 제1항 제3호에 해당한다는 이유로 2018. 8. 24 같은 법 제27조(이하 '이 사건 공정거래법조항'이라고 한다)에 근거하여 甲에게 동 행위를 금지함과 동시에 4대 중앙일간지에 동 법위반사실을 공표하도록 하는 시정조치를 명함과 아울러 甲을 검찰에 고발하였다.

한편, 입법 예고된 이 사건 약사법조항이 2019. 1. 1 공포되어 2019. 7. 1에 시행이 예정되자, 병원을 운영하는 의료재단 乙은 2019. 3. 5 이 사건 약사법조항이 자신의 기본권을 침해한다고 주장하면서 헌법재판소에 헌법소원심판을 청구하였다.

1. 이 사건 공정거래법조항 중 '법위반사실의 공표' 부분의 위헌 여부와 관련하여 다음을 검토하시오. (30점) <헌법문항>
   가. 무죄추정원칙 위반 여부(10점)
   나. 양심의 자유 침해 여부(10점)
   다. 진술거부권 침해 여부(10점)

2. 乙의 헌법소원심판 청구에 있어서 기본권 침해의 법적 관련성과 보충성 요건 충족 여부를 검토하시오. (20점) <헌법문항>

3. 이 사건 약사법조항이 과잉금지원칙을 위반하여 乙의 직업의 자유를 침해하는지 여부를 검토하시오. (30점) <헌법문항>

4. 甲이 위 시정조치명령에도 불구하고 금지된 행위를 중단하지 아니하고 동 처분에 따른 법위반 사실 공표를 이행하고 있지 않다면, 공정거래위원회는 「행정대집행법」을 적용하여 대집행을 할 수 있는지 여부를 검토하시오. (20점)

[참조조문]

※ 아래 법령 중 일부 조항은 가상의 것으로, 이에 근거하여 답안을 작성할 것. 이와 다른 내용의 현행 법령이 있다면 제시된 법령이 현행 법령에 우선하는 것으로 볼 것

「독점규제 및 공정거래에 관한 법률」

제 1 조(목적) 이 법은 사업자의 시장지배적지위의 남용과 과도한 경제력의 집중을 방지하고, 부당한 공동행위 및 불공정거래행위를 규제하여 공정하고 자유로운 경쟁을 촉진함으로써 창의적인 기업 활동을 조장하고 소비자를 보호함과 아울러 국민경제의 균형 있는 발전을 도모함을 목적으로 한다.

제 2 조(정의) 이 법에서 사용하는 용어의 정의는 다음과 같다.
 4. "사업자단체"라 함은 그 형태 여하를 불문하고 2이상의 사업자가 공동의 이익을 증진할 목적으로 조직한 결합체 또는 그 연합체를 말한다.

제26조(사업자단체의 금지행위) ① 사업자단체는 다음 각 호의 1에 해당하는 행위를 하여서는 아니 된다.
 3. 구성사업자(사업자단체의 구성원인 사업자를 말한다. 이하 같다)의 사업내용 또는 활동을 부당하게 제한하는 행위

제27조(시정조치) 공정거래위원회는 제26조(사업자단체의 금지행위)의 규정에 위반하는 행위가 있을 때에는 당해사업자단체(필요한 경우 관련 구성사업자를 포함한다)에 대하여 당해행위의 중지, 정정광고, 시정명령을 받은 사실의 공표 기타 시정을 위한 필요한 조치를 명할 수 있다.

제66조(벌칙) ① 다음 각 호의 어느 하나에 해당하는 자는 3년 이하의 징역 또는 2억 원 이하의 벌금에 처한다.
 10. 제26조(사업자단체의 금지행위) 제1항 제1호의 규정에 위반하여 사업자단체의 금지행위를 한 자

「약사법」

제18조의2(처방전의 작성 및 교부) ① 의사 또는 치과의사는 환자에게 의약품을 투여할 필요가 있다고 인정하는 때에는 약사법에 의하여 자신이 직접 의약품을 조제할 수 있는 경우를 제외하고는 보건복지부령이 정하는 바에 의하여 처방전을 작성하여 환자에게 교부하여야 한다.

제21조(의약품의 조제) ⑧ 의료기관의 조제실에서 조제업무에 종사하는 약사는 의료법 제18조 제2의 규정에 의하여 처방전이 교부된 환자에게 의약품을 조제하여서는 아니 된다.

<대 2 문>

甲은 폐기물처리업 등을 목적으로 하는 회사로서 「폐기물관리법」 제25조에 따라 환경부장관(이하 'A')에게 영업대상 폐기물을 '지정폐기물'로, 영업구역을 '전국'으로 하는 내용의 폐기물처리사업계획서(이하 '사업계획서')를 제출하였다. 그러나 사업계획서에 명시된 사업부

지는 甲소유의 토지로 ○○국가산업단지(이하 '이 사건 산업단지') 내에 위치하고 있고 이 사건 산업단지 개발계획상 '녹지용지'로 지정되어 있다. 甲은 A로부터 위 사업계획서에 대한 적법 통보를 받기 위하여 이 사건 산업단지 개발계획변경권한을 적법하게 위임받은 B광역시장(이하 'B')에게 위 사업부지의 용도를 '녹지용지'에서 '폐기물처리시설용지'로 변경하여 달라는 내용의 산업단지개발계획변경신청을 하였다. 그 무렵 A는 甲의 위 사업계획서의 적합 여부를 판단하기 위하여 B에게 甲의 위 사업계획서가 다른 법률에 저촉되는지 여부에 관한 의견을 조회하였다.

B는 2018. 4. 10 甲에게 "이 사건 산업단지 개발계획상 토지이용계획에는 녹지용지로 되어 있어 폐기물매립장 입지가 불가하며, 녹지용지를 폐기물처리시설용지로 개발계획 변경하는 것도 불가능합니다."라는 이유로 위 산업단지개발계획변경신청에 대한 반려회신을 하였다. B는 또한 A에게도 그와 동일한 내용의 검토의견을 회신하였고, A는 「폐기물관리법」 제25조 제2항 각호의 사항들을 구체적으로 고려함 없이 B의 검토의견을 문구 그대로 하여 2018. 4. 23. 甲에게 위 사업계획서에 대한 부적합 통보를 하였다.

1. 위 폐기물처리사업계획서에 대한 A의 부적합 통보의 처분성 및 적법 여부를 검토하시오. (25점)

2. 위 산업단지개발계획의 법적 성질을 논하고, 甲은 B의 위 반려회신을 항고소송의 대상으로 삼아 다룰 수 있는지 검토하시오. (25점)

3. B가 제시한 "이 사건 산업단지 개발계획상 토지이용계획에는 녹지용지로 되어 있어 폐기물매립장 입지가 불가하며, 녹지용지를 폐기물처리시설용지로 개발계획 변경하는 것도 불가능합니다."라는 반려사유가 「행정절차법」상의 이유제시로서 적법한지 여부를 검토하시오. (15점)

4. 만약 위 반려회신을 다투는 항고소송 계속 중에 B가 "이 사건 산업단지 안에 새로운 폐기물 시설 부지를 마련할 시급한 필요가 없다."라는 점을 반려사유로 추가하고자 한다면 수소법원은 이를 허용할 수 있는가? (15점)

5. 위 폐기물처리사업계획서 제출의 근거가 된 「폐기물관리법」 제25조 제1항은 포괄위임금지원칙에 위반하여 헌법에 위반되는가? (20점) <헌법문항>

[참조조문]

※ 이하는 위 사례의 해결을 위해 가상으로 적용되는 법령임을 전제함.

「폐기물관리법」

제25조(폐기물처리업) ①폐기물의 수집·운반, 재활용 또는 처분을 업(이하 "폐기물처리업"이라 한다)으로 하려는 자(음식물류 폐기물을 제외한 생활폐기물을 재활용하려는 자와 폐기물처리 신고자는 제외한다)는 환경부령으로 정하는 바에 따라 지정폐기물을 대상으로 하는 경우에는 폐

기물 처리 사업계획서를 환경부장관에게 제출하고, 그 밖의 폐기물을 대상으로 하는 경우에는 시·도지사에게 제출하여야 한다.

② 환경부장관이나 시·도지사는 제1항에 따라 제출된 폐기물 처리사업계획서를 다음 각 호의 사항에 관하여 검토한 후 그 적합 여부를 폐기물처리사업계획서를 제출한 자에게 통보하여야 한다.

1. 폐기물처리업 허가를 받으려는 자(법인의 경우에는 임원을 포함한다)가 결격사유에 해당하는지 여부
2. 폐기물처리시설의 입지 등이 다른 법률에 저촉되는지 여부
3. 폐기물처리사업계획서상의 시설·장비와 기술능력이 제3항에 따른 허가기준에 맞는지 여부
4. 폐기물처리시설의 설치·운영으로 상수원보호구역의 수질이 악화되거나 환경기준의 유지가 곤란하게 되는 등 사람의 건강이나 주변 환경에 영향을 미치는지 여부

③ 제2항에 따라 적합통보를 받은 자는 그 통보를 받은 날부터 2년 이내에 환경부령으로 정하는 기준에 따른 시설·장비 및 기술능력을 갖추어 업종, 영업대상 폐기물 및 처리 분야별로 지정폐기물을 대상으로 하는 경우에는 환경부장관의, 그 밖의 폐기물을 대상으로 하는 경우에는 시·도지사의 허가를 받아야 한다.

「폐기물관리법시행규칙」

제28조(폐기물처리업의 허가) ① 법 제25조 제1항에 따라 폐기물처리업을 하려는 자는 별지 제17호서식의 폐기물처리 사업계획서에 다음 각 호의 구분에 따른 서류를 첨부하여 폐기물 중간처분시설 및 최종처분시설 또는 재활용시설 설치예정지를 관할하는 시·도지사 또는 환경부장관에게 제출하여야 한다.

1. 폐기물 수집·운반업 : 수집·운반대상 폐기물의 수집·운반계획서(시설 설치, 장비 및 기술능력의 확보계획을 포함한다)
2-3. (생략)

「산업입지 및 개발에 관한 법률」

제 1 조(목적) 이 법은 산업입지의 원활한 공급과 산업의 합리적 배치를 통하여 균형 있는 국토개발과 지속적인 산업발전을 촉진함으로써 국민경제의 건전한 발전에 이바지함을 목적으로 한다.

제 2 조(정의) 이 법에서 사용하는 용어의 뜻은 다음과 같다.

8. "산업단지"란 제7호의2에 따른 시설과 이와 관련된 교육·연구·업무·지원·정보처리·유통시설 및 이들 시설의 기능 향상을 위하여 주거·문화·환경·공원녹지·의료·관광·체육·복지 시설 등을 집단적으로 설치하기 위하여 포괄적 계획에 따라 지정·개발되는 일단(일단)의 토지로서 다음 각 목의 것을 말한다.

    가. 국가산업단지 : 국가기간산업, 첨단과학기술산업 등을 육성하거나 개발 촉진이 필요한 낙후지역이나 둘 이상의 특별시·광역시·특별자치시 또는 도에 걸쳐 있는 지역을 산업단지로 개발하기 위하여 제6조에 따라 지정된 산업단지 (이하 생략)

제 6 조(국가산업단지의 지정) ① 국가산업단지는 국토교통부장관이 지정한다.

② 중앙행정기관의 장은 국가산업단지의 지정이 필요하다고 인정하면 대상지역을 정하여 국토교통부장관에게 국가산업단지로의 지정을 요청할 수 있다.

③ 국토교통부장관은 제1항 또는 제2항에 따라 국가산업단지를 지정하려면 산업단지개발계획을 수립하여 관할 시·도지사의 의견을 듣고, 관계 중앙행정기관의 장과 협의하여야 한다. 산업단지개발계획을 변경하려는 경우에도 또한 같다.

④ 국토교통부장관은 제3항에 따라 협의 후 심의회의 심의를 거쳐 국가산업단지를 지정하여야 한다. 대통령령으로 정하는 중요 사항을 변경하려는 경우에도 또한 같다.

⑤ 제3항에 따른 산업단지개발계획에는 다음 각 호의 사항이 포함되어야 한다.

1.~5. (생략)

6. 토지이용계획 및 주요기반시설계획

제10조(주민 등의 의견청취) ① 산업단지지정권자는 제6조에 따라 산업단지를 지정하거나 대통령령으로 정하는 중요 사항을 변경하려는 경우에는 이를 공고하여 주민 및 관계 전문가 등의 의견을 들어야 하고, 그 의견이 타당하다고 인정할 때에는 이를 반영하여야 한다.

제11조(민간기업 등의 산업단지 지정 요청) ① 국가 또는 지방자치단체 외의 자로서 대통령령으로 정하는 요건에 해당하는 자는 산업단지개발계획을 작성하여 산업단지지정권자에게 산업단지의 지정을 요청할 수 있다.

제12조(행위 제한 등) ① 제10조 제1항에 따라 산업단지의 지정 또는 변경에 관한 주민 등의 의견청취를 위한 공고가 있는 지역 및 산업단지 안에서 건축물의 건축, 공작물의 설치, 토지의 형질변경, 토석의 채취, 토지분할, 물건을 쌓아놓는 행위 등 대통령령으로 정하는 행위를 하려는 자는 특별시장·광역시장·특별자치시장·특별자치도지사·시장 또는 군수의 허가를 받아야 한다. 허가받은 사항을 변경하려는 경우에도 또한 같다.

「산업입지 및 개발에 관한 법률 시행령」

제 7 조(산업단지개발계획 등) ①법 제6조 제4항 후단에서 "대통령령으로 정하는 중요 사항"이란 각각 다음 각 호의 사항을 말한다.

1. 산업단지면적의 100분의 10이상의 면적변경

2. 주요 유치업종의 변경(도로를 제외한 기반시설의 용량이나 면적의 증가가 수반되는 경우로 한정한다)

3. 국토교통부장관이 정하는 토지이용계획 및 주요기반시설계획의 변경

문제의 핵심 & 쟁점의 정리 📝

※ 시험장에서 문제를 받자마자 여러분들이 3~5분 동안 해야 할 작업입니다. 문제에서 핵심을 찾아내고, 답안의 쟁점을 파악하여 간략하게 목차를 구성해 보는 것입니다. 이 이후에 본 답안작성에 들어가기 바랍니다.

〈제 1 문〉

☑ 문제의 핵심

4. 甲이 위 시정조치명령에도 불구하고 **금지된 행위를 중단하지 아니하고** 동 처분에 따른 **법위반 사실 공표를 이행하고 있지 않다면**, 공정거래위원회는 「**행정대집행법」을 적용하여 대집행을 할 수 있는지** 여부를 검토하시오. (20점)

☑ 쟁점의 정리

4. 시정조치명령에도 금지된 행위를 중단하지 아니하고, 법위반사실 공표를 이행하지 않고 있는 경우 공정 거래위원회가 행정대집행을 할 수 있겠는가?
 - (쟁점) 대집행의 대상이 되는가?, 대집행의 실체적 요건 중 대집행의 대상(대체적 부작위 의무인가?)
   . (문제해결기준 : 근거조문) 행정대집행법 제2조
   . (답안기술내용) (일반론) 대집행의 의의, 근거, 요건(실체, 절차)
                  (문제관련쟁점논의) 대집행의 대상이 되는 의무 - 관련 판례 설시 등
                  (포섭) 금지된행위의 중단(부작위), 법위반사실 공표(대체성?) - 대집행의 대상이 되는가?

〈제 2 문〉

☑ 문제의 핵심

1. 위 폐기물처리사업계획서에 대한 **A의 부적합 통보의 처분성 및 적법 여부를 검토**하시오. (25점)
2. 위 **산업단지개발계획의 법적 성질**을 논하고, 甲은 B의 위 **반려회신을 항고소송의 대상**으로 삼아 다툴 수 있는지 검토하시오. (25점)
3. B가 제시한 "이 사건 산업단지 개발계획상 토지이용계획에는 녹지용지로 되어 있어 폐기물매립장 입지가 불가하며, 녹지용지를 폐기물처리시설용지로 개발계획 변경하는 것도 불가능합니다."라는 **반려사유가 「행정절차법」 상의 이유제시로서 적법한지 여부**를 검토하시오. (15점)
4. 만약 위 반려회신을 다투는 **항고소송 계속 중**에 B가 "**이 사건 산업단지 안에 새로운 폐기물 시설 부지를 마련할 시급한 필요가 없다.**"라는 점을 반려사유로 **추가**하고자 한다면 수소법원은 이를 허용할 수 있는가? (15점)

☑ 쟁점의 정리

1. A의 부적합 통보의 처분성 및 적법 여부를 검토하시오.
 - (쟁점1) 부적합 통보의 처분성, 처분인가?

. (문제해결기준 : 근거조문과 학설) 행정소송법 제2조 제1항 제1호, 처분개념론(일원론, 이원론)

. (답안기술내용) (일반론) 처분의 의의, 근거, 개념논의(학설, 판례, 소결)

(포섭) 부적합 통보는 처분인가?

. (결론) 처분이다.

－ (쟁점2) **부적합 통보는 적법한가?, 부적합 통보의 법적 성격(재량, 기속), 재량권행사에 위법 없었는가?**(또는 요건과 재량의 문제 구별하여, 불확정개념에 대한 요건심사 온전하게 했는가?)

. (문제해결기준 : 해당조문과 학설) 폐기물관리법 제25조 제2항상 통보의 법적 성격 – 재량? 판단여지?

(학설) (i) 재량행위와 기속행위의 구별 – 무하자재량행사의무(행정소송법 제27조 재량처분의 취소)

(ii) 불확정개념으로 분별 – 요건에서의 행정의 자유와 구속(불확정개념에 대한 사법심사)

. (답안기술내용) (일반론) 1) 행정행위의 법적 성격(명령, 형성, 준법률행위적)

2) (기속행위, 재량행위); 구별의 실익(적법성 판단기준 상이(사법심사기준 상이)), 기타 부관 등, 구별기준(요건, 효과, 판단여지, 기본권기준, 종합, 판례, 소결),

3) (불확정개념, 판단여지) 요건과 효과의 구별 (판단여지이론)

(포섭) 1) 통보 – 준법률행위적 행정행위, 재량행위(판례)

2) (재량, 무하자재량행사 위법성 판단) 효과면에서 재량권 해태 또는 불행사, 무하자재량행사 의무위반 – 위법! – 판례의 입장

3) (불확정개념, 판단여지 위법성 판단) 요건사항에 대한 검토 온전하게 완료한 이후에 통보했는가? – 사안에서 입지 등의 다른 법률 저촉여부에 대한 판단은 B에게 의견조회만 거치고 별도 독자적 검토한 것으로 보이지 않음, – 위법!

2. 산업단지개발계획의 법적 성질을 논하고 반려회신을 항고소송의 대상으로 삼아 다툴 수 있는지 검토?

－ (쟁점1) **행정계획의 법적 성질?**

. (문제해결기준 : 해당조문과 학설, 판례, 소결) 산업입지 및 개발에 관한 법률 제6조 제3항, 행정계획 일반법 없으며, 법적 성격에 대한 학설대립으로 정체성 파악 및 문제해결 준거로 삼음

. (답안기술내용) (일반론) 행정계획에 대한 법적 성질 – 입법행위설, 행정행위설, 독자성설, 개별판단설, 판례, 소결

(포섭) 동법 제1조 제2조 제6조를 포괄적으로 판단할 때, 개별판단설에 따라 권리나 의무 영향 미치는 경우 행정행위로 판단 가능하겠음

. (결론) 개별판단설에 따라 행정행위로서의 처분성 인정 가능함(사안에 따라 달리 판단)

－ (쟁점2) **반려회신을 항고소송의 대상성 검토 – 거부에 대한 처분성판단**

. (문제해결기준 : 근거조문과 학설) 행정소송법 제2조 제1항 제1호 거부처분, 거부처분의 요건(조

문, 판례, 학설, 소결)

. (답안기술내용) (일반론) 거부의 처분성판단 근거, 요건(거부의 대상이 처분일 것, 처분에 대한
법규상 조리상 신청권이 있을 것, 거부로 인하여 권리의무 영향), 학
설, 소결

(포섭) 거부의 대상이 처분인가? 처분, 신청권변경신청권 존재하는가? 있음?(판
례), 거부로 인하여 권리의무 영향 있는가? 있음.

. (결론) 처분성?, 항고소송의 대상이 됨(대법원 2017. 8. 29. 선고 2016두44186) *본 사례의 참조
조문만으로는 신청권을 인정하기 어려워 보임(※본 문항에 판례에 있는 조문이 다 제시
되어 있지 않음, 따라서 본 문항의 근거가 되는 판례의 결론 그대로 이 문제에서 인용하
기 어려움

3. B가 제시한 반려사유가 행정절차법상의 이유제시로서 적법한가?

   – (쟁점) 행정절차법상 이유제시의 적법요건

. (문제해결기준 : 근거조문) 행정절차법 제23조 근거와 이유

. (답안기술내용) (일반론) 행정절차법상 이유제시의 의의와 대상 및 요건 해설

판례 입장 소개 – (처분의 전과정에서 종합적으로 고려하여 이유제시
했다고 인정될만한 상황이면 대체로 긍정(2000두8912, 2007두20362))

(포섭) 이유제시의 대상처분이 되고, 그에 따른 근거와 이유가 필요한 바, 일련
의 과정 전체를 보더라도 B가 제시한 반려사유만으로는 이유제시를 명
확하게 했다고 보기 어려움

. (결론) 부적법(2016두44186)

4. 항고소송 계속중에 B가 반려사유를 추가하고자 한다면 수소법원은 이를 허용할 수 있겠는가?

   – (쟁점) 처분사유의 추가변경

. (문제해결기준 : 관련 근거와 학설) 행정소송법 '심리' 관련 규정(제25조, 제26조)상 처분사유추
가변경 근거 및 기준 없음, 처분사유추가변경은 학설논의에 의존

. (답안기술내용) (일반론) 처분사유추가변경 의의, 필요성, 인정여부 학설(긍정, 부정, 절충, 판례,
소결), 인정요건(기본적 사실관계의 동일성)

(포섭) 새로운 폐기물 시설부지를 마련할 시급한 필요가 없다? – 기존에 명시한 처
분 사유(녹지용지이므로 폐기물매립장 입지 불가능)와는 동일성 인정 어려움

. (결론) 원고의 공격방어방법에 대한 보호(신뢰보호)를 더욱 중요하게 판단하는 것이 타당, 불허
(2016두44186)

관리번호	시험과목명	사 례 형 제 1 문	시험관리관 확 인	점 수	채점위원인

〈4. 행정대집행의 가능성 검토 : 대집행의 대상의무 〉

I. 문제의 소재

(1) 甲이 시정조치명령에도 불구하고 금지된 행위를 중단하지 않는 경우, (2) 법위반사실의 공표를 이행하지 않는 경우, 행정대집행법상 대집행이 가능한지가 문제된다. (3) 대집행의 실체적 적법요건인 대체적 작위의무의 요건을 충족하는지가 문제된다.

II. 금지된 행위의 중단과 법위반 사실의 공표가 대집행의 대상이 되는지에 대한 검토

1. 행정대집행의 의의, 근거, 요건

1) 대집행의 의의, 개념

대집행이란 타인이 대신하여 행할 수 있는 의무의 불이행이 있는 경우 행정청이 불이행된 의무를 스스로 행하거나 제3자로 하여금 이행하게 하고 그 비용을 의무자로부터 징수하는 것을 말한다(행정대집행법 제2조).

2) 대집행의 실체적 적법요건

대집행이 이뤄지려면 (1) 법률이나 명령에 따른 의무의 불이행이 있을 것, (2) 대체적 작위의무의 불이행일 것, (3) 다른 수단으로 의무이행확보가 곤란할 것(보충성), (4) 현재 불이행을 방치함으로 심히 공익을 해할 것을 요한다.

3) 대체적 작위의무

특히 대집행의 대상에 대하여는 '대체적 작위의무'를 요하고 있으므로 判例는 토지나 건물의 인도의무(비대체적이므로), 부작위의무(작위의무로 전환규범 있는 경우에는 가능)는 대집행이 불가능하다고 판시하고 있다.

2. 금지행위 중단의무 및 법위반 사실 공표의무의 불이행에 대한 대집행 가능성 검토(소극)

1) 공정거래위원회가 甲에게 부과한 구성사업자의 사업내용 또는 활동을 부당하게 제한하는 행위를 중단할 것을 명하는 시정명령과 이에 따른 중단의무는 부작위의무이므로 대집행의 대상이 되지 못한다.

2) 더불어 법위반 사실을 공표할 것을 명하는 시정명령과 이에 따른 공표의무는 성질상 행정청이나 행정청이 위탁한 제3자가 대신 할 수 없는 의무(비대체적 의무)이므로 역시 대집행의 대상이 될 수 없다고 할 것이다.

3) 따라서 행정청이 명한 의무를 불이행한 상황이고 이에 대한 여타 적법요건을 갖췄다 하더라고 대체적 작위의무에 해당하지 않으므로 공정거래위원회는 대집행을 할 수 없다고 할 것이다.

2쪽으로→

III. 문제의 해결

대집행 할 수 없다.

관리번호	시험과목명	**사 례 형**	시험관리관 확 인	점 수	채점위원인
		제 2 문			

〈1. A의 부적합 통보의 처분성 및 적법 여부 검토〉

I. 문제의 소재

(1) 폐기물관리법 제25조 제2항에 근거한 부적합통보가 행정소송법 제2조 제1항 제1호의 처분에 해당하는지가 문제된다. (2) 또한 A가 동법 제25조 제2항 각호의 사항에 대한 구체적 고려없이 한 부적합통보의 적법성이 문제되는 바, (ㄱ) 이는 부적합통보의 법적 성격(기속, 재량), (ㄴ) 그에 따라 요건과 효과에서 법률에 적합한 행정이 이뤄졌는가를 검토하여야 한다. (ㄷ) 특히 본 사안에서 판단여지와 재량을 분별하여 법률적합성을 구별하여 판단할 것인지도 검토한다.

II. A의 부적합 통보의 처분성 검토

1. 처분의 의의, 근거, 개념논의, 요건

1) 의의, 근거 - (1) 처분은 행정소송법상 개념이다. (2) 행정소송법 제2조 제1항 제1호는 처분을 행정청이 행하는 구체적 사실에 관한 법집행으로서의 공권력 행사 또는 그 거부 그 밖에 이에 준하는 행정작용으로 정의한다.

2) 개념론(처분성 논의, 처분개념의 확장) - 처분의 개념범위와 관련해서 (가) 學說은 (i) 행정작용 중 강학상 행정행위와 처분은 동일하다고 보는 일원론과 (ii) 처분은 '행정행위'보다는 넓고, 권력적 사실행위 등 권리나 의무의 영향을 미치는 여타 행정작용도 포괄한다는 이원론이 있다. (나) 判例는 처분의 개념을 강학상 행정행위보다는 더 넓게 해석하여 여타 행정작용이라 하더라도 사인의 권리나 의무에 영향을 미치는 작용이면 '처분'으로 새기고 취소소송의 대상적격을 인정하고 있다. (다) (小結) 判例의 입장이 타당하다고 본다.

3) 요건 - (1) 행정소송법상 정의규정대로 '행정청이', '구체적 사실에 관하여 행하는', '법집행으로서의 공권력 행사'에 해당하면 처분으로 볼 수 있다. (2) 判例는 통상 법률관계에 영향을 미치면 즉, 행정청의 행정작용이 권리를 제한하거나 의무를 부과하면 대부분 '처분'으로 본다.

2. 부적합 통보의 처분성 유무 - 긍정

(1) 폐기물관리법 제25조 제2항의 통보는 환경부장관이 甲의 폐기물처리업의 허가를 득하기 위한 전단계에서 행하는 사전적인 단계적 행정행위이다. (2) A의 부적합통보는 甲의 폐기물처리업 허가를 직접 제한하는 것으로 甲의 영업의 자유를 제한한다. (3) 따라서 실정법상 처분개념의 요건, 나아가 처분개념론에 관한 判例 입장으로 비춰볼 때 처분성이 인정됨이 타당하다.

III. 부적합통보의 법적 성격 및 구체적 고려없이 행한 부적합통보의 적법성 검토

1. 행정행위에 있어 기속과 재량 구별논의(개념, 의의, 구별기준)와 부적합통보의 법적 성격

1) 의의 - (1) 기속행위란 법규상 요건이 충족되면 법규가 정하는 효과로서의 행위를 행정청이 반드시 행하는 행정행위를 말한다. (2) 반면 재량행위는 법규상 요건이 충족된 경우에도 행정청은 그 효과로서의 행정행위로 나아갈지 나아가지 않을 지를 선택 또는 결정할 수 있는 행정행위를 말한다. (3) 기속과 재량의

구별의 의의(실익)는 사법심사에 있어 위법성의 판단방식의 차이, 부관의 가능성 여부의 판단문제(判例)와 관련한다. (4) 특히 부적합통보의 위법성여부를 판단하기 위해서는 그 전에 부적합통보가 기속 또는 재량인지 검토가 필요하다.

2) 구별기준 - (가) 學說은 (i) 요건에 기초해 판단하는 요건재량설 (ii) 행정행위의 효과(수익, 침익)를 기준으로 판단하는 효과재량설 (iii) 판단여지에 의거한 판단여지설 (iv) 법령규정방식, 취지·목적, 행정행위 성질을 종합적으로 고려하는 종합설, (나) 判例는 종합설의 기본입장에서 효과재량설을 보충기준으로 활용, 최근에는 공익성을 기준으로 제시, (다) (小結) 判例 입장을 따르되, 헌법상 기본권보장 즉 사익과 행정행위의 공익을 교량해 판단하는 기본권기준설을 가미하는 것이 타당하다고 본다.

3) 부적합통보의 법적 성격 - 재량행위

(1) 사안에서 부적합통보는 判例의 입장과 기본권기준설에 따라 법률의 규정 방식을 기준으로 판단해 보면, 기속과 재량의 판단이 어렵다. (2) 따라서 부적합통보의 취지나 목적 나아가 동 행정행위 성질 및 사익과 공익을 비교형량하여 판단해 볼때, (3) 폐기물처리사업계획서의 적합통보여부는 폐기물처리업을 영위하는 사인의 이익과 주변에 미치는 공익의 비교형량이 필요한바, (4) 공익의 중대성이 보다 큰 점 등을 감안할 때 재량행위로 판단함이 합당하다.

2. 행정행위의 적법성 판단구조(체계)

1) 적법성 심사 기준 논의 (판단여지 요부론) - 행정행위의 적법성 판단에 관하여 (가) 學說은 (i) 판단여지 긍정설 - 요건의 적법성과 효과의 적법성을 구별하여 판단해야 한다(요건의 판단여지 독자판단). (ii) 판단여지 부정설(일괄재량으로 판단) - 실제 사법심사의 위법성 판단에서 요건과 효과의 문제는 분별이 어렵고 실익도 없으므로 판단여지를 부정하고 전체를 효과판단인 재량하자 판단기준으로 파악하면 된다는 입장, (나) 判例는 판단여지를 분별하지 않고 요건이든 효과든 일괄하여 재량하자의 판단방식을 취하는 판단여지 부정설 (다) (小結) 요건은 객관적인 합치여부에 대한 판단이고, 효과는 행정청의 주관적인 선택과 결정재량의 문제이므로 달리 판단됨이 사법정의와 법치국가의 실현에 합당하다 할 것이다(판단여지긍정설).

2) 요건에 관한 법률적합성 판단기준(판단여지론) - (1) 요건상 나타난 불확정개념에 대한 판단에 있어 판단여지가 있는 부분은 사법심사가 제한된다. (2) 다만, 불확정개념-판단여지가 존재하는 경우에도 (ㄱ) 판단기관인 행정청이 적법하게 구성되어 있는가? (ㄴ) 정당한 사실관계에서 출발하였는가? (ㄷ) 행정법의 일반원칙을 준수하였는가?를 기준으로 위법성 판단을 한다.

3) 효과(재량)에 관한 법률적합성 판단기준(무하자재량행사) - (1) 행정소송법 제27조는 재량의 일탈과 남용에 대하여 법원에서 그 행정행위를 취소할 수 있다고 규정한다. (2) 즉 재량행위에 있어 위법성 판단기준은 (ㄱ) 일탈 (ㄴ) 남용(비례원칙, 평등원칙 등) (ㄷ) 재량권행사 해태 (ㄹ) 재량권 불행사의 경우에 위법하다고 판단하고 있다.

3. '구체적 고려없이 행한' 부적합통보의 적법성 검토

(1) 사안에서 A는 구체적 고려를 전혀 하지 않고, B의 검토의견을 문구 그대로 하여 부적합통보를 하였다. (2) 판단여지긍정설에 따를때, '구체적 고려에 관한 부분'은 요건판단의 문제이고, '폐기물관리법 제25조 제2항 각호의 요건을 고려함 없이 처분'한 것은 판단여지설에 있어 위법성심사기준인 '정당한 사실관계에서 출발'한 것이 아니므로 요건 판단이 부적법한 바, 위법한 처분에 해당한다. (3) 재량행위설(판단여지부정설)에

따를때, '구체적 고려를 하지 않은 것'은 재량권을 불행사 또는 해태한 것으로 위법한 처분에 해당한다 할 것이다.

IV. 문제의 해결 – 재량행위, 위법한 처분

〈2. 산업단지개발계획의 법적 성질, 산업단지개발계획변경신청 반려의 처분성〉

I. 문제의 소재 – (1) 행정계획의 법적 성질이 문제되고, (2) 산업단지개발계획변경신청의 반려가 행정소송법상 거부처분으로 항고소송의 대상이 되는지가 문제된다.

II. 산업단지개발계획의 법적 성질(행정계획의 법적 성질)

1. 강학상 행정계획의 개념, 의의, 및 법적 성질의 판단

1) 개념, 의의 – (1) 행정계획은 실정법상 개념은 아니다. (2) 행정계획은 특정한 행정목적을 달성하기 위하여 행정에 관한 전문적·기술적 판단을 기초로 관련 행정수단을 종합조정함으로써 장래의 일정한 시점에 일정한 질서를 실현하기 위하여 설정한 활동기준이나 그 설정행위를 말한다(判例).

2) 법적 성질 판단 – (가) 學說은 i) 입법행위설, ii) 행정행위설, iii) 혼합행위설, iv) 독자성설, v) 개별검토설, (나) 判例는 행정계획 근거법률의 내용과 취지를 고려하여 개별적으로 검토하는 개별검토설, (다) (小結) 행정계획의 법적 성질은 사법심사의 대상성과 결부되어 항고소송의 대상성과 관련되어 문제되는 바, 개별검토설이 타당하며, 처분성이 인정될 경우에는 행정행위!

2. 산업단지개발계획의 법적 성질

(1) 산업입지 및 개발에 관한 법률 제2조 제8호 산업단지의 정의, 동법 제6조 제5항의 산업단지개발계획의 내용(토지이용계획 및 주요기반시설계획 포함), 동법 제12조의 행위제한 규정 등을 종합적으로 검토할 때 (2) 동 계획은 행정소송법 제2조 제1항 제1호에 따른 '처분'에 포섭될 수 있다고 보며, 처분개념의 확대논의(이원론)에 비춰봤을 때도 처분성을 인정하여, (3) 위법한 경우에 항고소송의 대상으로 함이 타당하다고 할 것이다(判例, 2016두44186).

III. 산업단지개발계획변경신청 반려의 처분성 검토 (항고소송의 대상)

1. 거부처분의 의의와 요건 해석론

1) 의의, 근거 – (1) 행정소송법 제2조 제1호는 처분을 '행정청이 행하는 구체적 사실에 관한 법집행으로서 공권력의 행사 또는 그 거부'라 하여 거부의 대상이 '행정청이 행하는 구체적 사실에 관한 법집행으로서 공권력의 행사'일 것을 요구한다.

2) 거부처분 요건 해석논의 – (1) 判例는 (ㄱ) 거부의 대상(신청한 행위)이 '공권력 행사'이고 (ㄴ) 거부로 신청인의 권리나 의무의 영향(법률관계의 변동)이 있어야 하고 (ㄷ) 신청인에게 그 공권력 행사를 요청할 법규상 조리상 신청권이 있어야 처분으로 보고 있다. (2) 신청권의 필요여부에 대하여 (가) 學說은 (i) 대상적격설 (ii) 원고적격설 (iii) 본안판단설, (나) 判例는 대상적격과 원고적격에서 동시에 신청권 존부를 검토한다. (다) (小結) 신청권은 요건을 갖춘 일반인을 기준으로 추상적으로 판단하는 것이고, 신청내용 그대로의 인용을 요구하는 것이 아니라 신청에 대한 응답을 받을 권리이므로 대상적격의 구성요건으로 봄이 타당하다. 더불어 개인적 공권의 판단에서도 신청할 권리는 검토하므로 원고적격 판단에서도 동시에 고려된다고 봄이 타당하다.

2. 산업단지개발계획변경신청 반려의 항고소송 대상성 검토

B의 반려회신에서 (1) 반려 즉 거부의 대상이 산업단지개발계획의 변경인 바, 거부의 대상이 행정소송

법 제2조 제1호 전단의 공권력행사에 해당하고, (2) 그 거부로 인하여 甲의 재산권과 생활권의 침해가 발생하며 (3) 甲은 산업입지 및 개발에 관한 법률 제6조 제4항, 제10조, 제11조에 의거할 때, 계획변경에 대한 법규상 조리상 신청권이 인정되는 바, (4) 항고소송의 대상이 되는 처분이라 할 수 있다.

Ⅳ. 문제의 해결 - 강학상 행정행위(처분), 반려회신은 항고소송의 대상됨(2016두44186)

〈3. 행정절차법상 이유제시로 적법한가?〉

Ⅰ. 문제의 소재 - 행정절차법 제23조 이유제시의 의의, 요건을 기준으로 동 사례에서의 '반려사유'가 적법한지 판단

Ⅱ. B의 산업단지개발계획 변경의 반려사유의 적법성(이유제시로 적법여부 판단)

1. 처분의 이유제시의 개념, 근거

1) 개념, 근거 - (1) 행정절차법 제23조 제1항은 '행정청은 처분을 할 때에는 당사자에게 그 근거와 이유를 제시하여야 한다.'고 정하고 있다. (2) 이유제시는 침익적 또는 수익적 처분에 모두 요구된다. (3) 이유제시는 법치국가에 있어 행정절차의 본질적 요청사항으로 이유를 제시받는 것은 절차적 공권에 해당한다. (4) 따라서 이유제시를 결여한 처분은 절차적 공권을 침해한 것으로 위법한 처분으로 취소소송의 대상이 된다(독자적 위법사유가 됨).

2) 요건 및 적부판단 - (1) 이유제시에서 근거는 법상 사실상의 근거를 포함한다. (2) 이유제시를 처분사유를 이해할 정도로 구체적이어야 한다. (3) 이유제시가 결여된 처분의 경우 행정쟁송 제기전에 이유제시를 보완하여 하자의 치유를 인정한다. (4) 따라서 처분의 전체적인 과정을 통해 당사자가 그 근거를 알수 있을 정도로 이유가 제시된 경우에는 구체적으로 '명시'되지 않는 경우에도 위법하다고 볼 수 없다(判例).

2. 산업단지개발계획 변경 반려사유의 적법성

1) 본 사안에서 반려사유에는 이유와 근거가 명시되어 있지 않고, 처분의 결과만 명시되어 있다. 2) 더불어 처분의 전과정을 통해서 甲이 그 근거를 알 수 있을 정도로 이유가 제시되었다고 보기도 어렵다.

3) B의 반려사유는 행정절차법 제23조 제1항의 이유제시로서 부적법하다.

Ⅲ. 문제의 해결 - 부적법하다.

〈4. 처분사유의 추가변경 가능성 검토〉

Ⅰ. 문제의 소재 - 처분사유추가변경 인정가능성(學說, 判例) 검토, 인정의 한계(기준) 검토

Ⅱ. 반려사유의 추가시 수소법원의 허용성 검토

1. 처분사유의 추가변경 의의와 인정가능성, 인정요건

1) 의의 - (1) 처분사유의 추가·변경은 행정소송법상 명문의 규정이 없다. (2) 처분사유 추가변경은 당초 처분 시에는 존재하였지만 처분이유로 제시되지 아니하였던 사실 및 법적 근거를 소송계속 중에 추가하거나 변경하는 것을 말한다.

2), 인정가능성, 인정요건 - (가) 學說은 (i) 일회적 분쟁해결이라는 소송경제적 측면을 강조하는 긍정설, (ii) 실질적 법치주의와 상대방의 신뢰보호를 강조하는 부정설, (iii) 당초의 처분사유와 기본적 사실관계의 동일성이 인정되는 범위 내에서 제한적으로 인정된다는 제한적 긍정설, (나) 判例는 "실질적 법치주의와 국민의 신뢰보호라는 견지에서 제한적 긍정설의 입장 (다) (小結) 제한적 긍정

2. 반려사유 추가의 수소법원 허용성 - '시설부지 시급한 필요없음'은 기존처분사유와 동일성X

Ⅲ. 문제의 해결 - 기본적 사실관계의 동일성 불인정 - 수소법원 불허함이 타당

<제 2 문의 1>

A광역시는 2010. 5. 10. 시도(市道)인 X도로를 개설하였고, 도로의 관리권한을 B구청장에게 위임하였다. X도로는 빈번한 차량 통행으로 인해 환경법령상 기준을 현저히 초과하는 소음이 상시적으로 발생되고 있다. 甲은 2005. 1. 1.부터 X도로와 인접한 지역에서 거주하고 있고, 乙은 2014. 5. 1.부터 X도로와 인접한 지역으로 이주하여 거주하고 있다. 甲과 乙은 X도로의 도로소음으로 인하여 정상적인 생활이 곤란할 정도로 생활상 및 정신적 피해가 크다는 이유로 「국가배상법」에 따른 손해배상청구소송을 제기하였다.

1. 위 사안에서 「국가배상법」에 따른 손해배상책임의 주체에 대하여 논하시오. (15점)

2. 피고는 甲에 대한 배상책임은 인정하면서도 乙에 대해서는 X도로의 개통 이후 이주하였음을 이유로 배상책임을 부인하고 있다. 피고 주장의 당부를 판단하시오. (15점)

<제 2 문의 2>

A광역시 시장은 A광역시의 B구와 C구의 일대를 포함하는 P지역을 국제교류복합지구로 지정하였고, 「토지이용규제 기본법」 제8조 제2항에 따라 B구의 구청장과 C구의 구청장에게 지구단위계획 결정, 지형도면 고시에 관한 사항 및 고시예정일 등을 통보하였다. B구의 구청장은 통보받은 사항을 같은 조 제3항에 따라 국토이용정보체계에 등재하여 일반 국민이 볼 수 있도록 조치하였다. 그러나 C구의 구청장은 국토이용정보체계 등재를 보류·지연하고 있다.

1. 위 사안에서 국토이용정보체계 등재사무의 법적 성격을 검토하시오. (15점)

2. 위 사안의 경우 A광역시 시장이 C구 구청장의 등재 보류·지연에 대하여 「지방자치법」상 취할 수 있는 행정적 통제수단을 검토하시오. (15점)

[참조조문]

※ 아래 법령은 각 처분당시 적용된 것으로 가상의 것이다.

「토지이용규제 기본법」

제8조(지역·지구등의 지정 등) ① 특별시장, 광역시장, 도지사가 지역·지구등을 지정하는 경우에는 지형도면을 작성하여 그 지방자치단체의 공보에 고시하여야 한다.
② 특별시장, 광역시장, 도지사는 제1항에 따라 지형도면등의 고시를 하려면 관계 시장·군수 또는 구청장에게 관련 서류와 고시예정일 등 대통령령으로 정하는 사항을 미리 통보하여야 한다.
③ 제2항에 따라 통보를 받은 시장·군수 또는 구청장은 그 내용을 국토이용정보체계에 등재하여 지역·지구등의 지정 효력이 발생한 날부터 일반 국민이 볼 수 있도록 하여야 한다.

제12조(국토이용정보체계의 구축·운영 및 활용) ① 국토교통부장관, 특별시장, 광역시장, 도지사는 국토의 이용 및 관리 업무를 효율적으로 추진하기 위하여 국토이용정보체계를 구축하여 운영할 수 있다.
② 국토교통부장관, 특별시장, 광역시장, 도지사는 국토이용정보체계를 통하여 지역·지구등의 지정에 관한 사항을 일반 국민에게 제공할 수 있다.

제23조(권한의 위임) 국토교통부장관, 특별시장, 광역시장, 도지사는 제12조 제1항의 국토이용정보체계의 구축·운영 및 활용에 관한 권한의 일부를 시장·군수·구청장에게 위임할 수 있다.

문제의 핵심 & 쟁점의 정리 📋

※ 시험장에서 문제를 받자마자 여러분들이 3~5분 동안 해야 할 작업입니다. 문제에서 핵심을 찾아내고, 답안의 쟁점을 파악하여 간략하게 목차를 구성해 보는 것입니다. 이 이후에 본 답안작성에 들어가기 바랍니다.

〈제 2 문의 1〉

☑ 문제의 핵심

1. 위 사안에서 「국가배상법」에 따른 **손해배상책임의 주체**에 대하여 논하시오. (15점)

2. 피고는 甲에 대한 배상책임은 인정하면서도 **乙에 대해서는 X도로의 개통 이후 이주하였음을 이유로 배상책임을 부인**하고 있다. **피고 주장의 당부를 판단**하시오. (15점)

☑ 쟁점의 정리

1. 국가배상법에 따른 손해배상책임의 주체에 대하여 논하시오
   - (쟁점) 배상책임의 주체(제5조, 제6조), 기관위임사무 관리상 하자(제5조),
     . (문제해결기준 : 근거조문) 배상책임자(사무귀속주체 5조, 비용부담자 제6조), 기관위임사무(지방자치법 제11조)
     . (답안기술내용 : 근거조문에 대한 해석) 영조물설치관리상 하자와 국가배상책임의 주체
     　　　　　　　　　제5조상 배상책임주체는 기관위임사무에서 사무귀속주체로 해석 (cf. 단체위임사무)
     　　　　　　　　　제6조의 비용부담자의 의미? 학설(형식, 실질, 병존), 판례, 소결
     　　　　　　　　　종국적 배상책임자는? 학설(사무귀속, 비용부담, 기여도), 판례, 소결
   - (사안포섭) A광역시 시·도의 관리권한을 B구청장에게 위임 (시·도의 관리사무 : 기관위임사무)
     . (판단내용) 기관위임사무 - 설치관리자(사무귀속주체), 비용부담자, 종국적배상책임자
     . (답안기술내용) 배상책임자, 종국적 배상책임자

2. 피고는 甲에 대한 배상책임 인정, 乙에 대해서는 X도로 개통이후 이후 배상책임 부인, 피고주장의 당부
   - (쟁점) 국가배상법 제5조 영조물설치관리상 하자 있는가?
     . (문제해결기준 : 조문과 학설) 국가배상법 제5조 하자, 하자판단기준에 대한 해석
     　　　　　　　국가배상책임의 범위(면책? 감경?)
     . (답안기술내용) 학설(객관, 주관, 절충, 국가안전의무위반(위법무과실), 판례(방호조치의무), 소결에 따른 결론(수인한도론)
     　　　　　　　면책가능성 판례(위험지역 접근? 피해용인 이주, 피해정도 예상보다 크지 않으면 면책가능)
     　　　　　　　감경가능성판례(용인하면서 접근한 경우 아닌 경우 감액정도만 인정)
   - (사안포섭) 乙, 개통이후 이주, 하자 없는가? - 있다(수인한도론, 방호조치의무) 감면가능한가?

〈제2문의 2〉

☑ 문제의 핵심

1. 위 사안에서 국토이용정보체계 등재**사무의 법적 성격**을 검토하시오. (15점)
2. 위 사안의 경우 **A광역시 시장이 C구 구청장의 등재 보류·지연**에 대하여 「**지방자치법**」상 취할 수 있는 행정적 통제수단을 검토하시오. (15점)

☑ 쟁점의 정리

1. 국토이용정보체계 등재사무의 법적 성격?
 − (쟁점) 기관위임사무인가 자치사무인가?
  . (문제해결기준 : 근거조문과 학설) 지방자치법 제9조, 제11조, 학설, 판례
  . (답안기술내용) 자치사무, 기관위임사무 구별의의, 구별기준(학설, 판례), 소결 및 그에 따른 결론

2. C구청장의 등재 보류 지연에 대한 행정적 통제 수단?
 − (쟁점) **직무이행명령 가능하겠는가?**
  . (문제해결기준 : 근거조문) 지방자치법 제170조
  . (답안기술내용) 직무이행명령 의의, 요건, 효과, 불복수단 등
 − (기타수단) 지방자치법 제167조 일반적 지도·감독

관리번호	시험과목명	사 례 형 제 2 문	시험관리관 확 인	점 수	채점위원인

〈 제 2 문의1 1. 국가배상법상 손해배상책임의 주체 〉

I. 문제의 소재

손해배상책임의 주체에 관하여는, A광역시가 B구청장에게 X도의 관리권한을 위임한 바, 국가배상법(이하 '법')상 기관위임사무에 있어 사무귀속주체, 비용부담자, 궁극적배상책임자가 문제된다.

II. 손해배상책임의 주체 (사무귀속주체, 비용부담자, 궁극적배상책임자) 판단

1. 사무귀속주체와 비용부담자의 손해배상책임(법 제5조 · 제6조의 손해배상책임 주체)

1) 의의 · 근거 – (1) 도로의 관리에 하자가 있기 때문에 타인에게 손해를 발생하게 하였을 경우 국가나 지방자치단체는 그 손해를 배상하도록 하고 있다(법 제5조). (2) 국가나 지방자치단체가 손해를 배상할 책임이 있는 경우 영조물의 관리를 맡은 자와 영조물의 비용을 부담하는 자가 동일하지 아니하면 그 비용을 부담하는 자도 손해를 배상하도록 하고 있다(법 제6조).

2) 사무귀속주체와 비용부담자의 배상책임 – (1) 법 제5조의 배상책임의 주체는 법 제6조의 영조물의 관리를 맡은 자로 사무귀속주체를 의미한다. (2) 법 제6조는 영조물의 비용을 부담하는 자에게도 선택적으로 배상책임을 묻게 함으로써 피해자 권리구제를 위한 조처이다. (3) 비용부담자에 대해서 (가) 學說은 (i) 실질적 · 궁극적 비용부담자설 (ii) 대외적 · 형식적 비용부담자설 (iii) 병합설 (나) 判例는 병합설, (다) (小結) 법 제6조의 비용부담자로의 배상책임의 확대의 취지는 피해자의 권리구제이므로 형식과 실질을 구분하지 않고 모두 부담하게 하는 병합설이 타당하다.

2. 궁극적 배상책임자 (법 제6조 제2항)

1) 의의 · 근거 – (1) 법 제6조 제2항은 비용부담자의 구상권을 정하고 있는 바, (2) 궁극적 배상책임자에 대하여 (가) 學說은 (i) 사무귀속자설, (ii) 비용부담자설, (iii) 기여도설(병존설), (나) 判例는 기여도설을 취하기도 하고 사무귀속자설을 취하기도 한다. (다) (小結) 사무귀속주체가 궁극적으로 배상책임을 부담하는 것이 타당하다고 본다.

3. 사안포섭 – A광역시 : 사무귀속주체로서 궁극적배상책임, B구 : 비용부담자로서 배상책임

1) 기관위임사무 – (1) 사안에서 A광역시가 B구청장에게 시도인 X도로의 관리권한을 위임한 바, 도로관리사무는 기관위임사무에 해당, (2) 도로관리사무는 A광역시의 사무로 A광역시가 사무귀속주체가 되고, B구는 비용부담자에 해당함

2) 배상책임자 – (1) 따라서 B구는 비용부담자로서의 배상책임이 인정되며, (2) A광역시는 사무귀속주체로서 궁극적비용부담자로서의 배상책임이 인정된다. (3) 기여도설을 따를 경우 하자유발비율에 따라 A광역시와 B구가 책임을 분담하게 될 것이다.

III. 문제의 해결 – A광역시 사무귀속주체로서의 배상책임자, B구 비용부담자로서의 배상책임자, 최종적으로 하자유발빕율에 따라 A광역시와 B구 책임분담

〈 제 2 문의1 2. 甲과 乙에 대한 배상책임 여부; 관리상 하자, 면책의 문제 〉

I. 문제의 소재

(1) 甲과 乙에 대한 배상책임 인정에 관하여 국가배상법(이하 '법') 제5조의 관리상 하자가 인정될 수 있는지 여부가 문제된다. (2) 특히, 도로 개통 이후에 이주한 乙에 대하여 배상책임이 면책될 수 있는지를 검토한다.

II. 甲과 乙에 대한 손해배상책임 인정여부 검토

1. 甲에 대한 배상책임 인정여부 (도로의 관리상 하자 인정여부 검토)

1) 법 제5조상 '하자'의 의미 – (1) 영조물의 설치·관리의 하자는 공물의 설계, 건조, 유지 및 수선 상의 하자를 의미한다. (2) (가) 學說은 (i) 주관설-관리자의 주관적귀책사유의 필요, (ii) 객관설-공물자체가 갖출 객관적 안정성 결여, (iii) 절충설-귀책사유 또는 객관적안정성이 결여되면 하자존재, (iv) 안전의무위반설-위험이 발생하지 않도록 안전조치를 취할 법적의무 부담, 이를 위반하면 하자(위법·무과실책임) (나) 判例는 수정된 객관설 – '영조물이 그 용도에 따라 통상 갖춰야할 안전성을 갖추지 못한 상태'를 하자로 판단(객관설을 기본으로 판단기준 제한) (다) (小結) 법 제2조와의 관계상 무과실책임이므로 객관설이 타당(안전성을 사회통념상의 안전성으로 의미)

2) 하자판단의 기준(안전성을 갖추지 못한 상태) – (1) 물리·외형적 흠결 또는 불비로 인하여 이용자에게 위해를 끼칠 위험성이 있는 경우, (2) 영조물이 공공 목적에 이용됨에 있어 그 이용상태 및 정도가 일정한 한도를 초과하여 제3자에게 사회통념상 참을 수 없는 피해를 입히는 경우, (3) 여기서 사회통념상 참을 수 있는 피해인지의 여부는 그 영조물의 공공성, 피해의 내용과 정도, 이를 방지하기 위하여 노력한 정도 등을 종합적으로 고려하여 판단하도록 하고 있다.

3) 사안포섭 (사회통념상의 안정성을 결하고 있는가?) – (1) X도로는 환경법령상의 기준을 현저히 초과하는 소음이 상시발생하여 제3자에게 사회통념상 참을 수 없는 피해를 입히고 있는 바, 하자가 인정되며, (2) 따라서 甲에 대하여는 배상책임을 인정함이 타당하다.

2. X도로 개통 이후 이주한 乙에 대한 면책 가능성 검토

1) 손해배상책임의 면책 – 判例는 (1) 영조물이 갖춰야 할 객관적 안정성을 갖춘 이상 불가항력에 의한 가해행위는 면책되며, (2) 또한, 위험의 존재를 인식하면서 피해를 용인하며 접근한 것으로 그 피해가 정신적 고통 정도에 그치고, 그 침해행위에 상당한 고도의 공공성이 인정되는 때에는 특별한 사정이 없는 한 면책을 인정한 바 있다.

2) 사안에의 포섭 (면책 가능한가?) – 乙은 (1) X도로가 개설된 이후 4년 경과 후에 인접지역으로 이주하여 거주하였는 바, 위험의 존재를 인식하면서 접근한 것으로 보이며, (2) 피해 역시 생명이나 신체에 영향을 미칠 정도는 아닌 바, (3) 면책의 가능성도 인정될 수 있다고 보인다. 다만 위험을 인지하지 못하였거나 예상했던 위험보다 피해가 큰 경우에는 감액이 검토될 수 있을 것이다.

III. 문제의 해결 – 법령상의 기준을 현저히 초과하는 소음이 상시발생하여 사회통념상 참을 수 없는 피해를 입힌 바, 甲에 대해서는 배상책임 인정, 반면 乙은 위험의 존재를 인지하면서 접근하였고, 사실관계상 감액 등 고려할 정황이 보이지 않는바, 면책 가능

〈 제 2 문의2 1. 국토이용정보체계 등재사무의 법적 성격 〉

I. 문제의 소재

「토지이용규제법」 제8조 제3항은 시장·군수·구청장은 특별시장 광역시장 도지사의 지역지구의 지정 내용을 국토이용정보체계에 등재하도록 규정하고 있는 바, 동 사무가 자치사무에 해당하는지, 기관위임사무에 해당하는지가 문제된다.

II. 국토이용정보체계 등재사무의 법적 성격 (자치사무인가? 기관위임사무인가?)

1. 자치사무와 기관위임사무의 의의 · 구별

1) 의의

(1) 지방자치법(이하 '법') 제9조 제1항은 지방자치단체의 사무범위로 지방자치단체는 관할 구역의 자치사무와 법령에 따라 지방자치단체에 속하는 사무를 정하고 (2) 동조 제2항에서는 자치사무를 예시하고 있다. (3) 법 제11조에서는 국가사무를 정하고 법 제102조에서 시도지사와 시장 군수및구청장이 국가사무를 위임하여 행한다고 정하고 있다. (4) 법 제104조는 지방자치단체의 장은 지방자치단체의 사무와 법령에 따라 그 지방자치단체의 장에게 위임된 사무를 관리하고 집행한다고 정하고 있다.

2) 구별기준

자치사무와 국가사무의 구별은 우선 (1) 지방자치법 제9조 제2항과 제11조는 각각 자치사무의 예, 국가사무의 예의 규정, 개별 근거법령의 권한위임 규정에 기준으로 하여 판단한다. (2) 判例는 (ㄱ) 법률의 규정형식과 취지를 고려하고, (ㄴ) 불분명한 경우에는 전국적 통일적 처리가 요구되는지? (ㄷ) 경비부담, 책임귀속주체 등을 고려하여 정한다고 판시하고 있다. (3) (小結) 지방자치법, 개별법령의 규정, 判例의 기준등을 종합적으로 고려하여 판단하고, 이러한 기준적용에도 불명한 경우에는 자치사무의 포괄성 원칙을 고려하여 자치사무로 추정하는 것이 타당하다 할 것이다.

3) 사안에의 포섭

(1) 사안에서 국토이용정보체계 등재는 토지이용규제기본법 제8조 제3항에 따라 시장·군수·구청장이 하도록 하고 있으나, (2) 동법 제12조 제1항에서 국토이용정보체계의 구축이용은 국토교통부장관, 특별시장 광역시장 도지사의 권한으로 정하고 있으며, (3) 동법 제23조에서 그 권한을 시장·군수·구청장에게 위임하고 있는 바, (4) 기관위임사무로 보는 것이 타당하다고 할 것이다.

III. 문제의 해결 – 국토이용정보체계 등재사무는 국가사무이며, 기관위임사무로 봄이 타당하다.

〈 제 2 문의2 2. C구 구청장의 등재 보류지연에 대한 행정적 통제수단 〉

I. 문제의 소재

국토이용정보체계 등재사무가 기관위임사무에 해당하는 바, C구 구청장의 등재사무의 보류지연에 대하여 지방자치법 제170조의 직무이행명령을 검토하고, 그 이외의 행정적 통제수단(동법 제167조상 일반통제)을 검토한다.

II. A광역시장의 C구 구청장에 대한 직무이행명령 검토

4쪽으로→

1. 지방자치법 제170조상 직무이행명령 의의, 요건, 효과, 불복

1) 의의 · 요건 – 지방자치단체의 장이 법령의 규정에 따라 그 의무에 속하는 국가위임사무나 시 · 도위임사무의 관리와 집행을 명백히 게을리하고 있다고 인정되면 시 · 도에 대하여는 주무부장관이, 시 · 군 및 자치구에 대하여는 시 · 도지사가 기간을 정하여 서면으로 이행할 사항을 명령할 수 있다.

2) 실효성 확보

주무부장관이나 시 · 도지사는 해당 지방자치단체의 장이 정해진 기간에 이행명령을 이행하지 아니하면 그 지방자치단체의 비용부담으로 대집행하거나 행정 · 재정상 필요한 조치를 할 수 있다. 이 경우에는 행정대집행에 관하여는 「행정대집행법」을 준용한다.

3) 불복 방법

지방자치단체의 장은 직무이행명령에 이의가 있으면 이행명령서를 접수한 날부터 15일 이내에 대법원에 소를 제기할 수 있다. 이 경우 지방자치단체의 장은 이행명령의 집행을 정지하게 하는 집행정지결정을 신청할 수 있다.

2. C구 구청장에 대한 직무이행명령 가능성

1) A광역시 시장은 C구 구청장이 국토이용정보체계 등재사무를 명백히 게을리하고 있는 부분에 대하여 서면으로 등재사무를 이행할 것을 명령할 수 있으며, 이를 지체하는 경우 행정 · 재정상 필요한 조치를 할 수 있을 것이다.

2) C구 구청장이 직무이행명령에 대하여 불복하고자 하는 경우 대법원에 소를 제기하고 이행명령에 대한 집행정지결정을 신청할 수 있다.

III. 기타 행정적통제수단(동법 제167조상 일반통제)을 검토

1. 지방자치법 제167조 일반통제

1) 지방자치단체나 그 장이 위임받아 처리하는 국가사무에 관하여 시 · 도에서는 주무부장관의, 시 · 군 및 자치구에서는 1차로 시 · 도지사의, 2차로 주무부장관의 지도 · 감독을 받는다.

2) 시 · 군 및 자치구나 그 장이 위임받아 처리하는 시 · 도의 사무에 관하여는 시 · 도지사의 지도 · 감독을 받는다.

IV. 문제의 해결

A광역시장은 B구청장에 대하여 지방자치법 제169조에 따른 직무이행명령을 발하거나 제167조에 따른 일반적 지도·감독권한을 행사할 수 있다.

〈제 2 문〉

A 주식회사는 B 시장에게 「산업입지 및 개발에 관한 법률」 및 같은 법 시행령에 의거하여 B 시 일원의 토지 3천여 제곱미터에 대하여 '산업입지 지정 승인요청서'를 제출하였고 B 시장은 위 요청서에 대한 의견서 등을 첨부하여 위 요청서를 C도 도지사에게 전달하였다. 이에 C도 도지사는 A 주식회사를 사업시행자로 하여 위 토지 일대를 'OO 제2일반지방산업단지'로 지정 승인한 후 이를 고시하였다. 그런데 위 지정·고시는 산업단지 조성에 필요한 범위를 넘어 과도하게 이루어 졌다. 위 산업단지 내에 토지를 소유하고 있는 甲은 자신의 토지가 위 고시에 따라 수용대상토지로 지정되자, A 주식회사와 위 토지의 취득 등에 대하여 협의를 하였으나 협의가 성립되지 아니하였다. 이에 A 주식회사는 C도 지방토지수용위원회에 재결을 신청하였고 C도 지방토지수용위원회는 甲의 토지 및 그 지상물에 대하여 수용재결을 하였다.

1. 이 경우 甲이 위의 지정승인고시에 대하여 다툴 수 있는 행정소송상의 구제수단과 그 인용가능성에 대하여 검토하시오. (20점)

2. 甲은 국가 또는 지방자치단체 아니 일개 영리기업인 A 주식회사에게 타인의 토지를 수용할 수 있도록 하는 것은 헌법에 반한다고 생각하고 있다. 甲이 자신의 주장을 뒷받침할 수 있는 헌법적 논거를 제시하시오. (30점) 〈헌법문항〉

3. 甲이 A 주식회사의 사업시행 자체에는 반대하지 않으나 다만 A 주식회사가 제시한 보상액이 너무 적다고 생각하는 경우 취할 수 있는 적절한 구제수단에 대하여 논하시오. (20점)

4. 乙은 위 수용재결에 따라 생활의 근거를 상실하게 되어 관련 법령에 의해 이주대책대상자에 포함되었다. 乙은 A 주식회사가 「공익사업을 위한 토지 등의 취득 및 보상에 관한 법률 시행령」 제40조 제2항 단서에 의하여 수립한 이주대책에 따라 주택 특별공급을 신청하였으나 상당기간이 경과하였음에도 불구하고 A 주식회사가 주택 특별공급 결정을 아니 하고 있다. 이 경우 乙이 취할 수 있는 행정쟁송상의 구제수단을 논하시오. (30점)

[참조조문]

「산업입지 및 개발에 관한 법률」

제 7 조의4(산업단지 지정의 고시 등) ① 산업단지지정권자(제6조, 제7조, 제7조의2, 제7조의3 또는 제8조에 따라 산업단지를 지정할 권한을 가진 국토교통부장관, 시·도지사 또는 시장·군수·구

청장을 말한다. 이하 같다)는 산업단지를 지정할 때에는 대통령령으로 정하는 사항을 관보 또는 공보에 고시하여야 하며, 산업단지를 지정하는 국토교통부장관 또는 시·도지사(특별자치도지사는 제외한다)는 관계 서류의 사본을 관할 시장·군수 또는 구청장에게 보내야 한다.

② 산업단지로 지정되는 지역 안에 수용·사용할 토지·건축물 또는 그 밖의 물건이나 권리가 있는 경우에는 제1항에 따른 고시 내용에 그 토지 등의 세부 목록을 포함하게 하여야 한다. 다만, 산업단지의 지정 후에 그 토지 등의 세부 목록을 산업단지개발계획에 포함하게 하는 경우에는 대통령령으로 정하는 기간 이내에 그 토지 등의 세부 목록을 고시하여야 한다.

③ 제1항에 따라 산업단지를 지정하는 특별자치도지사 또는 제1항에 따라 관계 서류를 받은 시장·군수 또는 구청장은 이를 일반인이 열람할 수 있도록 하여야 한다.

제11조(민간기업 등의 산업단지 지정 요처) ① 국가 또는 지방자치단체 외의 자로서 대통령령으로 정하는 요건에 해당하는 자는 산업단지개발계획을 작성하여 산업단지지정권자에게 국가산업단지 또는 일반산업단지 및 도시첨단산업단지의 지정을 요청할 수 있다.

③ 제1항에 따른 요청에 의하여 산업단지가 지정된 경우 그 지정을 요청한 자는 제16조에 따라 사업시행자로 지정받을 수 있다.

제16조(산업단지개발사업의 시행자) ① 산업단지개발사업은 다음 각 호의 자 중에서 산업단지지정권자의 지정에 의하여 산업단지개발계획에서 정하는 자가 이를 시행한다.

3. 해당 산업단지개발계획에 적합한 시설을 설치하여 입주하려는 자 또는 해당 산업단지개발계획에서 적합하게 산업단지를 개발한 능력이 있다고 인정되는 자로서 대통령령으로 정하는 요건에 해당하는 자

제22조(토지수용) ① 사업시행자는 산업단지개발사업에 필요한 토지·건물 또는 토지에 정착한 물건과 이에 관한 소유권 외의 권리, 광업권, 어업권, 물의 사용에 관한 권리(이하 "토지등"이라 한다)를 수용하거나 사용할 수 있다.

② 제1항을 적용할 때 제7조의4 제1항에 따른 산업단지의 지정·고시가 있을 때에는 이를 「공익사업을 위한 토지 등의 취득 및 보상에 관한 법률」 제20조 제1항 및 같은 법 제22조에 따른 사업인정 및 사업인정의 고시가 있는 것으로 본다.

제36조(이주대책 등) ① 사업시행자는 「공익사업을 위한 토지 등의 취득 및 보상에 관한 법률」에서 정하는 바에 따라 산업단지의 개발로 인하여 생활의 근거를 상실하게 되는 자(이하 "이주자"라 한다)에 대한 이주대책 등을 수립·시행하여야 한다.

「공익사업을 위한 토지등의 취득 및 보상에 관한 법률 시행령」

제40조(이주대책의 수립·실시) ② 이주대책은 국토해양부령이 정하는 부득이한 사유가 있는 경우를 제외하고는 이주대책대상자중 이주정착지에 이주를 희망하는 자가 10호 이상인 경우 수립·실시한다. 다만, 사업시행자가 「택지개발촉진법」, 「주택법」 또는 「산업입지 및 개발에 관한 법률」 등 관계법령에 의하여 이주대책대상자에게 택지 또는 주택을 공급한 경우에는 이주대책을 수립·실시한 것으로 본다.

문제의 핵심 & 쟁점의 정리 📋

※ 시험장에서 문제를 받자마자 여러분들이 3~5분 동안 해야 할 작업입니다. 문제에서 핵심을 찾아내고, 답안의 쟁점을 파악하여 간략하게 목차를 구성해 보는 것입니다. 이 이후에 본 답안작성에 들어가기 바랍니다.

〈제 2 문〉

☑ 문제의 핵심

1. 이 경우 甲이 위의 지정승인고시에 대하여 다툴 수 있는 **행정소송상의 구제수단**과 **그 인용가능성**에 대하여 검토하시오. (20점)

   지정승인고시 : C도 도지사는 **A 주식회사를 사업시행자로 하여 위 토지 일대를 'OO 제2일반지방산업단지'로 지정승인**한 후 이를 **고시**하였다. 그런데 위 지정·고시는 **산업단지 조성에 필요한 범위를 넘어 과도하게 이루어**졌다.

3. 甲이 A 주식회사의 **사업시행 자체에는 반대하지 않으나** 다만 A 주식회사가 제시한 **보상액이 너무 적다고 생각하는 경우 취할 수 있는 적절한 구제수단**에 대하여 논하시오. (20점)

4. 乙은 위 수용재결에 따라 생활의 근거를 상실하게 되어 관련 **법령에 의해 이주대책대상자에 포함**되었다. 乙은 A 주식회사가 「공익사업을 위한 토지 등의 취득 및 보상에 관한 법률 시행령」 제40조 제2항 단서에 의하여 수립한 이주대책에 따라 **주택 특별공급을 신청하였으나 상당기간이 경과하였음에도 불구하고 A 주식회사가 주택 특별공급 결정을 아니 하고 있다.** 이 경우 **乙이 취할 수 있는 행정쟁송상의 구제수단**을 논하시오. (30점)

☑ 쟁점의 정리

1. 지정승인고시에 대하여 행정소송상 권리구제수단 및 그 인용 가능성
   - (쟁점1) **행정소송상 권리구제수단 무엇이 있겠는가? ― 취소소송(무효확인소송), 처분?, 고시의 법적 성격? 처분성 갖는가? 취소소송의 대상이 되겠는가?**
     · (문제해결기준 : 근거조문, 이론(처분개념론), 판례, 참조조문) 행정소송법 제5조(항고소송) 동법 제2조 제1항 제1호 '처분' 개념, 산업입지 및 개발에 관한 법률 제7조의4 제1항(산업단지지정승인고시)
     · (답안기술내용) 처분개념론 ― 처분성 판단 ― 강학상 행정행위와의 관계(일원론, 이원론, 판례, 소결) 이 사건 산업단지 지정승인고시의 처분성 인정 가능성 판단(검토)
   - (쟁점2) **행정소송상 권리구제수단 무엇이 있겠는가? ― 가구제수단(집행정지 등)**
     · (문제해결기준 : 근거조문) 행정소송법 제23조
     · (답안기술내용) 집행정지의 의의, 개념, 절차, 요건, 효과
   - (쟁점3) **인용가능성 있는가? (위법한가?)**
     · (문제해결기준 : 이론, 근거조문) 행정작용의 적법요건, 행정소송법 제27조
     · (답안기술내용) 위법성의 판단, 적법요건(주체, 내용, 형식, 절차, 표시)의 흠결, 내용상 적법요건 : 기속과 재량여부에 따라 비례원칙 등 판단, 하자의 정도(무효, 취소; 구별에 관한 학설)

2. 사업시행 자체는 반대하지 않았으나, 보상액이 적다고 할 때 권리구제수단

- (쟁점) 수용재결의 불복절차, 보상금증감청구소송 가능한가? 그 법적 성격은 무엇인가?, 소송구조
등 절차는 어떻게 되겠는가?
  . (문제해결기준 : 근거조문) 공익사업을 위한 토지 등의 취득 및 보상에 관한 법률 제83조, 제86
조(법전에 있음)
  . (답안기술내용) 관련 근거 조문 설시, 이의신청, 이의재결 등 요건, 절차, 효과
보상금증감청구소송의 의의, 요건, 법적 성격, 소송제기절차 등 검토

3. 이주대책 대상자에 포함되었으나, 상당기간 경과해도 주택특별공급결정 부재, 행정쟁송방법? [행정심
판 행정소송]
- (쟁점) 주택특별공급결정의 법적 성격, 처분인가? 판단 처분이면 항고심판, 항고소송가능
  . (문제해결기준 : 근거조문) 행정심판법, 행정소송법
  . (답안기술내용) 의무이행심판, 부작위위법확인소송, 요건 판단, 절차, 효과
신청후 거부하면 거부처분 취소소송, 의무이행소송(학설(인정, 부정), 판례, 소결)
재결과 판결의 기속력 언급, 기속력 확보수단(직접처분, 간접강제) 언급
가구제 수단(행정심판법상 임시처분)

관리번호	시험과목명	사 례 형 제 2 문	시험관리관 확 인	점 수	채점위원인

〈1. 지정승인고시에 대한 행정소송수단 및 인용가능성〉

I. 문제의 소재

지정승인고시가 행정소송법상 처분에 해당하는가?, 산업단지 조성에 필요한 범위를 넘어 과도하게 이뤄진 지정고시가 위법한가? 위법의 정도에 따라 취소 또는 무효확인소송의 인용가능성을 검토한다.

II. 지정승인고시에 대한 행정소송수단 및 인용가능성 판단

1. 지정승인고시의 근거 내용 법적 성격(처분성 판단)

1) 의의, 근거, 내용 – (1) 지정승인고시는 「산업입지 및 개발에 관한 법률」 제7조의4 제1항에 근거하여 산업입지 지정승인을 일반에게 알리는 것이다. (2) 여기서 지정승인고시는 「공익사업을 위한 토지 등의 취득 및 보상에 관한 법률」 상 사업인정고시로 간주되므로, 토지수용의 절차가 되어 대상지역 내 사인의 재산권을 직접 제한하는 효력을 갖는다.

2) 법적 성격(처분성?) – (1) 고시는 추상적인 사항을 일반인에게 알리는 행정입법(행정규칙)으로 보는 것이 일반적이나, (2) 고시에 담겨진 내용에 따라 그 법적 성질을 판단함이 타당, (3) 처분은 행정소송법 제2조 제1항 제1호에 근거하는 바, (가) 學說 – (i) 행정행위만 처분(일원론) (ii) 권리의무영향미치는 행정작용은 처분(이원론) (나) 判例 – 이원론(처분개념확대) (다) (小結) 이원론, 즉 직접 국민의 구체적인 권리의무나 법률관계를 규율하는 성격을 가질 때에는 행정행위 즉 처분으로 판단할 수 있고, (4) 설문에서 지정승인고시는 수용대상토지를 확정하는 효력을 갖고 지정되는 산업단지지역안 일반사인의 재산권을 직접 제한하는 것이므로 처분에 해당한다고 봄이 타당하다.

2. 지정승인고시(처분)에 대한 행정소송수단(항고소송)

1) 항고소송 – (1) 고시가 행정소송법의 '처분'에 해당하므로 행정청의 처분에 대하여 제기하는 '항고소송'이 가능하다(행정소송법 제2조 제1호, 제3조 제1호). (2) 다만, 하자의 정도에 따라서 무효인 경우는 무효확인소송, 무효에 이르지 않은 경우에는 취소소송이 가능하다. (3) 무효와 취소의 구별은 (가) 學說 (i) 중대설 (ii) 조사의무설 (iii) 중대명백설 (iv) 명백성보충요건설이 있으나 (나) 判例에 따라 중대하고 명백한 하자가 있는 경우 무효로 보는 중대명백설이 타당하겠다. (다) (小結) 중대명백설

2) 행정소송수단 – 설문에서는 하자의 정도를 '단지 조성에 필요한 범위를 넘어 과도하게'로 판단하여야 하는 바, 공익사업의 인정에 있어 '공공필요'의 범위, 비례원칙의 기준에 따라 취소 또는 무효확인소송 제기가 가능하겠다.

3. 취소 또는 무효확인소송의 인용가능성(지정승인고시의 적법여부(주체내용형식절차표시 하자)판단)

1) 지정승인고시의 적법요건 – (1) 설문의 「산업입지 및 개발에 관한 법률」 상 지정승인고시의 적법

요건은 기술되어 있지 않다. (2) 다만, 지정승인고시는 사업인정고시로 간주되므로 사업인정의 기본요건을 검토할 필요가 있다. (3) 사업인정은「공익사업을 위한 토지 등의 취득 및 보상에 관한 법률」제2조 제7호에 따라 '공익사업을 토지등을 수용하거나 사용할 사업으로 결정하는 절차'이다. (4) 사업인정은 헌법 제23조 제3항에 따라 공공필요가 인정되고, 행정법의 일반원칙인 비례원칙을 지켜 이뤄져야 한다.

2) 비례원칙위반 검토 – (1) 설문에서 '과도하게', '필요범위를 넘어'로 적시된 바, 비례원칙위반여부를 판단한다. (2) 비례원칙은 행정목적에 적합하고 필요한 상당한 수단으로 행정작용이 이뤄져야 한다는 원칙으로 모든 행정작용에 있어 적법성 판단기준이 된다. (3) 사안에서 명시적으로 '필요범위를 넘어'를 확정하고 있는 점을 감안할 때 비례원칙 위반으로 판단가능하다.

3) 무효확인소송, 취소소송? – (1) 비례원칙위반은 처분적법요건중 내용요건의 문제로 통상 하자가 중대하고 명백에 이렀다고 판단하고 있지 않은 바, 취소소송이 가능하다. (2) 취소소송의 여타 적법요건(관할, 원고피고적격, 제소기간, 소의 이익)을 갖췄다면 본안판단에서 비례원칙위반으로 인용판결이 가능하다고 본다. (3) 만약 무효확인소송을 제기한 경우 취소소송의 요건을 다 갖춘 경우라면 취소판결이 가능하다(判例).

4) 가구제 – 지정승인고시에 대한 행소법상 집행정지결정을 받아 잠정예비적 권리구제 가능

Ⅲ. **문제의 해결** - 취소소송가능, 인용가능, 집행정지

〈2. 보상금 증액에 관한 행정쟁송 절차〉

Ⅰ. 문제의 소재

지방토지수용위원회의 수용재결에서 정한 보상금이 적어 증액을 요구하는 절차로 중앙토지수용위원회의 이의신청 및 재결, 행정법원에의 보상금증액청구소송 제기 및 판결을 검토한다.「공익사업을 위한 토지 등의 취득 및 보상에 관한 법률」(이하 '토지보상법')에 근거하여 검토한다.

Ⅱ. 보상금 증액을 위한 권리구제수단

1. 수용재결에 대한 이의신청 및 중앙토지수용위원회의 이의재결

1) 수용재결의 의의 및 이의신청 – (1) 수용재결은 사업시행자로 하여금 토지의 소유권 또는 사용권을 취득하도록 하고, 사업시행자가 지급하여야 할 손실보상액을 정하는 행위이다. (2) 재결사항으로 수용하거나 사용할 토지의 구역 및 사용방법, 손실보상, 수용 또는 사용의 개시일과 기간 등이 있다(토지보상법 제50조). (3) 수용재결은 수용에 대한 최초의 원행정처분이며, 이에 대한 불복절차로 중앙토지수용위원회의 이의신청이 있다. (4) 중토위의 이의신청 및 이의재결은 일반의 행정심판절차에 대응하는 특별행정심판절차이다.

2) 사안의 적용 – 甲은 중토위에 보상금 증액을 이유로 이의신청을 할 수 있고(토지보상법 제83조 제1항), 이의신청을 받은 중토위는 수용재결이 위법 또는 부당한 경우 수용재결의 전부 또는 일부를 취소하거나 보상금을 증액하는 재결(이의재결)을 할 수 있다(동법 제84조 제1항). 이의재결의 확정은 민사소송법상 확정판결이 있는 것으로 보며, 재결서 정본은 집행력 있는 판결의 정본과 동일한 효력을 갖는다(동법 제86조 제1항).

2. 보상금 증액청구 소송 제기

1) 보상금증감청구소송 의의, 근거, 내용 – (1) 사업집행자·토지소유자 또는 관계인은 수용재결에 대하여 불복이 있을 때에는 행정소송을 제기할 수 있다(항고소송)(제85조 제1항). (2) 보상금의 증감에 관한 경우에는 보상금증감청구소송을 제기하여야 한다(당사자소송)(제85조 제2항). (3) 즉 수용 자체에 대해서는 다투지 않고 보상금 액수에 불복이 있는 경우에 이해당사자(토지소유자와 사업시행자)간의 보상금의 증액 또는 감액청구소송을 인정하고 있다. (4) 법률관계의 조속한 확정을 위하여 수용재결에 대한 항고소송이 아닌 이해당사자간 당사자소송으로 정한 것이다.

2) 보상금증액청구소송의 형태 법적 성격 – (1) 원고가 토지소유자이며 피고는 사업시행자이다(동법 제85조 제2항). (2) 즉 형식적으로 당사자간 법률관계를 다투는 소송으로 진행되며, 다툼의 대상은 재결사항 중 보상액에 관한 부분 즉 처분을 다투고 있다는 점에서 형식적 당사자소송이라 칭한다(실질적으로 처분에 대한 항고소송). (3) 또한 법적 성격에 관하여 (가) (學說)은 (i) 형성소송설 – 재결(처분)의 취소변경 (ii) 확인이행소송설 – 보상금지급의무의 이행 및 확인 (나) (小結) 소송형태(당사자소송)상 확인이행소송설이 타당하다. (다) (判例) 명확히 설시하고 있지 않으나, 확인이행소송로 판단하는 것으로 보인다.

3) 사안의 적용 – (1) 甲은 보상금증액소송을 제기할 수 있다. (2) 이 경우 중토위의 이의재결을 반드시 거칠 필요는 없다(임의적 전치).

Ⅲ. 문제의 해결 – 이의신청, 이의재결, 보상금증액소송(이의재결 없이 가능)

〈4. 주택특별공급 결정 부작위에 대한 행정쟁송상 구제수단〉

Ⅰ. 문제의 소재

토지보상법 시행령 제40조 제2항에 근거하여 이주대책을 수립실시할 의무가 있고, 乙이 이주대책으로 주택특별공급을 신청하였음에도 이를 부작위하고 있는 바, (1) 행정쟁송수단으로 행정심판법상 의무이행심판, 임시처분, (2) 행정소송법상 부작위위법확인소송을 검토한다. 더불어 (3) 의무이행소송 및 가처분의 가능성도 검토한다.

Ⅱ. 주택특별공급 결정 부작위에 대한 행정쟁송상 구제수단

1. 행정심판법상 의무이행심판, 임시처분 검토

1) 의무이행심판 – (1) 의무이행심판은 당사자의 신청에 대한 행정청의 위법 또는 부당한 거부처분이나 부작위에 대하여 일정한 처분을 하도록 하는 행정심판이다(행심법 제5조 제3호). (2) 의무이행심판은 (ㄱ) 당사자의 신청, (ㄴ) 행정청의 위법 또는 부당한 거부나 부작위가 있어야 적법하다. (3) 본 설문에서 당사자의 신청은 존재하므로 부작위의 존재가 문제된다.

2) 부작위가 있는가? (신청권 문제) – (1) 행심법은 부작위에 대하여 "(ㄱ) 행정청이 (ㄴ) 당사자의 신청에 대하여 (ㄷ) 상당한 기간 내에 (ㄹ) 일정한 처분을 하여야 할 법률상 의무가 있는데도 (ㅁ) 처분을 하지 아니하는 것"으로 정의하고 있다(동법 제2조 제2호). (2) 부작위의 성립에 있어 당사자의 신청권이 필요한지가 문제되는 바, (가) (學說) (i) 부작위의 성립에는 행정청의 처분의무가 필요하고 따라서 신청인의 신청권이 필요하다는 대상적격설, (ii) 신청권은 당사자가 신청할 권한을 갖고 있느냐

의 문제로 당사자를 중심으로 한 주관적 · 구체적 법률상 이익의 문제로 봐야 한다는 원고적격설 (iii) 신청권은 부작위의 위법을 판단하는 기준이므로 본안의 (위법)문제로 보아야 한다는 본안문제설이 있으며 (나) 判例는 모든 부작위가 소의 대상으로 직결될 수 없으므로 일반적인 신청권을 가진 자의 신청이 전제가 된 경우의 부작위만 소의 대상으로 보는 것이 타당하다고 하여 대상적격설을 취한다. (다) (小結) 모든 부작위에 대하여 소의 대상으로 삼을 수 없다는 점, 최소한의 일반적인 신청권은 부작위 인정에서 필요하다는 점에서 대상적격설이 타당하다고 본다.

3) 乙의 의무이행심판 제기 가능성 - 乙은 법령에 의해 이주대책대상자로 포함된 자로 주택특별공급을 신청할 권리 즉 (1) 신청권이 존재하고, (2) 신청한 이후 상당한 기간이 경과한 후에도 주택특별공급결정을 하지 않고 있으므로 (3) 부작위에 해당하고, 따라서 의무이행심판의 대상이 되므로 심판청구 가능하다. (4) 인용재결이 있는 경우 기속력에 따라 피청구인은 주택특별공급결정을 하여야 하고(행심법 제49조 제3항), 만약 이후에도 결정을 안하는 경우 행정심판위원회는 직접처분을 할 수 있다(동법 제50조).

4) 乙의 임시처분신청 가능성 - (1) 행정심판위원회는 처분 또는 부작위가 위법 · 부당하다고 상당히 의심되는 경우로서 처분 또는 부작위 때문에 당사자가 받을 우려가 있는 중대한 불이익이나 당사자에게 생길 급박한 위험을 막기 위하여 임시지위를 정하여야 할 필요가 있는 경우에는 직권으로 또는 당사자의 신청에 의하여 임시처분을 결정할 수 있다(동법 제31조). (2) 乙이 특별공급결정을 받지 못함으로써 중대한 불이익 또는 급박한 위험이 있는 경우에는 임시처분결정이 가능하다.

2. 행정소송법상 부작위위법확인소송 가능성

1) 부작위위법확인소송 - (1) 부작위위법확인소송은 행정청의 부작위가 위법하다는 것을 확인하는 소송이다(행소법 제4조 제3호). 여기서 (2) 부작위는 ① 행정청이 ② 당사자의 신청에 대하여 ③ 상당한 기간 내에 ④ 일정한 처분을 하여야 할 법률상 의무가 있음에도 불구하고 ⑤ 이를 하지 아니하는 것(동법 제2조 제1항 제2호)으로 행정심판법상 부작위의 개념과 같다. (3) 즉 부작위의 성립에 있어서 당사자의 신청권이 문제되는 바, 이는 행정심판법과 같다. (4) 결국 신청권은 대상적격의 문제로 부작위 검토시 신청권이 필요하다고 하겠다.

2) 乙의 부작위위법확인소송 가능성 - 乙은 신청권이 존재하므로 부작위위법확인소송이 가능

3) 부작위위법확인소송 심리와 기속력 범위 - (1) 심리범위와 관련해서 (가) (學說) (i) 실체적 심리설 - 신청의 실체적 내용의 이유여부 판단, 이에 대한 적정한 처리방향도 판단 (ii) 절차적 심리설 - 행정청의 응답을 신속하게 하여 무응답의 소극적 위법상태를 제거 목적, 부작위의 위법 여부만을 판단 (나) (判例) - 절차적 심리설 (다) (小結) 절차적 심리설 (2) 결국 인용판결 후 거부처분을 한 경우 기속력에 반하는 것이 아님(거부취소의 소제기), 권리구제 한계

3. 의무이행소송 가능성 - 무명항고소송 가능 여부 (가) (學說) (i) 긍정 (ii) 부정 (나) (判例) 부정

4. 민사집행법상 가처분 가능성 - (가) (學說) (i) 긍정-준용규정(§ 8) (ii) 부정 (나) (判例) 부정

Ⅲ. 문제의 해결 - 의무이행심판, 임시처분, 부작위위법확인소송

〈제 2 문〉

국토교통부장관 A는 「기업도시개발 특별법」에 의한 기업도시를 개발하기 위하여 관련 법령에 따라 민간기업 乙을 사업시행자로 지정하는 등 관련 절차를 진행하였고, 甲의 건축물이 소재하는 일정 지역을 사업시행지구로 승인하였다. 이에 해당 사업시행지구 내에 있는 甲의 건축물은 수용 대상이 되어 甲은 생활의 근거지를 상실하게 되었다. 한편 乙은 「기업도시개발 특별법」 제14조 및 「공익사업을 위한 토지 등의 취득 및 보상에 관한 법률」 제78조에 따라 주택특별공급 등 이주대책을 수립하였고, 국토교통부 고시인 「기업도시 개발에 따른 이주대책 등에 관한 기준」(이하 '이 사건 고시'라 한다)에 근거하여 이를 공고하였다. 이에 甲은 주택특별공급을 받고자 이주대책에 따른 소정의 절차를 거쳐 이주대책대상자 선정신청을 하였지만, 乙은 "甲의 건축물이 이 사건 고시 제8조 제1항 제1호 소정의 무허가 건축물이라는 이유로 이주대책대상자가 아니다."라는 이유로 甲의 신청을 거부하였다.

1. 甲이 취소소송을 제기하기 전에 이주대책대상자 선정신청 거부행위에 대하여 행정심판을 제기하는 경우에 취할 수 있는 「행정심판법」상 행정심판의 종류 및 가구제 수단에 대하여 검토하시오. (25점)

2. 甲이 사업시행자 乙을 피고로 하여 이주대책대상자 선정신청 거부행위에 대한 취소소송을 제기하는 경우, 이 취소소송의 적법성을 검토하시오(단, 원고적격, 대상적격과 피고적격에 한함). (20점)

3. 이 취소소송의 계속 중 乙은 처분의 적법성을 유지하기 위하여 "甲은 이 사건 고시 제8조 제1항 제3호 소정의 세입자에 해당한다."라는 내용으로 처분사유를 추가·변경할 수 있는가? (15점)

4. 만일 설문 2.의 취소소송에서 甲의 건축물이 이 사건 고시 제8조 제1항 제1호 소정의 무허가 건축물이 아니라는 이유로 乙의 거부처분을 취소하는 판결이 확정되었다면, 그 후 "甲은 이 사건 고시 제8조 제1항 제3호 소정의 세입자에 해당한다."라는 이유로 乙은 재차 거부할 수 있는가? (20점)

5. 甲은 이 사건 고시 근거 조항인 「기업도시개발 특별법」 제14조 제6항이 "개발사업의 시행에 필요한 토지 등을 제공함으로 인하여 생활의 근거를 상실하게 되는 자"라고 규정하여 세입자가 이주대책대상자에 포함되는지 여부가 명확하지 않으므로 헌법상의 명확성 원칙에 위반된다고 주장한다. 甲의 주장은 타당한가? (20점) <헌법문항>

[참조조문]

「기업도시개발특별법」(※ 가상의 법률임)

제10조(개발사업의 시행자 지정 등) ① 국토교통부장관은 제4조에 따라 개발구역의 지정을 제안한 민간기업 등을 개발사업의 시행자로 지정한다.

제14조(토지등의 수용·사용) ① 시행자는 개발구역에서 개발사업을 시행하기 위하여 필요할 때에는 「공익사업을 위한 토지 등의 취득 및 보상에 관한 법률」 제3조에 따른 토지·물건 또는 권리(이하 "토지 등"이라 한다)를 수용 또는 사용(이하 "수용 등"이라 한다)할 수 있다.
② 제1항을 적용하는 경우에 수용 등의 대상이 되는 토지 등의 세부 목록을 제11조 제4항에 따라 고시한 때에는 「공익사업을 위한 토지 등의 취득 및 보상에 관한 법률」 제20조 제1항 및 제22조에 따른 사업인정 및 사업인정의 고시가 있은 것으로 본다.
③ ~ ⑤ 생략
⑥ 시행자는 「공익사업을 위한 토지 등의 취득 및 보상에 관한 법률」에서 정하는 바에 따라 개발사업의 시행에 필요한 토지 등을 제공함으로 인하여 생활의 근거를 상실하게 되는 자에 대하여 주거단지 등을 조성·공급하는 등 이주대책을 수립·시행하여야 한다.

「기업도시 개발에 따른 이주대책 등에 관한 기준」(※ 가상의 법률임)

제1조(목적) 이 기준은 「기업도시개발 특별법」(이하 "법"이라 한다) 제14조 제6항·제7항 및 같은법시행령(이하 "영"이라 한다) 제19조의 규정에 의한 이주대책 및 생활대책의 수립·시행 등에 관련된 업무처리지침을 정함으로서 기업도시개발사업의 원활한 시행을 목적으로 한다.

제4조(이주대책의 수립) ① 시행자는 이주대책을 이 기준이 정하는 바에 따라 법 제11조 제1항의 규정에 의한 개발계획 승인신청 이전까지 수립하여야 한다.

제6조(이주대책의 시행방법) ① 이주대책은 다음 각 호의 방법에 의하여 이를 시행한다.
 1. 이주자택지의 공급
 2. 주택공급에관한규칙에 의한 주택특별공급
 3. 이주정착금의 지급

제8조(이주대책대상자 선정기준) ① 이주대책대상자는 당해 개발구역내 소재하는 주거용 건축물을 기준일 이전부터 보상계약체결일 또는 수용재결일까지 계속하여 소유하고 그 주거용 건축물에 계속하여 거주한 자로 한다. 다만, 다음 각 호에 해당하는 자는 이주대상자에서 제외된다.
 1. 개발구역내 1989년 1월 25일 이후 건축된 무허가건축물의 소유자
 2. 법인 또는 단체
 3. 타인이 소유하고 있는 건축물에 거주하는 세입자
 4. 그 밖에 관계법령 등이 정한 요건에 해당하지 아니하는 자

제9조(이주대책대상자 선정절차) ① 제8조 제1항 본문에 해당하는 자는 별지 제8호 서식에 의하여 이주대책대상자 선정신청을 하여야 한다.

※이상의 참조조문은 가상의 조문이며 실정법령과 다를 경우 위 참조조문을 따를 것.

문제의 핵심 & 쟁점의 정리 📑

> ※ 시험장에서 문제를 받자마자 여러분들이 3~5분 동안 해야 할 작업입니다. 문제에서 핵심을 찾아내고, 답안의 쟁점을 파악하여 간략하게
> 목차를 구성해 보는 것입니다. 이 이후에 본 답안작성에 들어가기 바랍니다.

〈제 2 문〉

☑ 문제의 핵심

1. 甲이 취소소송을 제기하기 전에 이주대책대상자 **선정신청 거부행위에 대하여 행정심판을 제기**하는 경우에 취할 수 있는 「**행정심판법」상 행정심판의 종류 및 가구제 수단**에 대하여 검토하시오. (25점)
2. **甲이 사업시행자 乙을 피고로 하여 이주대책대상자 선정신청 거부행위에 대한 취소소송을 제기**하는 경우, **이 취소소송의 적법성**을 검토하시오(단, 원고적격, 대상적격과 피고적격에 한함). (20점)
3. 이 취소소송의 계속 중 乙은 처분의 적법성을 유지하기 위하여 "甲은 이 사건 고시 제8조 제1항 제3호 소정의 세입자에 해당한다."라는 내용으로 **처분사유를 추가·변경**할 수 있는가? (15점)
4. 만일 설문 2.의 취소소송에서 甲의 건축물이 이 사건 고시 제8조 제1항 제1호 소정의 무허가 건축물이 아니라는 이유로 乙의 **거부처분을 취소하는 판결이 확정**되었다면, 그 후 "甲은 이 사건 고시 제8조 제1항 제3호 소정의 세입자에 해당한다."라는 이유로 **乙은 재차 거부할 수 있는가?** (20점)

☑ 쟁점의 정리

1. 이주대책대상자 선정신청 거부행위에 대한 행정심판법상 권리구제수단
   - **(쟁점1) 문제의 소재 : 행정심판의 종류**
     . (문제해결기준 : 조문, 개념, 이론) 행정심판법 제5조(행정심판의 종류), 제3조(행정심판의 대상), 처분성 판단(이론)
     . (답안기술내용) 규정내용, 학설(일원론, 이원론), 판례, 소결, 거부행위의 처분성 인정 요건
     . (포섭) 처분성 판단, 거부(반려)행위의 처분성 – 거부의 대상이 처분, 거부로 권리의무영향, 신청권의 존재 행정심판의 종류 언급
   - **(쟁점2) 문제의 소재 : 가구제수단 : 집행정지 및 임시처분의 가능성 검토**
     . (문제해결기준 : 개념, 조문, 이론, 판례) 행정심판법 제30조, 제31조
     . (답안기술내용) 집행정지 및 임시처분의 각 요건, 거부행위의 집행정지 가능성(학설, 판례, 소결), 임시처분 가능성
     . (포섭)

2. 사업시행자 乙을 피고로 이주대책자 선정신청 거부행위에 대한 취소소송의 적법성 검토
   - **(쟁점1) 원고적격**
     . (문제해결기준 : 개념, 조문, 이론, 판례) – 원고적격, 행정소송법 제12조, 법률상 이익
     . (답안기술내용) 원고적격, 취소소송의 기능, 행정소송법 제12조, 법률상 이익의 범위 설시
     . (포섭)
   - **(쟁점2) 피고적격**
     . (문제해결기준 : 개념, 조문, 이론, 판례) – 피고적격, 행정소송법 제13조, 처분청 등

. (답안기술내용) 조문상 요건, 처분청 등

. (포섭) 사업시행자

‒ **(쟁점3) 대상적격**

. (문제해결기준 : 개념, 조문, 이론, 판례) ‒ 대상적격, 행정소송법 제2조, 처분 등

. (답안기술내용) 조문상 요건, 이론(학설), 학설, 판례, 거부행위의 처분성 인정요건(학설, 판례, 소결)

. (포섭)

3. 처분의 적법성 유지하기 위하여 처분 사유를 추가하거나 변경하는 것 허용되는가?

‒ **(쟁점) 처분사유의 추가변경 가능성, 적용론, 사례포섭**

. (문제해결기준 : 개념, 이론, 판례) ‒ 처분사유의 추가변경 필요성, 개념, 심리상 적용 가부

. (답안기술내용) 처분사유추가변경 개념, 학설(긍정, 부정, 절충, 판례, 소결), 요건, 효과

. (포섭) 기본적 사실관계의 동일성 유무가 판단기준

4. 재차 거부가능한가?

‒ **(쟁점) 기속력의 내용 및 효과**

. (문제해결기준 : 조문, 개념, 내용, 판례) ‒ 행정소송법 제30조

. (답안기술내용) 기속력의 의의, 법적 성격, 요건, 범위, 내용, 효과

. (포섭)

관리번호	시험과목명	사 례 형 제 2 문	시험관리관 확 인	점 수	채점위원인

〈1. 행정심판의 종류와 가구제 수단〉

Ⅰ. 문제의 소재

행정심판법(이하 '법')은 항고심판을 규정하는 바, (1) 乙의 거부가 항고심판의 대상인 처분에 해당하는지? (2) 처분에 해당하는 경우 이주대책대상자가 되기를 원하는 甲의 권리를 구제하기 위한 행정심판의 유형은 무엇인지?, (3) 거부로 甲이 당장 받을 불이익을 막기 위한 가구제의 수단은 무엇인지?가 문제된다.

Ⅱ. 乙의 거부의 처분성 유무

1. 거부처분의 처분성 인정 기준과 乙의 거부의 처분성 유무판단

1) (1) 법 제2조 제1호는 처분을 '행정청이 행하는 구체적 사실에 관한 법집행으로서 공권력의 행사 또는 그 거부'라 하여 거부의 대상이 '공권력 행사'일 것을 요구한다. 이에 대하여 (2) 判例는 (ㄱ) 거부의 대상(신청한 행위)이 '공권력 행사'이고 (ㄴ) 거부로 신청인의 권리나 의무의 영향(법률관계의 변동)이 있어야 하고 (ㄷ) 신청인에게 그 공권력 행사를 요청할 신청권이 있어야 처분으로 보고 있다. (3) 신청권의 검토필요여부에 대하여 (가) 學說은 (i) 대상적격설 (ii) 원고적격설 (iii) 본안판단설, (나) 判例는 대상적격과 원고적격에서 신청권 존부를 같이 검토하며, (다) (小結) 신청권은 요건을 갖춘 일반인을 기준으로 추상적으로 판단하는 것이고, 신청내용 그대로의 인용을 요구하는 것이 아니라 신청에 대한 응답을 받을 권리이므로 대상적격으로 보는 동시에 개인적공권의 판단에서도 신청할 권리를 검토하므로 判例가 타당하다고 본다.

2) 乙의 거부 행위는 判例의 입장에 따를 때 사안에서 (1) 거부의 대상이 이주대책대상자 선정으로 공권력행사이고, (2) 거부로 甲의 재산권과 생활권의 침해가 발생하며 (3) 甲은 사업시행지구 내에 거주하고 있는 자로 이주대책대상자 선정신청권도 갖는 바, 乙의 거부행위는 법상 처분에 해당한다.

Ⅲ. 거부처분에 대한 행정심판의 종류 검토

1. 행정심판의 종류와 甲이 청구가능한 행정심판의 유형은?

1) 법 제3조는 행정심판의 대상을 '처분'으로 하고 법 제5조에서 행정심판의 종류를 취소심판, 무효등확인심판, 의무이행심판으로 정하고 있다. (1) 취소심판은 위법 또는 부당한 처분의 취소하거나 변경하는 행정심판, (2) 무효등확인심판은 처분의 효력 유무 또는 존재여부를 확인하는 행정심판, (3) 의무이행심판은 당사자의 신청에 대한 행정청의 위법 또는 부당한 거부처분이나 부작위에 대하여 일정한 처분을 하도록 하는 행정심판이다.

2) (1) 乙의 거부행위는 처분에 해당하고, (2) 사안에서 처분의 위법 또는 부당, 효력의 유무 또는 존재여부에 대한 별도의 언급이 없는 바, 甲은 취소심판, 무효등확인심판, 의무이행심판 중 어떤 것도 모두 청구가 가능하다고 할 것이다.

IV. 거부처분에 대한 가구제 수단

1. 집행정지의 의의 근거 및 가능성 검토

1) 집행정지는 행정심판위원회가 처분, 처분의 집행 또는 절차의 속행 때문에 중대한 손해가 생기는 것을 예방할 필요성이 긴급하다고 인정할 때, 직권 또는 당사자의 신청에 의하여 처분의 효력, 처분의 집행 또는 절차의 속행의 전부 또는 일부의 정지를 결정하는 것이다(법 제30조).

2) 거부처분의 경우에 집행정지가 인정될 수 있는지에 대해서는 ㈎ 學說은 (i) 행정청을 사실상 구속할 수 있으므로 긍정하는 견해 (ii) 집행정지의 이익이 없어 부정하는 견해 (iii) 원칙은 부정이나 허가갱신의 거부에 대한 집행정지 등 예외적으로 실익이 있는 경우는 긍정하자는 절충견해가 있다. ㈏ 判例는 부정한다. ㈐ (小結) 집행정지의 실익이 있는 경우에만 긍정하는 절충설이 타당하다고 본다. 사안의 해결은 判例에 따른다.

3) 사안에서 乙의 신청거부 행위에 대해서는 집행정지가 인용된다 하여도 거부처분의 집행정지가 될 뿐 신청에 대한 처분의 효력이 생기는 것이 아니므로 그 실익이 없고 따라서 부정함이 타당하다. 이 경우 오히려 임시처분의 검토를 요한다.

2. 임시처분의 의의, 근거 및 가능성 검토

1) (1) 임시처분은 ㈀ 처분이 위법하다고 상당히 의심되는 경우로 ㈁ 행정심판청구가 계속 중이어야 하며, ㈂ 처분으로 당사자가 받을 우려가 있는 중대한 불이익이나 당사자에게 생길 급박한 위험이 존재하여야 하며, ㈃ 이를 막기 위해 임시의 지위를 정하여야 할 필요가 있는 경우에 결정될 수 있다. (2) 소극요건으로 ㈄ 공공복리에 중대한 영향을 미칠 우려가 없으며(제31조 제2항, 제30조 제3항), ㈅ 집행정지로는 목적을 달성할 수 없는 경우이어야 한다(제31조 제3항).

2) 사안에서 상술한 임시처분 요건상황에 대한 구체적인 언급이 없는 바, 요건 상황이 충족되었다면, 집행정지로는 목적달성을 할 수 없는바, 甲은 임시처분 신청을 할 수 있고, 더불어 행정심판위원회 직권으로 임시처분결정도 가능하다 할 것이다.

V. 문제의 해결 - 甲은 취소심판, 무효등확인심판, 의무이행심판청구가 가능, 임시처분신청.

〈2. 甲의 취소소송의 적법여부 : 대상적격, 원고적격, 피고적격〉

Ⅰ. 문제의 소재

취소소송이 적법하려면 문항에서 제시한 대상적격(행정소송법〈이하 법〉 제19조), 원고적격(법 제12조), 피고적격(법 제13조)이 갖춰져야 하는 바, 각각 (1) 거부처분의 처분성, (2) 甲의 법률상 이익 존부, (3) 민간기업인 乙의 피고적격 존부가 문제된다.

Ⅱ. 취소소송 적법성 검토(대상적격, 원고적격, 피고적격 검토)

1. 乙의 거부처분의 처분성 유무 판단

1) 거부처분의 처분성 인정 기준 및 대상적격 가부 검토(대상적격 긍정)

2. 甲의 원고적격 존부 검토

1) (1) 법 제12조는 "취소소송은 처분 등의 취소를 구할 법률상 이익이 있는 자가 제기할 수 있다."고 규정하는 바, (2) 취소소송의 기능 내지 성질과 관련하여 법률상 이익의 의미를 해석하는 방

식이 다른 바, (가) 學說은 (i) 권리구제설, (ii) 법률상이익설, (iii) 법률상보호가치있는이익구제설, (iv) 적법성보장설의 대립이 있다. (나) 判例는 법 제12조의 법률상 이익의 문언에 충실하게 법률상이익설을 취한다. (다) (小結) 判例의 견해가 타당하다. (3) 법률상 이익에서 '법률'의 해석과 관련해서는 (가) 學說은 (i) 당해처분의 근거법률에 한정 (ii) 근거법률외에 관련법률도 포함 (iii) 근거법률, 관련법률에 기본권 규정도 고려하는 견해가 있다. (나) 判例는 최근 근거 및 관련법률에 기본권 규정까지 고려한다. (다) (小結) 실질적이고 폭넓은 권리구제을 도모하기 위하여 判例의 견해가 타당하다.

2) 乙은 기업도시개발 특별법 제14조와, 동법에 근거한 이 사건 고시 제9조에 의하여 개별적, 직접적, 구체적 이익 즉 법률상 이익이 존재하므로 원고적격은 인정된다.

3. 취소소송에서 피고적격 및 민간기업인 乙의 피고적격 존부

1) (1) 취소소송의 피고적격은 처분 등을 행한 행정청에게 있다(법 제13조 제1항). (2) 법 제2조 제2항은 행정청의 범위에 권한을 위임 또는 위탁받은 행정기관, 공공단체 및 그 기관 또는 사인을 포함하고 있다. (3) 따라서 행정청의 권한이 공법인이나 사인(공무수탁사인)에게 위탁된 경우 그 공법인이나 사인은 행정청에 해당된다.

2) 민간기업인 乙의 피고적격 존부(긍정) – (1) 민간기업은 乙은 기업도시개발 특별법 제10조와 제14조에 의거 사업시행자로 지정된 자로서 개발사업을 위하여 필요한 토지 등을 수용 또는 사용할 수 있는 권리등과 이주대책을 수립시행해야 할 의무 등 행정청의 일부 권한을 위탁받은 공무수탁사인에 해당하는 바, (2) 법 제2조 제2항의 행정청으로서 피고적격을 갖는다.

Ⅲ. 문제의 해결 – 乙의 거부처분은 대상적격 인정, 甲은 원고적격이 있으며, 乙도 피고적격이 있음.

〈3. 처분사유 추가변경의 허용성〉

Ⅰ. 문제의 소재

취소소송 계속 중 처분사유의 추가변경의 허용성과 허용되는 경우 그 범위와 한계가 문제된다.

Ⅱ. 乙의 처분사유의 추가변경 가능성 검토

1. 처분사유 추가·변경의 의미, 허용성(인정여부) 및 범위(한계)

1) 처분사유 추가 변경의 의미와 허용성(인정여부) – (1) 처분사유의 추가·변경이란 당초 처분 시에는 존재하였지만 처분이유로 제시되지 아니하였던 사실 및 법적 근거를 소송계속 중에 추가하거나 변경하는 것을 말한다. (2) 처분사유 추가·변경에 대해서는 그 인정여부가 문제되는 바, (가) 學說은 (i) 일회적 분쟁해결이라는 소송경제적 측면을 강조하는 긍정설, (ii) 실질적 법치주의와 상대방의 신뢰보호를 강조하는 부정설, (iii) 당초의 처분사유와 기본적 사실관계의 동일성이 인정되는 범위 내에서 제한적으로 인정된다는 제한적 긍정설이 있다. (나) 判例는 "실질적 법치주의와 행정처분의 상대방인 국민에 대한 신뢰보호라는 견지에서 당초 처분의 근거로 삼은 사유와 기본적 사실관계에 있어서 동일성이 있다고 인정되는 한도 내에서는 다른 사유를 추가하거나 변경할 수 있다"는 제한적 긍정설의 입장 (다) (小結) 실질적 법치주의와 분쟁의 일회적해결이라는 요청 및 원고의 방어권보장과 신뢰보호의 요청의 조화라는 관점에서 判例의 견해가 타당하다.

4쪽으로→

2) 처분사유의 추가·변경의 허용범위 및 한계 − (1) 객관적 한계로 처분의 사유에 있어 기본적으로 그 사실관계의 동일성이 인정되어야 한다 (2) 시간적 한계로 처분시에 객관적으로 존재하였던 사유에 한하여 허용된다.

2. 乙의 처분사유의 추가변경 가능한가? (불가능!)

1) 乙이 추가한 처분사유 즉 "甲이 고시 제8조 제1항 제3호에서 정한 세입자에 해당"한다는 것은 당초 제시한 "甲이 고시 제8조 제1항 제1호 무허가 건축물의 소유자에 해당"한다는 처분사유와 그 기초가 되는 사회적 사실관계가 기본적인 점에서 동일하다고 보기 어렵다 할 것이다. 2) 따라서 처분사유의 추가변경은 불가능하다 할 것이며, 법원은 이 사유에 대하여 심리할 수 없다고 보는 것이 타당하다.

III. 문제의 해결

〈4. 거부처분취소 확정판결의 기속력; 재차 거부의 가능성〉

Ⅰ. 문제의 소재

거부처분 취소확정판결이 있으면 처분청은 원래 신청에 따른 처분을 하여야 하는 이른바 재처분의무가 있는 바, 甲의 신청에 대하여 乙이 '甲이 세입자'라는 이유로 또다시 거부할 수 있는지? 즉 재처분의무 위반이 아닌지 문제된다. 기속력의 객관적 범위가 문제되겠다.

II. 乙이 '甲이 세입자'라는 이유로 또다시 거부할 수 있는가? 판단 (재처분의무 위반 판단)

1. 거부처분취소 확정판결의 기속력의 의의, 근거, 내용, 범위

1) (1) 기속력이란 당사자인 행정청과 관계행정청에게 처분을 취소하는 확정판결에 구속되는 효력을 말한다(법 제30조). (2) 특히 신청을 거부한 것을 취소하는 확정판결에 대해서는 이전의 신청에 대하여 처분청은 처분을 내려야 하는 기속력을 갖는다(법 제30조 제2항). (3) 기속력에 대하여 (가) 學說 (i) 기판력설 (ii) 취소인용판결에서 인정되는 특수한효력이라는 주장 (나) 判例는 행정소송법이 판결의 실효성을 확보하는 특수한 효력 (다) (小結) 判例의 입장

2) (1) 기속력은 구체적으로 행정청에게 반복금지, 재처분, 결과제거의무를 지운다. (2) 기속력은 소송의 당사자인 행정청과 그밖에 관계행정청을 기속하며(주관적 범위), 판결주문과 그 전제가 되는 처분 등의 구체적 위법사유에 관한 이유중의 판단에 대하여 인정된다(객관적 범위). 또한 처분당시를 기준으로 그 때까지 존재하던 처분사유에 한하여 인정된다(시간적 범위).

3) (1) 특히, 기속력의 객관적 효력범위는 판결주문과 그 이유에서 기 판단한 위법의 사유와 그 기본적 사실관계가 동일한 부분에만 미치는 바, (2) 즉 기본적 사실관계의 동일성이 인정되지 않는 부분은 판결의 기속력이 미치지 않고 반복금지, 재처분, 결과제거의무가 인정되지 않는다.

2. 乙이 다시 거부처분 할 수 있겠는가? (할 수 있다. 거부처분 가능)

1) 세입자라는 사유는 이전 취소판결의 위법사유인 무허가건물와는 기본적 사실관계 동일성 없다.

2) 기속력 미치지 않는다(객관적 범위 이탈).

3) 세입자라는 사유를 들어 재차 거부처분 가능

III. 문제의 해결 − 재차 거부 가능

〈제 2 문〉

A시에서 농사를 짓고 있는 甲 등 주민들은 최근 들어 하천에서 악취가 나고 그 하천수를 농업용수로 사용하는 경작지 작물들이 생육이 늦어지거나 고사하는 문제를 발견하였다. 이에 甲 등 주민들이 인근 대학교에 의뢰하여 해당 하천의 수질을 검사한 결과 「물환경보전법」상 배출허용기준을 초과하는 오염물질이 다량 검출되었다. 현재 甲 등 주민 다수에게는 심각한 소화기계통의 질환과 회복할 수 없는 후유증이 발생하였다. 오염물질이 검출된 곳으로부터 2km 상류 지점에는 큰 규모의 제련소가 위치하고 있다. 甲은 물환경보전법령에 따라 개선명령 권한을 위임받은 A시장 乙에게 위 제련소에 대한 개선명령을 요청하였다. 乙이 위 제련소에 대한 정밀조사를 실시한 결과, 위 제련소가 오염물질의 배출원으로 밝혀졌다. 그러나 乙은 그 제련소가 지역경제에서 차지하는 비중을 고려하여 상당한 기간 동안 별다른 조치를 하지 않고 있다. 이에 甲이 「행정심판법」상의 구제수단을 검토 중에 있다. 아래 물음에 답하시오.

1. 甲이 A시에 대하여 갖는 권리는 무엇인가? 그에 대하여 논하라. (20점)

2. 甲은 어떤 행정심판을 청구할 수 있는가? (행정심판의 종류와 그 심판청구의 적법성) (30점)

3. 甲이 취할 수 있는 행정심판법상 가구제 수단은? (15점)

4. 甲이 청구한 위 2.의 행정심판청구를 관할 행정심판위원회에서 인용한 경우, 乙이 이 인용재결의 취지에 따른 처분을 하지 않고 있는 경우 甲이 취할 수 있는 행정심판법상 권리구제수단은? (20점)

5. 甲이 청구한 위 2.의 행정심판청구가 인용된 경우, 乙은 행정심판위원회의 인용재결에 대하여 관할 행정법원에 인용재결의 취소를 구하는 소를 제기할 수 있는가? (15점)

[참조조문]

「물환경보전법」

제 1 조(목적) 이 법은 수질오염으로 인한 국민건강 및 환경상의 위해(危害)를 예방하고 하천·호소(湖沼) 등 공공수역의 물환경을 적정하게 관리·보전함으로써 국민이 그 혜택을 널리 향유할 수 있도록 함과 동시에 미래의 세대에게 물려줄 수 있도록 함을 목적으로 한다.

제 3 조(책무) ① 국가와 지방자치단체는 물환경의 오염이나 훼손을 사전에 억제하고 오염되거나 훼손된 물환경을 적정하게 보전할 수 있는 시책을 마련하여 하천·호소 등 공공수역의 물환경을 적정하게 관리·보전함으로써 모든 국민이 건강하고 쾌적한 환경에서 생활할 수 있도록 하여야 한다.

② 모든 국민은 일상생활이나 사업활동에서 수질오염물질의 발생을 줄이고, 국가 또는 지방자치단체가 추진하는 물환경 보전을 위한 시책에 적극 참여하고 협력하여야 한다.

제39조(배출허용기준을 초과한 사업자에 대한 개선명령) 환경부장관은 제37조 제1항에 따른 신고를 한 후 조업 중인 배출시설(폐수무방류배출시설은 제외한다)에서 배출되는 수질오염물질의 정도가 제32조에 따른 배출허용기준을 초과한다고 인정할 때에는 대통령령으로 정하는 바에 따라 기간을 정하여 사업자(제35조 제5항에 따른 공동방지시설 운영기구의 대표자를 포함한다)에게 그 수질오염물질의 정도가 배출허용기준 이하로 내려가도록 필요한 조치를 할 것(이하 "개선명령"이라 한다)을 명할 수 있다.

문제의 핵심 & 쟁점의 정리 📝

※ 시험장에서 문제를 받자마자 여러분들이 3~5분 동안 해야 할 작업입니다. 문제에서 핵심을 찾아내고, 답안의 쟁점을 파악하여 간략하게 목차를 구성해 보는 것입니다. 이 이후에 본 답안작성에 들어가기 바랍니다.

〈제 2 문〉

☑ 문제의 핵심

1. 甲이 A시에 대하여 갖는 권리는 무엇인가? 그에 대하여 논하라. (20점)
2. 甲은 어떤 행정심판을 청구할 수 있는가? (행정심판의 종류와 그 심판청구의 적법성) (30점)
3. 甲이 취할 수 있는 행정심판법상 가구제 수단은? (15점)
4. 甲이 청구한 위 2. 의 행정심판청구를 관할 행정심판위원회에서 인용한 경우, 乙이 이 인용재결의 취지에 따른 처분을 하지 않고 있는 경우 甲이 취할 수 있는 행정심판법상 권리구제수단은? (20점)
5. 甲이 청구한 위 2. 의 행정심판청구가 인용된 경우, 乙은 행정심판위원회의 인용재결에 대하여 관할 행정법원에 인용재결의 취소를 구하는 소를 제기할 수 있는가? (15점)

☑ 쟁점의 정리

1. 甲이 A시에 대하여 갖는 권리는?
   - (쟁점) 개인적 공권으로서 행정개입청구권
     . (문제해결기준 : 개념, 조문, 이론, 판례) 행정소송법 제12조, 행정소송법 제27조, 개인적 공권
     . (답안기술내용) 재량행위에 있어 개인적 공권 – 무하자재량행사청구권
     　　　　　　　　　재량이 0으로 수축할 경우 – 행정개입청구권(인정여부 학(긍정, 부정), 판, 소)행정개입청구권 성립요건 및 실현 방안
     . (포섭)

2. 행정심판의 종류와 그 심판청구의 적법성
   - (쟁점) 의무이행심판의 심판청구요건(신청 – 거부 – 거부처분취소심판)
     . (문제해결기준 : 개념, 조문, 이론, 판례) 행정심판법 제5조
     . (답안기술내용) 부작위의 개념과 성립요건
     　　　　　　　　　청구인적격, 피청구인적격, 관할행심위, 청구기간, 심판청구의 이익
     . (포섭)

3. 행정심판법상 가구제 수단?
   - (쟁점) 임시처분(거부처분의 집행정지 가능성)
     . (문제해결기준 : 개념, 조문, 이론, 판례) 행정심판법 제31조
     . (답안기술내용) 임시처분의 의의, 개념, 요건, 절차, 효과
     . (포섭)

4. 인용재결의 취지에 따른 처분을 하지 않고 있는 경우 甲이 취할 수 있는 행정심판법상 권리구제수단?
   - (쟁점) 인용재결의 기속력과 기속력 확보수단

. (문제해결기준 : 개념, 조문, 이론, 판례) 행정심판법 제49조, 제50조, 제51조,

. (답안기술내용) 행정심판 재결의 기속력 일반 개념, 의의, 효과, 기속력 확보 수단

        – 직접처분 의의, 요건, 효과

        – 간접강제(신규 포함 내용) 의의, 요건, 효과

. (포섭)

5. 乙은 행정심판위원회의 인용재결에 대하여 관할 행정법원에 인용재결의 취소를 구하는 소를 제기할 수 있는가?

   – (쟁점) **인용재결의 기속력과 피청구인의 제소 금지**

     . (문제해결기준 : 개념, 조문, 이론, 판례) 행정심판법 제49조, 행정심판법 제51조

     . (답안기술내용) 기속력, 행정심판 재청구 금지, 비판론, 입법론

     . (포섭)

관리번호	시험과목명	사 례 형 제 2 문	시험관리관 확 인	점 수	채점위원인

〈 1. 무하자재량행사청구권/행정개입청구권 성부 〉

I. 문제의 소재

乙은 환경부장관으로부터 개선명령에 관한 권한을 위임받았고, 물환경보전법(이하 '법') 제39조에 따라 개선명령은 재량행위에 해당하는 바, 乙에게 개선명령을 하도록 요청하는 甲의 권리가 무하자재량행사청구권에 해당하는지, 행정개입청구권에 해당하는지가 문제된다.

II. 甲의 권리의 법적 성격 (무하자재량행사청구권인가? 행정개입청구권인가?)

1. 무하자재량행사청구권 · 행정개입청구권의 개념, 의의, 요건, 효과

1) (1) 무하자재량행사청구권은 행정청의 행정행위 중 재량행위에 대하여 일반사인이 하자없는 재량행사를 할 것을 요구하는 개인적 공권이다. (2) (가) 學說은 (i) 개인적 공권의 확대경향에서 개념을 긍정하면서 (i-1) 형식적 권리에 불과하다는 견해 (i-2) 무하자재량행사청구권 그 자체로 원고적격이 인정된다는 실질적 권리라는 주장과 (ii) 개념자체를 부정하는 견해가 있다. (나) 判例는 검사임용거부처분사건에서 문제가 되었는데 (a) 실질적 권리로 원고적격을 인정했다는 해석 (b) 공무담임권에서 비롯되는 응답신청권이라는 실체적 권리의 침해이므로 무하자재량행사청구권과 관련없다는 견해가 대립한다. (다) (小結) 무하자재량행사청구권은 형식적(절차적) 권리에 불과하므로 본 권리 자체만으로는 원고적격을 인정하기는 어렵다고 보는 것이 타당할 것이다.

2) (1) 행정개입청구권은 무하자재량행사청구권에서 재량이 0으로 수축하는 경우에 인정되는 권리로서 특정한 행정행위를 요청하는 실체적 권리에 해당한다. (2) 이에 대하여 (가) 學說은 (i) 개념긍정 (ii) 개념부정이 있으나, (나) 判例는 공사중지해제명령거부처분취소사건에서 행정개입청구권을 소극적으로 긍정한 바 있다. (다) (小結) 긍정하는 것이 타당하다. (3) 행정개입청구권의 성립요건으로 (a) 행정청의 행위가 법문상 재량에 해당하나 그 재량이 0으로 수축하는 상황(생명신체 위협상황)이고 (b) 사익보호성을 갖출 것을 요구한다.

2. 甲의 권리의 법적 성격(행정개입청구권)

1) 설문에서 (1) 개선명령에 관한 규정은 재량행위에 해당하나, 현재 甲 등 주민다수에게 심각한 질환과 후유증을 발생하고 있는 바, 개선명령에 관한 재량이 0으로 수축했다고 할 것이고, (2) 개선명령에 관한 규정 등 물환경보전법은 주민의 건강과 환경상 위해를 예방함을 목적으로 하는 바, 甲의 사익을 보호하는 규정이므로 (3) 甲이 乙에게 개선명령을 요청하는 권리는 행정개입청구권에 해당한다고 볼 것이다.

III. 문제의 해결 - 甲의 권리는 행정개입청구권에 해당한다.

〈2. 행정심판법상 행정심판의 종류와 심판청구의 적법성(대상적격 · 청구인적격) 검토〉

2쪽으로→

I. 문제의 소재

甲이 乙에게 개선명령을 요청함에도 불구하고 乙이 별다른 조치를 취하고 있지 않은 바, 甲은 행정심판법상 (1) 의무이행심판을 청구할 수 있는지가 문제되고, 심판청구의 요건 특히 대상적 격으로 (2) 부작위를 인정할 수 있는지, 甲의 (3) 청구인적격이 인정되는지가 문제된다. 그밖에 도 청구기간, 행정심판위원회 관할, 심판청구의 이익 등이 문제되나, 설문상 언급이 없으므로 대 상적격과 청구인적격에 집중한다.

II. 甲의 의무이행심판청구 가능성과 대상적격·청구인적격 인정가능성

1. 행정심판법상 의무이행심판의 의의, 근거, 요건 및 가능성

1) (1) 행정심판법 제5조 제3호는 당사자의 신청에 대한 행정청의 위법 또는 부당한 거부처분이 나 부작위에 대하여 일정한 처분을 하도록 하는 의무이행심판을 규정하고 있다. (2) 의무이행심 판은 항고심판의 한 유형이며, 행정소송법상에는 존재하지 않는다. (3) 의무이행심판은 당사자 의 신청에 대한 거부나 부작위를 대상으로 한다. (4) 의무이행심판청구를 인용하는 재결이 있는 경우 행정청은 지체 없이 당사자의 신청에 따른 처분을 하여야 한다.

2) 본 사례에서 甲의 신청에 대하여 乙은 상당한 기간 동안 별다른 조치를 취하고 있지 않은 바, 부작위에 대하여 의무이행심판을 청구할 수 있다.

2. 의무이행심판청구의 적법요건 충족여부 검토(대상적격, 청구인적격)

1) 의무이행심판은 거부나 부작위를 대상으로 하고 있다(행정심판법 제5조 제3호). 2) 특히 본 사례에서 부작위가 문제되는 바, 부작위가 성립하려면 (a) 부작위의 대상이 처분이어야 하며, (b) 부작위로 인하여 권리나 의무에 영향을 미치고 (c) 부작위에 대하여 신청권이 존재하여야 한 다. 신청권의 존부에 대하여 (가) 學說은 (i) 대상적격요건설 (ii) 원고적격설 (iii) 본안판단설이 있으나, (나) 判例는 대상적격과 원고적격에서 동시에 검토하고 있으며, (다) (小結) 신청권을 포함 안 할 경우 대상적격이 너무 넓어지며, 원고적격에서도 개인적 공권으로 해석될 수 있으므 로 判例의 견해가 타당하다고 본다.

2) (1) 의무이행심판은 처분을 신청한 자로서 부작위에 대하여 일정한 처분을 구할 법률상 이익 이 있는 자가 청구할 수 있다(행정심판법 제13조 제3항). (2) 이에 대하여 (가) 學說은 (i) 정당한 이익을 빠트린 것은 입법의 미비라는 견해, (ii) 행정심판에서 위법부당은 본안심사의 기준에 해 당하므로 청구인적격에서는 법률상 이익으로 보는 것이 타당하다는 견해가 있으나, (나) 통상 재결례에서는 법률상 이익으로 보고 있으며, (다) (小結) 법률상 이익으로 보는 것이 타당하다. (3) 법률상 이익은 개인적 공권으로 행정주체에 대하여 일정한 행정행위를 요구할 권리를 의미 하는 바, (a) 행정청의 행위의무 (b) 사익보호성이 요구된다.

3) 본 사례에서 乙의 부작위가 인정되는지에 대하여 (a) 부작위의 대상인 개선명령이 처분이며, (b) 개선명령의 부작위로 주민들의 권리침해가 있고, (c) 주민 甲에게 개선명령을 요청할 일반적 인 조리상 신청권을 인정할 수 있으므로, 심판청구의 대상적격은 인정된다 하겠다.

4) 甲의 청구인적격이 인정되는지에 관하여 (a) 乙은 하자 없는 재량을 행사하여 개선명령을 할

의무가 있으며, (b) 재량은 0으로 수축되어 있고, (c) 甲에게는 물환경보전법의 목적(제1조), 국가와 지방자치단체의 책무(제3조) 등 관련조항의 해석상 사익보호성이 인정되는 바, 청구인적격이 인정된다고 하겠다.

III. 문제의 해결 - 의무이행심판의 청구가 가능하고, 대상적격과 청구인적격이 인정된다.

※ 개선명령을 신청하고 신청을 거부하는 경우, 거부처분취소심판의 청구가능, 대상적격 · 청구인적격 검토해도 OK

〈3. 甲이 취할 수 있는 행정심판법상 가구제 수단; 임시처분 가능성 검토〉

I. 문제의 소재

甲의 개선명령 신청에 대하여 乙이 부작위하고 있는 바, 행정심판법상 임시처분이 가능한지가 문제된다.

II. 임시처분의 가능성 검토

1. 임시처분의 의의, 근거, 내용, 요건, 효과

1) 행정심판위원회는 처분 또는 부작위가 위법 부당하다고 상당히 의심되는 경우로서 처분 또는 부작위 때문에 당사자가 받을 우려가 있는 중대한 불이익이나 당사자에게 급박한 위험을 막기 위하여 임시지위를 정하여야 할 필요가 있는 경우에는 직권으로 또는 당사자의 신청에 의하여 임시처분을 결정할 수 있다(동법 제31조 제1항).

2) 임시처분은 공공복리에 중대한 영향을 미칠 우려가 있을 때에는 허용되지 않으며(제31조 제2항, 제30조 제3항), 행정심판청구와 동시에 또는 행정심판위원회의 의결이 있기 전까지 신청의 취지와 원인을 적은 서면을 행정심판위원회에 제출하도록 하고 있다.

2. 甲의 임시처분 신청 및 결정 가능성 검토

1) 乙의 부작위는 위법하다고 상당히 의심되는 경우이며, 甲등 주민이 받을 중대한 불이익을 막기 위하여 임시지위를 정할 필요가 있는 바, 甲은 의무이행심판을 제기하면서 임시처분신청을 할 수 있다. 2) 행정심판위원회는 직권으로도 임시처분을 할 수 있으며, 위원회의 결정을 기다릴 경우 중대한 손해가 발생할 우려가 있다고 인정하면 위원장이 직권으로 위원회의 심리 결정에 갈음하는 결정을 할 수 있으며, 이후 행정심판위원회의 추인을 받도록 한다.

III. 문제의 해결 - 임시처분을 신청할 수 있으며, 행정심판위원회가 직권으로 결정가능함

※ 개선명령요청에 대한 거부가 있는 경우, 거부처분에 대한 집행정지는 불가능, 임시처분가능

〈4. 의무이행심판에 대한 인용재결이 있는 경우, 재결 기속력 확보; 직접처분, 간접강제〉

I. 문제의 소재

의무이행심판 인용재결에 대한 기속력의 내용과 행정심판법상 기속력을 확보할 수 있는 수단인 직접처분과 간접강제의 가능성을 검토한다.

II. 의무이행심판의 인용재결의 기속력과 기속력 확보 수단 검토

1. 의무이행심판 인용재결의 기속력 의의, 근거, 내용, 효과

1) (1) 심판청구를 인용하는 재결은 피청구인인 행정청과 그 밖에 관계 행정청을 기속한다(행정

심판법 제49조 제1항).

(2) 당사자의 신청을 거부하거나 부작위로 방치한 처분의 이행을 명하는 재결이 있으면 행정청은 이전의 신청에 대하여 재결의 취지에 따라 처분을 하여야 한다 (동조 제3항).

2) (1) 재결의 기속력은 (a) 위법부당한 처분의 반복금지, (b) 신청한 처분의 거부나 부작위에 대하여 취소 또는 이행을 명하는 경우의 재처분, (c) 위법부당한 결과를 제거하는 결과제거의 각 의무를 갖게 한다. (2) 기속력은 (a) 주관적으로 처분청 및 관계행정청에 (b) 객관적으로 재결의 주문과 이유에 나타난 기본적 사실관계가 동일한 부분에 (c) 시간적으로 처분시까지 그 효력이 미친다.

3) 기속력에 위반한 경우에는 각각 (1) 반복금지를 위반한 처분에 대해서는 무효 (2) 재처분의무를 위반한 경우에는 직접처분과 간접강제를 결정함으로써 그 실효성을 확보하고 있다.

2. 기속력 확보수단으로서의 직접처분과 간접강제

1) (1) 직접처분은 행정심판위원회가 이행을 명하는 재결을 하였음에도 불구하고 처분청이 처분을 하지 아니하는 경우에 당사자가 신청을 하면 처분청에 시정을 명하고 그 기간에 이행을 하지 않은 경우 직접 처분을 하는 제도이다(동법 제50조). (2) 다만 처분의 성질이나 불가피한 사유로 위원회가 직접 처분을 할 수 없는 경우에는 직접처분을 할 수 없다.

2) (1) 간접강제는 최근 신설된 제도로서 거부처분을 취소(무효등확인)하거나, 이행재결이 있음에도 그에 따른 처분을 하지 아니하는 경우 청구인의 신청에 따라 결정으로 상당한 기간을 정하고 피청구인이 그 기간 내에 이행하지 아니한 경우에 그 지연기간에 따라 일정한 배상을 하도록 명하거나 즉시 배상을 할 것을 명하는 제도이다(동법 제50조의2).

3. 甲의 직접처분과 간접강제 신청의 가능성

의무이행심판의 인용재결이 있음에도 乙이 재결에 따른 개선명령을 하지 않고 있으므로 甲은 개선명령을 행정심판위원회에 신청할 수 있고, 또한 개선명령을 직접처분하기 어려운 경우에는 간접강제를 신청하여 이행재결의 기속력을 확보할 수 있겠다.

〈5. 乙의 행정심판인용재결에 대한 취소소송 제기 가능성 검토 및 행심법 위헌소원 적법성〉

I. 문제의 소재

피청구인인 처분청이 행정심판위원회의 인용재결에 대하여 취소소송을 제기할 수 있는지 여부에 대해서는 인용재결의 기속력의 인정범위와 그 효과에 대한 검토가 필요하다.

II. 乙의 행정심판인용재결의 취소소송 제기 가능성 검토

행정심판인용재결의 효력 - 처분청 기속, 반복금지의무(내용상 구속, 제소 불가)(행심법 제49조 제1항)

III. 행정심판법 제49조 제1항 위헌소원(헌법재판소 결정례 2013헌바122 참조)

1. 처분청은 기본권 주체 불가

2. 헌법 제107조 제3항 사법절차의 심급제에 따른 불복할 권리까지 준용되어야 한다는 취지는 아님, 일반사인은 행정심판 재결 이후 행정소송 가능(평등권 침해 아님), 지방자치권 침해 아님

<제 2 문>

A광역시 B구청장은 2017. 4. 3. 관내 개발제한구역 내에 소재한 간선도로 변에 주유소 1개소를 추가로 설치할 수 있도록 'B구 개발제한구역 내 주유소 배치계획 변경고시'를 공고하였고, 같은 날 위 변경고시에 따라 아래 [참조]의 내용으로 '주유소 운영사업자 모집공고'를 하였다.

위 모집공고에 따라 甲은 2017. 4. 3. B구청장에게 주유소 운영사업자 선정신청을 하였고, 乙은 2017. 5. 2. 주유소 운영사업자 선정신청을 하였다.

그런데 甲이 위 선정신청을 하면서 그 신청서에 자신이 생업을 위하여 3년 내의 기간 동안 개발제한구역 밖에 거주한 사실을 기재하고서도 이를 입증할 수 있는 서류를 제출하지 않았다.

위 모집기간이 만료되자 B구청장은 2017. 5. 22. 甲에게 모집공고상 신청자격 1)의 요건을 충족하지 못하였음을 이유로 주유소 운영사업자 불선정처분을 하는 한편, 같은 날 乙에게 주유소 운영사업자 선정처분을 하였다.

[참조] 주유소 운영사업자 모집공고(발췌)

○ 신청자격
  1) 개발제한구역 지정 당시(1991. 12. 29.)부터 본 공고일 현재까지 계속하여 B구의 주민일 것. 다만, 생업을 위하여 3년 내의 기간 동안 개발제한구역 밖에 거주하였거나 세대주 또는 직계비속 등의 취학을 위하여 개발제한구역 밖에서 거주한 경우는 그 기간 동안 B구에서 계속 거주한 것으로 봄.
  2) 개발제한구역에 주택 또는 토지를 소유하고 있을 것.

○ 선정기준
  가. 접수 날짜를 우선순위로 함(동일 날짜 접수는 동일 순위로 하며 배치 계획 시행일 최초 2일까지 접수한 건은 동일 순위로 봄).
     ※ 구비서류 미비로 인하여 접수된 서류의 보완을 요구받은 때에는 보완 서류를 완료하여 접수된 날을 최종 접수순위로 봄.
  나.~마. 생략

○ 접수기간 : 2017. 4. 3. ~ 2017. 5. 2.
○ 사업대상자 선정 : 2017. 5. 중

[구비서류 작성요령]
1. 개발제한구역 지정 당시 거주사실 증명서류
  가. 신청인 당사자 : 주민등록초본(전·출입 내역이 전부 나온 것이어야 함)

나. 세대주 또는 직계비속의 취학을 위하여 개발제한구역 밖에 거주한 경우 : 세대주 또는 직계비속의 주민등록초본(전·출입 내역이 전부 나온 것이어야 함)
다. 생업을 위하여 개발제한구역 밖에 거주한 경우 : 이를 입증할 수 있는 서류
2.~4. 생략

1. 甲이 B구청장을 상대로 자신에 대한 불선정처분의 취소소송을 제기하자, B구청장은 본안전 항변으로 '甲에 대한 불선정처분이 취소되더라도 乙에 대한 선정처분이 취소되거나 효력이 소멸되는 것은 아니므로 소의 이익이 없다'고 주장한다. 이러한 주장은 타당한가? (25점)

2. 甲은 'B구청장이 불선정처분을 함에 있어 미리 사전통지를 하지 아니하였을 뿐만 아니라, 신청시 구비하여야 하는 서류가 미비되었음에도 불구하고 그에 대한 보완 요구를 하지 않은 채 불선정처분을 한 것은 위법하다'고 주장한다. 이러한 주장은 타당한가? (20점)

3. 乙에 대한 주유소 운영사업자 선정처분에 뒤이어 B구청장이 乙에게 주유소 건축허가를 하려고 하자, 甲은 B구청장을 피고로 하여 다음과 같은 청구취지가 기재된 소장을 법원에 제출하였다. 이러한 소송이 현행 「행정소송법」상 허용될 수 있는가? (15점)

청구취지

1. 피고는 소외 乙에게 건축허가를 하여서는 아니 된다.
2. 소송비용은 피고가 부담한다.
라는 판결을 구합니다.

4. 乙이 B구청장에게 「개발제한구역의 지정 및 관리에 관한 특별조치법」제12조 제1항에 따라 주유소 건축허가를 신청하자, B구청장은 인근 주민 丙의 민원을 이유로 그 허가를 거부하였다. 이에 대해 乙은 '위 건축허가는 기속행위이므로 허가권자는 건축허가신청이 「건축법」등 관계 법규에서 정하는 어떠한 제한에 배치되지 않는 이상 당연히 건축허가를 하여야 하고, 요건을 갖춘 자에 대한 허가를 관계 법령에서 정하는 제한사유 이외의 사유를 들어 거부할 수는 없다'고 주장한다. 이러한 주장은 타당한가? (20점)

5. 甲은 불선정처분과 관련하여 B구청장으로부터 이야기를 듣고자 하였다. B구청장이 만남을 거부하자 甲은 B구청장의 집을 방문하여 평소 안면이 있던 B구청장의 배우자 丁에게 양주 1병(시가 15만원 상당)을 주고 나왔다. 귀가한 B구청장은 이러한 사실을 알게 되었으나 신고하지 않았고, 이로 인하여 「부정청탁 및 금품등 수수의 금지에 관한 법률」제22조 제1항 제2호(이하 '이 사건 법률조항'이라 함) 위반 혐의로 기소되었다. B구청장은 소송계속중 이 사건 법률조항이 헌법 제13조 제3항에 위반된다고 생각하여 위헌법률심판제청신청을 위해 변호사에게 문의하였다. 변호사의 입장에서 이 사건 법률조항이 헌법 제13조 제3항에 위반되는지 여부를 검토하시오. (20점)　<헌법문항>

[참조조문]

「개발제한구역의 지정 및 관리에 관한 특별조치법」

제12조(개발제한구역에서의 행위제한) ① 개발제한구역에서는 건축물의 건축 및 용도변경, 공작물의 설치, 토지의 형질변경, 죽목(죽목)의 벌채, 토지의 분할, 물건을 쌓아놓는 행위 또는 「국토의 계획 및 이용에 관한 법률」 제2조 제11호에 따른 도시·군계획사업(이하 "도시·군계획사업"이라 한다)의 시행을 할 수 없다. 다만, 다음 각 호의 어느 하나에 해당하는 행위를 하려는 자는 특별자치시장·특별자치도지사·시장·군수 또는 구청장(이하 "시장·군수·구청장"이라 한다)의 허가를 받아 그 행위를 할 수 있다.

　1. 다음 각 목의 어느 하나에 해당하는 건축물이나 공작물로서 대통령령으로 정하는 건축물의 건축 또는 공작물의 설치와 이에 따르는 토지의 형질변경

　가.~라. : 생략

　마. 개발제한구역 주민의 주거·생활편익·생업을 위한 시설

「개발제한구역의 지정 및 관리에 관한 특별조치법 시행령」

제13조(허가 대상 건축물 또는 공작물의 종류 등) 법 제12조 제1항 제1호에 따른 건축물 또는 공작물의 종류, 건축 또는 설치의 범위는 별표 1과 같다.

[별표 1] 건축물 또는 공작물의 종류, 건축 또는 설치의 범위(제13조 제1항 관련)

시설의 종류	건축 또는 설치의 범위
1.~4. 생략 5. 개발제한구역 주민의 주거·생활편익 및 생업을 위한 시설 가.~라. 생략 마. 주민 공동이용시설	
1)~9) 생략	
10) 휴게소(고속국도에 설치하는 휴게소는 제외한다), 주유소(「석유 및 석유대체연료 사업법 시행령」 제2조 제9호에 따른 석유대체연료 주유소를 포함한다. 이하 같다) 및 자동차용 액화석유가스 충전소	가) 시장·군수·구청장이 수립하는 배치계획에 따라 시장·군수·구청장 또는 지정 당시 거주자가 국도·지방도 등 간선도로변에 설치하는 경우만 해당한다. 다만, 도심의 자동차용 액화석유가스 충전소(자동차용 액화석유가스 충전소 외의 액화석유가스 충전소를 겸업하는 경우를 포함한다. 이하 같다)를 이전하여 설치하는 경우에는 해당 사업자만 설치할 수 있다.

「민원처리에 관한 법률」

제2조(정의) 이 법에서 사용하는 용어의 뜻은 다음과 같다.

1. "민원"이란 민원인이 행정기관에 대하여 처분 등 특정한 행위를 요구하는 것을 말하며, 그 종류는 다음 각 목과 같다.

　가. 일반민원

　　1) 법정민원 : 법령·훈령·예규·고시·자치법규 등(이하 "관계법령등"이라 한다)에서 정한 일정 요건에 따라 인가·허가·승인·특허·면허 등을 신청하거나 장부·대장 등에 등록·등재를 신청 또는 신고하거나 특정한 사실 또는 법률관계에 관한 확인 또는 증명을 신청하는 민원

　　2)~4) 생략

　나. 고충민원 : 「부패방지 및 국민권익위원회의 설치와 운영에 관한 법률」제2조 제5호에 따른 고충민원

제22조(민원문서의 보완·취하 등) ① 행정기관의 장은 접수한 민원문서에 보완이 필요한 경우에는 상당한 기간을 정하여 지체 없이 민원인에게 보완을 요구하여야 한다.

②~③ 생략

「부정청탁 및 금품등 수수의 금지에 관한 법률」

제8조(금품등의 수수 금지) ① 공직자등은 직무 관련 여부 및 기부·후원·증여 등 그 명목에 관계없이 동일인으로부터 1회에 100만원 또는 매 회계연도에 300만원을 초과하는 금품등을 받거나 요구 또는 약속해서는 아니 된다.

②~③ 생략

④ 공직자등의 배우자는 공직자등의 직무와 관련하여 제1항 또는 제2항에 따라 공직자등이 받는 것이 금지되는 금품등(이하 "수수 금지 금품등"이라 한다)을 받거나 요구하거나 제공받기로 약속해서는 아니 된다.

제9조(수수 금지 금품등의 신고 및 처리) ① 공직자등은 다음 각 호의 어느 하나에 해당하는 경우에는 소속기관장에게 지체 없이 서면으로 신고하여야 한다.

1. 생략

2. 공직자등이 자신의 배우자가 수수 금지 금품등을 받거나 그 제공의 약속 또는 의사표시를 받은 사실을 안 경우

②~⑤ 생략

⑥ 공직자등은 제1항에 따른 신고나 인도를 감독기관·감사원·수사기관 또는 국민권익위원회에도 할 수 있다.

제22조(벌칙) ① 다음 각 호의 어느 하나에 해당하는 자는 3년 이하의 징역 또는 3천만 원 이하의 벌금에 처한다.

생략

2. 자신의 배우자가 제8조 제4항을 위반하여 같은 조 제1항에 따른 수수 금지 금품등을 받거나 요구하거나 제공받기로 약속한 사실을 알고도 제9조 제1항 제2호 또는 같은 조 제6항에 따라 신고하지 아니한 공직자등. 다만, 공직자등 또는 배우자가 제9조 제2항에 따라 수수 금지 금품등을 반환 또는 인도하거나 거부의 의사를 표시한 경우는 제외한다.

문제의 핵심 & 쟁점의 정리 📄

※ 시험장에서 문제를 받자마자 여러분들이 3~5분 동안 해야 할 작업입니다. 문제에서 핵심을 찾아내고, 답안의 쟁점을 파악하여 간략하게 목차를 구성해 보는 것입니다. 이 이후에 본 답안작성에 들어가기 바랍니다.

〈제 2 문〉

☑ **문제의 핵심**

1. 甲이 B구청장을 상대로 자신에 대한 불선정처분의 취소소송을 제기하자, B구청장은 **본안전 항변으**로 '甲에 대한 불선정처분이 취소되더라도 乙에 대한 선정처분이 취소되거나 효력이 소멸되는 것은 아니므로 소의 이익이 없다'고 주장한다. 이러한 주장은 타당한가? (25점)

2. 甲은 'B구청장이 불선정처분을 함에 있어 미리 사전통지를 하지 아니하였을 뿐만 아니라, 신청시 구비하여야 하는 서류가 미비되었음에도 불구하고 그에 대한 **보완 요구를 하지 않은 채 불선정처분을 한 것은 위법하다**'고 주장한다. 이러한 주장은 타당한가? (20점)

3. 乙에 대한 주유소 운영사업자 선정처분에 뒤이어 B구청장이 乙에게 주유소 건축허가를 하려고 하자, 甲은 B구청장을 피고로 하여 다음과 같은 청구취지가 기재된 소장을 법원에 제출하였다. <u>이러한 소송이 현행 「행정소송법」상 허용될 수 있는가?</u> (15점)

청구취지

1. 피고는 소외 乙에게 건축허가를 하여서는 <u>아니 된다.</u>
2. 소송비용은 피고가 부담한다.
라는 판결을 구합니다.

---

4. 乙이 B구청장에게 「개발제한구역의 지정 및 관리에 관한 특별조치법」제12조 제1항에 따라 주유소 건축허가를 신청하자, B구청장은 인근 주민 丙의 민원을 이유로 그 허가를 거부하였다. 이에 대해 乙은 '위 건축허가는 **기속행위**이므로 허가권자는 건축허가신청이 「건축법」등 관계 **법규에서 정하는 어떠한 제한에 배치되지 않는 이상 당연히 건축허가를 하여야 하고, 요건을 갖춘 자에 대한 허가를 관계 법령에서 정하는 제한사유 이외의 사유를 들어 거부할 수는 없다**'고 주장한다. 이러한 주장은 타당한가? (20점)

☑ **쟁점의 정리**

1. 소의 이익 유무, 甲의 불선정처분 취소인용판결에도 乙에 대한 선정처분에 영향 없는가? [인용판결의 효력]
   − (쟁점1) 문제의 소재 : 소의 이익 유무 판단
      . (문제해결기준 : 개념, 근거조문, 이론) 행정소송법 제12조 제2문의 해석(소의 이익의 근거조문?, 원고적격?)
      . (답안기술내용) 행정소송법 제12조 제2문의 해석논의(학설, 판례, 소결), 소의 이익 판단기준 (판례)
      . (포섭) 소의 이익 존부 판단
   − (쟁점2) 문제의 소재 : 기속력의 개념, 내용, 효과
      . (문제해결기준 : 개념, 근거조문, 이론) 행정소송법 제31조 기속력, 내용(범위)
      . (답안기술내용) 기속력의 법적 성질(학설(기판력, 특수효력), 판례, 소결), 범위(주관, 객관, 시간), 효과

．(포섭) 기속력의 효과 판단

2. 거부처분에 있어서 사전통지 요부 및 서류보완 미요구의 하자?
－ **(쟁점1) 거부처분 사전통지 요부**

．(문제해결기준 : 개념, 조문, 이론, 판례) － 행정절차법 제21조 사전통지, 침익적 처분, 거부처분은 침익?

．(답안기술내용) 사전통지 의의, 개념, 요건, 효과, 거부처분의 경우 사전통지 요부(학설, 판례, 소결)

．(포섭)

－ **(쟁점2) 서류보완 미요구 이후 거부처분 적법?**

．(문제해결기준 : 개념, 조문, 이론, 판례) － 참조조문 민원사무처리기본법 제22조, 의미, 효과

．(답안기술내용) 서류보완요구, 적법요건, 판례(결여시 위법)

．(포섭)

3. 건축허가를 하여서는 아니 된다 요구하는 행정소송 가능한가?
－ **(쟁점) 처분금지청구소송 가능성; 무명항고소송 인정가능성**

．(문제해결기준 : 조문, 개념, 내용, 판례) － 행정소송법 제1조(개괄주의), 제3조, 제4조, 무명항고소송 인정가능성(학설, 판례, 소결)

．(답안기술내용) 무명항고소송 인정여부, 근거, 학설, 판례, 소결

．(포섭) 불가

4. 개발제한구역내 건축허가의 법적 성격, 기속행위로 거부할 수 없는가?, 기속행위인가?
－ **(쟁점) 건축허가의 법적 성격, 기속행위와 재량행위의 구별, 구별기준, 실익**

．(문제해결기준 : 조문, 법적 성격, 학설, 판례) : 건축허가 관련 참고조문, 기속행위와 재량행위(학설, 판례, 소결), 통상의 허가인가 예외적 승인인가?

．(답안기술내용) 기속행위와 재량행위의 구별이유, 구별기준(학설, 판례, 소결), 구별효과, 허가와 예외적 승인의 구별과 구별기준

．(포섭) 참고조문을 통해 포섭

관리번호	시험과목명	사 례 형 제 2 문	시험관리관 확 인	점 수	채점위원인

〈1. B구청장의 본안전 항변의 타당성; 불선정처분 취소소송의 협의의 소의 이익 존부〉

Ⅰ. 문제의 소재

甲이 주유소 운영사업자 불선정처분(이하 '불선정처분')의 취소를 구할 협의의 소의 이익이 있는지 여부가 문제된다. 불선정처분 취소판결을 통해 甲이 주유소 운영사업자 선정처분을 받을 가능성이 있는지 즉, 재판을 통하여 회복될 수 있는 이익이 있는지 여부가 문제된다.

Ⅱ. 甲이 불선정처분 취소를 구할 협의의 소의 이익이 있는지 여부

1. 협의의 소의 이익의 의의, 근거, 판단기준

1) 의의 – (1) 소의 이익은 원고가 재판을 통해 얻을 수 있는 실제적 이익 또는 원고가 보호받는 법률상 이익의 실제적 보호 필요성을 말한다.

2) 근거 – (1) 행정소송법 제12조 제2문은 처분등의 효과가 기간의 경과, 처분등의 집행 그 밖의 사유로 인하여 소멸된 뒤에도 그 처분등의 취소로 인하여 회복되는 법률상 이익이 있는 경우에는 취소소송을 제기할 수 있다고 정하고 있다. (2) 이에 대하여 (가) 學說은 (i) 협의의 소의 이익의 근거규정으로 보는 견해 (ii) 원고적격으로 보는 견해가 있으며, (나) 判例는 처분등의 효과가 소멸된 경우 소의 이익을 판단하는 기준으로서, 제12조 제1문의 원고적격인 '법률상 이익'과 제2문의 '법률상 이익'이 동일하다고 판단하고 있어 원고적격설에 가까우며, (다) (小結) 협의의 소의 이익은 본안판단의 전제요건을 구비하면 당연히 인정되는 것으로 별도의 근거가 있어야 인정되는 것은 아니므로, 결국 제12조 제2문은 제1문과 같이 원고적격을 정하는 기준으로 봄이 타당하다고 보인다.

3) 판단기준 – (1) 따라서, 협의의 소의 이익은 제12조 제2문의 법률상 이익에 한정되는 것이 아니고, 그 밖에 경제상 또는 정신상의 이익도 포함하여 넓게 인정한다. (2) 그러나, (가) 소송보다 간이한 방법으로 달성가능한 경우 (나) 권리보호가 이론상 의미만 있는 경우 (다) 부당한 목적으로 소구하는 경우는 협의의 소의 이익을 인정할 수 없다.

2. 불선정처분 취소의 소의 협의의 소익 인정 판단 (긍정)

(1) 불선정처분을 취소하는 확정판결이 있는 경우 취소인용판결의 기속력에 의거하여 재처분의무가 존재하므로 (2) B구청장은 甲의 신청에 관하여 재심사하여 자격에 부합하면 선정처분이 이뤄지고, 반면 경원관계에 있는 乙은 선정처분이 직권취소될 것인 바, (3) 이는 재판을 통해서 얻을 수 있는 실제적 이익이 존재하는 것이므로 협의의 소의 이익은 존재한다고 봄이 타당하다.

(2) 判例도 경원관계 일방이 제기하는 거부처분취소의 소의 협의의 소의 이익을 인정하였다.

Ⅲ. 문제의 해결

협의의 소의 이익은 존재하고 B구청장의 주장은 타당하지 않다.

〈2. 불선정처분이 위법하다는 주장의 타당성; 거부처분의 사전통지, 민원 보완요구 흠결〉

Ⅰ. 문제의 소재

B구청장의 불선정처분이 (1) 사전통지절차의 결여 (2) 서류미비 민원의 보완요구 흠결로 위법한지 여부가 문제된다. (1)은 거부처분에 있어 사전통지의 필요성과 결여시 하자문제 (2)는 민원처리에 관한 법률상 보완요구를 결한 경우 하자문제이다.

Ⅱ. 사전통지절차 결여와 불선정처분의 위법성

1. 행정절차법과 사전통지절차의 의의, 요건, 효과

1) 의의 – (1) 행정절차법 제21조는 행정청은 당사자에게 의무를 부과하거나 권익을 제한하는 처분을 하는 경우에는 미리 처분의 제목, 당사자의 성명, 처분의 원인사실과 처분의 내용 및 법적 근거 등을 당사자등에게 통지하도록 정하고 있다.

2) 사전통지절차는 불이익한 처분에 대하여 사전에 통지하고 그에 대하여 당사자에게 의견을 듣는 절차로서 당사자의 절차적 권리를 보장하는 것으로 처분의 절차적 적법요건에 해당한다.

3) 사전통지절차를 결한 경우 해당처분은 위법하며, 이는 취소될 수 있다(하자 치유).

2. 거부처분에 있어 사전통지절차 필요 여부와 B구청장의 불선정처분의 위법여부

1) (가) 學說은 (i) 거부처분은 신청에 대한 반려로 기존에 갖는 이익을 침해하는 즉 권익을 제한하는 처분에 해당하지 않으므로 사전통지절차가 필요하지 않다는 부정설 (ii) 거부처분은 처분을 예상하는 잠재적 이익을 침해하는 것이므로 불이익처분에 해당하고 사전통지가 필요하다는 긍정설이 있고 (나) 判例는 거부처분은 기존에 이익이 없었으므로 불이익도 없고 따라서 사전통지절차는 불필요하다는 부정설에 입각 (다) (小結) 현실화된 불이익이 없으므로 부정설이 타당하다고 보인다.

2) 사안에서 B구청장의 불선정처분은 불이익처분이라 할 수 없으므로 행정절차법 제21조의 적용대상에 해당하지 않고 따라서 사전통지 절차를 결한다 하더라도 위법하다고 할 수 없다.

Ⅲ. 민원처리에 관한 법률상 보완요구 결여와 불선정처분의 위법성

1. 민원처리에 관한 법률(이하 '민원법')상 민원 및 보완요구의 의의, 효과

1) 민원법 제2조 제1호 가목1)은 관계법령에서 정한 일정요건에 따라 인가 등을 신청하거나 장부 등에 등록등재를 신청 또는 신고하거나 특정한 사실 또는 법률관계에 관한 확인 또는 증명을 신청하는 민원을 법정민원으로 정하고 있다.

2) (1) 민원법 제22조는 행정기관의 장이 접수한 민원문서의 보완이 필요한 경우에는 상당한 기간을 정하여 지체없이 민원인에게 보완을 요구하여야 한다고 정하고 있다. (2) 접수한 민원문서의 보완이 필요한 경우에도 보완을 요구하지 않고 한 처분에 대해서는 해당 처분은 절차를 결여한 하자가 있는 처분으로 위법한 처분에 해당한다(判例).

2. B구청장의 보완요구 결여와 불선정처분의 위법 여부

사안에서 甲의 선정신청은 법정민원에 해당하고, 이에 대한 B구청장은 보완요구 결여 및 이후 불선정처분은 민원법 제22조를 위반한 바, 절차상 하자가 있는 처분으로 위법하다.

Ⅳ. 문제의 해결 – 불선정처분 중 사전통지결여는 위법성 불인성, 보완요구결여는 위법성 인정

〈3. 금지청구소송의 「행정소송법」상 허용성; 무명항고소송 가능성 검토〉

Ⅰ. 문제의 소재

甲이 B구청장을 피고로 하여 乙의 건축허가금지를 구하는 소송은 예방적 금지소송에 해당하는 바, 우리 「행정소송법」(이하 '법')이 예방적 금지소송을 소송의 유형으로 정하고 있는가? 나아가 현행 법의 규정을 확대해석하여 예방적 금지소송 등 무명항고소송을 인정할 수 있겠는가?가 문제된다.

Ⅱ. 건축허가 금지소송의 법상 허용가능성 판단

1. 현행법상 행정소송의 종류와 무명항고소송의 가능성

1) 행정소송법은 제3조와 제4조에서 행정소송의 종류와 행정청을 피고로 처분등과 부작위를 대상으로 하는 항고소송의 종류를 정하고 있는 바, 이에는 취소소송과 무효등확인소송과 부작위위법확인소송이 있으며, 이를 강학상 법정항고소송이라 한다.

2) 무명항고소송은 법정외항고소송으로 행정소송법이 정하고 있는 항고소송 이외에 처분청을 피고로 하여 처분등을 대상으로 하는 소송으로 (가) 의무이행을 구하는 의무이행소송, (나) 적극적 처분을 구하는 적극적 형성소송 (다) 미리 처분등을 하지 못하도록 금지를 구하는 예방적 금지소송이 있다.

3) 무명항고소송에 대하여는 (가) 學說은 (i) 행정소송에 있어서 개괄주의와 헌법상 기본권으로서의 재판청구권을 보장하기 위해서 인정하여야 한다는 긍정설 (ii) 행정과 사법의 권력의 분립, 이로 인한 부작위위법확인소송 등 사법의 소극성을 이유로 하는 부정설 (나) 判例는 일관되게 무명항고소송을 부정하여 법정항고소송이외의 어떠한 형태도 인정하지 않고 있다. (다) (小結) 행정에 대한 국민의 권익구제의 폭을 넓혀 기본권인 재판청구권의 실현한다는 측면에서 긍정설이 타당하다고 본다. (라) 본 사례는 判例의 입장에 따라 해결

2. 건축허가 금지를 구하는 소송의 허용성 판단

1) 건축허가 금지소송은 예방적 금지소송으로 행정소송법상 명시된 소송의 형태가 아니다. 즉 법정외 항고소송에 해당하고, 이는 判例가 그 허용성을 부정하는 바, 判例견해에 따라 건축허가 금지소송은 불허된다고 할 것이다.

2) 다만, 국민의 재판청구권의 실질적으로 보장하고 행정에 대한 권익구제를 강화하는 측면에서 인정하는 것이 타당하고 보며, 특히 행정소송법 개정을 통해서 명문화하는 것도 필요하다고 본다.

Ⅲ. 문제의 해결 - 행정소송법상 허용 불가능하다.

〈4. 주민 丙의 민원에 기한 건축허가거부처분의 위법성; 개발제한구역내 건축허가 법적 성격〉

Ⅰ. 문제의 소재

「개발제한구역의 지정 및 관리에 관한 특별조치법」(이하 '법')상 개발제한구역내 건축물에 대한 건축허가의 법적 성격이 문제되는 바, 乙의 주장대로 기속행위에 해당하는지?, 법정외 제한 사유를 이유로 거부할 수 없는지?를 검토한다.

Ⅱ. 법정외 제한 사유를 이유로 거부 가능한가?(주유소 건축허가의 법적 성격)

1. 기속행위 여부 판단 - 기속행위 개념, 기속과 재량의 구별

1) (1) 기속행위란 법규상 요건이 충족되면 법규가 정하는 효과로서의 행위를 행정청이 반드시 행하는 행정행위를 말한다. (2) 즉 기속행위인 경우 법규에서 정하는 요건 이외의 사유는 효과발동에 있어서 개입되어서는 안된다. (3) 반면 재량행위는 법규상 요건이 충족된 경우에도 행정청은 그 효과로서의 행정행위로 나아갈지 나아가지 않을 지를 선택 또는 결정할 수 있는 행정행위를 말한다.

2) 기속과 재량의 판단에 대해서 (가) 學說은 (i) 요건에 기초해 판단하는 요건재량설 (ii) 행정행위의 효과(수익,침익)를 기준으로 판단하는 효과재량설 (iii) 법령규정방식, 취지·목적, 행정행위 성질을 종합적으로 고려하는 종합설, (나) 判例는 종합설의 기본입장에서 효과재량설을 보충기준으로 활용, 최근에는 공익성을 기준으로 제시, (다) (小結) 判例의 입장을 기본으로, 헌법의 기본권보장 즉 사익과 행정행위의 공익을 교량해 판단하는 기본권기준설을 가미하는 것이 타당하다고 본다.

3) 사안에서 주유소 건축허가는 判例의 입장과 기본권기준설에 따라 판단해 보면, 법률의 규정방식만으로는 기속과 재량의 판단이 어려운 바, 건축허가는 수익적 효과를 가져온다는 점, 법상 개발제한구역내의 건축행위는 건축행위를 하는 사인의 이익보다는 공익의 중대성이 매우 큰 점 등을 감안할 때 재량행위로 판단함이 합당하다 사료된다.

2. 허가[예방적 금지의 해제(자유의 회복)?, 예외적 승인?] 여부

1) 주유소 건축허가가 (1) 강학상 허가로 법령에 의해서 자유가 제한되고, 그 제한을 해제하여 자유를 일반에게 회복시켜주는 행정행위인지? 또는 (2) 예외적 승인으로 사회적으로 유해하거나 바람직하지 않은 행위에 대하여 억제적인 금지를 전제로 하여 예외적인 경우에 해제하여 주는 행정행위인지가 문제된다.

2) (1) 강학상 허가는 자유의 회복에 중점을 두므로 일반적으로 해제가 예정되어 있는 경우의 금지의 해제이므로 기속행위와 가깝고 (2) 반면, 예외적 승인은 사회적으로 바람직하지 않은 행위를 기본 대상으로 하므로 해제의 일반적 예정을 상정할 수 없고 따라서 행정청의 재량의 폭이 넓어진다.

3) 사안에서 주유소 건축허가는 개발제안구역내의 건축행위로 일반적으로 모두에게 해제가 예정되어 있다고 할 수 없고 기본적으로 건축 자체가 바람직하지 않으나 예외적인 선에서 해제하여 주는 예외적 승인에 해당한다고 할 것이다(判例).

3. 법정사유 이외의 사유로 주유소 건축허가 거부 가능성 판단

법상 주유소 건축허가는 재량행위에 해당하고, 행정처분의 법적 성격이 예외적 승인에 해당하는 바, 행정청의 폭넓은 재량이 인정되므로 법정사유 이외의 사유로 건축허가의 거부가 가능하다고 할 것이다.

Ⅲ. 문제의 해결 - 따라서 乙의 주장의 타당성은 결여되어 있다.

〈제 2 문〉

5인 가족을 부양하고 있는 甲은 공직에서 은퇴한 뒤 퇴직금 등 자신의 거의 전재산을 투입하여 서울 종로구 소재 헬스클럽 앞에서 일반음식점영업인 삼계탕집을 경영하고 있는데, 거의 대부분의 손님이 위 헬스클럽 회원들이다. 그런데 경쟁 업소인 또 하나의 삼계탕집에서 사용하는 식재료가 다소 불결하다는 소문이 돌자 건강관리에 예민한 헬스클럽 회원들 대부분이 甲의 삼계탕집을 이용하게 되면서 甲의 삼계탕집은 성업을 이루게 되었다.

그런데 종로구청 식품위생과 공무원들이 2016. 9. 1. 甲의 삼계탕집을 단속한 결과 주방에서 생률(生栗 ; 날것 그대로의 밤)이 담긴 봉지의 상단에 '유통기한 : 2016. 8. 25.까지'라는 문구가 적혀 있는 사실을 발견하자, 종로구청장 A는 2016. 9. 5. "甲이 2016. 9. 1.에 유통기한이 경과한 생률을 조리의 목적으로 주방에 보관함으로써 식품위생법 제44조 제1항 제3호를 위반하였다."는 이유로 식품위생법 제75조 및 동법 시행규칙 제89조 별표 23에 따라 甲에게 2016. 10. 1.부터 15일간 영업정지를 명하는 처분(이하 '1차 영업정지처분'이라 한다)을 하였고 이 처분은 2016. 9. 12. 甲에게 도달되었다. 甲은 2016. 9. 28. 종로구청장을 피고로 하여 서울행정법원에 1차 영업정지처분 취소를 구하는 소(이하 '이 사건 소'라 한다)를 제기하였다.

1. 甲이 이 사건 소를 제기하면서 동시에 서울행정법원에 1차 영업정지처분에 대한 집행정지신청(이하 '이 사건 집행정지신청'이라 한다)을 한 경우, 이 사건 집행정지신청은 인용될 수 있는가? (15점)

2. 만약 甲이 취소소송을 2016. 9. 28.이 아니라 2016. 12. 12.에 제기하는 경우라면, 그 소는 적법한가? (25점)

3. 2016. 9. 28. 제기한 이 사건 소에서, 甲이 위와 같이 생률을 보관한 것은 영업번성을 기원하기 위해 2016. 9. 2.에 지내기로 한 고사(告祀)에 사용하기 위한 것이지 조리의 목적으로 보관한 것이 아니라는 이유로 1차 영업정지처분을 취소하는 판결이 확정되었다. 그 후 종로구청장 A는 "2016. 9. 1. 甲이 유통기한이 경과한 생률을 조리의 목적으로 주방에 보관한 것이라는 종업원의 증언을 새로 확보하였다."는 이유로 甲에게 다시 15일간의 영업정지처분(이하 '2차 영업정지처분'이라 한다)을 하였다(2차 영업정지처분

에 대한 집행정지결정은 없다). 그런데 甲이 2차 영업정지처분에 정해진 영업정지기간에도 계속 영업을 하자 종로구청장 A는 甲에 대해 영업소폐쇄명령을 하였다. 이 영업소폐쇄명령은 유효한가? (20점)

4. 이 사건 소에서 인용판결이 확정된 후, 甲은 1차 영업정지처분이 위법하다고 주장하면서 영업정지로 인한 손해의 배상을 청구하는 소송을 민사법원에 제기하였다. 이 경우 민사법원은 1차 영업정지처분이 위법하다고 판단하여야 하는가? (20점)

[참조조문]

「식품위생법」 (※ 가상의 법률임)

제44조(영업자 등의 준수 사항) ① 식품접객영업자 등 대통령령으로 정하는 영업자와 그 종업원은 영업의 위생관리와 질서유지, 국민의 보건위생 증진을 위하여 영업의 종류에 따라 다음 각 호에 해당하는 사항을 지켜야 한다.

3. 유통기한이 경과된 제품·식품 또는 그 원재료를 조리·판매의 목적으로 소분·운반·진열·보관하거나 이를 판매 또는 식품의 제조·가공에 사용하지 말 것

제75조(허가취소 등) ① 식품의약품안전처장 또는 특별자치도지사·시장·군수·구청장은 영업자가 다음 각 호의 어느 하나에 해당하는 경우에는 대통령령으로 정하는 바에 따라 영업허가 또는 등록을 취소하거나 6개월 이내의 기간을 정하여 그 영업의 전부 또는 일부를 정지하거나 영업소 폐쇄(제37조 제4항에 따라 신고한 영업만 해당한다. 이하 이 조에서 같다)를 명할 수 있다.

13. 제44조 제1항·제2항 및 제4항을 위반한 경우

② 식품의약품안전처장 또는 특별자치도지사·시장·군수·구청장은 영업자가 제1항에 따른 영업정지명령을 위반하여 영업을 계속하면 영업허가 또는 등록을 취소하거나 영업소 폐쇄를 명할 수 있다.

⑤ 제1항 및 제2항에 따른 행정처분의 세부기준은 그 위반 행위의 유형과 위반 정도 등을 고려하여 총리령으로 정한다.

「식품위생법 시행령」[대통령령 제26936호](※ 가상의 법률임)

제21조(영업의 종류) 법 제36조 제2항에 따른 영업의 세부 종류와 그 범위는 다음 각 호와 같다.

8. 식품접객업

나. 일반음식점영업 : 음식류를 조리·판매하는 영업으로서 식사와 함께 부수적으로 음주행위가 허용되는 영업.

「**식품위생법 시행규칙**」[총리령 제1297호]

제57조(식품접객영업자 등의 준수사항 등) 법 제44조 제1항에 따라 식품접객영업자 등이 지켜야 할 준수사항은 별표 17과 같다.

제89조(행정처분의 기준) 법 제71조, 법 제72조, 법 제74조로부터 법 제76조까지 및 법 제80조에 따른 행정처분의 기준은 별표 23과 같다.

[**별표 23**] 행정처분 기준(제89조 관련)

　Ⅱ. 개별기준

　　3. 식품접객업

　　　영 제21조 제8호의 식품접객업을 말한다.

　　10. 법 제44조 제1항을 위반한 경우

　　　가. 식품접객업자의 준수사항(별표 17 제6호 자목·파목·머목 및 별도의 개별 처분기준이 있는 경우는 제외한다)의 위반으로서

　　　　4) 별표 17 제6호 나목, 카목, 타목 3)·4), 하목 또는 어목을 위반한 경우

　　　　　1차 위반 : 영업정지 15일

　　　　　2차 위반 : 영업정지 1개월

　　　　　3차 위반 : 영업정지 3개월

[참조자료]

2016년

표시된 날은 평일 중 공휴일임.

9월 September						
일	월	화	수	목	금	토
				1	2	3
4	5	6	7	8	9	10
11	12	13	14	15	16	17
18	19	20	21	22	23	24
25	26	27	28	29	30	

10월 October						
일	월	화	수	목	금	토
						1
2	3	4	5	6	7	8
9	10	11	12	13	14	15
16	17	18	19	20	21	22
23	24	25	26	27	28	29
30	31					

11월 November						
일	월	화	수	목	금	토
		1	2	3	4	5
6	7	8	9	10	11	12
13	14	15	16	17	18	19
20	21	22	23	24	25	26
27	28	29	30			

12월 December						
일	월	화	수	목	금	토
				1	2	3
4	5	6	7	8	9	10
11	12	13	14	15	16	17
18	19	20	21	22	23	24
25	26	27	28	29	30	31

문제의 핵심 & 쟁점의 정리 📄

※ 시험장에서 문제를 받자마자 여러분들이 3~5분 동안 해야 할 작업입니다. 문제에서 핵심을 찾아내고, 답안의 쟁점을 파악하여 간략하게 목차를 구성해 보는 것입니다. 이 이후에 본 답안작성에 들어가기 바랍니다.

〈제 2 문〉

☑ 문제의 핵심

1. 甲이 이 사건 소를 제기하면서 동시에 서울행정법원에 1차 영업정지처분에 대한 집행정지신청(이하 '이 사건 집행정지신청'이라 한다)을 한 경우, **이 사건 집행정지신청은 인용될 수 있는가?** (15점)

2. 만약 甲이 **취소소송을 2016. 9. 28.이 아니라 2016. 12. 12.에 제기하는 경우라면, 그 소는 적법한가?** (25점)

3. 2016. 9. 28. 제기한 이 사건 소에서, 甲이 위와 같이 생굴을 보관한 것은 영업번성을 기원하기 위해 2016. 9. 2.에 지내기로 한 **고사(告祀)에 사용하기 위한 것이지 조리의 목적으로 보관한 것이 아니라는 이유로 1차 영업정지처분을 취소하는 판결이 확정**되었다. 그 후 종로구청장 A는 "**2016. 9. 1. 甲이 유통기한이 경과한 생굴을 조리의 목적으로 주방에 보관한 것이라는 종업원의 증언을 새로 확보**하였다."는 이유로 甲에게 **다시 15일간의 영업정지처분(이하 '2차 영업정지처분'이라 한다)**을 하였다(2차 영업정지처분에 대한 집행정지결정은 없다). 그런데 甲이 2차 영업정지처분에 정해진 **영업정지기간에도 계속 영업을 하자 종로구청장 A는 甲에 대해 영업소폐쇄명령**을 하였다. 이 영업소폐쇄명령은 유효한가? (20점)

4. 이 사건 소에서 **인용판결이 확정된 후, 甲은 1차 영업정지처분이 위법하다고 주장하면서 영업정지로 인한 손해의 배상을 청구하는 소송을 민사법원에 제기**하였다. 이 경우 민사법원은 1차 영업정지처분이 위법하다고 판단하여야 하는가? (20점)

☑ 쟁점의 정리

1. 이 사건 집행정지신청은 인용될 수 있는가?
   - (쟁점) 행정소송법상 집행정지 검토
     . (문제해결기준 : 개념, 조문, 이론, 판례) 행정소송법 제23조 집행정지
     . (답안기술내용) 집행정지 의의, 개념, 요건, 절차, 효과
     . (포섭)

2. 그 소는 적법한가? -
   - (쟁점) 소송요건(제소기간, 협의의 소의 이익)
     . (문제해결기준 : 개념, 조문, 이론, 판례) 행정소송법 제41조, 행정소송법 제12조
     . (답안기술내용) 여타 소송요건 문제의 제기에서 갖추고 있다고 언급(원피고, 처분성등)
       　　　　　　　　법전참조 - 제소기간, 소의 이익
       　　　　　　　　시행규칙(부령)형식의 제재적처분기준의 법규성문제 - 소의 이익 문제
       　　　　　　　　※ 대법원 판례의 변경(소의 이익 없다 → 있다), 별개의견(법규성 인정하자!), 소결
     . (포섭)

3. 영업소폐쇄명령은 유효한가?
  - (쟁점) **폐쇄명령의 유효성? 판단 - 기속력 위반한 처분 효력**
    . (문제해결기준 : 개념, 조문, 이론, 판례) 행정소송법 제30조 기속력, 참조조문(식품위생법)
    . (답안기술내용) 기속력의 의의, 근거, 내용, 범위, 위반시 효과
                    영업소폐쇄명령의 구성요건 갖추고 있는가? - 2차영업정지처분은 유효한가?
                    - 1차영업정지처분 취소확정판결의 기속력(처분청에 대한)
    . (포섭) 기속력 위반한 처분은 무효 - 2차영업정지처분 무효 - 영업소폐쇄명령 무효

4. 민사법원은 1차영업정지처분이 위법하다고 판단하여야 하는가?
  - (쟁점) **기판력문제 - 위법성 (행정법원 확정판결과 민사법원 심리의 관계)**
    . (문제해결기준 : 개념, 조문, 이론, 판례) 국가배상법 제2조, 행정소송법 제8조, 민사소송법 제216조, 제218조 기판력
    . (답안기술내용) 국가배상법상 위법의 의미 - 학설, 판례, 소결
                    취소인용확정판결의 기판력 - 인정범위(객관, 주관, 시간) - 객관적 범위(취소소송의 소송물, 학설, 판례, 소결)
                    취소인용확정판결의 기판력국가배상소송에 위법성 판단에 미치는가? (인용 - 미침, 기각 - 안 미침)
    . (포섭)

관리번호	시험과목명	사 례 형 제 2 문	시험관리관 확 인	점 수	채점위원인

〈1. 집행정지신청 인용가능성; 집행정지 요건〉

Ⅰ. 문제의 소재

甲의 1차 영업정지처분에 대한 집행정지신청의 인용가능성을 판단하기 위하여 행정소송법(이하 '법')상 집행정지의 요건을 충족하는지 여부가 문제된다.

Ⅱ. 집행정지 인용가능성 검토 (적극)

1. 집행정지의 의의와 요건 및 절차

1) 집행정지는 취소소송이 제기된 경우에 처분등이나 그 집행 또는 절차의 속행으로 인하여 생길 회복하기 어려운 손해를 예방하기 위하여 긴급한 필요가 있는 경우, 처분등의 효력이나 그 집행 또는 절차의 속행의 전부 또는 일부의 정지하도록 하는 가구제 제도이다(법 제23조).

2) 집행정지는 (1) 취소소송의 제기 후 또는 동시에 제기되어야 하고 (2) 회복하기 어려운 손해를 예방하기 위하여 긴급한 필요가 있어야 하며 (3) 공공복리에 중대한 영향이 없고(법 제23조 제3항) (4) 본안청구의 이유 없음이 명백하지 않을 때 (5)당사자의 신청이나 법원의 직권에 의해서 이뤄질 수 있다.

2. 1차 영업정지처분에 대한 집행정지신청의 인용가능성

1) 본 사안에서 (1) 취소소송이 제기되어 있고, (2) 甲의 전재산을 투입하여 음식점을 경영하고 있는 바, 영업정지로 인하여 회복하기 어려운 손해를 예방할 긴급한 필요가 인정되며, (3) 영업정지처분의 집행정지가 공공복리에 중대한 영향을 미칠 것은 아니라고 사료되며, (4) 본안 소인 취소소송의 대상이 되는 영업정지처분은 근거 법(식품위생법 제75조 제1항)에 의거 재량행위에 해당하고, 법규성이 없는 총리령(식품위생법 시행규칙 별표23)으로 제재적 처분기준을 정하는 바, 영업정지처분에 대한 취소의 소가 이유 없다는 것이 명백하다고 할 수 없다.

2) 집행정지 요건을 갖춘 바 1차 영업정지처분에 대한 집행정지신청의 인용가능하다고 본다.

Ⅲ. 문제의 해결 - 1차 영업정지처분에 대한 甲의 집행정지신청의 인용가능성이 있다.

〈2. 취소소송의 적법성; 제소기간, 협의의 소의 이익〉

Ⅰ. 문제의 소재

소가 적법하려면 행정소송법(이하 '법')이 정하는 취소소송의 소송요건을 갖춰야 한다. 본 사안에서 원고적격(甲), 피고적격(종로구청장), 대상적격(영업정지처분), 재판관할(서울행정법원)은 갖췄으나, 제소기간과 협의의 소의 이익의 충족여부가 문제되겠다. 특히 행정규칙형식 가중된 제재적처분기준에 있어서, 협의의 소의 이익 존부가 문제된다.

Ⅱ. 취소소송의 적법성 검토 (제소기간, 협의의 소의 이익)

1. 제소기간 의의 및 기간준수 여부 검토

2쪽으로→

1) (1) 취소소송은 처분이 있음을 안 날부터 90일 이내에, 처분이 있은 날로부터 1년 이내에 제기하여야 한다(법 제20조). (2) 처분이 있음을 안 날은 당해 처분의 존재를 현실적으로 안 날을 의미하며, 처분이 있은 날은 처분이 대외적으로 표시되어 효력을 발생한 날을 의미한다. 어느 하나의 기간이 만료되면 제소기간은 도과한다.

2) 甲이 처분이 있음을 안 날은 1차 영업정지처분이 甲에게 도달한 2016.9.12.이다. 안 날로부터 90일이 되는 날은 초일불산입원칙(민법 제157조)에 따라 2016.9.13.일부터 기산하여 2016.12.11. 이나, 동일은 일요일인 바, 익일인 2016.12.12.이 제소기간의 종료일이 된다(민법 제161조). 甲은 2016.12.12. 소를 제기한 바, 제소기간은 준수하였다.

2. 협의의 소의 이익 의의 및 존부 검토 (부령(시행규칙) 형식의 가중된 제재적처분기준 관련)

1) 의의, 근거 – (1) 협의의 소의 이익은, 원고가 재판을 통해 얻을 수 있는 실제적 이익 또는 원고가 보호 받는 법률상 이익의 실제적 보호필요성을 말한다. (2) 법 제12조도 처분등의 효과가 기간의 경과, 처분등의 집행 그 밖의 사유로 인하여 소멸된 뒤에도 그 처분등의 취소로 인하여 회복되는 법률상 이익이 있는 경우에는 취소소송을 제기할 수 있다고 규정하고 있다. 이 규정에 대해 (가) 學說은 (i) 협의의 소의 이익의 근거로 보는 견해(입법상 과오), (ii) 처분 효력소멸시 법률상 이익 즉 원고적격으로 보는 견해(입법상 과오 없음)가 있고, (나) 判例의 입장은 불분명하나 원고적격에서의 법률상 이익으로 판단하는 것으로 보이며, (다) (小結) 원고적격(입법상 비과오)으로 봄이 타당하고, 따라서 원고적격의 법률상 이익보다 협의의 소의 이익은 더 넓게 인정함이 합당하다.

2) 가중된 제재적 처분기준과 협의의 소의 이익 존부 – (1) 처분의 효과가 기간경과로 소멸했지만, 가중된 제재적 처분기준으로 인해 향후 가중된 제재를 받을 우려가 있는 경우에 1차 처분의 취소의 소에 대한 협의의 소의 이익의 인정여부가 문제된다. (2) (가) 從前 判例는 가중 제재적 처분기준이 대통령령(시행령)에 있는 경우에는 기준의 법규성(대외적 구속력)을 긍정하여 협의의 소의 이익을 인정하는 반면, 그 기준이 부령(시행규칙)에 있는 경우는 법규성이 부재하므로 협의의 소의 이익을 부정하였다. (나) 現在 判例는 대통령령 또는 부령 불문하고 가중된 제재적 처분기준으로 가중제재의 가능성이 있는 경우 협의의 소의 이익을 긍정하고 있다. (다) (小結) 가중적 제재 처분기준으로 잠재적으로 제재처분을 받을 가능성 있는 경우는 공히 존재하므로 시행령 시행규칙 불문 협의의 소의 이익을 인정하는 것이 타당하다. 다만 判例는 부령인 제재적 처분기준에 대하여 법규성을 인정하고 있지 않은 바, 이는 부령 역시 헌법 제95조가 정하는 법규명령의 형식인바, 법규성을 인정하는 것이 타당하다고 하겠다(대판, 별개의견).

3) 甲이 1차 영업정지처분에 대하여 2016. 12. 12. 제기한 취소소송은 영업정지기간이 도과한 후에 제기되었으나, 본 처분의 위법을 다투지 않은 채로, 2차 위반이 발생한 경우에 식품위생법 시행규칙 별표23에 의거 가중된 제재처분(영업정지 1개월)을 받을 수 있으므로 1차 영업정지처분 취소의 소에 대하여 협의의 소의 이익이 인정된다고 할 것이다.

III. 문제의 해결 - 제소기간을 준수하였고, 협의의 소의 이익이 인정되는 바, 소는 적법하다.

〈3. 영업소 폐쇄명령의 유효성 검토; 취소확정판결의 기속력 문제〉

Ⅰ. 문제의 소재

영업소 폐쇄명령은 제2차 영업정지처분의 실효성을 확보하기 위한 것으로 영업소 폐쇄명령의 유효성은 제2차 영업정지처분의 효력여부에 달려 있다. 즉 1차 영업정지처분에 대한 취소확정판결이 있음에도 동일한 사유로 제2차 영업정지처분을 할 수 있는가? 판결의 기속력 위반여부가 문제되겠다.

Ⅱ. 기속력의 내용·범위 및 2차 영업정지처분의 효력

1. 기속력의 의의, 내용, 범위, 위반효과

1) 기속력이란 당사자인 행정청과 관계행정청에게 확정판결에 구속되는 효력을 말한다(법 제30조). 2) 기속력의 내용으로 (ㄱ) 반복금지효와 (ㄴ) 재처분의무와 (ㄷ) 결과제거의무가 있다. 반복금지효는 취소판결이 확정되면 행정청은 동일 사실관계 하에서 동일 당사자를 대상으로 동일 내용의 처분을 하여서는 안 된다는 것이다. 동일성 여부는 취소된 처분사유와 기본적 사실관계의 동일성이 있는지 여부를 가지고 판단한다. 3) 기속력은 당사자인 행정청과 그 밖의 관계행정청을 기속하며(주관적 범위), 판결주문 및 그 전제가 되는 요건사실의 인정과 판단에 미치고(객관적 범위), 처분 당시를 기준으로 이전에 생긴 사유에 한하여 미친다(시간적 범위). 4) 기속력에 위반한 처분은 그 하자가 중대명백하므로 무효이다. 判例도 같다.

2. 2차 영업정지처분의 효력(기속력 위반 무효)

1) 2차 영업정지처분은 취소판결이 확정된 1차 영업정지처분과 동일한 사실관계에 기초한 내용의 처분이고 종업원의 증언도 '처분 당시에 존재했던 사실'에 대한 증거일 뿐 처분시 이후에 새로이 발생한 사실이 아니다. 2) 따라서 2차 영업정지처분은 확정된 제1차 영업정지처분 취소 판결의 기속력에 반하는 무효인 처분이다.

Ⅲ. 문제의 해결 (영업소폐쇄명령의 효력 - 무효)

영업소 폐쇄명령은 무효인 영업정지처분을 근거로 행해진 것으로 하자가 중대·명백하여 무효에 해당된다.

〈4. 민사법원의 1차영업정지처분의 위법성 판단 강제 여부; 취소판결의 기판력 문제〉

Ⅰ. 문제의 소재

민사법원의 위법판단 강제여부는 앞선 1차 영업정지처분 취소인용확정판결의 기판력이 후소인 후소인 국가배상소송에 미치는지 여부의 문제이다. 국가배상소송의 위법성인정기준, 취소소송의 확정판결의 기판력의 인정범위를 검토한다.

Ⅱ. 국가배상소송 위법성인정기준, 취소확정판결의 기판력의 범위, 양자 관계

1. 국가배상법상 위법성 판단 기준

1) 學說은 (i) 결과불법설, (ii) 행위 자체의 적법·위법뿐 아니라 피침해이익의 성격과 침해의 정도 및 가해행위의 태양 등을 종합적으로 고려하여 행위가 객관적으로 정당성을 결여한 경우를 의미한다는 상대적 위법성설, (iii) 행위위법설이 있고, (iii-1) 행위위법설은 항고소송에서의 위법과 동일하는 협의의 행위위법설과 (iii-2) 항고소송의 위법보다 넓게 파악하여 행위 자체의 위

법뿐만 아니라 인권존중, 권리남용금지원칙, 신의성실의 원칙 등 도 포함하는 광의의 행위위법설이 있다. 2) 判例는 법령 위반이라 함은 엄격한 의미의 법령 위반뿐만 아니라 인권존중, 권력남용금지, 신의성실, 공서양속 등의 위반도 포함하여 널리 그 행위가 객관적인 정당성을 결여하고 있음을 의미한다고 하여 기본적으로 광의의 행위위법설을 취한다. 3) (小結) 광의의 행위위법설이 타당하다.

2. 취소확정판결의 기판력 의의, 내용, 범위

1) 기판력은 (1) 법 제8조 제2항에 의거하여 민사소송법 제216조 및 제218조의 준용에 따라 정의되는 바, (2) 판결이 확정되면, 후소에서 동일한 사항이 문제되는 경우 당사자와 승계인은 이에 반하는 주장을 할 수 없고, (3) 법원도 그것에 반하는 판단을 할 수 없는 구속력을 말한다.

2) 기판력이 발생하면, (1) 당사자는 동일한 소송물을 대상으로 다시 소를 제기할 수 없고(반복금지효), (2) 후소에서 전소의 확정판결의 내용에 반하는 주장을 할 수 없고, 법원은 모순되는 판단을 할 수 없다(모순금지효).

3) 기판력은 (1) 주관적으로 당사자 또는 승계인, 제3자, 처분청이 속하는 국가 또는 공공단체에 미치고 (2) 객관적으로 판결주문에 나타난 판단에만 미치며 (3) 시간적으로 사실심의 변론종결시를 기준으로 미친다.

4) 취소소송의 기판력은 취소소송의 소송물이론(견해)에 따라 그 범위를 달리하는 바, (1) 學說은 (i) 취소소송의 소송물은 처분의 적법요건을 충족시키지 않은 모든 위법사유 즉 처분의 위법성 일반으로 처분의 위법성 일반에 기판력이 미친다는 견해 (ii) 위법한 처분으로 자신의 권리가 침해되었다는 원고의 법적 주장이 소송물이므로 위법한 처분과 권리침해 주장에 기판력이 미친다는 견해가 있다. (2) 判例는 처분의 위법성 일반을 소송물로 파악하고 위법성 일반에 기판력이 미친다고 보고 있다. (3) (小結) 취소소송이 주관소송이라는 점을 감안할 때 위법한 처분과 권리침해의 법적 주장을 소송물로 보는 견해가 타당하겠다. (4) 사례의 해결은 判例에 따른다.

3. 취소소송의 위법과 국가배상소송의 위법 관계(취소소송 확정판결과 민사법원 위법성 판단)

1) 취소소송의 소송물은 처분의 위법성으로 판단하고 국가배상에 있어서 위법은 광의의 행위위법으로 보면 취소인용확정판결의 경우에는 국가배상소송의 위법판단에 전소의 기판력이 미치게 된다.

2) 다만, 취소소송에서 기각확정판결이 있는 경우에는 국가배상소송의 위법성 판단에는 그 기판력이 미치지 않고 국가배상소송에서 독자적으로 위법성 인정이 가능하다 할 것이다.

III. 문제의 해결(사례포섭, 민사법원은 위법하다고 판단하여야 하는가?)

사안에서 영업정지처분의 취소인용판결이 확정되었으므로 그 주문인 영업정지처분의 위법성 일반에 대하여 후소에 기판력이 미치고 따라서, 민사법원은 국가배상소송에서 전소에서의 위법성 판단에 구속되어 1차 영업정지처분은 위법하다고 판단하여야 할 것이다.

〈제 1 문의 2〉

A국 국적의 외국인인 甲은 자국 정부로부터 정치적 박해를 받고 있었다. 甲은 2018. 11. 20. 인천국제공항에 도착하여 입국 심사 과정에서 난민신청의사를 밝히고 난민법상 출입국항에서의 난민인정신청을 하였다. 인천국제공항 출입국관리공무원은 2018. 11. 20. 甲에 대하여 입국목적이 사증에 부합함을 증명하지 못하였다는 이유로 입국불허결정을 하고, 甲이 타고 온 외국항공사에 대하여 甲을 국외로 송환하라는 송환지시서를 발부하였다. 이에 甲은 출입국 당국의 결정에 불만을 표시하며 자신을 난민으로 인정해 달라고 요청하였고, 당국은 甲에게 난민심사를 위하여 일단 인천공항 내 송환대기실에 대기할 것을 명하였다. 인천공항 송환대기실은 입국이 불허된 외국인들이 국외송환에 앞서 임시로 머무는 곳인데, 이 곳은 외부와의 출입이 통제되는 곳으로 甲이 자신의 의사에 따라 대기실 밖으로 나갈 수 없는 구조로 되어 있었다. 출입국 당국은 2018. 11. 26. 甲에 대하여 난민 인정 거부처분을 하였고, 甲은 이에 불복하여 2018. 11. 28. 난민 인정 거부처분 취소의 소를 제기하는 한편, 2018. 12. 19. 자신에 대한 수용(收容)을 해제할 것을 요구하는 인신보호청구의 소를 제기하였다. 한편 난민 전문 변호사로 활동하고 있는 乙은 甲의 변호인으로 선임된 후, 2019. 4. 1. 송환대기실에서 생활 중이던 甲에 대한 접견을 당국에 신청하였으나, 당국은 송환대기실 내 수용된 입국불허자에게 접견권을 인정할 법적 근거가 없다는 이유로 이를 거부하였다. 실제로 송환대기실 수용자의 접견에 관한 관련법상 조항은 없다.

1. 乙의 접견신청이 거부당한 사실을 알게 된 甲은 헌법재판소법 제68조 제1항에 의한 헌법소원심판을 청구하고자 한다. 甲의 기본권 침해 여부에 대하여 판단하시오. (12점)(다만, 적법요건 검토는 제외한다) 〈헌법문항〉

2. 설문의 사실관계를 바꾸어, 아직 甲의 변호인으로 선임되지 않은 상태에서, 乙은 甲의 딱한 사연을 모처로부터 전해 듣고 甲을 만나서 법적 조언을 하기 위해 甲에 대한 접견을 신청하였으나 위와 같은 이유로 거부당하였다고 가정한다. 乙 자신이 당사자가 되어 헌법재판소법 제68조 제1항의 헌법소원을 청구하는 경우 乙의 기본권 침해가능성이 인정되는지 검토하시오. (8점) 〈헌법문항〉

3. 위 난민 인정 거부처분 후 甲의 국적국인 A국의 정치적 상황이 변화하였다. 이와 같이 변화된 A국의 정치적 상황을 이유로 하여, 법원이 난민 인정 거부처분의 적법 여부를 달리 판단할 수 있는지에 대하여 검토하시오. (15점)

4. 甲의 난민 인정 거부처분 취소소송 중 잠정적으로 甲의 권리를 보전할 수 있는 가구제 수단을 검토하시오. (15점)

〈제 2 문〉

경기도지사 乙은 2018. 5. 3. 관할 A군에 소재한 분묘가 조선 초 유명 화가의 묘로 구전되어 오는데다가 그 양식이 학술상 원형보존의 가치가 있다는 이유로 「문화재보호법」 제70조, 「경기도 문화재 보호 조례」 제11조에 따라 이를 도지정문화재로 지정·고시하였다. 또한 乙은 2018. 6. 8. 해당 분묘를 보호하기 위하여 분묘경계선 바깥쪽 10m까지의 총 5필지 5,122㎡를 문화재보호구역으로 지정·고시하였다. 이에 해당 화가의 후손들로 이루어진 종중 B는 해당 화가의 진묘가 따로 존재한다고 주장하면서 乙에게 문화재지정처분을 취소 또는 해제하여 줄 것을 요청하는 청원서를 제출하였다. 이에 대해 乙은 문화재지정처분은 정당하여 그 취소 또는 해제가 불가하다는 회신을 하였다(이하 '불가회신'이라고 한다). 한편, 위 문화재보호구역 내에 위치한 일부 토지를 소유하고 있는 甲은 2019. 3. 14. 재산권 행사의 제한 등을 이유로 乙에게 자신의 소유토지를 대상으로 한 문화재보호구역 지정을 해제해 달라는 신청을 하였다. 그러나 乙은 2019. 6. 5. 甲이 해제를 요구한 지역은 역사적·문화적으로 보존가치가 있을 뿐만 아니라 분묘의 보호를 위하여 문화재보호구역 지정해제가 불가함을 이유로 甲의 신청을 거부하는 회신을 하였다(이하 '거부회신'이라고 한다).

1. 乙의 불가회신에 대하여 종중 B가 항고소송을 제기하고자 하며, 乙의 거부회신에 대하여 甲이 항고소송을 제기하고자 한다. 항고소송의 대상적격 여부를 각각 검토하시오. (15점)

2. 乙의 거부회신에 대하여 甲이 제기한 항고소송에서 甲이 승소하여 판결이 확정되었음에도 乙이 재차 문화재보호구역해제 신청을 거부할 수 있을지 검토하시오. (15점)

3. 甲은 자신의 토지가 문화재보호구역으로 지정됨으로써 수인할 수 없는 재산상의 손실이 발생하였다고 주장한다(관계법령에는 이에 관한 손실보상규정이 없다). 헌법상 재산권이 침해되었다는 甲의 주장의 당부를 판단하시오. (30점) <헌법문항>

4. 한편, 위 문화재보호구역 인근에서 관광단지 개발을 위해 2018. 5. 30. 관광진흥법상 사업인정을 받은 사업시행자 C건설은 2019. 8. 5. 문화재보호구역 인근에 소재한 丙 소유 토지의 일부를 수용하기 위해 재결신청을 하였고, 이에 대해 관할 경기도 토지수용위원회는 2019. 11. 20. 위 丙 소유 토지에 대한 수용재결을 하였다.

1) 丙이 수용재결에 대하여 불복하고자 하는 경우 불복방법을 논하시오. (12점)

2) 丙이 수용재결에 대한 불복과정에서 사업인정의 하자를 주장할 수 있는지 검토하시오. (15점)

3) 丙이 토지수용위원회가 결정한 보상금액이 너무 적다는 이유로 다투고자 하는 경우 그 구제수단을 논하시오. (13점)

[참조 조문]

「문화재보호법」

제27조(보호물 또는 보호구역의 지정) ① 문화재청장은 제23조·제25조 또는 제26조에 따른 지정을 할 때 문화재 보호를 위하여 특히 필요하면 이를 위한 보호물 또는 보호구역을 지정할 수 있다.

② (삭제)

③ 문화재청장은 제1항 및 제2항에 따라 보호물 또는 보호구역을 지정하거나 조정한 때에는 지정 또는 조정 후 매 10년이 되는 날 이전에 다음 각 호의 사항을 고려하여 그 지정 및 조정의 적정성을 검토하여야 한다. 다만, 특별한 사정으로 인하여 적정성을 검토하여야 할 시기에 이를 할 수 없는 경우에는 대통령령으로 정하는 기간까지 그 검토시기를 연기할 수 있다.

1. 해당 문화재의 보존가치

2. 보호물 또는 보호구역의 지정이 재산권 행사에 미치는 영향

3. 보호물 또는 보호구역의 주변 환경

제35조(허가사항) ① 국가지정문화재(국가무형문화재는 제외한다. 이하 이 조에서 같다)에 대하여 다음 각 호의 어느 하나에 해당하는 행위를 하려는 자는 대통령령으로 정하는 바에 따라 문화재청장의 허가를 받아야 하며, 허가사항을 변경하려는 경우에도 문화재청장의 허가를 받아야 한다. 다만, 국가지정문화재 보호구역에 안내판 및 경고판을 설치하는 행위 등 대통령령으로 정

하는 경미한 행위에 대해서는 특별자치시장, 특별자치도지사, 시장·군수 또는 구청장의 허가(변경허가를 포함한다)를 받아야 한다.

1. 국가지정문화재(보호물·보호구역과 천연기념물 중 죽은 것 및 제41조 제1항에 따라 수입·반입 신고된 것을 포함한다)의 현상을 변경하는 행위로서 대통령령으로 정하는 행위

제70조(시·도지정문화재의 지정 및 시·도등록문화재의 등록 등) ① 시·도지사는 그 관할구역에 있는 문화재로서 국가지정문화재로 지정되지 아니한 문화재 중 보존가치가 있다고 인정되는 것을 시·도지정문화재로 지정할 수 있다.

②~⑤ <생략>

⑥ 시·도지정문화재와 문화재자료의 지정 및 해제절차, 시·도등록문화재의 등록 및 말소절차, 시·도지정문화재, 문화재자료 및 시·도등록문화재의 관리, 보호·육성, 공개 등에 필요한 사항은 해당 지방자치단체의 조례로 정한다.

제74조(준용규정) ① <생략>

② 시·도지정문화재와 문화재자료의 지정과 지정해제 및 관리 등에 관하여는 제27조, 제31조 제1항·제4항, 제32조부터 제34조까지, 제35조 제1항, 제36조, 제37조, 제40조, 제42조부터 제45조까지, 제48조, 제49조 및 제81조를 준용한다. 이 경우 "문화재청장"은 "시·도지사"로, "대통령령"은 "시·도조례"로, "국가"는 "지방자치단체"로 본다.

「문화재보호법 시행령」

제21조의2(국가지정문화재 등의 현상변경 등의 행위) ① 법 제35조 제1항 제1호에서 "대통령령으로 정하는 행위"란 다음 각 호의 행위를 말한다.

1.~2. <생략>

3. 국가지정문화재, 보호물 또는 보호구역 안에서 하는 다음 각 목의 행위
    가. 건축물 또는 도로·관로·전선·공작물·지하구조물 등 각종 시설물을 신축, 증축, 개축, 이축(移築) 또는 용도변경(지목변경의 경우는 제외한다)하는 행위
    나. <생략>
    다. 토지 및 수면의 매립·간척·땅파기·구멍뚫기, 땅깎기, 흙쌓기 등 지형이나 지질의 변경을 가져오는 행위

「경기도 문화재 보호 조례」

제11조(도지정문화재) ① 도지사는 법 제70조 제1항에 따라 도지정문화재(무형문화재를 제외한다. 이하 제3장에서 같다)를 지정하는 경우 유형문화재·기념물·민속문화재로 구분하여 문화재위원회의 심의를 거쳐 지정한다.

② ~ ③ <생략>

④ 도지정문화재의 지정에 필요한 기준 및 절차는 규칙으로 정한다.

제17조(지정의 해제) ① 도지사는 법 제74조 및 법 제31조 제1항에 따라 도지정문화재 및 문화재 자료가 지정문화재로서의 가치를 상실하거나 가치평가를 통하여 지정을 해제할 필요가 있는 때에는 문화재위원회의 심의를 거쳐 그 지정을 해제할 수 있다. 다만, 도지정문화재가 국가지정문화재로 지정된 때에는 그 지정된 날에 도지정문화재에서 해제된 것으로 본다.

② ~ ④ <생략>

⑤ 도지사는 제1항에 따라 문화재의 지정을 해제한 때에는 그 취지를 도보에 고시하고, 해당 문화재의 소유자에게 통지하여야 한다. 이 경우 그 해제의 효력은 도보에 고시한 날로부터 발생한다.

⑥ 도가 지정한 문화재의 소유자가 제1항에 따른 해제 통지를 받으면 그 통지를 받은 날부터 30일 이내에 지정서를 도지사에게 반납하여야 한다.

⑦ 도지사는 제13조 제3항에 따른 검토 결과 보호물 또는 보호구역의 지정이 적정하지 아니하거나 그 밖에 특별한 사유가 있는 때에는 보호물 또는 보호구역의 지정을 해제하거나 그 지정 범위를 조정하여야 한다.

⑧ 도지사는 도지정문화재의 지정이 해제된 때에는 지체 없이 해당 문화재의 보호물 또는 보호구역의 지정을 해제하여야 한다.

「관광진흥법」

제61조(수용 및 사용) ① 사업시행자는 제55조에 따른 조성사업의 시행에 필요한 토지와 다음 각 호의 물건 또는 권리를 수용하거나 사용할 수 있다. 다만, 농업 용수권(用水權)이나 그 밖의 농지개량 시설을 수용 또는 사용하려는 경우에는 미리 농림축산식품부장관의 승인을 받아야 한다.

1. 토지에 관한 소유권 외의 권리
2. 토지에 정착한 입목이나 건물, 그 밖의 물건과 이에 관한 소유권 외의 권리
3. 물의 사용에 관한 권리
4. 토지에 속한 토석 또는 모래와 조약돌

② 제1항에 따른 수용 또는 사용에 관한 협의가 성립되지 아니하거나 협의를 할 수 없는 경우에는 사업시행자는 「공익사업을 위한 토지 등의 취득 및 보상에 관한 법률」 제28조 제1항에도 불구하고 조성사업 시행 기간에 재결(裁決)을 신청할 수 있다.

③ 제1항에 따른 수용 또는 사용의 절차, 그 보상 및 재결 신청에 관하여는 이 법에 규정되어 있는 것 외에는 「공익사업을 위한 토지 등의 취득 및 보상에 관한 법률」을 적용한다.

문제의 핵심 & 쟁점의 정리 📋

※ 시험장에서 문제를 받자마자 여러분들이 3~5분 동안 해야 할 작업입니다. 문제에서 핵심을 찾아내고, 답안의 쟁점을 파악하여 간략하게 목차를 구성해 보는 것입니다. 이 이후에 본 답안작성에 들어가기 바랍니다.

〈제 1 문의 2〉

☑ 문제의 핵심

3. 위 난민 인정 **거부처분 후 甲의 국적국인 A국의 정치적 상황이 변화**하였다. 이와 같이 **변화된 A국의 정치적 상황을 이유로** 하여, 법원이 난민 인정 거부처분의 적법 여부를 달리 판단할 수 있는지에 대하여 검토하시오. (15점)

4. 甲의 난민 인정 **거부처분 취소소송 중 잠정적으로 甲의 권리를 보전할 수 있는 가구제 수단**을 검토하시오. (15점)

☑ 쟁점의 정리

3. 법원이 난민 인정 거부처분의 적법 여부를 달리 판단할 수 있는지
   - (쟁점) 처분의 위법성 판단의 기준시점
     · (문제해결기준 : 근거조문, 개념, 이론) 행정소송법 제1조(목적), 동법 제4조 제1항 취소소송의 정의, 처분의 위법성 판단 기준 시점에 관한 논의(학설, 판례, 소결)
     · (답안기술내용) 처분의 위법성 판단 기준시점에 관한 논의 정리(학설(처분시설, 판결시설, 절충설)), 판례, 소결
     · (포섭)

4. 거부처분 취소소송 중 잠정적으로 甲의 권리를 보전할 수 있는 가구제 수단
   - (쟁점) 거부처분 취소소송에 있어 집행정지의 활용가능성 판단
     · (문제해결기준 : 개념, 조문, 이론, 판례) 행정소송법 제23조 집행정지, 거부처분 취소쟁송에 있어 집행정지 활용 가능성 논의(학설, 판례, 소결)
     · (답안기술내용) 거부처분 취소소송에 있어 집행정지의 적용가능성 논의 정리(학설(긍정, 부정, 절충)), 판례, 소결
     · (포섭)

〈제 2 문〉

☑ 문제의 핵심

1. 乙의 **불가회신**에 대하여 종중 B가 항고소송을 제기하고자 하며, 乙의 **거부회신**에 대하여 甲이 항고소송을 제기하고자 한다. **항고소송의 대상적격 여부를 각각 검토**하시오. (15점)

2. 乙의 **거부회신에 대하여** 甲이 제기한 항고소송에서 甲이 승소하여 판결이 확정되었음에도 **乙이 재차 문화재보호구역해제 신청을 거부할 수 있을지 검토**하시오. (15점)

4. 한편, 위 문화재보호구역 인근에서 관광단지 개발을 위해 2018. 5. 30. **관광진흥법상 사업인정**을 받은 사업시행자 C건설은 2019. 8. 5. 문화재보호구역 인근에 소재한 **丙 소유 토지의 일부를 수용하기 위해 재결신청**을 하였고, 이에 대해 관할 **경기도 토지수용위원회는** 2019. 11. 20. **위 丙 소유 토지에 대한 수용재결**을 하였다.

    1) 丙이 **수용재결에 대하여 불복하고자 하는 경우 불복방법**을 논하시오. (12점)

    2) 丙이 **수용재결에 대한 불복과정에서 사업인정의 하자를 주장할 수 있는지 검토**하시오. (15점)

    3) 丙이 토지수용위원회가 결정한 **보상금액이 너무 적다는 이유로 다투고자 하는 경우 그 구제수단**을 논하시오. (13점)

☑ 쟁점의 정리

1. 불가회신과 거부회신에 대한 항고소송의 대상적격 검토

   – (쟁점) **거부(반려)에 대한 처분성 검토**

     . (문제해결기준 : 근거조문, 개념, 이론) 행정소송법 제2조 제1항 제1호 '거부', 거부처분의 요건 (학설, 판례, 소결)

     . (답안기술내용) 거부처분의 성립요건 – 거부의 대상이 공권력행사(처분)일 것, 거부로 인하여 권리제한 또는 의무부담이 있을 것, 신청권이 있을 것(신청권의 문제는 원고적격, 대상적격, 본안판단으로 학설대립, 판례, 소결)

     . (포섭) 불가회신 – 불가의 대상이 공권력행사(처분)인가? 신청권이 있는가?

                  거부회신 – 처분성 긍정, 대상적격 인정

2. 거부처분 취소확정판결에도 불구하고 乙이 재차 문화재보호구역해제 신청을 거부할 수 있는가?

   – (쟁점) **취소소송 확정인용판결의 기속력**

     . (문제해결기준 : 개념, 조문, 이론, 판례) 행정소송법 제30조 기속력, 기속력의 인정범위

     . (답안기술내용) 기속력의 개념, 의의, 효력인정범위(주관적, 객관적, 시간적), 객관적 범위로서 기본적 사실관계의 동일성에 대한 판단

     . (포섭)

4 (1). 수용재결에 대하여 불복하고자 하는 경우 불복방법

   – (쟁점) **수용재결 불복절차**

     . (문제해결기준 : 조문, 개념, 학설, 판례) 공익사업을 위한 토지의 취득 및 보상에 관한 법률(법전 참조) 제83조, 제84조, 제85조

     . (답안기술내용) 수용재결에 대한 이의신청절차(동법 제83조), 이의재결(동법 제84조), 행정소송(동법 제85조) – 이의신청(재결)의 임의적 전치, 이의신청을 거쳐 행정소송을 제기한 경우 소송의 대상(원처분 – 수용재결) 등

4 (2). 수용재결에 대한 불복과정에서 사업인정의 하자를 주장할 수 있는지 검토

- (쟁점) 하자의 승계
  - . (문제해결기준 : 개념, 학설, 판례) 하자승계론, 전통적 하자승계론, 규준력론(수인한도론)
  - . (답안기술내용) 하자승계론의 의의(전통적 하자승계론 등), 유형(전통적 하자승계론, 규준력론), 요건, 효과, 한계, 판례

4 [3]. 보상금액이 너무 적다는 이유로 다투고자 하는 경우 그 구제수단

- (쟁점) 보상금증감청구소송
  - . (문제해결기준 : 조문, 개념, 학설, 판례) 공익사업을 위한 토지등의 취득 및 보상에 관한 법률 제85조 제2항
  - . (답안기술내용) 보상금증감청구소송의 의의, 법적 성격, 절차, 효과

관리번호	시험과목명	사 례 형 제 1 문	시험관리관 확　　인	점　수	채점위원인

〈3. 위법성 판단의 기준 시점〉

Ⅰ. 문제의 소재

난민인정 거부처분 이후, 제기된 거부처분 취소소송의 심리에 있어 변화된 A국의 정치적 상황이 처분의 위법성 판단의 요소로 고려될 수 있는지가 문제된다. 즉 취소소송의 심리에 있어 위법성 판단의 기준시점을 어디로 정할 지(처분시?, 판결시?)에 관한 문제이다.

Ⅱ. 변화된 정치적 상황을 이유로 법원이 거부처분의 적법여부를 달리 판단할 수 있는가?

1. 취소소송의 심리에 있어 위법성 판단의 기준시점

1) 의의, 근거 – (1) 위법성 판단의 기준시점에 관해서는 행정소송법에 명문의 규정으로 정하고 있는 바가 없다. (2) 다만 해석이 가능한 규정으로 행정소송법 제4조 '취소소송은 행정청의 위법한 처분을 취소 또는 변경하는 소송', 동법 제1조에서 행정소송법은 '행정청의 위법한 처분으로 인한 국민의 권리 또는 이익의 침해를 구제함을 목적으로 한다'는 규정 등이 있다. (3) 이 규정들로 미뤄보건대 위법한 처분이 있었던 때를 기준으로 하여 위법을 판단하고 당시 침해된 권리를 구제하는 것이 일반적이다.

2) 위법성 판단 기준시점에 관한 논의 – (1) 문제는 행정청의 처분이 있은 이후 사실관계의 변경 · 법령의 개폐가 있는 경우 법원이 판결시점에 본 처분의 위법성 판단에 고려할 것인가에 관한 것이다. (2) 이에 대하여 (가) 學說은 (ⅰ) 고려하지 않는다는 처분시설 (ⅱ) 취소소송의 본질을 판결당시를 기준으로 위법상태의 배제로 보아 고려한다는 판결시설 (ⅲ) 원칙적으로 처분시로 보나, 계속효가 있는 처분, 거부처분의 경우에는 판결시로 보자는 절충설, (나) 判例는 처분시설로 본다. (다) (小結) 취소소송의 위법한 행정에 대한 권익구제 기능, 처분시 행정청의 고권적 판단에 대하여 이후 사정변경에 의한 법원 개입의 금지(권력분립), 거부처분의 경우 재처분의무도 기속력이 미치는 범위에서만 인정되는 것이며, 원고의 신뢰보호 및 신의성실의 원칙상 처분시설이 타당하다고 본다. (3) 다만, 기준시점이 처분시라는 의미가 처분 당시 행정청이 알고 있었던 자료만으로 위법을 판단하라는 의미는 아니고, 처분 당시의 사실상태 등에 대한 입증은 사실심변론종결시까지 할 수 있다고 봐야 한다(判例).

2. 거부처분의 적법여부를 달리 판단가능한가? – (위법성 판단 기준시점 : 처분시)

(1) 난민인정 거부처분 이후의 변화된 A국의 정치적 상황은 난민인정 거부처분 취소소송 심리에서 고려될 수 없다. (2) 따라서 난민인정 거부처분의 적법여부는 이후 상황변화에 따라 달리 판단 불가능하다.

Ⅲ. 문제의 해결 – 정치적 상황변화는 법원심리상 고려 안 됨, 적법여부 달리 판단 안 됨

〈4. 거부처분 취소소송에 있어 가구제 수단(집행정지, 가처분)〉

Ⅰ. 문제의 소재

甲의 난민 인정 거부처분 취소소송을 제기함과 더불어 甲의 권리를 보전할 수 있는 가구제수단으로 집행정지가 가능한지가 문제된다. 더불어 민사집행법상 가집행수단을 활용가능성도 검토한다.

II. 甲의 권리를 보전할 수 있는 가구제 수단은? – 집행정지, 가처분? 가능성 검토

1. 집행정지 의의와 거부처분에 있어 집행정지 가능성 검토

1) 집행정지의 의의, 근거, 요건, 절차

(1) 의의, 근거 – 집행정지는 취소소송이 제기된 경우에 처분등이나 그 집행 또는 절차의 속행으로 인하여 생길 회복하기 어려운 손해를 예방하기 위하여 긴급한 필요가 있는 경우, 처분등의 효력이나 그 집행 또는 절차의 속행의 전부 또는 일부의 정지하도록 하는 가구제 제도이다(법 제23조).

(2) 요건 절차 – ㉠ 취소소송의 제기 후 또는 동시에 제기되어야 하고 ㉡ 회복하기 어려운 손해를 예방하기 위하여 긴급한 필요가 있어야 하며 ㉢ 공공복리에 중대한 영향이 없고(법 제23조 제3항) ㉣ 본안청구의 이유 없음이 명백하지 않을 때 ㉤ 당사자의 신청이나 법원의 직권에 의해서 이뤄질 수 있다.

2) 거부처분에 있어 집행정지 가능성 검토

(1) 수익적 행정행위의 신청에 대한 거부처분이 있는 경우, 그 효력을 정지하는 집행정지가 인정될 수 있는지에 대해서 (가) 學說은 (i) 행정청을 사실상 구속할 수 있으므로 긍정하는 견해 (ii) 거부의 효력정지로 신청인에게 수익적 행정처분이 이뤄지는 등의 실질상 집행정지의 실익이 있을 수 없으므로 부정하는 견해 (iii) 원칙적으로 인정되기 어려우나, 허가갱신의 거부에 대한 집행정지 등 예외적으로 기간갱신의 효과를 얻는 실익이 있는 경우는 긍정하자는 절충견해가 있다. (나) 判例는 부정한다. (다) (小結) 집행정지의 실익이 있는 경우에는 집행정지를 긍정하는 절충의견이 타당하다고 본다. (라) 본 사안의 해결은 判例의 입장에 따라 정리한다.

3) 甲의 난민 인정 거부처분 취소소송에 있어 집행정지 가능성 판단 – 소극

난민인정 거부처분의 집행정지로 甲이 난민으로서의 지위를 득하거나, 기타 그 이외에 얻을 수 있는 실질상 이익이 없는 바, 집행정지는 받아들여지기 어렵다.

2. 민사집행법상 가처분 가능성 검토

1) 행정소송법과 민사집행법상 가처분 규정 – (1) 의의 – 행정소송법 제8조 제2항은 '행정소송에 관하여 이 법에 특별한 규정이 없는 사항에 대하여는 법원조직법과 민사소송법 및 민사집행법의 규정을 준용한다'고 정하고 있다. (2) 민사집행법상 가처분규정 – 민사집행법 제300조에서 다툼이 있는 권리관계에 대하여 임시의 지위를 정하기 위하여 가처분을 할 수 있다고 정하고 있다.

2) 취소소송상 민사집행법상 가처분 준용 검토

(가) 學說은 (i) 행정소송법상 취소소송의 절차에서 유독 집행정지제도만을 정한 것은 가처분을 제외한 집행정지만을 활용할 수 있다는 입법자의 의도가 있으므로 부정하는 견해 (ii) 행정소송법 제8조 제2항의 준용 규정에 충실하게 가처분도 긍정하는 견해 (나) 判例는 부정 (다) (小結) 의무이행소송을 규정하지 않은 현행 행정소송법, 법원의 과도한 행정개입을 방지하는 입법자의 취지 의도 등을 고려할 때 부정함이 타당

3) 甲의 난민인정 거부처분 취소소송에서 가처분 (민사집행법상 가처분) 가능성 판단 – 소극

III. 문제의 해결

집행정지 부정, 가처분 부정, 가구제 수단 부재, 다만 행정심판 과정상 임시처분 고려가능

관리번호	시험과목명	사 례 형 제 2 문	시험관리관 확 인	점 수	채점위원인

〈1. 乙의 불가회신과 거부회신의 처분성 검토; 거부처분의 성립요건〉

I. 문제의 소재

종중 B의 청원서에 대한 불가회신과 甲의 문화재보호구역 지정해제 신청에 대한 거부회신이 항고소송의 대상이 되는지를 검토한다. 이를 위해 이른바 '거부'가 항고소송의 대상인 처분이 되기 위한 요건을 살핀다.

II. 불가회신과 거부회신의 항고소송 대상적격 판단(거부의 처분성 검토)

1. 거부처분의 의의, 근거, 개념, 요건

1) 거부처분의 의의, 근거, 개념 – (1) 행정소송법 제2조 제1호는 처분을 '행정청이 행하는 구체적 사실에 관한 법집행으로서 공권력의 행사 또는 그 거부'라고 정의하고 있다. (2) 따라서, 처분이 되는 거부는 '그 거부'의 해석에 따라 거부의 대상이 '행정청이 행하는 구체적 사실에 관한 법집행으로서 공권력의 행사'일 것을 요구한다. (3) 즉 거부의 대상이 공권력 행사이어야 한다.

2) 거부처분 요건 해석론 – (1) 判例는 3가지 요건을 요구한다. (ㄱ) 거부의 대상(신청한 행위)이 '공권력 행사'이고 (ㄴ) 거부로 신청인의 권리나 의무의 영향(법률관계의 변동)이 있어야 하고 (ㄷ) 신청인에게 그 공권력 행사를 요청할 법규상 조리상 신청권이 있어야 처분으로 본다. (2) 여기서, 신청권의 필요여부에 대하여 (가) 學說은 (i) 대상적격설 (ii) 원고적격설 (iii) 본안판단설, (나) 判例는 대상적격과 원고적격에서 동시에 신청권 존부를 검토한다. (다) (小結) 신청권은 요건을 갖춘 일반인을 기준으로 추상적으로 판단하는 것이고, 신청내용 그대로의 인용을 요구하는 것이 아니라 신청에 대한 응답을 받을 권리이므로 대상적격의 구성요건으로 봄이 타당하다고 본다. (라) 결국 거부처분에 있어서 신청권은 대상적격과 원고적격 판단에서 동시에 고려된다고 하겠다.

2. 문화재지정처분 취소등 청원 불가회신과 문화재보호구역 지정해제 신청 거부회신의 처분성 검토

1) 문화재지정처분 취소 또는 해제 청원서 불가회신의 처분성 – (1) 종중 B가 청원서로 요청한 문화재지정처분의 취소 또는 해제는 행정소송법 제2조 제1호의 공권력 행사에 해당한다고 할 것이다. (2) 또한 그로 인하여 법률관계의 변동을 가져온다. (3) 다만, 종중 B에게 문화재지정처분의 취소 또는 해제를 신청할 권리가 있는지 검토가 필요하다. 문화재보호법 제70조 제1항 및 제6항, 경기도 문화재 보호 조례 제11조 제1항 및 제17항에 근거할 때 종중 B에게는 일반인을 기준으로 한 추상적 문화재지정의 취소나 해제를 신청할 권리가 있다고 보기 어렵다. (4) 결국 신청권이 부재한 바, 취소 또는 해제에 대한 불가회신은 처분성을 갖추기 어렵다고 할 것이며, 항고소송의 대상이 될 수 없다.

2) 문화재보호구역 지정해제 신청 거부회신의 처분성 – (1) 문화재보호구역 내에 위치한 일부 토지를 소유하고 있는 甲이 신청한 자신의 소유토지를 대상으로 한 문화재보호구역 지정해제는 공권력 행사에 해당하고 (2) 지정해제로 인하여 甲의 권리의무관계에 영향을 미치며, (3) 도지정문화재의

2쪽으로→

보호구역의 지정에 있어 문화재보호법 제27조 제3항에 의거 재산권 행사에 미치는 영향, 보호구역의 주변환경 등 적정성 평가를 하여야 하는 등의 규정을 둠으로써 보호구역의 토지소유자에게 보호구역의 지정 및 해제에 대한 일반적 신청권을 보장하고 있다고 볼 수 있다. (4) 결국 甲에 대한 문화재보호구역 지정해제 신청 거부회신은 항고소송의 대상이 된다고 볼 수 있다.

III. 문제의 해결 – 종중에 대한 불가회신은 처분성 부정, 甲에 대한 거부회신은 처분성 긍정

〈2. 거부회신에 대한 승소 판결 확정시 乙의 재차 거부 가능성; 취소판결의 기속력〉

I. 문제의 소재

거부처분 취소인용 확정판결 이후에 처분청이 재차 거부할 수 있는지에 대해서는 취소판결의 기속력의 문제로 그 요건과 효과의 검토가 필요하겠다.

II. 문화재보호구역해제 신청에 대한 재차 거부 가능성 검토 (취소판결의 기속력)

1. 취소판결의 기속력의 의의, 근거, 범위, 효과, 실효성 확보

1) 의의, 근거, 법적 성격 – (1) 기속력이란 당사자인 행정청과 관계행정청에게 처분을 취소하는 확정판결에 구속되는 효력을 말한다(행정소송법 제30조). (2) 특히 신청을 거부한 것을 취소하는 확정판결에 대해서는 이전의 신청에 대하여 처분청은 처분을 내려야 하는 기속력을 갖는다(법 제30조 제2항). (3) 기속력에 대하여 (가) 學說 (i) 기판력설 (ii) 취소인용판결에서 인정되는 특수한 효력이라는 주장 (나) 判例는 행정소송법이 판결의 실효성을 확보하는 특수한 효력 (다)(小結) 判例의 입장이 타당하다.

2) 내용 범위 – (1) 기속력은 구체적으로 행정청에게 반복금지, 재처분, 결과제거의무를 지운다. 기속력은 (2) 소송의 당사자인 행정청과 그밖에 관계행정청을 기속하며(주관적 범위), (3) 판결주문과 그 전제가 되는 처분 등의 구체적 위법사유에 관한 이유 중의 판단에 대하여 인정된다(객관적 범위). (4) 또한 처분당시를 기준으로 그 때까지 존재하던 처분사유에 한하여 판결의 기속력이 인정된다(시간적 범위).

3) 기본적 사실관계의 동일성 – (1) 특히, 기속력의 객관적 효력범위는 판결주문과 그 이유에서 기 판단한 위법의 사유와 그 기본적 사실관계가 동일한 부분에만 미치는 바, (2) 즉 기본적 사실관계의 동일성이 인정되지 않는 부분은 판결의 기속력이 미치지 않고 반복금지, 재처분, 결과제거의무가 인정되지 않는다.

4) 기속력 확보 수단 – 행정소송법은 거부처분취소판결의 기속력을 확보하기 위하여 간접강제규정을 두고 있다(동법 제34조 제1항).

2. 乙이 재차 문화재보호구역해제 신청을 거부할 수 있는지? (사안포섭)

1) 乙은 동일한 사유로 재차 거부가 불가능하다. 2) 다만 취소의 사유가 절차상 위법에 한정된 경우에 절차를 적법하게 거치면 동일한 사유로도 재거부가 가능하다 할 것이다. 3) 또한 기본적 사실관계가 동일하지 않은 별개의 사유로 또는 처분 이후 사실관계 및 법률의 변경으로 새로운 사유가 발생한 경우 거부가 가능하다고 하겠다.

III. 문제의 해결 – 원칙적 재거부 불가능, 절차위법한정 가능, 새로운 사유 발생 가능

〈4. 1) 수용재결 불복방법〉

I. 문제의 소재 – 「관광진흥법」제61조 제3항은 수용 또는 사용의 절차, 그 보상 및 재결 신청에 관하여 동법에 규정되지 않는 사항은 「공익사업을 위한 토지 등의 취득 및 보상에 관한 법률」

(이하 '토지보상법')을 적용한다고 규정한 바, 동법상 수용재결의 불복방법을 검토한다.

II. 수용재결 丙의 불복방법

1. 토지보상법상 수용재결에 대한 불복절차

1) 수용재결의 의의, 근거 – (1) 토지보상법은 공익사업을 위한 토지등의 취득 및 보상에 관하여 협의가 이뤄지지 않은 경우 토지수용위원회의 수용재결절차를 두고 있다(동법 제34조). (2) 수용재결은 강학상 행정청인 토지수용위원회의 행정행위로서 원처분에 해당한다.

2) 토지보상법상 이의신청 – (1) 수용재결에 대해서는 특별행정심판절차로서 이의신청절차를 두고 있다. (2) 즉 지방토지수용위원회의 재결에 이의가 있는 자는 재결서의 정본을 받은 날부터 30일 이내에 중앙토지수용위원회에 이의를 신청할 수 있다(동법 제83조). (3) 이의신청에 대한 재결이 확정된 때에는 「민사소송법」상의 확정판결이 있은 것으로 보며, 재결서 정본은 집행력 있는 판결의 정본과 동일한 효력을 가진다(동법 제86조).

3) 행정소송의 제기 – (1) 사업시행자, 토지소유자 또는 관계인은 수용재결에 불복할 때에는 재결서를 받은 날부터 90일 이내에, 이의신청을 거쳤을 때에는 이의신청에 대한 재결서를 받은 날부터 60일 이내에 각각 행정소송을 제기할 수 있다(동법 제86조). (2) 이의재결에 대한 행정소송의 경우 원칙적으로 원처분인 수용재결이 소의 대상이 된다(원처분주의).

2. 丙이 불복하고자 하는 경우 방법 – 丙은 수용재결에 대하여 30일 이내 이의신청 또는 90일 이내 행정소송 또는 이의신청을 한 경우 이의재결을 있은 날로 부터 60일 이내에 행정소송을 제기할 수 있다.

III. 문제의 해결

〈4. 2) 수용재결 불복과정에서 사업인정의 하자를 주장할 수 있는가?; 하자승계문제〉

I. 문제의 소재 – 「관광진흥법」상 사업인정은 「공익사업을 위한 토지 등의 취득 및 보상에 관한 법률」(이하 '토지보상법') 제20조에 따라 이뤄지는 바 수용재결의 선행절차에 해당한다. 즉 사업인정에 있어서의 하자를 수용재결의 불복과정에서 주장할 수 있는지의 문제로 행정행위의 하자승계론이 적용될 수 있는가의 문제이다.

II. 수용재결의 불복과정에서 사업인정 하자의 주장 가능성 검토 (하자승계론 검토)

1. 하자승계론의 개념, 의의, 논의, 판례의 입장

1) 개념, 의의 – (1) 하자승계는 선행행위의 하자가 후행행위에 승계되는 것을 말한다. (2) 하자승계논의는 ① 둘 이상의 행정행위가 연속으로 이뤄지고, ② 선행행위의 하자에 취소사유가 있음에도 제소기간으로 도과로 선행행위를 다툴 수 없게 되어(선행행위의 불가쟁력 발생), ③ 최종적인 목적을 같이 하는 연속된 후행 행정행위에 관한 다툼에서 선행행위의 하자를 이유로 후행 행정행위를 취소할 수 있게 함으로써 ④ 사인의 권익을 실효적으로 구제하는데 의의가 있다. 2) 하자승계논의 判例 및 요건 – (1) 하자의 승계는 실정법상 근거가 부재하다. (2) 따라서, 하자승계이론으로 하자승계의 가능성과 한계(요건)를 논하여 정리한다. (가) 學說은 (i) 〈전통적 하자승계론〉 하자는 행정행위마다 독립적으로 판단되는 것이 원칙이나, 예외로 ① 선행행위와 후행행위가 일련의 절차를 구성하면서 ② 하나의 효과를 목적으로 하는 경우에 하자가 승계될 수 있다는 논의와 (ii) 〈수인한도론〉 일반적으로 선행 행정

행위의 내용과 효력이 후행 행정행위에 영향을 미쳐, 법원과 당사자를 구속하나 (구속력), 선행 행정행위가 후행 행정행위에 영향을 미칠지에 대하여 ① 예측이 불가능한 상황이었거나 ② 미치는 영향이 수인한도를 넘는 경우에는 선행행위의 구속력이 후행행위에 미친다고 할 수 없고, 선행행위에 대한 구속력이 배제되어 후행행위를 다투면서도 선행행위의 위법을 주장할 수 있다는 논의이다.

(나) 判例는 원칙적으로는 전통적인 하자승계론에 따라 하나의 효과를 목적으로 하는 단계적 행정행위에서 하자승계를 인정하고 있으며, 더불어서 수인한도론에 의거한 판결도 내고 있다.

(다) (小結) 전통적 하자승계론의 기본원칙을 따르되, 수인한도론을 공히 적용하는 判例의 태도가 타당해 보이며, 이는 사인의 권익구제와 행정의 법적안정성을 공히 고려한 것이라 할 것이다.

2. 丙의 하자승계 주장 가능성 판단(사업인정의 하자를 수용재결불복과정에서 주장가능한가?)

1) 관광진흥법상 사업인정은 2018.5.30.에 있었던 바, 그로부터 2019.11.20자 수용재결은 1년이 경과하여 취소소송의 제소기간(안 날 90일, 있은 날 1년)이 도과하였다.

2) (1) 사업인정과 수용재결은 하나의 목적으로 이뤄지는 단계적 행정행위로 보기 어려운 바, 수인한도론을 통한 하자승계의 가능성을 검토하여야 할 것이다. (2) 사업인정의 하자가 단순위법(취소)인 경우에, 관광진흥법상 사업인정은 문화재보호구역 인근에 관광단지개발을 위하여 이뤄진 절차이며, 이후 丙소유의 토지의 수용·사용 등은 충분히 예견된다. 따라서 사업인정의 구속력은 이후수용재결에서 부인되기 어렵다. 수용재결의 불복과정 사업인정의 하자를 주장하기 어렵다. (3) 만약 사업인정의 하자가 무효인 경우에는 이후에 이뤄지는 모든 절차가 적법요건을 결하여 그 효력이 인정되기 어려우며, 이 경우에 수용재결 역시 효력 자체를 부여하기 어렵다. 이 경우는 하자승계의 문제가 아니라 수용재결 그 자체가 그 적법요건을 결하여 중대명백한 하자로 무효가 됨이 타당하다.

III. 문제의 해결 – 사업인정에 단순위법의 하자가 있는 경우 수용재결의 불복과정에서 주장하기 어렵다.

〈4. 3) 이의신청 보상금증감청구소송(형식적 당사자소송)〉

I. 문제의 소재 – 丙은 「공익사업을 위한 토지등의 취득 및 보상에 관한 법률」(토지보상법)에 따라 이의신청 또는 행정소송을 제기할 수 있다. 특히 행정소송으로 보상금증감청구소송을 제기할 수 있는 바, 법적 성격과 절차를 논한다.

II. 보상금이 적은 경우 구제수단 (이의신청과 보상금증감청구소송)

1. 이의신청 – 토지보상법 제83조(이의의 신청), 제84조(이의신청에 대한 재결), 제86조(재결의 효력)

2. 보상금증감청구소송 – 의의, 근거, 법적 성격, 절차(당사자등) – 1) 토지보상법 제85조(행정소송의 제기) – 행정소송이 보상금의 증감(增減)에 관한 소송인 경우 그 소송을 제기하는 자가 토지소유자 또는 관계인일 때에는 사업시행자를, 사업시행자일 때에는 토지소유자 또는 관계인을 각각 피고로 한다. 2) 형식적 당사자 소송 – i) 형성소송설 ii) 확인이행소송설(小結) 3) 절차 – 원고-소유자 관계인, 피고-사업시행자, 소의 대상 – 수용재결(이의신청 거쳐도)

3. 사례포섭 – 이의신청, 보상금증감청구소송(수용재결 정본 받은날 90일, 이의재결 정본 받은날 60일).

III. 문제의 해결

〈제 2-1 문〉

甲은 B광역시장의 허가를 받지 아니하고 B광역시에 공장 건물을 증축하여 사용하고 있다. 이에 B광역시장은 甲에 대하여 증축한 부분을 철거하라는 시정명령을 내렸으나 甲은 이를 이행하지 아니하고 있다. 다음 물음에 답하시오. (50점)

1. B광역시장은 상당한 기간이 경과하였음에도 甲에 대하여 이행강제금을 부과·징수하지 않고 있다. 이에 대하여 B광역시 주민 乙은 부작위위법확인소송을 통하여, 주민 丙은 적법한 절차를 거쳐 주민소송을 통하여 다투려고 한다. B광역시장이 甲에 대하여 이행강제금을 부과·징수하지 않고 있는 행위는 부작위위법확인소송 및 주민소송의 대상이 되는가? (35점)

2. B광역시장이 甲에 대하여 일정기간까지 이행강제금을 납부할 것을 명하였으나, 甲은 이에 불응하였다. B광역시장은「지방세외수입금의 징수 등에 관한 법률」제8조에 따라 다시 甲에게 일정기간까지 위 이행강제금을 납부할 것을 독촉하였다. 위 독촉행위는 항고소송의 대상이 되는가? (15점)

[참조 조문]

「건축법」

제80조(이행강제금) ① 허가권자는 제79조 제1항에 따라 시정명령을 받은 후 시정기간 내에 시정명령을 이행하지 아니한 건축주등에 대하여는 그 시정명령의 이행에 필요한 상당한 이행기한을 정하여 그 기한까지 시정명령을 이행하지 아니하면 다음 각 호의 이행강제금을 부과한다.
1. ~2. (생략)
⑦ 허가권자는 제4항에 따라 이행강제금 부과처분을 받은 자가 이행강제금을 납부기한까지 내지 아니하면 「지방세외수입금의 징수 등에 관한 법률」에 따라 징수한다.

「지방세외수입금의 징수 등에 관한 법률」

제 2 조(정의) 이 법에서 사용하는 용어의 뜻은 다음과 같다.
"지방세외수입금"이란 지방자치단체의 장이 행정목적을 달성하기 위하여 법률에 따라 부과·징수하는 조세 외의 금전으로서 과징금, 이행강제금, 부담금 등 대통령령으로 정하는 것을 말한다.

제 8 조(독촉) ① 납부의무자가 지방세외수입금을 납부기한까지 완납하지 아니한 경우에는 지방자치단체의 장은 납부기한이 지난 날부터 50일 이내에 독촉장을 발급하여야 한다.
② 제1항에 따라 독촉장을 발급할 때에는 납부기한을 발급일부터 10일 이내로 한다.

제 9 조(압류의 요건 등) ① 지방자치단체의 장은 체납자가 제8조에 따라 독촉장을 받고 지정된 기한까지 지방세외수입금과 가산금을 완납하지 아니한 경우에는 체납자의 재산을 압류한다.

〈제 2-2 문〉

A중앙행정기관 소속 6급 공무원인 甲은 업무수행 중 근무지를 이탈하고 금품을 수수하는 등의 직무의무 위반행위를 하였다. 다음 물음에 답하시오. (40점)

1. A행정기관의 장은 甲의 행위가 「국가공무원법」상 징계사유에 해당한다고 판단됨에도 불구하고 징계위원회에 징계 의결을 요구하지 아니할 수 있는가? (20점)

2. 甲의 행위에 대하여 징계위원회가 감봉 1월의 징계를 의결하였고 그에 따라 동일한 내용의 징계처분이 내려졌다. 甲은 그 징계처분에 대하여 취소소송을 제기하고자 한다. 이 경우 반드시 행정심판절차를 거쳐야 하는가? (20점)

문제의 핵심 & 쟁점의 정리 📋

※ 시험장에서 문제를 받자마자 여러분들이 3~5분 동안 해야 할 작업입니다. 문제에서 핵심을 찾아내고, 답안의 쟁점을 파악하여 간략하게 목차를 구성해 보는 것입니다. 이 이후에 본 답안작성에 들어가기 바랍니다.

〈제 2-1 문〉

☑ 문제의 핵심

1. B광역시장은 상당한 기간이 경과하였음에도 甲에 대하여 **이행강제금을 부과·징수하지 않고 있다.** 이에 대하여 B광역시 **주민 乙은 부작위위법확인소송을** 통하여, **주민 丙은 적법한 절차를 거쳐 주민소송을** 통하여 다투려고 한다. B광역시장이 **甲에 대하여 이행강제금을 부과·징수하지 않고 있는 행위는 부작위위법확인소송 및 주민소송의 대상**이 되는가? (35점)

2. B광역시장이 甲에 대하여 일정기간까지 **이행강제금을 납부할 것을 명**하였으나, 甲은 이에 불응하였다. B광역시장은 「**지방세외수입금의 징수 등에 관한 법률**」제8조에 따라 다시 甲에게 일정기간까지 위 이행강제금을 납부할 것을 **독촉**하였다. 위 **독촉행위는 항고소송의 대상이 되는가?** (15점)

☑ 쟁점의 정리

1. 주민 乙은 부작위위법확인소송을 주민 丙은 주민소송을 제기하려 한다. 대상이 되는가?
   - (쟁점1) **부작위위법확인소송의 대상적격**(문항에서 주민 乙의 원고적격을 묻지는 않음)
     · (문제해결기준 : 근거조문) 건축법 제80조, 행정소송법 제2조 제1항 제2호, 동법 제4조 제3호
     · (답안기술내용) 부작위위법확인소송의 대상적격(처분의 부작위, 부작위로 인하여 권리의무 영향, 신청권)
       신청권의 존부(학설(대상적격, 원고적격, 본안판단), 판례, 소결)
   - (쟁점2) **주민소송의 대상적격**
     · (근거조문) 건축법 제80조, 지방자치법 제17조 주민소송
     · (답안기술내용) 주민소송의 개념, 요건, 절차, 내용, 효과
       주민소송의 대상 - 위법한 재무회계행위 - 지방자치법 제17조 제2항 제3호 소송

2. 독촉행위는 항고소송의 대상인가? 처분인가?
   - (쟁점) **처분성 판단**
     · (문제해결기준 : 근거조문, 이론, 판례, 참조조문) 행정소송법 제2조 제1항 제1호, 지방세외수입금의 징수 등에 관한 법률 제8조
     · (답안기술내용) 처분 정의, 기능, 처분개념론 학설(일원론, 이원론) 판례, 소결, 처분요건 검토 포섭

〈제 2-2 문〉

☑ 문제의 핵심

1. A행정기관의 장은 甲의 행위가 「국가공무원법」상 징계사유에 해당한다고 판단됨에도 불구하고 **징계위원회에 징계 의결을 요구하지 아니할 수 있는가?** (20점)

2. 甲의 행위에 대하여 **징계위원회가 감봉 1월의 징계를 의결하였고** 그에 따라 동일한 내용의 징계처분이 내려졌다. 甲은 <u>그 징계처분에 대하여 **취소소송을 제기**</u>하고자 한다. 이 경우 **반드시 행정심판절차를 거쳐야 하는가?** (20점)

☑ 쟁점의 정리

1. 징계요구행위의 법적 성격(기속, 재량 판단)
   - (쟁점) 기속행위인가, 재량행위인가
     . (문제해결기준 : 참고조문, 이론) 국가공무원법 제78조 제1항, 기속행위와 재량행위의 구별
     . (답안기술내용) 징계의결요구행위의 의의, 법적 성격
       기속행위와 재량행위의 구별이유, 구별실익, 구별기준(학설, 판례, 소결), 기속재량판단

2. 반드시 행정심판절차를 거쳐야 하는가?
   - (쟁점) 공무원징계에 대한 소청절차에 있어 행정심판전치여부
     . (문제해결기준 : 근거조문) 행정소송법 제18조 제1항, 국가공무원법 제78조 제1항
     . (답안기술내용) 행정심판전치의 의의, 개념, 요건, 내용, 공무원징계 소구절차에있어 행정심판전치(필요적 전치)

관리번호	시험과목명	사 례 형 제 2 문	시험관리관 확　　인	점　　수	채점위원인

〈제 2-1 문 1. 부작위위법확인소송 (신청권) · 주민소송의 대상 (소송유형)〉

I. 문제의 소재

B광역시장의 甲에 대한 이행강제금 미부과 · 미징수(이하 '미부과 · 미징수')가 (1) 주민 乙이 제기할 행정소송법(이하 '법')상 부작위위법확인소송의 부작위에 해당되는지 여부, 특히 부작위의 요건 중 신청권의 필요성과 그 존부가 문제된다. 또한 (2) 주민 丙이 제기할 주민소송의 대상이 되는지 여부에 관하여 주민소송의 제기요건과 지방자치법상 소송의 유형을 검토할 필요가 있다.

II. 부작위위법확인소송의 대상인 부작위와 B광역시장의 미부과 · 미징수의 부작위 여부

1. 부작위위법확인소송의 대상으로서 부작위 의의, 요건 등

1) 부작위위법확인소송에서 부작위는 ① 행정청이 ② 당사자의 신청에 대하여 ③ 상당한 기간내에 ④ 일정한 처분을 하여야 할 법률상 의무가 있음에도 불구하고 ⑤ 이를 하지 아니하는 것이다(법 제2조 제1항 제2호).

2) 부작위의 성립에 관하여 법에서 정하는 요건 이외에 '당사자'에 신청을 할 수 있는 권한(신청권)을 필요로 하는가에 대하여 (가) 學說은 (i) 부작위의 성립에는 행정청의 처분의무가 필요하고 따라서 신청인의 신청권이 필요하다는 대상적격설, (ii) 신청권은 당사자가 신청할 권한을 갖고 있느냐의 문제로 당사자를 중심으로 한 주관적 · 구체적 법률상 이익의 문제로 봐야 한다는 원고적격설 (iii) 신청권은 부작위의 위법을 판단하는 기준이므로 본안의 (위법)문제로 보아야 한다는 본안문제설이 있으며 (나) 判例는 모든 부작위가 소의 대상으로 직결될 수 없으므로 일반적인 신청권을 가진 자의 신청이 전제가 된 경우의 부작위만 소의 대상으로 보는 것이 타당하다고 하여 대상적격설을 취한다. (다) (小結) 모든 부작위에 대하여 소의 대상으로 삼을 수 없다는 점, 최소한의 일반적인 신청권은 부작위 인정에서 필요하다는 점에서 대상적격설이 타당하다고 본다.

2. B광역시장의 미부과 · 미징수의 부작위 여부

그렇다면, B광역시의 미부과 · 미징수가 부작위가 되려면, 주민 乙에게 이행강제금 부과를 신청할 신청권이 있어야 하는 바, (1) 설문에 주어진 조건에 따르면 달리 신청권을 인정할 근거를 찾기 어렵고, (2) 나아가 신청권이 존재한다 하더라도, 설문에서 주민 乙은 부작위의 요건인 신청 자체를 하고 있지 않은 바, B광역시장의 미부과 · 미징수는 부작위위법확인소송의 대상이 되는 부작위에 해당하기 어렵다고 할 것이다.

III. 주민소송의 의의, 요건, 대상, 유형 및 B광역시장의 미부과 · 미징수에 대한 丙의 주민소송

1. 주민소송의 의의, 요건, 대상, 유형

1) (1) 주민소송은 지방자치단체의 장, 직원 등의 위법한 재무회계행위에 대하여 주민이 제기하

는 지방자치법(이하 '법') 제17조에 근거한 민중소송이다. (2) 주민소송이 적법하게 제기되기 위하여는 주민의 감사청구가 미리 필요하여 감사청구에 참여한 주민이 주민소송을 제기할 수 있다(감사청구전치주의, 법 제17조 제1항).

2) (1) 주민소송의 대상은 위법한 재무회계행위이며, ① 공금의 지출, ② 재산의 취득·관리·처분, ③ 계약의 체결·이행, ④ 공금의 부과·징수를 게을리한 사실로 세분된다(법 제17조 제1항).

(2) 주민소송의 유형은 제1호 소송(손해발생행위의 중지소송), 제2호 소송(처분의 취소·무효확인소송), 제3호 소송(해태사실의 위법확인소송), 제4호 소송(손해배상등 요구소송)으로 나뉜다.

2. B광역시장의 미부과·미징수의 주민소송의 대상성 판단 및 주민소송 유형

1) (1) 설문상 丙은 적법한 절차를 거쳤다고 한 바, 감사청구를 한 자로 인정되고, B광역시장의 미부과·미징수는 법 제17조 제1항에 따른 공금의 부과·징수를 게을리한 사항에 해당하므로, 주민소송의 대상이 된다고 할 것이다.

(2) 判例도 이행강제금의 부과·징수를 게을리한 행위를 주민소송의 대상으로 보고 있다.

2) 주민 丙이 제기할 수 있는 주민소송의 유형은 이행강제금의 부과·징수를 게을리한 사실의 위법 확인을 요구하는 소송(법 제17조 제2항 제3호 소송)이 될 것이다.

Ⅳ. 문제의 해결

B광역시장의 이행강제금 미부과·미징수는 주민 乙이 제기하는 부작위위법확인소송의 대상이 되지 않고, 주민 丙이 제기하는 주민소송의 대상은 된다.

〈제 2-1 문 2. 독촉행위의 항고소송의 대상성 (처분성)〉

Ⅰ. 문제의 소재

B광역시장의 「지방세외수입금의 징수 등에 관한 법률」 제8조에 따른 이행강제금 납부 독촉행위가 행정소송법(이하 '법')상 항고소송의 대상인 처분에 해당하는지 여부, 특별히 처분의 구성요건을 충족하고, 判例에서 요구하는 '법률관계에 직접 영향을 미치는 행위'인지 여부가 문제된다.

Ⅱ. 처분의 개념과 성립요건 및 독촉행위의 처분성 여부

1. 처분의 개념과 성립요건

1) 의의 - (1) 처분은 행정소송법상 개념이다. (2) 행정소송법 제2조 제1항 제1호는 처분을 행정청이 행하는 구체적 사실에 관한 법집행으로서의 공권력 행사 또는 그 거부 그 밖에 이에 준하는 행정작용으로 정의하고 있다.

2) 개념론 - 처분의 개념범위와 관련해서 (가) 學說은 (i) 행정작용 중 행정행위와 처분을 하나로 보는 일원론과 (ii) 처분은 강학상 행정행위보다는 넓고, 권력적 사실행위 등 여타 행정작용도 포괄할 수 있다는 이원론이 있다. (나) 判例는 처분의 개념을 강학상 행정행위보다는 더 넓게 해석하여 여타 행정작용이라 하더라도 사인의 권리나 의무에 영향을 미치는 작용이면 '처분'으로 새기고 취소소송의 대상적격을 인정하고 있다. (다) (小結) 判例의 입장이 타당하다고 본다.

3) 요건 - (1) 행정소송법상 정의규정대로 '행정청이', '구체적사실에 관하여 행하는', '법집행으로

서의 공권력 행사'에 해당하면 처분으로 볼 수 있다.

(2) 判例는 통상 법률관계에 영향을 미친다 즉 행정청의 행정작용이 권리를 제한하거나 의무를 부과하면 대부분 '처분'으로 본다.

2. 독촉행위의 항고소송의 대상 (처분성) 판단

1) B광역시장의 독촉행위는 「지방세외수입금의 징수 등에 관한 법률」 제8조 및 제9조에 따라 행정청이 행하는 구체적 사실에 관한 법집행으로서 공권력 행사에 해당하며, 독촉행위 그 자체로 상대방에게 납부의무, 미납시 압류가 됨을 알리는 법률관계에 직접 영향을 미치는 법적행위로 처분에 해당한다. 따라서 항고소송의 대상이 된다.

2) 독촉은 행정행위 유형 중 행정청이 관념의 표시 그 자체로 법률에 규정하는 효력이 발생하는 준법률행위적 행정행위로서 통지에 해당한다고 할 것이다.

Ⅲ. 문제의 해결

독촉행위는 항고소송의 대상이 된다.

〈제 2-2 문 1. 징계의결요구행위의 법적 성격〉

Ⅰ. 문제의 소재

甲이 직무의무 위반행위에 대하여 A행정기관의 장이 징계사유에 해당한다고 판단한 바, 이후 징계 의결을 요구하지 않을 수 있는가에 관한 문제는 국가공무원법(이하 '법') 제78조 제1항은 징계의결요구가 기속행위인가 재량행위인가의 문제이다.

Ⅱ. 징계의결요구행위의 의의, 법적 성격(기속, 재량)

1. 징계의결요구행위의 의의

1) 법 제78조 제1항 제2호 및 제4항에 따르면 6급 이하의 공무원이 직무상 의무를 위반하면 소속 기관의 장 또는 소속 상급기관의 장은 징계 의결을 요구하여야 하고, 그 징계의결의 결과에 따라 징계처분을 하여야 한다고 규정하고 있다.

2) 징계의결요구행위는 내부적 행위로 징계대상자에게 직접적인 법적효과를 나타내는 의사표시가 되지 않으므로 (법적행위에 해당하지 않으므로) 처분성 인정은 어렵겠다.

2. 징계의결요구행위의 법적 성격(기속, 재량)

1) 기속행위는 법규상 구성요건이 충족되면 행정청이 반드시 효과로서의 행위를 발하거나 또는 하지 않아야 하는 행정행위이며, 재량행위는 법규상 구성요건이 충족된 경우에 행정청이 법효과를 선택 또는 결정할 수 있는 행정행위이다.

2) 기속행위와 재량행위의 구별에 관해서는 (1) 學說은 (i) 법률요건에 따라 구별하는 입장(요건재량설), (ii) 법률효과에 따라 구별하는 입장(효과재량설), (iii) 법령의 규정방식, 취지, 목적, 행정행위의 유형을 종합적으로 고려하여 판단하는 입장(종합설)이 있고

(2) 判例는 종합설을 기본으로 하여 효과재량설을 보충기준으로 활용하고 있다.

(3) (小結) 判例의 입장에 따라 종합설을 기본으로 하되 공익과 사익을 비교형량하는 기본권기준설을 가미하는 것이 합당하다 할 것이다.

4쪽으로→

3) 종합설에 입각하여 법 제78조 제1항 제2호 및 제4항의 규정을 판단할 때 징계의결요구행위는 기속행위로 봄이 타당하고 할 것이다.

Ⅲ. 문제의 해결

따라서 징계사유에 해당한다고 판단되는 경우에는 반드시 징계의결을 요구하여야 할 것이다. 만약 징계사유에 해당하는지가 문제되는 경우는 요건의 문제로 불확정개념과 판단여지의 법리가 적용되어야 할 것이다.

〈제 2-2 문 2. 행정심판의 전치여부〉

Ⅰ. 문제의 소재

징계처분에 대한 취소소송에 앞서 행정심판을 거쳐야 하는 지에 대하여는 「행정소송법」상 행정심판전치 조항의 내용 및 「국가공무원법」상 행정심판전치 조항의 내용이 문제되고 양자의 관계가 문제되겠다.

Ⅱ. 징계처분에 대한 취소소송시 행정심판을 거쳐야 하는가? (필요적 전치인가?)

1. 행정소송법상 행정심판전치 내용(임의적 전치)

1) 행정소송법 제18조 제1항은 '취소소송은 법령의 규정에 의하여 당해 처분에 대한 행정심판을 제기할 수 있는 경우에도 이를 거치지 아니하고 제기할 수 있다. 다만, 다른 법률에 당해 처분에 대한 행정심판의 재결을 거치지 아니하면 취소소송을 제기할 수 없다는 규정이 있는 때에는 그러하지 아니하다'고 규정하여

2) 취소소송을 제기함에 있어 임의적 심판전치를 원칙으로, 다른 법률의 규정을 전제로 필요적 전치를 예외로 정하고 있다.

2. 국가공무원법상 행정심판전치

1) 국가공무원법 제16조 제1항 및 제75조는 '공무원에 대한 징계처분, 그 밖에 본인의 의사에 반한 불리한 처분이나 부작위에 관한 행정소송은 소청심사위원회의 심사·결정을 거치지 아니하면 제기할 수 없다'고 하여 필요적 심판전치를 정하고 있다.

2) 따라서 행정소송법 제18조 제1항에 따라 공무원에 대한 징계처분의 취소소송에 대해서는 국가공무원법을 우선적용하여 필요적 전치를 따른다.

3. 甲은 징계처분 취소소송 제기시 필요적 전치? (필요적 전치와 그 예외)

1) 행정소송법 제18조 제1항 및 국가공무원법 제16조 제1항에 의거 징계처분 취소소송에 앞서 소청심사위원회의 심사결정을 거쳐야 할 것이다.

2) 다만 행정소송법 제18조 제3항에 따라 ① 동종사건에 관하여 이미 행정심판의 기각재결이 있은 때, ② 처분을 행한 행정청이 행정심판을 거칠 필요가 없다고 잘못 알린 때에는 소청심사위원회의 심사결정을 거칠 필요 없이 취소소송의 제기가 가능하다고 할 것이다.

Ⅲ. 문제의 해결

동종사건의 기각재결, 오고지의 경우가 아닌 한 소청심사위원회 심사결정을 거쳐야 한다.

〈제 1 문〉

甲은 A시 시청 민원실 주차장 부지 일부와 그에 붙어 있는 A시 소유의 유휴 토지 위에 창고건물을 건축하여 사용하고 있다. A시 소속 재산 관리 담당 공무원은 A시 공유재산에 대한 정기 실태조사를 하는 과정에서 甲이 사용하고 있는 주차장 부지 일부 및 유휴 토지 (이하 '이 사건 토지'라 한다)에 관하여 대부계약 등 어떠한 甲의 사용권원도 발견하지 못 하자 甲이 이 사건 토지를 정당한 권원 없이 점유하고 있다고 판단하여 관리청인 A시 시 장 乙에게 이러한 사실을 보고하였다. 이에 乙은 무단점유자인 甲에 대하여 ①「공유재산 및 물품 관리법」제81조 제1항에 따라 변상금을 부과하였고(이하 '변상금 부과 조치'라 한 다), ② 같은 법 제83조 제1항에 따라 이 사건 토지 위의 건물을 철거하고 이 사건 토지 를 반환할 것을 명령하였다(이하 '건물 철거 및 토지 반환 명령'이라 한다).

1. 乙이 이 사건 토지를 관리하는 행위의 법적 성질을 검토하시오. (15점)

2. 甲이 건물 철거 및 토지 반환 명령에 따른 의무를 이행하지 않는 경우 이에 대한 행정 상 강제집행이 가능한가? (20점)

3. 甲이 이미 변상금을 납부하였으나, 乙의 변상금 부과 조치에 하자가 있어 변상금을 돌 려받으려 한다. 甲은 어떠한 소송을 제기하여야 하는가? (30점)

[참조조문]

「공유재산 및 물품 관리법」

제 2 조(정의) 이 법에서 사용하는 용어의 뜻은 다음과 같다.
  1. "공유재산"이란 지방자치단체의 부담, 기부채납(寄附採納)이나 법령에 따라 지방자치단체 소 유로 된 제4조 제1항 각 호의 재산을 말한다.

제 5 조(공유재산의 구분과 종류) ① 공유재산은 그 용도에 따라 행정재산과 일반재산으로 구분한다.
  ② "행정재산"이란 다음 각 호의 재산을 말한다.
  1. 공용재산
     지방자치단체가 직접 사무용·사업용 또는 공무원의 거주용으로 사용하거나 사용하기로 결정 한 재산과 사용을 목적으로 건설 중인 재산
  2. 공공용재산
     지방자치단체가 직접 공공용으로 사용하거나 사용하기로 결정한 재산과 사용을 목적으로 건 설 중인 재산

3. 기업용재산
지방자치단체가 경영하는 기업용 또는 그 기업에 종사하는 직원의 거주용으로 사용하거나
사용하기로 결정한 재산과 사용을 목적으로 건설 중인 재산
4. 보존용재산
법령·조례·규칙에 따라 또는 필요에 의하여 지방자치단체가 보존하고 있거나 보존하기로
결정한 재산
③ "일반재산"이란 행정재산 외의 모든 공유재산을 말한다.

제81조(변상금의 징수) ① 지방자치단체의 장은 사용·수익허가나 대부계약 없이 공유재산 또는
물품을 사용·수익하거나 점유(사용·수익허가나 대부계약 기간이 끝난 후 다시 사용·수익허가
나 대부계약 없이 공유재산 또는 물품을 계속 사용·수익하거나 점유하는 경우를 포함하며, 이
하 "무단점유"라 한다)를 한 자에 대하여 대통령령으로 정하는 바에 따라 공유재산 또는 물품
에 대한 사용료 또는 대부료의 100분의 120에 해당하는 금액(이하 "변상금"이라 한다)을 징수
한다. 다만, 다음 각 호의 어느 하나에 해당하는 경우에는 변상금을 징수하지 아니한다(각 호
생략).

제83조(원상복구명령 등) ① 지방자치단체의 장은 정당한 사유 없이 공유재산을 점유하거나 공유
재산에 시설물을 설치한 경우에는 원상복구 또는 시설물의 철거 등을 명하거나 이에 필요한 조
치를 할 수 있다.
② 제1항에 따른 명령을 받은 자가 그 명령을 이행하지 아니할 때에는 「행정대집행법」에 따라
원상복구 또는 시설물의 철거 등을 하고 그 비용을 징수할 수 있다.

〈제 2 문의 1〉

「사설묘지 등의 설치에 관한 법률」은 국가사무인 사설묘지 등의 설치허가를 시·도지사에게
위임하면서, 설치허가를 받기 위해서는 사설묘지 등의 설치예정지역 인근주민 2분의 1 이상
의 찬성을 얻도록 규정하고 있다. X도의 도지사 甲은 「X도 사무위임조례」에 따라 사설묘지
등의 설치에 관한 사무의 집행을 관할 Y군의 군수 乙에게 위임하였다. Y군의 군의회는 乙
이 사설묘지 등의 설치를 허가하기 위해서는 사설묘지 설치예정지역 인근주민 3분의 2 이상
의 찬성을 얻도록 하는 내용의 「Y군 사설묘지 등 설치허가 시 주민동의에 관한 조례안(이
하 '이 사건 조례안'이라 한다)」을 의결하였다. 이에 乙은 이 사건 조례안이 위법하다는 이
유로 Y군 군의회에 재의를 요구하였으나, Y군 군의회는 원안대로 이를 재의결하였다.

1. 이 사건 조례안은 적법한가? (20점)

2. 재의결된 이 사건 조례안에 대하여 甲과 乙이 취할 수 있는 통제방법은 각각 무엇인가? (15점)

※ 「사설묘지 등의 설치에 관한 법률」과 「Y군 사설묘지 등 설치허가 시 주민동의에 관한
조례안」은 가상의 것임

☑ 쟁점의 정리

❖ 조례안은 적법한가?
　－ (쟁점1) 조례제정대상사무인가? 자치사무, 단체위임사무인가?
　　. (문제해결기준 : 근거조문, 학설, 판례) 지방자치법 제22조, 제9조
　　. (답안기술내용) 조례제정대상 사무 일반론
　　. (포섭) 국가사무이므로 조례제정대상사무 아님, 법령에서 조례로 위임한 바도 없음, 불가
　－ (쟁점2) 법률유보와 법률우위원칙 지키고 있는가?
　　. (문제해결기준 : 근거조문, 학설, 판례) 헌법 제117조, 지방자치법 제22조 본문 단서
　　. (답안기술내용) 법률유보원칙 필요 여부 － 지방자치법 제22조 단서 학설(위헌설, 합헌설), 판, 소(필요)
　　　　　　　　　　법률우위원칙 － 언제나 적용?, 법률규정 없거나, 수익조례인 경우 법령취지가 지
　　　　　　　　　　자체 특성 고려 용인하는 경우 적용 안함
　　. (포섭)

❖ 재의결 조례에 대하여 도지사 甲과 해당 지차제장 乙이 취할 수 있는 통제방법?
　－ (쟁점) 조례안의 행정적 사법적 통제 방법
　　. (문제해결기준 : 근거조문) 해당 지자체장 : 지방자치법 제26조 제6항 乙의 공포거부, 제107조 제
　　　　　　　　　　3항 대법원에 소제기 가능, 제172조 제3항
　　　　　　　　　　상급 지자체장 또는 주무부장관 : 지방자치법 제172조 제4항 제소지시, 직
　　　　　　　　　　접 제소, 집행정지결정신청, 제172조 제6항 직접 제소
　　. (답안기술내용) 도지사 甲, 해당 지자체장 乙

관리번호	시험과목명	사 례 형 제 1 문	시험관리관 확 인	점 수	채점위원인

〈제 1 문 1. 이 사건 토지 관리행위의 법적 성질; 공물관리권〉

Ⅰ. 문제의 소재

이 사건 토지는 A시 소유의 공유재산으로 주차장 부지 일부와 유휴 토지로 나뉘고, 공유재산 및 물품 관리법(이하 '법') 제5조에 따라 각각 공용재산으로서 공물, 그리고 일반재산에 해당하는 바, 공물의 관리행위와 일반재산의 관리행위의 법적 성질이 문제된다.

Ⅱ. 이 사건 토지 관리 행위의 법적 성질

1. 이 사건 토지의 구별(공용재산(공물), 일반재산)과 공물·일반재산의 개념, 특징

1) 토지 구분 - '이 사건 토지' 중 (1) 시청 민원실 주차장 부지 일부(이하 '주차장 부지')는 법 제5조 제2항 행정재산 중 공용재산으로 공물에 해당하고, (2) 유휴 토지는 사용목적이 정해지지 않은 토지이므로 동법 제5조 제3항의 일반재산으로 강학상 재정재산으로 볼 수 있다.

2) 공물과 일반재산 - (1) 공물은 강학상 개념으로 법령이나 행정주체의 행위에 의해 직접 공적 목적에 제공된 유체물과 무체물 및 집합물을 의미한다. (2) 공물은 사소유권을 보장하지만 공물로서의 목적 달성을 위해 법률로 공물관리권한만을 행정주체에게 유보하고 있다고 할 것이다. (3) 따라서 일정부분 사법의 적용이 배제되고, 사권 행사에 제한이 따른다. 반면, (4) 일반재산은 행정주체가 직접 공적 목적에 제공하지 않는 재정재산으로, 일반적으로 사법의 적용

2. 이 사건 토지 관리행위의 법적 성질(공물관리, 일반재산관리)

1) 공물관리 의의 - 乙이 주차장 부지 일부를 관리하는 행위는 (1) 공물관리행위로, 공물이 제공된 공적 목적을 잘 수행할 수 있게 하기 위한 행정주체의 행위에 해당한다. (2) 공물관리행위에 대하여 (가) 學說은 (i) 소유권에서 기인한다는 주장 (ii) 공법적 권한으로서의 물권적 지배권에 근거한다는 주장이 있고, (나) 判例는 공법상 물권적 지배권설을 취한다. (小結) 공법상 인정되는 특별한 종류의 물권적 지배권에 기인하는 것으로 이해하는 것이 합당하다. (3) 따라서 사안에서 이 사건 토지 중 주차장 부지 일부의 관리행위는 공법적 권한으로서의 물권적 지배권에 근거한 것으로 '법'이 정하는 공적 목적을 위한 일정의 특권을 향유할 수 있게 된다.

2) 일반재산 관리 의의 - (1) 시장이 이 사건 토지 중 유휴토지를 관리하는 행위는 '법'상 일반재산에 대한 특칙이 있는 경우를 제외하고, 사소유물과 동일하게 사법의 적용을 받게 된다. 유휴 토지 관리행위는 A시의 사소유권에서 비롯된 것으로, 소유권의 한 내용으로 봄이 타당.

Ⅲ. 문제의 해결

이 사건 토지 중 주차장부지 관리행위는 공법상물권적지배권에서 기인한 공물의 관리행위로, 유휴토지 관리행위는 일반재산 관리행위로 사소유권에서 비롯된 내용으로 봄이 타당하겠다.

〈제 1 문 2. 행정상 강제집행의 가능성 여부; 대집행 요건〉

Ⅰ. 문제의 소재

甲의 의무 불이행에 대하여 법 제83조 제2항에 따라 행정대집행법상 대집행이 가능한지가 문제된다. 특별히 '토지반환명령'이 대집행의 대상이 될 수 있는지가 문제된다. (행정상 강제집행을 묻고 있으나, 이는 침익적 작용으로 법률상 근거가 필요하나 본 사안에서 달리 유관 법령의 언급이 없는 바, 법률유보원칙에 의거 여타 행정상 강제집행은 불가능할 것으로 사료됨)

Ⅱ. 행정대집행의 의의, 요건과 토지반환명령에 대한 대집행 가능성 여부

1. 대집행의 의의, 개념, 요건

1) 대집행의 의의, 개념 – 대집행이란 타인이 대신하여 행할 수 있는 의무의 불이행이 있는 경우 행정청이 불이행된 의무를 스스로 행하거나 제3자로 하여금 이행하게 하고 그 비용을 의무자로부터 징수하는 것을 말한다(행정대집행법 제2조).

2) 대집행의 요건 – 대집행이 이뤄지려면 (1) 법률이나 명령에 따른 의무의 불이행이 있을 것, (2) 대체적 작위의무의 불이행일 것, (3) 다른 수단으로 의무이행확보가 곤란할 것(보충성), (4) 현재 불이행을 방치함으로 심히 공익을 해할 것을 요한다.

3) 대체적 작위의무 – 특히 대집행의 대상에 대하여는 '대체적 작위의무'를 요하고 있으므로 判例는 토지나 건물의 인도의무(비대체적이므로), 부작위의무(작위의무로 전환규범 있는 경우에는 가능)는 대집행이 불가능하다고 판시하고 있다.

2. 건물 철거 및 토지 반환 명령에 대한 대집행 가능성 검토

1) 시장이 법에 근거하여 건물 철거 및 토지반환을 명령하였음에도 甲이 이를 이행하지 않았으므로 (1) 공법상 의무의 불이행이 존재한다. 다만, 건물철거의무는 대체적 작위의무이지만, (2) 토지의 반환의무는 비대체적 의무에 해당한다. (3) 사안에서 다른 수단은 없어 보이는 바, 보충성을 갖추며, (4) 공유재산의 엄격한 관리가 필요한 만큼, 현 상태 방치는 공익을 현저히 해하는 것으로 판단된다 할 것이다.

2) 건물 철거의무에 대해서는 대집행이 가능하나, 토지 반환의무는 비대체적 의무인 바, 대집행은 불가능하다 할 것이다.

Ⅲ. 문제의 해결

건물 철거의무는 대집행 가능하나, 토지 반환의무는 대집행이 불가능하고, 기타 이행강제금 또는 직접강제의 수단이 고려될 수 있으나 별도로 법률상 근거가 필요하다.

〈제 1 문 3. 甲이 제기할 수 있는 소송 ; 부당이득반환청구소송, 선결문제, 객관적 병합〉

Ⅰ. 문제의 소재

甲의 소송제기와 관련하여 변상금부과조치의 법적 성격, 부당이득반환청구소송 제기에 있어 선결문제(무효인 하자, 취소정도의 하자로 구별), 변상금 부과처분의 하자가 취소정도인 경우 취소소송과 부당이득반환청구소송의 객관적 병합 가능성이 문제된다.

Ⅱ. 甲이 제기 가능한 소송 검토

1. 변상금부과조치의 법적 성격(처분, 하명, 기속)과 소송방식 개관

1) 변상금부과의 근거, 의의, 성격 - (1) 법 제81조에 따른 변상금 조치는 징벌적 의미로 2할 상당액을 추가로 납부토록 하고 있고, 행정청이 공권력을 가진 우월적 지위에서 행하는 것으로 처분으로 그 유형은 '하명'으로 봄이 상당하다. 判例도 같은 입장이다.

(2) 동조항의 규정방식, 취지, 목적, 유형을 종합적으로 고려하여 판단할 때 기속행위에 해당한다고 할 것이다.

2) 소송방식 개관 - 변상금부과조치 하자에 대한 권리구제는 행정소송법에 의거하여, 하자의 정도에 따라 취소 또는 무효확인소송을 통함이 타당하다. 다만 사안에서 하자의 정도가 언급되지 않은 바, 취소정도(단순위법)의 하자와 무효인 하자로 구분하여 검토함이 타당하겠다.

2. 하자의 정도에 따른 권리구제 방안의 검토(부당이득반환청구소송, 취소소송)

1) 변상금부과처분의 하자가 무효정도인 경우(부당이득반환청구소송)

(1) 甲은 A시를 피고로 하여 민사소송으로 민법 제741조에 따라 부당이득반환청구소송을 제기할 수 있으며, (2) 이 경우 변상금부과처분의 무효에 해당하는 하자는 행정소송법 제11조 제1항에 의거하여 당해 수소법원에서 직접 심리·판단이 가능하다고 하겠다.

2) 하자가 취소정도인 경우(취소소송 - 부당이득반환청구소송-객관병합-원시후발병합)

(1) 공정력·유효성추정 - 甲이 먼저 민사법원에 부당이득반환청구소송을 제기하였다면, 변상금부과처분의 공정력(권한 있는 기관에 의해서 당해 행정행위가 취소되기 전까지는 효력을 유효하게 유지) 또는 구성요건적 효력에 따라 민사법원은 변상금부과처분의 효력을 직접 부인할 수 없으므로 변상금부과처분은 유효하고 따라서, 민법 제741조의 '법률상 원인 없이' 요건을 충족하지 못하므로 기각판결을 받을 것이다.

(2) 선결문제·취소소송 - 따라서, 甲은 먼저 행정법원에 변상금부과처분 취소소송을 통하여 인용판결을 받아 변상금부과처분의 효력을 없앤 이후에, 민사법원에 부당이득반환청구소송을 제기함이 타당하다고 할 것이다.

(3) 소의 병합 - (ㄱ) 변상금부과처분 취소소송을 제기한 행정법원에 부당이득반환청구소송을 이송 또는 병합할 수 있는지에 대하여 행정소송법 제10조 제1항은 취소소송과 당해 처분과 관련되는 손해배상, 부당이득반환, 원상회복 등 청구소송(이하 '관련청구소송')이 각각 다른 법원에 계속되고 있는 경우에 관련청구소송이 계속된 법원이 상당하다고 인정하는 때에 당사자의 신청과 직권에 의하여 취소소송이 계속된 법원으로 이송할 수 있으며, (ㄴ) 동조 제2항에 의거하여 취소소송의 사실심 변론종결시까지 피고외의 자를 상대로한 관련청구소송을 취소소송이 계속된 법원에 병합하여 제기할 수 있다고 규정하는 바, (ㄷ) 甲은 원시적 또는 후발적으로 변상금부과처분 취소소송에 부당이득반환청구소송을 병합할 수 있다.

Ⅲ. 문제의 해결

변상금 부과 조치에 취소정도의 하자가 있는 경우에는 변상금 부과조치 취소소송을 행정법원에 제기하고 부당이득반환청구소송을 병합하여 제기하는 방안, 무효인 하자의 경우는 민사법원에 부당이득반환청구소송을 직접 제기하는 방안이 가장 효과적인 방안으로 사료된다.

〈제 2 문의1 1. 조례안의 적법성〉

Ⅰ. 문제의 소재

이 사건 조례안의 적법성 판단과 관련하여 조례제정대상사무인지? 법률유보의 원칙을 지키고 있는지, 법률우위의 원칙을 지키고 있는지가 문제된다.

Ⅱ. 이 사건 조례안의 적법성 검토

1. 조례제정 대상사무인가?(자치사무?)

1) 의의·근거 – 지방자치법 제22조 본문은 "지방자치단체는 법령의 범위 안에서 '그 사무'에 관하여 조례를 제정할 수 있다"고 규정하고 있으며, 제9조 제1항은 "지방자치단체는 관할 구역의 '자치사무'와 법령에 따라 지방자치단체에 속하는 사무'를 처리한다"고 하므로 조례로 제정할 수 있는 사무는 자치사무와 단체위임사무이며 기관위임사무는 제외된다. 다만 예외적으로 법령이 기관위임사무를 조례로 정하도록 규정한다면 기관위임사무도 조례로 정할 수는 있다.

2) 사안 포섭 – 사안에서 사설묘지 등의 설치허가에 관한 사무를 국가사무로 설시하고 있는 바, 도지사 甲에게, 도지사 甲은 군수 乙에게 위임한 바, 기관위임사무에 해당한다고 할 것이다. 기관위임사무는 조례로 정할 수 없음에도 Y군 의회는 'Y군 사설묘지 등 설치허가 시 주민동의에 관한 조례안'을 재의결하였기 때문에 설문의 조례안은 위법하다 할 것이다.

2. 법률유보의 원칙에 적합한가?(법률유보원칙 필요한가? 필요!)

1) 의의·근거 – 헌법 제117조 제1항은 법률우위원칙만을 규정하나 지방자치법 제22조는 본문에서 조례는 법률우위원칙을, 단서에서 법률유보원칙을 준수해야 함을 규정하고 있는바, 위헌성에 대한 논의가 있는 바, (가) 學說 (i) 지방자치법 제22조는 헌법이 부여하는 지방자치단체의 자치입법권을 지나치게 제약하고 있으며, 지자체의 포괄적 자치권과 전권한성의 원칙에 비추어 위헌이라는 입장이다 (ii) 헌법 제117조 제1항에 법률유보에 대한 명시적 규정이 없더라도 지방자치법 제22조 단서는 헌법 제37조 제2항에 따른 것이므로 합헌이라는 입장 (나) 判例는 지방자치법 제22조는 기본권 제한에 대하여 법률유보원칙을 선언한 헌법 제37조 제2항의 취지에 부합하기 때문에 합헌이라고 본다 (다) (小結) 判例에 따른다.

2) 사안 포섭 – 사안에서 법률은 설치예정지역 인근주민 2분의 1이상의 찬성을 얻도록 규정하고 있기 때문에 법률유보원칙에 부합한다.

3. 법률우위의 원칙에 부합하는가?(법률우위 언제나 적용되나? 수익조례 지자체 특성고려시 예외)

1) 의의, 근거 – 헌법 제117조 제1항, 지방자치법 제22조 본문, 제24조는 조례에도 법률우위원칙은 당연히 적용된다고 한다. 2) 조례규정사항과 관련된 법령의 규정이 없는 경우 일반적으로 지방자치법 제22조 단서의 법률유보의 원칙에 반하지 않는 한 조례로서 규정할 수 있다. 다만, 행정법의 일반원칙에 위반됨은 없어야 한다. 3) 조례내용이 법령의 규정보다 더 침익 또는 더 수익적인 경우, 조례는 법률우위원칙에 위반되어 위법 무효. 4) 단 조례내용이 법령보다 수익적인 경우에도 법령의 취지가 지자체의 실정 고려 별도 규정 용인하면 조례 적법

Ⅲ. 문제의 해결 – 기관위임사무로 조례제정대상사무 아님, 법적근거도 부재함, 위법한 조례

PART
02

쟁점별 일반론(모범답안)*과 관련 판례

* 일반론은 사례형 문제의 실제 답안 본문에 써야 할 내용임

제 1 부 행정법총론

제 1 편 행정법 서론

【행정법의 관념】

【행정상 법률관계】

제 2 편 행정작용법

【행정행위】

제 2 부 행정구제법

제 1 편 행정상 손해전보

【행정상 손해배상】

【행정상 손실보상】

제 2 편 행정쟁송

【행정심판】

【행정소송】

제 3 부 행정법각론

제 1 편 행정조직법

제 2 편 지방자치법

제 3 편 공무원법

제 4 편 경찰행정법

제 5 편 공물법·영조물법·공기업법

제 6 편 공용부담법

제 7 편 건축행정법

제 1 편

행정법 서론

【행정법의 관념】

★★

【사례8_2019 변시_제2문(72면)】

1 소급적용의 금지(진정소급적용, 부진정소급적용, 행정기본법 제14조, 신뢰보호의 원칙

* 개정된 요양급여규칙을 적용하여 급여대상에서 삭제한 것은 위법한가? (위법하다는 甲의 주장은 타당한가?)

II. 개정 요양급여규칙에 따른 급여대상 삭제의 위법성 검토 (소급적용 가능?)

1. 소급적용금지의 개념·근거·유형구분·판단기준 등

1) 개념·근거

(1) 행정기본법 제14조(법적용의 기준)는 "새로운 법령등은 특별한 규정이 있는 경우를 제외하고는 그 법령등의 효력 발생 전에 완성되거나 종결된 사실관계 또는 법률관계에 대해서는 적용되지 아니한다"고 정하고 있다.

(2) 이는 신뢰보호의 원칙을 법령적용에 있어 구체화한 것으로 행정기본법 제8조와 행정절차법 제4조에서 정하는 신뢰보호의 원칙과 일맥상통한다.

2) 유형구분·판단기준

(1) 소급적용은 진정소급적용과 부진정소급적용으로 구분된다.

(2) 진정소급적용은 법령등의 효력발생 이전에 완성된 사실관계나 법률관계를 규율하는 것이며, 행정기본법은 이를 금지하고 있다.

(3) 부진정소급적용은 법령등의 효력발생일에 진행 중인 사실관계나 법률관계를 규율하는 것으로 동법은 원칙적으로 금지하고 있지 않다.

(4) 헌법재판소와 대법원은 소급입법 및 적용에 있어서 진정소급은 원칙적 금지, 부진정소급은 원칙적 허용의 입장을 취한다.

(5) 행정기본법과 判例는 소급입법을 통해 달성하려는 공익과 이로 인해 침해되는 사익을 비교형량하여 공익이 큰 경우에 소급입법을 허용하고 있다.

(6) 결국, 부진정소급은 공익 달성을 위하여 허용되며, 반면 진정소급은 원칙적으로 금지

되나 예외적으로 공익 달성이 중대한 경우에 허용된다고 볼 수 있다.

2. 소급적용 유형 판단 및 급여대상 삭제의 위법성 검토(甲의 주장의 타당성 검토)

1) 부진정소급적용

개정 요양급여규칙은 효력발생 이전에 완성된 사실관계를 규율하는 것이 아니라, 개정 요양급여규칙 효력발생 당시 진행중인 사실관계를 규율하는 것이며, 개정 요양급여규칙의 효력발생 당시까지 그리고 이후 일정기간까지도 청구실적이 없는 경우에 미청구약제로 정하는 것을 내용으로 하고 있는바, 부진정소급적용에 해당한다.

2) 공익과 사익의 비교형량(공익우선)

개정 요양급여규칙의 시행과 미청구약제의 지정은 국민건강보험 재정의 안정과 의약품의 적정한 사용을 유도하는 공익 달성을 위한 것으로 침해되는 사익이 공익보다 크다고 보기 어렵다. 헌법재판소와 대법원의 입장도 같다.

3) 원칙적 적법(부진정소급, 신뢰보호원칙 위반 아님)

그렇다면, 동 개정 요양급여규칙의 2017.12.20.자 시행으로 2016.1.1.부터 2017.12.31.까지 보험급여 청구실적이 없었던 A약품을 요양급여대상에서 삭제한 것은 부진정소급적용에 해당하는 것으로 보험재정의 안정과 의약품의 적정한 사용이라는 공익적 목적을 위한 조처이므로 행정기본법 제14조에 위반되지 않으며, 헌법재판소나 대법원의 입장에도 배치된다고 보기 어렵다. (적법)

4) 개정된 요양급여규칙에 따라 A약품을 요양급여대상에서 삭제한 것은 위법하다는 甲의 주장은 타당하지 않다.

⚖️ 소급입법금지 관련 판례(진정소급입법, 부진정소급입법)

1 소급입법은 신법이 이미 종료된 사실관계에 작용하는지 아니면 현재 진행 중인 사실관계에 작용하는지에 따라 '진정소급입법'과 '부진정소급입법'으로 구분된다. 전자는 헌법적으로 허용되지 않는 것이 원칙이며 특단의 사정이 있는 경우에만 예외적으로 허용될 수 있는 반면, 후자는 원칙적으로 허용되지만 소급효를 요구하는 공익상의 사유와 신뢰보호의 요청 사이의 교량과정에서 신뢰보호의 관점이 입법자의 형성권에 제한을 가하게 된다 (헌재 2017.7.27. 2015헌바240).

2 개발이익환수에관한법률 부칙 제2조(1993. 6. 11. 법률 제4563호로 개정된 것)는 동법이 시행된 1990. 1. 1. 이전에 이미 개발을 완료한 사업에 대하여 소급하여 개발부담금을 부과하려는 것이 아니라 동법 시행 당시 개발이 진행 중인 사업에 대하여 장차 개발이 완료되면 개발부담금을 부과하려는 것이므로, 이는 아직 완성되지 아니하여 진행과정에 있는 사실관계 또는 법률관계를 규율대상으로 하는 이른바 부진정소급입법에 해당하는 것이어서 원칙적으로 헌법상 허용되는 것이다 (헌재 2001.2.22. 98헌바19).

3 구 '친일반민족행위자 재산의 국가귀속에 관한 특별법'(2011. 5. 19. 법률 제10646호로 개정되기

전의 것) 제3조 제1항 본문(이하 '귀속조항'이라 한다)은 진정소급입법에 해당하지만 진정소급입법이라 하더라도 예외적으로 국민이 소급입법을 예상할 수 있었거나 신뢰보호의 요청에 우선하는 심히 중대한 공익상의 사유가 소급입법을 정당화하는 경우 등에는 허용될 수 있다 할 것인데, 친일재산의 소급적 박탈은 일반적으로 소급입법을 예상할 수 있었던 예외적인 사안이고, 진정소급입법을 통해 침해되는 법적 신뢰는 심각하다고 볼 수 없는 데 반해 이를 통해 달성되는 공익적 중대성은 압도적이라고 할 수 있으므로 진정소급입법이 허용되는 경우에 해당한다. 따라서 귀속조항이 진정소급입법이라는 이유만으로 헌법 제13조 제2항에 위배된다고 할 수 없다(대판 2012.2.23. 2010두17557).

【행정상 법률관계】

【사례17_2018 5급공채_제2문(168면)】

★ 2 개인적 공권으로서 행정개입청구권(무하자재량행사청구권의 법적 성격)

* 행정청에게 시정명령 발령을 요구할 수 있겠는가? (甲이 시정명령발령을 요구할 권리 갖는가?)
* 행정청에게 시정명령 발령을 요구하였으나, 거부된 경우 거부처분 취소소송이 가능하겠는가?

II. 甲의 권리의 법적 성격(무하자재량행사청구권인가? 행정개입청구권인가?)

1. 무하자재량행사청구권/행정개입청구권의 개념, 의의, 요건, 효과

1) (1) 무하자재량행사청구권은 행정청의 행정행위 중 재량행위에 대하여 일반사인이 하자 없는 재량행사를 할 것을 요구하는 개인적 공권이다.

(2)(가) 學說은 (i) 개인적 공권의 확대경향에서 개념을 긍정하면서 (i-1) 형식적 권리에 불과하다는 견해 (i-2) 무하자재량행사청구권 그 자체로 원고적격이 인정된다는 실질적 권리라는 주장과 (ii) 개념자체를 부정하는 견해가 있다. (나) 判例는 검사임용거부처분사건에서 문제가 되었는데 (a) 실질적 권리로 원고적격을 인정했다는 해석 (b) 공무담임권에서 비롯되는 응답신청권이라는 실체적 권리의 침해이므로 무하자재량행사청구권과 관련없다는 견해가 대립한다. (다) 小結로 무하자재량행사청구권은 형식적(절차적)권리에 불과하므로 본 권리 자체만으로는 원고적격을 인정하기는 어렵다고 보는 것이 타당할 것이다.

2) (1) 행정개입청구권은 무하자재량행사청구권에서 재량이 0으로 수축하는 경우에 인정되는 권리로서 특정한 행정행위를 요청하는 실체적 권리에 해당한다.

(2) 이에 대하여 (가) 學說은 (i) 개념긍정 (ii) 개념부정이 있으나, (나) 判例는 공사중지해제명령거부처분취소사건에서 행정개입청구권을 소극적으로 긍정한 바 있다. (다) 小結로 긍정하는 것이 타당하다.

(3) 행정개입청구권의 성립요건으로 (a) 행정청의 행위가 법문상 재량에 해당하나 그 재량이 0으로 수축하는 상황(생명신체 위협상황)이고 (b) 사익보호성을 갖출 것을 요구한다.

2. 甲의 권리의 법적 성격(행정개입청구권)

1) 설문에서 ⑴ 개선명령에 관한 규정은 재량행위에 해당하나, 현재 甲등 주민다수에게 심각한 질환과 후유증이 발생하고 있는 바, 개선명령에 관한 재량이 0으로 수축했다고 할 것이고, ⑵ 개선명령에 관한 규정 등 물환경보전법은 주민의 건강과 환경상 위해를 예방함을 목적으로 하는 바, 甲의 사익을 보호하는 규정이므로, ⑶ 甲이 乙에게 개선명령을 요청하는 권리는 행정개입청구권에 해당한다고 볼 것이다.

 무하자재량행사청구권 관련 판례

검사의 임용에 있어서 임용권자가 임용여부에 관하여 어떠한 내용의 응답을 할 것인지는 임용권자의 자유재량에 속하므로 일단 임용거부라는 응답을 한 이상 설사 그 응답내용이 부당하다고 하여도 사법심사의 대상으로 삼을 수 없는 것이 원칙이나, 적어도 재량권의 한계 일탈이나 남용이 없는 위법하지 않은 응답을 할 의무가 임용권자에게 있고 이에 대응하여 임용신청자로서도 재량권의 한계 일탈이나 남용이 없는 적법한 응답을 요구할 권리가 있다고 할 것이며, 이러한 응답신청권에 기하여 재량권 남용의 위법한 거부처분에 대하여는 항고소송으로서 그 취소를 구할 수 있다고 보아야 하므로 임용신청자가 임용거부처분이 재량권을 남용한 위법한 처분이라고 주장하면서 그 취소를 구하는 경우에는 법원은 재량권남용 여부를 심리하여 본안에 관한 판단으로서 청구의 인용 여부를 가려야 한다 ($\frac{\text{대판 1991.2.12.}}{\text{90누5825}}$).

 행정개입청구권 관련 판례

구 건축법(1999. 2. 8. 법률 제5895호로 개정되기 전의 것) 및 기타 관계 법령에 국민이 행정청에 대하여 제3자에 대한 건축허가의 취소나 준공검사의 취소 또는 제3자 소유의 건축물에 대한 철거 등의 조치를 요구할 수 있다는 취지의 규정이 없고, 같은 법 제69조 제1항 및 제70조 제1항은 각 조항 소정의 사유가 있는 경우에 시장·군수·구청장에게 건축허가 등을 취소하거나 건축물의 철거 등 필요한 조치를 명할 수 있는 권한 내지 권능을 부여한 것에 불과할 뿐, 시장·군수·구청장에게 그러한 의무가 있음을 규정한 것은 아니므로 위 조항들도 그 근거 규정이 될 수 없으며, 그 밖에 조리상 이러한 권리가 인정된다고 볼 수도 없다($\frac{\text{대판 1999.12.7.}}{\text{97누17568}}$).

★

3 주민등록전입신고의 법적 성질은?

* 위 주민등록전입신고의 법적 성질은?

Ⅱ. 주민등록전입신고의 법적 성질과 전입신고거부 취소소송의 인용가능성 검토

1. 주민등록전입신고의 법적 성질(수리를 요하는 신고, 수리 시 형식적 심사)

1) 신고의 의의

⑴ 강학상 신고는 사인의 공법행위로서 자체완성적 사인의 공법행위로서의 신고와 행정요 건적 사인의 공법행위로서의 신고로 대별된다.

⑵ 자체완성적 신고는 신고가 행정청에 도달함으로써 행정법관계가 형성되며, 이 경우 행 정청의 수리는 법적인 의미를 갖지 못한다.

⑶ 행정요건적 신고는 사인의 신고 이후 행정청이 이를 수리함으로써 그 법적효력이 발생 하며, 이 경우 수리는 법률관계를 변동시키는 처분에 해당한다.

2) 신고의 근거와 구별론

⑴ 행정절차법 제40조는 수리를 요하지 않는 신고의 의의와 요건을 정하고 있다.

⑵ 행정기본법 제34조는 수리를 요하는 신고의 요건(법정주의)과 효과(수리시 효력발생)를 정하고 있다(이 규정은 2023년 시행예정이다).

⑶ 수리를 요하는 신고의 법적성격(구별논의)에 관하여

⑺ 學說은 (i) 허가와 구별하여 형식적 심사를 요하는 등록에 해당한다는 견해 (ii), 수리를 요하지 않는 신고에서 행정청은 형식적 심사를 하고, 수리를 요하는 신고에서는 실질적 심사까지 한다는 견해, (iii) 수리를 요하는 신고는 일종의 허가와 같다는 견해가 있다.

⑼ 判例는 우리 헌법이 기본권제한의 단계를 등록과 허가로 분별하고 있으므로 허가와 등록과 신고는 각각 구별되어야 한다는 입장으로 허가(실질심사), 등록(형식심사), 신고 (수리없음)으로 구별하는 것으로 보인다.

⒟ (小結) 判例의 입장이 타당하다.

3) 사안 포섭

⑴ 주민등록전입신고는 (ㄱ) 주민등록법 제6조에 따라 시장·군수·구청장이 등록하여야 한 다고 규정하고, (ㄴ) 제8조에 따른 신고에 의한다는 규정, (ㄷ) 제17조의2에 따른 사실조사 등 형식적 심사에 그치는 취지를 볼 때 형식적 심사만을 하는 수리를 요하는 신고로 봄이 타당하다.

⑵ 判例도 전입신고를 수리함에 있어서 전입신고에 따라 지자체에 미치는 영향 등의 실질 적 심사는 불가능하다는 입장으로 형식적 심사에 그친다고 판시하고 있다.

⑶ 따라서 주민등록전입신고는 수리를 요하는 신고로 봄이 타당하다.

주민등록전입신고 관련 판례

1│ 전입신고자가 거주의 목적 이외에 다른 이해관계에 관한 의도를 가지고 있는지 여부, 무허가건축물의 관리, 전입신고를 수리함으로써 당해 지방자치단체에 미치는 영향 등과 같은 사유는 주민등록법이 아닌 다른 법률에 의하여 규율되어야 할 것이고, 주민등록전입신고의 수리 여부를 심사하는 단계에서는 고려 대상이 될 수 없다. 그러므로 주민등록의 대상이 되는 실질적 의미에서의 거주지인지 여부를 심사하기 위하여 주민등록법의 입법 목적과 주민등록의 법률상 효과 이외에 지방자치법 및 지방자치의 이념까지도 고려하여야 한다고 판시하였던 대법원 2002. 7. 9. 선고 2002두1748 판결은 이 판결의 견해에 배치되는 범위 내에서 변경하기로 한다(대판 2009.6.18. 2008두10997).

2│ 주민등록은 단순히 주민의 거주관계를 파악하고 인구의 동태를 명확히 하는 것 외에도 주민등록에 따라 공법관계상의 여러 가지 법률상 효과가 나타나게 되는 것으로서, 주민등록의 신고는 행정청에 도달하기만 하면 신고로서의 효력이 발생하는 것이 아니라 행정청이 수리한 경우에 비로소 신고의 효력이 발생한다(대판 2009.1.30. 2006다17850).

【사례1_2018 3차 변시모의_제1문(8면)】

★
4 전입신고거부처분 취소소송 승소가능성?

* 위 전입신고거부처분 취소소송에서 승소할 수 있는가?

2. 주민등록전입신고거부 취소소송의 인용가능성 판단

1) 소송요건 판단

(1) 처분성 – 주민등록전입신고는 수리가 있어야 법적 효력이 발생하는 바, 수리는 준법률행위적 행정행위로서 (ㄱ) 처분에 해당하고, 수리거부로 (ㄴ) 권리의무에 영향을 받고, 甲과 乙에게 전입신고에 대한 (ㄷ) 신청권이 인정되는 바, 전입신고거부 역시 처분성이 인정된다. 기타

(2) 원고적격, (3) 소의 이익, (4) 제소기간 등은 설문상 갖춰져 있다고 판단된다.

2) 수리거부의 위법성 판단

(1) 주민등록전입신고는 수리를 요하는 신고로 그 수리는 형식적 심사에 그쳐야 함을 앞서 주민등록법 각 조항 및 判例, 學說에 근거하여 판단할 수 있다.

(2) 그럼에도 본 사안에서는 법률상 근거가 없는 '부정적인 영향'이라는 실질적 심사를 통하여 전입신고의 거부를 한 바, 법률유보의 대원칙에 어긋난다고 할 것이다. 判例도 같은 입장이다.

(3) 따라서 전입신고거부에 대한 취소소송은 인용가능성이 높다고 할 것이다.

★★

5 건축신고반려에 있어서 건축신고의 법적 성격, 건축허가와 어떻게 다른가?

* 건축신고 반려에 대한 권리구제방안은?

II. 건축신고의 법적 성격(신고의 의의, 종류, 구별과 그 실익, 건축신고의 법적 성격 판단)

1. 신고의 의의, 종류, 구별

1) (1) 신고는 사인이 공법적 효과의 발생을 목적으로 행정주체에 대하여 일정한 사실을 알리는 행위이다.

(2) 신고는 신고 그 자체로 법률효과가 완성되는 자기완결(자체완성)적 신고와 신고 이후 행정주체의 수리로서 법률효과가 완성되는 행정요건적 신고로 대별된다.

(3) 행정절차법 제40조는 자체완성적 신고를 규율하고 있으며, 행정요건적 신고는 개별법률(수산업법 등)에 산재되어 규정되어 있다.

(4) 자체완성적 신고의 경우 수리행위는 어떠한 법적 효력도 갖지 못하고, 반면 행정요건적 신고는 수리로서 법률효과가 완성되므로 처분적 성격을 갖는다.

(5) 따라서 행정요건적 신고에서 수리를 거부하는 경우 그 거부는 취소소송의 대상이 될 수 있다.

2. 건축신고의 법적 성격(판례변화, 전원합의체, 다수소수의견)

1) (1) 건축신고에 대해서 대법원은 그간 判例를 변화시켜 왔다.

(2) 최초에 대법원은 담장설치에 관한 건축신고에 있어서 수리를 요하지 않는 신고로 판단하여 수리거부에 대한 처분성을 부정하였다.

(3) 또한 차고증축 신고에 있어 수리를 요하지 않는 신고로 판단한 바 있다.

(4) 문제는 건축신고로써 건축허가가 의제되는 건축물의 경우에 건축신고를 반려한 경우 건축허가를 받은 것으로 의제할 수 없고, 따라서 무허가건축물로서의 각종 제재(공사중지, 철거, 사용금지, 이행강제금, 형사처벌 등)를 받을 수 있으므로, 건축주는 불안정한 지위 속에서 법적 불안을 갖게 되므로 이 경우 반려행위의 처분성을 인정하여 법률관계를 조기에 안정화하는 것이 필요하다. 대법원은 이전의 判例를 변경하여 건축신고 반려행위의 처분성을 인정하였다.

(5) 다만, 判例는 건축신고를 명확하게 '수리를 요하는 신고'로 판단하지 않았고, 신고반려의 처분성만을 인정한다는 판단을 하였다.

2) 건축신고 반려의 처분성을 인정하는 判例에 대해서는 ㈎ 學說 (i) 건축의 자유를 제한하게 되는 결과를 초래하게 된다는 비판 (ii) 이후에 받게 될 제재 등 불안정한 법적지위를 안정시키는 것이 우선이므로 명확하게 수리를 요하는 신고로 봐야 한다는 주장 등이 있으

며, (ㄴ)判例는 명확하게 수리를 요하는 신고라는 표현을 쓰지 않고 있다. (ㄷ)小結로 건축의 자유를 허가제에서 신고제로 완화해 놓은 입법자의 취지에 맞게 수리를 요하지 않는 신고로 보는 것이 타당하다고 하겠다.

3. 건축허가와의 차이점

1) (1)(小結)에 따라, 건축신고를 수리를 요하지 않는 신고로 보면 행정청에 적법한 신고서가 도달하면 법적 효과가 완성(발생)되게 된다. 즉 행정청 입장에서 어떠한 법적 효력을 갖는 행정작용이 있다고 볼 수 없다.

(2)(判例)에 따라 건축신고 반려행위의 처분성을 인정하면, 일종의 수리를 요하는 신고가 되므로, 행정청은 신고에 대하여 형식적으로 그 신고의 요건을 갖췄는지 여부를 심사하는 절차가 필요하고, 이는 형식적 심사를 하는 수리로서 법적 효과를 갖는다.

2) (1)반면, 허가는 일정한 기본권에 대한 예방적 금지를 허가함으로써 자유를 회복하게 하는 행정행위이다.

(2)허가는 수리를 요하는 신고의 형식적 요건 심사 이외에 허가사항에 대한 실질적인 내용심사를 함으로써 허가 여부를 결정하게 된다.

(3) 결국 허가는 실질적 심사를 하게 되어 공익과 사익을 비교형량하는 절차를 거치게 된다.

⚖ 건축신고 관련 판례

구 건축법(2008. 3. 21. 법률 제8974호로 전부 개정되기 전의 것) 관련 규정의 내용 및 취지에 의하면, 행정청은 건축신고로써 건축허가가 의제되는 건축물의 경우에도 그 신고 없이 건축이 개시될 경우 건축주 등에 대하여 공사 중지·철거·사용금지 등의 시정명령을 할 수 있고(제69조 제1항), 그 시정명령을 받고 이행하지 아니한 건축물에 대하여는 당해 건축물을 사용하여 행할 다른 법령에 의한 영업 기타 행위의 허가를 하지 아니하도록 요청할 수 있으며(제69조 제2항), 그 요청을 받은 자는 특별한 이유가 없는 한 이에 응하여야 하고(제69조 제3항), 나아가 행정청은 그 시정명령의 이행을 하지 아니한 건축주 등에 대하여는 이행강제금을 부과할 수 있으며(제69조의2 제1항 제1호), 또한 건축신고를 하지 아니한 자는 200만원 이하의 벌금에 처해질 수 있다(제80조 제1호, 제9조). 이와 같이 건축주 등으로서는 신고제하에서도 건축신고가 반려될 경우 당해 건축물의 건축을 개시하면 시정명령, 이행강제금, 벌금의 대상이 되거나 당해 건축물을 사용하여 행할 행위의 허가가 거부될 우려가 있어 불안정한 지위에 놓이게 된다. 따라서 건축신고 반려행위가 이루어진 단계에서 당사자로 하여금 반려행위의 적법성을 다투어 그 법적 불안을 해소한 다음 건축행위에 나아가도록 함으로써 장차 있을지도 모르는 위험에서 미리 벗어날 수 있도록 길을 열어 주고, 위법한 건축물의 양산과 그 철거를 둘러싼 분쟁을 조기에 근본적으로 해결할 수 있게 하는 것이 법치행정의 원리에 부합한다. 그러므로 이 사건 건축신고 반려행위는 항고소송의 대상이 된다(대판 2010.11.18. 2008두167 전원합의체).

제 2 편

행정작용법

【행정행위】

【사례18_2017 3차 변시모의_제2문(176면)】

★★

6 주유소 건축허가의 법적 성격

* 乙이 B구청장에게 주유소 건축허가를 신청하자, B구청장은 인근 주민 丙의 민원을 이유로 그 허가를 거부하였다. 이에 대해 乙은 '위 건축허가는 기속행위이므로 허가권자는 「건축법」 등 관계 법규에서 정하는 어떠한 제한에 배치되지 않는 이상 당연히 건축허가를 하여야 하고, 관계 법령에서 정하는 제한사유 이외의 사유를 들어 거부할 수는 없다'고 주장한다. 이러한 주장은 타당한가?

II. 법정외 제한 사유를 이유로 거부 가능한가?(주유소 건축허가의 법적 성격)

1. 기속행위 여부 판단 – 기속행위 개념, 기속과 재량의 구별

1) ⑴ 기속행위란 법규상 요건이 충족되면 법규가 정하는 효과로서의 행위를 행정청이 반드시 행하는 행정행위를 말한다.

⑵ 즉 기속행위인 경우 법규에서 정하는 요건 이외의 사유는 효과발동에 있어서 개입되어서는 안 된다.

⑶ 반면 재량행위는 법규상 요건이 충족된 경우에도 행정청은 그 효과로서의 행정행위로 나아갈지 나아가지 않을 지를 선택 또는 결정할 수 있는 행정행위를 말한다.

2) 기속과 재량의 구별에 관한 판단에 대해서 ㈎ 學說은 ⒤ 법률요건의 기초해 판단하는 요건재량설 ⒤ 행정행위의 효과(수익, 침익)를 기준으로 판단하는 효과재량설 ⒤ 법령규정 방식, 취지·목적, 행정행위 성질을 종합적으로 고려하는 종합설, ㈏ 判例는 종합설의 기본입장에서 효과재량설을 보충기준으로 활용, 최근에는 공익성을 기준으로 제시, ㈐ 小結로 判例의 입장을 기본으로 하되, 헌법의 기본권보장 즉 사익과 행정행위의 공익을 비교·교량하여 판단하는 기본권기준설을 가미하는 것이 타당하다고 본다.

3) 사안에서 주유소 건축허가는 判例의 입장과 기본권기준설에 따라 판단해 보면, 법률의 규정방식만으로는 기속과 재량의 판단이 어려운 바, 건축허가는 수익적 효과를 가져온다는 점, 법상 개발제한구역내의 건축행위는 건축행위를 하는 사인의 이익보다는 공익의 중대성이 매우 큰 점 등을 감안할 때 재량행위로 판단함이 합당하다 사료된다.

2. 허가[예방적 금지의 해제(자유의 회복)?, 예외적 승인?] 여부

1) 주유소 건축허가가 ⑴ 강학상 허가로 법령에 의해서 자유가 제한되고, 그 제한을 해제하

여 자유를 일반에게 회복시켜주는 행정행위인지? 또는 (2)예외적 승인으로 사회적으로 유해하거나 바람직하지 않은 행위에 대하여 억제적인 금지를 전제로 하여 예외적인 경우에 해제하여 주는 행정행위인지가 문제된다.

2) (1)강학상 허가는 자유의 회복에 중점을 두므로 일반적으로 해제가 예정되어 있는 경우의 금지의 해제이므로 기속행위와 가깝고

(2)반면, 예외적 승인은 사회적으로 바람직하지 않은 행위를 기본 대상으로 하므로 해제의 일반적 예정을 상정할 수 없고 따라서 행정청의 재량의 폭이 넓어진다.

3) 사안에서 주유소 건축허가는 개발제한구역내의 건축행위로 일반적으로 모두에게 해제가 예정되어 있다고 할 수 없고 기본적으로 건축 자체가 다수의 공익관련성을 가지므로 예외적인 선에서 해제하여 주는 예외적 승인에 해당한다고 할 것이다(判例).

3. 법정사유 이외의 사유로 주유소 건축허가 거부 가능성 판단

법상 주유소 건축허가는 재량행위에 해당하고, 행정처분의 법적 성격이 예외적 승인에 해당하는 바, 행정청의 폭넓은 재량이 인정되므로 법정사유 외의 사유로 건축허가의 거부가 가능하다고 할 것이다(判例).

 기속행위 · 재량행위 판단기준 관련 판례

1) 어떤 행정행위가 기속행위인지 재량행위인지 여부는 이를 일률적으로 규정지을 수는 없고, 당해 행위의 근거가 된 법규의 체제 · 형식과 그 문언, 당해 행위가 속하는 행정 분야의 주된 목적과 특성, 당해 행위 자체의 개별적 성질과 유형 등을 모두 고려하여 판단하여야 하며, 이렇게 구분되는 양자에 대한 사법심사는, 전자의 경우 그 법규에 대한 원칙적인 기속성으로 인하여 법원이 사실인정과 관련 법규의 해석 · 적용을 통하여 일정한 결론을 도출한 후 그 결론에 비추어 행정청이 한 판단의 적법 여부를 독자의 관점에서 판정하는 방식에 의하게 되나, 후자의 경우 행정청의 재량에 기한 공익판단의 여지를 감안하여 법원은 독자의 결론을 도출함이 없이 당해 행위에 재량권의 일탈 · 남용이 있는지 여부만을 심사하게 되고, 이러한 재량권의 일탈 · 남용 여부에 대한 심사는 사실오인, 비례 · 평등의 원칙 위배, 당해 행위의 목적 위반이나 동기의 부정 유무 등을 그 판단 대상으로 한다(대판 2014.4.10. 2012두16787).

2) 도시계획법 제21조, 법시행령 제20조 제1, 2항 등의 각 규정을 종합하면, 개발제한구역 내에서는 구역 지정의 목적상 건축물의 건축, 공작물의 설치, 토지의 형질변경 등의 행위는 원칙적으로 금지되고, 다만 구체적인 경우에 위와 같은 구역 지정의 목적에 위배되지 아니할 경우 예외적으로 허가에 의하여 그러한 행위를 할 수 있게 되며, 한편 개발제한구역 내에서의 건축물의 건축 등에 대한 예외적 허가는 그 상대방에게 수익적인 것으로서 재량행위에 속하는 것이라고 할 것이므로 그에 관한 행정청의 판단이 사실오인, 비례 · 평등의 원칙 위배, 목적위반 등에 해당하지 아니하는 이상 재량권의 일탈 · 남용에 해당한다고 할 수 없다(대판 2004.7.22. 2003두7606).

③ 운전면허를 받은 사람이 음주운전을 한 경우에 운전면허의 취소 여부는 행정청의 재량행위이나, 음주운전으로 인한 교통사고의 증가와 그 결과의 참혹성 등에 비추어 보면 음주운전으로 인한 교통사고를 방지할 공익상의 필요는 더욱 중시되어야 하고, 운전면허의 취소에서는 일반의 수익적 행정행위의 취소와는 달리 취소로 인하여 입게 될 당사자의 불이익보다는 이를 방지하여야 하는 일반예방적 측면이 더욱 강조되어야 한다(대판 2018. 2. 28.
2017두67476).

④ 「국토의 계획 및 이용에 관한 법률」(이하 '국토계획법'이라고 한다) 제56조에 따른 개발행위허가는 그 금지요건·허가기준이 불확정개념으로 규정된 부분이 많아 그 요건·기준에 부합하는지를 판단하는 데 행정청에 재량이 부여되어 있다. 그리고 국토계획법이 정한 일정한 용도지역 안에서 토지의 형질변경행위를 수반하는 건축신고의 수리는 건축법 제14조 제2항, 제11조 제5항, 제6항의 인허가 의제로 인해 건축법상 건축신고와 국토계획법상 개발행위허가의 성질을 아울러 갖게 되므로, 국토계획법상의 개발행위허가를 받은 것으로 의제되는 건축신고가 국토계획법령이 정하는 개발행위허가기준을 갖추지 못한 경우 행정청으로서는 이를 이유로 그 수리를 거부할 수 있다(대판 2019. 7. 4.
2018두49079).

⚖️ 법정사유 외의 사유 허가거부 관련 판례

① 산림훼손은 국토 및 자연의 유지와 수질 등 환경의 보전에 직접적으로 영향을 미치는 행위이므로 법령이 규정하는 산림훼손 금지 또는 제한 지역에 해당하는 경우는 물론 금지 또는 제한 지역에 해당하지 않더라도 허가관청은 산림훼손허가신청 대상 토지의 현상과 위치 및 주위의 상황 등을 고려하여 국토 및 자연의 유지와 환경의 보전 등 중대한 공익상 필요가 있다고 인정될 때에는 허가를 거부할 수 있고, 그 경우 법규에 명문의 근거가 없더라도 거부처분을 할 수 있는 것이며, 이는 산림훼손기간을 연장하는 경우에도 마찬가지이다(대판 1997. 8. 29. 96누15213; 대판 2002. 10. 25.
2002두6651; 대판 2003. 3. 28. 2002두12113).

② 구 주택건설촉진법(2003. 5. 29. 법률 제6916호 주택법으로 전문 개정되기 전의 것) 제33조에 의한 주택건설사업계획의 승인은 상대방에게 권리나 이익을 부여하는 효과를 수반하는 이른바 수익적 행정처분으로서 법령에 행정처분의 요건에 관하여 일의적으로 규정되어 있지 아니한 이상 행정청의 재량행위에 속하므로, 이러한 승인을 받으려는 주택건설사업계획이 관계 법령이 정하는 제한에 배치되는 경우는 물론이고 그러한 제한사유가 없는 경우에도 공익상 필요가 있으면 처분권자는 그 승인신청에 대하여 불허가 결정을 할 수 있으며, 여기에서 말하는 '공익상 필요'에는 자연환경보전의 필요도 포함된다. 특히 산림의 훼손은 국토 및 자연의 유지와 수질 등 환경의 보전에 직접적으로 영향을 미치는 행위이므로, 법령이 규정하는 산림훼손 금지 또는 제한 지역에 해당하는 경우는 물론이고 금지 또는 제한 지역에 해당하지 않더라도 허가관청은 산림훼손허가신청 대상토지의 현상과 위치 및 주위의 상황 등을 고려하여 국토 및 자연의 유지와 환경의 보전 등 중대한 공익상 필요가 있다고 인정될 때에는 허가를 거부할 수 있고, 그 경우 법규에 명문의 근거가 없더라도 거부처분을 할 수 있다(대판 2007. 5. 10.
2005두13315).

★★

7   인허가 의제에 있어 관련 인허가의 요건이 완비된 경우에만 주된 인허가 처분이 가능한가?

*甲의 신청이 산지전용허가요건을 완비하지 못한 경우에도, A군수가 사업계획승인을 할 수 있는지를 검토하시오.

Ⅱ. 인허가 의제의 법리와 주된 인허가와 관련 인허가의 관계

1. 인허가 의제의 개념·의의·근거·이론

1) 개념·의의·근거 - ⑴ 인허가 의제는 산업화 시대에 기업 생산활동을 장려하기 위하여 다수부처가 관련된 복잡한 행정절차를 단일화 함으로써 행정처리 기간을 단축하고 행정비용을 감축하기 위하여 등장한 입법조치였다. ⑵ 인허가 의제는 주된 인허가와 관련 인허가의 관계를 개별법률에 규정하는 방식으로 시작되었으며, ⑶ 최근 제정된 행정기본법은 인허가 의제의 일반조항을 둠으로써 그간의 해석논의에 대한 일반 기준을 제공하고자 하였다.

2) 이론 - 주된 인허가 관할 행정청이 의제되는 관련 인허가에 관한 판단권을 갖는가에 대하여 ㈎ 학설은 (i) 절차집중설 - 절차적 권한이 주된 인허가 관할 행정청에 집중, (ii) 실체집중설 - 절차적 권한 뿐만 아니라 실체적 권한까지 주된 행정청에 집중, 이외에도 (iii) 제한적 절차집중 (iv) 제한적 실체집중 ㈏ 판례는 절차집중설을 취하고 실체적 판단권한은 여전히 관련 인허가의 행정청에게 있다는 입장, ㈐ 소결은 인허가 의제는 행정간소화를 위한 예외적 제도인 만큼 최대한 제한적으로 해석해서 운용하는 것이 타당한 바, 절차집중설의 견해.

2. 주된 인허가와 관련 인허가의 관계

1) 인허가 의제에 있어 실체적 요건에 대한 판단권한은 각각 주된 인허가 관할 행정청, 관련 인허가 관할 행정청에서 보유하고 행사한다. 2) 따라서 관련 인허가의 실체적 요건이 완비되지 않은 경우에 관련 인허가 관할 행정청은 관련 인허가의 요건 불비를 이유로 인허가 처분을 거부할 것이다. 3) 주된 인허가 관할 행정청은 관련 인허가 처분의 거부로 인하여 주된 인허가의 내용상 적법요건의 불비가 있다면 주된 인허가 처분을 발령할 수 없다고 할 것이다. 4) 관련 인허가의 거부 내지 불발령이 주된 인허가 처분의 적법요건에 하등의 영향을 미치지 않을 경우에는 관련 인허가의 결과와 관계없이 주된 인허가 처분은 발령된다(판례).

Ⅲ. 산지전용허가요건 미완비시 A군수 사업계획승인 처분 가능성 판단

1. 사업계획의 승인과 산지전용허가의 관계 - 인허가 의제(중소기업창업 지원법 제35조)

1) 동법 제35조 제1항은 '사업계획을 승인할 때 산지전용허가에 관하여 다른 행정기관의 장과 협의를 한 사항에 대하여는 허가를 받은 것으로 본다', 제4항은 협의의무를 규정한 바, 인허가의제의 관계에 있다.

2. 산지전용허가와 사업계획승인의 관계 - 절차적 집중, 실체는 각 관할 행정청 권한

1) 산지전용허가에 대해서는 산림청의 관할이며, 2) 사업계획승인권은 A군수가 갖는다. 3) 산지전용허가의 요건을 갖추지 못한 경우 산림청은 A군수와의 협의를 통해 의제를 불허하게 할 것이다. 4) 나아가 사업계획승인은 산지전용이 불허가됨으로써 사업계획승인에 필요한 내용상 적법요건의 미비가 초래될 경우, 그 승인 역시 거부됨이 타당하다고 본다. 5) 산지전용의 불허는 토지형질변경등을 불가능하게 하며, 결국 사업계획의 본질적인 실현가능성에 지장을 주는 바, 내용상 적법요건(가능성)의 결여로 사업계획승인 역시 거부됨이 타당해 보인다.

 인허가 의제 관련 판례

1 중소기업창업법 제35조 제1항의 인허가의제 조항은 창업자가 신속하게 공장을 설립하여 사업을 개시할 수 있도록 창구를 단일화하여 의제되는 인허가를 일괄 처리하는 데 그 입법취지가 있다 (대판 2018.7.12. 2017두48734).

2 건축법과 국토계획법령의 규정 체제 및 내용 등을 종합해 보면, 건축물의 건축이 국토계획법상 개발행위에 해당할 경우 그에 대한 건축허가를 하는 허가권자는 건축허가에 배치·저촉되는 관계 법령상 제한 사유의 하나로 국토계획법령의 개발행위허가기준을 확인하여야 하므로, 국토계획법상 건축물의 건축에 관한 개발행위허가가 의제되는 건축허가신청이 국토계획법령이 정한 개발행위허가기준에 부합하지 아니하면 허가권자로서는 이를 거부할 수 있다고 보아야 한다(대판 2016.8.24. 2016두35762).

3 운전면허를 받은 사람이 음주운전을 한 경우에 운전면허의 취소 여부는 행정청의 재량행위이나, 음주운전으로 인한 교통사고의 증가와 그 결과의 참혹성 등에 비추어 보면 음주운전으로 인한 교통사고를 방지할 공익상의 필요는 더욱 중시되어야 하고, 운전면허의 취소에서는 일반의 수익적 행정행위의 취소와는 달리 취소로 인하여 입게 될 당사자의 불이익보다는 이를 방지하여야 하는 일반예방적 측면이 더욱 강조되어야 한다(대판 2018.2.28. 2017두67476).

4 「학교용지부담금 부과대상 사업에 관한 학교용지법 제2조 제2호는 그 부과대상 사업의 근거 법률로 공공주택건설법을 들고 있지 아니하다. 그리고 공공주택건설법 제12조 제1항이 단지조성사업 실시계획의 승인이 있는 때에는 도시개발법에 의한 실시계획의 작성·인가(제11호), 주택법에 의한 사업계획의 승인(제20호)을 받은 것으로 본다고 규정하고 있으나, 이는 공공주택건설법상 단지조성사업 실시계획의 승인을 받으면 그와 같은 인가나 승인을 받은 것으로 의제함에 그치는 것이지 더 나아가 그와 같은 인가나 승인을 받았음을 전제로 하는 도시개발법과 주택법의 모든 규정들까지 적용된다고 보기는 어렵다. 따라서 공공주택건설법에 따른 단지조성사업은 학교용지법 제2조 제2호에 정한 학교용지부담금 부과대상 개발사업에 포함되지 아니한다고 보아야 하고, 이와 달리 학교용지부담금 부과대상 개발사업에 포함된다고 해석하는 것은 학교용지부담금 부과에 관한 규정을 그 상대방에게 불리한 방향으로 지나치게 확장해석하거나 유추해석하는 것이어서 허용되지 아니한다(대판 2016.11.24. 2014두47686).

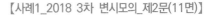

【사례1_2018 3차 변시모의_제2문(11면)】

★★

8 **체류자격 변경허가의 법적 성질**

* 체류자격 변경허가의 법적 성질은?

II. 체류자격 변경허가의 법적 성질

1) 강학상 허가인가? 특허인가?

(1) 강학상 허가는 사인에게 원래 부여된 기본권에 대하여 다수 공익을 위하여 예방적으로 금지하고 허가를 통해서 그 자유를 회복하게 하는 행정행위이다. 반면 특허는 사인에게 특정한 권리와 법률관계를 형성하는 행정행위 즉 설권적 처분이다.

(2) 본 사안에서 기업투자로 체류자격의 변경을 허가하는 것은 甲에게 기술분야에 종사할 수 있는 권리를 설정한 것으로 강학상 특허로 보는 것이 타당해 보인다.

2) 기속인가 재량인가?

(1) 행정행위는 기속과 재량으로 구별하는 바, 이것은 사법심사의 정도와 구조, 부관의 가능성 등에서 구별의 실익이 있다.

(2) 기속과 재량을 구별하는 ⑺ 學說로는 (i) 효과재량설, (ii) 요건재량설, (iii) 판단여지설, (iv) 기본권기준설, (v) 종합설이 있고 ⑷ 判例는 효과재량설, 종합설, 기본권기준설의 입장을 고루 취하고 있다. ⑷ 小結로 기본권기준설에 따라 공익관련성이 큰 경우는 행정청의 재량의 폭을 줄 필요가 있는 바, 기본권기준설이 합당하다.

(3) 본 사안에서 (ㄱ) 출입국관리법 제1조에 나타난 공익중요도, (ㄴ) 체류자격이라는 수익적 처분이라는 점, (ㄷ) 출입국관리법 여타규정을 종합적으로 해석할 경우 재량행위로 보는 것이 타당하겠다.

 특허의 법적 성격 일반에 관한 판례

1| 관세법 제78조 소정의 보세구역의 설영특허는 보세구역의 설치, 경영에 관한 권리를 설정하는 이른바 공기업의 특허로서 그 특허의 부여여부는 행정청의 자유재량에 속하며, 특허기간이 만료된 때에 특허는 당연히 실효되는 것이어서 특허기간의 갱신은 실질적으로 권리의 설정과 같으므로 그 갱신여부도 특허관청의 자유재량에 속한다(대판 1989.5.9.88누4188; 대판 1992.4.28. 91누10220; 대판 1992.4.28.91누13526).

2| 출입국관리법 제10조, 제24조 제1항, 구 출입국관리법 시행령(2014. 10. 28. 대통령령 제25669호로 개정되기 전의 것) 제12조 [별표 1] 제8호, 제26호 (가)목, (라)목, 출입국관리법 시행규칙 제18조의2 [별표 1]의 문언, 내용 및 형식, 체계 등에 비추어 보면, 체류자격 변경허가는 신청인에게 당초의 체류자격과 다른 체류자격에 해당하는 활동을 할 수 있는 권한을 부여하는 일종의 설권적 처분의 성격을 가지므로, 허가권자는 신청인이 관계 법령에서 정한 요건을 충족하였더라도, 신청인의 적격성, 체류 목적, 공익상의 영향 등을 참작하여 허가 여부를 결정할 수 있는 재량을 가진다.

다만 재량을 행사할 때 판단의 기초가 된 사실인정에 중대한 오류가 있는 경우 또는 비례·평등의 원칙을 위반하거나 사회통념상 현저하게 타당성을 잃는 등의 사유가 있다면 이는 재량권의 일탈·남용으로서 위법하다(대판 2016.7.14. 2015두48846).

【사례2_2014 1차 변시모의_제2문(22면)】

★★
9 이사취임승인(인가)의 법적 성질

* 이사취임승인의 법적 성질을 밝히고, 乙이 제기한 행정소송의 적법성을 검토하시오.

II. 이사취임승인의 법적 성질과 취소소송의 적법성 판단

1. 이사취임승인의 법적 성질(강학상 인가? 재량행위?)

1) (1) 강학상 '인가'는 행정청이 일반사인의 사법상 법률행위의 효력을 완성해주는 보충적 행정행위이다.

(2) 인가는 공익성 있는 사인의 법률행위에 대하여 행정청이 효력여부를 결정함으로써 공익의 보장과 실현을 목적으로 한 처분유형이다.

(3) 설문에서 사립학교법 제20조 제2항에 따른 교육장 B의 이사취임승인은 학교법인의 임원선임행위라는 사법상 법률행위를 보충하여 효력을 완성하게 하는 행정행위로 강학상 '인가'에 해당한다.

2) (1) 이사취임승인의 법적 성질이 재량행위인지 기속행위인지를 검토한다.

(2) 기속행위와 재량행위의 구별은 ㈎ 學說은 (i) 요건재량설 (ii) 효과재량설 (iii) 판단여지설, ㈏ 判例는 종합설-당해 행위 근거 법규 체제·형식과 그 문언, 당해 행위가 속하는 행정 분야의 주된 목적과 특성, 당해 행위 자체의 개별적 성질과 유형 등을 모두 고려 ㈐ 小結은 判例의 입장과 공익사익의 비교형량하는 기본권기준설을 종합판단하고,

(3) 설문에서 준 사립학교법 제20조 제2항의 규정형식, 사립학교임원의 공익보호의무, 수익적 행위, 공익의 중대성 등을 감안할 때 이사취임승인은 재량행위로 보는 것이 합당하다.

2. 이사취임승인처분 취소소송의 적법요건 구비여부 판단(원고적격, 소의 이익)

1) (1) 행정소송법상 취소소송은 ① 관할 ② 당사자(원고적격, 피고적격) ③ 행정심판전치 ④ 처분성 ⑤ 제소기간 ⑥ 협의의 소의 이익을 갖춰야 적법하다.

(2) ㈎ 설문에서는 처분의 직접상대방이 아닌 乙이 원고적격을 갖는가? ㈏ 보충적 행정행위로서 인가에 있어 기본행위에 하자가 있는 경우 인가의 하자로 보아 인가취소의 소를 구할 수 있는지?가 문제된다.

2) (1) 원고적격은 행소법 제12조에 정하고 있으며, 취소소송의 성질[㈎ 學說 (i) 권리구제, (ii) 법률상 이익, (iii) 법률상 보호가치 있는 이익, (iv) 적법성보장)] 논의가 있는 바, ㈏ 判例

는 법률상 이익설을 취하고, ㈐小結은 판례의 입장과 같다.

⑵ 원고적격에 대한 판단의 기준(당해 법률, 관련 법률, 헌법상 기본권)에 대해서 최근에는 폭넓게 해석하는 경향이 있다.

⑶ 설문에서 기존이사 乙의 원고적격에 대해서는 甲이 이사자격이 취소될 경우에 乙은 긴급업무처리에 대해서는 일정의 권한을 가질 수 있는 바, 따라서 취소를 구할 법률상 이익, 즉 원고적격이 있다고 봄이 상당하다.

3) ⑴ 인가에 있어 기본 법률행위의 하자가 있는 경우에, 인가를 대상으로 하는 취소소송에서 다툴 수 있는지 여부에 대하여 ㈎ 學說은 (ⅰ) 부정설 – 기본행위의 하자가 민사판결에서 확정되어야만 비로소 인가에 대한 취소 또는 무효확인을 구할 수 있음, 기본행위의 하자를 이유로 인가의 취소 또는 무효확인을 구할 협의의 소의 이익은 없음 (ⅱ) 긍정설 – 분쟁의 일회적 해결, 행정청이 인가 당시 기본행위의 하자여부에 대한 검토를 빠뜨린 고유의 위법이 존재, 인가취소 가능 ㈏ 判例는 부정설의 입장으로 행정법원에서 사법상 행위 판단이 불가하고, 민사판결과 행정판결 저촉 가능함을 그 이유로 들고 있다. ㈐小結로 부정설이 타당하며 判例의 입장과 같다.

⑵ 설문에서 이사회 의결 정족수 미달은 사법상 법률행위인 임원선임행위(기본행위)의 하자이고, 인가(보충행위)의 하자는 아니다.

⑶ 이 경우, 기본행위인 임원선임행위의 취소 또는 무효확인에 대한 판결이 확정되지 않으면, 보충행위인 인가의 하자에 대해서 취소를 구할 소의 이익이 없다고 봄이 타당하므로 본 소는 부적법하다(判例).

인가의 법적 성격 일반 관련 판례

1| 구 사립학교법(2005. 12. 29. 법률 제7802호로 개정되기 전의 것) 제20조 제1항, 제2항은 학교법인의 이사장·이사·감사 등의 임원은 이사회의 선임을 거쳐 관할청의 승인을 받아 취임하도록 규정하고 있는바, 관할청의 임원취임승인행위는 학교법인의 임원선임행위의 법률상 효력을 완성케 하는 보충적 법률행위이다(대판 2007.12.27. 2005두9651).

2| 공유수면매립법 제20조 제1항 및 같은 법시행령 제29조 제1항 등 관계법령의 규정내용과 공유수면매립의 성질 등에 비추어 볼 때, 공유수면매립의 면허로 인한 권리의무의 양도·양수에 있어서의 면허관청의 인가는 효력요건으로서, 위 각 규정은 강행규정이라고 할 것인바, 위 면허의 공동명의자 사이의 면허로 인한 권리의무양도약정은 면허관청의 인가를 받지 않은 이상 법률상 아무런 효력도 발생할 수 없다(대판 1991.6.25. 90누5184).

기본행위와 인가행위의 관계 관련 판례

도시재개발법 제34조에 의한 행정청의 인가는 주택개량재개발조합의 관리처분계획에 대한 법률상의 효력을 완성시키는 보충행위로서 그 기본 되는 관리처분계획에 하자가 있을 때에는 그에 대한 인가가 있었다 하여도 기본행위인 관리처분계획이 유효한 것으로 될 수 없으며, 다만 그 기본행위가 적법·유효하고 보충행위인 인가처분 자체에만 하자가 있다면 그 인가처분의 무효나 취소를 주장할 수 있다고 할 것이지만, 인가처분에 하자가 없다면 기본행위에 하자가 있다 하더라도 따로 그 기본행위의 하자를 다투는 것은 별론으로 하고 기본행위의 무효를 내세워 바로 그에 대한 행정청의 인가처분의 취소 또는 무효확인을 소구할 법률상의 이익이 있다고 할 수 없다(대판 2001.12.11. 2001두7541; 대판 2002.5.28. 2000두6121).

【사례13_2019 3차 변시모의_제2문(131면)】

★
10 부적합 통보의 법적 성질과 적법성 판단(기속, 재량, 불확정개념(판단여지))

* 효과(기속, 재량)에 있어서 위법인가? 요건(불확정개념, 판단여지))에 있어서 위법인가?
* 기속행위와 재량행위의 적법성 판단과 불확정개념 판단여지의 적법성 판단의 분별(판례는 효과의 문제로 봄)

III. 부적합 통보의 법적 성격 및 '구체적 고려없이 행한' 부적합 통보의 적법성 검토

1. 행정행위에 있어 기속과 재량 구별논의(개념, 의의, 구별기준)와 부적합 통보의 법적 성격

1) 의의, 개념, 구별실익

(1) 기속행위란 법규상 요건이 충족되면 법규가 정하는 효과로서의 행위를 행정청이 반드시 행하는 행정행위를 말한다.

(2) 반면 재량행위는 법규상 요건이 충족된 경우에도 행정청은 그 효과로서의 행정행위로 나아갈지 나아가지 않을지를 선택 또는 결정할 수 있는 행정행위를 말한다.

(3) 기속과 재량의 구별의 의의(실익)는 사법심사에 있어 위법성의 판단방식의 차이, 부관의 가능성 여부의 판단문제(판례)와 관련한다.

(4) 특히 부적합 통보의 위법성여부를 판단하기 위해서는 그 전에 부적합 통보가 기속 또는 재량인지 검토가 필요하다.

2) 구별기준

(가) 學說은 (i) 요건에 기초해 판단하는 요건재량설 (ii) 행정행위의 효과(수익,침익)를 기준으로 판단하는 효과재량설 (iii) 판단여지에 의거한 판단여지설 (iv) 법령규정방식, 취지·목적, 행정행위 성질을 종합적으로 고려하는 종합설, (나) 判例는 종합설의 기본입장에서 효과재량설을 보충기준으로 활용, 최근에는 공익성을 기준으로 제시, (다) 小結 – 판례 입장을 따르되, 헌법상 기본권 보장 즉 사익과 행정행위의 공익을 교량해 판단하는 기본권기준설을 가미하는 것이 타당하다고 본다.

3) 부적합 통보의 법적 성격 – 재량행위

(1) 사안에서 부적합 통보는 판례의 입장과 기본권기준설에 따라 법률의 규정 방식을 기

준으로 판단해 보면, 기속과 재량의 판단이 어렵다. ⑵ 따라서 부적합 통보의 취지나 목적 나아가 동 행정행위 성질 및 사익과 공익을 비교형량하여 판단해 볼 때, ⑶ 폐기물처리사업계획서의 적합통보 여부는 폐기물처리업을 영위하는 사인의 이익과 주변에 미치는 공익의 비교형량이 필요한 바, ⑷ 공익의 중대성이 보다 큰 점 등을 감안할 때 재량행위로 판단함이 합당하다.

2. 행정행위의 적법성 판단체계

1) 적법성 심사 기준 논의(판단여지 요부론)

행정행위의 적법성 판단에 관하여 ㈎ 학설은 (i) 판단여지 긍정설 – 요건의 적법성과 효과의 적법성을 구별하여 판단해야 한다(요건의 판단여지 독자판단) (ii) 판단여지 부정설 (일괄재량으로 판단) – 실제 사법심사의 위법성 판단에서 요건과 효과의 문제는 분별이 어렵고 실익도 없으므로 판단여지를 부정하고 전체를 효과판단인 재량하자 판단기준으로 파악하면 된다는 입장, ㈏ 判例는 판단여지를 분별하지 않고 요건이든 효과든 일괄하여 재량하자의 판단방식을 취하는 판단여지 부정설 ㈐ 小結 – 요건은 객관적인 합치여부에 대한 판단이고, 효과는 행정청의 주관적인 선택과 결정재량의 문제이므로 달리 판단됨이 사법정의와 법치국가의 실현에 합당하다 할 것이다(판단여지긍정설).

2) 요건에 관한 법률적합성 판단기준(판단여지론)

⑴ 요건상 나타난 불확정개념에 대한 판단에 있어 판단여지가 있는 부분은 사법심사가 제한된다.

⑵ 다만, 불확정개념 – 판단여지가 존재하는 경우에도 (ㄱ) 판단기관인 행정청이 적법하게 구성되어 있는가? (ㄴ) 정당한 사실관계에서 출발하였는가? (ㄷ) 행정법의 일반원칙을 준수하였는가?를 기준으로 위법성 판단을 한다.

3) 효과(재량)에 관한 법률적합성 판단기준(무하자재량행사)

⑴ 행정소송법 제27조는 재량의 일탈과 남용에 대하여 법원에서 그 행정행위를 취소할 수 있다고 규정한다.

⑵ 즉 재량행위에 있어 위법성 판단기준은 (ㄱ) 일탈 (ㄴ) 남용(비례원칙, 평등원칙 등) (ㄷ) 재량권행사 해태 (ㄹ) 재량권 불행사의 경우에 위법하다고 판단하고 있다.

3. '구체적 고려없이 행한' 부적합 통보의 적법성 검토

⑴ 사안에서 A는 구체적 고려를 전혀 하지 않고, B의 검토의견을 문구 그대로 하여 부적합 통보를 하였다.

⑵ 판단여지긍정설에 따를 때, '구체적 고려에 관한 부분'은 요건판단의 문제이고, '폐기물관리법 제25조 제2항 각호의 요건을 고려함 없이 처분'한 것은 판단여지설에 있어 위법성심사 기준인 '정당한 사실관계에서 출발'한 것이 아니므로 요건 판단이 부적법한 바, 위법한 처분에 해당한다.

(3) 재량행위설(판단여지부정설)에 따를 때, '구체적 고려를 하지 않은 것'은 재량권을 불행사 또는 해태한 것으로 위법한 처분에 해당한다 할 것이다.

 기속행위 재량행위 불확정개념 관련 판례(불확정개념에 따른 판단여지를 재량으로 파악)

1 어떤 행정행위가 기속행위인지 재량행위인지 여부는 이를 일률적으로 규정지을 수는 없고, 당해 행위의 근거가 된 법규의 체제·형식과 그 문언, 당해 행위가 속하는 행정 분야의 주된 목적과 특성, 당해 행위 자체의 개별적 성질과 유형 등을 모두 고려하여 판단하여야 한다(대판 2014.4.10.).
                                                                                                             2012두16787

2 건축법 제11조 제1항, 제5항 제3호, 국토의 계획 및 이용에 관한 법률(이하 '국토계획법'이라 한다) 제56조 제1항 제1호, 제2호, 제58조 제1항 제4호, 제3항, 국토의 계획 및 이용에 관한 법률 시행령 제56조 제1항 [별표 1의2] '개발행위허가기준' 제1호 (라)목 (2)를 종합하면, 국토계획법이 정한 용도지역 안에서의 건축허가는 건축법 제11조 제1항에 의한 건축허가와 국토계획법 제56조 제1항의 개발행위허가의 성질을 아울러 갖는데, 개발행위허가는 허가기준 및 금지요건이 불확정개념으로 규정된 부분이 많아 그 요건에 해당하는지 여부는 행정청의 재량판단의 영역에 속한다. 그러므로 그에 대한 사법심사는 행정청의 공익판단에 관한 재량의 여지를 감안하여 원칙적으로 재량권의 일탈이나 남용이 있는지 여부만을 대상으로 하고, 사실오인과 비례·평등의 원칙 위반 여부 등이 그 판단 기준이 된다(대판 2017.3.15.).
                                                                                                   2016두55490

3 개발제한구역법 및 액화석유가스법 등의 관련 법규에 의하면, 개발제한구역에서의 자동차용 액화석유가스충전사업허가는 그 기준 내지 요건이 불확정개념으로 규정되어 있으므로 그 허가 여부를 판단함에 있어서 행정청에 재량권이 부여되어 있다고 보아야 한다. 행정행위를 기속행위와 재량행위로 구분하는 경우 양자에 대한 사법심사는, 전자의 경우 그 법규에 대한 원칙적인 기속성으로 인하여 법원이 사실인정과 관련 법규의 해석·적용을 통하여 일정한 결론을 도출한 후 그 결론에 비추어 행정청이 한 판단의 적법 여부를 독자의 입장에서 판정하는 방식에 의하게 되나, 후자의 경우 행정청의 재량에 기한 공익판단의 여지를 감안하여 법원은 독자의 결론을 도출함이 없이 해당 행위에 재량권의 일탈·남용이 있는지 여부만을 심사하게 되고, 이러한 재량권의 일탈·남용 여부에 대한 심사는 사실오인, 비례·평등의 원칙 위배 등을 그 판단 대상으로 한다(대판 2016.1.28.).
                                                                                                   2015두52432

4 처분의 근거 법령이 행정청에 처분의 요건과 효과 판단에 일정한 재량을 부여하였는데도, 행정청이 자신에게 재량권이 없다고 오인한 나머지 처분으로 달성하려는 공익과 그로써 처분상대방이 입게 되는 불이익의 내용과 정도를 전혀 비교형량 하지 않은 채 처분을 하였다면, 이는 재량권 불행사로서 그 자체로 재량권 일탈·남용으로 해당 처분을 취소하여야 할 위법 사유가 된다(대판 2019.7.11.).
                                                                                                   2017두38874

5 논술형 시험의 채점위원은 그 시험의 목적과 내용 등을 고려하여 법령이 정하는 범위 내에서 전문적인 지식에 근거하여 그 독자적 판단과 재량에 따라 답안을 채점할 수 있다(대판 2019.4.25.).
                                                                                                   2018두48199

★★

11 부관의 종류, 조건과 부담의 구별, 부관의 가능성, 적법성

* 재개발사업시행인가에 부가된 지역발전협력기금 기부조건은 어떤 부관에 해당하는가? 이 기부조건은 적법한가?

Ⅱ. 지역발전협력기금 기부조건의 법적 성질과 부관의 가능성 적법성 검토

1. 기부조건의 법적 성질 – 조건인가 부담인가

1) 부관의 의의, 종류

(1) 부관은 행정행위의 효과를 제한하거나 특별한 의무를 부과하거나 요건을 보충하기 위하여 주된 행위에 붙여진 종된 규율이다.

(2) 부관은 조건, 기한, 철회권유보, 부담, 부담유보, 수정부담, 법률효과의 일부배제로 분류된다.

(3) 조건은 행정행위의 효력의 발생·소멸을 장래에 발생여부가 객관적으로 불확실한 사실에 의존시키는 부관이며,

(4) 기한은 행정행위의 효력의 발생·소멸을 장래에 발생여부가 확실한 사실에 종속시키는 부관이고,

(5) 부담은 수익적 행정행위에 부가된 부관으로 상대방에게 작위, 부작위, 수인, 급부의무를 명하는 부관이다.

2) 조건과 부담의 구별 일반

(1) 지역발전협력기금 기부조건은 도시 및 주거환경정법(이하 '법') 제28조 사업시행인가에 붙여진 부관으로 조건인지 부담인지가 문제된다.

(2) 조건과 부담의 구별에 관하여 부관 준수의 중요성, 주된 행정행위와의 밀접성에 따라 판별한다.

(3) 즉 행정행위의 효력 자체를 부관에 의존시켜야 할 필요가 있는 경우, 부가된 부관의 내용이 행정행위의 요건과 밀접하게 관련되어 있는 경우에는 조건으로 보는 것이 타당하고, 그렇지 않은 경우에는 부담으로 보는 것이 타당하다.

(4) 또한 부담이 조건보다 상대방에게 유리하므로 구별이 모호한 경우에는 부담으로 추정하는 것이 타당하다.

3) 조건인가? 부담인가?

(1) 조건이면, 기부가 이뤄져야 사업시행인가의 효력이 발생하며,

(2) 부담이면, 기부여부와 관계없이 사업시행인가의 효력은 발생하고 10억원 기부조건은 별도의 급부의무로 보게 된다.

(3) 본 사안의 경우 기부는 사업시행인가의 효력과의 밀접관련성이 있다고 보기 어렵다. 즉 사업시행인가의 효력 자체를 의존시킬 필요는 없어 보인다. 또한 구별이 모호하면 상

대방에게 유리하게 부담으로 해석하는 것이 타당하므로 10억원의 기부조건은 사업시행인
가의 효력발생과는 무관한 부담으로 보는 것이 타당하다.

2. 기부조건의 가능성 판단(부관에 대하여 법률상 근거 규정 없음에도 부관 붙일 수 있는가?)

1) 부관의 가능성(법률유보 없이 가능?) 판단 기준

⑴ 부관의 가능성은 어떠한 종류의 행정행위에 대하여 부관을 부가할 수 있는가? 특히 법
률에 근거가 없는 경우 부관이 가능한가의 문제이다.

⑵ 이에 대하여 ㈎ 學說은 법률의 규정이 없는 경우에 (i) 재량행위에는 부관을 붙일 수
있으나, 기속행위에는 붙일 수 없다는 견해 (ii) 법률행위적 행정행위에는 붙일 수 있으나,
준법률행위적 행정행위에는 붙일 수 없다는 견해 (iii) 수익적 행정행위에는 붙일 수 있다
는 입장 등이 있고 ㈏ 判例는 이상의 각 견해를 취한 바 있어 일관된 기준을 설시하고
있지 않으나 대체로 재량행위에는 법률에 규정이 없더라도 부관을 붙일 수 있다고 판시
하고 있다. ㈐ 小結은 判例의 입장은 일관되지 않는 바, 부관도 법률유보의 대원칙에 따
라 법률에 근거가 있는 경우에 부관을 붙일 수 있다고 보는 것이 타당하다고 사료된다.
㈑ 다만 본 사례해결의 기준은 判例에 따른다.

2) 본 사안에서 법률의 규정 없이도 부관 붙일 수 있는가?

⑴ 본 법에 따른 사업시행인가는 기속행위와 재량행위의 구별에 관하여 법령의 규정방식,
취지, 목적, 행정행위의 유형을 종합적으로 고려하여 판단하는 입장(종합설)에 따를 때, 법
제28조의 규정취지, 목적상 재량행위로 봄이 타당하고 더더욱 기본권기준설에 입각할 때
공익 관련성이 매우 큰 바, 재량행위로 봄이 타당하다고 할 것이다.

⑵ 따라서 재량행위인 사업시행인가에는 법령에 근거가 없더라도 부관이 가능하다.

3. 기부조건의 적법성(사항적 한계 지키고 있는가?, 법률우위의 원칙)

1) 부관의 한계(법률우위의 문제)

⑴ 부관은 사항적, 목적상, 시간상 한계를 충족하여야 하는 바, 부관의 한계를 충족하여야
한다. 사항적 목적상 한계로 주된 행정행위와의 관계에서 부당결부금지원칙을 위반함이 없
어야 하고, 시간상 한계로 사후에 부관은 명문의 규정이 있거나 상대방 동의가 있는 경우
를 제외하고는 붙일 수 없다.

2) 기부조건 적법한가?

⑴ 본 사례에서는 사업시행인가와 10억 원의 기부조건이 과연 상호 실질적 관련성이 있으
며, 법률우위의 원칙에 따라 행정법의 일반원칙을 위반함이 없는가? 특히 부당결부금지원
칙, 비례원칙에 위반되지 않는가가 문제된다.

⑵ 지역발전협력기금은 재개발사업과 관계가 없으므로 주된 행정행위인 사업시행인가와
실질적 관련성이 없다고 봄이 타당하다. 즉 부당결부금지의 원칙에 반하는 바, 위법하다
고 할 것이다.

부관의 가능성(법률유보 없이) 관련 판례

1] 주택재건축사업시행의 인가는 상대방에게 권리나 이익을 부여하는 효과를 가진 이른바 수익적 행정처분으로서 법령에 행정처분의 요건에 관하여 일의적으로 규정되어 있지 아니한 이상 행정청의 재량행위에 속하므로, 처분청으로서는 법령상의 제한에 근거한 것이 아니라 하더라도 공익상 필요 등에 의하여 필요한 범위 내에서 여러 조건(부담)을 부과할 수 있다(대판 2007.7.12. 2007두6663).

2] 이와 같은 이사회소집승인에 있어서의 일시, 장소의 지정을 가리켜 소집승인 행위의 부관으로 본다 하더라도, 일반적으로 기속행위나 기속적 재량행위에는 부관을 붙일 수 없는 것이고, 위 이사회소집승인 행위가 기속행위 내지 기속적 재량행위에 해당함은 위에서 설시한 바에 비추어 분명하므로, 여기에는 부관을 붙이지 못한다 할 것이며, 가사 부관을 붙였다 하더라도 이는 무효의 것으로서 당초부터 부관이 붙지 아니한 소집승인 행위가 있었던 것으로 보아야 할 것이다(대판 1988.4.27.87누1106; 대판 2004.3.25.2003두12837; 대판 1995.6.13.94다56883; 대판 1990.10.16.90누2253).

 부관의 한계(부관 자체의 적법성, 법률우위) 관련 판례

1] 재량행위에 있어서는 법령상의 근거가 없다고 하더라도 부관을 붙일 수 있는데, 그 부관의 내용은 적법하고 이행가능하여야 하며 비례의 원칙 및 평등의 원칙에 적합하고 행정처분의 본질적 효력을 해하지 아니하는 한도의 것이어야 한다(대판 1997.3.14.96누16698; 대판 1992.4.28.91누4300).

2] 수산업법 제15조에 의하여 어업의 면허 또는 허가에 붙이는 부관은 그 성질상 허가된 어업의 본질적 효력을 해하지 않는 한도의 것이어야 하고 허가된 어업의 내용 또는 효력 등에 대하여는 행정청이 임의로 제한 또는 조건을 붙일 수 없다고 보아야 할 것이며 수산업법시행령 제14조의4 제3항의 규정내용은 기선선망어업에는 그 어선규모의 대소를 가리지 않고 등선과 운반선을 갖출 수 있고, 또 갖추어야 하는 것이라고 해석되므로 기선선망어업의 허가를 하면서 운반선, 등선 등 부속선을 사용할 수 없도록 제한한 부관은 그 어업허가의 목적달성을 사실상 어렵게 하여 그 본질적 효력을 해하는 것일 뿐만 아니라 위 시행령의 규정에도 어긋나는 것이며, 더욱이 어업조정이나 기타 공익상 필요하다고 인정되는 사정이 없는 이상 위법한 것이다(대판 1990.4.27. 89누6808).

★★★ 【사례7_2021 5급공채_제1문(62면)】

12 조치명령의 위법성 검토 및 형사법원의 위법한 조치명령 위반에 대한 무죄 선고 가능성

* 甲에게 시설물철거 등 재해의 방지에 필요한 조치를 할 것을 명하였다. 다만, 甲에게 통지된 관할행정청의 처분서에는 甲이 충분히 알 수 있도록 처분의 사유와 근거가 구체적으로 명시되지는 않았다.
甲은 관할행정청의 조치명령을 이행하지 아니하여 「산지관리법」 위반으로 형사법원에 기소되었으나 해당 조치명령이 위법하므로 자신이 무죄라고 주장한다. 甲의 주장이 타당한지를 검토하시오.

II. 처분사유를 구체적으로 명시하지 않은 조치명령의 위법성 판단

1. 행정절차법상 처분이유제시 의무 및 위반의 효과(처분의 독자적 위법사유)

1) 개념·의의 — (1) 행정청은 처분을 할 때에는 당사자에게 그 근거와 이유를 제시하여야 한다(행정절차법 제12조 제1항).

(2) 다만, 신청 내용을 모두 그대로 인정하는 처분, 단순 박복적인 처분 또는 경미한 처분으로서 당사자가 그 이유를 명백히 알 수 있는 경우, 긴급히 처분을 할 필요가 있는 경우에는 처분 이유제시의무의 예외를 인정한다.

2) 하자치유 — 처분을 할 당시에 처분이유제시의무를 다하지 못하였다 하더라고 그 처분을 전후해서 처분이유에 상당하는 근거를 제시하여 처분의 상대방이 충분히 알 수 있었다고 판단되는 경우에는 처분이유제시의무 불이행의 하자를 치유할 수 있음을 인정한다(判例).

2. 행정절차상 하자와 처분의 독자적 위법사유 여부

1) 행정절차는 최종적인 행정처분의 과정으로 절차의 하자가 최종 처분의 독자적 위법사유가 되는지가 문제된다. (가) 學說은 (i) 행정절차와 처분은 별개의 작용이므로 절차의 하자가 처분의 위법사유가 되지 않는다는 부정설, (ii) 처분이 기속행위인 경우에는 절차는 처분발령 여부에 직접 영향을 미치지 않으므로 독자적 위법성을 인정할 수 없지만 재량인 경우에는 처분발령에 영향을 미치므로 처분의 위법사유가 된다는 견해, (iii) 행정절차도 절차적 공권으로 보장되므로 기속행위든 재량행위든 절차상 흠결이 있는 경우, 그 처분은 위법하게 된다는 견해. (나) 判例는 기속행위든 재량행위든 절차상 흠결이 있는 경우 그 처분의 독자적 위법사유가 된다고 인정한다. (다) 小結로 절차적 공권까지 개인적 공권을 확대하는 경향에서 기속·재량 여부를 불문하고 절차상 하자도 독자적 위법성을 긍정하는 것이 타당하다.

3. 처분이유를 제시하지 않은 조치명령의 위법성 검토

1) 조치명령은 행정절차법상에 처분에 해당하는바, 동법 제23조에 따라 처분의 이유를 제시하여야 한다.

2) 관할행정청은 조치명령을 함에 있어서 처분의 사유와 근거를 구체적으로 명시하지 않았고, 설문상 처분의 전후과정에서 처분의 이유제시가 확인되지 않는다.

3) 이는 행정절차법상 절차규정을 위반한 것으로 그 자체로 처분의 독자적 위법사유가 인정되는바, 위법한 조치명령으로 확인된다.

4) 제소기간내 취소소송을 통해서 조치명령을 취소할 수 있다.

III. 형사법원의 위법한 조치명령 위반죄의 무죄 선고 가능성 검토 (甲 주장의 타당성 검토)

1. 공정력(구성요건적 효력)과 형사법원의 선결문제 판단권

1) 공정력의 의의·근거 — (1) 행정기본법 제15조는 "처분은 권한이 있는 기관이 취소 또는

철회하거나 기간의 경과 등으로 소멸되기 전까지는 유효한 것으로 통용된다"고 규정한다.

(2) 공정력의 개념에 관하여 행정기본법 제정 이전에는 "적법성의 추정" 또는 "유효성의 추정"에 관하여 이론상 대립이 있었으나, 동법은 이를 정리하였다.

(3) 공정력은 처분의 상대방의 관점에서, 구성요건적 효력은 처분청과 관계행정청 또는 법원간의 관계에서 그 관할과 권한에 근거하여 관할 기관의 그 처분의 효력을 존중하는 관점에서 쓰이는 용어이다.

(4) 판례는 공정력으로 통합해서 사용한다.

(5) 결국 공정력은 권한있는 기관의 행정행위에 대한 유효성을 추정하는 것이고 적법성을 추정하는 것은 아니다.

2) 형사법원의 선결문제 판단권

(1) 근거·의의 – ㈎ 행정소송법 제11조는 처분등의 효력유무 또는 존재여부가 민사소송의 선결문제로 되어 민사소송의 수소법원은 이를 심리·판단할 수 있다고 규정한다. ㈏ 이는 공정력이 미치지 않는 처분(무효, 부존재 처분)에 대해서 민사법원이 직접 그 선결문제로서의 판단권한을 갖는다는 규정이다. ㈐ 형사법원은 규정이 부재한 바, (i) 학설은 (ㄱ) 동규정 준용설 (ㄴ) 별도 개별 형사법원 독자 판단설 (ii) 판례는 민사법원과 동일하게 해석 (iii) 소결도 판례의 견해가 타당하다. 더욱이 최근 행정기본법의 처분의 효력규정 신설로 유효성 추정을 명문화하고 있어 무효, 부존재, 위법성 판단은 가능하다고 해석함이 타당하다.

2. 처분이유를 명시하지 않은 조치명령의 위법성 및 무죄 판단 가능성

1) 처분이유를 명시하지 않은 처분은 위법하나, 권한 있는 기관에 의해서 취소 또는 철회가 있기 전까지는 그 유효성이 추정된다.

2) 형사법원은 선결문제판단권한을 갖고 조치명령의 위법성 판단은 가능한바, 처분 이유를 명시하지 않은 조치명령은 위법하다고 판단할 수 있다.

3) 위법한 조치명령에 대해서는 산지관리법 제55조에 따른 조치명령 위반죄가 성립될 수 없는바, 형사법원은 甲에 대하여 무죄를 선고함이 타당하다.

⚖ **형사법원 선결문제판단권(위법성판단) 관련 판례**

[1] 개발제한구역의 지정 및 관리에 관한 특별조치법(개발제한구역법) 제30조 제1항에 의하여 행정청으로부터 시정명령을 받은 자가 이를 위반한 경우, 그로 인하여 개발제한구역법 제32조 제2호에 정한 처벌을 하기 위하여는 시정명령이 적법한 것이라야 하고, 시정명령이 당연무효가 아니더라도 위법한 것으로 인정되는 한 개발제한구역법 제32조 제2호 위반죄가 성립될 수 없다.

[2] (피고인 갑 주식회사의 대표이사 피고인 을이 개발제한구역 내에 무단으로 고철을 쌓아 놓은 행위 등에 대하여 관할관청으로부터 원상복구를 명하는 시정명령을 받고도 이행하지 아니하였다고 하

여 개발제한구역법 위반으로 기소된 사안에서) 관할관청이 침해적 행정처분인 시정명령을 하면서 피고인 을에게 행정절차법 제21조, 제22조에 따른 적법한 사전통지를 하거나 의견제출 기회를 부여하지 않았고 이를 정당화할 사유도 없으므로 시정명령은 절차적 하자가 있어 위법하고, 시정명령이 당연무효가 아니더라도 위법한 것으로 인정되는 이상 피고인 을이 시정명령을 이행하지 아니하였더라도 피고인 을에 대하여 개발제한구역법 제32조 제2호 위반죄가 성립하지 아니함에도, 이와 달리 보아 피고인들에게 유죄를 인정한 원심판단에 행정행위의 공정력과 선결문제, 개발제한구역법 제32조의 시정명령위반죄에 관한 법리오해의 위법이 있다(^{대판 2017.9.21.}_{2017도7321}).

★★★ 【사례6_2018 변시_제2문(54면), 사례22_2016 사법시험_제1문(218면)】

13 부당이득반환청구와 선결문제(공정력 존부에 따른 행정소송 제기 방식의 구분)

* 甲이 이미 변상금을 납부하였으나, 乙의 변상금 부과 조치에 하자가 있어 변상금을 돌려받으려 한다. 甲은 어떠한 소송을 제기하여야 하는가?

II. 甲이 제기 가능한 소송 검토(부당이득반환청구소송, 취소소송? 무효확인소송?)

1. 변상금부과조치의 법적 성격(행정행위, 하명, 기속)과 공정력 및 소송방식의 구분

1) 변상금 부과의 근거, 의의, 성격

⑴ 법 제81조에 따른 변상금 조치는 징벌적 의미로 2할 상당액을 추가로 납부토록 하고 있고, 행정청이 공권력을 가진 우월적 지위에서 행하는 행정행위로서 그 유형은 '하명'으로 봄이 타당하다. 判例도 같은 입장이다.

⑵ 동 조항의 규정방식, 취지, 목적, 유형을 종합적으로 고려하여 판단할 때 기속행위에 해당한다고 할 것이다.

2) 행정행위의 공정력과 변상금 부과처분의 효력

⑴ 행정행위의 효력으로 공정력이 인정되는 바, 이는 행정의 법적안정성을 도모하기 위하여 인정되는 효력이다.

⑵ 공정력은 행정행위가 당연무효가 아닌 한 권한 있는 기관이 행정행위를 취소하기 전까지는 그 행정행위의 효력이 유지되는 것이며, 여타 국가기관은 그 행정행위의 효력을 그대로 유지 존중해야 한다.

⑶ 공정력의 인정근거로 ㈎學說은 (i) 자기확인설, (ii) 적법성·유효성 추정설, (iii) 취소소송의 배타적 관할에 따른 반사적 효과설, (iv) 국가권위설, (v) 법적안정설, (vi) 예선적 특권설이 있고, ㈏判例는 법적안정설을 취하는 것으로 보인다. ㈐小結로 법적안정설이 타당하다.

⑷ 따라서 하자의 정도에 따라 당연무효인 경우(공정력이 없는 경우)와 단순 취소할 수 있는 경우를 구분하여 소송방식을 검토함이 타당하다.

3) 소송방식의 구분

행정소송법에 의거하여 변상금부과조치 하자에 대한 권리구제는 하자의 정도(단순위법 또는 당연무효)에 따라 취소 또는 무효확인소송을 통함이 타당하다. 다만 사안에서 하자의 정도가 언급되지 않은 바, 취소정도(단순위법)의 하자와 무효인 하자로 구분하여 검토함이 타당하겠다.

2. 하자의 정도에 따른 권리구제 방안의 검토(부당이득반환청구소송, 취소소송)

1) 변상금부과처분의 하자가 무효 정도인 경우(부당이득반환청구소송)

⑴ 甲은 A시를 피고로 하여 민사소송으로 민법 제741조에 따라 부당이득반환청구소송을 제기할 수 있으며,

⑵ 이 경우 변상금부과처분의 무효에 해당하는 하자는 행정소송법 제11조 제1항에 의거하여 당해 수소법원에서 직접 심리·판단이 가능하다고 하겠다.

2) 하자가 취소정도인 경우(취소소송-부당이득반환청구소송-객관병합-원시후발병합)

⑴ 공정력/유효성추정 – 甲이 먼저 민사법원에 부당이득반환청구소송을 제기하였다면, 변상금부과처분의 공정력(권한 있는 기관에 의해서 당해 행정행위가 취소되기 전까지는 효력을 유효하게 유지) 또는 구성요건적 효력에 따라 민사법원은 변상금부과처분의 효력을 직접 부인할 수 없으므로 변상금부과처분은 유효하고 따라서, 민법 제741조의 '법률상 원인 없이' 요건을 충족하지 못하므로 기각판결을 받을 것이다.

⑵ 선결문제/취소소송 – 따라서, 甲은 먼저 행정법원에 변상금부과처분 취소소송을 통하여 인용판결을 받아 변상금부과처분의 효력을 없앤 이후에, 민사법원에 부당이득반환청구소송을 제기함이 타당하다고 할 것이다.

⑶ 소의 병합 – (ㄱ) 변상금부과처분 취소소송을 제기한 행정법원에 부당이득반환청구소송을 이송 또는 병합할 수 있는지에 대하여 행정소송법 제10조 제1항은 취소소송과 당해 처분과 관련되는 손해배상, 부당이득반환, 원상회복 등 청구소송(이하 '관련청구소송')이 각각 다른 법원에 계속되고 있는 경우에 관련청구소송이 계속된 법원이 상당하다고 인정하는 때에 당사자의 신청과 직권에 의하여 취소소송이 계속된 법원으로 이송할 수 있으며, (ㄴ) 동조 제2항에 의거하여 취소소송의 사실심 변론종결시까지 피고외의 자를 상대로 한 관련청구소송을 취소소송이 계획된 법원에 병합하여 제기할 수 있다고 규정하는 바, (ㄷ) 甲은 원시적 또는 후발적으로 변상금부과처분취소소송에 부당이득반환청구소송을 병합할 수 있다.

⚖️ 공정력 및 선결문제 관련 판례

1 행정행위의 공정력이라 함은 행정행위에 하자가 있더라도 당연무효가 아닌 한 권한 있는 기관에

의하여 취소될 때까지는 잠정적으로 유효한 것으로 통용되는 효력(대판 1993.11.9.
93누1427).

2 행정처분이 아무리 위법하다고 하여도 그 하자가 중대하고 명백하여 당연 무효라고 보아야 할 사유가 있는 경우를 제외하고는 아무도 그 하자를 이유로 무단히 그 효과를 부정하지 못하는 것이므로, (대판 2013.4.26.
2010다79923)

3 조세의 과오납이 부당이득이 되기 위하여는 납세 또는 조세의 징수가 실체법적으로나 절차법적으로 전혀 법률상의 근거가 없거나 과세처분의 하자가 중대하고 명백하여 당연무효이어야 하고, 과세처분의 하자가 단지 취소할 수 있는 정도에 불과할 때에는 과세관청이 이를 스스로 취소하거나 항고소송절차에 의하여 취소되지 않는 한 그로 인한 조세의 납부가 부당이득이 된다고 할 수 없다 (대판 1994.11.11.94다28000;
대판 2001.1.16.98다58511).

★★★ 【사례6_2018 변시_제2문(54면)】

14 위헌결정의 효력과 위헌인 법률에 근거한 처분의 효력

* 위 乙의 취소소송 계속 중, 위헌법률심판제청을 신청하였다. 이에 헌법재판소는 대상 조항에 대하여 위헌결정을 내렸다. 위헌법률심판 제청신청시 취소소송 계속 중인 甲은 위 헌법재판소의 위헌결정의 효력을 자신의 취소소송에서 주장할 수 있는가?

II. 위헌결정의 소급효 인정범위와 甲이 사건에서 주장할 수 있는지 여부

1. 위헌결정의 효력 일반(내용, 근거, 소급효 인정범위)

1) 헌법재판소법 제47조 제2항은 위헌으로 결정된 법률 또는 법률의 조항은 그 결정이 있는 날부터 효력을 상실한다고 하여 결정일 이후부터 법률의 효력이 상실되는 장래효를 원칙으로 규정하고 있다.

2) 다만 憲裁 判例는 (1)위헌제청신청을 한 당해사건에 한해서는 위헌결정의 효력이 소급해서 미치고, (2)위헌 결정이 있기 전에 이와 동종의 위헌여부에 관하여 헌법재판소에 위헌여부 심판제청을 하였거나 법원에 위헌여부심판 제청신청을 한 '동종사건', (3)위헌제청신청 당시 위헌결정의 대상이 되는 법률에 근거한 처분의 위법성을 다투고 있는 병행사건에 대해서도 위헌결정의 효력이 미친다고 보고 있다. (4)한편, 위헌결정 이후에 제소된 일반사건의 경우에는 원칙적으로 소급효가 인정되지 않으나 법원의 판단에 따라 사인의 권리구제와 신뢰보호의 원칙 및 법적안정성을 고려하여 사인의 권리구제 이익이 큰 경우에는 소급효를 인정할 수 있음을 용인하고 있다(법원의 판결재량).

3) 이에 대하여 大法院 判例는 (1)당해사건, 동종사건, 병행사건에 대해서 소급효가 미치고, 일반사건의 경우에도 사인의 권리구제 이익이 큰바 당연히 위헌결정의 소급효가 인정되는 것이 타당하다고 본다. (2)다만, 불가쟁력이 발생한 처분에 대해서는 소급효를 제한하고 있으며, (3)또한 신뢰보호의 원칙과 법적안정성을 크게 고려해야 할 필요가 있는 경우

에는 소급효를 제한한다.

2. 甲의 취소소송에서 乙이 신청하여 나온 위헌결정의 효력을 주장할 수 있는지 판단

1) 甲과 乙은 제소기간 내에 재조사의 취소소송을 제기하였고, 동 사건의 병합여부는 설문상 나타나 있지 않은 바, 일반적으로 위헌제청 신청 당시 위헌결정의 대상이 되는 법률에 근거한 처분의 위법성을 다투고 있는 병행사건으로 볼 수 있다.

2) 따라서 헌법재판소와 대법원의 判例에 따라 甲은 본인의 취소소송에서 소득세법 위헌결정의 효력을 주장할 수는 있다고 봄이 타당하다.

 위헌결정의 소급효 인정에 관한 헌법재판소 결정례(법원의 판결재량)

예외적으로 소급효를 인정하여야 하는 범위에 관하여, 첫째, 구체적 규범통제의 실효성 보장의 견지에서 법원의 제청·헌법소원의 청구 등을 통하여 헌법재판소에 법률의 위헌결정을 위한 계기를 부여한 당해 사건, 위헌결정이 있기 전에 이와 동종의 위헌 여부에 관하여 헌법재판소에 위헌제청을 하였거나 법원에 위헌제청신청을 한 경우의 당해 사건, 그리고 따로 위헌제청신청을 아니하였지만 당해 법률 또는 법률의 조항이 재판의 전제가 되어 법원에 계속중인 사건에 대하여는 소급효를 인정하여야 하고, 둘째, 당사자의 권리구제를 위한 구체적 타당성의 요청이 현저한 반면에 소급효를 인정하여도 법적안정성을 침해할 우려가 없으며, 나아가 구법에 의하여 형성된 기득권자의 이득이 해쳐질 사안이 아닌 경우로서 소급효의 부인이 오히려 정의와 형평 등 헌법적 이념에 심히 배치되는 때에도 소급효를 인정할 수 있다는 입장이다. 다만 어떤 사안이 후자와 같은 테두리에 들어가는가에 관하여는 본래적으로 규범통제를 담당하는 헌법재판소가 위헌선언을 하면서 직접 그 결정주문에서 밝혀야 할 것이나, 직접 밝힌 바 없으면, 그와 같은 경우에 해당하는가 여부는 일반법원이 구체적 사건에서 해당 법률의 연혁·성질·보호법익 등을 검토하고 제반이익을 형량해서 합리적·합목적적으로 정하여 대처할 수밖에 없을 것으로 보고 있다(헌재 2013.6.27.2010헌마535; 헌재 1993.5.13.92헌가10).

 위헌결정의 소급효 인정에 관한 대법원 판례(일반사건에 원칙 미치고, 예외적으로 부인)

헌법재판소의 위헌결정의 효력은 위헌제청을 한 '당해사건', 위헌결정이 있기 전에 이와 동종의 위헌 여부에 관하여 헌법재판소에 위헌여부심판제청을 하였거나 법원에 위헌여부심판제청신청을 한 '동종사건'과 따로 위헌제청신청은 아니하였지만 당해 법률 또는 법률 조항이 재판의 전제가 되어 법원에 계속 중인 '병행사건'뿐만 아니라, 위헌결정 이후 같은 이유로 제소된 '일반사건'에도 미친다. 하지만 위헌결정의 효력이 미치는 범위가 무한정일 수는 없고, 다른 법리에 의하여 그 소급효를 제한하는 것까지 부정되는 것은 아니며, 법적안정성의 유지나 당사자의 신뢰보호를 위하여 불가피한 경우에 위헌결정의 소급효를 제한하는 것은 오히려 법치주의의 원칙상 요청된다(대판 2017.3.9. 2015다233982).

★★★

【사례6_2018 변시_제2문(54면), 사례5_2016 입법고시_제1문(46면)】

15 위헌법률에 근거한 과세처분의 효력

* 위 사안에서 Y세무서장의 과세처분의 근거가 되는 법률조항은 해당 과세처분이 발급된 후에 위헌결정이 내려졌다.
이에 甲은 위헌 법률에 근거하여 Y세무서장이 내린 과세처분은 무효라고 주장하고 있다. 甲의 주장은 타당한가?

II. 위헌결정의 효력이 과세처분에도 미치는가? – 위헌결정의 소급효 인정범위

1. 헌법재판소의 위헌법률심판 위헌결정의 효력 범위 일반론 – 소급효의 인정범위

1) 헌법재판소법 제47조 제2항은 위헌으로 결정된 법률 또는 법률의 조항은 그 결정이 있는
날부터 효력을 상실한다고 하여 결정일 이후부터 법률의 효력이 상실되는 장래효를 원칙
으로 하고 있다.

2) 이에 대하여, 憲裁 判例는 (1)위헌제청신청을 한 당해사건과 위헌결정 이전에 법원에 위
헌재청신청을 하였거나 위헌제청한 동종사건에 대해서, 위헌결정의 효력이 소급해서 미치
고, (2)위헌제청 신청 당시 법원에서 위헌결정의 대상이 되는 법률에 근거한 처분의 위법
성을 다투고 있는 병행사건에 대해서도 위헌결정의 효력이 미친다고 본다. (3)한편, 위헌
결정 이후에 법원에 제소한 일반사건은 원칙적으로 위헌결정의 소급효가 인정되지 않으
나 법원의 판단에 따라 사인의 권리구제와 신뢰보호의 원칙 및 법적안정성을 고려하여
사인의 권리구제의 이익이 큰 경우에는 소급효를 인정할 수 있음을 용인한다(법원의 판결
재량).

3) 大法院 判例는 당해사건, 동종사건, 병행사건에 대해서 위헌결정의 소급효를 인정할 뿐만
아니라, 일반사건의 경우에도 사인의 권리구제의 이익이 크므로 소급효를 인정함이 타당
하다고 본다. 다만, 예외적으로 일부사건에서 신뢰보호의 원칙과 법적안정성을 크게 고려
해야 할 필요가 있는 경우로 위헌결정의 소급효를 제한한 바 있다.

4) (小結) 일반사건에 대한 소급효의 인정에 있어 헌법재판소와 대법원간에 차이가 있으나
이는 결국 공익과 사익을 비교형량하여 사익 즉 개인의 권리구제가 우선되는 경우에는 공
히 소급효를 인정하고 있는 바, 결국 같은 입장으로 이해된다.

2. 위헌결정의 효력이 위헌결정 이전에 한 과세처분에 미치는지? – 일반사건 소급효 긍정

1) (1)설문에 따르면 달리 과세처분에 대한 항고소송을 제기한 바 없이 위헌결정이 나온 바,
이는 일반사건에 해당한다. (2)결국 과세처분의 하자를 다퉈 효력을 바로 잡는 것은 사인
의 권익구제와 공익 즉 법적안정성을 비교교량한 경우 어떤 이익이 더 큰가의 문제로 귀
결되는 바, (3)이는 사인의 권리의 구제가 공익 보다 중요한 사안이라 사료된다.

2) 따라서 헌재와 대법원의 견해와 같이 위헌결정의 효력은 일반사건에 해당하는 동 과세처
분에도 미치고, 이는 과세처분 이후에 근거법률의 효력이 없어진 경우로, 하자의 정도의
문제로 귀결된다.

Ⅲ. 과세처분 이후의 근거법률이 무효가 된 경우 과세처분의 효력 - 무효인가 취소인가?

1. 행정행위 하자론(무효와 취소의 구별 문제)

1) ⑴ 행정행위 하자는 강학상 개념으로 행정행위의 적법요건상의 흠을 의미한다. ⑵ 행정행위의 공정력으로 인하여 무효인 하자와 행정행위의 법적안정성을 위하여 공정력을 인정하는 취소를 구할 수 있는 하자로 구분한다.

2) ⑴ 무효와 취소의 구별에 대하여 ㈎ 學說은 (i) 중대한 하자가 있으면 무효로 보는 중대설, (ii) 중대하고 명백한 하자가 있는 경우 무효로 보는 중대명백설, (iii) 중대명백설의 입장에서, 명백성요건을 완화하여 관계공무원입장에서 명백하면 무효로 보는 조사의무설, (iv) 원칙적으로 중대하면 무효로 보는 것이 타당하나 당해 처분이 제3자에게 영향을 미칠 경우에는 명백성을 추가요건으로 판단하는 명백성보충요건설이 있으며 ㈏ (i) 大法院 判例는 중대명백설의 입장에 따른다. 다만 난지도펜스공사사건에서 소수의견으로 명백성보충요건설이 주장된 바 있다. (ii) 憲法裁判所도 중대명백설을 따르나, 예외적으로 행정처분의 효력이 쟁송기간이 경과한 이후에도 여전히 존속 중이며 무효로 하더라도 제3자의 피해가 없으며(법적안정성 유지), 그 하자가 중대하여 그 사인의 권익구제가 필요한 경우에는 중대한 하자만으로도 무효가 된다는 입장을 취한 바 있다. ㈐ 小結로 법률적합성의 원칙과 법적안정성을 공히 도모하는 중대명백설이 타당하다고 본다.

2. 과세처분 이후의 근거법률의 효력이 상실(무효가)된 경우 과세처분의 효력

1) ⑴ 근거법률이 무효가 된 이상 무효인 근거법률에 기한 과세처분의 하자는 내용상 중대하다고 할 것이다. ⑵ 다만, 과세처분 당시에는 근거법률의 효력이 유효한 바, 그 하자가 명백하다고 보기 어렵다고 할 것이다.

2) 따라서 중대한 하자이기는 하나 명백한 하자라고 보기 어려우므로 중대명백설에 따를 경우 취소할 수 있는 정도의 하자(단순위법)로 볼 수 있다고 할 것이다.

3) 더불어서, 만약 명백성보충요건설의 입장에 따를 때에는 본 과세처분은 사인의 권익구제가 더욱 필요한 침익적 처분에 해당하고, 법적 안정성, 즉 공익의 측면은 그에 비해 다소 형량의 가치가 적다고 판단될 수 있는 바, 그렇다면 명백성 요건은 심사기준에서 제외되므로, 중대한 하자만으로 무효로 볼 여지가 있게 된다.

 처분의 근거가 된 법률이 사후에 위헌결정된 경우 처분의 효력 관련 판례

일반적으로 법률이 헌법에 위배된다는 사정은 헌법재판소의 위헌결정이 있기 전에는 객관적으로 명백한 것이라고 할 수 없어 헌법재판소의 위헌결정 전에 행정처분의 근거가 되는 해당 법률이 헌법에 위배된다는 사유는 특별한 사정이 없는 한 그 행정처분 취소소송의 전제가 될 수 있을 뿐 당연무효사유는 아니다(대판 2013.6.13. 2011두19994).

【사례5_2016 입법고시_제1문(46면)】

★★
16 위헌법률에 근거한 처분의 집행(체납처분)의 효력

* 위헌법률에 근거한 과세처분을 강제집행하기 위하여 집행한 압류의 효력?

II. 헌법재판소 결정의 효력, 체납처분의 효력(하자의 정도)과 행정소송의 유형

1. 헌법재판소 위헌결정의 효력 - 기속력(처분의 집행에 까지 미치는가?)

1) (1) 헌법재판소법 제47조 제1항은 법률의 위헌결정은 법원과 그 밖의 국가기관 및 지방자치단체를 기속한다고 규정하여 기속력을 규정하고 있다. (2) 기속력으로 인해, 위헌으로 결정된 법률에 근거한 처분과 판결은 할 수 없으며, 만약 이에 위반하여 처분이나 판결을 하는 경우 그 처분이나 판결은 기속력 위반으로 당연무효가 된다. (3) 나아가 기속력은 처분이 있은 이후, 당해 처분의 근거가 되는 법률이 위헌으로 결정된 경우에, 그 처분의 효력을 유지하기 위한 집행력 확보 수단인 후속 처분(독촉, 압류 등)도 위헌결정의 기속력에 결국 배치되는 것이므로 당연무효가 된다는 것까지 포함한다(判例).

2) (1) 위헌법률에 근거한 처분의 집행에 기속력이 미쳐 무효가 된다는 것에 대하여 ㈎學說은 (i) 위법성의 승계, 위헌적 법적용의 집행배제로 처분의 집행은 당연무효가 된다는 주장(무효설) (ii) 위헌법률에 근거한 처분이지만 불가쟁력이 발생하여 유효한 것으로 확정된 이상 이후의 집행(독촉, 압류)은 유효한 처분의 실효성을 확보하는 것으로 유효하다는 주장(유효설)이 있고, ㈏判例는 기속력이 미쳐 무효가 된다는 입장이며, ㈐小結로 헌법재판소법 제47조 제1항의 위헌결정의 기속력 즉 결정준수의무를 위반한 것이므로 그 처분의 집행은 무효가 됨이 타당하다고 본다.

2. 압류의 하자 - 기속력 위반으로 무효인 하자

압류는 헌법재판소 위헌결정의 기속력 즉 결정준수의무를 위반한 것으로 중대명백한 하자인 바, 부효라 봄이 타당하나.

 위헌법률에 근거한 처분의 집행력 관련 판례

구 헌법재판소법(2011. 4. 5. 법률 제10546호로 개정되기 전의 것, 이하 '구 헌법재판소법'이라고 한다) 제47조 제1항은 "법률의 위헌결정은 법원 기타 국가기관 및 지방자치단체를 기속한다."고 규정하고 있는데, 이러한 위헌결정의 기속력과 헌법을 최고규범으로 하는 법질서의 체계적 요청에 비추어 국가기관 및 지방자치단체는 위헌으로 선언된 법률규정에 근거하여 새로운 행정처분을 할 수 없음은 물론이고, 위헌결정 전에 이미 형성된 법률관계에 기한 후속처분이라도 그것이 새로운 위헌적 법률관계를 생성·확대하는 경우라면 이를 허용할 수 없다고 봄이 타당하다. 따라서 조세 부과의 근거가 되었던 법률규정이 위헌으로 선언된 경우, 비록 그에 기한 과세처분이 위헌결정 전에 이루어졌고, 그 과세처분에 대한 제소기간이 이미 경과하여 조세채권이 확정되었으며, 그 조세채권의 집행을 위한 체납처분의 근거규정 자체에 대하여는 따로 위헌결정이 내려진 바 없다고 하더라도, 위와 같은 위헌결정 이후에 조세채권의 집행을 위한 새로운 체납처분에 착수하거나 이를 속행하는 것은 더 이상 허용되지 않고, 나아가 이러한 위헌결정의 효력에 위배하여 이루어진 체납처분은 그 사유만으로 하자가 중대하고 객관적으로 명백하여 당연무효라고 보아야 한다(대판 2012.2.16. 2010두10907 전원합의체).

★★

【사례2_2014 1차 변시모의_제2문(22면)】

17 무효인 규칙(또는 조례) 근거한 처분의 효력

* 甲은 교육감의 권한을 조례가 아닌 권한위임규칙에 의하여 위임한 것은 위법하므로 교육장 B에게는 이사취임승인취소에 관한 권한이 없다는 이유로 이사취임승인 취소처분을 항고소송으로 다투고자 한다.
  만일 甲의 주장과 같이 교육장 B에 대한 권한위임이 위법하다면 이사취임승인취소처분의 하자의 법적 효과를 검토하시오.

II. 위법한 권한위임규칙에 근거한 이사선임승인취소처분의 효력

1. 권한위임의 위법과 권한위임규칙의 효력

1) (1) 설문상 권한위임규칙은 「사립학교법」 제36조 제1항을 위반한 것으로 위법하다. (2) 행정입법의 경우 공정력이 인정되지 않으므로 위법한 행정입법(법규명령, 행정규칙)은 무효이다. (3) 따라서 권한위임규칙은 무효이다.

2. 무효인 규칙에 근거한 처분의 하자의 정도(취소할 수 있는가? 무효인가?)

1) (1) 처분의 무효와 취소의 구별기준으로 ㈎學說은 (i) 중대설 – 능력규정, 강행규정위반 중대 하자 – 무효 (ii) 중대명백설 – 중요한 법률요건에 위반하여 하자가 내용적으로 중대하고 일반인을 기준으로 명백하다고 판단되면 – 무효 (iii) 명백성보충요건설 – 명백성은 이해관계를 가지고 있는 제3자가 있는 경우에 요구, (iv) 조사의무설 – 명백성의 판단을 공무원을 기준으로 하여 완화, (v) 구체적 가치형량설 – 일반적 기준에 따라 구분하는 것에 반대하고 구체적인 사안마다 권리구제의 요청과 법적안정성의 요청 및 제3자의 이익 사이의 구체적 개별적인 비교형량에 의하여 결정 ㈏判例는 중대명백설 (법적안정성 사인권익구제 공히 보호) ㈐小結은 판례의 논거를 따르면서 중대명백설을 취한다.

2) (1) 설문상 권한위임규칙은 무효이므로 동 규칙에 근거해서 이뤄진 처분의 하자는 중대하다. (2) 하자의 명백성에 관하여, (ㄱ) 지방자치단체장의 이중적 지위(특별행정기관(자치사무), 국가행정기관(기관위임사무), (ㄴ) 헌법 제107조 제1항의 '규칙'에 조례와 규칙을 포괄하고 있어 용어사용이 유사하며, (3) 조례로 근거를 정해야 할 것을 규칙에 근거하여 정하였다 하더라고 이를 명백한 하자로 판단하기는 어렵다.

3. 이사취임승인취소처분의 하자의 법적 효과

무효인 권한위임규칙에 근거한 이사취임승인취소처분의 하자는 중대하나 명백하다고 할 수 없으므로 취소할 수 있겠다(다만 제소기간 도과 전에).

하자있는 행정입법(조례, 규칙 등)에 근거한 처분의 효력에 관한 판례

1 구 건설업법(1994.1.7. 법률 제4724호로 개정되기 전의 것) 제57조 제1항, 같은 법 시행령 제53조 제1항 제1호에 의하면 건설부장관의 권한에 속하는 같은 법 제50조 제2항 제3호 소정의 영업정지 등 처분권한은 서울특별시장·직할시장 또는 도지사에게 위임되었을 뿐 시·도지사가 이를 구청장·시장·군수에게 재위임할 수 있는 근거규정은 없으나, 정부조직법 제5조 제1항과 이에 기한 행정권한의위임및위탁에관한규정 제4조에 재위임에 관한 일반적인 근거규정이 있으므로 시·도지사는 그 재위임에 관한 일반적인 규정에 따라 위임받은 위 처분권한을 구청장 등에게 재위임할 수 있다.

2 '가'항의 영업정지 등 처분에 관한 사무는 국가사무로서 지방자치단체의 장에게 위임된 이른바 기관위임사무에 해당하므로 시·도지사가 지방자치단체의 조례에 의하여 이를 구청장 등에게 재위임할 수는 없고 행정권한의위임및위탁에관한규정 제4조에 의하여 위임기관의 장의 승인을 얻은 후 지방자치단체의 장이 제정한 규칙이 정하는 바에 따라 재위임하는 것만이 가능하다.

3 [다수의견] 하자 있는 행정처분이 당연무효가 되기 위하여는 그 하자가 법규의 중요한 부분을 위반한 중대한 것으로서 객관적으로 명백한 것이어야 하며 하자가 중대하고 명백한 것인지 여부를 판별함에 있어서는 그 법규의 목적, 의미, 기능 등을 목적론적으로 고찰함과 동시에 구체적 사안 자체의 특수성에 관하여도 합리적으로 고찰함을 요한다.

4 [다수의견] 조례 제정권의 범위를 벗어나 국가사무를 대상으로 한 무효인 서울특별시행정권한위임 조례의 규정에 근거하여 구청장이 건설업영업정지처분을 한 경우, 그 처분은 결과적으로 적법한 위임 없이 권한 없는 자에 의하여 행하여진 것과 마찬가지가 되어 그 하자가 중대하나, 지방자치단체의 사무에 관한 조례와 규칙은 조례가 보다 상위규범이라고 할 수 있고, 또한 헌법 제107조 제2항의 "규칙"에는 지방자치단체의 조례와 규칙이 모두 포함되는 등 이른바 규칙의 개념이 경우에 따라 상이하게 해석되는 점 등에 비추어 보면 위 처분의 위임 과정의 하자가 객관적으로 명백한 것이라고 할 수 없으므로 이로 인한 하자는 결국 당연무효사유는 아니라고 봄이 상당하다(대판 1995.7.11. 94누4615 전원합의체).

【사례5_2016 입법고시_제1문(46면)】

★★

18 과세처분의 하자가 압류의 하자에 승계되는가? (하자의 승계)

* 한편, 甲은 Y세무서장의 과세처분에 대한 취소소송을 제기하려 하였으나, 그 제소기간이 경과하여서, Y세무서장의 예금채권 압류의 위법을 다투면서 Y세무서장의 과세처분에 대한 하자를 주장하려고 한다. 압류의 위법을 다투면서 과세처분의 하자를 주장할 수 있는지를 검토하라.

II. 하자승계의 의의, 논의, 판례 및 본 사안 해결

1. 하자승계론의 개념, 의의, 논의, 판례의 입장

1) 개념, 의의

(1) 하자승계는 선행행위의 하자가 후행행위에 승계되는 것을 말한다.

(2) 하자승계 논의는 ① 둘 이상의 행정행위가 연속으로 이뤄지고, ② 선행행위의 하자에

취소사유가 있음에도 제소기간의 도과로 선행행위를 다툴 수 없게 되어(선행행위의 불가 쟁력 발생), ③ 최종적인 목적을 같이 하는 연속된 후행 행정행위에 관한 다툼에서 선행 행위의 하자를 이유로 후행 행정행위를 취소할 수 있게 함으로써 ④ 사인의 권익을 실효 적으로 구제하는데 의의가 있다.

2) 하자승계 논의

(1) 하자승계에 관해서는 실정법상 근거가 부재하다.

(2) 따라서 하자승계이론을 설계하여 그 가능성과 한계를 논하고 있다. ㈎ 學說은 (ⅰ) <전통적 하자승계론> 하자는 행정행위마다 독립적으로 판단되는 것이 원칙이나, 예외로 ① 선행행위와 후행행위가 일련의 절차를 구성하면서 ② 하나의 효과를 목적으로 하는 경우에 하자가 승계될 수 있다는 논의와 (ⅱ) <수인한도론> 일반적으로 선행 행정행위 의 내용과 효력이 후행 행정행위에 영향을 미쳐, 법원과 당사자를 구속하나(구속력), 선행 행정행위가 후행 행정행위에 영향을 미칠지에 대하여 ① 예측이 불가능한 상황이었거나 ② 미치는 영향이 수인한도를 넘는 경우에는 선행행위의 구속력이 후행행위에 미친다고 할 수 없고, 선행행위에 대한 구속력이 배제되어 후행행위를 다투면서도 선행행위의 위법 을 주장할 수 있다는 논의이다. 최근 후자에 관한 논의를 활발하게 진행하여 권리구제를 도모하고 있다.

3) 판례와 소결

(1) 判例는 원칙적으로는 전통적인 하자승계론에 따라 하나의 효과를 목적으로 하는 단계 적 행정행위에서 하자승계를 인정하고 있으며, 더불어서 수인한도론에 의거한 판결도 내고 있다. (b) 전통적 하자승계론에 입각하여 대집행절차상 계고처분과 영장발부통보처분, 국 세징수법상 독촉과 가산금·중가산금 징수처분에 대해 하자의 승계를 인정하였고, 건물철 거명령과 대집행계고처분, 과세처분과 체납처분은 하자의 승계를 부정하였다. (c) 더불어 서 수인한도론에 의거하여 개별공시지가결정과 양도소득세부과처분, 표준지공시지가결정 과 수용재결에서 선행행위 단계에서 후행행위를 예측할 수 없어 수인한도를 넘는 바, 선 행 행정행위의 구속력을 부인하고 선행 행정행위에 하자가 있다면, 이를 후행 행정행위의 취소소송에서 주장할 수 있도록 허용한 바 있다.

(2) (小結) 전통적 하자승계론의 기본원칙을 따르되, 수인한도론을 공히 적용하는 判例의 태도가 타당해 보이며, 이는 사인의 권익구제와 행정의 법적안정성을 공히 고려한 것이라 할 것이다.

2. 과세처분의 하자가 압류에 승계될 수 있겠는가?

1) (1)과세처분과 압류는 시간적으로 선후의 관계에 있으나, 과세처분은 납세의무 이행을 목 적으로 하며, 압류는 국세수입확보를 목적으로 하는 바, 하나의 효과를 목적으로 하는 단 계적 행정행위로 보기 어렵다고 할 것이다.

(2) 따라서 전통적 하자승계론에 의한 하자승계는 적용되기 어렵다 할 것이다.

2) 또한 수인한도론에 의하는 경우에도 과세처분과 압류의 관계에서 과세처분 이후에 압류가 될 것이라는 것이 예측불가능하거나 수인한도를 초과하여 불측의 피해를 준다고 할 수 없으므로 하자승계를 적용하기 어렵다.

3) 따라서 과세처분의 하자를 압류의 위법을 다투면서 주장하기 어렵다 할 것이다.

🔨 하자승계 관련 판례

1️⃣ 2개 이상의 행정처분이 연속적 또는 단계적으로 이루어지는 경우 선행처분과 후행처분이 서로 합하여 1개의 법률효과를 완성하는 때에는 선행처분에 하자가 있으면 그 하자는 후행처분에 승계된다. 이러한 경우에는 선행처분에 불가쟁력이 생겨 그 효력을 다툴 수 없게 되더라도 선행처분의 하자를 이유로 후행처분의 효력을 다툴 수 있다. 그러나 선행처분과 후행처분이 서로 독립하여 별개의 법률효과를 발생시키는 경우에는 선행처분에 불가쟁력이 생겨 그 효력을 다툴 수 없게 되면 선행처분의 하자가 당연무효인 경우를 제외하고는 특별한 사정이 없는 한 선행처분의 하자를 이유로 후행처분의 효력을 다툴 수 없는 것이 원칙이다(대판 2017.7.18.\n2016두49938).

2️⃣ 선행처분과 후행처분이 서로 독립하여 별개의 효과를 목적으로 하는 경우에도 선행처분의 불가쟁력이나 구속력이 그로 인하여 불이익을 입게 되는 자에게 수인한도를 넘는 가혹함을 가져오며, 그 결과가 당사자에게 예측가능한 것이 아닌 경우에는 국민의 재판받을 권리를 보장하고 있는 헌법의 이념에 비추어 선행처분의 후행처분에 대한 구속력은 인정될 수 없다(대판 1994.1.25.\n93누8542).

★★

【사례20_2020 변시_제2문(197면)】

19 사업인정의 하자는 수용재결에 승계되는가? (하자의 승계, 규준력론)

* 수용재결에 대한 불복과정에서 사업인정의 하자를 주장할 수 있는지 검토하시오.

II. 수용재결의 불복과정에서 사업인정 하자의 주장 가능성 검토(하자승계론 검토)

1. 하자승계론의 개념, 의의, 논의, 판례의 입장

1) 개념, 의의

(1) 하자승계는 선행행위의 하자가 후행행위에 승계되는 것을 말한다.

(2) 하자승계 논의는 ① 둘 이상의 행정행위가 연속으로 이뤄지고, ② 선행행위의 하자에 취소사유가 있음에도 제소기간으로 도과로 선행행위를 다툴 수 없게 되어(선행행위의 불가쟁력 발생), ③ 최종적인 목적을 같이 하는 연속된 후행 행정행위에 관한 다툼에서 선행행위의 하자를 이유로 후행 행정행위를 취소할 수 있게 함으로써 ④ 사인의 권익을 실효적으로 구제하는데 의의가 있다.

2) 하자승계 논의 판례 및 요건

(1) 하자의 승계는 실정법상 근거가 부재하다.

(2) 따라서 하자승계이론으로 하자승계의 가능성과 한계(요건)를 논하여 정리한다. (가) 學說은 (i) <전통적 하자승계론> 하자는 행정행위마다 독립적으로 판단되는 것이 원칙이나, 예외로 ① 선행행위와 후행행위가 일련의 절차를 구성하면서 ② 하나의 효과를 목적으로 하는 경우에 하자가 승계될 수 있다는 논의와 (ii) <수인한도론> 일반적으로 선행행정행위의 내용과 효력이 후행 행정행위에 영향을 미쳐, 법원과 당사자를 구속하나(구속력), 선행 행정행위가 후행 행정행위에 영향을 미칠지에 대하여 ① 예측이 불가능한 상황이었거나 ② 미치는 영향이 수인한도를 넘는 경우에는 선행행위의 구속력이 후행행위에 미친다고 할 수 없고, 선행행위에 대한 구속력이 배제되어 후행행위를 다투면서도 선행행위의 위법을 주장할 수 있다는 논의이다. (나) 判例는 원칙적으로는 전통적인 하자승계론에 따라 하나의 효과를 목적으로 하는 단계적 행정행위에서 하자승계를 인정하고 있으며, 더불어서 수인한도론에 의거한 판결도 내고 있다. (다) (小結) 전통적 하자승계론의 기본원칙을 따르되, 수인한도론을 공히 적용하는 判例의 태도가 타당해 보이며, 이는 사인의 권익구제와 행정의 법적안정성을 공히 고려한 것이라 할 것이다.

2. 丙의 하자승계 주장 가능성 판단(사업인정의 하자를 수용재결불복과정에서 주장가능한가?)

1) 관광진흥법상 사업인정은 2018.5.30.에 있었던 바, 그로부터 2019.11.20자 수용재결은 1년이 경과하여 취소소송의 제소기간(안 날 90일, 있은 날 1년)이 도과하였다.

2) (1) 사업인정과 수용재결은 하나의 목적으로 이뤄지는 단계적 행정행위로 보기 어려운 바, 수인한도론을 통한 하자승계의 가능성을 검토하여야 할 것이다.

(2) 사업인정의 하자가 단순위법(취소)인 경우에, 관광진흥법상 사업인정은 문화재보호구역 인근에 관광단지개발을 위하여 이뤄진 절차이며, 이후 丙소유의 토지의 수용·사용 등은 충분히 예견된다. 따라서 사업인정의 구속력은 이후 수용재결에서 부인되기 어렵다. 수용재결의 불복과정 사업인정의 하자를 주장하기 어렵다.

(3) 만약 사업인정의 하자가 무효인 경우에는 이후에 이뤄지는 모든 절차가 적법요건을 결하여 그 효력이 인정되기 어려우며, 이 경우에 수용재결 역시 효력 자체를 부여하기 어렵다. 이 경우는 하자승계의 문제가 아니라 수용재결 그 자체가 그 적법요건을 결하여 중대명백한 하자로 무효가 됨이 타당하다.

⚖️ **하자의 승계(규준력) 관련 판례**

1| 개별공시지가결정은 이를 기초로 한 과세처분 등과는 별개의 독립된 처분으로서 서로 독립하여 별개의 법률효과를 목적으로 하는 것이나, 개별공시지가는 이를 토지소유자나 이해관계인에게 개

별적으로 고지하도록 되어 있는 것이 아니어서 토지소유자 등이 개별공시지가결정 내용을 알고 있었다고 전제하기도 곤란할 뿐만 아니라 결정된 개별공시지가가 자신에게 유리하게 작용될 것인지 또는 불이익하게 작용될 것인지 여부를 쉽사리 예견할 수 있는 것도 아니며, 더욱이 장차 어떠한 과세처분 등 구체적인 불이익이 현실적으로 나타나게 되었을 경우에 비로소 권리구제의 길을 찾는 것이 우리 국민의 권리의식임을 감안하여 볼 때 토지소유자 등으로 하여금 결정된 개별공시지가를 기초로 하여 장차 과세처분 등이 이루어질 것에 대비하여 항상 토지의 가격을 주시하고 개별공시지가결정이 잘못된 경우 정해진 시정절차를 통하여 이를 시정하도록 요구하는 것은 부당하게 높은 주의의무를 지우는 것이라고 아니할 수 없고, 위법한 개별공시지가결정에 대하여 그 정해진 시정절차를 통하여 시정하도록 요구하지 아니하였다는 이유로 위법한 개별공시지가를 기초로 한 과세처분 등 후행 행정처분에서 개별공시지가결정의 위법을 주장할 수 없도록 하는 것은 수인한도를 넘는 불이익을 강요하는 것으로서 국민의 재산권과 재판받을 권리를 보장한 헌법의 이념에도 부합하는 것이 아니라고 할 것이므로, 개별공시지가결정에 위법이 있는 경우에는 그 자체를 행정소송의 대상이 되는 행정처분으로 보아 그 위법 여부를 다툴 수 있음은 물론 이를 기초로 한 과세처분 등 행정처분의 취소를 구하는 행정소송에서도 선행처분인 개별공시지가결정의 위법을 독립된 위법사유로 주장할 수 있다고 해석함이 타당하다(대판 1994.1.25. 93누8542).

2 표준지공시지가결정은 이를 기초로 한 수용재결 등과는 별개의 독립된 처분으로서 서로 독립하여 별개의 법률효과를 목적으로 하지만, 표준지공시지가는 이를 인근 토지의 소유자나 기타 이해관계인에게 개별적으로 고지하도록 되어 있는 것이 아니어서 인근 토지의 소유자 등이 표준지공시지가결정 내용을 알고 있었다고 전제하기가 곤란할 뿐만 아니라, 결정된 표준지공시지가가 공시될 당시 보상금 산정의 기준이 되는 표준지의 인근 토지를 함께 공시하는 것이 아니어서 인근 토지 소유자는 보상금 산정의 기준이 되는 표준지가 어느 토지인지를 알 수 없으므로, 인근 토지 소유자가 표준지의 공시지가가 확정되기 전에 이를 다투는 것은 불가능하다. 더욱이 장차 어떠한 수용재결 등 구체적인 불이익이 현실적으로 나타나게 되었을 경우에 비로소 권리구제의 길을 찾는 것이 우리 국민의 권리의식임을 감안하여 볼 때, 인근 토지소유자 등으로 하여금 결정된 표준지공시지가를 기초로 하여 장차 토지보상 등이 이루어질 것에 대비하여 항상 토지의 가격을 주시하고 표준지공시지가결정이 잘못된 경우 정해진 시정절차를 통하여 이를 시정하도록 요구하는 것은 부당하게 높은 주의의무를 지우는 것이고, 위법한 표준지공시지가결정에 대하여 그 정해진 시정절차를 통하여 시정하도록 요구하지 않았다는 이유로 위법한 표준지공시지가를 기초로 한 수용재결 등 후행 행정처분에서 표준지공시지가결정의 위법을 주장할 수 없도록 하는 것은 수인한도를 넘는 불이익을 강요하는 것으로서 국민의 재산권과 재판받을 권리를 보장한 헌법의 이념에도 부합하는 것이 아니다. 따라서 표준지공시지가결정이 위법한 경우에는 그 자체를 행정소송의 대상이 되는 행정처분으로 보아 그 위법 여부를 다툴 수 있음은 물론, 수용보상금의 증액을 구하는 소송에서도 선행처분으로서 그 수용대상 토지 가격 산정의 기초가 된 비교표준지공시지가결정의 위법을 독립한 사유로 주장할 수 있다(대판 2008.8.21. 2007두13845).

3 이 사건 선행처분인 업무정지처분은 일정 기간 중개업무를 하지 못하도록 하는 처분인 반면, 후행처분인 이 사건 처분은 위와 같은 업무정지처분에 따른 업무정지기간 중에 중개업무를 하였다는

별개의 처분사유를 근거로 중개사무소의 개설등록을 취소하는 처분이다. 비록 이사건 처분이 업무정지처분을 전제로 하지만, 양 처분은 그 내용과 효과를 달리하는 독립된 행정처분으로서, 서로 결합하여 1개의 법률효과를 완성하는 때에 해당한다고 볼 수 없다. 따라서 원고는 선행처분이 당연무효가 아닌 이상 그 하자를 이유로 후행처분인 이 사건 처분의 효력을 다툴 수 없다. 또한 원고는 업무정지기간 중에 중개업무를 하여서는 안 된다는 것을 인식하고 있었던 점, 원고가 불복기간 내에 업무정지처분의 취소를 구하는 행정심판이나 행정소송을 제기하는 데에 특별히 어려움이 있었다고 인정할 만한 사정 또한 엿보이지 않는 점 등의 사정에 비추어 보면, 업무정지처분의 불가쟁력이나 구속력이 원고에게 수인한도를 넘는 가혹함을 가져오고 그 결과가 예측가능하지 않았던 경우에 해당한다고 볼 수도 없다(대판 2019.1.31. 2017두40372).

 사업인정 관련 판례

공익사업을 위한 토지 등의 취득 및 보상에 관한 법률 제20조 제1항, 제22조 제3항은 사업시행자가 토지 등을 수용하거나 사용하려면 국토교통부장관의 사업인정을 받아야 하고, 사업인정은 고시한 날부터 효력이 발생한다고 규정하고 있다. 이러한 사업인정은 수용권을 설정해 주는 행정처분으로서, 이에 따라 수용할 목적물의 범위가 확정되고, 수용권자가 목적물에 대한 현재 및 장래의 권리자에게 대항할 수 있는 공법상 권한이 생긴다(대판 2019.12.12. 2019두47629).

【행정입법】

★★★

【사례8_2019 변시_제2문(72면), 사례11_2015 3차 변시모의_제2문(110면)】

20 **고시의 법적 성질을 논하시오**

* 甲은 처치에 사용하기 위하여 필요한 재료의 구입금액보다 급여상한금액을 현저히 저렴하게 책정한 "고시"에 대하여 다투고자 한다. "고시"의 법적 성질을 논하시오.

II. 고시의 법적 성질 – 법령보충규칙?, 처분?

1. 법령보충규칙 의의 및 고시의 법령보충규칙 해당성 검토

1) ⑴법령보충규칙이란 법률의 내용이 추상적·전문적·기술적인 경우에 이를 보충하거나 구체화하기 위하여 제정한 고시 또는 훈령을 말한다.

⑵행정규제기본법 제4조 제2항 단서는 법령에서 구체적으로 범위를 정하여 위임한 경우에 한해, 고시형식의 법령보충규칙을 인정하고 있다.

⑶법적 성격에 관하여 ㈎學說은 (i) 상위법령의 위임이 있으므로 법규명령설 (ii) 헌법이 예정하는 법규명령의 형식이 아니므로 행정규칙설 (iii) 대외적 구속력은 인정되나 행정규칙형식이므로 규범구체화행정규칙설 (iv) 행정규칙형식의 법규명령은 불허용되므로 위헌무

효설, ㈏ 判例는 재산제세사무처리규정, 요양급여기준 사건에서 법령보충규칙의 법규성을
인정하고 있다. ㈐ 小結로 행정의 신축성 탄력성을 감안하여 전문적 기술적인 부분에 한
해서, 위임입법의 한계 등 법규명령의 한계를 지키는 경우, 법령보충규칙을 인정하는 것
이 타당하다고 판단된다.

2) 고시는 국민건강보험법 제46조, 동법 시행령 제22조에서 위임의 근거를 갖춰 보건복지부
고시로 제정된 바, 법령보충규칙에 해당한다고 할 것이다.

2. 고시의 개념, 의의 및 본 사건 고시의 처분성 검토

1) ⑴ 고시는 행정기관이 법령이 정하는 바에 따라 일정한 사항을 불특정다수의 일반인에게
알리는 행위형식으로 일반적으로 행정규칙의 형식으로 간주된다.

⑵ 다만, 고시의 내용이 그 자체로 사인의 권리나 의무에 직접 영향을 미칠 경우, 이에
대하여 처분성을 긍정할 수 있다.

⑶ 이는 행정입법에 대한 사법적 통제방식이 불완전하고, 처분성 긍정을 통한 사인의 권
익구제 신장에 기여한다는 측면이며, ㈎ 學說은 (i) 긍정설 (ii) 부정설, ㈏ 判例는 공히 처
분요건을 구비한 경우에는 처분성을 긍정하고 있다. ㈐ 小結로 判例의 견해가 타당하다고
보인다.

2) 본 사안에서 요양급여비용의 상한을 정하고 있는 고시는 요양기관의 급여비용의 상환금
액을 직접 정하여 요양기관의 법률관계에 직접 영향을 미치는 것으로 행정소송법 제2조
제1항 제1호의 처분요건에 해당한다고 판단할 수 있겠다.

법령보충규칙(고시)의 처분성 인정 관련 판례

어떠한 고시가 일반적·추상적 성격을 가질 때에는 법규명령 또는 행정규칙에 해당할 것이지만, 다른
집행행위의 매개 없이 그 자체로서 직접 국민의 구체적인 권리의무나 법률관계를 규율하는 성격을
가질 때에는 행정처분에 해당한다고 할 것이다. … , ① 약제급여·비급여목록 및 급여상한금액표(보
건복지부 고시 제2002-46호로 개정된 것, 이하 '이 사건 고시'라 한다)는 특정 제약회사의 특정 약제
에 대하여 국민건강보험가입자 또는 국민건강보험공단이 지급하여야 하거나 요양기관이 상환받을 수
있는 약제비용의 구체적 한도액을 특정하여 설정하고 있는 점, ② 약제의 지급과 비용의 청구행위가
있기만 하면 달리 행정청의 특별한 집행행위의 개입 없이 이 사건 고시가 적용되는 점, ③ 특정 약제
의 상한금액의 변동은 곧바로 국민건강보험가입자 또는 국민건강보험공단이 지급하여야 하거나 요양
기관이 상환받을 수 있는 약제비용을 변동시킬 수 있다는 점 등에 비추어 보면, 이 사건 고시는 다른
집행행위의 매개 없이 그 자체로서 국민건강보험가입자, 국민건강보험공단, 요양기관 등의 법률관계
를 직접 규율하는 성격을 가진다고 할 것이므로, 항고소송의 대상이 되는 행정처분에 해당한다
(대판 2006.9.22. 2005두2506).

★★★　【사례8_2019 변시_제2문(72면), 사례11_2015 3차 변시모의_제2문(110면), 사례15_2012 2차 변시모의_제2문(152면)】

21 고시에 대한 행정소송에 의한 통제방법?

* 이 경우 甲이 위의 고시에 대하여 다툴 수 있는 행정소송상의 구제수단?

Ⅱ. 고시의 처분성 검토

1. 고시의 개념 의의 법적 성격(처분성)

1) ⑴고시는 행정기관이 법령이 정하는 바에 따라 일정한 사항을 불특정다수의 일반인에게 알리는 행위형식으로 일반적으로 행정규칙의 형식으로 간주된다.

⑵다만, 고시의 내용이 그 자체로 사인의 권리나 의무에 직접 영향을 미칠 경우, 이에 대하여 처분성을 긍정할 수 있다.

⑶이는 행정입법에 대한 사법적 통제방식이 불완전하고, 처분성 긍정을 통한 사인의 권익구제 신장에 기여한다는 측면이며, ㈎學說은 (ⅰ) 긍정설 (ⅱ) 부정설, ㈏判例는 공히 처분요건을 구비한 경우에는 처분성을 긍정하고 있다. ㈐小結로 判例의 견해가 타당하다고 보인다.

2. 본 사건 고시의 처분성 검토

1) 본 사안에서 요양급여비용의 상한을 정하고 있는 고시는 요양기관의 급여비용의 상환금액을 직접 정하여 요양기관의 법률관계에 직접 영향을 미치는 것으로 행정소송법 제2조 제1항 제1호의 처분요건에 해당한다고 판단할 수 있겠다.

Ⅲ. 고시의 행정소송을 통한 통제방법 – 항고소송 가능성 및 구체적 규범통제

1. 항고소송에 의한 통제 가능성

1) ⑴ 고시의 처분성이 인정되면 고시는 행정소송법상 취소 또는 무효등확인소송의 항고소송을 통한 통제가 가능하다. ⑵ 이에 대하여는 행정소송법상 필요요건인 재판관할, 원고적격, 피고적격, 제소기간, 행정심판전치, 소의 이익 등이 갖춰져야 할 것이다.

2. 구체적 규범통제에 의한 통제 가능성

1) 구체적 규범통제 가능성

고시의 처분성을 인정할 수 없는 경우에는 업무정지처분의 취소를 구하는 소송을 제기하면서 업무정지처분의 요건에 해당하는 국민건강보험법(이하 '법') 제98조 제1항 제1호의 부당한 방법으로 요양급여비용을 부담하게 한 경우의 위반기준에 해당하는 법 제46조 및 동법시행령 제22조, 그에 근거한 법령보충규칙인 고시의 위법을 주장함으로써 2) 헌법 제107조 제2항에 근거한 구체적 규범통제를 통하여 본 사건에서 동 고시의 적용거부로 통제가능하다.

【행정계획】

【사례13_2019 3차 변시모의_제2문(131면)】

★★
22   행정계획의 법적 성질과 계획변경신청 반려회신의 처분성

* 위 산업단지개발계획의 법적 성질을 논하고, 甲은 B의 위 반려회신을 항고소송의 대상으로 삼아 다툴 수 있는지 검토하시오.

II. 산업단지개발계획의 법적 성질(행정계획의 법적 성질)

1. 강학상 행정계획의 개념, 의의 및 법적 성질의 판단

1) 개념, 의의

(1) 행정계획은 실정법상 개념은 아니다.

(2) 행정계획은 특정한 행정목적을 달성하기 위하여 행정에 관한 전문적 기술적 판단을 기초로 관련 행정수단을 종합조정함으로써 장래의 일정한 시점에 일정한 질서를 실현하기 위하여 설정한 활동기준이나 그 설정행위를 말한다(判例).

2) 법적 성질 판단

(가) 學說은 i) 입법행위설, ii) 행정행위설, iii) 혼합행위설, iv) 독자성설, v) 개별검토설, (나) 判例는 행정계획 근거법률의 내용과 취지를 고려하여 개별적으로 검토하는 개별검토설, (다) 小結 – 행정계획의 법적 성질은 사법심사의 대상성과 결부되어 항고소송의 대상성과 관련되어 문제되는 바, 개별검토설이 타당하며, 처분성이 인정될 경우에는 행정행위!

2. 산업단지개발계획의 법적 성질

(1) 산업입지 및 개발에 관한 법률 제2조 제8호 산업단지의 정의, 동법 제6조 제5항의 산업단지개발계획의 내용(토지이용계획 및 주요기반시설계획 포함), 동법 제12조의 행위제한 규정 등을 종합적으로 검토할 때 (2) 동 계획은 행정소송법 제2조 제1항 제1호에 따른 '처분'에 포섭될 수 있다고 보며, 처분 개념의 확대논의(이원론)에 비춰 봤을 때도 처분성을 인정하여, (3) 위법한 경우에 항고소송의 대상으로 함이 타당하다고 할 것이다.

 행정계획 법적 성질 관련 판례(처분성(권리의무영향) 인정 vs 처분성 불인정)

[1] 구 도시계획법(1999. 2. 8. 법률 제5898호로 개정되기 전의 것) 제10조의2, 제16조의2, 같은 법 시행령(1999. 6. 16. 대통령령 제16403호로 개정되기 전의 것) 제7조, 제14조의2의 각 규정을 종합하면, 도시기본계획은 도시의 기본적인 공간구조와 장기발전방향을 제시하는 종합계획으로서 그 계획에는 토지이용계획, 환경계획, 공원녹지계획 등 장래의 도시개발의 일반적인 방향이 제시되지만, 그 계획은 도시계획입안의 지침이 되는 것에 불과하여 일반 국민에 대한 직접적인 구속력은 없다(대판 2002. 10. 11.
2000두8226).

<u>2</u> 공공기관 지방이전에 따른 혁신도시 건설 및 지원에 관한 특별법에 따르면, 지방이전계획을 수립하는 주체는 이전공공기관의 장이고, 그 제출받은 계획을 검토·조정하여 국토해양부장관에게 제출하는 주체는 소관 행정기관의 장이며, 그에 따라 지역발전위원회의 심의를 거친 후 승인하는 주체가 국토해양부장관일 뿐이므로, 피청구인이 발표한 이 사건 이전방안은 한국토지주택공사와 각 광역시·도, 관련 행정부처 사이의 의견 조율 과정에서 행정청으로서의 내부 의사를 밝힌 행정계획안 정도에 불과하다. 한국토지주택공사의 지방이전계획은 지역발전위원회의 심의를 거쳐 피청구인의 최종 승인에 의하여 확정되는 것이며, 그 이전 단계에서 발표된 이 사건 이전방안이 국민의 권리의무 또는 법적지위에 어떠한 변동을 가져온다고 할 수 없다(^{헌재결 2014.3.27.}_{2011헌마291}).

<u>3</u> 도시계획법 제12조 소정의 도시계획결정이 고시되면 도시계획구역안의 토지나 건물 소유자의 토지형질변경, 건축물의 신축, 개축 또는 증축 등 권리행사가 일정한 제한을 받게 되는바 이런 점에서 볼 때 고시된 도시계획결정은 특정 개인의 권리 내지 법률상의 이익을 개별적이고 구체적으로 규제하는 효과를 가져오게 하는 행정청의 처분이라 할 것이고, 이는 행정소송의 대상이 되는 것이라 할 것이다(^{대판 1978.12.26.}_{78누281}).

<u>4</u> 택지개발촉진법 제3조에 의한 건설부장관의 택지개발예정지구의 지정과 같은 법 제8조에 의한 건설부장관의 택지개발사업시행자에 대한 택지개발계획의 승인은 그 처분의 고시에 의하여 개발할 토지의 위치, 면적, 권리내용 등이 특정되어 그 후 사업시행자에게 택지개발사업을 실시할 수 있는 권한이 설정되고, 나아가 일정한 절차를 거칠 것을 조건으로 하여 일정한 내용의 수용권이 주어지며 고시된 바에 따라 특정 개인의 권리나 법률상 이익이 개별적이고 구체적으로 규제받게 되므로 건설부장관의 위 각 처분은 행정처분의 성격을 갖는 것이다(^{대판 1992.8.14.}_{91누11582}).

★★

【사례9_2013 2차·3차 변시모의_제2-2문(85면)】

23 도시관리계획 입안 제안 거부에 항고소송 가능?

* A백화점이 당해 건폐율을 상향조정 지구단위계획 변경 도시관리계획입안 제안 거부에 항고소송가능?

II. 입안 거부행위의 항고소송 가능성?(입안거부의 처분성 검토)

1. 거부처분의 처분성 인정 문제 – 개념, 의의, 요건 등

1) 의의

(1) 거부처분은 사인의 공권력행사 신청에 대하여 처분 발령을 거부하는 행정청의 의사작용이다. (2) 행정소송법 제2조 제1호 처분을 '행정청이 행하는 구체적 사실에 관한 법집행으로서 공권력의 행사 또는 그 거부'라 정하고 있는 바, 행정소송법은 거부의 대상이 '공권력 행사'일 것을 규정하고 있다.

2) 요건

(1) 거부처분의 성립요건으로 ㈎ 判例는 (ㄱ) 거부의 대상(신청한 행위)이 '공권력 행사'이고

(ㄴ) 거부로 신청인의 권리나 의무의 영향(법률관계의 변동)이 있어야 하고 (ㄷ) 신청인에게 그 공권력 행사를 요청할 법규상 조리상 신청권이 있어야 처분으로 본다.

(2) 신청권의 필요여부에 대하여 ㈎ 學說은 (i) 신청권을 대상적격으로 보는 견해 (ii) 원고적격으로 보는 견해 (iii) 본안판단으로 보는 견해가 있다. ㈏ 判例는 대상적격으로 보고 있으며, ㈐ 小結은 신청권은 요건을 갖춘 일반인을 기준으로 추상적으로 판단하는 것이고, 신청내용 그대로의 인용을 요구하는 것이 아니라 신청에 대한 응답을 받을 권리이므로 判例의 견해가 타당하다 할 것이다.

2. 도시관리계획 입안 제안 거부 행위의 처분성 검토

1) (1) 거부의 대상인 변경 입안은 확정계획수립 결정의 한 단계로서 공권력 행사로 볼 여지가 있고, (2) 또한 변경 입안 제안(신청)을 거부함으로써 처리결과에 대한 응답받을 권리를 침해 받아 법률관계에 영향을 받게 된다. (3) 변경입안 제안에 대한 신청권 존부에 대하여 국토계획법 제26조에 의하면 입안의 제안에 대한 권리를 명시하고 있는 바, 법규상 조리상 신청권이 인정될 수 있다고 할 것이다.

2) 따라서 도시관리계획 입안 제안 신청에 대한 거부행위는 항고소송의 대상이 되는 행정처분에 해당하고 항고소송으로 다툴 수 있다고 할 것이다(判例).

⚖ 도시관리계획 입안 제안 거부의 처분성 관련 판례

국토의 계획 및 이용에 관한 법률은 국토의 이용·개발과 보전을 위한 계획의 수립 및 집행 등에 필요한 사항을 규정함으로써 공공복리를 증진시키고 국민의 삶의 질을 향상시키는 것을 목적으로 하면서도 도시계획시설결정으로 인한 개인의 재산권행사의 제한을 줄이기 위하여, 도시·군계획시설부지의 매수청구권(제47조), 도시·군계획시설결정의 실효(제48조)에 관한 규정과 아울러 도시·군관리계획의 입안권자인 특별시장·광역시장·특별자치시장·특별자치도지사·시장 또는 군수(이하 '입안권자'라 한다)는 5년마다 관할 구역의 노시·군관리계획에 대하여 타당성 여부를 전반적으로 재검토하여 정비하여야 할 의무를 지우고(제34조), 주민(이해관계자 포함)에게는 도시·군관리계획의 입안권자에게 기반시설의 설치·정비 또는 개량에 관한 사항, 지구단위계획구역의 지정 및 변경과 지구단위계획의 수립 및 변경에 관한 사항에 대하여 도시·군관리계획도서와 계획설명서를 첨부하여 도시·군관리계획의 입안을 제안할 권리를 부여하고 있고, 입안제안을 받은 입안권자는 그 처리 결과를 제안자에게 통보하도록 규정하고 있다. 이들 규정에 헌법상 개인의 재산권 보장의 취지를 더하여 보면, 도시계획구역 내 토지 등을 소유하고 있는 사람과 같이 당해 도시계획시설결정에 이해관계가 있는 주민으로서는 도시시설계획의 입안권자 내지 결정권자에게 도시시설계획의 입안 내지 변경을 요구할 수 있는 법규상 또는 조리상의 신청권이 있고, 이러한 신청에 대한 거부행위는 항고소송의 대상이 되는 행정처분에 해당한다(^{대판 2015.3.26.}_{2014두42742}).

【행정상 계약; 공법상 계약】

【사례10_2021 변시_제2문(99면)】

★
24　의약품조달계약의 법적 성격 및 행정절차법 적용 (사전통지 없이 해지통보 위법한가?)

* 丙회사는 A시장이 의약품조달계약을 해지하면서 행정절차법상의 사전 통지 및 의견청취를 하지 않았음을 이유로
당해 통보가 위법하다고 주장한다. 丙회사 주장의 타당성을 검토하시오.

Ⅱ. 의약품조달계약의 법적 성질 검토(행정상 계약 여부)

1. 행정상 계약의 의의와 근거

1) **의의** – 행정계약은 행정주체 상호간 또는 행정주체와 국민 사이에 행정목적을 수행하기
위하여 체결되는 계약이다.
2) **분류** – 행정계약에는 공법상 계약과 사법상 계약이 존재한다. 공법상 계약은 공법의 영
역에서 대등한 복수당사자의 반대방향의 의사의 합치에 의해서 법률관계를 발생·변경·
소멸하는 공법행위를 말한다.
3) **공법상 계약의 근거 신설** – 행정기본법 제27조는 행정청은 법령등을 위반하지 아니하는
범위에서 행정목적을 달성하기 위하여 필요한 경우에는 공법상 법률관계에 관한 계약을
체결할 수 있다고 규정한다.

2. 의약품조달계약의 법적 성질

A시와 丙회사 간의 의약품조달계약은 지방자치단체를 당사자로 하는 계약에 관한 법률에 따
라 대등한 당사자로서 의약품을 조달하고 이에 대한 비용을 지급하는 것을 내용을 하는 행
정상 계약, 특히 사법상 계약이라고 볼 수 있다(판례).

Ⅲ. 의약품조달계약의 해지의 법적 성격과 행정절차법상 사전통지 적용 여부

1. 의약품조달계약의 해지의 법적 성격(계약관계의 소멸인가? 처분인가?)

1) **계약의 해지와 처분의 분별** – (1) 행정상 계약은 대등한 당사자가 반대방향의 의사의 합
치에 의해서 법률관계를 발생·변경·소멸하는 법률행위인 데 반하여 (2) 처분은 행정청이
행하는 구체적 사실에 관한 권력적 단독행위로서의 공법행위를 의미한다.
2) 의약품조달계약의 해지는 조달계약의 부실한 이행에 따른 양당사자의 의사의 합치에 의해
작성된 행정상 계약에 근거한 행위이며, 이를 일방적 단독행위로서의 처분으로 보기 어렵다.

2. 행정절차법상 사전통지 및 의견청취

1) **행정절차법의 적용범위** – (1) 행정절차법은 처분, 신고, 행정상 입법예고, 행정예고 및
행정지도의 절차에 적용된다.

(2) 공법상 계약에 관해서는 행정절차법상 적용규정이 부재한다.

2) **사전통지 및 의견청취 절차** – (1) 행정절차법은 침익적 처분의 경우 사전에 당사자에게 통지를 하고 이에 대한 의견청취 절차를 정하고 있다.

(2) 침익적 처분의 경우 본 절차를 빠뜨리면 해당 처분은 위법하여 취소될 수 있다.

3. 의약품 조달계약의 해지시 사전통지 및 의견청취 절차 결여의 위법성

행정상 계약인 의약품 조달계약의 해지는 침익적 처분에 해당하지 않으므로 행정절차법상 사전통지 및 의견청취절차를 거칠 필요가 없으며, 따라서 해지통보는 위법하지 않다.

 공법상 계약 관련 판례

1 행정청이 자신과 상대방 사이의 법률관계를 일방적인 의사표시로 종료시켰다고 하더라도 곧바로 그 의사표시가 행정청으로서 공권력을 행사하여 행하는 행정처분이라고 단정할 수는 없고, 관계 법령이 상대방의 법률관계에 관하여 구체적으로 어떻게 규정하고 있는지에 따라 그 의사표시가 항고소송의 대상이 되는 행정처분에 해당하는 것인지 아니면 공법상 계약관계의 일방 당사자로서 대등한 지위에서 행하는 의사표시인지 여부를 개별적으로 판단하여야 한다(대판 2015.8.27. 2015두41449).

2 중소기업 정보화지원사업에 따른 지원금 출연을 위하여 중소기업청장이 체결하는 협약은 공법상 대등한 당사자 사이의 의사표시의 합치로 성립하는 공법상 계약에 해당하는 점, 구 중소기업 기술혁신 촉진법(2010. 3. 31. 법률 제10220호로 개정되기 전의 것) 제32조 제1항은 제10조가 정한 기술혁신사업과 제11조가 정한 산학협력 지원사업에 관하여 출연한 사업비의 환수에 적용될 수 있을 뿐 이와 근거 규정을 달리하는 중소기업 정보화지원사업에 관하여 출연한 지원금에 대하여는 적용될 수 없고 달리 지원금 환수에 관한 구체적인 법령상 근거가 없는 점 등을 종합하면, 협약의 해지 및 그에 따른 환수통보는 공법상 계약에 따라 행정청이 대등한 당사자의 지위에서 하는 의사표시로 보아야 하고, 이를 행정청이 우월한 지위에서 행하는 공권력의 행사로서 행정처분에 해당한다고 볼 수는 없다(대판 2015.8.27. 2015두41449).

【행정절차】

【사례18_2017 3차 변시모의_제2문(176면)】

25 **거부처분에 있어 사전통지 미이행 및 서류보완 미요구의 하자**

* 甲은 'B구청장이 불선정처분을 함에 있어 미리 사전통지를 하지 아니하였을 뿐만 아니라, 신청시 구비하여야 하는 서류가 미비되었음에도 불구하고 그에 대한 보완 요구를 하지 않은 채 불선정처분을 한 것은 위법하다'고 주장한다. 이러한 주장은 타당한가?

Ⅱ. 사전통지절차 결여와 불선정처분의 위법성

1. 행정절차법과 사전통지절차의 의의, 요건, 효과

1) 의의 – 행정절차법 제21조는 행정청은 당사자에게 의무를 부과하거나 권익을 제한하는 처분을 하는 경우에는 미리 처분의 제목, 당사자의 성명, 처분의 원인사실과 처분의 내용 및 법적 근거 등을 당사자 등에게 통지하도록 정하고 있다.

2) 사전통지절차는 불이익한 처분에 대하여 사전에 통지하고 그에 대하여 당사자에게 의견을 듣는 절차로서 당사자의 절차적 권리를 보장하는 것으로 처분의 절차적 적법요건에 해당한다.

3) 사전통지절차를 결한 경우 해당 처분은 위법하며, 이는 취소될 수 있다(하자 치유).

2. 거부처분에 있어 사전통지절차 필요 여부와 B구청장의 불선정처분의 위법 여부

1) ㈎ 學說은 (ⅰ) 거부처분은 신청에 대한 반려로 기존에 갖는 이익을 침해하는 즉 행정절차법 제21조의 권익을 제한하는 처분에 해당하지 않으므로 사전통지절차가 필요하지 않다는 부정설 (ⅱ) 거부처분은 처분을 예상하고 기대하는 잠재적 이익을 침해하는 것이므로 행정절차법상 불이익처분에 해당하고 사전통지가 필요하다는 긍정설이 있고 ㈏ 判例는 거부처분은 기존에 이익이 없었으므로 침해되는 불이익도 없고 따라서 사전통지절차는 불필요하다는 부정설에 입각한다. ㈐ (小結) 현실화된 불이익이 없으므로 부정설이 타당하다고 보인다.

2) 사안에서 B구청장의 불선정처분은 불이익처분이라 할 수 없으므로 행정절차법 제21조의 적용대상에 해당하지 않고 따라서 사전통지 절차를 결한다 하더라도 위법하다고 할 수 없다.

Ⅲ. 민원 처리에 관한 법률상 보완요구 결여와 불선정처분의 위법성

1. 민원 처리에 관한 법률(이하 '민원법')상 민원 및 보완요구의 의의, 효과

1) 민원법 제2조 제1호 가목 1)은 관계 법령에서 정한 일정요건에 따라 인가 등을 신청하거나 장부 등에 등록등재를 신청 또는 신고하거나 특정한 사실 또는 법률관계에 관한 확인 또는 증명을 신청하는 민원을 법정민원으로 정하고 있다.

2) ⑴ 민원법 제22조는 행정기관의 장이 접수한 민원문서의 보완이 필요한 경우에는 상당한 기간을 정하여 지체 없이 민원인에게 보완을 요구하여야 한다고 정하고 있다.
  ⑵ 접수한 민원문서의 보완이 필요한 경우에도 보완을 요구하지 않고 한 처분에 대해서는 해당 처분은 절차를 결여한 하자가 있는 처분으로 위법한 처분에 해당한다(判例).

2. B구청장의 보완요구 결여와 불선정처분의 위법 여부

사안에서 甲의 선정신청은 법정민원에 해당하고, 이에 대한 B구청장은 보완요구 결여 및 이후 불선정처분은 민원법 제22조를 위반한 바, 절차상 하자가 있는 처분으로 위법하다.

거부처분 사전통지 관련 판례

행정절차법 제21조 제1항은 행정청은 당사자에게 의무를 과하거나 권익을 제한하는 처분을 하는 경우에는 미리 처분의 제목, 당사자의 성명 또는 명칭과 주소, 처분하고자 하는 원인이 되는 사실과 처분의 내용 및 법적 근거, 그에 대하여 의견을 제출할 수 있다는 뜻과 의견을 제출하지 아니하는 경우의 처리방법, 의견제출기관의 명칭과 주소, 의견제출기한 등을 당사자 등에게 통지하도록 하고 있는바, 신청에 따른 처분이 이루어지지 아니한 경우에는 아직 당사자에게 권익이 부과되지 아니하였으므로 특별한 사정이 없는 한 신청에 대한 거부처분이라고 하더라도 직접 당사자의 권익을 제한하는 것은 아니어서 신청에 대한 거부처분을 여기에서 말하는 '당사자의 권익을 제한하는 처분'에 해당한다고 할 수 없는 것이어서 처분의 사전통지대상이 된다고 할 수 없다(대판 2003.11.28.\n2003두674).

 민원사무처리에 관한 법률상 보완요구 결여 이후, 거부처분 관련 판례

민원사무처리에관한법률 제4조 제2항, 같은 법 시행령(2002. 8. 21. 대통령령 제17719호로 개정되기 전의 것) 제15조 제1항, 제2항, 제16조 제1항에 의하면, 행정기관은 민원사항의 신청이 있는 때에는 다른 법령에 특별한 규정이 있는 경우를 제외하고는 그 접수를 보류하거나 거부할 수 없으며, 민원서류에 흠이 있는 경우에는 보완에 필요한 상당한 기간을 정하여 지체 없이 민원인에게 보완을 요구하고 그 기간 내에 민원서류를 보완하지 아니할 때에는 7일의 기간 내에 다시 보완을 요구할 수 있으며, 위 기간 내에 민원서류를 보완하지 아니한 때에 비로소 접수된 민원서류를 되돌려 보낼 수 있도록 규정되어 있는바, 위 규정 소정의 보완의 대상이 되는 흠은 보완이 가능한 경우이어야 함은 물론이고, 그 내용 또한 형식적·절차적인 요건이거나, 실질적인 요건에 관한 흠이 있는 경우라도 그것이 민원인의 단순한 착오나 일시적인 사정 등에 기한 경우 등이라야 한다. … 이 사건에서 소방서장이 건축부동의로 삼은 위와 같은 사유들은 그 내용에 비추어 볼 때 보완이 가능한 것으로서 피고로서는 원고에게 위와 같은 사유들에 대하여 보완요청을 한 다음 그 허가 여부를 판단함이 상당하고 그 보완을 요구하지도 않은 채 곧바로 이 사건 신청을 거부한 것은 재량권의 범위를 벗어난 것이어서 위법하다고 할 것이다(대판 2004.10.15.\n2003두6573).

★★

【사례1_2018 3차 변시모의_제2문(11면)】

26 거부처분의 행정절차법 적용여부? 거부처분에 대한 사전통지 필요여부?

* 甲은 A를 상대로 제1차 거부처분에 대한 취소소송을 제기하면서, "거부처분에 앞서 A가 행정절차법 상의 의견청취절차 관련 사항 등을 미리 알려주지 않았으므로 제1차 거부처분은 위법하다."고 주장한다. 이에 대해 A는 "이 처분에 대하여는 ① 행정절차법이 적용되지 않고, ② 설령 행정절차법이 적용된다고 하더라도 사전통지가 필요 없다."고 주장한다. A 의 주장은 타당한가?

II. 거부처분의 행정절차법 적용 여부 검토

1. 행정절차법의 적용대상과 의의

1) 행정절차법은 처분, 신고, 행정상 입법예고, 행정예고 및 행정지도에 관한 절차를 규정하고 있다(동법 제3조).

2) 다만, 다른 법률에 의해서 행정절차와 동일한 절차가 규율되어 있어 중복이 되는 경우는 행정절차법에서 적용을 제외하도록 하고 있다(제3조 제2항). 적용제외 사항으로 국회의 의결, 법원의 재판, 행정심판 등이 규정되어 있다.

3) 判例는 법률에 의해서 행정절차법의 적용제외가 되는 부분도 행정절차에 준하는 절차가 있는 경우, 성질상 행정절차를 거치기 곤란하거나 불필요하다고 인정되는 경우로 한정하여 해석함이 상당하다고 판시하여 제한적으로 해석하고 있다.

2. 본 사안 거부처분의 행정절차법 적용제외 여부

1) 동법 제2조 제2호는 처분을 '행정청이 행하는 구체적 사실에 관한 법 집행으로서의 공권력의 행사 또는 그 거부와 그 밖에 이에 준하는 행정작용'으로 정의하여 '처분의 거부' 역시 행정절차법의 적용대상으로 적시하고 있다.

2) 동법 제3조 제2항 제9호에서 외국인의 출입국 난민인정 귀화를 적용제외사항으로 규정하고 있으나, 동호 후단에 '행정절차에 준하는 절차를 거친 사항'일 것을 전제로 하는 바,

3) 사안과 참조조문에서 이를 확인하기 어려우므로,

4) 행정절차법의 적용제외사항으로 보기 어렵다.

III. 거부처분에 대한 행정절차법상 사전통지 규정 적용 여부

1. 행정절차법과 사전통지절차의 의의, 요건, 효과

1) 의의 – 행정절차법 제21조는 행정청은 당사자에게 의무를 부과하거나 권익을 제한하는 처분을 하는 경우에는 미리 처분의 제목, 당사자의 성명, 처분의 원인사실과 처분의 내용 및 법적 근거 등을 당사자 등에게 통지하도록 정하고 있다.

2) 사전통지절차는 불이익한 처분에 대하여 사전에 통지하고 그에 대하여 당사자에게 의견을 듣는 절차로서 당사자의 절차적 권리를 보장하는 처분의 절차적 적법요건에 해당한다.

3) 사전통지절차를 결한 경우 해당 처분은 위법하며, 이는 취소될 수 있다(하자 치유).

2. 사안에서 거부처분에 있어 사전통지절차 필요 여부

1) ㈎ 學說은 (i) 거부처분은 신청에 대한 반려로 기존에 갖는 이익을 침해하는 즉 권익을 제한하는 처분에 해당하지 않으므로 사전통지절차가 필요하지 않다는 부정설 (ii) 거부처분은 처분을 예상하는 잠재적 이익을 침해하는 것이므로 불이익처분에 해당하고 사전통지

가 필요하다는 긍정설이 있고 (나) 判例는 거부처분은 기존에 이익이 없었으므로 불이익도 없고 따라서 사전통지절차는 불필요하다는 부정설에 입각 (다) (小結) 현실화된 불이익이 없으므로 부정설이 타당하다고 보인다.

2) 사안에서 변경신청 거부처분은 불이익처분이라 할 수 없으므로 행정절차법 제21조의 적용대상에 해당하지 않고 따라서 사전통지 절차를 거칠 필요가 없다.

★★

【사례11_2015 3차 변시모의_제2문(110면)】

27 위반사실의 공표가 사전통지를 거치지 않은 경우 위법한가?

* 甲은 보건복지부장관이 위반사실공표를 하면서 「행정절차법」에 따른 처분의 사전통지절차를 거치지 않아 위법하다고 주장한다. 이 주장의 타당성에 대해 논하시오.

II. 행정절차법상 사전통지절차를 결한 경우 공표행위의 위법성 판단

1. 공표행위의 처분성과 행정절차법상 사전통지절차의 적용

1) (1) 본 사건에서 공표행위는 사인의 명예에 관한 권리를 제한하는 행정작용으로 법 제2조 제2호상 처분에 해당한다.

(2) 처분 절차에 관하여 다른 법률에 특별한 규정이 있는 경우를 제외하고는 법에 따르도록 정하고 있다(법 제3조 제1항).

(3) 공표행위는 사인의 권익을 제한하는 처분이므로 행정청은 법 제21조에 따라 처분의 제목 등에 관한 사항을 사전 통지하여야 한다.

2) 본 사건에서 보건복지부장관의 사전통지 없는 공표행위는 행정절차법상 처분 절차 중 사전통지절차를 위반한 것이다.

2. 행정절차상 하자의 독자적 위법성 검토

1) 행정절차는 최종적인 행정처분의 과정으로 절차의 하자가 최종 처분의 독사적 위법사유가 되는지가 문제된다. (가) 學說은 (i) 행정절차와 처분은 별개의 작용이므로 절차의 하자가 처분의 위법사유가 되지 않는다는 부정설 (ii) 처분이 기속행위인 경우에는 절차는 처분발령여부에 직접 영향을 미치지 않으므로 독자적 위법성을 인정할 수 없지만 재량인 경우에는 처분발령에 영향을 미치므로 처분의 위법사유가 된다는 견해 (iii) 행정절차도 절차적 공권으로 보장되므로 기속행위든 재량행위든 절차상 흠결이 있는 경우, 그 처분은 위법하게 된다는 견해 (나) 判例는 기속행위든 재량행위든 절차상 흠결이 있는 경우 그 처분의 독자적 위법사유가 된다고 인정한다. (다) 小結로 절차적 공권까지 개인적 공권을 확대하는 경향에서 기속·재량여부를 불문하고 절차상 하자도 독자적 위법성을 긍정하는 것이 타당하다.

2) 보건복지부장관의 사전통지 없는 공표행위는 행정절차법을 위반한 것이며, 절차상 하자는 최종처분의 독자적 위법사유가 되는 바, 공표행위는 위법하다고 할 것이다. 甲주장은 타당하다.

【사례11_2015 3차 변시모의_제2문(110면)】

★

28 위반사실의 공표에 대한 행정법적 권리구제방안은?

* 甲은 보건복지부장관이 위반사실공표를 결정할 때에는 그 위반행위의 동기, 정도, 횟수 및 결과 등을 고려하여야 함에도 이를 고려치 않아 위법하다고 주장한다. 이 경우 甲이 제기할 수 있는 행정법적 구제방법에 대해 논하시오.

Ⅲ. 甲이 제기할 수 있는 행정법적 구제방법 – 항고쟁송, 가구제, 결과제거청구, 국가배상

1. 공표행위의 취소 등 항고쟁송 가능성 및 집행정지의 신청

1) (1) 공표 행위는 권력적 사실행위로 처분에 해당하는 바, 재량의 하자가 있는 경우 이를 취소쟁송으로 다툴 수 있다(행소법 제4조·제27조, 행심법 제5조). (2) 공표행위는 공표행위를 취소한다하더라도 위법상태의 원상회복이 불가능하므로 원칙적으로 소의 이익이 없다고 판단할 수 있으나, (3) 원상회복이 불가능하더라도 취소를 통해서 얻을 수 있는 이익이 남아 있는 경우에는 소의 이익을 인정한다(判例). (4)따라서 이미 공표로 인해서 훼손된 명예에 대한 원상회복은 불가능하더라도 이후의 공표행위를 중단함으로써 더 이상 명예훼손 상황의 지속을 막을 수 있으므로 소의 이익도 인정된다고 봄이 타당하다.

2) 공표행위는 그 자체만으로 회복할 수 없는 손해를 야기하므로 취소쟁송과 더불어 행정소송법(제23조) 또는 행정심판법(제30조)상 집행정지신청을 통하여 잠정적으로 권리보호가 가능하다.

2. 결과제거청구소송(행정소송법 제3조 제2호 당사자소송)

3. 국가배상소송(국가배상법 제2조) – 위법성 인정에 있어 기판력

4. 관련청구 이송 및 병합(행정소송법 제10조) – 취소소송과 국가배상소송

 행정절차하자의 독자적 위법사유 관련 판례

1| 행정청이 구 학교보건법(2005. 12. 7. 법률 제7700호로 개정되기 전의 것) 소정의 학교환경위생정화구역 내에서 금지행위 및 시설의 해제 여부에 관한 행정처분을 함에 있어 학교환경위생정화위원회의 심의를 거치도록 한 취지는 그에 관한 전문가 내지 이해관계인의 의견과 주민의 의사를 행정청의 의사결정에 반영함으로써 공익에 가장 부합하는 민주적 의사를 도출하고 행정처분의 공정성과 투명성을 확보하려는 데 있고, 나아가 그 심의의 요구가 법률에 근거하고 있을 뿐 아니라 심의

에 따른 의결내용도 단순히 절차의 형식에 관련된 사항에 그치지 않고 금지행위 및 시설의 해제 여부에 관한 행정처분에 영향을 미칠 수 있는 사항에 관한 것임을 종합해 보면, 금지행위 및 시설의 해제 여부에 관한 행정처분을 하면서 절차상 위와 같은 심의를 누락한 흠이 있다면 그와 같은 흠을 가리켜 위 행정처분의 효력에 아무런 영향을 주지 않는다거나 경미한 정도에 불과하다고 볼 수는 없으므로, 특별한 사정이 없는 한 이는 행정처분을 위법하게 하는 취소사유가 된다(대판 2007.3.15. 2006두15806).

2️⃣ 행정절차에 관한 일반법인 행정절차법은 제21조 제1항에서 행정청이 당사자에게 의무를 과하거나 권익을 제한하는 처분을 하는 경우에는 처분의 내용과 법적 근거 및 이에 대하여 의견을 제출할 수 있다는 뜻과 그 밖에 필요한 사항을 당사자 등에게 통지하도록 규정하고 있고, 제22조 제3항에서 행정청이 위와 같은 처분을 할 때 청문을 실시하거나 공청회를 개최하는 경우 외에는 당사자 등에게 의견제출의 기회를 주도록 규정하고 있다. 위 규정들은 헌법상 적법절차원칙에 따라 불이익 처분을 하기 전에 당사자 등에게 적절한 통지를 하여 의견이나 자료를 제출할 기회를 주기 위한 것이다. 그럼에도 행정청이 침해적 행정처분을 하면서 당사자에게 위와 같은 사전통지를 하거나 의견제출의 기회를 주지 아니하였다면 이를 하지 아니하여도 되는 예외적인 경우에 해당하지 아니하는 한 그 처분은 위법하여 취소를 면할 수 없다(대판 2019.5.30. 2014두40258).

【사례13_2019 3차 변시모의_제2문(131면)】

★ 29 행정절차법상 처분의 이유제시

* B가 제시한 반려사유가 행정절차법상의 이유제시로 적법한가?

1. 처분의 이유제시의 개념, 근거

1) 근거, 개념, 의의, 효과

(1) 행정절차법 제23조 제1항은 '행정청은 처분을 할 때에는 당사자에게 그 근거와 이유를 제시하여야 한다.'고 정하고 있다. (2) 이유제시는 침익적 또는 수익적 처분에 모두 요구된다. (3) 이유제시는 법치국가에 있어 행정절차의 본질적 요청사항으로 이유를 제시받는 것은 절차적 공권에 해당한다. (4) 따라서 이유제시를 결여한 처분은 절차적 공권을 침해한 것으로 위법한 처분으로 취소소송의 대상이 된다(독자적 위법사유가 됨).

2) 요건 및 적부판단

(1) 이유제시에서 근거는 법상 사실상의 근거를 포함한다. (2) 이유제시는 처분사유를 이해할 정도로 구체적이어야 한다. (3) 이유제시가 결여된 처분의 경우 행정쟁송 제기전에 이유제시를 보완하여 하자의 치유를 인정한다. (4) 따라서 처분의 전체적인 과정을 통해 당사자가 그 근거를 알수 있을 정도로 이유가 제시된 경우에는 구체적으로 '명시'되지 않는 경우에도 위법하다고 볼 수 없다(判例).

2. 산업단지개발계획 변경 반려사유의 적법성

1) 본 사안에서 반려사유에는 이유와 근거가 명시되어 있지 않고, 처분의 결과만 명시되어 있다.

2) 더불어 처분의 전 과정을 통해서 甲이 그 근거를 알 수 있을 정도로 이유가 제시되었다고 보기도 어렵다.

3) B의 반려사유는 행정절차법 제23조 제1항의 이유제시로서 부적법하다.

 이유제시 적법성 판단 기준 관련 판례

<u>1</u> 행정청은 처분을 하는 때에는 원칙적으로 당사자에게 근거와 이유를 제시하여야 한다(행정절차법 제23조 제1항). 당사자가 신청하는 허가 등을 거부하는 처분을 하면서 당사자가 그 근거를 알 수 있을 정도로 이유를 제시한 경우에는 처분의 근거와 이유를 구체적으로 명시하지 않았더라도 그로 말미암아 그 처분이 위법하다고 볼 수는 없다. 이때 '이유를 제시한 경우'는 처분서에 기재된 내용과 관계 법령 및 당해 처분에 이르기까지의 전체적인 과정 등을 종합적으로 고려하여, 처분 당시 당사자가 어떠한 근거와 이유로 처분이 이루어진 것인지를 충분히 알 수 있어서 그에 불복하여 행정구제절차로 나아가는 데 별다른 지장이 없었다고 인정되는 경우를 뜻한다(대판 2017.8.29. 2016두44186).

<u>2</u> 행정절차법 제23조 제1항은 "행정청은 처분을 할 때에는 다음 각호의 어느 하나에 해당하는 경우를 제외하고는 당사자에게 그 근거와 이유를 제시하여야 한다."라고 정하고 있다. 이는 행정청의 자의적 결정을 배제하고 당사자로 하여금 행정구제절차에서 적절히 대처할 수 있도록 하는 데 그 취지가 있다. 따라서 처분서에 기재된 내용, 관계 법령과 해당 처분에 이르기까지 전체적인 과정 등을 종합적으로 고려하여, 처분 당시 당사자가 어떠한 근거와 이유로 처분이 이루어진 것인지를 충분히 알 수 있어서 그에 불복하여 행정구제절차로 나아가는 데 별다른 지장이 없었던 것으로 인정되는 경우에는 처분서에 처분의 근거와 이유가 구체적으로 명시되어 있지 않았더라도 이를 처분을 취소하여야 할 절차상 하자로 볼 수 없다(대판 2019.12.13. 2018두41907).

★

【사례12_2013 2차 변시모의_제2문(120면)】

30 청문절차를 결한 사용허가 취소의 적법성

* A시장의 甲에 대한 사용허가취소 적법한가? 〈건축법상 청문절차를 결여한 사용허가 취소 적법한가?〉

III. 청문절차 결여한 사용허가 취소의 적법성 – 절차하자의 독자적 위법성

1. 행정재산 사용허가취소와 청문의 절차(청문의 의의, 근거, 내용)

1) 행정재산 사용허가취소와 청문절차

　⑴ 공유재산법 제26조는 행정재산의 사용허가 취소가 청문을 필수적 절차로 규정하고 있다.

(2)즉 사용허가 취소에 있어서 청문권을 당사자의 절차적 공권으로 보장하고 있다.

2) 청문 의의, 근거

(1) 청문은 행정청이 어떠한 처분을 하기 전에 당사자의 의견을 직접 듣고 증거를 조사하는 절차이다(행정절차법 제2조 제5호).

(2) 행정절차법은 청문에 관한 일반 절차와 내용을 규율하고 있다.

2. 청문권 결여시 처분 위법여부(절차하자의 독자적 위법성 여부)

1) 절차적 하자의 독자적 위법여부

청문 절차 결여시 최종적 처분의 위법여부에 대하여 ㈎ 學說은 (i) 처분이 기속행위인 경우에는 절차는 처분발령여부에 직접 영향을 미치지 않으므로 독자적 위법성을 인정할 수 없지만 재량인 경우에는 처분발령에 영향을 미치므로 처분의 위법사유가 된다는 견해 (ii) 행정절차도 절차적 공권으로 보장되므로 기속행위든 재량행위든 절차상 흠결이 있는 경우, 그 처분은 위법하게 된다는 견해 ㈏ 判例는 독자적 위법성을 인정하고 있다. ㈐ 小結 절차적 공권까지 개인적 공권을 확대하는 경향에서 기속·재량 여부를 불문하고 절차상 하자도 독자적 위법성을 긍정하는 것이 타당하다.

2) 공유재산법상 청문절차 결여시 효과

설문에서 사용허가 취소는 공유재산법 제25조 제1항의 규율에 근거할 때 재량행위에 해당하는 바, 어떤 경우에도 청문을 결한 것은 독자적 위법사유가 된다고 하겠다.

3. 사안포섭

설문에서 (1) A시장이 사전통지 및 의견제출 절차를 거쳤다 하더라도 (2) 공유재산법 제26조에서 필수절차로 정하는 청문을 실시하지 않고 사용허가를 취소한 것은 (3) 절차적 공권을 침해한 것으로 절차상 하자가 인정되고 (4) 따라서 사용허가취소는 위법하다.

 청문절차 결여 관련 판례

행정청이 특히 침해적 행정처분을 할 때 그 처분의 근거 법령 등에서 청문을 실시하도록 규정하고 있다면, 행정절차법 등 관련 법령상 청문을 실시하지 않아도 되는 예외적인 경우에 해당하지 않는 한, 반드시 청문을 실시하여야 하며, 그러한 절차를 결여한 처분은 위법한 처분으로서 취소사유에 해당한다(대판 2017.4.7. 2016두63224).

【행정정보】

【사례9_2013 2차·3차 변시모의_제2-1문(82면)】

★
31 사립 대학교 총장은 정보를 공개하여야 하는가? (정보공개의무자, 정보공개대상정보)

* 노정년이 소송을 위한 자료로 사용하기 위하여 한국대학교 총장에게 자신에 대한 재임용 거부를 의결한 교원인사위원회의 회의록(여기에는 참석자 명단, 참석자별 발언내용이 기재되어 있음)에 대하여 정보공개청구를 한 경우, 한국대학교 총장은 이를 공개하여야 하는가?

II. 노정년의 정보공개청구권 여부, 한국대학교 공공기관 해당성, 비공개사유, 부분공개가능성

1. 정보공개청구권자, 정보공개대상 공공기관 및 사례포섭(본안 전 판단)

1) 의의, 개념, 요건

(1) 모든 국민은 정보의 공개를 청구할 권리를 가진다(정보공개법 제5조).

(2) 공개의무 공공기관은 국가기관, 지방자치단체, 공공기관, 각급 학교 등이 있다(정보공개법 제2조 제3호).

2) 사례 포섭

(1) 직접적인 법률상 이익이 부재하더라도 국민이기만 하면 원칙적으로 정보공개청구권을 갖는 바, 노정년은 정보공개청구권자가 된다.

(2) 한국대학교는 정보공개법 시행령 제2조 제1호의 각급학교에 해당하므로 공개의무기관이 된다.

2. 비공개사유 및 부분공개가능성 검토

1) 의의, 개념, 요건

(1) 정보공개법은 정보공개를 원칙으로 하나 비공개대상정보를 열거하고 있다(제9조).

(2) 비공개대상정보로는 개인정보로서 공개될 경우 사생활의 비밀과 자유를 침해할 우려가 있는 정보(법 제9조 제1항 제6호)를 정하고 있다.

(3) <부분공개> 공개 가능한 부분이 혼합되어 있는 경우로서 두 부분을 분리할 수 있는 경우에는 비공개사유에 해당하는 부분을 제외하고 공개하도록 하고 있다(제14조).

2) 사례포섭

정보공개가 원칙이나 교원인사위원회 회의록 중 참석자 발언내용은 개인에 관한 내용으로 사생활의 비밀과 자유를 침해할 우려가 있는 정보인 바, 참석자의 발언내용을 제외하고 회의록은 분리가능하므로 부분공개하도록 함이 타당하다.

정보공개청구권자 관련 판례

정보공개청구권은 법률상 보호되는 구체적인 권리이므로 청구인이 공공기관에 대하여 정보공개를 청구하였다가 거부처분을 받은 것 자체가 법률상 이익의 침해에 해당한다고 할 것이고, 거부처분을 받은 것 이외에 추가로 어떤 법률상 이익을 가질 것을 요구하는 것은 아니다(대판 2003. 12. 12. 2003두8050, 대판 2004. 9. 23. 2003두1370).

 정보공개 의무기관 관련 판례

정보공개 의무기관을 정하는 것은 입법자의 입법형성권에 속하고, 이에 따라 입법자는 구 공공기관의 정보공개에 관한 법률(2004. 1. 29. 법률 제7127호로 전문 개정되기 전의 것) 제2조 제3호에서 정보공개 의무기관을 공공기관으로 정하였는바, 공공기관은 국가기관에 한정되는 것이 아니라 지방자치단체, 정부투자기관, 그 밖에 공동체 전체의 이익에 중요한 역할이나 기능을 수행하는 기관도 포함되는 것으로 해석되고, 여기에 정보공개의 목적, 교육의 공공성 및 공·사립학교의 동질성, 사립대학교에 대한 국가의 재정지원 및 보조 등 여러 사정을 고려해 보면, 사립대학교에 대한 국비 지원이 한정적·일시적·국부적이라는 점을 고려하더라도, 같은 법 시행령(2004. 3. 17. 대통령령 제18312호로 개정되기 전의 것) 제2조 제1호가 정보공개의무를 지는 공공기관의 하나로 사립대학교를 들고 있는 것이 모법인 구 공공기관의 정보공개에 관한 법률의 위임 범위를 벗어났다거나 사립대학교가 국비의 지원을 받는 범위 내에서만 공공기관의 성격을 가진다고 볼 수 없다(대판 2006. 8. 24. 2004두2783).

 부분공개 관련 판례

법원이 행정기관의 정보공개거부처분의 위법 여부를 심리한 결과 공개를 거부한 정보에 비공개사유에 해당하는 부분과 그렇지 않은 부분이 혼합되어 있고, 공개청구의 취지에 어긋나지 않는 범위 안에서 두 부분을 분리할 수 있음을 인정할 수 있을 때에는 공개가 가능한 정보에 국한하여 일부취소를 명할 수 있다. 이러한 정보의 부분 공개가 허용되는 경우란 그 정보의 공개방법 및 절차에 비추어 당해 정보에서 비공개대상정보에 관련된 기술 등을 제외 혹은 삭제하고 나머지 정보만을 공개하는 것이 가능하고 나머지 부분의 정보만으로도 공개의 가치가 있는 경우를 의미한다(대판 2009. 12. 10. 2009두12785).

【행정의 실효성 확보】

【사례12_2013 2차 변시모의_제2문(120면)】

★★
32 대집행 계고는 적법한가? <대집행의 실체적 요건, 절차적 요건 검토>

* 대집행 계고와 관련하여, A시장의 甲에 대한 대집행 계고는 적법한가?

II. 대집행 계고의 적법성 판단

1. 대집행의 의의, 근거, 적법요건

1) 의의, 근거

(1) 대집행이란 대체적 작위의무의 불이행이 있는 경우 당해 행정청이 불이행된 의무를 스스로 행하거나 제3자로 하여금 이행하게 하고, 그 비용을 의무자로부터 징수하는 것을 말한다(행정대집행법 제2조).

2) 대집행의 적법요건

(1) 대집행은 (ㄱ) 법률에서 직접 또는 법률에 의거한 행정청의 명령을 의무자가 이행하지 않는 경우 (ㄴ) 그 의무가 대체적 작위의무에 해당하고, (ㄷ) 다른 수단으로써 그 이행을 확보하기 곤란하며 (ㄹ) 그 불이행을 방치함이 심히 공익을 해할 것으로 인정될 때, 발령될 수 있다.

3) 대집행의 절차

(1) 대집행은 단계적 행정작용으로 (ㄱ) 대집행은 계고, (ㄴ) 대집행영장에 의한 통지, (ㄷ) 대집행의 실행, (ㄹ) 비용징수의 과정으로 이루어진다.

(2) 대집행은 실체적 적법요건 구비된 이후에, 각 단계별 절차적 적법요건도 완비되어야 전체로서 적법한 행정작용이 된다.

2. 대집행의 절차와 계고의 의의, 적법요건

1) 대집행 계고의 의의

(1) 계고는 상당한 이행기간 내에 의무를 이행하지 아니할 때 대집행을 한다는 뜻을 미리 문서로 알리는 행위이다.

(2) 상대방에게 의무이행을 독촉하는 동시에, 대집행에 대한 예측가능성을 부여한다.

(3) 대집행 계고는 준법률행위적 행정행위로서 통지에 해당한다.

2) 대집행 계고 요건

(ㄱ) 대집행의 요건이 충족된 경우에, (ㄴ) 의무의 내용을 구체적으로 특정하여, (ㄷ) 문서로써, (ㄹ) 상당한 이행기간을 정해서 하여야 한다(동법 제3조 제1항).

3. 사안의 해결 – 대집행 계고가 적법한가?

1) 퇴거의무가 대집행의 대상이 되는가?

(1) 사안에서 퇴거의무가 대체적 작위의무인지 문제된다.

(2) 甲이 사용허가취소로 인하여 시설물로부터 퇴거하는 의무는 매점에 대한 점유자의 점유를 배제하고 점유이전을 해야 하는 것으로 비대체적 작위의무에 해당한다.

(3) 행정대집행법에 의한 대집행의 대상이 되지 않는다.

(4) 判例도 토지나 건물의 인도의무, 퇴거의무, 부작위의무에 대해서는 대집행의 대상이

되지 않는다고 판시한 바 있다.

(5) 따라서 퇴거의무 이행을 위한 대집행 계고는 대집행의 대상적격을 구비하지 못하여 부적법한 것이다.

2) 행정청의 시정명령 없는 계고가 적법한가?

(1) 행정대집행법상 대집행의 대상이 되는 의무는 행정청이 법률에 근거한 처분(시정명령)으로 부과되는 의무에 한정하지 않고 있다. 즉 개별 법률에서 직접 의무를 부과하는 경우에도 그 의무를 이행하지 않고 있다면 대집행의 대상이 된다(행정대집행법 제2조).

(2) 사안에서 내부시설 및 상품을 반출하고 건축물의 변경된 부분을 철거하라는 원상대로의 반환의무는 공유재산 및 물품 관리법 제20조 제5항에 의해서 직접 부과되었다.

(3) 따라서 내부시설 및 상품 반출 및 변경된 부분의 철거에 대한 별도의 명령이 없더라도 공유재산 및 물품 관리법에 근거하여 직접 반출 및 철거의 의무가 이미 존재하고 있으며, 이를 불이행하고 있는 상황이므로 대집행의 전제 상황 및 요건을 갖추고 있다고 할 것이다.

3) 보충성 및 공익성 갖추고 있는가?

(1) 이미 이행강제금을 부과한 점은 보충성요건을 충족했다고 보여지고,

(2) 대상시설물이 행정재산인 점을 감안할 때 불이행을 방치할 경우 공익을 현저히 해함도 인정된다.

4) 계고장 - 의무내용 특정, 문서, 상당한 이행기한 확보하고 있는가?

의무내용이 특정되어 있고, 문서요건도 갖추고 있으며 의무의 성질 내용 등을 고려하여 사회통념상 해당의무 이행 필요기간을 확보했다고 보여진다(법 제3조).

⚖️ 퇴거의무 · 점유이전의무가 대집행의 대상이 되는 의무인가? 관련 판례

도시공원시설인 매점의 관리청이 그 공동점유자 중의 1인에 대하여 소정의 기간 내에 위 매점으로부터 퇴거하고 이에 부수히여 그 판매 시설물 및 상품을 반출하지 아니할 때에는 이를 대집행하겠다는 내용의 계고처분은 그 주된 목적이 매점의 원형을 보존하기 위하여 점유자가 설치한 불법 시설물을 철거하고자 하는 것이 아니라, 매점에 대한 점유자의 점유를 배제하고 그 점유이전을 받는 데 있다고 할 것인데, 이러한 의무는 그것을 강제적으로 실현함에 있어 직접적인 실력행사가 필요한 것이지 대체적 작위의무에 해당하는 것은 아니어서 직접강제의 방법에 의하는 것은 별론으로 하고 행정대집행법에 의한 대집행의 대상이 되는 것은 아니다(대판 1998.10.23. 97누157).

⚖️ 대집행 계고에 있어서 상당한 이행기한의 확보 관련 판례

1. 행정대집행법 제3조 제1항은 행정청이 의무자에게 대집행영장으로써 대집행할 시기 등을 통지하기 위하여는 그 전제로서 대집행계고처분을 함에 있어서 의무이행을 할 수 있는 상당한 기간을 부여할 것을 요구하고 있으므로, 행정청인 피고가 의무이행기한이 1988.5.24.까지로 된 이 사건 대

집행계고서를 5.19. 원고에게 발송하여 원고가 그 이행종기인 5.24. 이를 수령하였다면, 설사 피고가 대집행영장으로써 대집행의 시기를 1988.5.27 15:00로 늦추었더라도 위 대집행계고처분은 상당한 이행기한을 정하여 한 것이 아니어서 대집행의 적법절차에 위배한 것으로 위법한 처분이라고 할 것이다(대판 1990.9.14. 90누2048).

2 계고서라는 명칭의 1장의 문서로서 일정기간 내에 위법건축물의 자진철거를 명함과 동시에 그 소정기한 내에 자진철거를 하지 아니할 때에는 대집행할 뜻을 미리 계고한 경우라도 건축법에 의한 철거명령과 행정대집행법에 의한 계고처분은 독립하여 있는 것으로서 각 그 요건이 충족되었다고 볼 것이다. ⋯ 철거명령에서 주어진 일정기간이 자진철거에 필요한 상당한 기간이라면 그 기간 속에는 계고시에 필요한 '상당한 이행기간'도 포함되어 있다고 보아야 할 것이다(대판 1992.4.12. 91누13564).

【사례13_2019 3차 변시모의_제1문(130면)】

★
33 대집행의 대상 (대체적 작위의무)

* 甲이 위 시정조치명령에도 불구하고 금지된 행위를 중단하지 아니하고 동 처분에 따른 법위반 사실 공표를 이행하고 있지 않다면, 공정거래위원회는 행정대집행법을 적용하여 대집행을 할 수 있는지 여부를 검토하시오.

II. 금지된 행위의 중단과 법 위반 사실의 공표가 대집행의 대상이 되는지에 대한 검토

1. 행정대집행의 의의, 근거, 요건

1) 대집행의 의의, 개념

대집행이란 타인이 대신하여 행할 수 있는 의무의 불이행이 있는 경우 행정청이 불이행된 의무를 스스로 행하거나 제3자로 하여금 이행하게 하고 그 비용을 의무자로부터 징수하는 것을 말한다(행정대집행법 제2조).

2) 대집행의 실체적 적법요건

대집행이 이뤄지려면 (1) 법률이나 명령에 따른 의무의 불이행이 있을 것, (2) 대체적 작위의무의 불이행일 것, (3) 다른 수단으로 의무이행확보가 곤란할 것(보충성), (4) 현재 불이행을 방치함으로 심히 공익을 해할 것을 요한다.

3) 대체적 작위의무

특히 대집행의 대상에 대하여는 '대체적 작위의무'를 요하고 있으므로 判例는 토지나 건물의 인도의무(비대체적이므로), 부작위의무(작위의무로 전환규범 있는 경우에는 가능)는 대집행이 불가능하다고 판시하고 있다.

2. 금지행위 중단의무 및 법 위반 사실 공표의무의 불이행에 대한 대집행 가능성 검토(소극)

1) 공정거래위원회가 甲에게 부과한 구성사업자의 사업내용 또는 활동을 부당하게 제한하는 행위를 중단할 것을 명하는 시정명령과 이에 따른 중단의무는 부작위의무이므로 대집행

의 대상이 되지 못한다.

2) 더불어 법 위반 사실을 공표할 것을 명하는 시정명령과 이에 따른 공표의무는 성질상 행정청이나 행정청이 위탁한 제3자가 대신 할 수 없는 의무(비대체적 의무)이므로 역시 대집행의 대상이 될 수 없다고 할 것이다.

3) 따라서 행정청이 명한 의무를 불이행한 상황이고 이에 대한 여타 적법요건을 갖췄다 하더라고 대체적 작위의무에 해당하지 않으므로 공정거래위원회는 대집행을 할 수 없다고 할 것이다.

 부작위의무 위반을 이유로 그 위반상태 제거를 위한 대집행 가능한가? 관련 판례

주택건설촉진법 제38조 제2항은 공동주택 및 부대시설·복리시설의 소유자·입주자·사용자 등은 부대시설 등에 대하여 도지사의 허가를 받지 않고 사업계획에 따른 용도 이외의 용도에 사용하는 행위 등을 금지하고(정부조직법 제5조 제1항, 행정권한의위임및위탁에관한규정 제4조에 따른 인천광역시 사무위임규칙에 의하여 위 허가권이 구청장에게 재위임되었다), 그 위반행위에 대하여 위 주택건설촉진법 제52조의2 제1호에서 1천만 원 이하의 벌금에 처하도록 하는 벌칙규정만을 두고 있을 뿐, 건축법 제69조 등과 같은 부작위의무 위반행위에 대하여 대체적 작위의무로 전환하는 규정을 두고 있지 아니하므로 위 금지규정으로부터 그 위반결과의 시정을 명하는 원상복구명령을 할 수 있는 권한이 도출되는 것은 아니다. 결국 행정청의 원고에 대한 원상복구명령은 권한 없는 자의 처분으로 무효라고 할 것이고, 위 원상복구명령이 당연무효인 이상 후행처분인 계고처분의 효력에 당연히 영향을 미쳐 그 계고처분 역시 무효로 된다(대판 1996.6.28. 96누4374).

【사례22_2016 사법시험_제1문(218면)】

★

34 행정상 강제집행이 가능한가? (대집행, 기타강제는 법률유보판단)

* 甲이 건물 철거 및 토지 반환 명령에 따른 의무를 이행하지 않는 경우 이에 대한 행정상 강제집행이 가능한가?

II. 행정대집행의 의의, 요건과 토지반환명령에 대한 대집행 가능성 여부

1. 대집행의 의의 및 요건

1) 대집행이란 타인이 대신하여 행할 수 있는 의무의 불이행이 있는 경우 행정청이 불이행된 의무를 스스로 행하거나 제3자로 하여금 이행하게 하고 그 비용을 의무자로부터 징수하는 것을 말한다(행정대집행법 제2조).

2) 대집행이 이뤄지려면 (1) 법률이나 명령에 따른 의무의 불이행이 있을 것, (2) 대체적 작위의무의 불이행일 것, (3) 다른 수단으로 의무이행확보가 곤란할 것(보충성), (4) 현재 불이행을 방치함으로 심히 공익을 해할 것을 요한다.

3) 특히 대집행의 대상에 대하여는 '대체적 작위의무'를 요하고 있으므로 判例는 토지나 건물의 인도의무(비대체적이므로), 부작위의무(작위의무로 전환규범 있는 경우에는 가능)는 대집행이 불가능하다고 판시하고 있다.

2. 건물 철거 및 토지 반환 명령에 대한 대집행 가능성 검토

1) 시장이 법에 근거하여 건물 철거 및 토지반환을 명령하였음에도 甲이 이를 이행하지 않았으므로 ⑴공법상 의무의 불이행이 존재한다. 다만, 건물철거의무는 대체적 작위의무이지만, ⑵토지의 반환의무는 비대체적 의무에 해당한다. ⑶사안에서 다른 수단은 없어 보이는 바, 보충성을 갖추었으며, ⑷공유재산의 엄격한 관리가 필요한 만큼, 현 상태 방치는 공익을 현저히 해하는 것으로 판단된다 할 것이다.

2) 건물 철거의무에 대해서는 대집행이 가능하나, 토지 반환의무는 비대체적 의무인 바, 대집행은 불가능하다 할 것이다.

 수용대상 토지의 인도의무에 대한 대집행 가능한가? 관련 판례

피수용자 등이 기업자에 대하여 부담하는 수용대상 토지의 인도의무에 관한 구 토지수용법(2002. 2. 4. 법률 제6656호 공익사업을 위한 토지 등의 취득 및 보상에 관한 법률 부칙 제2조로 폐지) 제63조, 제64조, 제77조 규정에서의 '인도'에는 명도도 포함되는 것으로 보아야 하고, 이러한 명도의무는 그것을 강제적으로 실현하면서 직접적인 실력행사가 필요한 것이지 대체적 작위의무라고 볼 수 없으므로 특별한 사정이 없는 한 행정대집행법에 의한 대집행의 대상이 될 수 있는 것이 아니다(대판 2005.8.19. 2004다2809).

【사례12_2013 2차 변시모의_제2문(120면)】

★
 35 철거의무 집행을 위해 이행강제금을 부과한 것이 적법한가?
(이행강제금 부과 대상인가? 대집행으로 해야 하는가?)

 A시장이 甲의 이 사건 건축물의 변경된 부분에 대한 철거의무를 이행시키기 위하여 행정대집행의 방법에 의하지 않고 이행강제금을 부과한 것은 적법한가?

II. 이행강제금 부과의 적법성

1. 이행강제금의 근거, 의의, 부과요건

1) 의의, 근거

⑴이행강제금은 작위의무, 부작위의무, 수인의무 불이행 시 일정액수의 금전이 부과될 것임을 의무자에게 미리 계고함으로써 의무이행을 확보를 도모하는 강제수단이다.

⑵이행강제금은 침익적 작용으로 엄격한 법률유보가 적용된다. 현재 일반법은 부재하며, 개별 법률의 규정에 근거하여 부과된다.

(3) 따라서 부과요건은 개별 법률의 규정에 따른다.

2) 부과요건

(1) 설문에서 건축법 제80조에 근거하여 이행강제금이 부과되는 바, 그 요건으로 '(ㄱ) 공사 중지, 철거등 시정명령을 받을 것 (ㄴ) 시정기간 내에 시정명령을 불이행할 것 (ㄷ) 최초 시정명령에 대하여 이행기한을 정하여 시정명령을 이행하지 아니하면 이행강제금을 부과함을 계고할 것 (ㄹ) 이행기간 내에 시정명령을 불이행 할 것'이 있다.

2. 행정대집행의 방법으로 의하지 않은 것의 위법성

1) 행정대집행의 의의, 근거, 요건

(1) 행정대집행(이하 '대집행')은 대체적 작위의무의 불이행이 있는 경우 당해 행정청이 불이행된 의무를 스스로 행하거나 제3자로 하여금 이행하게 하고, 그 비용을 의무자로부터 징수하는 것을 말한다(행정대집행법 제2조).

(2) 행정대집행법이 일반법이다. 따라서 행정대집행법상 요건이 충족되면 대집행이 가능하다.

2) 대집행과 이행강제금과의 관계(보충성?)

(1) 대체적 작위의무에 대한 이행강제금 가능여부에 대하여 ㈎學說은 (i) 대체적 작위의무에 대해서는 이행강제금 부정설 (대집행만 가능), (ii) 대체적 작위의무에 대해서 이행강제금 긍정설 (대집행도 선택가능), ㈏判例는 선택긍정설 ㈐小結로 대집행은 행정대집행법에 따라 이뤄지고, 이행강제금은 개별법에 따라 별개로 이뤄지는 실효성확보수단으로, 각각 법률상 요건이 충족되면 별개로 발령될 수 있다 봄이 타당하다(긍정설).

3) 사안의 포섭

(1) 설문에서 '甲의 철거의무'는 건축법상 이행강제금의 부과요건을 충족.

(2) 대집행도 가능하나 건축법상 대집행 여부가 이행강제금의 부과요건으로 규정된 바 없어 대집행과는 무관하다.

(3) 따라서 대집행에 의하지 않고 이행강제금 부과한 것은 적법(判例)

 이행강제금 법적 성격 관련 판례

구 건축법상 이행강제금은 시정명령의 불이행이라는 과거의 위반행위에 대한 제재가 아니라, 시정명령을 이행하지 않고 있는 건축주 등에 대하여 다시 상당한 이행기한을 부여하고 그 기한 안에 시정명령을 이행하지 않으면 이행강제금이 부과된다는 사실을 고지함으로써 의무자에게 심리적 압박을 주어 시정명령에 따른 의무의 이행을 간접적으로 강제하는 행정상의 간접강제 수단에 해당한다 $\left(\begin{smallmatrix} 대판 2016.7.14, \\ 2015두46598 \end{smallmatrix}\right)$.

 이행강제금 부과 대상의무 관련 판례

전통적으로 행정대집행은 대체적 작위의무에 대한 강제집행수단으로, 이행강제금은 부작위의무나 비대체적 작위의무에 대한 강제집행수단으로 이해되어 왔으나, 이는 이행강제금제도의 본질에서 오는 제약은 아니며, 이행강제금은 대체적 작위의무의 위반에 대하여도 부과될 수 있다(헌재 2004.2.26. 2001헌바80 등; 2002헌바26(병합)).

★★
【사례12_2013 2차 변시모의_제2문(120면)】

36 시정명령과 이행강제금 부과계고를 같이 한 것은 적법한가? (이행강제금 부과에 있어 절차적 적법요건 갖추고 있는가?)

* A시장이 하나의 문서에서 시정명령과 이행강제금 부과계고를 같이 한 것은 적법한가?

3. 하나의 문서로 시정명령 및 이행강제금 계고의 동시발령 적법성 판단

1) 시정명령과 계고의 관계 근거, 내용

(1) 설문상 건축법 제80조는 '시정명령은 일정한 시정기간을 두고 그 기간 내에 이행하도록 정하고, (2) 계고는 앞선 시정명령이 이행 기한 내에 이뤄지지 않았을 때, 다시 한 번 이행에 필요한 상당한 기한을 정하여 이행할 것을 촉구하고, 그 촉구기한 내에 불이행할 경우 이행강제금을 부과함을 문서로 알리는 것으로 정하고 있다. (3) 즉 시간상 시정명령-이행기한-계고-촉구기한-이행강제금의 순서로 이뤄진다.

2) 사안의 포섭

(1) 본 사안에서는 시정명령에서 주어진 기간이 매우 짧아 시정명령과 계고를 동시에 하는 것은 시정명령의 이행기한에 대한 이익을 제공하지 않은 것으로 (2) 건축법 제80조의 중요한 부분을 위반한 것이며 부적법함. 判例는 이 경우 중대명백한 하자로 무효로 판단.

 이행강제금 부과시 이행기한 부여치 않은(짧게 부여한) 계고의 효력(무효) 관련 판례

비록 건축주 등이 장기간 시정명령을 이행하지 아니하였더라도, 그 기간 중에는 시정명령의 이행 기회가 제공되지 아니하였다가 뒤늦게 시정명령의 이행 기회가 제공된 경우라면, 시정명령의 이행 기회 제공을 전제로 한 1회분의 이행강제금만을 부과할 수 있고, 시정명령의 이행 기회가 제공되지 아니한 과거의 기간에 대한 이행강제금까지 한꺼번에 부과할 수는 없다. 그리고 이를 위반하여 이루어진 이행강제금 부과처분은 과거의 위반행위에 대한 제재가 아니라 행정상의 간접강제 수단이라는 이행강제금의 본질에 반하여 구 건축법 제80조 제1항, 제4항 등 법규의 중요한 부분을 위반한 것으로서, 그러한 하자는 중대할 뿐만 아니라 객관적으로도 명백하다(대판 2016.7.14. 2015두46598).

★

37 압류의 하자에 대한 권리구제 수단

* 甲이 Y세무서장의 압류에 대하여 하자가 있음을 주장하면서 권리구제를 받으려면 어떠한 행정소송을 제기할 수 있겠는가?

II. 헌법재판소 결정의 효력, 체납처분의 효력(하자의 정도)과 행정소송의 유형

1. 헌법재판소 위헌결정의 효력 – 기속력(처분의 집행에 까지 미치는가?)

1) ⑴헌법재판소법 제47조 제1항은 법률의 위헌결정은 법원과 그 밖의 국가기관 및 지방자치단체를 기속한다고 규정하여 기속력을 규정하고 있다.

⑵기속력으로 위헌으로 결정된 법률에 근거한 처분과 판결은 할 수 없으며, 만약 이에 위반하여 처분이나 판결을 하는 경우 그 처분이나 판결은 기속력 위반으로 당연무효가 된다.

⑶나아가 기속력은 처분이 있은 이후, 당해 처분의 근거가 되는 법률의 위헌으로 결정된 경우에, 그 처분의 효력을 유지하기 위한 집행력 확보 수단인 후속 처분(독촉, 압류 등)도 위헌결정의 기속력에 결국 배치되는 것이므로 당연무효가 된다는 것까지 포함한다(判例).

2) ⑴위헌법률에 근거한 처분의 집행에 기속력이 미쳐 무효가 된다는 것에 대하여 ㈎學說은 (i) 위법성의 승계, 위헌적 법적용의 집행배제로 처분의 집행은 당연무효가 된다는 주장(무효설) (ii) 위헌법률에 근거한 처분이지만 불가쟁력이 발생하여 유효한 것으로 확정된 이상 이후의 집행(독촉, 압류)은 유효한 처분의 실효성을 확보하는 것으로 유효하다는 주장(유효설)이 있고, ㈏判例는 기속력이 미쳐 무효가 된다는 입장이며, ㈐小結로 헌법재판소법 제47조 제1항의 위헌결정의 기속력 즉 결정준수의무를 위반한 것이므로 그 처분의 집행은 무효가 됨이 타당하다고 본다.

2. 압류의 하자 – 기속력 위반으로 무효인 하자

압류는 헌법재판소 위헌결정의 기속력 즉 결정준수의무를 위반한 것으로 중대명백한 하자인 바, 무효라 봄이 타당하다.

3. 행정소송의 유형

(1) 압류는 처분이고, 무효이므로 행정소송법 제4조 제2호의 무효확인소송을 제기할 수 있을 것, (2) 소송요건 – 제소기간의 제한이 없고, 행정심판전치, 즉시확정의 이익(확인의 이익)도 불필요하며, 원피고적격도 충족, 관할법원에 무효확인소송을 제기

 위헌법률에 근거한 처분의 집행력 관련 판례

구 헌법재판소법(2011. 4. 5. 법률 제10546호로 개정되기 전의 것, 이하 '구 헌법재판소법'이라고 한다) 제47조 제1항은 "법률의 위헌결정은 법원 기타 국가기관 및 지방자치단체를 기속한다."고 규정하고 있는데, 이러한 위헌결정의 기속력과 헌법을 최고규범으로 하는 법질서의 체계적 요청에 비추어 국가기관 및 지방자치단체는 위헌으로 선언된 법률규정에 근거하여 새로운 행정처분을 할 수 없음은

물론이고, 위헌결정 전에 이미 형성된 법률관계에 기한 후속처분이라도 그것이 새로운 위헌적 법률관계를 생성·확대하는 경우라면 이를 허용할 수 없다고 봄이 타당하다. 따라서 조세 부과의 근거가 되었던 법률규정이 위헌으로 선언된 경우, 비록 그에 기한 과세처분이 위헌결정 전에 이루어졌고, 그 과세처분에 대한 제소기간이 이미 경과하여 조세채권이 확정되었으며, 그 조세채권의 집행을 위한 체납처분의 근거규정 자체에 대하여는 따로 위헌결정이 내려진 바 없다고 하더라도, 위와 같은 위헌결정 이후에 조세채권의 집행을 위한 새로운 체납처분에 착수하거나 이를 속행하는 것은 더 이상 허용되지 않고, 나아가 이러한 위헌결정의 효력에 위배하여 이루어진 체납처분은 그 사유만으로 하자가 중대하고 객관적으로 명백하여 당연무효라고 보아야 한다(대판 2012.2.16. 2010두10907 전원합의체).

★★ 【사례6_2018 변시_제2문(54면), 사례11_2015 3차 변시모의_제2문(110면)】

38 위법한 조사에 근거한 처분의 효력(위법한 세무조사에 근거한 과세처분의 효력)

* 헌법재판소는 재조사의 법적 근거인 국세기본법 제81조의4 제2항 제1호가 '조세탈루의 혐의가 인정되거나 의심되는 자료가 있는 경우'라고만 규정한 동 조항에 대하여 위헌결정을 하였다. 위 재조사에 근거하여 발령된 甲에 대한 2017. 1. 10.자 조세부과처분은 적법한가? (단, 하자승계 논의는 제외함)

II. 위법한 재조사에 근거한 과세처분의 위법 여부와 그 효력

1. 위법한 재조사에 근거한 과세처분의 위법 여부

1) ⑴ 행정조사는 통상 필요한 정보나 자료수집을 위한 준비작용으로 조사 그 자체를 목적으로 하는 권력적 사실행위이다.

⑵ 다만 행정조사 이후에 이에 기인하여 행정결정이 이뤄진 경우에는 행정조사가 위법하게 이뤄졌다면 그 하자가 최종적인 행정결정의 절차상 하자에 해당하므로 최종적인 행정결정 역시 위법하게 되어야 하는 것이 아닌가가 문제된다.

⑶ ㈎ 學說은 (i) 부정설 – 행정조사와 이후 행정결정(처분)은 별개의 작용이므로 영향을 받지 않는다는 견해, (ii) 긍정설 – 행정조사와 최종적인 행정결정은 하나의 과정이므로 행정조사에 중대한 하자가 있다면 그에 기초한 행정결정도 위법하다는 견해, (iii) 절충설 – 행정조사가 행정결정의 필수절차로 규정되어 있는 경우에는 조사의 하자는 행정결정의 하자가 된다는 견해가 있다. ㈏ 判例는 위법한 (중복세무)조사에 기초하여 이뤄진 (과세)처분은 위법하다고 판시하고 있다. ㈐ 小結로 행정조사가 최종적인 행정결정과 하나의 과정으로 이뤄진 경우에는 행정조사의 위법은 최종처분의 위법으로 귀결된다고 봄이 타당하다.

2) 이 사건에서 재조사는 (과세)처분에 이르는 중요한 과정에 해당하므로 위법한 재조사에 기한 (증액경정부과)처분은 위법하다고 할 것이다.

2. 위법한 재조사에 기한 (증액경정부과)처분의 효력 <하자의 정도(무효인가 취소인가)>

1) 하자론에 대하여 ㈎ 學說은 (i) 중대설 (ii) 조사의무설 (iii) 중대명백설 (iv) 명백성보충요건설 ㈏ 判例는 중대명백설을 취한다. ㈐ (小結) 사인의 권리구제의 중요성과 더불어 법적안정성도 중시하여야 하므로 중대명백설이 타당하다.

2) 본 건에서 (과세)처분 당시에는 재조사의 위법이 명백하다고 볼 수 없는 바, 명백성이 결여되어 (증액경정부과)처분은 취소정도의 하자에 있다고 보는 것이 타당하다.

 세무조사결정의 처분성 관련 판례

부과처분을 위한 **과세관청의 질문조사권이 행해지는 세무조사결정이 있는 경우 납세의무자는 세무공무원의 과세자료 수집을 위한 질문에 대답하고 검사를 수인하여야 할 법적 의무를 부담하게 되는 점**, 세무조사는 기본적으로 적정하고 공평한 과세의 실현을 위하여 필요한 최소한의 범위 안에서 행하여져야 하고, 더욱이 동일한 세목 및 과세기간에 대한 재조사는 납세자의 영업의 자유 등 권익을 심각하게 침해할 뿐만 아니라 과세관청에 의한 자의적인 세무조사의 위험마저 있으므로 조세공평의 원칙에 현저히 반하는 예외적인 경우를 제외하고는 금지될 필요가 있는 점, 납세의무자로 하여금 개개의 과태료 처분에 대하여 불복하거나 조사 종료 후의 과세처분에 대하여만 다툴 수 있도록 하는 것보다는 그에 앞서 세무조사결정에 대하여 다툼으로써 분쟁을 조기에 근본적으로 해결할 수 있는 점 등을 종합하면, **세무조사결정은 납세의무자의 권리·의무에 직접 영향을 미치는 공권력의 행사에 따른 행정작용으로서 항고소송의 대상이 된다**(대판 2011.3.10. 2009두23617·23624(병합)).

 위법한 조사에 근거한 처분의 효력

국세기본법은 제81조의4 제1항에서 "세무공무원은 적정하고 공평한 과세를 실현하기 위하여 필요한 최소한의 범위에서 세무조사를 하여야 하며, 다른 목적 등을 위하여 조사권을 남용해서는 아니 된다."라고 규정하고 있다. 이 조항은 세무조사의 적법 요건으로 객관적 필요성, 최소성, 권한 남용의 금지 등을 규정하고 있는데, 이는 법치국가원리를 조세절차법의 영역에서도 관철하기 위한 것으로서 그 자체로서 구체적인 법규적 효력을 가진다. 따라서 세무조사가 과세자료의 수집 또는 신고내용의 정확성 검증이라는 본연의 목적이 아니라 부정한 목적을 위하여 행하여진 것이라면 이는 세무조사에 중대한 위법사유가 있는 경우에 해당하고 이러한 세무조사에 의하여 수집된 과세자료를 기초로 한 과세처분 역시 위법하다(대판 2016.12.15. 2016두47659).

【사례11_2015 3차 변시모의_제2문(110면)】

★
39 위법한 조사에 기한 업무정지처분의 효력

* 甲은 보건 복지부장관이 행한 2015. 5. 13. 갑작스레 행한 현장조사에 기초한 업무정지처분에 대해 다투고자 한다.
  업무정지처분의 위법 여부를 논하시오.

II. 현장조사의 위법성 검토와 위법한 조사에 기초한 업무정지처분의 위법성 검토

1. 행정조사기본법상 사전통지의 의의 및 사전통지 결여시 하자판단

1) (1) 행정조사기본법(이하 '법')은 행정조사에 관한 일반법으로 다른 법률에 특별한 규정이
   있는 경우를 제외하고는 이 법에 따르도록 규정하고 있다(법 제3조). (2) 법 제17조는 현
   장출입조사를 실시하는 경우, 서면으로 조사개시 7일 전까지 통지하도록 규정하며, 증거
   인멸 등 예외적인 경우에 조사개시와 더불어 구두로 통지할 수 있도록 정하고 있다.

2) 본 사안에서 S의원이나 甲에게 증거인멸 등 행정조사를 미리 통지하는 경우 조사의 목적
   을 달성할 수 있는 정황에 대한 언급이 없어, 법 제17조에 따라 7일 전까지 서면으로 통
   지를 하여야 함에도 불구하고 보건복지부장관은 통지 없이 乙을 통해 현장조사를 진행한
   바, 이는 행정조사기본법 제17조를 위반한 위법한 행정조사에 해당한다.

2. 위법한 현장조사에 기초한 업무정지처분의 위법성 검토

1) (1) 행정조사는 통상 필요한 정보나 자료수집을 위한 준비작용으로 조사 그 자체를 목적으
   로 하는 권력적 사실행위이다.

   (2) 다만 행정조사 이후에 이에 기인하여 행정결정이 이뤄진 경우에는 행정조사가 위법하
   게 이뤄졌다면 그 하자가 최종적인 행정결정의 절차상 하자에 해당하므로 최종적인 행정
   결정 역시 위법하게 되어야 하는 것이 아닌가가 문제된다.

   (3) (가) 學說은 (i) 부정설 – 행정조사와 이후 행정결정(처분)은 별개의 작용이므로 영향을
   받지 않는다는 견해, (ii) 긍정설 – 행정조사와 최종적인 행정결정은 하나의 과정이므로
   행정조사에 중대한 하자가 있다면 그에 기초한 행정결정도 위법하다는 견해, (iii) 절충
   설 – 행정조사가 행정결정의 필수절차로 규정되어 있는 경우에는 조사의 하자는 행정결
   정의 하자가 된다는 견해가 있다. (나) 判例는 위법한 중복세무조사에 기초하여 이뤄진 과
   세처분은 위법하다고 판시하고 있다. (다) 小結로 행정조사가 최종적인 행정결정과 하나의
   과정으로 이뤄진 경우에는 행정조사의 위법은 최종처분의 위법으로 귀결된다고 봄이 타
   당하다.

2) 이 사건 현장조사는 업무정지처분을 위한 하나의 과정 속에 있다고 볼 수 있으며, 법 제
   17조의 사전통지를 위반한 것은 그 하자가 매우 중대한 바, 최종적인 업무정지처분도 위
   법하다고 봄이 타당하다.

제1편

행정상 손해전보

【행정상 손해배상】

★★

【사례8_2019 변시_제1문의2(70면)】

40 국가배상책임 성부 (과실과 법령위반여부 판단)

* 경찰청장이 영창처분을 집행한 이후에 퇴직발령을 한 것은 법령을 잘못 해석한 것으로, 이로 인해 복무기간을 초과하여 복무하는 손해를 입었으므로 국가배상책임이 있다는 丙의 주장은 타당한가?

II. 국가배상책임 성부(과실과 법령위반여부 판단) - 丙의 주장의 타당성 검토

1. 국가배상책임의 개념, 의의, 요건(과실 및 법령위반여부 판단기준)

1) 개념, 의의

(1) 헌법과 국가배상법은 공무원이 직무를 집행하면서 고의 또는 과실로 법령을 위반하여 타인에게 손해를 입힌 경우에 국가가 그 손해를 배상하도록 정하고 있다(헌법 제29조, 국가배상법 제2조 제1항).

(2) 국가배상제도는 위법한 행정으로 기본권을 침해한 경우에 이를 구제하는 것으로 기본권 보장을 목표로 하는 법치국가의 필수적인 행정구제제도이다.

2) 요건

(1) 국가배상책임은 국가배상법 제2조에 따라 (ㄱ) 공무원이 (ㄴ) 직무를 집행하면서 (ㄷ) 고의 또는 과실로 (ㄹ) 법령을 위반하여 (ㅁ) 타인에게 (ㅂ) 손해가 발생한 경우에 성립한다.

(2) 특히 본 사례에서 문제가 되는 '법령해석의 잘못'에 관하여는 '과실의 존부'가 문제되는바, 과실 판단은 담당 공무원을 기준으로 당해 직무를 담당하는 평균 공무원이 통상 갖춰야 할 주의의무를 게을리 하는 것으로 하여 과실개념을 객관화하고 있다(判例).

(3) 법령해석의 잘못에 대해서는 일반적으로 공무원이 관계 법규를 숙지하지 못하고 그르쳐 행정처분을 하였다면 과실이 있다고 인정한다. 다만 명확치 못한 법규에 대하여 신중을 다하여 해석을 한 이후에 근거 법규가 위헌 또는 위법으로 판단된 경우에는 공무원에게 과실을 인정하기 어렵다고 判例는 본다.

(4) 법령위반에 대해서는 선행하여 행정법원에서 위법판단을 받을 것을 요하지 않으며, 국가

배상청구소송의 수소법원인 민사법원에서 독자적으로 법령위반여부를 판단할 수 있다(判例).

(5) 즉 국가배상에서의 위법판단은 행정소송법 제11조의 선결문제에 해당성이 없다.

2. 丙의 주장의 타당성 검토(국가배상책임 성부) - 부정

(1) 경찰청장은 현행 시행 법령에 근거하여 소청기각 이후에 영창처분을 집행한 후 퇴직발령을 한 바, 이후에 근거 법률의 위헌결정 여부와 관계없이 처분 당시에는 당해 법령이 시행 중이고, 경찰청장은 법령심사권한이 없으므로 법령해석의 잘못이 있다고 보기 어렵다(과실 없음). (2) 또한 직무집행에 있어 법령을 위반했다고 하기도 어렵다(법령위반 부재). (3) 따라서 국가배상책임은 성립하기 어렵고, 丙의 주장은 타당하지 않다.

 국가배상책임의 성립요건으로서의 '고의 또는 과실'의 의미 관련 판례

1] 주관적 구성요소로서 고의란 "누군가 타인에게 위법하게 손해를 가한다는 인식, 인용"을 의미하고, 과실이란 "객관적으로 자신의 행위가 누군가 타인의 법익을 침해한다는 것을 부주의로 예견하지 못하였거나(예견의무 위반), 손해 방지를 위한 조치가 부주의로 객관적으로 보아 적절치 못하였거나 불충분한 상태(회피의무위반)"를 의미한다. 공무원의 직무집행상 과실의 의미에 관하여 대법원 판례는 "공무원이 그 직무를 수행함에 있어 당해 직무를 담당하는 평균인이 보통 갖추어야 할 주의의무를 게을리 한 것" 혹은 "담당공무원이 보통 일반의 공무원을 표준으로 하여 볼 때 객관적 주의의무를 결하여"라고 판시하고 있다. 근래에는 국가배상법상의 과실관념을 객관화하거나 조직과실, 과실 추정과 같은 논리의 개발을 통하여 피해자에 대한 구제의 폭을 넓히려는 추세에 있다(헌재 2015.4.30. 2013헌바395 전원재판부).

2] 검사는 공익의 대표자로서 실체적 진실에 입각한 국가 형벌권의 실현을 위하여 공소제기와 유지를 할 의무뿐만 아니라 그 과정에서 피고인의 정당한 이익을 옹호하여야 할 의무가 있다. 그리고 법원이 형사소송절차에서 피고인의 권리를 실질적으로 보장하기 위하여 마련되어 있는 형사소송법 등 관련 법령에 근거하여 검사에게 어떠한 조치를 이행할 것을 명하였고, 관련 법령의 해석상 그러한 법원의 결정에 따르는 것이 당연하고 그와 달리 해석될 여지가 없는 경우라면, 법에 기속되는 검사로서는 법원의 결정에 따라야 할 직무상 의무도 있다. 그런데도 그와 같은 상황에서 검사가 관련 법령의 해석에 관하여 대법원판례 등의 선례가 없다는 이유 등으로 법원의 결정에 어긋나는 행위를 하였다면 특별한 사정이 없는 한 당해 검사에게 직무상 의무를 위반한 과실이 있다고 보아야 한다(대판 2012.11.15. 2011다48452).

3] 영업허가취소처분이 나중에 행정심판에 의하여 재량권을 일탈한 위법한 처분임이 판명되어 취소되었다고 하더라도 그 처분이 당시 시행되던 공중위생법시행규칙에 정하여진 행정처분의 기준에 따른 것인 이상 그 영업허가취소처분을 한 행정청 공무원에게 그와 같은 위법한 처분을 한 데 있어 어떤 직무집행상의 과실이 있다고 할 수는 없다(대판 1994.11.8. 94다26141).

4] 어떠한 행정처분이 후에 항고소송에서 위법한 것으로서 취소되었다고 하더라도 그로써 곧 당해 행정처분이 공무원의 고의 또는 과실에 의한 불법행위를 구성한다고 단정할 수는 없지만, 그 행정

처분의 담당공무원이 보통 일반의 공무원을 표준으로 하여 볼 때 객관적 주의의무를 결하여 그 행정처분이 객관적 정당성을 상실하였다고 인정될 정도에 이른 경우에는 국가배상법 제2조 소정의 국가배상책임의 요건을 충족하였다고 보아야 한다. 이때 객관적 정당성을 상실하였는지 여부는 침해행위가 되는 행정처분의 태양과 그 목적, 피해자의 관여 여부 및 관여의 정도, 침해된 이익의 종류와 손해의 정도 등 여러 사정을 종합하여 결정하되 손해의 전보책임을 국가 또는 지방자치단체에게 부담시킬 만한 실질적인 이유가 있는지도 살펴서 판단하여야 하며, 이는 행정청이 재결의 형식으로 처분을 한 경우에도 마찬가지이다(대판 2011.1.27. 2008다30703).

⑤ 형벌에 관한 법령이 헌법재판소의 위헌결정으로 소급하여 효력을 상실하였거나 법원에서 위헌·무효로 선언된 경우, 그 법령이 위헌으로 선언되기 전에 그 법령에 기초하여 수사가 개시되어 공소가 제기되고 유죄판결이 선고되었더라도, 그러한 사정만으로 수사기관의 직무행위나 법관의 재판상 직무행위가 국가배상법 제2조 제1항에서 말하는 공무원의 고의 또는 과실에 의한 불법행위에 해당하여 국가의 손해배상책임이 발생한다고 볼 수는 없다(대판 2014.10.27. 2013다217962).

⑥ 수사기관이 법령에 의하지 않고는 변호인의 접견교통권을 제한할 수 없다는 것은 대법원이 오래 전부터 선언해 온 확고한 법리로서 변호인의 접견신청에 대하여 허용 여부를 결정하는 수사기관으로서는 마땅히 이를 숙지해야 한다. 이러한 법리에 반하여 변호인의 접견신청을 허용하지 않고 변호인의 접견교통권을 침해한 경우에는 접견 불허결정을 한 공무원에게 고의나 과실이 있다고 볼 수 있다(대판 2018.12.27. 2016다266736).

★★★ 【사례6_2018 변시_제2문(54면), 사례19_2016 2차 변시모의_제2문(186면)】

41 취소소송의 위법과 국가배상소송에 있어 위법성 판단

* 甲은 연이은 세무조사로 인하여 법무법인으로서의 이미지가 실추되었다고 생각하고 국가배상청구소송을 제기하고자 한다. 위 1.에 의한 취소소송에서 甲의 소송상 청구가 인용되어 그 판결이 확정된 것을 전제로 할 때 국가배상청구소송에서의 위법성 인정 여부를 설명하시오.

Ⅲ. 국가배상청구소송에서 위법의 의미와 취소확정판결로 인한 위법 인정 여부 판단

1. 국가배상청구소송에서 위법의 의미(국가배상법상 '위법성'의 인정기준)

1) ⑺ 學說은 (i) 결과불법설, (ii) 행위 자체의 적법·위법뿐 아니라 피침해이익의 성격과 침해의 정도 및 가해행위의 태양 등을 종합적으로 고려하여 행위가 객관적으로 정당성을 결여한 경우를 의미한다는 상대적 위법성설, (iii) 행위위법설이 있고, (iii−1) 행위위법설은 항고소송에서의 위법과 동일하다는 협의의 행위위법설과 (iii−2) 항고소송의 위법보다 넓게 파악하여 행위 자체의 위법뿐만 아니라 인권존중, 권리남용금지원칙, 신의성실의 원칙 등도 포함하는 광의의 행위위법설이 있다. ⑻ 判例는 법령 위반이라 함은 엄격한 의미의 법령 위반뿐만 아니라 인권존중, 권력남용금지, 신의성실, 공서양속 등의 위반도 포함하여 널리 그 행위가 객관적인 정당성을

결여하고 있음을 의미한다고 하여 기본적으로 광의의 행위위법설을 취한다. ㈐ (小結) 광의의 행위위법설이 타당하다. 즉 항고소송의 위법과 동일하게 볼 필요는 없다 할 것이다.

2. 취소인용확정판결로 인한 국가배상청구소송에서의 위법 인정 여부 판단

1) 判例는 취소인용확정판결의 기판력이 '재조사의 위법성 일반'에 대하여 인정된다고 하는 바, 광의의 행위위법성을 위법의 인정기준으로 취하는 국가배상청구소송에서도 '재조사'의 위법이 당연히 인정된다고 봄이 타당하다.

2) 다만, 국가배상청구소송에서 위법의 인정범위가 더 넓으므로, 재조사 취소소송에서 재조사 가 적법하다는 기각판결이 있더라도, 국가배상청구소송에서 재조사를 적법한 행정이라고 당연히 인정할 수는 없다. 즉 국가배상청구소송에서는 위법성이 별도로 인정될 수 있다. 따라서 취소소송의 기각판결의 기판력은 국가배상청구소송에 미치지 않는다고 볼 것이다.

 국가배상책임의 성립요건으로서의 법령위반의 의미 관련 판례

1| 국가배상책임은 공무원의 직무집행이 법령에 위반한 것임을 요건으로 하는 것으로서, 공무원의 직무집행이 법령이 정한 요건과 절차에 따라 이루어진 것이라면 특별한 사정이 없는 한 이는 법령에 적합한 것이고 그 과정에서 개인의 권리가 침해되는 일이 생긴다고 하여 그 법령 적합성이 곧바로 부정되는 것은 아니라고 할 것인바, 불법시위를 진압하는 경찰관들의 직무집행이 법령에 위반한 것이라고 하기 위하여는 그 시위진압이 불필요하거나 또는 불법시위의 태양 및 시위 장소의 상황 등에서 예측되는 피해 발생의 구체적 위험성의 내용에 비추어 시위진압의 계속 수행 내지 그 방법 등이 현저히 합리성을 결하여 이를 위법하다고 평가할 수 있는 경우이어야 한다 (대판 1997.7.25.94다2480; 대판 2000.11.10.2000다26807·26814).

2| 공무원의 행위를 원인으로 한 국가배상책임을 인정하기 위하여는 '공무원이 직무를 집행하면서 고의 또는 과실로 법령을 위반하여 타인에게 손해를 입힌 때'라고 하는 국가배상법 제2조 제1항의 요건이 충족되어야 한다. 여기서 '법령을 위반하여'라고 함은 엄격하게 형식적 의미의 법령에 명시적으로 공무원의 행위의무가 정하여져 있음에도 이를 위반하는 경우만을 의미하는 것은 아니고, 인권존중·권력남용금지·신의성실과 같이 공무원으로서 마땅히 지켜야 할 준칙이나 규범을 지키지 아니하고 위반한 경우를 비롯하여 널리 그 행위가 객관적인 정당성을 결하고 있는 경우도 포함한다(대판 2015.8.27. 2012다204587).

3| 어떠한 행정처분이 후에 항고소송에서 취소되었다고 할지라도 그 기판력에 의하여 당해 행정처분이 곧바로 공무원의 고의 또는 과실로 인한 것으로서 불법행위를 구성한다고 단정할 수는 없는 것이고, 그 행정처분의 담당공무원이 보통 일반의 공무원을 표준으로 하여 볼 때 객관적 주의의무를 결하여 그 행정처분이 객관적 정당성을 상실하였다고 인정될 정도에 이른 경우에 국가배상법 제2조 소정의 국가배상책임의 요건을 충족하였다고 봄이 상당할 것이며, 이 때에 객관적 정당성을 상실하였는지 여부는 피침해이익의 종류 및 성질, 침해행위가 되는 행정처분의 태양 및 그 원인, 행정처분의 발동에 대한 피해자측의 관여의 유무, 정도 및 손해의 정도 등 제반 사정을 종합하여 손

해의 전보책임을 국가 또는 지방자치단체에게 부담시켜야 할 실질적인 이유가 있는지 여부에 의하여 판단하여야 한다(대판 2000.5.12.
99다70600).

【사례8_2019 변시_제1문의2(70면)】

★
42　이중배상금지 해당여부 판단

* 국가는 "丙은 의무경찰대원이므로 국가배상법 제2조 제1항 단서에 의해 배상청구를 할 수 없다."라고 항변한다. 국가의 항변이 타당한가?

Ⅲ. 이중배상금지 해당여부 – 국가 항변의 타당성 검토

1. 이중배상금지 개념, 의의, 요건

1) 개념, 의의

(1) 헌법과 국가배상법은 군인·군무원·경찰공무원 또는 예비군대원이 전투·훈련 등 직무집행과 관련하여 전사·순직하거나 공상을 입은 경우에 본인이나 그 유족이 다른 법령에 따라 재해보상금·유족연금·상이연금 등의 보상을 지급받을 수 있을 때에는 이 법 및 「민법」에 따른 손해배상을 청구할 수 없다고 정하고 있다(헌법 제29조 제2항, 국가배상법 제2조 제1항 단서).

(2) 이중배상금지는 위험직무를 수행하는 공무원에게 주어지는 보상제도를 통해 보상을 받도록 하고 국가배상은 제외하여 국가의 과도한 재정지출을 막자는 취지에서 마련되었다.

(3) 보상과 배상은 법적 성격이 다르므로 이중배상금지는 폐지함이 타당하다.

2) 요건

(1) 이중배상금지는 (ㄱ) 군인·군무원·경찰공무원 등이 (ㄴ) 전투·훈련 등 직무집행과 관련하여 (ㄷ) 전사·순직·공상을 입어 (ㄹ) 보상을 지급받을 수 있을 때 국가배상청구를 할 수 없도록 하고 있다. (2) 공무상 재해 등으로 인한 보상이 이뤄지지 않을 시 국가배상청구는 가능하다.

2. 국가의 항변의 타당성 여부(이중배상금지에 해당하는가?)

(1) 丙은 의무경찰대원이나 「의무경찰대 설치 및 운영에 관한 법률」 제8조 제1항의 전투 또는 공무수행 중 부상을 입거나 사망을 한 자가 아니므로 보상대상자에 해당하지 않는다.

(2) 따라서 국가배상법 제2조 제1항 단서의 요건에 해당하지 않는 바, 의무경찰대원이므로 국가배상청구가 어렵다는 국가의 항변은 타당하지 않다.

이중배상금지 관련 판례

1 전투경찰순경은 경찰청 산하의 전투경찰대에 소속되어 대간첩작전의 수행 및 치안업무의 보조를 그 임무로 하고 있어서 그 직무수행상의 위험성이 다른 경찰공무원의 경우보다 낮다고 할 수 없을 뿐만 아니라, 전투경찰대설치법(戰鬪警察隊設置法) 제4조가 경찰공무원법의 다수 조항을 준용하고 있는 점 등에 비추어 보면, 국가배상법(國家賠償法) 제2조 제1항 단서 중의 '경찰공무원'은 '경찰공무원법상의 경찰공무원'만을 의미한다고 단정하기 어렵고, 널리 경찰업무에 내제된 고도의 위험성을 고려하여 '경찰조직의 구성원을 이루는 공무원'을 특별취급하려는 취지로 파악함이 상당하므로 전투경찰순경은 헌법(憲法) 제29조 제2항 및 국가배상법(國家賠償法) 제2조 제1항 단서 중의 '경찰공무원'에 해당한다고 보아야 한 것이다(헌재 1996.6.13.94헌마118 ·93헌바39(병합)).

2 국가배상법 제2조 제1항 단서는 헌법 제29조 제2항에 근거를 둔 규정이고, 보훈보상대상자 지원에 관한 법률(이하 '보훈보상자법'이라 한다)이 정한 보국가배상법 제2조 제1항 단서는 헌법 제29조 제2항에 근거를 둔 규정이고, 보훈보상대상자 지원에 관한 법률(이하 '보훈보상자법'이라 한다)이 정한 보상에 관한 규정은 국가배상법 제2조 제1항 단서가 정한 '다른 법령'에 해당하므로, 보훈보상자법에서 정한 보훈보상대상자 요건에 해당하여 보상금 등 보훈급여금을 지급받을 수 있는 경우는 보훈보상자법에 따라 '보상을 지급받을 수 있을 때'에 해당한다. 따라서 군인·군무원·경찰공무원 또는 향토예비군대원이 전투·훈련 등 직무집행과 관련하여 공상을 입는 등의 이유로 보훈보상자법이 정한 보훈보상대상자 요건에 해당하여 보상금 등 보훈급여금을 지급받을 수 있을 때에는 국가배상법 제2조 제1항 단서에 따라 국가를 상대로 국가배상을 청구할 수 없다. 상에 관한 규정은 국가배상법 제2조 제1항 단서가 정한 '다른 법령'에 해당하므로, 보훈보상자법에서 정한 보훈보상대상자 요건에 해당하여 보상금 등 보훈급여금을 지급받을 수 있는 경우는 보훈보상자법에 따라 '보상을 지급받을 수 있을 때'에 해당한다. 따라서 군인·군무원·경찰공무원 또는 향토예비군대원이 전투·훈련 등 직무집행과 관련하여 공상을 입는 등의 이유로 보훈보상자법이 정한 보훈보상대상자 요건에 해당하여 보상금 등 보훈급여금을 지급받을 수 있을 때에는 국가배상법 제2조 제1항 단서에 따라 국가를 상대로 국가배상을 청구할 수 없다(대판 2017.2.3. 2015두60075).

3 군인·군무원 등 국가배상법 제2조 제1항에 열거된 자가 전투, 훈련 기타 직무집행과 관련하는 등으로 공상을 입은 경우라고 하더라도 군인연금법 또는 국가유공자예우등에관한법률에 의하여 재해보상·유족연금·상이연금 등 별도의 보상을 받을 수 없는 경우에는 국가배상법 제2조 제1항 단서의 적용 대상에서 제외하여야 한다. 군인 또는 경찰공무원으로서 교육훈련 또는 직무 수행중 상이(공무상의 질병 포함)를 입고 전역 또는 퇴직한 자라고 하더라도 국가유공자예우등에관한법률에 의하여 국가보훈처장이 실시하는 신체검사에서 대통령령이 정하는 상이등급에 해당하는 신체의 장애를 입지 않은 것으로 판명되고 또한 군인연금법상의 재해보상 등을 받을 수 있는 장애등급에도 해당하지 않는 것으로 판명된 자는 위 각 법에 의한 적용 대상에서 제외되고, 따라서 그러한 자는 국가배상법 제2조 제1항 단서의 적용을 받지 않아 국가배상을 청구할 수 있다(대판 1997.2.14. 96다28066).

4 국가배상법 제2조 제1항 단서는 헌법 제29조 제1항에 의하여 보장되는 국가배상청구권을 헌법 내

재적으로 제한하는 헌법 제29조 제2항에 직접 근거하고, 실질적으로 그 내용을 같이하는 것이므로 헌법에 위반되지 아니한다(헌재 2001. 2. 22. 2000헌바38).

5 공익사업을 위한 토지 등의 취득 및 보상에 관한 법률(이하 '토지보상법'이라 한다) 제79조 제2항(그 밖의 토지에 관한 비용보상 등)에 따른 손실보상과 환경정책기본법 제44조 제1항(환경오염의 피해에 대한 무과실책임)에 따른 손해배상은 근거 규정과 요건·효과를 달리하는 것으로서, 각 요건이 충족되면 성립하는 별개의 청구권이다. 다만 손실보상청구권에는 이미 '손해 전보'라는 요소가 포함되어 있어 실질적으로 같은 내용의 손해에 관하여 양자의 청구권을 동시에 행사할 수 있다고 본다면 이중배상의 문제가 발생하므로, 실질적으로 같은 내용의 손해에 관하여 양자의 청구권이 동시에 성립하더라도 영업자는 어느 하나만을 선택적으로 행사할 수 있을 뿐이고, 양자의 청구권을 동시에 행사할 수는 없다. 또한 '해당 사업의 공사완료일로부터 1년'이라는 손실보상 청구기간(토지보상법 제79조 제5항, 제73조 제2항)이 도과하여 손실보상청구권을 더 이상 행사할 수 없는 경우에도 손해배상의 요건이 충족되는 이상 여전히 손해배상청구는 가능하다(대판 2019.11.28. 2018두227).

43 국가배상책임의 성질 - 공무원 개인에게 배상책임을 직접 청구할 수 있겠는가?

* 담당공무원을 상대로 손해배상청구가 가능하겠는가? 담당공무원이 손해배상을 한 경우 구상권행사?

Ⅱ. 공무원 乙에게 직접 손해배상책임을 물을 수 있겠는가?

1. 국가배상책임의 성질의 의의, 공무원 개인에 대한 선택적 청구가능성

1) 국가배상책임의 성질의 의의

공무원의 고의·과실로 인한 위법한 직무집행행위에 대하여 국가가 그 배상책임을 지는 것에 대하여 국가가 지는 배상책임의 성질이 문제된다. 이는 공무원에 대한 구상권 행사의 문제, 공무원에 대한 직접적 배상청구가능의 문제와 관련된다.

2) 국가배상책임성질의 논의는 헌법 제29조 제1항 2문과 국가배상법 제2조 제1항 단서의 해석과 관련되어 있다. 우선 ㈎學說은 (i) 자기책임설 - 국가는 공무원의 위법행위에 대하여 국가 스스로 법인격을 가진 주체로서 책임을 진다는 이론이다. 이 경우 국가는 국가대로 공무원은 공무원대로 피해를 입은 사인에 대하여 책임을 진다. (ii) 대위책임설 - 공무원의 위법한 행위에 대하여 국가가 책임을 진다는 이론이다. 국가가 전적으로 공무원으로 공무수행의 안정성을 보장하기 위하여 대외적으로 국가가 책임을 진다는 이론이다. 다만 국가는 공무원에 대하여 구상권을 행사한다. (iii) 중간설 - 국가배상법의 조문상 국가가 책임을 진다는 취지를 존중하되, 공무원의 고의·중과실일 경우에는 공무원에 대한 구상권 행사가 가능하므로 국가가 대위해서 책임을 지고, 경과실인 경우에는 구상권 행사가 어려우므로 국가가 스스로 책임을 진다고 보는 견해이다. (iv) 절충설 - 원칙적으로 국가

가 스스로의 행위에 대하여 책임을 지는 자기책임설에 입각하지만, 공무원이 고의나 중과실일 경우에는 공익을 행사하는 국가의 행위로 보기 어려우므로 공무원이 책임을 지는 것이 맞고, 다만 외형상 국가의 행위로 보여지므로 국가가 책임을 지고 해당 공무원에게 구상권을 행사하도록 하는 견해이다. 국가나 공무원 양자에 대한 선택적 청구권을 인정하고, 국가가 배상하는 경우 구상권도 행사가능하다는 이론이다. (ㄴ) 判例는 고의나 중과실의 경우에는 공무원에게 직접 책임을 지는 것이 타당하고, 다만 국가가 책임을 지고 사후에 구상권을 행사할 수 있도록 하며, 경과실인 경우에는 국가가 전적으로 책임을 지도록 하는 입장(다수의견), (별개의견) - 공무원책임과 국가책임은 별개이므로 공무원에게 언제나 민형사상 책임을 별도로 묻게 하는 것이 타당함(경과실의 경우에도 공무원 개인에게 책임). (반대의견) 국가는 공무원의 직무수행의 안정성 보장, 따라서 국가가 전적으로 공무원의 행위에 대해서 대신해서 책임지는 것이 타당. (ㄷ) 小結 - 判例견해 따름(경과실 - 국가 책임, 선택청구부정, 구상권 부정, 고의·중과실 - 개인책임 - 국가도 배상은 가능, 선택청구가능, 구상권 긍정)

 국가배상책임의 성질(공무원 개인에게 책임을 물을 수 있겠는가?) 관련 판례

[다수의견] 국가배상법 제2조 제1항 본문 및 제2항의 입법 취지는 공무원의 직무상 위법행위로 타인에게 손해를 끼친 경우에는 변제자력이 충분한 국가 등에게 선임감독상 과실 여부에 불구하고 손해배상책임을 부담시켜 국민의 재산권을 보장하되, 공무원이 직무를 수행함에 있어 경과실로 타인에게 손해를 입힌 경우에는 그 직무수행상 통상 예기할 수 있는 흠이 있는 것에 불과하므로, 이러한 공무원의 행위는 여전히 국가 등의 기관의 행위로 보아 그로 인하여 발생한 손해에 대한 배상책임도 전적으로 국가 등에만 귀속시키고 공무원 개인에게는 그로 인한 책임을 부담시키지 아니하여 공무원의 공무집행의 안정성을 확보하고, 반면에 공무원의 위법행위가 고의·중과실에 기한 경우에는 비록 그 행위가 그의 직무와 관련된 것이라고 하더라도 그와 같은 행위는 그 본질에 있어서 기관행위로서의 품격을 상실하여 국가 등에게 그 책임을 귀속시킬 수 없으므로 공무원 개인에게 불법행위로 인한 손해배상책임을 부담시키되, 다만 이러한 경우에도 그 행위의 외관을 객관적으로 관찰하여 공무원의 직무집행으로 보여질 때에는 피해자인 국민을 두텁게 보호하기 위하여 국가 등이 공무원 개인과 중첩적으로 배상책임을 부담하되 국가 등이 배상책임을 지는 경우에는 공무원 개인에게 구상할 수 있도록 함으로써 궁극적으로 그 책임이 공무원 개인에게 귀속되도록 하려는 것이라고 봄이 합당하다(대판 1996.2.15 95다38677 전원합의체).

[별개의견] 국가배상법 제2조 제2항의 입법취지가 공무원의 직무집행의 안정성 내지 효율성의 확보에 있음은 의문이 없는 바이나, 위 법 조항은 어디까지나 국가 등과 공무원 사이의 대내적 구상관계만을 규정함으로써, 즉 경과실의 경우에는 공무원에 대한 구상책임을 면제하는 것만으로써 공무집행의 안정성을 확보하려는 것이고, 대외적 관계 즉 피해자(국민)와 불법행위자(공무원) 본인 사이의 책임관계를 규율하는 취지로 볼 수는 없다. 그것은 국가배상법의 목적이 그 제1조가 밝히고 있는 바와 같

이 국가 등의 손해배상책임과 그 배상절차 즉 국가 등과 피해자인 국민 간의 관계를 규정함에 있고 가해자인 공무원과 피해자인 국민 간의 관계를 규정함에 있는 것이 아닌 점에 비추어 보아도 명백하다.

[반대의견] 헌법 제29조 제1항 및 국가배상법 제2조 제1항의 규정이 공무원의 직무상 불법행위에 대하여 자기의 행위에 대한 책임에서와 같이 국가 또는 공공단체의 무조건적인 배상책임을 규정한 것은, 오로지 변제자력이 충분한 국가 또는 공공단체로 하여금 배상하게 함으로써 피해자 구제에 만전을 기한다는 것에 그치는 것이 아니라, 더 나아가 국민 전체에 대한 봉사자인 공무원들로 하여금 보다 적극적이고 능동적으로 공무를 수행하게 하기 위하여 공무원 개인의 배상책임을 면제한다는 것에 초점이 있는 것으로 보아야 한다.

★★
【사례14_2019 5급공채_제2문의1(144면)】

44 영조물설치관리상의 하자로 인한 국가배상책임
- 비용부담자의 배상책임, 궁극적 배상책임, 하자판단기준, 책임감면문제

* 「국가배상법」에 따른 손해배상책임의 주체에 대하여 논하시오.
* 원고가 X도로 개통 이후 이주하였음을 이유로 피고는 배상책임을 부인하고 있다. 피고 주장의 당부를 판단하시오.

II. 손해배상책임의 주체(사무귀속주체, 비용부담자, 궁극적 배상책임자) 판단

1. 사무귀속주체와 비용부담자의 손해배상책임(법 제5조 및 제6조상 손해배상책임의 주체)

1) 의의, 근거

(1) 도로의 관리에 하자가 있기 때문에 타인에게 손해를 발생하게 하였을 경우 국가나 지방자치단체는 그 손해를 배상하도록 하고 있다(법 제5조).

(2) 국가나 지방자치단체가 손해를 배상할 책임이 있는 경우 영조물의 관리를 맡은 자와 영조물의 비용을 부담하는 자가 동일하지 아니하면 그 비용을 부담하는 자도 손해를 배상하도록 하고 있다(법 제6조).

2) 사무귀속주체와 비용부담자의 배상책임

(1) 법 제5조의 배상책임의 주체는 법 제6조의 영조물의 관리를 맡은 자로 사무귀속주체를 의미한다.

(2) 법 제6조는 영조물의 비용을 부담하는 자에게도 선택적으로 배상책임을 묻게 함으로써 피해자의 권리구제를 위한 조처이다. (3) 비용부담자에 대해서 ㈎ 학설은 (ⅰ) 실질적·궁극적 비용부담자설 (ⅱ) 대외적·형식적 비용부담자설 (ⅲ) 병합설 ㈏ 판례는 병합설, ㈐ 소결로 법 제6조의 비용부담자로의 배상책임의 확대의 취지는 피해자의 권리구제이므로 형식과 실질을 구분하지 않고 모두 부담하게 하는 병합설이 타당하다.

2. 궁극적 배상책임자(법 제6조 제2항)

1) 의의, 근거

(1) 법 제6조 제2항은 비용부담자의 구상권을 정하고 있는 바, (2) 궁극적 배상책임자에 대하여 ㈎ 학설은 (i) 사무귀속자설, (ii) 비용부담자설, (iii) 기여도설(병존설), ㈏ 판례는 기여도설을 취하기도 하고 사무귀속자설을 취하기도 한다. ㈐ 소결로 사무귀속주체가 궁극적으로 배상책임을 부담하는 것이 타당하다고 본다(사무귀속자설).

3. 사안의 포섭 — A광역시: 사무귀속주체로서 궁극적 배상책임, B구: 비용부담자로서 배상책임

1) 기관위임사무

(1) 사안에서 A광역시가 B구청장에게 시도인 X도로의 관리권한을 위임한 바, 도로관리사무는 기관위임사무에 해당, (2) 도로관리사무는 A광역시의 사무로 A광역시가 사무귀속주체가 되고, B구는 비용부담자에 해당함.

2) 배상책임자

(1) 따라서 B구는 비용부담자로서의 배상책임이 인정되며, (2) A광역시는 사무귀속주체로서 궁극적비용부담자로서의 배상책임이 인정된다. (3) 기여도설을 따를 경우 하자유발비율에 따라 A광역시와 B구가 책임을 분담하게 될 것이다.

III. 국가배상법 제5조상 영조물(도로) 설치·관리 하자에 따른 손해배상책임

1. 도로의 관리상 하자 인정여부 검토

1) 법 제5조상 '하자'의 의미

(1) 영조물의 설치·관리의 하자는 공물의 설계, 건조, 유지 및 수선 상의 하자를 의미한다.

(2) ㈎ 학설은 (i) 주관설 — 관리자의 주관적 귀책사유의 필요, (ii) 객관설 — 공물자체가 갖출 객관적 안정성결여, (iii) 절충설 — 귀책사유 또는 객관적 안정성이 결여되면 하자존재, (iv) 안전의무위반설 — 위험이 발생하지 않도록 안전조치를 취할 법적의무 부담, 이를 위반하면 하자(위법·무과실책임) ㈏ 판례는 수정된 객관설 — '영조물이 그 용도에 따라 통상 갖춰야할 안전성을 갖추지 못한 상태'를 하자로 판단(객관설을 기본으로 판단기준 제약) ㈐ 소결 — 법 제2조와의 관계상 무과실책임이므로 객관설이 타당(안전성을 사회통념상의 안전성으로 의미)

2) 하자판단의 기준(안전성을 갖추지 못한 상태)

(1) 물리·외형적 흠결이나 불비로 인하여 이용자에게 위해를 끼칠 위험성이 있는 경우, (2) 영조물이 공공 목적에 이용됨에 있어 그 이용상태 및 정도가 일정한 한도를 초과하여 제3자에게 사회통념상 참을 수 없는 피해를 입히는 경우, (3) 여기서 사회통념상 참을 수 있는 피해인지의 여부는 그 영조물의 공공성, 피해의 내용과 정도, 이를 방지하기 위하여

노력한 정도 등을 종합적으로 고려하여 판단하도록 하고 있다.

3) 사안의 포섭(사회통념상의 안정성을 결하고 있는가?)

(1) X도로는 환경법령상의 기준을 현저히 초과하는 소음이 상시 발생하여 제3자에게 사회통념상 참을 수 없는 피해를 입히고 있는 바, 하자가 인정되며, (2) 따라서 배상책임을 인정함이 타당하다.

2. X도로 개통 이후 이주한 乙에 대한 손해배상책임의 면책 가능성 검토

1) 손해배상책임의 면책

判例는 (1) 영조물이 갖춰야 할 객관적 안정성을 갖춘 이상 불가항력에 의한 가해행위는 면책되며, (2) 또한, 위험의 존재를 인식하면서 피해를 용인하며 접근한 것으로 그 피해가 정신적 고통 정도에 그치고, 그 침해행위에 상당한 고도의 공공성이 인정되는 때에는 특별한 사정이 없는 한 면책을 인정한 바 있다.

2) 사안에의 포섭(면책 가능한가?)

乙은 (1) X도로가 개설된 이후 4년 경과 후에 인접지역으로 이주하여 거주하였는 바, 위험의 존재를 인식하면서 접근한 것으로 보이며, (2) 피해 역시 생명이나 신체에 영향을 미칠 정도는 아닌 바, (3) 면책의 가능성도 인정될 수 있다고 보인다. 다만 위험을 인지하지 못하였거나 예상했던 위험보다 피해가 큰 경우에는 손해배상액의 감액을 검토할 수 있을 것이다.

 영조물 설치 또는 관리상 하자 판단 기준 관련 판례

1 국가배상법 제5조 제1항에 정하여진 '영조물의 설치 또는 관리의 하자'라 함은 공공의 목적에 공여된 영조물이 그 용도에 따라 갖추어야 할 안전성을 갖추지 못한 상태에 있음을 말하고, 여기서 안전성을 갖추지 못한 상태, 즉 타인에게 위해를 끼칠 위험성이 있는 상태라 함은 당해 영조물을 구성하는 물적 시설 그 자체에 있는 물리적·외형적 흠결이나 불비로 인하여 그 이용자에게 위해를 끼칠 위험성이 있는 경우뿐만 아니라 그 영조물이 공공의 목적에 이용됨에 있어 그 이용상태 및 정도가 일정한 한도를 초과하여 제3자에게 사회통념상 참을 수 없는 피해를 입히는 경우까지 포함된다고 보아야 할 것이고, 사회통념상 참을 수 있는 피해 인지의 여부는 그 영조물의 공공성, 피해의 내용과 정도, 이를 방지하기 위하여 노력한 정도 등을 종합적으로 고려하여 판단하여야 한다(대판 2004.3.12. 2002다14242).

2 소음 등을 포함한 공해 등의 위험지역으로 이주하여 들어가서 거주하는 경우와 같이 위험의 존재를 인식하면서 그로 인한 피해를 용인하며 접근한 것으로 볼 수 있는 경우에 그 피해가 직접 생명이나 신체에 관련된 것이 아니라 정신적 고통이나 생활방해의 정도에 그치고, 그 침해행위에 상당한 고도의 공공성이 인정되는 때에는 위험에 접근한 후 실제로 입은 피해 정도가 위험에 접근할 당시에 인식하고 있었던 위험의 정도를 초과하는 것이거나 위험에 접근한 후에 그 위험이 특별히

증대하였다는 등의 특별한 사정이 없는 한 가해자의 면책을 인정하여야 하는 경우도 있을 수 있을 것이나, 일반인이 공해 등의 위험지역으로 이주하여 거주하는 경우라고 하더라도 위험에 접근할 당시에 그러한 위험이 문제가 되고 있지 아니하였고, 그러한 위험이 존재하는 사실을 정확하게 알 수 없었으며, 그 밖에 위험에 접근하게 된 경위와 동기 등의 여러 가지 사정을 종합하여 그와 같은 위험의 존재를 인식하면서 굳이 위험으로 인한 피해를 용인하였다고 볼 수 없는 경우에는 그 책임이 감면되지 아니한다고 봄이 상당하다(대판 2004.3.12. 2002다14242).

영조물 설치 또는 하자에 대한 제3자의 수인한도의 기준 및 책임 감면 관련 판례

1 '영조물 설치 또는 하자'에 관한 제3자의 수인한도의 기준을 결정함에 있어서는 일반적으로 침해되는 권리나 이익의 성질과 침해의 정도뿐만 아니라 침해행위가 갖는 공공성의 내용과 정도, 그 지역환경의 특수성, 공법적인 규제에 의하여 확보하려는 환경기준, 침해를 방지 또는 경감시키거나 손해를 회피할 방안의 유무 및 그 난이 정도 등 여러 사정을 종합적으로 고려하여 구체적 사건에 따라 개별적으로 결정하여야 한다(대판 2005.1.27. 2003다49566).

2 소음 등을 포함한 공해 등의 위험지역으로 이주하여 들어가서 거주하는 경우와 같이 위험의 존재를 인식하면서 그로 인한 피해를 용인하며 접근한 것으로 볼 수 있는 경우에, 그 피해가 직접 생명이나 신체에 관련된 것이 아니라 정신적 고통이나 생활방해의 정도에 그치고 그 침해행위에 고도의 공공성이 인정되는 때에는, 위험에 접근한 후 실제로 입은 피해 정도가 위험에 접근할 당시에 인식하고 있었던 위험의 정도를 초과하는 것이거나 위험에 접근한 후에 그 위험이 특별히 증대하였다는 등의 특별한 사정이 없는 한 가해자의 면책을 인정하여야 하는 경우도 있을 수 있을 것이나, 일반인이 공해 등의 위험지역으로 이주하여 거주하는 경우라고 하더라도 위험에 접근할 당시에 그러한 위험이 존재하는 사실을 정확하게 알 수 없는 경우가 많고, 그 밖에 위험에 접근하게 된 경위와 동기 등의 여러 가지 사정을 종합하여 그와 같은 위험의 존재를 인식하면서 굳이 위험으로 인한 피해를 용인하였다고 볼 수 없는 경우에는 손해배상액의 산정에 있어 형평의 원칙상 과실상계에 준하여 감액사유로 고려하는 것이 상당하다(대판 2005.1.27. 2003다49566).

【행정상 손실보상】

【사례10_2021_변시_제2문(99면)】

★
45 예방접종 등에 따른 피해의 국가보상의 의의와 법적 성질 및 무과실 책임

* 甲은 자신의 예방접종 피해가 예방접종에 사용되는 의약품의 관리 소홀과 乙의 부주의에 기한 것이라고 주장하고, B는 예방접종과 甲이 주장하는 증상 사이에 인과관계가 명확하지 않다고 주장한다. 행정상 손해전보제도로서 감염병예방법 제71조 '예방접종 등에 따른 피해의 국가보상'의 의의와 법적 성질을 설명하고, 위 규정에 기초하여 甲과 B의 각 주장을 검토하시오.

Ⅱ. 감염병예방법 제71조의 국가보상의 법적 성격 검토

1. 국가책임제도로서 손해배상과 손실보상

1) 국가책임제도의 의의와 구별

(1) 국가책임제도는 국가작용으로 인하여 발생한 손해나 손실을 전보하여 주는 것이다.

(2) 손해배상은 국가의 위법한 직무행위로 인하여 발생한 손해를 배상하는 제도이고,

(3) 손실보상은 공공필요에 의한 적법한 공권력행사로 인하여 발생한 손실을 보상하여 주는 제도이다.

2) 손해배상과 손실보상의 요건상 차이와 관련 법령

(1) 손해배상은 불법행위에 대한 피해구제로서 고의과실과 위법성등이 요건으로 요구되나,

(2) 손실보상은 공공의 필요로 인하여 적법한 행정으로 권리가 침해되고, 이로 인한 개인의 희생을 공평부담의 관점에서 갚아주는 것으로 고의과실이나 위법성이 문제되지 않는다.

(3) 손해배상은 국가배상법이 일반법으로 존재하나, 손실보상은 일반법이 존재하지 않고 개별법(토지보상법) 또는 헌법 제23조 제3항 및 관련 법령을 간접적용하는 방식을 취한다.

2. 감염병예방법 제71조의 내용과 예방접종에 따른 피해의 국가보상의 법적 성격

1) 내용 – 예방접종을 받은 사람이 그 예방접종으로 인하여 질병에 걸리거나 장애인이 되거나 사망하였을 때 진료비·간병비·일시보상금·장제비의 보상금을 지급하는 것이다.

2) 법적 성격 – 공공의 필요를 위한 적법한 보건행정작용인 예방접종으로 건강권 또는 생명권의 침해가 발생하여 특별한 희생이 존재하고 이를 공평부담의 견지에서 보상금을 지급하는 것이므로 희생보상으로서의 성격을 갖는다.

Ⅲ. 甲과 B의 주장(인과관계 판단시 과실 검토 여부)의 타당성 검토

1. 희생보상청구권의 의의와 요건

1) 의의 – 희생보상청구권은 공공의 필요에 의한 적법한 행정을 통해서 비재산적 법익에 대한 권리침해가 발생하고, 이에 대하여 특별한 희생이 있는 경우에 성립한다.

2) 요건 – 희생보상청구권의 성립에 있어서 주관적 요소(고의·과실)는 고려되지 않고, 특별한 희생이 있는지에 대한 판단에 주안점을 두며, ㈎ 학설은 (i) 형식설 (ii) 실질설 (iii) 사회적 비용설 등 ㈏ 판례는 실질설 ㈐ 소결은 判例의 견해에 따른다.

3) 근거 법령 – 희생보상청구권은 개별법령에서 정하고 있는 경우는 그에 따라 행사가능하고, 법령 부재시 희생유사침해보상의 법리등을 통해 보상청구권 행사가 가능하다(판례).

2. 甲과 B의 주장(인과관계 판단시 과실 검토 여부) 검토 – 무과실책임

관리소홀과 부주의는 예방접종에 따른 희생보상청구권 성립요건이 아닌바, 甲과 B의 주장은 희생보상청구권의 성립에 있어서는 의미가 없다고 할 것이다.

손실보상청구권의 성립요건 관련 판례

1 | 공익목적을 위한 토지이용·개발의 제한은, 그로 인해 토지를 종래의 목적으로 사용할 수 없거나 더 이상 법적으로 허용된 토지이용방법이 없기 때문에 실질적으로 토지의 사용·수익이 불가능한 경우가 아닌 한, 원칙적으로 토지소유자가 수인해야 하는 재산권 행사의 사회적 제약에 해당한다. …. 이 사건 조례 조항으로 인해 금산군 관내 일정한 범위의 지역에서 가축사육이 제한된다고 하더라도, 그로써 기존 축사에서의 가축사육이 곧바로 금지되는 것은 아니다. 피고가 기존 축사의 이전을 명령하는 경우에는 1년 이상의 유예기간을 주어야 하고 정당한 보상을 하므로(가축분뇨의 관리 및 이용에 관한 법률 제8조 제4항) 이 사건 조례 조항이 기존 축사에서의 가축사육 영업권을 침해한다고 보기도 어렵다. 이 사건 조례 조항으로 인해 신규 가축사육이 제한된다고 하더라도, 해당 토지를 종래의 목적으로 사용할 수 있다면 그 토지소유자의 재산권을 침해하는 것으로 볼 수는 없다(대판 2019.1.31. 2018두43996).

2 | 도시계획법 제21조에 규정된 개발제한구역제도 그 자체는 원칙적으로 합헌적인 규정인데, 다만 개발제한구역의 지정으로 말미암아 일부 토지소유자에게 사회적 제약의 범위를 넘는 가혹한 부담이 발생하는 예외적인 경우에 대하여 보상규정을 두지 않은 것에 위헌성이 있는 것이고, 보상의 구체적 기준과 방법은 헌법재판소가 결정할 성질의 것이 아니라 광범위한 입법형성권을 가진 입법자가 입법정책적으로 정할 사항이므로, 입법자가 보상입법을 마련함으로써 위헌적인 상태를 제거할 때까지 위 조항을 형식적으로 존속케 하기 위하여 헌법불합치결정을 하는 것인바, 입법자는 되도록 빠른 시일 내에 보상입법을 하여 위헌적 상태를 제거할 의무가 있고, 행정청은 보상입법이 마련되기 전에는 새로 개발제한구역을 지정하여서는 아니 되며, 토지소유자는 보상입법을 기다려 그에 따른 권리행사를 할 수 있을 뿐 개발제한구역의 지정이나 그에 따른 토지재산권의 제한 그 자체의 효력을 다투거나 위 조항에 위반하여 행한 자신들의 행위의 정당성을 주장할 수는 없다(헌재 1998.12.24. 89헌마214, 90헌바16, 97헌바7).

3 | 감염병의 예방 및 관리에 관한 법률(이하 '감염병예방법'이라 한다) 제71조에 의한 예방접종 피해에 대한 국가의 보상책임은 무과실책임이지만, 질병, 장애 또는 사망이 예방접종으로 발생하였다는 점이 인정되어야 한다(대판 2019.4.3. 2017두52764).

 ★

46 이주대책대상자 선정신청에 대하여 사업시행자가 부작위, 제외 또는 거부조치한 경우 행정쟁송상 권리구제방안? (심판·소송)

* 이주대책대상자 선정신청에도 불구하고 부작위 거부하는 경우 권리구제방안?

II. 이주대책대상자 확인·결정 부작위에 대한 행정쟁송상 구제수단

1. 행정심판법상 의무이행심판, 임시처분 검토

1) 의무이행심판

(1) 의무이행심판은 당사자의 신청에 대한 행정청의 위법 또는 부당한 거부처분이나 부작

위에 대하여 일정한 처분을 하도록 하는 행정심판이다(행심법 제5조 제3호).

(2) 의무이행심판은 (ㄱ) 당사자의 신청, (ㄴ) 행정청의 위법 또는 부당한 거부나 부작위가 있어야 적법하다.

(3) 본 설문에서 당사자의 신청은 존재하므로 부작위의 존재가 문제된다.

2) 부작위가 있는가?(신청권 문제)

(1) 행심법은 부작위에 대하여 "(ㄱ) 행정청이 (ㄴ) 당사자의 신청에 대하여 (ㄷ) 상당한 기간 내에 (ㄹ) 일정한 처분을 하여야 할 법률상 의무가 있는데도 (ㅁ) 처분을 하지 아니하는 것"로 정의하고 있다(동법 제2조 제2호). (2) 부작위의 성립에 있어 당사자의 신청권이 필요한지가 문제되는 바, (가)學說은 (i) 부작위의 성립에는 행정청의 처분의무가 필요하고 따라서 신청인의 신청권이 필요하다는 대상적격설, (ii) 신청권은 당사자가 신청할 권한을 갖고 있느냐의 문제로 당사자를 중심으로 한 주관적·구체적 법률상 이익의 문제로 봐야 한다는 청구인적격설(원고적격설) (iii) 신청권은 부작위의 위법을 판단하는 기준이므로 본안의 (위법)문제로 보아야 한다는 본안문제설이 있으며 (나)判例는 모든 부작위가 소의 대상으로 직결될 수 없으므로 일반적인 신청권을 가진 자의 신청이 전제가 된 경우의 부작위만 소의 대상으로 보는 것이 타당하다고 하여 대상적격설을 취한다. (다)小結로 모든 부작위에 대하여 소의 대상으로 삼을 수 없다는 점, 최소한의 일반적인 신청권은 부작위 인정에서 필요하다는 점에서 대상적격설이 타당하다고 본다.

3) 乙의 의무이행심판 제기 가능성

乙은 법령에 의해 이주대책대상자로 확인·결정받을 권리 즉 (1) 확인·결정에 대한 신청권이 존재하고, (2) 신청한 이후 상당한 기간이 경과한 후에도 이주대책대상자로 확인·결정을 하지 않고 있으므로 (3) 부작위에 해당하고, 따라서 의무이행심판의 대상이 되므로 심판청구 가능하다. (4) 인용재결이 있는 경우 기속력에 따라 피청구인은 이주대책대상자 확인·결정을 하여야 하고(행심법 제49조 제3항), 만약 이후에도 결정을 안 하는 경우 행정심판위원회는 직접처분을 할 수 있다(동법 제50조).

4) 乙의 임시처분신청 가능성

(1) 행정심판위원회는 처분 또는 부작위가 위법·부당하다고 상당히 의심되는 경우로서 처분 또는 부작위 때문에 당사자가 받을 우려가 있는 중대한 불이익이나 당사자에게 생길 급박한 위험을 막기 위하여 임시지위를 정하여야 할 필요가 있는 경우에는 직권으로 또는 당사자의 신청에 의하여 임시처분을 결정할 수 있다(동법 제31조).

(2) 乙이 이주대책대상자로 확인·결정을 받지 못함으로써 중대한 불이익 또는 급박한 위험이 있는 경우에는 임시처분결정이 가능하다.

2. 행정소송법상 부작위위법확인소송 가능성

1) 부작위위법확인소송

⑴ 부작위위법확인소송은 행정청의 부작위가 위법하다는 것을 확인하는 소송이다(행소법 제4조 제3호). 여기서 ⑵ 부작위는 (ㄱ) 행정청이 (ㄴ) 당사자의 신청에 대하여 (ㄷ) 상당한 기간 내에 (ㄹ) 일정한 처분을 하여야 할 법률상 의무가 있음에도 불구하고 (ㅁ) 이를 하지 아니하는 것(동법 제2조 제1항 제2호)으로 행정심판법상 부작위의 개념과 같다. ⑶ 즉 부작위의 성립에 있어서 당사자의 신청권이 문제되는 바, 이는 행정심판법과 같다. ⑷ 결국 신청권은 대상적격의 문제로 부작위 검토시 신청권이 필요하다고 하겠다.

2) 乙의 부작위위법확인소송 가능성

乙은 신청권이 존재하므로 부작위위법확인소송이 가능

3) 부작위위법확인소송 심리와 기속력 범위

⑴ 심리범위와 관련해서 ㈎ 學說은 (i) 실체적 심리설 – 신청의 실체적 내용의 이유여부 판단, 이에 대한 적정한 처리방향도 판단 (ii) 절차적 심리설 – 행정청의 응답을 신속하게 하여 무응답의 소극적 위법상태를 제거 목적, 부작위의 위법 여부만을 판단 ㈏ 判例는 – 절차적 심리설을 취한다 ㈐ 小結로 – 절차적 심리설 ⑵ 결국 인용판결 후 거부처분을 한 경우 기속력에 반하는 것이 아님(거부처분 취소의 소제기), 권리구제 한계

3. 의무이행소송 가능성

무명항고소송 가능 여부 (가) (學說) (i) 긍정 (ii) 부정 (나) (判例)부정

4. 민사집행법상 가처분 가능성

(가) (學說) (i) 긍정 – 준용규정(§8) (ii) 부정 (나) (判例)부정

 이주대책대상자 확인 · 결정(처분) 관련 판례

가. 공공용지의취득및손실보상에관한특례법상의 이주대책은 공공사업의 시행에 필요한 토지 등을 제공함으로 인하여 생활의 근거를 상실하게 되는 이주자들을 위하여 사업시행자가 기본적인 생활시설이 포함된 택지를 조성하거나 그 지상에 주택을 건설하여 이주자들에게 이를 그 투입비용 원가만의 부담하에 개별 공급하는 것으로서, 그 본래의 취지에 있어 이주자들에 대하여 종전의 생활상태를 원상으로 회복시키면서 동시에 인간다운 생활을 보장하여 주기 위한 이른바 생활보상의 일환으로 국가의 적극적이고 정책적인 배려에 의하여 마련된 제도이다.

나. 같은 법 제8조 제1항이 사업시행자에게 이주대책의 수립·실시의무를 부과하고 있다고 하여 그 규정 자체만에 의하여 이주자에게 사업시행자가 수립한 이주대책상의 택지분양권이나 아파트 입주권 등을 받을 수 있는 구체적인 권리(수분양권)가 직접 발생하는 것이라고는 도저히 볼 수 없으며, 사업시행자가 이주대책에 관한 구체적인 계획을 수립하여 이를 해당자에게 통지 내지 공고한

후, 이주자가 수분양권을 취득하기를 희망하여 이주대책에 정한 절차에 따라 사업시행자에게 이주대책대상자 선정신청을 하고 사업시행자가 이를 받아들여 이주대책대상자로 확인·결정하여야만 비로소 구체적인 수분양권이 발생하게 된다.

다. (1) 위와 같은 사업시행자가 하는 확인·결정은 곧 구체적인 이주대책상의 수분양권을 취득하기 위한 요건이 되는 행정작용으로서의 처분인 것이지, 결코 이를 단순히 절차상의 필요에 따른 사실행위에 불과한 것으로 평가할 수는 없다. 따라서 수분양권의 취득을 희망하는 이주자가 소정의 절차에 따라 이주대책대상자 선정신청을 한 데 대하여 사업시행자가 이주대책대상자가 아니라고 하여 위 확인·결정 등의 처분을 하지 않고 이를 제외시키거나 또는 거부조치한 경우에는, 이주자로서는 당연히 사업시행자를 상대로 항고소송에 의하여 그 제외처분 또는 거부처분의 취소를 구할 수 있다고 보아야 한다.

(2) 사업시행자가 국가 또는 지방자치단체와 같은 행정기관이 아니고 이와는 독립하여 법률에 의하여 특수한 존립목적을 부여받아 국가의 특별감독하에 그 존립목적인 공공사무를 행하는 공법인이 관계법령에 따라 공공사업을 시행하면서 그에 따른 이주대책을 실시하는 경우에도, 그 이주대책에 관한 처분은 법률상 부여받은 행정작용권한을 행사하는 것으로서 항고소송의 대상이 되는 공법상 처분이 되므로, 그 처분이 위법부당한 것이라면 사업시행자인 당해 공법인을 상대로 그 취소소송을 제기할 수 있다.

라. 이러한 수분양권은 위와 같이 이주자가 이주대책을 수립·실시하는 사업시행자로부터 이주대책대상자로 확인·결정을 받음으로써 취득하게 되는 택지나 아파트 등을 분양받을 수 있는 공법상의 권리라고 할 것이므로, 이주자가 사업시행자에 대한 이주대책대상자 선정신청 및 이에 따른 확인·결정 등 절차를 밟지 아니하여 구체적인 수분양권을 아직 취득하지도 못한 상태에서 곧바로 분양의무의 주체를 상대방으로 하여 민사소송이나 공법상 당사자소송으로 이주대책상의 수분양권의 확인 등을 구하는 것은 허용될 수 없고, 나아가 그 공급대상인 택지나 아파트 등의 특정부분에 관하여 그 수분양권의 확인을 소구하는 것은 더더욱 불가능하다고 보아야 한다 (대판 1994.5.24. 92다35783).

〈참고〉 (소수의견) [1] 공공용지의취득및손실보상에관한특례법에 의한 이주대책은 학설상 이른바 생활보상으로서 실체적 권리인 손실보상의 한 형태로 파악되고 있으며 대법원 판례도 이를 실체법상의 권리로 인정하여, 민사소송으로 이주대책에 의한 주택수분양권의 확인소송을 허용하였었다. 이주대책은 경우에 따라 택지 또는 주택의 분양이나 이주정착금으로 보상되는바, 이주정착금이 손실보상금의 일종이므로 통상의 각종 보상금처럼 실체적 권리가 되는 것을 부정할 수 없을 것이고, 그렇다면 같은 취지의 택지 또는 주택의 수분양권도 실체적인 권리로 봄이 마땅하며 가사 이를 권리로 보지 못한다 하더라도 적어도 확인소송의 대상이 되는 권리관계 또는 법률관계로는 보아야 한다.

[2] 이주자가 분양신청을 하여 사업시행자로부터 분양처분을 받은 경우 이러한 사업시행자의 분양처분의 성질은 이주자에게 수분양권을 비로소 부여하는 처분이 아니라, 이미 이주자가 취득하고 있는 수분양권에 대하여 그의 의무를 이행한 일련의 이행처분에 불과하고, 이는 이주자가 이미 취득하고 있는 수분양권을 구체화 시켜주는 과정에 불과하다. 이를 실체적 권리로 인정해야 구체

적 이주대책 이행을 신청하고 그 이행이 없을 때 부작위위법확인소송을 제기하여 그 권리구제를
받을 수 있고, 그 권리를 포기한 것으로 볼 수 없는 한 언제나 신청이 가능하고 구체적 이주대책이
종료한 경우에도 추가 이주대책을 요구할 수 있게 된다.

[3] 이와 같이 이주대책에 의한 분양신청은 실체적 권리의 행사에 해당된다 할 것이므로 구체적
이주대책에서 제외된 이주대책대상자는 그 경위에 따라 분양신청을 하여 거부당한 경우 권리침해
를 이유로 항고소송을 하거나 또는 자기 몫이 참칭 이주대책대상자에게 이미 분양되어 다시 분양
신청을 하더라도 거부당할 것이 명백한 특수한 경우 등에는 이주대책대상자로서 분양받을 권리
또는 그 법률상 지위의 확인을 구할 수 있다고 보아야 하며, 이때에 확인소송은 확인소송의 보충
성이라는 소송법의 일반법리에 따라 그 확인소송이 권리구제에 유효 적절한 수단이 될 때에 한하
여 그 소의 이익이 허용되어야 함은 물론이다(대판 1994.5.24. 92다35783의 소수의견).

【사례20_2020 변시_제2문(197면)】

47 수용재결의 불복방법

* 丙이 수용재결에 대하여 불복하고자 하는 경우 불복방법을 논하시오.

II. 수용재결 丙의 불복방법

1. 「공익사업을 위한 토지 등의 취득 및 보상에 관한 법률」(이하 '토지보상법')상 수용재결에 대한 불복절차

1) 수용재결의 의의, 근거

(1) 토지보상법은 공익사업을 위한 토지등의 취득 및 보상에 관하여 협의가 이뤄지지 않은
경우 토지수용위원회의 수용재결절차를 두고 있다(동법 제34조).

(2) 수용재결은 강학상 행정청인 토지수용위원회의 행정행위로서 원처분에 해당한다.

2) 토지보상법상 이의신청

(1) 수용재결에 대해서는 특별행정심판절차로서 이의신청절차를 두고 있다.

(2) 즉 지방토지수용위원회의 재결에 이의가 있는 자는 재결서의 정본을 받은 날부터 30
일 이내에 중앙토지수용위원회에 이의를 신청할 수 있다(동법 제83조).

(3) 이의신청에 대한 재결이 확정된 때에는 「민사소송법」상의 확정판결이 있은 것으로 보
며, 재결서 정본은 집행력 있는 판결의 정본과 동일한 효력을 가진다(동법 제86조).

3) 행정소송의 제기

(1) 사업시행자, 토지소유자 또는 관계인은 수용재결에 불복할 때에는 재결서를 받은 날부
터 90일 이내에, 이의신청을 거쳤을 때에는 이의신청에 대한 재결서를 받은 날부터 60일
이내에 각각 행정소송을 제기할 수 있다(동법 제86조).

(2) 이의재결에 대한 행정소송의 경우 원칙적으로 원처분인 수용재결이 소의 대상이 된다

(원처분주의).

2. 丙이 불복하고자 하는 경우 방법

丙은 수용재결에 대하여 30일 이내 이의신청 또는 90일 이내 행정소송 또는 이의신청을 한 경우 이의재결을 있은 날로 부터 60일 이내에 행정소송을 제기할 수 있다.

🔨 수용재결 등 불복절차 관련 판례

1 공익사업을 위한 토지 등의 취득 및 보상에 관한 법률 제28조 제1항의 '협의가 성립되지 아니한 때'에는 사업시행자가 토지소유자 등과 동법 제26조에서 정한 협의절차를 거쳤으나 보상액 등에 관하여 협의가 성립하지 아니한 경우는 물론 토지소유자 등이 손실보상대상에 해당한다고 주장하며 보상을 요구하는데도 사업시행자가 손실보상대상에 해당하지 아니한다며 보상대상에서 이를 제외한 채 협의를 하지 않아 결국 협의가 성립하지 않은 경우도 포함된다고 보아야 한다(대판 2011.7.14. 2011두2309).

2 구 공익사업을 위한 토지 등의 취득 및 보상에 관한 법률 제26조, 제28조, 제30조, 제34조, 제50조, 제61조, 제83조 내지 제85조의 규정 내용 및 입법 취지 등을 종합하여 보면, 공익사업으로 인하여 영업을 폐지하거나 휴업하는 자가 사업시행자로부터 구 공익사업을 위한 토지 등의 취득 및 보상에 관한 법률 제77조 제1항에 따라 영업손실에 대한 보상을 받기 위해서는 구 공익사업법 제34조, 제50조 등에 규정된 재결절차를 거친 다음 그 재결에 대하여 불복이 있는 때에 비로소 구 공익사업을 위한 토지 등의 취득 및 보상에 관한 법률 제83조 내지 제85조에 따라 권리구제를 받을 수 있을 뿐, 이러한 재결절차를 거치지 않은 채 곧바로 사업시행자를 상대로 손실보상을 청구하는 것은 허용되지 않는다(대판 2011.9.29. 2009두10963).

3 공익사업을 위한 토지 등의 취득 및 보상에 관한 법률 제85조 제1항 전문의 문언 내용과 같은 법 제83조, 제85조가 중앙토지수용위원회에 대한 이의신청을 임의적 절차로 규정하고 있는 점, 행정소송법 제19조 단서가 행정심판에 대한 재결은 재결 자체에 고유한 위법이 있음을 이유로 하는 경우에 한하여 취소소송의 대상으로 삼을 수 있도록 규정하고 있는 점 등을 종합하여 보면, 수용재결에 불복하여 취소소송을 제기하는 때에는 이의신청을 거친 경우에도 수용재결을 한 중앙토지수용위원회 또는 지방토지수용위원회를 피고로 하여 수용재결의 취소를 구하여야 하고, 다만 이의신청에 대한 재결 자체에 고유한 위법이 있음을 이유로 하는 경우에는 그 이의재결을 한 중앙토지수용위원회를 피고로 하여 이의재결의 취소를 구할 수 있다(대판 2010.1.28. 2008두1504).

4 정비사업의 공익적·단체법적 성격과 이전고시에 따라 이미 형성된 법률관계를 유지하여 법적안정성을 보호할 필요성이 현저한 점 등을 고려할 때, 이전고시의 효력이 발생한 이후에는 조합원 등이 해당 정비사업을 위하여 이루어진 수용재결이나 이의재결의 취소 또는 무효확인을 구할 법률상 이익이 없다고 해석함이 타당하다(대판 2019.4.23. 2018두55326).

5 하나의 재결에서 피보상자별로 여러 가지의 토지, 물건, 권리 또는 영업의 손실에 관하여 심리·판단이 이루어졌을 때, 피보상자 또는 사업시행자가 반드시 그 재결 전부에 관하여 불복하여야 하는 것은 아니며, 여러 보상항목들 중 일부에 관해서만 불복하는 경우에는 그 부분에 관해서만 개별적으로 불복의 사유를 주장하여 행정소송을 제기할 수 있다. 이러한 보상금 증감 소송에서 법원의

심판범위는 하나의 재결 내에서 소송당사자가 구체적으로 불복신청을 한 보상항목들로 제한된다 ($\binom{\text{대판 2018.5.15}}{\text{2017두41221}}$).

【사례15_2012 2차 변시모의_제2문(152면), 사례20_2020 변시_제2문(197면)】

★

48 보상금증액에 대한 행정소송절차? (보상금증감청구소송)

* 甲이 A 주식회사의 사업시행 자체에는 반대하지 않으나 다만 A 주식회사가 제시한 보상액이 너무 적다고 생각하는 경우 취할 수 있는 적절한 구제수단에 대하여 논하시오.

II. 보상금 증액을 위한 권리구제수단

1. 수용재결에 대한 이의신청 및 중앙토지수용위원회의 이의재결

1) 수용재결의 의의 및 이의신청

(1) 수용재결은 사업시행자로 하여금 토지의 소유권 또는 사용권을 취득하도록 하고, 사업시행자가 지급하여야 할 손실보상액을 정하는 행위이다.

(2) 재결사항으로 수용하거나 사용할 토지의 구역 및 사용방법, 손실보상, 수용 또는 사용의 개시일과 기간 등이 있다(토지보상법 제50조).

(3) 수용재결은 수용에 대한 최초의 원행정처분이며, 이에 대한 불복절차로 중앙토지수용위원회의 이의신청이 있다.

(4) 중앙토지수용위원회의 이의신청 및 이의재결은 일반의 행정심판절차에 대응하는 특별행정심판절차이다.

2) 사안의 적용

甲은 중앙토지수용위원회에 보상금 증액을 이유로 이의신청을 할 수 있고(토지보상법 제83조 제1항), 이의신청을 받은 중앙토지수용위원회는 수용재결이 위법 또는 부당한 경우 수용재결의 전부 또는 일부를 취소하거나 보상금을 증액하는 재결(이의재결)을 할 수 있다(동법 제84조 제1항). 이의재결의 확정은 민사소송법상 확정판결이 있는 것으로 보며, 재결서 정본은 집행력 있는 판결의 정본과 동일한 효력을 갖는다(동법 제86조 제1항).

2. 보상금 증액청구 소송 제기

1) 보상금증감청구소송 의의, 근거, 내용

(1) 사업집행자·토지소유자 또는 관계인은 수용재결에 대하여 불복이 있을 때에는 행정소송을 제기할 수 있다(항고소송)(제85조 제1항).

(2) 보상금의 증감에 관한 경우에는 보상금증감청구소송을 제기하여야 한다(형식적 당사자소송)(제85조 제2항).

(3) 즉 수용 자체에 대해서는 다투지 않고 보상금 액수에 불복이 있는 경우에 이해당사자

(토지소유자와 사업시행자)간의 보상금의 증액 또는 감액청구소송을 인정하고 있다.

⑷ 법률관계의 조속한 확정을 위하여 수용재결에 대한 항고소송이 아닌 이해당사자간 당사자소송으로 정한 것이다.

2) 보상금증액청구소송의 형태 법적 성격

⑴ 원고가 토지소유자이며 피고는 사업시행자이다(동법 제85조 제2항).

⑵ 즉 형식적으로 당사자간 법률관계를 다투는 소송으로 진행되며, 다툼의 대상은 재결사항 중 보상액에 관한 부분 즉 처분을 다투고 있다는 점에서 형식적 당사자소송이라 칭한다(실질적으로 처분에 대한 항고소송).

⑶ 또한 법적 성격에 관하여 ㈎ 學說은 (i) 형성소송설 - 재결(처분)의 취소변경 (ii) 확인이행소송설 - 보상금지급의무의 이행 및 확인 ㈏ 小結로 소송형태(당사자소송)상 확인이행소송설이 타당하다. ㈐ 判例는 명확히 설시하고 있지 않으나, 확인이행소송으로 판단하는 것으로 보인다.

3) 사안의 적용

⑴ 甲은 보상금증액소송을 제기할 수 있다.

⑵ 이 경우 중앙토지수용위원회의 이의재결을 반드시 거칠 필요는 없다(임의적 전치).

⚖ 보상금 증감청구소송 관련 판례

1 구 '공익사업을 위한 토지 등의 취득 및 보상에 관한 법률'(2007. 10. 17. 법률 제8665호로 개정되기 전의 것) 제74조 제1항에 규정되어 있는 잔여지 수용청구권은 손실보상의 일환으로 토지소유자에게 부여되는 권리로서 그 요건을 구비한 때에는 잔여지를 수용하는 토지수용위원회의 재결이 없더라도 그 청구에 의하여 수용의 효과가 발생하는 형성권적 성질을 가지므로, 잔여지 수용청구를 받아들이지 않은 토지수용위원회의 재결에 대하여 토지소유자가 불복하여 제기하는 소송은 위법 제85조 제2항에 규정되어 있는 '보상금의 증감에 관한 소송'에 해당하여 사업시행자를 피고로 하여야 한다(대판 2010.8.19. 2008두822).

2 토지수용법 제75조의2 제2항의 규정은 그 제1항에 의하여 이의재결에 대하여 불복하는 행정소송을 제기하는 경우, 이것이 보상금의 증감에 관한 소송인 때에는 이의재결에서 정한 보상금이 증액 변경될 것을 전제로 하여 기업자를 상대로 보상금의 지급을 구하는 공법상의 당사자소송을 규정한 것으로 볼 것이다(대판 1991.11.26. 91두285).

3 보상금증감소송에서 실질적인 이해관계인은 피수용자와 시업시행자일 뿐 재결청은 이해관계가 없으므로, 이 사건 법률조항은 실질적인 당사자들 사이에서만 소송이 이루어지도록 합리적으로 조정하고, 절차의 반복 없이 분쟁을 신속하게 종결하여 소송경제를 도모하며, 항고소송의 형태를 취할 경우 발생할 수 있는 수용처분의 취소로 인한 공익사업절차의 중단을 최소화하기 위하여, 소송당사자에서 재결청을 제외하고 사업시행자만을 상대로 다투도록 피고적격을 규정한 것이다(헌재결 2013.9.26. 2012헌바23).

4│ 어떤 보상항목이 공익사업을 위한 토지 등의 취득 및 보상에 관한 법령상 손실보상 대상에 해당함에도 관할 토지수용위원회가 사실을 오인하거나 법리를 오해함으로써 손실보상 대상에 해당하지 않는다고 잘못된 내용의 재결을 한 경우에는, 피보상자는 관할 토지수용위원회를 상대로 그 재결에 대한 취소소송을 제기할 것이 아니라, 사업시행자를 상대로 공익사업을 위한 토지 등의 취득 및 보상에 관한 법률 제85조 제2항에 따른 보상금증감소송을 제기하여야 한다(대판 2019.11.28. 2018두227).

 보상규정 부재 등 수용유사침해 보상 관련 판례

1│ 하천법(1971.1.19 법률 제2292호로 개정된 것) 제2조 제1항 제2호, 제3조에 의하면 제외지는 하천구역에 속하는 토지로서 법률의 규정에 의하여 당연히 그 소유권이 국가에 귀속된다고 할 것인바 한편 동법에서는 위 법의 시행으로 인하여 국유화가 된 제외지의 소유자에 대하여 그 손실을 보상한다는 직접적인 보상규정을 둔 바가 없으나 동법 제74조의 손실보상요건에 관한 규정은 보상사유를 제한적으로 열거한 것이라기 보다는 예시적으로 열거하고 있으므로 국유로 된 제외지의 소유자에 대하여는 위 법조를 유추적용하여 관리청은 그 손실을 보상하여야 한다(대판 1987.7.21. 84누126).

2│ 토지구획정리사업으로 말미암아 본건 토지에 대한 환지를 교부하지 않고 그 소유권을 상실케 한데 대한 본건과 같은 경우에 손실보상을 하여야 한다는 규정이 본법에 없다 할지라도 이는 법리상 그 손실을 보상하여야 할 것이다(대판 1972.11.28. 72다1597).

3│ 물건 또는 권리 등에 대한 손실보상액 산정의 기준이나 방법에 관하여 구체적으로 정하고 있는 법령의 규정이 없는 경우에는, 그 성질상 유사한 물건 또는 권리 등에 대한 관련 법령상의 손실보상액 산정의 기준이나 방법에 관한 규정을 유추적용할 수 있다(대판 2018.12.27. 2014두11601).

4│ 수용유사적 침해의 이론은 국가 기타 공권력의 주체가 위법하게 공권력을 행사하여 국민의 재산권을 침해하였고 그 효과가 실제에 있어서 수용과 다름없을 때에는 적법한 수용이 있는 것과 마찬가지로 국민이 그로 인한 손실의 보상을 청구할 수 있다는 것인데, 1980.6.말경의 비상계엄 당시 국군보안사령부 정보처장이 언론통폐합조치의 일환으로 사인 소유의 방송사 주식을 강압적으로 국가에 증여하게 한 것이 위 수용유사행위에 해당되지 않는다(대판 1993.10.26. 93다6409)

5│ 도시계획법 제21조에 규정된 개발제한구역제도 그 자체는 원칙적으로 합헌적인 규정인데, 다만 개발제한구역의 지정으로 말미암아 일부 토지소유자에게 사회적 제약의 범위를 넘는 가혹한 부담이 발생하는 예외적인 경우에 대하여 보상규정을 두지 않은 것에 위헌성이 있는 것이고, 보상의 구체적 기준과 방법은 헌법재판소가 결정할 성질의 것이 아니라 광범위한 입법형성권을 가진 입법자가 입법정책적으로 정할 사항이므로, 입법자가 보상입법을 마련함으로써 위헌적인 상태를 제거할 때까지 위 조항을 형식적으로 존속케 하기 위하여 헌법불합치결정을 하는 것인바, 입법자는 되도록 빠른 시일내에 보상입법을 하여 위헌적 상태를 제거할 의무가 있고, 행정청은 보상입법이 마련되기 전에는 새로 개발제한구역을 지정하여서는 아니되며, 토지소유자는 보상입법을 기다려 그에 따른 권리행사를 할 수 있을 뿐 개발제한구역의 지정이나 그에 따른 토지재산권의 제한 그 자체의 효력을 다투거나 위 조항에 위반하여 행한 자신들의 행위의 정당성을 주장할 수는 없다(헌재 1998.12.24.89헌마214. 90헌바16, 97헌바7)

───── 제 2 편 ─────

행정쟁송

【행정심판】

【사례16_2016 3차 변시모의_제2문(160면)】

★★
49 행정심판의 종류, 가구제 제도

* 甲이 취소소송을 제기하기 전에 이주대책대상자 선정신청 거부행위에 대하여 행정심판을 제기하는 경우에 취할 수 있는 「행정심판법」상 행정심판의 종류 및 가구제 수단에 대하여 검토하시오.

Ⅱ. 乙의 거부의 처분성 유무

1. 거부처분의 처분성 인정 기준과 乙의 거부의 처분성 유무판단

1) (1)행정심판법(이하 '법') 제2조 제1호는 처분을 '행정청이 행하는 구체적 사실에 관한 법집행으로서 공권력의 행사 또는 그 거부'라 하여 거부의 대상이 '공권력 행사'일 것을 요구한다. 이에 대하여 (2)判例는 (ㄱ) 거부의 대상(신청한 행위)이 '공권력 행사'이고 (ㄴ) 거부로 신청인의 권리나 의무의 영향(법률관계의 변동)이 있어야 하고 (ㄷ) 신청인에게 그 공권력 행사를 요청할 신청권이 있어야 처분으로 보고 있다. (3)신청권의 검토필요 여부에 대하여 (가) 學說은 (i) 대상적격설 (ii) 원고적격설 (iii) 본안판단설, (나)判例는 대상적격과 원고적격에서 신청권 존부를 같이 검토하며, (다)小結로 신청권은 요건을 갖춘 일반인을 기준으로 추상적으로 판단하는 것이고, 신청내용 그대로의 인용을 요구하는 것이 아니라 신청에 대한 응답을 받을 권리이므로 대상적격으로 보는 동시에 개인적 공권의 판단에서도 신청할 권리를 검토하므로 判例가 타당하다고 본다.

2) 乙의 거부행위는 判例의 입장에 따를 때 사안에서 (1)거부의 대상이 이주대책대상자 선정으로 공권력 행사이고, (2)거부로 甲의 재산권과 생활권의 침해가 발생하며 (3)甲은 사업시행지구 내에 거주하고 있는 자로 이주대책대상자 선정신청권도 갖는 바, 乙의 거부행위는 법상 처분에 해당한다.

Ⅲ. 거부처분에 대한 행정심판의 종류 검토

1. 행정심판의 종류와 甲이 청구가능한 행정심판의 유형은?

1) 법 제3조는 행정심판의 대상을 '처분'으로 하고 법 제5조에서 행정심판의 종류를 취소심판, 무효등확인심판, 의무이행심판을 정하고 있다. (1)취소심판은 위법 또는 부당한 처분의 취소하거나 변경하는 행정심판, (2)무효등확인심판은 처분의 효력 유무 또는 존재여부를 확인하는 행정심판, (3)의무이행심판은 당사자의 신청에 대한 행정청의 위법 또는 부

당한 거부처분이나 부작위에 대하여 일정한 처분을 하도록 하는 행정심판이다.

2) ⑴乙의 거부행위는 처분에 해당하고, ⑵사안에서 처분의 위법 또는 부당, 효력의 유무 또는 존재 여부에 대한 별도의 언급이 없는바, 甲은 취소심판, 무효등확인심판, 의무이행 심판 중 어느 것이든 청구가 가능하다고 할 것이다.

IV. 거부처분에 대한 가구제 수단

1. 집행정지의 의의 근거 및 가능성 검토

1) 집행정지는 행정심판위원회가 처분, 처분의 집행 또는 절차의 속행 때문에 중대한 손해가 생기는 것을 예방할 필요성이 긴급하다고 인정할 때, 직권 또는 당사자의 신청에 의하여 처분의 효력, 처분의 집행 또는 절차의 속행의 전부 또는 일부의 정지를 결정하는 것이다(법 제30조).

2) 거부처분의 경우에 집행정지가 인정될 수 있는지에 대해서는 ㈎ 學說은 (i) 행정청을 사실상 구속할 수 있으므로 긍정하는 견해 (ii) 집행정지의 이익이 없어 부정하는 견해 (iii) 원칙은 부정이나 허가갱신의 거부에 대한 집행정지 등 예외적으로 실익이 있는 경우는 긍정하자는 절충견해가 있다. ㈏ 행정심판 재결례는 대법원 判例와 같이 거부처분에 대한 집행정지를 인정하지 않는다. ㈐ 小結로 집행정지의 실익이 있는 경우에만 긍정하는 절충설이 타당하다고 본다. 사안의 해결은 判例의 기준에 의한다.

3) 사안에서 乙의 신청거부 행위에 대해서는 집행정지가 인용된다 하여도 거부처분의 집행 정지가 될 뿐 신청에 대한 처분의 효력이 생기는 것이 아니므로 그 실익이 없고 따라서 부정함이 타당하다. 이 경우 오히려 임시처분의 검토를 요한다.

2. 임시처분의 의의, 근거 및 가능성 검토

1) ⑴임시처분은 (ㄱ) 처분이 위법하다고 상당히 의심되는 경우로 (ㄴ) 행정심판 청구가 계속 중이어야 하며, (ㄷ) 처분으로 당사자가 받을 우려가 있는 중대한 불이익이나 당사자에게 생길 급박한 위험이 존재하여야 하며, (ㄹ) 이를 막기 위해 임시의 지위를 정하여야 할 필요가 있는 경우에 결정될 수 있다.

⑵소극요건으로 (ㅁ) 공공복리에 중대한 영향을 미칠 우려가 없으며(제31조 제2항, 제30조 제3항), (ㅂ) 집행정지로는 목적을 달성할 수 없는 경우이어야 한다(제31조 제3항).

2) 사안에서 상술한 임시처분 요건상황에 대한 구체적인 언급이 없는 바, 요건 상황이 충족 되었다면, 집행정지로는 목적달성을 할 수 없는 바, 甲은 임시처분 신청을 할 수 있고, 더불어 행정심판위원회 직권으로 임시처분결정도 가능하다 할 것이다.

⚖️ **거부처분에 취소소송(심판)에 있어 집행정지 가능성 관련 판례**

허가신청에 대한 거부처분은 그 효력이 정지되더라도 그 처분이 없었던 것과 같은 상태를 만드는 것에 지나지 아니하는 것이고 그 이상으로 행정청에 대하여 어떠한 처분을 명하는 등 적극적인 상태를 만들어 내는 경우를 포함하지 아니하는 것이므로, 교도소장이 접견을 불허한 처분에 대하여 효력정지를 한다 하여도 이로 인하여 위 교도소장에게 접견의 허가를 명하는 것이 되는 것도 아니고 또 당연히 접견이 되는 것도 아니어서 접견허가거부처분에 의하여 생길 회복할 수 없는 손해를 피하는 데 아무런 보탬도 되지 아니하니 접견허가거부처분의 효력을 정지할 필요성이 없다(대결 1991.5.2.91두15; 대결 1992.2.13.91두47).

【사례17_2018 5급공채_제2문(168면)】

50 의무이행심판의 심판청구요건 (신청-거부-거부처분취소심판)

* 甲은 어떤 행정심판을 청구할 수 있는가? (행정심판의 종류와 그 심판청구의 적법성)

II. 甲의 의무이행심판청구 가능성과 대상적격 · 청구인적격 인정가능성

1. 행정심판법상 의무이행심판의 의의, 근거, 요건 및 가능성

1) (1) 행정심판법 제5조 제3호는 당사자의 신청에 대한 행정청의 위법 또는 부당한 거부처분이나 부작위에 대하여 일정한 처분을 하도록 하는 의무이행심판을 규정하고 있다. (2) 의무이행심판은 항고심판의 한 유형이며, 행정소송법상에는 존재하지 않는다. (3) 의무이행심판은 당사자의 신청에 대한 거부나 부작위를 대상으로 한다. (4) 의무이행심판청구를 인용하는 재결이 있는 경우 행정청은 지체 없이 당사자의 신청에 따른 처분을 하여야 한다.

2) 본 사례에서 甲의 신청에 대하여 乙은 상당한 기간 동안 별다른 조치를 취하고 있지 않은 바, 부작위에 대하여 의무이행심판을 청구할 수 있다.

2. 의무이행심판청구의 적법요건 충족 여부 검토(대상적격, 청구인적격)

1) 의무이행심판은 거부나 부작위를 대상으로 하고 있다(행정심판법 제5조 제3호). 2) 특히 본 사례에서 부작위가 문제되는 바, 부작위가 성립하려면 (a) 부작위의 대상이 처분이어야 하며, (b) 부작위로 인하여 권리나 의무에 영향을 미치고 (c) 부작위에 대하여 신청권이 존재하여야 한다. 신청권의 존부에 대하여 ㈎ 學說은 (i) 대상적격요건설 (ii) 청구인적격(원고적격)설 (iii) 본안판단설이 있으나, ㈏ 행정심판 재결례는 대법원 判例와 같이 신청권을 대상적격과 청구인적격(원고적격)에서 동시에 검토하고 있는 것으로 보인다. ㈐ 小結로 신청권을 검토에서 배제할 경우 대상적격이 너무 넓어지며, 청구인적격에서도 청구인의 신청권을 법률상 이익으로 고려하는 바, 행정심판 재결례와 판례의 견해가 타당하다고 본다.

2) (1) 의무이행심판은 처분을 신청한 자로서 부작위에 대하여 일정한 처분을 구할 법률상 이익이 있는 자가 청구할 수 있다(행정심판법 제13조 제3항). (2) 이에 대하여 ㈎ 學說은 (i) 정당한 이익을 빠트린 것은 입법의 미비라는 견해, (ii) 행정심판에서 위법부당은 본안심사

의 기준에 해당하므로 청구인적격에서는 법률상 이익으로 보는 것이 타당하다는 견해가 있으나, (ㄴ)통상 재결례에서는 법률상 이익으로 판단한다. (ㄷ)小結로 법률상 이익으로 보는 것이 타당하다. (3)법률상 이익은 개인적 공권으로 행정주체에 대하여 일정한 행정행위를 요구할 권리를 의미하는 바, (a) 행정청의 행위의무 (b) 사익보호성이 요구된다.

3) 본 사례에서 乙의 부작위가 인정되는지에 대하여 (a) 부작위의 대상인 개선명령이 처분이며, (b) 개선명령의 부작위로 주민들의 권리침해가 있고, (c) 주민 甲에게 개선명령을 요청할 일반적인 조리상 신청권을 인정할 수 있으므로, 심판청구의 대상적격은 인정된다 하겠다.

4) 甲의 청구인적격이 인정되는지에 관하여 (a) 乙은 하자 없는 재량을 행사하여 개선명령을 할 의무가 있으며, (b) 재량은 0으로 수축되어 있고, (c) 甲에게는 물환경보전법의 목적(제1조), 국가와 지방자치단체의 책무(제3조) 등 관련 조항의 해석상 사익보호성이 인정되는 바, 청구인적격이 인정된다고 하겠다.

★★

【사례17_2018 5급공채_제2문(168면)】

51 임시처분 (거부처분의 집행정지 가능성)

* 甲이 취할 수 있는 행정심판법상 가구제 수단은?

II. 임시처분의 가능성 검토

1. 임시처분의 의의, 근거, 내용, 요건, 효과

1) 행정심판위원회는 처분 또는 부작위가 위법 부당하다고 상당히 의심되는 경우로서 처분 또는 부작위 때문에 당사자가 받을 우려가 있는 중대한 불이익이나 당사자에게 급박한 위험을 막기 위하여 임시지위를 정하여야 할 필요가 있는 경우에는 직권으로 또는 당사자의 신청에 의하여 임시처분을 결정할 수 있다(행정심판법 제31조 제1항).

2) 임시처분은 공공복리에 중대한 영향을 미칠 우려가 있을 때에는 허용되지 않으며(제31조 제2항, 제30조 제3항), 행정심판청구와 동시에 또는 행정심판위원회의 의결이 있기 전까지 신청의 취지와 원인을 적은 서면을 행정심판위원회에 제출하도록 하고 있다.

2. 甲의 임시처분 신청 및 결정 가능성 검토

1) 乙의 부작위는 위법하다고 상당히 의심되는 경우이며, 甲등 주민이 받을 중대한 불이익을 막기 위하여 임시지위를 정할 필요가 있는 바, 甲은 의무이행심판을 제기하면서 임시처분 신청을 할 수 있다.

2) 행정심판위원회는 직권으로도 임시처분을 할 수 있으며, 위원회의 결정을 기다릴 경우 중대한 손해가 발생할 우려가 있다고 인정하면 위원장이 직권으로 위원회의 심리 결정에 갈음하는 결정을 할 수 있으며, 이후 행정심판위원회의 추인을 받도록 하고 있다.

【사례1_2018 3차 변시모의_제2문(11면)】

★★

52 임시처분 결정 가능성?

* 甲이 A를 상대로 제1차 거부처분에 대한 취소심판을 제기하면서 동시에 체류자격에 관한 임시처분을 행정심판위원회에 신청한 경우, 행정심판위원회는 임시처분을 결정할 수 있는가?

Ⅱ. 행정심판위원회의 임시처분 결정 가능성

1. 임시처분의 의의, 개념, 요건, 절차 등

1) (1) 행정심판법은 가구제 제도로 집행정지와 임시처분제도를 규정하고 있다. (2) 임시처분은 (ㄱ) 처분이 위법하다고 상당히 의심되는 경우로 (ㄴ) 행정심판청구 계속 중 (ㄷ) 처분으로 당사자가 받을 우려가 있는 중대한 불이익이나 당사자에게 생길 급박한 위험이 존재하여 (ㄹ) 이를 막기 위해 임시의 지위를 정하여야 할 필요가 있는 경우에 행정심판위원회에 의해서 결정될 수 있다. (3) 소극요건으로 (ㅁ) 공공복리에 중대한 영향을 미칠 우려가 없으며(제31조 제2항, 제30조 제3항), (ㅂ) 집행정지로는 목적을 달성할 수 없는 경우이어야 한다(보충성)(제31조 제3항).

2. 본 사안에서 임시처분 결정의 가능성

1) A행정청의 변경허가 거부의 사유가 명백히 출입국관리법 및 외국인투자 촉진법에 명시되어 있다고 보기 어려워 (1) 위법이 상당히 의심이 되는 경우이며, (2) 취소심판을 기 청구한 바, (3) 甲이 받을 불이익을 막기 위해 임시처분결정이 가능하다고 판단된다. (4) 또한 거부처분에 대한 집행정지는 행정심판 재결례 및 대법원 判例상 허용되지 않는 바, 보충성도 갖추고 있다.

2) 더불어 행정심판위원회 직권으로 임시처분결정도 가능할 것이다.

【사례17_2018 5급공채_제2문(168면)】

★★★

53 인용재결의 기속력과 기속력 확보수단 (직접처분과 간접강제)

* 甲이 청구한 위 2. 의 행정심판청구를 관할 행정심판위원회에서 인용한 경우, 乙이 이 인용재결의 취지에 따른 처분을 하지 않고 있는 경우 甲이 취할 수 있는 행정심판법상 권리구제수단은?

Ⅱ. 의무이행심판의 인용재결의 기속력과 기속력 확보 수단 검토

1. 의무이행심판 인용재결의 기속력 의의, 근거, 내용, 효과

1) (1) 심판청구를 인용하는 재결은 피청구인인 행정청과 그 밖에 관계 행정청을 기속한다(행정심판법 제49조 제1항).

(2) 당사자의 신청을 거부하거나 부작위로 방치한 처분의 이행을 명하는 재결이 있으면 행

정청은 이전의 신청에 대하여 재결의 취지에 따라 처분을 하여야 한다(동조 제3항).

2) ⑴재결의 기속력은 ⒜ 위법·부당한 처분의 반복금지, ⒝ 신청한 처분의 거부나 부작위에 대하여 취소 또는 이행을 명하는 경우의 재처분, ⒞ 위법·부당한 결과를 제거하는 결과제거의 각 의무를 갖게 한다.

⑵기속력은 ⒜ 주관적으로 처분청 및 관계 행정청에 ⒝ 객관적으로 재결의 주문과 이유에 나타난 기본적 사실관계가 동일한 부분에 대해서 ⒞ 시간적으로 처분 당시까지의 상황에 대하여 판결의 기속력이 미친다.

3) 기속력에 위반한 경우에는 각각 ⑴반복금지를 위반한 처분에 대해서는 무효 ⑵재처분의무를 위반한 경우에는 직접처분과 간접강제를 결정함으로써 그 실효성을 확보하고 있다.

2. 기속력 확보수단으로서의 직접처분과 간접강제(행정심판법 제50조, 제50조의2)

1) ⑴직접처분은 행정심판위원회가 이행을 명하는 재결을 하였음에도 불구하고 처분청이 처분을 하지 아니하는 경우에 당사자가 신청을 하면 처분청에 시정을 명하고 그 기간에 이행을 하지 않은 경우 직접 처분을 하는 제도이다(동법 제50조).

⑵다만 처분의 성질이나 불가피한 사유로 위원회가 직접 처분을 할 수 없는 경우에는 직접처분을 할 수 없다.

2) ⑴간접강제는 최근 신설된 제도로서 거부처분을 취소(무효등확인)하거나, 이행재결이 있음에도 그에 따른 처분을 하지 아니하는 경우 청구인의 신청에 따라 결정으로 상당한 기간을 정하고 피청구인이 그 기간 내에 이행하지 아니한 경우에 그 지연기간에 따라 일정한 배상을 하도록 명하거나 즉시 배상을 할 것을 명하는 제도이다(동법 제50조의2).

3. 甲의 직접처분과 간접강제 신청의 가능성

의무이행심판의 인용재결이 있음에도 乙이 재결에 따른 개선명령을 하지 않고 있으므로 甲은 개선명령을 행정심판위원회에 신청할 수 있고, 또한 개선명령을 직접처분하기 어려운 경우에는 간접강제를 신청하여 이행재결의 기속력을 확보할 수 있겠다.

⚖ 재결의 효력(기속력) 관련 판례

1] 재결의 기속력은 재결의 주문 및 그 전제가 된 요건사실의 인정과 판단, 즉 처분 등의 구체적 위법사유에 관한 판단에 대하여만 미치고, 종전 처분이 재결에 의하여 취소되었더라도 종전 처분 시와는 다른 사유를 들어 처분을 하는 것은 기속력에 저촉되지 아니한다. 여기서 동일한 사유인지 다른 사유인지는 종전 처분에 관하여 위법한 것으로 재결에서 판단된 사유와 기본적 사실관계에 있어 동일성이 인정되는 사유인지에 따라 판단하여야 한다(대판 2015.11.27. 2013다6759).

2] 당사자의 신청을 받아들이지 않은 거부처분이 재결에서 취소된 경우에 행정청은 종전 거부처분 또는 재결 후에 발생한 새로운 사유를 내세워 다시 거부처분을 할 수 있다. 그 재결의 취지에 따라

이전의 신청에 대하여 다시 어떠한 처분을 하여야 할지는 처분을 할 때의 법령과 사실을 기준으로 판단하여야 하기 때문이다(대판 2017.10.31. 2015두45045).

★
【사례17_2018 5급공채_제2문(168면)】

54 인용재결의 기속력과 피청구인(처분청)의 제소 금지

* 甲이 청구한 위 2. 의 행정심판청구가 인용된 경우, 乙은 행정심판위원회의 인용재결에 대하여 관할 행정법원에 인용재결의 취소를 구하는 소를 제기할 수 있는가?

II. 피청구인인 처분청 乙의 행정심판인용재결의 취소소송 제기 가능성 검토

1. 행정심판인용재결의 효력 – 처분청 기속, 반복금지의무(내용상 구속, 제소 불가)
   (행정심판법 제49조 제1항)

III. 행정심판법 제49조 제1항 위헌소원(아래 憲裁 判例 2013헌바122 참조)

1. 처분청은 기본권 주체가 될 수 없음

2. 헌법 제107조 제3항 사법절차의 심급제에 따른 불복할 권리까지 준용되어야 한다는 취지는 아님, 일반사인은 행정심판 재결 이후 행정소송 가능(평등권 침해 아님), 지방자치권 침해 아님

 인용재결의 처분청에 대한 기속력에 관한 판례

행정심판법 제49조 제1항 '심판청구를 인용하는 재결은 피청구인과 그 밖의 관계 행정청을 기속(羈束)한다'는 헌법 제101조 제1항, 제107조 제2항 및 제3항에 위배된다고 볼 수 없다. 헌법 제101조 제1항은 "사법권은 법관으로 구성된 법원에 속한다."라고 규정하고, 헌법 제107조 제2항은 "명령·규칙 또는 처분이 헌법이나 법률에 위반되는 여부가 재판의 전제가 된 경우에는 대법원은 이를 최종적으로 심사할 권한을 가진다."라고 규정하고 있으나, 이는 입법권 및 행정권으로부터 독립된 사법권의 권한과 심사범위를 규정한 것일 뿐이다. 그리고 헌법 제107조 제3항은 "재판의 전심절차로서 행정심판을 할 수 있다. 행정심판의 절차는 법률로 정하되, 사법절차가 준용되어야 한다."라고 규정하고 있으나, 이는 행정심판제도의 목적이 행정의 자율적 통제기능과 사법 보완적 기능을 통한 국민의 권리구제에 있으므로 행정심판의 심리절차에서도 관계인의 충분한 의견진술 및 자료제출과 당사자의 자유로운 변론 보장 등과 같은 대심구조적 사법절차가 준용되어야 한다는 취지일 뿐, 사법절차의 심급제에 따른 불복할 권리까지 준용되어야 한다는 취지는 아니다.

이 사건 법률조항, 행정심판법 제49조 제1항은 행정청의 자율적 통제와 국민 권리의 신속한 구제라는 행정심판의 취지에 맞게 행정청으로 하여금 행정심판을 통하여 스스로 내부적 판단을 종결시키고자

하는 것으로서 그 합리성이 인정되고, 반면 행정청의 행위에 대해 행정심판이 이루어졌다는 이유로 국민이 행정청의 행위를 법원에서 다툴 수 없도록 한다면 재판받을 권리를 제한하는 것이 되므로 국민은 행정심판의 재결에도 불구하고 행정소송을 제기할 수 있도록 한 것일 뿐이므로, 이 사건 법률조항이 평등권을 침해하거나 평등원칙에 위배된다고 볼 수 없다.

행정심판제도는 국민의 권리 또는 이익을 보호하기 위하여 행정청의 처분이나 부작위의 위법성 또는 부당성을 행정기관이 심판하는 것으로서, 이러한 행정통제기능을 수행하기 위해서는 중앙정부와 지방정부를 포함하여 행정청 내부에 어느 정도 그 판단기준의 통일성이 갖추어져야 한다. 또한 행정심판제도가 행정청이 가진 전문성을 활용하고 신속하게 문제를 해결하여 분쟁해결의 효과성과 효율성을 높이려는 취지로 마련되었음을 고려할 때, 사안에 따라 지방자치단체가 개별적으로 행정심판의 기능을 갖는 것보다 국가단위로 행정심판이 이루어지는 것이 더욱 바람직할 수 있다. 이 사건 법률조항은 다층적·다면적으로 설계된 현행 행정심판제도 속에서 각 행정심판기관의 인용재결의 기속력을 인정한 것으로서, 이로 인하여 중앙행정기관이 지방행정기관을 통제하는 상황이 발생한다고 하여 그 자체로 지방자치제도의 본질적 부분을 훼손하는 정도에 이른다고 보기 어렵다. (헌재결 2014.6.26.
2013헌바122)

【행정소송】

★★

【사례18_2017 3차 변시모의_제2문(176면)】

55 예방적 금지소송의 행정소송법상 허용여부

* 乙에 대한 주유소 운영사업자 선정처분에 뒤이어 B구청장이 乙에게 주유소 건축허가를 하려고 하자, 甲은 B구청장을 피고로 하여 다음과 같은 청구취지 '피고는 소외 乙에게 건축허가를 하여서는 아니 된다.'가 기재된 소장을 법원에 제출하였다. 이러한 소송이 현행 「행정소송법」상 허용될 수 있는가?

II. 건축허가 금지소송의 법상 허용가능성 판단

1. 현행법상 행정소송의 종류와 무명항고소송의 가능성

1) 행정소송법은 제3조와 제4조에서 행정소송의 종류와 행정청을 피고로 처분등과 부작위를 대상으로 하는 항고소송의 종류를 정하고 있는 바, 이에는 취소소송, 무효등확인소송과 부작위위법확인소송이 있으며, 이를 강학상 '법정항고소송'이라 한다.

2) 무명항고소송은 '법정외 항고소송'으로 행정소송법이 정하고 있는 항고소송 이외에 처분청을 피고로 하여 처분등을 대상으로 하는 소송으로 ㈎ 처분의 의무이행을 구하는 처분의무이행소송, ㈏ 적극적 처분을 구하는 적극적 형성소송 ㈐ 미리 처분등을 하지 못하도록 금지를 구하는 예방적금지소송이 있다.

3) 무명항고소송에 대하여는 ㈎ 學說은 (i) 행정소송에 있어서 개괄주의와 헌법상 기본권으로서의 재판청구권을 보장하기 위해서 인정하여야 한다는 긍정설 (ii) 행정과 사법의 권력의

분립, 이로 인한 부작위위법확인소송 등 사법의 소극성을 이유로 하는 부정설 ⑴ 判例는 일관되게 무명항고소송을 부정하여 법정항고소송 이외의 어떠한 형태도 인정하지 않고 있다. ⑶ 小結로 행정에 대한 국민의 권익구제의 폭을 넓혀 기본권인 재판청구권을 실현한다는 측면에서 긍정설이 타당하다고 본다. ⑷ 본 사례는 判例의 입장에 따라 해결

2. 건축허가 금지를 구하는 소송의 허용성 판단

1) 건축허가 금지소송은 예방적 금지소송으로 행정소송법상 명시된 소송의 형태가 아니다. 즉 법정외 항고소송에 해당하고, 이는 判例가 그 허용성을 부정하는 바, 判例견해에 따라 건축허가 금지소송은 불허된다고 할 것이다.

2) 다만, 국민의 재판청구권을 실질적으로 보장하고 행정에 대한 권익구제를 강화하는 측면에서 인정하는 것이 타당하고 보며, 특히 행정소송법 개정을 통해서 명문화하는 것도 필요하다고 본다.

⚖️ 법정외항고소송의 허용성 관련 판례

1 검사에게 압수물 환부를 이행하라는 청구는 행정청의 부작위에 대하여 일정한 처분을 하도록 하는 의무이행소송으로 현행 행정소송법상 허용되지 아니한다(대판 1995.3.10. 94누14018).

2 현행 행정소송법상 행정청으로 하여금 일정한 행정처분을 하도록 명하는 이행판결을 구하는 소송이나 법원으로 하여금 행정청이 일정한 행정처분을 행한 것과 같은 효과가 있는 행정처분을 직접 행하도록 하는 형성판결을 구하는 소송은 허용되지 아니한다(대판 1997.9.30. 97누3200).

3 건축건물의 준공처분을 하여서는 아니된다는 내용의 부작위를 구하는 청구는 행정소송에서 허용되지 아니하는 것이므로 부적법하다(대판 1987.3.24. 86누182).

★★★

【사례8_2019 변시_제2문(72면), 사례3_2015 1차 변시모의_제2문(30면)】

56 S수녀원에게 원고적격이 인정되는가? (법인·단체의 원고적격, 법률상 이익 판단)

* 위 소송에서 S수녀원에게 원고적격이 인정되는가?

II. S수녀원의 원고적격 인정 여부 – 법률상 이익을 갖는가? – 법인 재산권, 수녀 환경권

1. 행정소송법 제12조 원고적격 – 법률상 이익

1) ⑴ 행정소송법 제12조는 '취소소송은 처분등의 취소를 구할 법률상 이익이 있는 자가 제기할 수 있다고 규정한다.

⑵ 법률상 이익의 의미와 관련해서 취소소송이 갖는 기능이 문제되는 바, ⑺ 學說은 (i) 권리가 침해된 자만이 소송을 제기하고 구제받을 수 있다는 '권리구제설' (ii) 권리는 법률에

서 정하고 있는 것이고, 따라서 법률에서 보호하는 이익을 침해당한 자의 구제기능을 한다는 '법률상보호이익설' (iii) 법률에서 정하는 이익 외에도 보호가치가 있는 이익이라면 구제해야 한다는 '보호가치있는이익설' (iv) 권리침해여부를 떠나 누구나 위법한 처분에 대해서는 시정을 요구할 수 있다는 적법성보장설 (ㄴ) 判例는 원고적격을 지나치게 확대하는 것은 주관소송을 원칙으로 하는 취소소송체계에 부합하지 않으므로 법률상보호이익설을 따른다. (ㄷ) 小結로 법률상 쟁송을 기본으로 하는 사법제도의 기본 틀을 감안할 때 判例의 견해는 타당하다.

2) (1) 법 제12조의 법률상 이익의 해석에 있어 '법률'의 범위와 내용이 문제되는 바, (ㄱ) 學說은 (i) 해당처분의 근거법률의 규정과 취지 (ii) 근거법률 이외의 관련법률의 규정과 취지도 고려 (iii) 근거·관련법률 외에 헌법상 기본권 규정까지 고려, (ㄴ) 判例는 근거·관련 법률 외에 기본권 규정까지 고려하여 해당 처분과 관련되는 법률, 기본권 규정이 있는 한 넓게 원고적격을 인정, (ㄷ) 小結로 헌법상 기본권 보호의 대원칙, 기본권 제한의 한계로서의 법률의 존재라는 관점에서 判例 견해가 타당하다.

2. S수녀원의 법률상 이익 침해가 있는가? - 법인의 재산권, 수녀들의 환경권 검토

1) (1) S수녀원은 재단법인으로 법 제12조의 법률상 이익이 있는 자의 '자'에 해당한다.

(2) 다만, 변경승인으로 인한 딸기잼의 판매수입의 감소는 S수녀원이 갖는 재산권을 직접적 구체적으로 침해하는 것으로 처분의 근거법률인 공유수면매립법 제30조에서 보호하는 매립 관련 권리자의 이익과 헌법 제23조 제1항의 재산권에 근거한 이익을 침해한 것이다.

(3) 따라서 법인은 재산권의 향유주체가 될 수 있는 바, 법률상 이익의 침해가 인정되므로 원고적격이 있다고 볼 것이다.

2) (1) 사안에서 변경승인은 수녀들의 환경상 이익을 침해하는 바, 수녀들의 이익의 침해를 이유로 수녀원이 원고적격을 가질 수 있는가가 문제가 되겠다.

(2) 수녀원은 수녀와 다른 권리주체로서 법인이며, 수녀들이 갖는 환경권은 수녀원의 권리와는 구분된다.

(3) 법인이 환경권의 주체가 될 수 있는가 여부에서는 논란이 있는 바, 본 설문에 근거해 판단할 경우, 수녀들의 환경권 침해가 곧 법인의 환경권 침해가 될 수는 없다.

(4) 따라서 수녀들의 환경권 침해에 대해서는 수녀원이 직접 법률상 이익의 침해가 있다고 볼 수 없고, 환경권에 기한 원고적격은 부정하는 것이 타당하다.

 원고적격에 있어 법률상 보호이익의 의미 관련 판례

1 법률상 보호되는 이익은 당해 처분의 근거 법규 및 관련 법규에 의하여 보호되는 개별적·직접적·구체적 이익이 있는 경우를 말하고, 공익보호의 결과로 국민 일반이 공통적으로 가지는 일반적·

간접적·추상적 이익과 같이 사실적·경제적 이해관계를 갖는 데 불과한 경우는 여기에 포함되지 아니한다. 또 당해 처분의 근거 법규 및 관련 법규에 의하여 보호되는 법률상 이익은 당해 처분의 근거 법규의 명문 규정에 의하여 보호받는 법률상 이익, 당해 처분의 근거 법규에 의하여 보호되지는 아니하나 당해 처분의 행정목적을 달성하기 위한 일련의 단계적인 관련 처분들의 근거 법규에 의하여 명시적으로 보호받는 법률상 이익, 당해 처분의 근거 법규 또는 관련 법규에서 명시적으로 당해 이익을 보호하는 명문의 규정이 없더라도 근거 법규 및 관련 법규의 합리적 해석상 그 법규에서 행정청을 제약하는 이유가 순수한 공익의 보호만이 아닌 개별적·직접적·구체적 이익을 보호하는 취지가 포함되어 있다고 해석되는 경우까지를 말한다(대판 2015.7.23. 2012두19496·19502).

2️⃣ 재단법인 甲 수녀원이, 매립목적을 택지조성에서 조선시설용지로 변경하는 내용의 공유수면매립목적 변경 승인처분으로 인하여 법률상 보호되는 환경상 이익을 침해받았다면서 행정청을 상대로 처분의 무효 확인을 구하는 소송을 제기한 사안에서, 공유수면매립목적 변경 승인처분으로 甲 수녀원에 소속된 수녀 등이 쾌적한 환경에서 생활할 수 있는 환경상 이익을 침해받는다고 하더라도 이를 가리켜 곧바로 甲 수녀원의 법률상 이익이 침해된다고 볼 수 없고, 자연인이 아닌 甲 수녀원은 쾌적한 환경에서 생활할 수 있는 이익을 향수할 수 있는 주체가 아니므로 위 처분으로 위와 같은 생활상의 이익이 직접적으로 침해되는 관계에 있다고 볼 수도 없으며, 위 처분으로 환경에 영향을 주어 甲 수녀원이 운영하는 쨈 공장에 직접적이고 구체적인 재산적 피해가 발생한다거나 甲 수녀원이 폐쇄되고 이전해야 하는 등의 피해를 받거나 받을 우려가 있다는 점 등에 관한 증명도 부족하다는 이유로, 甲 수녀원에 처분의 무효 확인을 구할 원고적격이 없다(대판 2012.6.28. 2010두2005).

3️⃣ 법인격 없는 단체도 구체적인 분쟁대상과 관련하여 권리를 가질 수 있는 범위 안에서 법률상 이익이 있는 자가 될 수 있다(대판 1967.1.31. 66다2334).

4️⃣ 상수원보호구역 설정의 근거가 되는 수도법 제5조 제1항 및 동 시행령 제7조 제1항이 보호하고자 하는 것은 상수원의 확보와 수질보전일 뿐이고, 그 상수원에서 급수를 받고 있는 지역주민들이 가지는 상수원의 오염을 막아 양질의 급수를 받을 이익은 직접적이고 구체적으로는 보호하고 있지 않음이 명백하여 위 지역주민들이 가지는 이익은 상수원의 확보와 수질보호라는 공공의 이익이 달성됨에 따라 반사적으로 얻게 되는 이익에 불과하므로 지역주민들에 불과한 원고들에게는 위 상수원보호구역변경처분의 취소를 구할 법률상의 이익이 없다(대판 1995.9.26. 94누14544).

5️⃣ 국민권익위원회가 소방청장에게 인사와 관련하여 부당한 지시를 한 사실이 인정된다며 이를 취소할 것을 요구하기로 의결하고 그 내용을 통지하자 소방청장이 국민권익위원회 조치요구의 취소를 구하는 소송을 제기한 사안에서, 행정기관인 국민권익위원회가 행정기관의 장에게 일정한 의무를 부과하는 내용의 조치요구를 한 것에 대하여 그 조치요구의 상대방인 행정기관의 장이 다투고자 할 경우에 법률에서 행정기관 사이의 기관소송을 허용하는 규정을 두고 있지 않으므로 이러한 조치요구를 이행할 의무를 부담하는 행정기관의 장으로서는 기관소송으로 조치요구를 다툴 수 없고, 위 조치요구에 관하여 정부 조직 내에서 그 처분의 당부에 대한 심사·조정을 할 수 있는 다른 방도도 없으며, 국민권익위원회는 헌법 제111조 제1항 제4호에서 정한 '헌법에 의하여 설치된 국가기관'이라고 할 수 없으므로 그에 관한 권한쟁의심판도 할 수 없고, 별도의 법인격이 인정되는 국가기관이 아닌 소방청장은 질서위반행위규제법에 따른 구제를 받을 수도 없는 점, 부패방지 및

국민권익위원회의 설치와 운영에 관한 법률은 소방청장에게 국민권익위원회의 조치요구에 따라야 할 의무를 부담시키는 외에 별도로 그 의무를 이행하지 않을 경우 과태료나 형사처벌까지 정하고 있으므로 위와 같은 조치요구에 불복하고자 하는 '소속기관 등의 장'에게는 조치요구를 다툴 수 있는 소송상의 지위를 인정할 필요가 있는 점에 비추어, 처분성이 인정되는 국민권익위원회의 조치요구에 불복하고자 하는 소방청장으로서는 조치요구의 취소를 구하는 항고소송을 제기하는 것이 유효·적절한 수단으로 볼 수 있으므로 소방청장은 예외적으로 당사자능력과 원고적격을 가진다(대판 2018.8.1. 2014두35379).

★★★

【사례18_2017 3차 변시모의_제2문(176면)】

57 취소소송의 협의의 소의 이익

* 甲이 B구청장을 상대로 자신에 대한 불선정처분의 취소소송을 제기하자, B구청장은 본안전 항변으로 '甲에 대한 불선정처분이 취소되더라도 乙에 대한 선정처분이 취소되거나 효력이 소멸되는 것은 아니므로 소의 이익이 없다'고 주장한다. 이러한 주장은 타당한가?

II. 甲이 불선정처분 취소를 구할 협의의 소의 이익이 있는지 여부

1. 협의의 소의 이익의 의의, 근거, 판단기준

1) 개념, 의의, 구분

⑴ 협의의 소의 이익은 원고가 재판을 통해 얻을 수 있는 실제적 이익 또는 원고가 보호받는 법률상 이익의 실제적 보호 필요성을 말한다. ⑵ 소의 이익은 다의적 개념이다. ⑶ 광의의 소의 이익은 취소소송의 대상적격·원고적격·권리보호의 필요를 포함하는 개념이다. ⑷ 判例는 소의 이익을 법률상 이익이라 하기도 한다.

2) 근거(근거 규정 존부)

⑴ 행정소송법 제12조 제2문은 처분등의 효과가 기간의 경과, 처분등의 집행 그 밖의 사유로 인하여 소멸된 뒤에도 그 처분등의 취소로 인하여 회복되는 법률상 이익이 있는 경우에는 취소소송을 제기할 수 있다고 정하고 있다.

⑵ 이에 대하여 ㈎ 學說은 ⒤ 협의의 소의 이익의 근거규정으로 보는 견해(입법상 과오), ⑾ 처분이 소멸된 경우, 원고적격의 근거 규정으로 보는 견해(입법상 비과오)가 대립한다. ㈏ 判例는 처분등의 효과가 소멸된 경우 소의 이익을 판단하는 기준으로서, 제12조 제1문의 원고적격인 '법률상 이익'과 제2문의 '법률상 이익'의 의미가 동일하다고 밝히고 있는 바, 제12조 제2문은 처분이 소멸된 경우, 원고 적격을 판단하는 규정으로 보고 있는 것으로 판단된다. ㈐ 小結로 협의의 소의 이익은 본안판단의 전제요건인 소송의 일반요건을 구비하면 당연히 인정되는 것으로 별도의 근거가 있어야 인정되는 것은 아니다. 또한 협의의 소의 이익은 원고가 재판을 통해 얻을 수 있는 실제적 이익을 의미한다. 따라서 법

률상 이익보다 그 인정 범위가 넓다. 결국 제12조 제2문의 '법률상 이익'을 협의의 소의 이익으로 볼 수 없고, 제12조 제1문과 같이 원고적격을 정하는 '법률상 이익'으로 보는 것이 타당하다.

3) 판단기준

(1) 적극요건 – 따라서, 협의의 소의 이익은 제12조 제2문의 법률상 이익에 한하지 않고, 법률상 이익의 실제적 보호 필요성으로서 그 밖에 경제상 또는 정신상의 이익도 포함하여 넓게 인정하는 것으로 봐야 할 것이다.

(2) 소극요건 – 다만, ㈎ 소송보다 간이한 방법으로 달성 가능한 경우 ㈏ 권리보호가 이론상 의미만 있는 경우 ㈐ 부당한 목적으로 소구하는 경우는 협의의 소의 이익을 인정할 수 없다. 判例도 이와 같다.

2. 불선정처분 취소의 소의 협의의 소의 이익 인정 판단 (긍정)

1) (1) 불선정처분을 취소하는 확정판결이 있는 경우 취소인용판결의 기속력에 의거하여 재처분의무가 존재하므로 (2) B구청장은 甲의 신청에 관하여 재심사하여 자격에 부합하면 선정처분이 이뤄지고, 반면 경원관계에 있는 乙은 선정처분이 직권취소될 것인 바, (3) 이는 재판을 통해서 얻을 수 있는 실제적 이익이 존재하는 것이므로 협의의 소의 이익은 존재한다고 봄이 타당하다.

2) 判例도 경원관계 일방이 제기하는 거부처분 취소의 소의 협의의 소의 이익을 인정하였다.

> **⚖ 협의의 소의 이익 관련 판례**
>
> **1** 사회단체등록신청에 형식상의 요건불비가 없는데 등록청이 이미 설립목적 및 사업내용을 같이 하는 선등록단체가 있다 하여 그 단체와 제휴하거나 또는 등록없이 자체적으로 설립목적을 달성하는 것이 바람직하다는 이유로 원고의 등록신청을 반려하였다면 그 반려처분은 사회단체등록에관한법률 제4조에 위반된 것이 명백하고, 국가기관이 공식으로 등록을 하여 준 단체와 등록을 받지 못한 단체 사이에는 유형, 무형의 차이가 있음을 부인할 수 없으며 특히 선등록한 단체와 경쟁관계에 서게 되는 경우 등록을 받지 못한 단체가 열세에 놓이게 되는 것은 피할 수 없으므로 이건 등록신청의 반려는 원고의 자유로운 단체활동을 저해한다는 점에서 헌법이 보장한 결사의 자유에 역행하는 것이며 선등록한 단체의 등록은 수리하고 원고의 등록신청을 반려했다는 점에서는 헌법이 규정한 평등의 원칙에도 위반된다고 할 것이고, 행정소송에서 소의 이익이란 개념은 국가의 행정재판제도를 국민이 이용할 수 있는 한계를 구획하기 위하여 생겨난 것으로서 그 인정을 인색하게 하면 실질적으로는 재판의 거부와 같은 부작용을 낳게 될 것이므로 이 사건의 경우는 소의 이익이 있다고 보아야 할 것이다(대판 1989.12.26. 87누308 전원합의체).
>
> **2** 행정처분에 효력기간이 정하여져 있는 경우, 위 기간의 경과로 그 행정처분의 효력은 상실되므로 그 기간 경과 후에는 그 처분이 외형상 잔존함으로 인하여 어떠한 법률상 이익이 침해되었다고 볼

만한 별다른 사정이 없는 한 그 처분의 취소를 구할 법률상의 이익이 없다(대판 1999.2.23. 98두14471).

★★★
58 이사임기 만료와 협의의 소의 이익 존부 판단
【사례2_2014 1차 변시모의_제2문(18면)】

* 甲이 제기한 항고소송의 계속 중 甲의 이사임기가 만료되었다면 계속 중인 항고소송은 여전히 적법한가?

II. 이사취임승인취소처분 취소소송의 협의의 소의 이익 존부 판단

1. 협의의 소의 이익의 의의, 근거, 판단기준

1) 의의

⑴ 소의 이익은 원고가 재판을 통해 얻을 수 있는 실제적 이익 또는 원고가 보호받는 법률상 이익의 실제적 보호 필요성을 말한다.

2) 근거

⑴ 행정소송법 제12조 제2문은 처분등의 효과가 기간의 경과, 처분등의 집행 그 밖의 사유로 인하여 소멸된 뒤에도 그 처분등의 취소로 인하여 회복되는 법률상 이익이 있는 경우에는 취소소송을 제기할 수 있다고 정하고 있다.

⑵ 이에 대하여 ㈎ 學說은 (i) 협의의 소의 이익의 근거규정으로 보는 견해 (ii) 원고적격으로 보는 견해가 있으며, ㈏ 判例는 처분등의 효과가 소멸된 경우 소의 이익을 판단하는 기준으로서, 제12조 제1문의 원고적격인 '법률상 이익'과 제2문의 '법률상 이익'이 동일하다고 판단하고 있어 원고적격설에 가까우며, ㈐ 小結로 협의의 소의 이익은 본안판단의 전제요건을 구비하면 당연히 인정되는 것으로 별도의 근거가 있어야 인정되는 것은 아니므로, 결국 제12조 제2문은 제1문과 같이 원고적격을 정하는 기준으로 봄이 타당하다고 보인다.

3) 판단기준

⑴ 적극요건 – 따라서, 협의의 소의 이익은 제12조 제2문의 법률상 이익에 한하지 않고, 법률상 이익의 실제적 보호 필요성으로서 그 밖에 경제상 또는 정신상의 이익도 포함하여 넓게 인정하는 것으로 봐야 할 것이다.

⑵ 소극요건 – 다만, ㈎ 소송보다 간이한 방법으로 달성 가능한 경우 ㈏ 권리보호가 이론상 의미만 있는 경우 ㈐ 부당한 목적으로 소구하는 경우는 협의의 소의 이익을 인정할 수 없다(判例).

⑶ 최근 判例는 ㈎ 위법한 처분이 반복될 위험성이 있어 행정처분의 위법성 확인 내지 불분명한 법률문제에 대한 해명이 필요하다고 판단되는 경우, 그리고 ㈏ 선행처분과 후행처분이 단계적인 일련의 절차로 연속하여 행하여져 후행처분이 선행처분의 적법함을 전제로

이루어짐에 따라 선행처분의 하자가 후행처분에 승계된다고 볼 수 있어 이미 소를 제기하여 다투고 있는 선행처분의 위법성을 확인하여 줄 필요가 있는 경우에도 소의 이익을 긍정하고 있다.

2. 이사취임승인취소처분 취소소송의 협의의 소의 이익 존부 판단

1) 甲의 임기가 만료된 경우, 다시 취소소송에서 인용판결을 받는다 하더라도 이사로 취임될 수 있는 가능성이 없으므로 일반적으로 협의의 소익이 없다고 판단할 것이다.

2) 그러나, 만약 임시이사 선임처분 취소소송 계속 중 임기만료로 새로운 임시이사들로 교체된 경우, 최초 임시이사 선임처분의 위법성 내지 하자의 존재를 판결로 명확히 해명하고 확인하여 침해의 반복 위험을 방지하고, 그 기판력에 의하여 최초 내지 선행 임시이사 선임처분의 위법성을 다투지 못하게 함으로써, 그 선임처분을 전제로 이루어진 후행 임시이사 선임처분의 효력을 배제할 수 있는 경우에는, 행정의 적법성 확보와 그에 대한 사법통제, 국민의 권리구제의 확대 등의 측면에서 협의의 소의 이익이 있다고 판단하는 것이 타당하겠다(사례에 따라 판단).

 협의의 소의 이익 관련 판례

1 제소 당시에는 권리보호의 이익을 갖추었는데 제소 후 취소 대상 행정처분이 기간의 경과 등으로 그 효과가 소멸한 때, 동일한 소송 당사자 사이에서 동일한 사유로 위법한 처분이 반복될 위험성이 있어 행정처분의 위법성 확인 내지 불분명한 법률문제에 대한 해명이 필요하다고 판단되는 경우, 그리고 선행처분과 후행처분이 단계적인 일련의 절차로 연속하여 행하여져 후행처분이 선행처분의 적법함을 전제로 이루어짐에 따라 선행처분의 하자가 후행처분에 승계된다고 볼 수 있어 이미 소를 제기하여 다투고 있는 선행처분의 위법성을 확인하여 줄 필요가 있는 경우 등에는 행정의 적법성 확보와 그에 대한 사법통제, 국민의 권리구제의 확대 등의 측면에서 여전히 그 처분의 취소를 구할 법률상 이익이 있다. … 임시이사 선임처분에 대하여 취소를 구하는 소송의 계속 중 임기만료 등의 사유로 새로운 임시이사들로 교체된 경우, 선행 임시이사 선임처분의 효과가 소멸하였다는 이유로 그 취소를 구할 법률상 이익이 없다고 보게 되면, 원래의 정식이사들로서는 계속 중인 소를 취하하고 후행 임시이사 선임처분을 별개의 소로 다툴 수밖에 없게 되며, 그 별소 진행 도중 다시 임시이사가 교체되면 또 새로운 별소를 제기하여야 하는 등 무익한 처분과 소송이 반복될 가능성이 있으므로, 이러한 경우 법원이 선행 임시이사 선임처분의 취소를 구할 법률상 이익을 긍정하여 그 위법성 내지 하자의 존재를 판결로 명확히 해명하고 확인하여 준다면 위와 같은 구체적인 침해의 반복 위험을 방지할 수 있을 뿐 아니라, 후행 임시이사 선임처분의 효력을 다투는 소송에서 기판력에 의하여 최초 내지 선행 임시이사 선임처분의 위법성을 다투지 못하게 함으로써 그 선임처분을 전제로 이루어진 후행 임시이사 선임처분의 효력을 쉽게 배제할 수 있어 국민의 권리구제에 도움이 된다. 그러므로 취임승인이 취소된 학교법인의 정식이사들로서는 그 취임승인취소처분 및 임시이사 선임처분에 대한 각 취소를 구할 법률상 이익이 있고, 나아가 선행 임시이사

선임처분의 취소를 구하는 소송 도중에 선행 임시이사가 후행 임시이사로 교체되었다고 하더라도 여전히 선행 임시이사 선임처분의 취소를 구할 법률상 이익이 있다($\frac{대판 2007.7.19.}{2006두19297}$).

2│ 행정처분의 취소를 구하는 소는 그 처분에 의하여 발생한 위법상태를 배제하여 원상으로 회복시키고 그 처분으로 침해되거나 방해받은 권리와 이익을 보호·구제하고자 하는 소송이므로, 비록 처분을 취소한다 하더라도 원상회복이 불가능한 경우에는 그 처분의 취소를 구할 이익이 없는 것이 원칙이지만 (대법원 1997. 1. 24. 선고 95누17403 판결, 대법원 2007. 1. 11. 선고 2004두8538 판결 등 참조), 원상회복이 불가능하다고 보이는 경우라 하더라도, 동일한 소송 당사자 사이에서 그 행정처분과 동일한 사유로 위법한 처분이 반복될 위험성이 있어 행정처분의 위법성 확인 내지 불분명한 법률문제에 대한 해명이 필요하다고 판단되는 경우 등에는 행정의 적법성 확보와 그에 대한 사법통제, 국민의 권리구제의 확대 등의 측면에서 여전히 그 처분의 취소를 구할 이익이 있다고 보아야 한다($\frac{대판 2008.2.14.}{2007두13203}$).

3│ 병역법 제2조 제1항 제3호에 의하면 '입영'이란 병역의무자가 징집·소집 또는 지원에 의하여 군 부대에 들어가는 것이고, 같은 법 제18조 제1항에 의하면 현역은 입영한 날부터 군부대에서 복무하도록 되어 있으므로 현역병입영통지처분에 따라 현실적으로 입영을 한 경우에는 그 처분의 집행은 종료되지만, 한편, 입영으로 그 처분의 목적이 달성되어 실효되었다는 이유로 다툴 수 없도록 한다면, 병역법상 현역입영대상자로서는 현역병입영통지처분이 위법하다 하더라도 법원에 의하여 그 처분의 집행이 정지되지 아니하는 이상 현실적으로 입영을 할 수밖에 없으므로 현역병입영통지처분에 대하여는 불복을 사실상 원천적으로 봉쇄하는 것이 되고, 또한 현역입영대상자가 입영하여 현역으로 복무하는 과정에서 현역병입영통지처분 외에는 별도의 다른 처분이 없으므로 입영한 이후에는 불복할 아무런 처분마저 없게 되는 결과가 되며, 나아가 입영하여 현역으로 복무하는 자에 대한 병적을 당해 군 참모총장이 관리한다는 것은 입영 및 복무의 근거가 된 현역병입영통지처분이 적법함을 전제로 하는 것으로서 그 처분이 위법한 경우까지를 포함하는 의미는 아니라고 할 것이므로, 현역입영대상자로서는 현실적으로 입영을 하였다고 하더라도, 입영 이후의 법률관계에 영향을 미치고 있는 현역병입영통지처분 등을 한 관할지방병무청장을 상대로 위법을 주장하여 그 취소를 구할 소송상의 이익이 있다($\frac{대판 2003.12.26.}{2003두1875}$).

4│ 지방자치법(2007. 5. 11. 법률 제8423호로 전문 개정되기 전의 것) 제32조 제1항(현행 지방자치법 제33조 제1항 참조)은 지방의회 의원에게 지급하는 비용으로 의정활동비(제1호)와 여비(제2호) 외에 월정수당(제3호)을 규정하고 있는바, 이 규정의 입법연혁과 함께 특히 월정수당(제3호)은 지방의회 의원의 직무활동에 대하여 매월 지급되는 것으로서, 지방의회 의원이 전문성을 가지고 의정활동에 전념할 수 있도록 하는 기틀을 마련하고자 하는 데에 그 입법 취지가 있다는 점을 고려해 보면, 지방의회 의원에게 지급되는 비용 중 적어도 월정수당(제3호)은 지방의회 의원의 직무활동에 대한 대가로 지급되는 보수의 일종으로 봄이 상당하다. 따라서 원고가 이 사건 제명의결 취소소송 계속중 임기가 만료되어 제명의결의 취소로 지방의회 의원으로서의 지위를 회복할 수는 없다 할지라도, 그 취소로 인하여 최소한 제명의결시부터 임기만료일까지의 기간에 대해 월정수당의 지급을 구할 수 있는 등 여전히 그 제명의결의 취소를 구할 법률상 이익은 남아 있다고 보아야 한다. 그런데도 이 사건 제1심과 원심은 단순히 원고가 임기 만료로 지방의회 의원으로서의 지위를 회복할 수 없게 되었다는 이유만으로 이 사건 제명의결의 취소를 구할 법률상 이익이 없다고

판단하고 말았으니, 이러한 판단에는 취소소송에서의 소의 이익에 관한 법리를 오해하여 판결 결과에 영향을 미친 위법이 있다(대판 2009.1.30. 2007두13487).

★★★ 【사례19_2016 2차 변시모의_제2문(186면)】

59 그 소는 적법한가? - 소송요건 (제소기간, 협의의 소의 이익; 부령형식 제재적 처분기준)

* 만약 甲이 취소소송을 2016. 9. 28.이 아니라 2016. 12. 12.에 제기하는 경우라면, 그 소는 적법한가?

II. 취소소송의 적법성 검토(제소기간, 협의의 소의 이익)

1. 제소기간 의의 및 기간준수 여부 검토

1) 제소기간 개념, 의의

(1) 취소소송은 처분이 있음을 안 날부터 90일 이내에, 처분이 있은 날로부터 1년 이내에 제기하여야 한다(법 제20조).

(2) 처분이 있음을 안 날은 당해 처분의 존재를 현실적으로 안 날을 의미하며, 처분이 있은 날은 처분이 대외적으로 표시되어 효력을 발생한 날을 의미한다. 어느 하나의 기간이 만료되면 제소기간은 도과한다.

2) 기간준수 여부 검토

(1) 甲이 처분이 있음을 안 날은 1차 영업정지처분이 甲에게 도달한 2016.9.12.이다.

(2) 안 날로부터 90일이 되는 날은 초일불산입원칙(민법 제157조)에 따라 2016.9.13.일부터 기산하여 2016.12.11.이나, 동일은 일요일인 바, 익일인 2016.12.12.이 제소기간의 종료일이 된다(민법 제161조).

(3) 甲은 2016.12.12. 소를 제기한 바, 제소기간은 준수하였다.

2. 협의의 소의 이익 의의 및 존부 검토(부령(시행규칙) 형식의 가중된 제재적 처분기준 관련)

1) 의의, 근거

(1) 협의의 소의 이익은, 원고가 재판을 통해 얻을 수 있는 실제적 이익 또는 원고가 보호받는 법률상 이익의 실제적 보호 필요성을 말한다.

(2) 법 제12조도 처분등의 효과가 기간의 경과, 처분등의 집행 그 밖의 사유로 인하여 소멸된 뒤에도 그 처분등의 취소로 인하여 회복되는 법률상 이익이 있는 경우에는 취소소송을 제기할 수 있다고 규정하고 있다. 이 규정에 대해 ㈎ 學說은 (i) 협의의 소의 이익의 근거로 보는 견해(입법상 과오), (ii) 처분 효력소멸시 법률상 이익 즉 원고적격으로 보는 견해(입법상 과오없음)가 있고, ㈏ 判例의 입장은 불분명하나 원고적격에서의 법률상 이익으로 판단하는 것으로 보이며, ㈐ 小結로 원고적격(입법상 과오없음)으로 봄이 타당하

고, 따라서 원고적격의 법률상 이익보다 협의의 소의 이익은 더 넓게 인정함이 합당하다. 判例도 협의의 소의 이익을 경제상 또는 정신상의 이익도 포함하여 넓게 판단한다.

2) 가중된 제재적 처분기준과 협의의 소의 이익 존부

(1) 처분의 효과가 기간경과로 소멸했지만, 가중된 제재적 처분기준으로 인해 향후 가중된 제재를 받을 우려가 있는 경우에 1차 처분의 취소의 소에 대한 협의의 소의 이익의 인정 여부가 문제된다.

(2) (가) 從前 判例는 가중 제재적 처분기준이 대통령령(시행령)에 있는 경우에는 기준의 법규성(대외적 구속력)을 긍정하여 협의의 소의 이익을 인정하는 반면, 그 기준이 부령(시행규칙)에 있는 경우는 법규성이 부재하므로 협의의 소의 이익을 부정하였다. (나) 現在 判例는 대통령령 또는 부령 불문하고 가중된 제재적 처분기준으로 가중제재의 가능성이 있는 경우 협의의 소의 이익을 긍정하고 있다. (다) (小結) 가중된 제재적 처분기준으로 잠재적으로 제재처분을 받을 가능성 있는 경우는 공히 존재하므로 시행령 시행규칙 불문, 협의의 소의 이익을 인정하는 것이 타당하다. 다만 判例는 부령인 제재적 처분기준에 대하여 법규성을 인정하고 있지 않은 바, 이는 부령 역시 헌법 제95조가 정하는 법규명령의 형식인바, 법규성을 인정하는 것이 타당하다고 하겠다(대판, 별개의견).

3) 甲이 1차 영업정지처분에 대하여 2016. 12. 12. 제기한 취소소송은 영업정지기간이 도과한 후에 제기되었으나, 본 처분의 위법을 다투지 않은 채로, 2차 위반이 발생한 경우에 식품위생법 시행규칙 별표23에 의거 가중된 제재처분(영업정지 1개월)을 받을 수 있으므로 1차 영업정지처분 취소의 소에 대하여 협의의 소의 이익은 인정된다고 봄이 타당하다.

⚖️ 제재적 처분기준 관련 소의 이익 관련 판례

국민의 재판청구권을 보장한 헌법 제27조 제1항의 취지와 행정처분으로 인한 권익침해를 효과적으로 구제하려는 행정소송법의 목적 등에 비추어 행정처분의 존재로 인하여 국민의 권익이 실제로 침해되고 있는 경우는 물론이고 권익침해의 구체적·현실적 위험이 있는 경우에도 이를 구제하는 소송이 허용되어야 한다는 요청을 고려하면, 규칙이 정한 바에 따라 선행처분을 가중사유 또는 전제요건으로 하는 후행처분을 받을 우려가 현실적으로 존재하는 경우에는, 선행처분을 받은 상대방은 비록 그 처분에서 정한 제재기간이 경과하였다 하더라도 그 처분의 취소소송을 통하여 그러한 불이익을 제거할 권리보호의 필요성이 충분히 인정된다고 할 것이므로, 선행처분의 취소를 구할 법률상 이익이 있다고 보아야 할 것이다. 그러므로 이와는 달리 규칙에서 제재적 행정처분을 장래에 다시 제재적 행정처분을 받을 경우의 가중사유로 규정하고 있고 그 규정에 따라 가중된 제재적 행정처분을 받게 될 우려가 있다고 하더라도 그 제재기간이 경과한 제재적 행정처분의 취소를 구할 법률상 이익이 없다는 취지로 판시한 대법원 1995. 10. 17. 선고 94누14148 전원합의체 판결 및 대법원 1988. 5. 24. 선고 87누944 판결, 대법원 1992. 7. 10. 선고 92누3625 판결, 대법원 1997. 9. 30. 선고 97누7790 판결, 대법원 2003. 10. 10. 선고 2003두6443 판결 등을 비롯한 같은 취지의 판결들은 이 판결의 견해에 배치되는 범위 내에서 이를 모두 변경하기로 한다. … 제재적 행정처분의 가중사유나 전제요건에 관한 규정이 법령이 아니라 규칙의 형식으로 되어 있다고 하더라도, 그러한 규칙이 법령에 근거를 두고 있는 이상 그 법적 성질이 대외적·일반적 구속력을 갖는 법규명령인지 여부와는 상관없이, 관할 행정청이나 담당공무원은 이를 준수할 의무가 있으므로 이들이 그 규칙에 정해진 바에 따라 행정작용을 할 것이 당연히 예견되고, 그 결과 행정작용의 상대방인 국민으로서는 그 규칙의 영향을 받을 수밖에 없다. 따라서 그러한 규칙이 정한 바에 따라 선행처분을 받은 상대방이 그 처분의 존재로 인하여 장래에 받을 불이익, 즉 후행처분의 위험은 구체적이고 현실적인 것이므로, 상대방에게는 선행처분의 취소소송을 통하여 그 불이익을 제거할 필요가 있다고 할 것이다(대판 2006. 6. 22. 2003두1684 전원합의체).

60 취소소송의 대상적격 (재조사의 처분성)

* 관할 세무서장은 甲의 같은 세목 및 같은 과세기간에 대하여 재조사 결정 및 이에 따른 통지 후 재조사를 실시하였다. 甲은 세무조사로서의 재조사에 대하여 제소기간 내에 취소소송을 제기하였다. 甲의 취소소송의 대상적격은 인정되는가?

II. 관할 세무서장의 재조사의 처분성(대상적격) 판단

1. 대상적격으로서의 처분의 의의, 개념, 근거, 요건 일반론

1) 의의

(1) 처분은 행정소송법상 개념이다.

(2) 행정소송법 제2조 제1항 제1호는 처분을 행정청이 행하는 구체적 사실에 관한 법집행으로서의 공권력 행사 또는 그 거부 그 밖에 이에 준하는 행정작용으로 정의하고 있다.

2) 개념론

처분의 개념범위와 관련해서 (가)學說은 (i) 행정작용 중 강학상 행정행위와 처분을 하나로 보는 일원론과 (ii) 처분은 강학상 행정행위보다는 넓고, 권력적 사실행위 등 기타 행정작용도 포괄할 수 있다는 이원론이 있다. (나)判例는 처분의 개념을 강학상 행정행위보다는 더 넓게 해석하여 기타 행정작용이라 하더라도 사인의 권리나 의무에 영향을 미치는 작용이면 '처분'으로 새기고 취소소송의 대상적격을 인정하고 있다. (다)小結 ─ 判例의 입장이 타당하다고 본다.

3) 요건

(1) 행정소송법상 정의규정대로 '행정청이', '구체적 사실에 관하여 행하는', '법집행으로서의 공권력 행사'에 해당하면 처분으로 볼 수 있다.

(2) 判例는 통상 법률관계에 영향을 미친다. 즉 행정청의 행정작용이 권리를 제한하거나 의무를 부과하면 대부분 '처분'으로 본다.

2. 재조사의 처분성 판단 - 적극

1) 재조사는 피조사자에게 과세를 하기 위하여 실시하는 것으로 피조사자의 권리나 의무에 직접 영향을 미치는 권력적 사실행위에 해당한다.

2) 본 사례에서 재조사의 결정과 통지가 있고 그 이후에 재조사가 있어 재조사의 결정은 하명으로 행정행위에 해당하고, 재조사는 권력적 사실행위에 해당할 것이다.

3) 최근 判例는 세무조사의 결정도 처분으로 취소소송의 대상이 된다고 판시한 바 있다.

4) 본 사례에서 재조사 결정이 아니라 재조사의 취소를 구하는 소를 제기한 바, 재조사도 권력적 사실행위로서 判例에 따르면 취소소송의 대상으로 보는 것이 타당하다. 다만, 재조사가 이뤄진 이후이므로 소의 이익이 있는지에 대한 검토가 필요해 보인다.

 조사의 처분성 관련 판례

1] 세무조사는 국가의 과세권을 실현하기 위한 행정조사의 일종으로서 국세의 과세표준과 세액을 결정 또는 경정하기 위하여 질문을 하고 장부·서류 그 밖의 물건을 검사·조사하거나 그 제출을 명하는 일체의 행위를 말하며, 부과처분을 위한 과세관청의 질문조사권이 행하여지는 세무조사의 경우 납세자 또는 그 납세자와 거래가 있다고 인정되는 자 등(이하 '납세자 등'이라 한다)은 세무공무원의 과세자료 수집을 위한 질문에 대답하고 검사를 수인하여야 할 법적 의무를 부담한다(대판 2017.3.16. 2014두8360).

2] 부과처분을 위한 과세관청의 질문조사권이 행해지는 세무조사결정이 있는 경우 납세의무자는 세무공무원의 과세자료 수집을 위한 질문에 대답하고 검사를 수인하여야 할 법적 의무를 부담하게 되는 점, 세무조사는 기본적으로 적정하고 공평한 과세의 실현을 위하여 필요한 최소한의 범위 안에서 행하여져야 하고, 더욱이 동일한 세목 및 과세기간에 대한 재조사는 납세자의 영업의 자유 등 권익을 심각하게 침해할 뿐만 아니라 과세관청에 의한 자의적인 세무조사의 위험마저 있으므로 조세공평의 원칙에 현저히 반하는 예외적인 경우를 제외하고는 금지될 필요가 있는 점, 납세의무자로 하여금 개개의 과태료 처분에 대하여 불복하거나 조사 종료 후의 과세처분에 대하여만 다툴 수 있도록 하는 것보다는 그에 앞서 세무조사결정에 대하여 다툼으로써 분쟁을 조기에 근본적으로 해결할 수 있는 점 등을 종합하면, 세무조사결정은 납세의무자의 권리·의무에 직접 영향을 미치는 공권력의 행사에 따른 행정작용으로서 항고소송의 대상이 된다(대판 2011.3.10. 2009두23617·23624(병합)).

3] 같은 세목 및 과세기간에 대한 거듭된 세무조사는 납세자의 영업의 자유나 법적안정성 등을 심각하게 침해할 뿐만 아니라 세무조사권의 남용으로 이어질 우려가 있으므로 조세공평의 원칙에 현저히 반하는 예외적인 경우를 제외하고는 금지될 필요가 있다(대판 2017.3.16. 2014두8360).

4] 세무조사가 국가의 과세권을 실현하기 위한 행정조사의 일종으로서 과세자료의 수집 또는 신고내용의 정확성 검증 등을 위하여 필요불가결하며, 종국적으로는 조세의 탈루를 막고 납세자의 성실한 신고를 담보하는 중요한 기능을 수행하더라도 만약 남용이나 오용을 막지 못한다면 납세자의 영업활동 및 사생활의 평온이나 재산권을 침해하고 나아가 과세권의 중립성과 공공성 및 윤리성을 의심받는 결과가 발생할 것이기 때문이다(대판 2016.12.15. 2016두47659).

★★   【사례7_2021 5급 공채_제1문(62면)】

61   인허가 의제에 있어서 관련 인허가를 대상으로 취소소송을 제기할 수 있겠는가?

*이해관계인 乙이 산지전용허가를 대상으로 취소소송을 제기할 수 있는지를 검토하시오(원고적격은 논하지 않는다).

Ⅱ. 산지전용허가의 취소소송 대상적격 여부 검토

1. 취소소송의 대상(처분, 행정소송법 제19조, 제2조 제1항 제1호)

1) 행정소송법 제19조는 취소소송은 처분등을 대상으로 한다.

2) 행정소송법 제2조 제1항 제1호는 처분은 행정청이 행하는 구체적 사실에 관한 법집행으로서의 공권력 행사 또는 그 거부, 그밖에 이에 준하는 행정작용으로 정하고 있다.

3) 처분은 (ㄱ) 행정청이 (ㄴ) 구체적 사실에 관하여 (ㄷ) 법집행의 요건과 더불어 (ㄹ) 직접적으로 법률관계에 영향을 미칠 것을 요구하고 있다(判例).

2. 인허가의제에 있어서 취소소송의 대상적격 검토

1) 인허가 의제에 있어 주된 인허가의 관할 행정청은 관련 인허가의 발령에 대한 심사권한에 관하여 "절차집중설"에 입각하는 바,

2) 실체적 심사권은 각 관할 행정청에게 그대로 유보되어 있으며, 따라서 주된 인허가와 관련 인허가는 각 관할 행정청이 행하는 서로 별개의 처분으로 존재한다.

3) 결국 관련 인허가가 직접적으로 법률관계에 영향을 미쳐 사인의 권익을 침해하는 경우에는 그 관련 인허가 처분을 대상으로 취소소송을 제기할 수 있음은 물론이다(判例).

3. 주민 乙이 산지전용허가를 대상으로 취소소송을 제기할 수 있는가?(대상적격 판단)

1) 중소기업창업 지원법 제35조에 따라 산지전용허가가 의제되는 관계에서 주된 인허가인 사업계획승인과 의제되는 관련 인허가인 산지전용허가는 실체적으로 각각 별개의 처분으로 존재한다.

2) 이 경우, 산지전용허가가 직집직으로 주민 을의 안전에 관한 권리를 제한하는 때에는 산지전용허가 그 자체를 대상으로 취소소송이 가능하다.

3) 행정소송법상 처분이다.

 인허가 의제 취소소송 대상 관련 판례

주택건설사업계획 승인처분에 따라 의제된 인허가가 위법함을 다투고자 하는 이해관계인은, 주택건설사업계획 승인처분의 취소를 구할 것이 아니라 의제된 인허가의 취소를 구하여야 하며, 의제된 인허가는 주택건설사업계획 승인처분과 별도로 항고소송의 대상이 되는 처분에 해당한다(대판 2018.11.29. 2016두38792).

★★

62 처분변경의 경우 취소소송의 대상

* 증액처분 또는 감액처분이 있는 경우 소송의 대상은? 행정심판에서 처분이 변경된 경우 소송의 대상은?

II. 취소소송의 대상과 처분의 변경

1. 취소소송의 대상의 의의, 근거, 내용(원처분주의)

1) (1) 행정소송법은 취소소송의 대상을 처분 등으로 하고 있다(제19조). (2) 행정심판재결을 거친 경우에도 원처분을 소송의 대상으로 삼고 있으며, (3) 다만, 재결고유의 위법이 있는 경우에 한하여 재결에 대한 취소소송을 허용하고 있다(제19조 단서).

※ 행정심판에서 감액경정된 이행재결이 난 경우에도 취소소송의 대상은 당초처분(이 경우 제소기간은 재결서 정본을 송달 받은 날로부터 기산함에 유의)

2. 처분이 변경된 경우, 취소소송의 대상(증액처분, 감액처분)
[cf. 취소소송 제기 후의 처분변경과 구별]

1) (1) 처분이 변경된 경우에 취소소송의 대상이 되는 처분에 대하여는 후속변경처분(경정처분)이 종전처분(당초처분)을 완전히 대체하거나 주요부분을 실질적으로 변경하는 내용인 경우에는 종전처분은 효력을 상실하고 후속변경처분만 취소소송의 대상이 된다고 보고 있다. (2) 다만, 후속변경처분이 종전처분을 전제로 내용 중 일부만 추가·변경하는 것이고 추가·변경·철회된 부분이 종전처분과 불가분의 것이 아니면, 종전처분이 여전히 항고소송의 대상이 된다고 보고 있다.

2) 금전관련 처분의 변경에 대하여는 ㈎ 學說은 (i) 당초처분 경정처분 둘 다 취소소송의 대상이 된다는 이론(병존설) (ii) 당초처분은 경정처분에 흡수되고 경정처분이 대상이 된다는 이론(흡수설) (iii) 당초처분의 효력은 존속하지만 소의 대상은 경정처분이 된다는 이론(병존적 흡수설) (iv) 경정처분은 당초처분에 흡수되고 경정처분에 의하여 수정된 당초의 처분이 대상이 된다는 이론(역흡수설) (iv) 당초처분과 경정처분은 결합하여 일체로서 병존하나, 소의 대상은 경정처분으로 수정된 당초처분이라는 견해(역흡수병존설) ㈏ 判例는 증액경정처분에 대해서는 당초처분이 증액경정처분에 흡수되고, 경정처분만이 소의 대상이 되며, 감액경정처분의 경우 당초처분의 효력의 일부를 취소하는 처분으로 소송의 대상은 감액되고 남아있는 당초처분으로 소의 대상을 보고 있다. ㈐ 小結로 判例의 견해가 타당해 보인다. ㈑ 다만 判例는 증액경정처분의 경우 당초처분 이후, 제척기간이 도과된 후에 증액경정처분을 하면, 그 증액경정처분은 무효이고, 당초처분은 유효한 것이므로, 증액경정처분을 하였다는 이유만으로 당초처분이 위법하다는 주장은 이유가 없다고 판시하고 있다. 즉 증액경정처분이 제척기간 내에 이뤄질 것을 전제로 취소소송의 대상적격이 인정될 수 있다고 할 것이다.

처분변경의 경우 취소소송 대상적격 관련 판례

1 과세관청이 조세부과처분을 한 뒤에 그 불복절차과정에서 국세청장이나 국세심판소장으로부터 그 일부를 취소하도록 하는 결정을 받고 이에 따라 당초 부과처분의 일부를 취소, 감액하는 내용의 경정결정을 한 경우 위 경정처분은 당초 부과처분과 별개 독립의 과세처분이 아니라 그 실질은 당초 부과처분의 변경이고, 그에 의하여 세액의 일부 취소라는 납세자에게 유리한 효과를 가져오는 처분이라 할 것이므로 그 경정결정으로도 아직 취소되지 않고 남아 있는 부분이 위법하다고 하여 다투는 경우에는 항고소송의 대상이 되는 것은 당초의 부과처분 중 경정결정에 의하여 취소되지 않고 남은 부분이 된다 할 것이고, 경정결정이 항고소송의 대상이 되는 것은 아니라 할 것이므로, 이 경우 제소기간을 준수하였는지 여부도 당초처분을 기준으로 하여 판단하여야 할 것이다 (대판 1991.9.13. 91누391).

2 증액경정처분은 당초 처분과 증액되는 부분을 포함하여 전체로서 하나의 과세표준과 세액을 다시 결정하는 것이어서 당초 처분은 증액경정처분에 흡수되어 독립된 존재가치를 상실하고 오직 증액경정처분만이 쟁송의 대상이 되어 납세의무자로서는 증액된 부분만이 아니라 당초 처분에서 확정된 과세표준과 세액에 대하여도 그 위법 여부를 다툴 수 있는 것이지만, 증액경정처분이 제척기간 도과 후에 이루어진 경우에는 증액부분만이 무효로 되고 제척기간 도과 전에 있었던 당초 처분은 유효한 것이므로, 납세의무자로서는 그와 같은 증액경정처분이 있었다는 이유만으로 당초 처분에 의하여 이미 확정되었던 부분에 대하여 다시 위법 여부를 다툴 수는 없다 (대판 2004.2.13. 2002두9971).

3 행정청이 식품위생법령에 따라 영업자에게 행정제재처분을 한 후 그 처분을 영업자에게 유리하게 변경하는 처분을 한 경우, 변경처분에 의하여 당초 처분은 소멸하는 것이 아니고 당초부터 유리하게 변경된 내용의 처분으로 존재하는 것이므로, 변경처분에 의하여 유리하게 변경된 내용의 행정제재가 위법하다 하여 그 취소를 구하는 경우 그 취소소송의 대상은 변경된 내용의 당초 처분이지 변경처분은 아니고, 제소기간의 준수 여부도 변경처분이 아닌 변경된 내용의 당초 처분을 기준으로 판단하여야 한다 (대판 2007.4.27. 2004두9302).

 재결 관련 소송의 대상 관련 판례

1 당해 재결과 같이 그 인용재결청인 문화체육부장관 스스로가 직접 당해 사업계획승인처분을 취소하는 형성적 재결을 한 경우에는 그 재결 외에 그에 따른 행정청의 별도의 처분이 있지 않기 때문에 재결 자체를 쟁송의 대상으로 할 수밖에 없다 (대판 1997.12.23. 96누10911).

2 행정심판법 제37조 제1항의 규정에 의하면 재결은 행정청을 기속하는 효력을 가지므로 재결청이 취소심판의 청구가 이유 있다고 인정하여 처분청에게 처분의 취소를 명하면 처분청으로서는 그 재결의 취지에 따라 처분을 취소하여야 하지만, 그렇다고 하여 그 재결의 취지에 따른 취소처분이 위법할 경우 그 취소처분의 상대방이 이를 항고소송으로 다툴 수 없는 것은 아니다. 재결 취지에 따른 취소처분의 상대방이 재결 자체의 효력을 다투는 별소를 제기하였고 그 소송에서 판결이 확정되지 아니하였다 하여 재결의 취지에 따른 취소처분의 취소를 구하는 항고소송 사건을 심리하

는 법원이 그 청구의 당부를 판단할 수 없는 것이라고 할 수 없다($\frac{대판 1993.9.28.}{92누15093}$).

<u>3</u> 행정청이 거부처분취소 인용재결에 따라 이전의 신청을 받아들이는 후속처분을 하였더라도 후속처분이 위법한 경우에는 재결에 대한 취소소송을 제기하지 않고도 곧바로 후속처분에 대한 항고소송을 제기하여 다툴 수 있다($\frac{대판 2017.10.31.}{2015두45045}$).

【사례10_2021 변시_제2문(99면)】

★
63 2회 거부처분의 경우 취소소송의 대상과 제소기간 기산점

* 甲은 예방접종을 받은 당일 발열증상과 함께 안면부의 마비증상을 느껴 甲은 「감염병의 예방 및 관리에 관한 법률」에 따라 예방접종 피해보상을 청구하였는데, B는 2020. 9. 15. 이 사건 예방접종과 甲의 증상 사이에 인과관계가 불분명하다는 이유로 거부처분(이하 '제1처분')을 하였다. 甲은 위 증상은 乙의 과실에 따른 이 사건 예방접종에 의하여 발생한 것이라고 주장하면서 피해보상을 재신청하였고, B는 2020. 11. 10. 거부처분을 하였다(이하 '제2처분'). 甲이 2020. 12. 30. B가 행한 처분의 취소를 구하는 취소소송을 제기하는 경우, 취소소송의 대상과 제소기간의 준수 여부를 검토하시오.

Ⅱ. 甲의 취소소송 대상과 제소기간 준수 여부

1. 취소소송의 대상

1) 의의·근거·개념

(1) 행정소송법 제19조는 취소소송은 처분등을 대상으로 한다고 규정한다.

(2) 동법 제2조 제1항 제1호에 따르면 '처분등'은 '행정청이 행하는 구체적 사실에 관한 법집행으로서 공권력의 행사 또는 그 거부와 그 밖에 이에 준하는 행정작용 및 행정심판에 대한 재결'이다.

(3) '거부처분' 역시 취소소송의 대상이 되며,

(4) 판례는 (ㄱ) 거부의 대상이 행정청이 행하는 구체적 사실에 관한 법집행으로서 공권력 행사일 것, (ㄴ) 거부로 인하여 권리를 제한 등 법률관계 영향을 받을 것, (ㄷ) 신청인에게 그 공권력 행사를 요청할 법규상 조리상 일반적인 신청권이 있을 것을 요건으로 한다.

2. 취소소송의 제소기간

1) 의의·근거·개념

(1) 취소소송은 처분등 있음을 안 날부터 90일 이내에 제기하여야 한다(행정소송법 제20조 제1항).

(2) 제소기간은 행정법관계를 조속하게 확정하고 법률관계의 안정을 도모하기 위한 제도이다.

3. 수회 거부처분의 경우 취소소송의 대상과 제소기간의 기산점(판례)

1) 통상의 반복된 동일한 처분(예를 들어 대집행의 계고처분)의 경우 2차 처분은 최초 처분

인 1차 처분의 확인으로 보아 취소소송의 대상은 최초의 처분으로 보며, 제소기간의 기산점도 최초의 처분 통지서를 수령한 날로 본다(判例).

2) 다만, 수익적 행정행위의 신청에 대한 거부처분의 경우, 이전의 거부처분 이후에 당사자가 다시 신청을 하면서 새로운 신청을 하는 취지라면 이에 대한 거부는 그로 인해 권리를 새롭게 제한하는 법적 행위가 되므로, 이 경우 취소소송의 대상과 제소기간의 기산점은 새로운 거부처분을 기준으로 하여야 한다(判例).

4. 甲의 취소소송의 대상과 제소기간의 준수여부 판단

피해보상신청에 대한 제1차 거부처분 이후, 재신청에 대한 거부처분은 甲이 보상받을 권리를 제한하는 새로운 법적 행위로 봄이 타당하고, 따라서 취소소송의 대상은 제2처분이 됨이 타당하다. 제소기간의 산정은 제2차 처분의 송달일인 2020. 11. 11.을 기산점으로 하는바, 2020. 12. 30.은 90일 이내이므로 그 기간을 준수하였다고 봄이 타당하다.

> **⑵차 거부처분 관련 취소소송의 대상 관련 판례**
>
> 수익적 행정행위 신청에 대한 거부처분은 당사자의 신청에 대하여 관할 행정청이 거절하는 의사를 대외적으로 명백히 표시함으로써 성립되고, 거부처분이 있은 후 당사자가 다시 신청을 한 경우에는 신청의 제목 여하에 불구하고 그 내용이 새로운 신청을 하는 취지라면 관할 행정청이 이를 다시 거절하는 것은 새로운 거부처분으로 봄이 원칙이다(대판 2019.4.3. 2017두52764).

★

【사례21_2016 5급공채_제2-1문(210면)】

64 독촉행위는 항고소송의 대상인가? 처분인가?

* B광역시장이 甲에 대하여 일정기간까지 이행강제금을 납부할 것을 명하였으나, 甲은 이에 불응하였다. B광역시장은 「지방세외수입금의 징수 등에 관한 법률」 제8조에 따라 다시 甲에게 일정기간까지 위 이행강제금을 납부할 것을 독촉하였다. 위 독촉행위는 항고소송의 대상이 되는가?

Ⅱ. 처분의 개념과 성립요건 및 독촉행위의 처분성 여부

1. 처분의 개념과 성립요건

1) 의의

(1) 처분은 행정소송법상 개념이다.

(2) 행정소송법 제2조 제1항 제1호는 처분을 행정청이 행하는 구체적 사실에 관한 법집행으로서의 공권력 행사 또는 그 거부 그 밖에 이에 준하는 행정작용으로 정의하고 있다.

2) 개념론

처분의 개념범위와 관련해서 ㈎學說은 (ⅰ) 행정작용 중 행정행위와 처분을 하나로 보는 일원론과 (ii) 처분은 강학상 행정행위보다는 넓고, 권력적 사실행위 등 기타 행정작용도 포괄할 수 있다는 이원론이 있다. ㈏判例는 처분의 개념을 강학상 행정행위보다는 더 넓게 해석하여 기타 행정작용이라 하더라도 사인의 권리나 의무에 영향을 미치는 작용이면 '처분'으로 새기고 취소소송의 대상적격을 인정하고 있다. ㈐小結로 判例의 입장이 타당하다고 본다.

3) 요건

⑴ 행정소송법상 정의규정대로 '행정청이', '구체적 사실에 관하여 행하는', '법집행으로서의 공권력 행사'에 해당하면 처분으로 볼 수 있다.

⑵ 判例는 통상 법률관계에 영향을 미친다. 즉 행정청의 행정작용이 권리를 제한하거나 의무를 부과하면 대부분 '처분'으로 본다.

2. 독촉행위의 항고소송의 대상 (처분성) 판단

1) B광역시장의 독촉행위는 「지방세외수입금의 징수 등에 관한 법률」 제8조 및 제9조에 따라 행정청이 행하는 구체적 사실에 관한 법집행으로서 공권력 행사에 해당하며, 독촉행위 그 자체로 상대방에게 납부의무, 미납 시 압류가 됨을 알리는 법률관계에 직접 영향을 미치는 법적행위로 처분에 해당한다. 따라서 항고소송의 대상이 된다.

2) 독촉은 행정행위 유형 중 행정청이 관념의 표시 그 자체로 법률에 규정하는 효력이 발생하는 준법률행위적 행정행위로서 통지에 해당한다고 할 것이다.

🔨 독촉 등 기타 처분성 관련 판례

1│ 국세징수법 제21조, 제22조가 규정하는 가산금과 중가산금은 국세가 납부기한까지 납부되지 않은 경우 미납분에 관한 지연이자의 의미로 부과되는 부대세의 일종으로서, 과세권자의 확정절차 없이 국세를 납부기한까지 납부하지 아니하면 같은 법 제21조, 제22조의 규정에 의하여 당연히 발생하고 그 액수도 확정되는 것이며, 그에 관한 징수절차를 개시하려면 독촉장에 의하여 그 납부를 독촉함으로써 가능한 것이므로, 그 납부독촉이 부당하거나 절차에 하자가 있는 경우에는 그 징수처분에 대하여 취소소송에 의한 불복이 가능할 것이나, 과세관청이 가산금이나 중가산금을 확정하는 어떤 행위를 한 바 없고, 다만 국세의 납세고지를 하면서 납기일까지 납부하지 아니하면 납기 후 1개월까지는 가산금으로 얼마를 징수하게 된다는 등의 취지를 고지하였을 뿐이고, 납부기한 경과 후에 그 납부를 독촉한 사실이 없다면 가산금이나 중가산금의 부과처분은 존재하지 않는다(대판 2000.9.22. 2000두2013).

2│ 대집행의 계고, 대집행영장에 의한 통지, 대집행의 실행, 대집행에 요한 비용의 납부명령 등은 타인이 대신하여 행할 수 있는 행정의무의 이행을 의무자의 비용부담하에 확보하고자 하는, 동일한 행정목적을 달성하기 위하여 단계적인 일련의 절차로 연속하여 행하여지는 것으로서, 서로 결합하여 하나의 법률효과를 발생시키는 것이므로, 선행처분인 계고처분이 하자가 있는 위법한 처분

이라면, 비록 그 하자가 중대하고도 명백한 것이 아니어서 당연무효의 처분이라고 볼 수 없고 행정소송으로 효력이 다투어지지도 아니하여 이미 불가쟁력이 생겼으며, 후행처분인 대집행영장발부통보처분 자체에는 아무런 하자가 없다고 하더라도, 후행처분인 대집행영장발부통보처분의 취소를 청구하는 소송에서 청구원인으로 선행처분인 계고처분이 위법한 것이기 때문에 그 계고처분을 전제로 행하여진 대집행영장발부통보처분도 위법한 것이라는 주장을 할 수 있다(대판 1996. 2. 9. 95누12507).

3. 기간제로 임용되어 임용기간이 만료된 국·공립대학의 조교수는 교원으로서의 능력과 자질에 관하여 합리적인 기준에 의한 공정한 심사를 받아 위 기준에 부합되면 특별한 사정이 없는 한 재임용되리라는 기대를 가지고 재임용 여부에 관하여 합리적인 기준에 의한 공정한 심사를 요구할 법규상 또는 조리상 신청권을 가진다고 할 것이니, 임용권자가 임용기간이 만료된 조교수에 대하여 재임용을 거부하는 취지로 한 임용기간만료의 통지는 위와 같은 대학교원의 법률관계에 영향을 주는 것으로서 행정소송의 대상이 되는 처분에 해당한다(대판 2004. 4. 22. 2000두7735 전원합의체).

4. 대학의 추천을 받은 총장 후보자는 교육부장관으로부터 정당한 심사를 받을 것이라는 기대를 하게 된다. 만일 교육부장관이 자의적으로 대학에서 추천한 복수의 총장 후보자들 전부 또는 일부를 임용제청하지 않는다면 대통령으로부터 임용을 받을 기회를 박탈하는 효과가 있다. 이를 항고소송의 대상이 되는 처분으로 보지 않는다면, 침해된 권리 또는 법률상 이익을 구제받을 방법이 없다. 따라서 교육부장관이 대학에서 추천한 복수의 총장 후보자들 전부 또는 일부를 임용제청에서 제외하는 행위는 제외된 후보자들에 대한 불이익처분으로서 항고소송의 대상이 되는 처분에 해당한다고 보아야 한다. 다만 교육부장관이 특정 후보자를 임용제청에서 제외하고 다른 후보자를 임용제청함으로써 대통령이 임용제청된 다른 후보자를 총장으로 임용한 경우에는, 임용제청에서 제외된 후보자는 대통령이 자신에 대하여 총장 임용 제외처분을 한 것으로 보아 이를 다투어야 한다(대판 2018. 6. 15. 2016두57564).

5. 조달청이 계약상대자에 대하여 나라장터 종합쇼핑몰에서의 거래를 일정기간 정지하는 조치는 전자조달의 이용 및 촉진에 관한 법률, 조달사업에 관한 법률 등에 의하여 보호되는 계약상대자의 직접적이고 구체적인 법률상 이익인 나라장터를 통하여 수요기관의 전자입찰에 참가하거나 나라장터 종합쇼핑몰에서 등록된 물품을 수요기관에 직접 판매할 수 있는 지위를 직접 제한하거나 침해하는 행위에 해당하는 점 등을 종합하면, 위 거래정지 조치는 비록 추가특수조건이라는 사법상 계약에 근거한 것이지만 행정청인 조달청이 행하는 구체적 사실에 관한 법집행으로서의 공권력의 행사로서 그 상대방인 甲 회사의 권리·의무에 직접 영향을 미치므로 항고소송의 대상이 되는 행정처분에 해당한다(대판 2018. 11. 29. 2015두52395).

【사례20_2020 변시_제2문(197면)】

★★★

65　거부(반려, 불가회신)의 처분성 (항고소송의 대상적격 검토)

* 乙의 불가회신에 대하여 종중 B가 항고소송을 제기하고자 하며, 乙의 거부회신에 대하여 甲이 항고소송을 제기하고자 한다. 항고소송의 대상적격 여부를 각각 검토하시오.

II. 불가회신과 거부회신의 항고소송 대상적격 판단(거부의 처분성 검토)

1. 거부처분의 의의, 근거, 개념, 요건

1) 거부처분의 의의, 근거, 개념

(1) 행정소송법 제2조 제1호는 처분을 '행정청이 행하는 구체적 사실에 관한 법집행으로서 공권력의 행사 또는 그 거부'라고 정의하고 있다. (2) 따라서, 처분이 되는 거부는 '그 거부'의 해석에 따라 거부의 대상이 '행정청이 행하는 구체적 사실에 관한 법집행으로서 공권력의 행사'일 것을 요구한다. (3) 즉 거부의 대상이 공권력 행사이어야 한다.

2) 거부처분 요건 해석론

(1) 判例는 3가지 요건을 요구한다. (ㄱ) 거부의 대상(신청한 행위)이 '공권력 행사'이고 (ㄴ) 거부로 신청인의 권리나 의무의 영향(법률관계의 변동)이 있어야 하고 (ㄷ) 신청인에게 그 공권력 행사를 요청할 법규상 조리상 신청권이 있어야 처분으로 본다.

(2) 여기서, 신청권의 필요여부에 대하여 ㈎ 學說은 (i) 대상적격설 (ii) 원고적격설 (iii) 본안판단설, ㈏ 判例는 대상적격과 원고적격에서 동시에 신청권 존부를 검토한다. ㈐ (小結) - 신청권은 요건을 갖춘 일반인을 기준으로 추상적으로 판단하는 것이고, 신청내용 그대로의 인용을 요구하는 것이 아니라 신청에 대한 응답을 받을 권리이므로 대상적격의 구성요건으로 봄이 타당하다고 본다. ㈑ 결국 거부처분에 있어서 신청권은 대상적격과 원고적격 판단에서 동시에 고려된다고 하겠다.

2. 문화재지정처분 취소등 청원 불가회신과 문화재보호구역 지정해제 신청 거부회신의 처분성 검토

1) 문화재지정처분 취소 또는 해제 청원서 불가회신의 처분성

(1) 종중 B가 청원서로 요청한 문화재지정처분의 취소 또는 해제는 행정소송법 제2조 제1호의 공권력 행사에 해당한다고 할 것이다. (2) 또한 그로 인하여 법률관계의 변동을 가져온다. (3) 다만, 종중 B에게 문화재지정처분의 취소 또는 해제를 신청할 권리가 있는지 검토가 필요하다. 문화재보호법 제70조 제1항 및 제6항, 경기도 문화재 보호 조례 제11조 제1항 및 제17항에 근거할 때 종중 B에게는 일반인을 기준으로 한 추상적 문화재지정의 취소나 해제를 신청할 권리가 있다고 보기 어렵다. (4) 결국 신청권이 부재한 바, 취소 또는 해제에 대한 불가회신은 처분성을 갖추기 어렵다고 할 것이며, 항고소송의 대상이 될 수 없다.

2) 문화재보호구역 지정해제 신청 거부회신의 처분성

(1) 문화재보호구역 내에 위치한 일부 토지를 소유하고 있는 甲이 신청한 자신의 소유토지를 대상으로 한 문화재보호구역 지정해제는 공권력 행사에 해당하고 (2) 지정해제로 인하여 甲의 권리의무관계에 영향을 미치며, (3) 도지정문화재의 보호구역의 지정에 있어 문화재보호법 제27조 제3항에 의거 재산권 행사에 미치는 영향, 보호구역의 주변환경 등 적

정성 평가를 하여야 하는 등의 규정을 둠으로써 보호구역의 토지소유자에게 보호구역의 지정 및 해제에 대한 일반적 신청권을 보장하고 있다고 볼 수 있다. (4) 결국 甲에 대한 문화재보호구역 지정해제 신청 거부회신은 항고소송의 대상이 된다고 볼 수 있다.

 거부 · 불가 · 반려회신의 처분성 관련 판례

1 주민등록번호가 유출된 경우 그로 인하여 이미 발생 하였거나 발생할 수 있는 피해 등을 최소화할 수 있는 충분한 권리구제방법을 찾기 어려운데도 구 「주민등록법」 2016. 5. 29. 법률 제14191 호로 개정되기 전의 것에서는 주민등록번호 변경에 관한 아무런 규정을 두고 있지 않다. 그런데 주민등록법령상 주민등록번호 변경에 관한 규정이 없다거나 주민등록번호 변경에 따른 사회적 혼란 등을 이유로 위와 같은 불이익을 피해자가 부득이한 것으로 받아들여야 한다고 보는 것은 피해자의 개인정보자기결정권 등 국민의 기본권 보장의 측면에서 타당하지 않다. 주민등록번호를 관리하는 국가로서는 주민등록번호가 유출된 경우 그로 인한 피해가 최소화되도록 제도를 정비하고 보완하여야 할 의무가 있으며, 일률적으로 주민등록번호를 변경할 수 없도록 할 것이 아니라 만약 주민등록번호 변경이 필요한 경우가 있다면 그 변경에 관한 규정을 두어서 이를 허용하여야 한다. 이러한 사정들을 앞서 본 법리에 따라 살펴보면, 피해자의 의사와는 무관하게 주민등록번호가 유출된 경우에는 조리상 주민등록번호의 변경을 요구할 신청권을 인정함이 타당하다(대판 2017.6.15. 2013두2945).

2 검사지원자 중 한정된 수의 임용대상자에 대한 임용결정은 한편으로는 그 임용대상에서 제외한 자에 대한 임용거부 결정이라는 양면성을 지니는 것이므로 임용대상자에 대한 임용의 의사표시는 동시에 임용대상에서 제외한 자에 대한 임용거부의 의사표시를 포함한 것으로 볼 수 있고, 이러한 임용거부의 의사표시는 본인에게 직접 고지되지 않았다고 하여도 본인이 이를 알았거나 알 수 있었을 때에 그 효력이 발생한 것으로 보아야 한다(대판 1991.2.12. 90누5825).

3 구 문화재보호법(1995. 12. 29. 법률 제5073호로 개정되기 전의 것) 제55조 제5항의 위임에 기하여 도지정문화재의 지정해제에 관한 사항을 정하고 있는 구 경상남도문화재보호조례(1999. 10. 11. 개정되기 전의 것) 제15조는, 도지사는 도지정문화재가 문화재로서의 가치를 상실하거나 기타 특별한 사유가 있는 때에 위원회의 심의를 거쳐 그 지정을 해제한다고 규정하고 있을 뿐이고, 같은 법과 같은 조례에서 개인이 도지사에 대하여 그 지정의 취소 또는 해제를 신청할 수 있다는 근거 규정을 별도로 두고 있지 아니하므로, 법규상으로 개인에게 그러한 신청권이 있다고 할 수 없고, 같은 법과 같은 조례가 이와 같이 개인에게 그러한 신청권을 부여하고 있지 아니한 취지는, 도지사로 하여금 개인의 신청에 구애됨이 없이 문화재의 보존이라는 공익적인 견지에서 객관적으로 지정해제사유 해당 여부를 판정하도록 함에 있다고 할 것이므로, 어느 개인이 문화재 지정처분으로 인하여 불이익을 입거나 입을 우려가 있다고 하더라도, 그러한 개인적인 사정만을 이유로 그에게 문화재 지정처분의 취소 또는 해제를 요구할 수 있는 조리상의 신청권이 있다고도 할 수 없다(대판 2001.9.28. 99두8565).

4 사증발급 거부처분을 다투는 외국인은, 아직 대한민국에 입국하지 않은 상태에서 대한민국에 입국하게 해달라고 주장하는 것으로, 대한민국과의 실질적 관련성 내지 대한민국에서 법적으로 보

호가치 있는 이해관계를 형성한 경우는 아니어서, 해당 처분의 취소를 구할 법률상 이익을 인정하여야 할 법정책적 필요성도 크지 않다. 반면, 국적법상 귀화불허가처분이나 출입국관리법상 체류자격변경 불허가처분, 강제퇴거명령 등을 다투는 외국인은 대한민국에 적법하게 입국하여 상당한 기간을 체류한 사람이므로, 이미 대한민국과의 실질적 관련성 내지 대한민국에서 법적으로 보호가치 있는 이해관계를 형성한 경우이어서, 해당 처분의 취소를 구할 법률상 이익이 인정된다고 보아야 한다(대판 2018.5.15. 2014두42506).

5│ 행정청이 행정의사를 외부에 표시하여 행정청이 자유롭게 취소·철회할 수 없는 구속을 받기 전에는 '처분'이 성립하지 않으므로, 법무부장관이 위와 같은 법령에 따라 이 사건 입국금지결정을 했다고 해서 '처분'이 성립한다고 볼 수는 없다. 이 사건 입국금지결정은 법무부장관의 의사가 공식적인 방법으로 외부에 표시된 것이 아니라 단지 그 정보를 내부전산망인 '출입국관리정보시스템'에 입력하여 관리한 것에 지나지 않으므로, 항고소송의 대상이 될 수 있는 '처분'에 해당하지 않는다(대판 2019.7.11. 2017두38874).

★★★

【사례9_2013 2차·3차 변시모의_제2-2문(85면)】

66 도시계획조례와 도시관리계획에 대한 항고소송 제기가능성

* A백화점은 도시계획조례와 (지구단위계획에 관한) 도시관리계획에 의한 건폐율제한이 과도하다고 여기고 있다. A백화점은 도시계획조례 및 (지구단위계획에 관한) 도시관리계획의 취소를 구하는 행정소송을 제기할 수 있는가?

II. 도시계획조례 및 도시관리계획의 취소소송 제기가능성 검토(처분성 검토)

1. 취소소송의 대상적격 의의, 개념, 요건

1) 의의

(1) 처분은 행정소송법상 개념이다.

(2) 행정소송법 제2조 제1항 제1호는 처분을 행정청이 행하는 구체적 사실에 관한 법집행으로서의 공권력 행사 또는 그 거부 그 밖에 이에 준하는 행정작용으로 정의하고 있다.

2) 개념론

처분의 개념범위와 관련해서 ㈎ 學說은 (i) 행정작용 중 행정행위와 처분을 하나로 보는 일원론과 (ii) 처분은 강학상 행정행위보다는 넓고, 권력적 사실행위 등 기타 행정작용도 포괄할 수 있다는 이원론이 있다. ㈏ 判例는 처분의 개념을 강학상 행정행위보다는 더 넓게 해석하여 기타 행정작용이라 하더라도 사인의 권리나 의무에 영향을 미치는 작용이면 '처분'으로 새기고 취소소송의 대상적격을 인정하고 있다. ㈐ 小結로 判例의 입장이 타당하다고 본다.

3) 요건

(1) 행정소송법상 정의규정대로 '행정청이', '구체적 사실에 관하여 행하는', '법집행으로서의

공권력 행사'에 해당하면 처분으로 볼 수 있다.

(2) 判例는 통상 법률관계에 영향을 미친다. 즉 행정청의 행정작용이 권리를 제한하거나 의무를 부과하면 대부분 '처분'으로 본다.

2. 처분적 조례와 처분적 행정계획의 문제(고유한 쟁송방식 존부와 취소소송 허용가능 여부)

1) 의의, 개념

(1) 조례와 행정계획은 강학상 행정행위와는 별개의 행정작용이다. (2) 즉 조례는 행정입법으로 행정행위가 갖는 구체성 개별성(구체적 사실에 관한)이 없고 추상성과 일반성을 띤다. 행정계획 역시 일반적으로 미래의 목적을 실현하기 위한 여러 가지 수단에 관한 종합 프로그램인 바, 구체성과 개별성 보다는 추상성과 일반성을 띤다. (3) 조례와 행정계획은 전통적인 행정행위의 쟁송방법 – 처분에 대한 취소소송의 쟁송방식 – 을 적용하기 어렵다. (4) 따라서 조례는 헌법 제107조 제2항에 따른 재판의 전제가 되는 경우 위법여부를 판단하는 구체적 규범통제의 방식으로 쟁송이 이뤄지며, 행정계획은 현재까지 행정계획 자체에 대한 독자적 쟁송방식이 없다.

2) 처분적 조례, 처분적 행정계획

(1) 쟁송방식의 한계를 극복하기 위하여 조례나 행정입법이 처분성(구체적 사실에 관한 공권력의 행사; 구체성, 권리제한의무부과)이 인정될 경우 처분으로 보아 취소소송으로 통제한다. (2) 따라서 조례와 행정계획 각각 처분성 여부를 판단하여 취소소송의 가능성 여부를 판단할 필요가 있다.

3. 도시계획조례와 도시관리계획의 처분성 여부(취소소송 가능성 판단)

1) 도시계획조례의 처분성 판단(구체적 사실에 관한 공권력 행사여부 판단)

(1) 사안에서 부산광역시 도시계획조례는 규율대상과 범위에 있어서 추상성과 일반성을 띠는 전형적인 행정입법에 해당하는 바, 처분성을 인정하기는 어렵겠다. (2) 따라서, 취소소송의 가능성은 없다고 봄이 타당하다. (3) 다만, 도시계획조례에 근거한 처분에 대한 항고소송 제소시에 본 조례안에 대한 위법성을 주장하는 구체적 규범통제의 방식으로 통제가 가능하겠다.

2) 도시관리계획의 처분성 판단

(1) 일반적으로 행정계획의 처분성 인정에 대해서 ㈎ 學說은 (i) 입법행위설, (ii) 행정행위설, (iii) 독자설, (iv) 개별검토설이 있고 ㈏ 判例는 개별검토설, ㈐ 小結로 행정계획의 형태가 다양하고 그 효과도 다양한 바, 개별검토설이 타당하다고 판단된다. (2) 설문에서 도시관리계획은 '복합센터 건설예정지를 지구단위계획구역으로 결정고시하고 동 구역의 건폐율을 45%를 초과할 수 없다'는 내용이 포함된 바, 이로 인해 사업을 원점에서 재검토 하는 등, 직접적이고 구체적인 권리침해 가능성 즉 '구체적 사실에 관한 법집행'에 해당한다고 볼 수 있어 처분성이 인정된다. (3) 따라서 취소소송의 대상이 되므로 취소소송의 제기

가 가능하다 할 것이다.

3) 도시관례계획의 위법성 판단(하자판단기준)

(1) 하자기본판단구조 – 행정계획의 주체, 내용(법률유보, 우위, 계획재량(목적–수단부합), 절차(주민의견수렴), 형식, 표시(공표) (2) 내용상 하자로서 계획재량판단 구조 – 목적과 수단의 비례관계 판단, 절차준수, 형량명령(형량의 해태, 형량흠결, 오형량으로 하자 판단)

 행정입법 또는 행정계획의 처분성 관련 판례

1] 행정청의 위법한 처분 등의 취소 또는 변경을 구하는 취소소송의 대상이 될 수 있는 것은 구체적인 권리의무에 관한 분쟁이어야 하고 일반적, 추상적인 법령이나 규칙 등은 그 자체로서 국민의 구체적인 권리의무에 직접적 변동을 초래케 하는 것이 아니므로 그 대상이 될 수 없다(대판 1992.3.10. 91누12639).

2] 조례가 집행행위의 개입 없이도 그 자체로서 직접 국민의 구체적인 권리의무나 법적 이익에 영향을 미치는 등의 법률상 효과를 발생하는 경우 그 조례는 항고소송의 대상이 되는 행정처분에 해당한다(대판 1996.9.20. 95누8003).

3] 어떠한 고시가 일반적·추상적 성격을 가질 때에는 법규명령 또는 행정규칙에 해당할 것이지만, 다른 집행행위의 매개 없이 그 자체로서 직접 국민의 구체적인 권리의무나 법률관계를 규율하는 성격을 가질 때에는 행정처분에 해당한다고 할 것이다. … , ① 약제급여·비급여목록 및 급여상한금액표(보건복지부 고시 제2002–46호로 개정된 것, 이하 '이 사건 고시'라 한다)는 특정 제약회사의 특정 약제에 대하여 국민건강보험가입자 또는 국민건강보험공단이 지급하여야 하거나 요양기관이 상환 받을 수 있는 약제비용의 구체적 한도액을 특정하여 설정하고 있는 점, ② 약제의 지급과 비용의 청구행위가 있기만 하면 달리 행정청의 특별한 집행행위의 개입 없이 이 사건 고시가 적용되는 점, ③ 특정 약제의 상한금액의 변동은 곧바로 국민건강보험가입자 또는 국민건강보험공단이 지급하여야 하거나 요양기관이 상환 받을 수 있는 약제비용을 변동시킬 수 있다는 점 등에 비추어 보면, 이 사건 고시는 다른 집행행위의 매개 없이 그 자체로서 국민건강보험가입자, 국민건강보험공단, 요양기관 등의 법률관계를 직접 규율하는 성격을 가진다고 할 것이므로, 항고소송의 대상이 되는 행정처분에 해당한다(대판 2006.9.22. 2005두2506).

4] 국토해양부, 환경부, 문화체육관광부, 농림수산부, 식품부가 합동으로 2009. 6. 8. 발표한 '4대강 살리기 마스터플랜' 등은 4대강 정비사업과 주변 지역의 관련 사업을 체계적으로 추진하기 위하여 수립한 종합계획이자 '4대강 살리기 사업'의 기본방향을 제시하는 계획으로서, 행정기관 내부에서 사업의 기본방향을 제시하는 것일 뿐, 국민의 권리·의무에 직접 영향을 미치는 것이 아니어서 행정처분에 해당하지 않는다(대결 2011.4.21. 2010무111 전원합의체).

5] 도시계획법 제12조 소정의 도시계획결정이 고시되면 도시계획구역안의 토지나 건물 소유자의 토지형질변경, 건축물의 신축, 개축 또는 증축 등 권리행사가 일정한 제한을 받게 되는바 이런 점에서 볼 때 고시된 도시계획결정은 특정 개인의 권리 내지 법률상의 이익을 개별적이고 구체적으로

규제하는 효과를 가져오게 하는 행정청의 처분이라 할 것이고, 이는 행정소송의 대상이 되는 것이라 할 것이다(대판 1982.3.9. 80누105).

[6] 행정주체가 구체적인 행정계획을 입안·결정할 때에 가지는 비교적 광범위한 형성의 자유는 무제한적인 것이 아니라 행정계획에 관련되는 자들의 이익을 공익과 사익 사이에서는 물론이고 공익 상호 간과 사익 상호 간에도 정당하게 비교교량하여야 한다는 제한이 있는 것이므로, 행정주체가 행정계획을 입안·결정하면서 이익형량을 전혀 행하지 않거나 이익형량의 고려 대상에 마땅히 포함시켜야 할 사항을 빠뜨린 경우 또는 이익형량을 하였으나 정당성과 객관성이 결여된 경우에는 행정계획결정은 형량에 하자가 있어 위법하게 된다. 이러한 법리는 행정주체가 구 국토의 계획 및 이용에 관한 법률(2009. 2. 6. 법률 제9442호로 개정되기 전의 것) 제26조에 의한 주민의 도시관리계획 입안 제안을 받아들여 도시관리계획결정을 할 것인지를 결정할 때에도 마찬가지이고, 나아가 도시계획시설구역 내 토지 등을 소유하고 있는 주민이 장기간 집행되지 아니한 도시계획시설의 결정권자에게 도시계획시설의 변경을 신청하고, 결정권자가 이러한 신청을 받아들여 도시계획시설을 변경할 것인지를 결정하는 경우에도 동일하게 적용된다고 보아야 한다(대판 2012.1.12. 2010두5806).

[7] 재건축조합이 행정주체의 지위에서 도시정비법 제48조에 따라 수립하는 관리처분계획은 정비사업의 시행 결과 조성되는 대지 또는 건축물의 권리귀속에 관한 사항과 조합원의 비용 분담에 관한 사항 등을 정함으로써 조합원의 재산상 권리·의무 등에 구체적이고 직접적인 영향을 미치게 되므로, 이는 구속적 행정계획으로서 재건축조합이 행하는 독립된 행정처분에 해당한다(대판 2009.9.17. 2007다2428 전원합의체).

★★

【사례13_2019 3차 변시모의_제2문(131면)】

67 산업단지개발계획의 변경신청 반려회신의 항고소송 대상성?

* 위 산업단지개발계획의 법적 성질을 논하고, 甲은 B의 위 반려회신을 항고소송의 대상으로 삼아 다툴 수 있는지 검토하시오.

III. 산업단지개발계획변경신청 반려의 처분성 검토 (항고소송의 대상으로서 거부처분인가?)

1. 거부처분의 의의와 요건 해석론

1) 의의, 근거

(1) 행정소송법 제2조 제1호는 처분을 '행정청이 행하는 구체적 사실에 관한 법집행으로서 공권력의 행사 또는 그 거부'라 하여 거부의 대상이 '행정청이 행하는 구체적 사실에 관한 법집행으로서 공권력의 행사'일 것을 요구한다.

2) 거부처분 요건 해석논의

(1) 判例는 (ㄱ) 거부의 대상(신청한 행위)이 '공권력 행사'이고 (ㄴ) 거부로 신청인의 권리나 의무의 영향(법률관계의 변동)이 있어야 하고 (ㄷ) 신청인에게 그 공권력 행사를 요

청할 법규상 조리상 신청권이 있어야 처분으로 보고 있다. (2) 신청권의 필요여부에 대하여 ㈎ 學說은 (i) 대상적격설 (ii) 원고적격설 (iii) 본안판단설, ㈏ 판례는 대상적격과 원고적격에서 동시에 신청권 존부를 검토한다. ㈐ (小結) — 신청권은 요건을 갖춘 일반인을 기준으로 추상적으로 판단하는 것이고, 신청내용 그대로의 인용을 요구하는 것이 아니라 신청에 대한 응답을 받을 권리이므로 대상적격의 구성요건으로 봄이 타당하다. 더불어 개인적 공권의 판단에서도 신청할 권리는 검토하므로 원고적격 판단에서도 동시에 고려된다고 봄이 타당하다.

2. 산업단지개발계획변경신청 반려의 항고소송 대상성 검토

B의 반려회신에서 (1) 반려 즉 거부의 대상이 산업단지개발계획의 변경인 바, 거부의 대상이 행정소송법 제2조 제1호 전단의 공권력행사에 해당하고, (2) 그 거부로 인하여 甲의 재산권과 생활권의 침해가 발생하며 (3) 甲은 산업입지 및 개발에 관한 법률 제6조 제4항, 제10조, 제11조에 의거할 때, 계획변경에 대한 법규상 조리상 신청권이 인정되는 바, (4) 항고소송의 대상이 되는 처분이라 할 수 있다.

 행정계획 변경신청 반려회신의 처분성 인정 판례

산업입지에 관한 법령은 산업단지에 적합한 시설을 설치하여 입주하려는 자와 토지 소유자에게 산업단지 지정과 관련한 산업단지개발계획 입안과 관련한 권한을 인정하고, 산업단지 지정뿐만 아니라 변경과 관련해서도 이해관계인에 대한 절차적 권리를 보장하는 규정을 두고 있다. 또한 산업단지 안에는 다수의 기반시설 등 도시계획시설 등을 포함하고 있고, 국토의 계획 및 이용에 관한 법률의 해석상 도시계획시설부지 소유자에게는 그에 관한 도시·군관리계획의 변경 등을 요구할 수 있는 법규상 또는 조리상 신청권이 인정된다고 해석되고 있다. 헌법상 재산권 보장의 취지에 비추어 보면 토지의 소유자에게 위와 같은 절차적 권리와 신청권을 인정한 것은 정당하다고 볼 수 있다. 이러한 법리는 이미 산업단지 지정이 이루어진 상황에서 산업단지 안의 토지 소유자로서 종전 산업단지개발계획을 일부 변경하여 산업단지개발계획에 적합한 시설을 설치하여 입주하려는 자가 종전 계획의 변경을 요청하는 경우에도 그대로 적용될 수 있다.

그러므로 산업단지개발계획상 산업단지 안의 토지 소유자로서 산업단지개발계획에 적합한 시설을 설치하여 입주하려는 자는 산업단지지정권자 또는 그로부터 권한을 위임받은 기관에 대하여 산업단지개발계획의 변경을 요청할 수 있는 법규상 또는 조리상 신청권이 있고, 이러한 신청에 대한 거부행위는 항고소송의 대상이 되는 행정처분에 해당한다고 보아야 한다(대판 2017.8.29. 2016두44186).

★★

68   취소소송의 원고적격, 피고적격, 대상적격

* 甲이 사업시행자 乙을 피고로 하여 이주대책대상자 선정신청 거부행위에 대한 취소소송을 제기하는 경우, 이 취소소송의 적법성을 검토하시오(단, 원고적격, 대상적격과 피고적격에 한함).

II. 취소소송 적법성 검토(대상적격, 원고적격, 피고적격 검토)

1. 처분청인 乙의 거부처분의 처분성 유무 판단

1) 거부처분의 처분성 인정 기준 및 대상적격 가부 검토(대상적격 긍정)

(1) 법 제2조 제1호는 처분을 '행정청이 행하는 구체적 사실에 관한 법집행으로서 공권력의 행사 또는 그 거부'라 하여 거부의 대상이 '공권력 행사'일 것을 요구한다. 이에 대하여 (2) 判例는 (ㄱ) 거부의 대상(신청한 행위)이 '공권력 행사'이고 (ㄴ) 거부로 신청인의 권리나 의무의 영향(법률관계의 변동)이 있어야 하고 (ㄷ) 신청인에게 그 공권력 행사를 요청할 신청권이 있어야 처분으로 보고 있다. (3) 신청권의 검토필요여부에 대하여 (개) 學說은 (i) 대상적격설 (ii) 원고적격설 (iii) 본안판단설, (내) 判例는 대상적격과 원고적격에서 신청권 존부를 같이 검토하며, (대) 小結로 신청권은 요건을 갖춘 일반인을 기준으로 추상적으로 판단하는 것이고, 신청내용 그대로의 인용을 요구하는 것이 아니라 신청에 대한 응답을 받을 권리이므로 대상적격으로 보는 동시에 개인적 공권의 판단에서도 신청할 권리를 검토하므로 判例가 타당하다고 본다.

2) 乙의 거부 행위는 判例의 입장에 따를 때 사안에서 (1) 거부의 대상이 이주대책대상자 선정으로 공권력행사이고, (2) 거부로 甲의 재산권과 생활권의 침해가 발생하며 (3) 甲은 사업시행지구 내에 거주하고 있는 자로 이주대책대상자 선정신청권도 갖는 바, 乙의 거부행위는 법상 처분에 해당한다.

2. 甲의 원고적격 존부 검토

1) (1) 법 제12조는 "취소소송은 처분 등의 취소를 구할 법률상의 이익이 있는 자가 제기할 수 있다."고 규정하는 바, (2) 취소소송의 기능 내지 성질과 관련하여 법률상 이익의 의미를 해석하는 방식이 다른 바, (개) 學說은 (i) 권리구제설, (ii) 법률상 이익설, (iii) 법률상 보호가치있는이익 구제설, (iv) 적법성보장설의 대립이 있다. (내) 判例는 법 제12조의 법률상 이익의 문언에 충실하게 법률상 이익설을 취한다. (대) 小結로 判例의 견해가 타당하다. (3) 법률상 이익에서 '법률'의 해석과 관련해서는 (개) 學說은 (i) 당해처분의 근거법률에 한정 (ii) 근거법률 외에 관련법률도 포함 (iii) 근거법률, 관련법률에 기본권 규정도 고려하는 견해가 있다. (내) 判例는 최근 근거 및 관련법률에 기본권 규정까지 고려한다. (대) 小結로 실질적이고 폭넓은 권리구제를 도모하기 위하여 判例의 견해가 타당하다.

2) 甲은 기업도시개발 특별법 제14조와, 동법에 근거한 이 사건 고시 제9조에 의하여 개별

적, 직접적, 구체적 이익 즉 법률상 이익이 존재하므로 원고적격은 인정된다.

3. 취소소송에서 피고적격 및 민간기업인 乙의 피고적격 존부

1) ⑴ 취소소송의 피고적격은 처분 등을 행한 행정청에게 있다(법 제13조 제1항).

   ⑵ 법 제2조 제2항은 행정청의 범위에 권한을 위임 또는 위탁받은 행정기관, 공공단체 및 그 기관 또는 사인을 포함하고 있다.

   ⑶ 따라서 행정청의 권한이 공법인이나 사인(공무수탁사인)에게 위탁된 경우 그 공법인이나 사인은 행정청에 해당된다.

2) 민간기업인 乙의 피고적격 존부 (긍정)

   ⑴ 민간기업은 乙은 기업도시개발 특별법 제10조와 제14조에 의거 사업시행자로 지정된 자로서 개발사업을 위하여 필요한 토지 등을 수용 또는 사용할 수 있는 권리등과 이주대책을 수립시행해야 할 의무 등 행정청의 일부 권한을 위탁받은 공무수탁사인에 해당하는 바, ⑵ 법 제2조 제2항의 행정청으로서 피고적격을 갖는다.

 거부처분 신청권 관련 판례

1 국민의 적극적 신청행위에 대하여 행정청이 그 신청에 따른 행위를 하지 않겠다고 거부한 행위가 항고소송의 대상이 되는 행정처분에 해당하려면, 그 신청한 행위가 공권력의 행사 또는 이에 준하는 행정작용이어야 하고, 그 거부행위가 신청인의 법률관계에 어떤 변동을 일으키는 것이어야 하며, 그 국민에게 그 행위발동을 요구할 법규상 또는 조리상의 신청권이 있어야 한다($\binom{대판 2016.11.10.}{2016두44674}$).

2 이때 그 거부행위의 처분성을 인정하기 위한 전제요건이 되는 신청권의 존부는 구체적 사건에서 신청인이 누구인가를 고려하지 않고 관계 법규의 해석에 의하여 국민에게 그러한 신청권을 인정하고 있는가를 살펴 추상적으로 결정되는 것이므로, 국민이 어떤 신청을 한 경우에 그 신청의 근거가 된 조항의 해석상 행정발동에 대한 개인의 신청권을 인정하고 있다고 보이면 그 거부행위는 항고소송의 대상이 되는 처분으로 보아야 한다($\binom{대판 2011.10.13.}{2008두17905}$).

3 수익적 행정행위의 신청에 대한 거부처분은 당사자의 신청에 대하여 관할 행정청이 이를 거절하는 의사를 대외적으로 명백히 표시함으로써 성립되고, 거부처분이 있은 후 당사자가 다시 신청을 한 경우에는 신청의 제목 여하에 불구하고 그 내용이 새로운 신청을 하는 취지라면 관할 행정청이 이를 다시 거절한 이상 새로운 거부처분이 있은 것으로 보아야 한다($\binom{대판 2016.7.14.}{2015두58645}$).

 피고적격 관련 판례

1 사업시행자가 국가 또는 지방자치단체와 같은 행정기관이 아니고 이와는 독립하여 법률에 의하여 특수한 존립목적을 부여받아 국가의 특별감독하에 그 존립목적인 공공사무를 행하는 공법인이 관계법령에 따라 공공사업을 시행하면서 그에 따른 이주대책을 실시하는 경우에도, 그 이주대책에 관한 처분은 법률상 부여받은 행정작용권한을 행사하는 것으로서 항고소송의 대상이 되는 공법상

처분이 되므로, 그 처분이 위법부당한 것이라면 사업시행자인 당해 공법인을 상대로 그 취소소송을 제기할 수 있다(대판 1994.5.24. 92다35783).

2 행정관청이 특정한 권한을 법률에 따라 다른 행정관청에 이관한 경우와 달리 내부적인 사무처리의 편의를 도모하기 위하여 그의 보조기관 또는 하급행정관청으로 하여금 그의 권한을 사실상 행하도록 하는 내부위임의 경우에는 수임관청이 그 위임된 바에 따라 위임관청의 이름으로 권한을 행사하였다면 그 처분청은 위임관청이므로 그 처분의 취소나 무효확인을 구하는 소송의 피고는 위임관청으로 삼아야 한다(대판 1991.10.8. 91누520).

3 행정처분의 취소 또는 무효확인을 구하는 행정소송은 다른 법률에 특별한 규정이 없는 한 그 처분을 행한 행정청을 피고로 하여야 하며, 행정처분을 행할 적법한 권한있는 상급행정청으로부터 내부위임을 받은데 불과한 하급행정청이 권한없이 행정처분을 한 경우에도 실제로 그 처분을 행한 하급행정청을 피고로 할 것이지 그 상급행정청을 피고로 할 것은 아니다(대판 1989.11.14.89누4765; 대판 1994.8.12. 94누2763; 대판 1991.2.22.90누5641).

★★
【사례9_2013 2차·3차 변시모의_제2-1문(82면)】

69 교원소청사건의 피고적격, 대상적격

* 누구를 피고로 하여 어떤 행위를 대상으로 취소소송을 제기하여야 하는가?

II. 취소소송의 대상적격과 피고적격은?

1. 대상적격(어떤 행위가 취소소송의 대상인가?)개념 및 사례포섭

1) 의의, 개념, 요건

(1) 취소소송은 처분등을 대상으로 한다(행정소송법 제19조). 여기서 (2) 처분등은 '(ㄱ) 행정청이 행하는 (ㄴ) 구체적 사실에 관한 (ㄷ) 법집행으로서의 (ㄹ) 공권력의 행사 또는 그 거부와 그 밖에 이에 준하는 행정작용'('처분')과 행정심판에 대한 재결을 의미한다. (3) 실정법상 처분의 개념범위와 관련하여 ㉮ 學說은 (i) 행정행위와 동일하다는 실체법적행정행위개념설(일원론), (ii) 강학상 행정행위 개념보다 넓다고 보는 쟁송법적처분개념설(이원론) ㉯ 判例는 처분을 강학상 행정행위의 개념보다 넓게 해석하여 행정입법, 행정계획, 권력적 사실행위도 '처분' 개념에 포함시키고 있으며, ㉰ 小結로 행정소송법상 '처분' 개념에 근거한 행정소송체계(항고소송중심주의)의 한계로 判例의 입장처럼 처분개념을 넓게 새겨 국민의 권리구제의 범위를 확대하는 길을 열어주는 것이 타당하다고 본다.

2) 사례포섭

(1) 사례에서 교원지위향상을 위한 특별법 제10조 제3항에 따르면, '심사위원회 결정에 대하여 교원 등 당사자는 행정소송법으로 정하는 바에 따라 소송을 제기할 수 있다고 규정하고 있는 바, 법문상 소청심사위원회의 기각결정이 취소소송의 대상이 됨은 명확하고 (2)

나아가 행정소송법상 처분개념과 判例가 요구하는 요건인 행정청(소청심사위원회)이 행하는 구체적 사실(노정년의 재임용)에 관한 법집행(교원소청법)으로서의 공권력의 행사(직업선택의 자유 제한, 권리제한)에 해당하므로 (3)소청심사위원회의 기각결정은 취소소송의 대상이 된다.

2. 피고적격(누구를 피고로?)개념 및 사례포섭

1) 의의, 개념, 요건

(1)취소소송은 다른 법률에 특별한 규정이 없는 한 그 처분등을 행한 행정청을 피고로 한다(행소법 제13조).

(2)행정청은 행정에 관한 의사를 결정하여 표시하는 국가 또는 지방자치단체의 기관이다(행정절차법 제2조 제1호 가목).

(3)논리상 행정주체가 피고가 되는 것이 마땅하나 소송수행편의상 행정청으로 정해졌다.

2) 사안포섭

(1)관련규정에 따라 교원소청심사위원회는 교원의 징계, 재임용결정등 교육행정에 관한 문제에 대하여 그 적부를 결정하여 표시하는 국가의 기관인 바, 행정청에 해당한다. (2)따라서 교원소청심사위원회가 피고가 된다.

⚖️ 교원소청 관련 판례

1 │ 사립학교 교원은 학교법인 또는 사립학교 경영자에 의하여 임면되는 것으로서 사립학교 교원과 학교법인의 관계를 공법상의 권력관계라고는 볼 수 없으므로 사립학교 교원에 대한 학교법인의 해임처분을 취소소송의 대상이 되는 행정청의 처분으로 볼 수 없고, 따라서 학교법인을 상대로 한 불복은 행정소송에 의할 수 없고 민사소송절차에 의할 것이다(대판 1993.2.12. 92누13707).

2 │ 사립학교 교원에 대한 해임처분에 대한 구제방법으로 학교법인을 상대로 한 민사소송 이외 교원지위향상을위한특별법 제7조 내지 10조에 따라 교육부 내에 설치된 교원징계재심위원회에 재심청구를 하고 교원징계재심위원회의 결정에 불복하여 행정소송을 제기하는 방법도 있으나, 이 경우에도 행정소송의 대상이 되는 행정처분은 교원징계재심위원회의 결정이지 학교법인의 해임처분이 행정처분으로 의제되는 것이 아니며 또한 교원징계재심위원회의 결정을 이에 대한 행정심판으로서의 재결에 해당되는 것으로 볼 수는 없다(대판 1993.2.12. 92누13707).

3 │ 국공립학교교원에 대한 징계 등 불리한 처분은 행정처분이므로 국공립학교교원이 징계 등 불리한 처분에 대하여 불복이 있으면 교원징계재심위원회에 재심청구를 하고 위 재심위원회의 재심결정에 불복이 있으면 항고소송으로 이를 다투어야 할 것인데, 이 경우 그 소송의 대상이 되는 처분은 원칙적으로 원처분청의 처분이고, 원처분이 정당한 것으로 인정되어 재심청구를 기각한 재결에 대한 항고소송은 원처분의 하자를 이유로 주장할 수는 없고 그 재결 자체에 고유한 주체·절차·형식 또는 내용상의 위법이 있는 경우에 한한다고 할 것이므로, 도교육감의 해임처분의 취소를 구

하는 재심청구를 기각한 재심결정에 사실오인의 위법이 있다거나 재량권의 남용 또는 그 범위를 일탈한 것으로서 위법하다는 사유는 재심결정 자체에 고유한 위법을 주장하는 것으로 볼 수 없어 재심결정의 취소사유가 될 수 없다(대판 1993.2.8. 93누17874).

4 학교법인에 의하여 징계처분 등을 받은 사립학교 교원은 교원지위법에 따른 재심위원회의 재심절차와 행정소송절차를 밟을 수 있을 뿐만 아니라 종래와 같이 민사소송을 제기하여 권리구제를 받을 수도 있는데, 이 두 구제절차는 임의적·선택적이다(헌재 2003.12.28. 2002헌바14·32).

★★

【사례8_2019 변시_제2문(72면)】

70 취소소송의 제소기간 준수여부 검토 (고시의 효력발생일과 안 날)

* 사단법인 대한제약회사협회와 甲이 제기한 이 사건 소('약제급여목록 및 급여상한금액표' 고시의 취소소송)가 제소기간을 준수하였는지를 검토하시오.

II. 취소소송의 제소기간 준수여부 검토(고시의 경우)

1. 제소기간의 개념, 의의, 판단기준 등

1) 개념, 의의

(1) 취소소송은 처분이 있음을 안 날부터 90일 이내에, 처분이 있은 날로부터 1년 이내에 제기하여야 한다(행정소송법 제20조).

(2) 처분이 있음을 안 날은 당해 처분의 존재를 현실적으로 안 날을 의미하며, 처분이 있은 날은 처분이 대외적으로 표시되어 효력을 발생한 날을 의미한다. 어느 하나의 기간이 만료되면 제소기간은 도과한다.

(3) 제소기간은 처분등을 둘러싼 법률관계의 안정과 신속한 확정을 도모하는 취지에서 마련된 제도이다.

2) 고시 공고 시 판단기준

(1) 고시·공고에 의해서 처분을 하는 경우 그 상대방이 불특정 다수이고, 처분의 효력이 일률적으로 적용되는 것이므로 현실적으로 알았는지와 상관없이 고시가 효력을 발생한 날에 행정처분이 있음을 알았다고 보고 있다(判例). (2) 다만 특정인의 주소불명으로 관보 등에 공고한 경우에는 상대방이 처분등을 현실적으로 안 날, 처분이 있음을 알았다고 보고 있다(判例).

2. 취소소송의 제소기간 준수여부 판단

이 사건 고시는 불특정 다수를 상대방으로 하는 것으로 고시가 있은 날이 행정처분이 있음을 알았다고 보아야 하는 바, 2018년 12월 22일이 90일이 되는 날이므로 94일째 제시한 취소소송은 제소기간을 도과하여 부적법하다고 할 것이다.

제소기간 관련 판례

1│ 통상 고시 또는 공고에 의하여 행정처분을 하는 경우에는 그 처분의 상대방이 불특정 다수인이고 그 처분의 효력이 불특정 다수인에게 일률적으로 적용되는 것이므로, 행정처분에 이해관계를 갖는 자가 고시 또는 공고가 있었다는 사실을 현실적으로 알았는지 여부에 관계없이 고시가 효력을 발생하는 날에 행정처분이 있음을 알았다고 보아야 한다(대판 2001.7.27 99두9490; 대판 2007.6.14.2004두619).

2│ 행정소송법 제20조 제1항 소정의 제소기간 기산점인 '처분이 있음을 안 날'이라 함은 당사자가 통지, 공고 기타의 방법에 의하여 당해 처분이 있었다는 사실을 현실적으로 안 날을 의미하는바, 특정인에 대한 행정처분을 주소불명 등의 이유로 송달할 수 없어 관보·공보·게시판·일간신문 등에 공고한 경우에는, 공고가 효력을 발생하는 날에 상대방이 그 행정처분이 있음을 알았다고 볼 수는 없고, 상대방이 당해 처분이 있었다는 사실을 현실적으로 안 날에 그 처분이 있음을 알았다고 보아야 한다(대판 2006.4.28. 2005두14851).

3│ 행정소송법 제20조가 제소기간을 규정하면서 '처분 등이 있은 날' 또는 '처분 등이 있음을 안 날'을 각 제소기간의 기산점으로 삼은 것은 그때 비로소 적법한 취소소송을 제기할 객관적 또는 주관적 여지가 발생하기 때문이므로, 처분 당시에는 취소소송의 제기가 법제상 허용되지 않아 소송을 제기할 수 없다가 위헌결정으로 인하여 비로소 취소소송을 제기할 수 있게 된 경우, 객관적으로는 '위헌결정이 있은 날', 주관적으로는 '위헌결정이 있음을 안 날' 비로소 취소소송을 제기할 수 있게 되어 이때를 제소기간의 기산점으로 삼아야 한다(대판 2008.2.1. 2007두20997).

4│ 행정처분의 직접상대방이 아닌 제3자는 행정처분이 있음을 곧 알 수 없는 처지이므로 행정심판법 제18조 제3항 소정의 심판청구의 제척기간내에 처분이 있음을 알았다는 특별한 사정이 없는 한 그 제척기간의 적용을 배제할 같은 조항 단서 소정의 정당한 사유가 있는 때에 해당한다(대판 1989.5.9. 88누5150).

5│ 행정청이 산업재해보상보험법에 의한 보험급여 수급자에 대하여 부당이득 징수결정을 한 후 징수결정의 하자를 이유로 징수금 액수를 감액하는 경우에 감액처분은 감액된 징수금 부분에 관해서만 법적 효과가 미치는 것으로서 당초 징수결정과 별개 독립의 징수금 결정처분이 아니라 그 실질은 처음 징수결정의 변경이고, 그에 의하여 징수금의 일부취소라는 징수의무자에게 유리한 결과를 가져오는 처분이므로 징수의무자에게는 그 취소를 구할 소의 이익이 없다. 이에 따라 감액처분으로도 아직 취소되지 않고 남아 있는 부분이 위법하다 하여 다투고자 하는 경우, 감액처분을 항고소송의 대상으로 할 수는 없고, 당초 징수결정 중 감액처분에 의하여 취소되지 않고 남은 부분을 항고소송의 대상으로 할 수 있을 뿐이며, 그 결과 제소기간의 준수 여부도 감액처분이 아닌 당초 처분을 기준으로 판단해야 한다(대판 2012.9.27. 2011두27247).

6│ 이 사건 공익근무요원복무중단처분, 현역병입영대상편입처분 및 현역병입영통지처분은 보충역편입처분취소처분을 전제로 한 것이기는 하나 각각 단계적으로 별개의 법률효과를 발생시키는 독립된 행정처분으로서 하나의 소송물로 평가할 수 없고, 보충역편입처분취소처분의 효력을 다투는 소에 공익근무요원복무중단처분, 현역병입영대상편입처분 및 현역병입영통지처분을 다투는 소도 포함되어 있다고 볼 수는 없다고 할 것이므로, 공익근무요원복무중단처분, 현역병입영대상편입처분 및 현역병입영통지처분의 취소를 구하는 소의 제소기간의 준수 여부는 각 그 청구취지의

추가·변경신청이 있은 때를 기준으로 개별적으로 살펴야 할 것이지, 최초에 보충역편입처분취소처분의 취소를 구하는 소가 제기된 때를 기준으로 할 것은 아니라고 할 것이다(대판 2004.12.10. 2003두12257).

★   【사례21_2016 5급공채_제2-2문(211면)】

71 반드시 행정심판절차를 거쳐야 하는가?

* 甲의 행위에 대하여 징계위원회가 감봉 1월의 징계를 의결하였고 그에 따라 동일한 내용의 징계처분이 내려졌다. 甲은 그 징계처분에 대하여 취소소송을 제기하고자 한다. 이 경우 반드시 행정심판절차를 거쳐야 하는가?

Ⅱ. 징계처분에 대한 취소소송시 행정심판을 거쳐야 하는가?(필요적 전치인가?)

1. 행정소송법상 행정심판전치 내용(임의적 전치)

1) 행정소송법 제18조 제1항은 '취소소송은 법령의 규정에 의하여 당해 처분에 대한 행정심판을 제기할 수 있는 경우에도 이를 거치지 아니하고 제기할 수 있다. 다만, 다른 법률에 당해 처분에 대한 행정심판의 재결을 거치지 아니하면 취소소송을 제기할 수 없다는 규정이 있는 때에는 그러하지 아니하다'고 규정하여

2) 취소소송을 제기함에 있어 임의적 심판전치를 원칙으로, 다른 법률의 규정을 전제로 필요적 전치를 예외로 정하고 있다.

2. 국가공무원법상 행정심판전치

1) 국가공무원법 제16조 제1항 및 제75조는 '공무원에 대한 징계처분, 그 밖에 본인의 의사에 반한 불리한 처분이나 부작위에 관한 행정소송은 소청심사위원회의 심사·결정을 거치지 아니하면 제기할 수 없다'고 하여 필요적 심판전치를 정하고 있다.

2) 따라서 행정소송법 제18조 제1항에 따라 공무원에 대한 징계처분의 취소소송에 대해서는 국가공무원법을 우선적용하여 필요적 전치를 따른다.

3. 甲은 징계처분 취소소송 제기시 필요적 전치?(필요적 전치와 그 예외)

1) 행정소송법 제18조 제1항 및 국가공무원법 제16조 제1항에 의거 징계처분 취소소송에 앞서 소청심사위원회의 심사결정을 거쳐야 할 것이다.

2) 다만 행정소송법 제18조 제3항에 따라 ① 동종사건에 관하여 이미 행정심판의 기각재결이 있는 때, ② 처분을 행한 행정청이 행정심판을 거칠 필요가 없다고 잘못 알린 때에는 소청심사위원회의 심사결정을 거칠 필요 없이 취소소송의 제기가 가능하다고 할 것이다.

 소청심사 관련 판례

우선 국·공립학교 교원에 대한 징계처분의 경우에는 원 징계처분 자체가 행정처분이므로 그에 대하

여 위원회에 소청심사를 청구하고 위원회의 결정이 있은 후 그에 불복하는 행정소송이 제기되더라도 그 심판대상은 교육감 등에 의한 원 징계처분이 되는 것이 원칙이다. 다만 위원회의 심사절차에 위법사유가 있다는 등 고유의 위법이 있는 경우에 한하여 위원회의 결정이 소송에서의 심판대상이 된다. 따라서 그 행정소송의 피고도 위와 같은 예외적 경우가 아닌 한 원처분을 한 처분청이 되는 것이지 위원회가 되는 것이 아니다. 또한 법원에서도 위원회 결정의 당부가 아니라 원처분의 위법 여부가 판단대상이 되는 것이므로 위원회 결정의 결론과 상관없이 원처분에 적법한 처분사유가 있는지, 그 징계양정이 적정한지가 판단대상이 되고(다만 위원회에서 원처분의 징계양정을 변경한 경우에는 그 내용에 따라 원처분이 변경된 것으로 간주되어 그 변경된 처분이 심판대상이 된다), 거기에 위법사유가 있다고 인정되면 위원회의 결정이 아니라 원 징계처분을 취소하게 되고, 그에 따라 후속절차도 원 징계처분을 한 처분청이 판결의 기속력에 따라 징계를 하지 않거나 재징계를 하게 되는 구조로 운영된다. 반면, 사립학교 교원에 대한 징계처분의 경우에는 학교법인 등의 징계처분은 행정처분성이 없는 것이고 그에 대한 소청심사청구에 따라 위원회가 한 결정이 행정처분이고 교원이나 학교법인 등은 그 결정에 대하여 행정소송으로 다투는 구조가 되므로, 행정소송에서의 심판대상은 학교법인 등의 원 징계처분이 아니라 위원회의 결정이 되고, 따라서 피고도 행정청인 위원회가 되는 것이며, 법원이 위원회의 결정을 취소한 판결이 확정된다고 하더라도 위원회가 다시 그 소청심사청구사건을 재심사하게 될 뿐 학교법인 등이 곧바로 위 판결의 취지에 따라 재징계 등을 하여야 할 의무를 부담하는 것은 아니다(대판 2013.7.25. 2012두12297).

★★

【사례19_2016 2차 변시모의_제2문(186면)】

72 이 사건 집행정지신청은 인용될 수 있는가? (행소법상 집행정지 검토)

* 甲이 이 사건 소를 제기하면서 동시에 서울행정법원에 1차 영업정지처분에 대한 집행정지신청(이하 '이 사건 집행정지신청'이라 한다)을 한 경우, 이 사건 집행정지신청은 인용될 수 있는가?

II. 집행정지 인용가능성 검토(적극)

1. 집행정지의 의의와 요건 및 절차

1) 개념, 의의

(1) 집행정지는 취소소송이 제기된 경우에 처분등이나 그 집행 또는 절차의 속행으로 인하여 생길 회복하기 어려운 손해를 예방하기 위하여 긴급한 필요가 있는 경우, 처분등의 효력이나 그 집행 또는 절차의 속행의 전부 또는 일부를 정지하도록 하는 가구제 제도이다(법 제23조).

2) 요건, 절차

집행정지는 (1) 취소소송의 제기 후 또는 동시에 제기되어야 하고 (2) 회복하기 어려운 손해를 예방하기 위하여 긴급한 필요가 있어야 하며 (3) 공공복리에 중대한 영향이 없고(법 제23조 제3항) (4) 본안 청구의 이유 없음이 명백하지 않을 때 (5) 당사자의 신청이나 법원의 직권에 의해서 이뤄질 수 있다.

2. 1차 영업정지처분에 대한 집행정지신청의 인용가능성

1) 본 사안에서 ⑴취소소송이 제기되어 있고, ⑵甲의 전재산을 투입하여 음식점을 경영하고 있는 바, 영업정지로 인하여 회복하기 어려운 손해를 예방할 긴급한 필요가 인정되며, ⑶ 영업정지처분의 집행정지가 공공복리에 중대한 영향을 미칠 것은 아니라고 사료되며, ⑷ 본안 소인 취소소송의 대상이 되는 영업정지처분은 근거 법(식품위생법 제75조 제1항)에 의거 재량행위에 해당하고, 법규성이 없는 총리령(식품위생법 시행규칙 별표23)으로 제재적 처분기준을 정하는 바, 영업정지처분에 대한 취소의 소가 이유 없다는 것이 명백하다고 할 수 없다.

2) 집행정지 요건을 갖춘 바 1차 영업정지처분에 대한 집행정지신청의 인용가능하다고 본다.

 집행정지 관련 판례

1 행정처분의 효력정지나 집행정지를 구하는 신청사건에 있어서는 행정처분 자체의 적법 여부는 궁극적으로 본안재판에서 심리를 거쳐 판단할 성질의 것이므로 원칙적으로 판단할 것이 아니고, 그 행정처분의 효력이나 집행을 정지할 것인가에 관한 행정소송법 제23조 제2항 소정의 요건의 존부만이 판단의 대상이 된다고 할 것이지만, 나아가 집행정지는 행정처분의 집행부정지원칙의 예외로서 인정되는 것이고 또 본안에서 원고가 승소할 수 있는 가능성을 전제로 한 권리보호수단이라는 점에 비추어 보면 집행정지사건 자체에 의하여도 신청인의 본안청구가 적법한 것이어야 한다는 것을 집행정지의 요건에 포함시켜야 할 것이다(대결 1995.2.28.94두36; 대결 1999.11.26.99부3).

2 행정처분의 집행정지결정에 위배한 행정처분은 그 하자가 중대하고 명백하여 무효이다(대판 1961.11.23. 4294행상3).

3 행정처분의 집행정지는 행정처분집행 부정지의 원칙에 대한 예외로서 인정되는 일시적인 응급처분이라 할 것이므로 집행정지결정을 하려면 이에 대한 본안소송이 법원에 제기되어 계속 중임을 요하고(대법원 1975. 11. 11. 선고 75누97 판결 등 참조), 따라서 집행정지신청 기각결정 후 본안소송이 취하되었다면 위 기각결정에 대한 재항고는 그 실익이 없어 각하될 수밖에 없다(대판 2019.6.28. 2019무622).

★★★

【사례20_2020 변시_제1문의2(196면)】

73 거부처분 취소소송에 있어 가구제 수단 (집행정지, 민사집행법상 가처분 가능성 검토)

* 甲의 난민 인정 거부처분 취소소송 중 잠정적으로 甲의 권리를 보전할 수 있는 가구제 수단을 검토하시오.

II. 甲의 권리를 보전할 수 있는 가구제 수단은? – 집행정지, 가처분? 가능성 검토

1. 집행정지 의의와 거부처분에 있어 집행정지 가능성 검토

1) 집행정지의 의의, 근거, 요건, 절차

⑴ 의의, 근거

집행정지는 취소소송이 제기된 경우에 처분등이나 그 집행 또는 절차의 속행으로 인하여 생길 회복하기 어려운 손해를 예방하기 위하여 긴급한 필요가 있는 경우, 처분등의 효력이나 그 집행 또는 절차의 속행의 전부 또는 일부를 정지하도록 하는 가구제 제도이다 (법 제23조).

⑵ 요건, 절차 – (ㄱ) 취소소송의 제기 후 또는 동시에 제기되어야 하고 (ㄴ) 회복하기 어려운 손해를 예방하기 위하여 긴급한 필요가 있어야 하며 (ㄷ) 공공복리에 중대한 영향이 없고(법 제23조 제3항) (ㄹ) 본안청구의 이유 없음이 명백하지 않을 때 (ㅁ) 당사자의 신청이나 법원의 직권에 의해서 이뤄질 수 있다.

2) 거부처분에 있어 집행정지 가능성 검토

⑴ 수익적 행정행위의 신청에 대한 거부처분이 있는 경우, 그 효력을 정지하는 집행정지가 인정될 수 있는지에 대해서 ㈎ 學說은 (i) 행정청을 사실상 구속할 수 있으므로 긍정하는 견해 (ii) 거부의 효력정지로 신청인에게 수익적 행정처분이 이뤄지는 등의 실질상 집행정지의 실익이 있을 수 없으므로 부정하는 견해 (iii) 원칙적으로 인정되기 어려우나, 허가갱신의 거부에 대한 집행정지 등 예외적으로 기간갱신의 효과를 얻는 실익이 있는 경우는 긍정하자는 절충견해가 있다. ㈏ 判例는 부정한다. ㈐ (小結) 집행정지의 실익이 있는 경우에는 집행정지를 긍정하는 절충의견이 타당하다고 본다. ㈑ 본 사안의 해결은 판례의 입장에 따라 정리한다.

3) 甲의 난민 인정 거부처분 취소소송에 있어 집행정지 가능성 판단 – 소극

난민인정 거부처분의 집행정지로 甲이 난민으로서의 지위를 득하거나, 기타 그 이외에 얻을 수 있는 실질상 이익이 없는 바, 집행정지는 받아들여지기 어렵다.

2. 민사집행법상 가처분 가능성 검토

1) 행정소송법과 민사집행법상 가처분 규정

⑴ 의의 – 행정소송법 제8조 제2항은 '행정소송에 관하여 이 법에 특별한 규정이 없는 사항에 대하여는 법원조직법과 민사소송법 및 민사집행법의 규정을 준용한다'고 정하고 있다.

⑵ 민사집행법상 가처분규정 – 민사집행법 제300조에서 다툼이 있는 권리관계에 대하여

임시의 지위를 정하기 위하여 가처분을 할 수 있다고 정하고 있다.

2) 취소소송상 민사집행법상 가처분 준용 검토

㈎ 학설은 (i) 행정소송법상 취소소송의 절차에서 유독 집행정지제도만을 정한 것은 가처분을 제외한 집행정지만을 활용할 수 있다는 입법자의 의도가 있으므로 부정하는 견해 (ii) 행정소송법 제8조 제2항의 준용 규정에 충실하게 가처분도 긍정하는 견해 ㈏ 判例는 부정 ㈐ (小結) 의무이행소송을 규정하지 않은 현행 행정소송법, 법원의 과도한 행정개입을 방지하는 입법자의 취지 의도 등을 고려할 때 부정함이 타당

3) 甲의 난민인정 거부처분 취소소송에서 가처분 (민사집행법상 가처분) 가능성 판단 – 소극

⚖️ 거부처분 집행정지 관련 판례

1️⃣ 허가신청에 대한 거부처분은 그 효력이 정지되더라도 그 처분이 없었던 것과 같은 상태를 만드는 것에 지나지 아니하는 것이고 그 이상으로 행정청에 대하여 어떠한 처분을 명하는 등 적극적인 상태를 만들어 내는 경우를 포함하지 아니하는 것이므로, 교도소장이 접견을 불허한 처분에 대하여 효력정지를 한다 하여도 이로 인하여 위 교도소장에게 접견의 허가를 명하는 것이 되는 것도 아니고 또 당연히 접견이 되는 것도 아니어서 접견허가거부처분에 의하여 생길 회복할 수 없는 손해를 피하는 데 아무런 보탬도 되지 아니하니 접견허가거부처분의 효력을 정지할 필요성이 없다 (대결 1991.5.2.91두15; / 대결 1992.2.13.91두47).

2️⃣ 사행행위등규제법 제7조 제2항의 규정에 의하면 사행행위영업허가의 효력은 유효기간 만료 후에도 재허가신청에 대한 불허가처분을 받을 때까지 당초 허가의 효력이 지속된다고 볼 수 없으므로 허가갱신신청을 거부한 불허처분의 효력을 정지하더라도 이로 인하여 유효기간이 만료된 허가의 효력이 회복되거나 행정청에게 허가를 갱신할 의무가 생기는 것도 아니라 할 것이니 투전기업소갱신허가불허처분의 효력을 정지하더라도 불허처분으로 입게 될 손해를 방지하는 데에 아무런 소용이 없고 따라서 불허처분의 효력정지를 구하는 신청은 이익이 없어 부적법하다 (대판 1993.2.10. / 92두72).

3️⃣ 민사집행법 제300조 제2항이 규정한 임시의 지위를 정하기 위한 가처분은 그 가처분의 성질상 그 주장 자체에 의하여 다툼이 있는 권리관계에 관한 정당한 이익이 있는 자는 그 가처분의 신청을 할 수 있고, 그 경우 그 주장 자체에 의하여 신청인과 저촉되는 지위에 있는 자를 피신청인으로 하여야 한다. 한편 민사집행법상의 가처분으로써 행정청의 어떠한 행정행위의 금지를 구하는 것은 허용될 수 없다 (대결 2011.4.18. / 2010마1576).

4️⃣ 처분에 대한 항고소송의 제기 자체에 집행정지의 효력을 인정할지 아니면 별도의 집행정지결정을 거치도록 할 것인지, 어떠한 소송유형에 대하여 어느 정도 범위에서 집행정지를 인정할지 등은 기본적으로 입법정책의 문제이다. 외국의 입법례를 살펴보더라도 집행정지 이외의 가구제 수단을 인정하고 있는 대륙법계 국가들은 민사소송을 준용하여 가구제의 폭을 넓히기보다는 별도로 개별 규정을 두어 행정소송상 가처분 및 가명령 등을 제도화하고 있다 (헌재결 2018.1.25. / 2016헌바208).

★★★　　　　【사례16_2016 3차 변시모의_제2문(160면), 사례13_2019 3차 변시모의_제2문(131면)】

74　처분사유의 추가변경

* 이 취소소송의 계속 중 乙은 처분의 적법성을 유지하기 위하여 "甲은 이 사건 고시 제8조 제1항 제3호 소정의 세입자에 해당한다."라는 내용으로 처분사유를 추가 · 변경할 수 있는가?

II. 乙의 처분사유의 추가변경 가능성 검토

1. 처분사유 추가 · 변경의 의미, 허용성(인정여부) 및 범위(한계)

1) 처분사유 추가 변경의 의미와 허용성(인정여부)

⑴ 처분사유의 추가 · 변경이란 당초 처분 시에는 존재하였지만 처분이유로 제시되지 아니하였던 사실 및 법적 근거를 소송 계속 중에 추가하거나 변경하는 것을 말한다. ⑵ 처분사유 추가 · 변경에 대해서는 그 인정 여부가 문제되는 바, ㈎ 學說은 (ⅰ) 일회적 분쟁해결이라는 소송경제적 측면을 강조하는 긍정설, (ⅱ) 실질적 법치주의와 상대방의 신뢰보호를 강조하는 부정설, (ⅲ) 당초의 처분사유와 기본적 사실관계의 동일성이 인정되는 범위 내에서 제한적으로 인정된다는 제한적 긍정설이 있다. ㈏ 判例는 "실질적 법치주의와 행정처분의 상대방인 국민에 대한 신뢰보호라는 견지에서 당초 처분의 근거로 삼은 사유와 기본적 사실관계에 있어서 동일성이 있다고 인정되는 한도 내에서는 다른 사유를 추가하거나 변경할 수 있다"는 제한적 긍정설의 입장 ㈐ 小結로 실질적 법치주의와 분쟁의 일회적 해결이라는 요청 및 원고의 방어권 보장과 신뢰보호의 요청의 조화라는 관점에서 判例의 견해가 타당하다.

2) 처분사유의 추가 · 변경의 허용범위 및 한계

⑴ 객관적 한계로 처분의 사유에 있어 기본적으로 그 사실관계의 동일성이 인정되어야 한다. ⑵ 시간적 한계로 처분시에 객관적으로 존재하였던 사유에 한하여 허용된다.

2. 처분청인 乙의 처분사유의 추가변경 가능한가?(불가능!)

1) 처분청인 乙이 추가한 처분사유 즉 "甲이 고시 제8조 제1항 제3호에서 정한 세입자에 해당"한다는 것은 당초 제시한 "甲이 고시 제8조 제1항 제1호 무허가 건축물의 소유자에 해당"한다는 처분사유와 그 기초가 되는 사회적 사실관계가 기본적인 점에서 동일하다고 보기 어렵다 할 것이다.

2) 따라서 처분사유의 추가변경은 불가능하다 할 것이며, 법원은 이 사유에 대하여 심리할 수 없다고 보는 것이 타당하다.

 처분사유 추가변경 관련 판례

1】 행정처분의 취소를 구하는 항고소송에 있어서는 실질적 법치주의와 행정처분의 상대방인 국민에

대한 신뢰보호라는 견지에서 처분청은 당초 처분의 근거로 삼은 사유와 기본적 사실관계에 있어서 동일성이 있다고 인정되지 않는 별개의 사실을 들어 처분사유로 주장함은 허용되지 아니하나, 당초 처분의 근거로 삼은 사유와 기본적 사실관계에 있어서 동일성이 있다고 인정되는 한도 내에서는 다른 사유를 추가하거나 변경할 수 있고, 여기서 기본적 사실관계의 동일성 유무는 처분사유를 법률적으로 평가하기 이전의 구체적인 사실에 착안하여 그 기초가 되는 사회적 사실관계가 기본적인 점에서 동일한지 여부에 따라 결정된다(대판 2004.11.26. 2004두4482).

[2] 주택신축을 위한 산림형질변경허가신청에 대하여 행정청이 거부처분을 하면서 당초 거부처분의 근거로 삼은 준농림지역에서의 행위제한이라는 사유와 나중에 거부처분의 근거로 추가한 자연경관 및 생태계의 교란, 국토 및 자연의 유지와 환경보전 등 중대한 공익상의 필요라는 사유는 기본적 사실관계에 있어서 동일성이 인정된다(대판 2004.11.26. 2004두4482).

[3] 피고는 이 사건 주류면허에 붙은 지정조건 제6호에 따라 원고의 무자료 주류 판매 및 위장거래 금액이 부가가치세 과세기간별 총 주류판매액의 100분의 20 이상에 해당한다는 이유로 피고에게 유보된 취소권을 행사하여 위 면허를 취소하였음이 분명한바, 피고가 이 사건 소송에서 위 면허의 취소사유로 새로 내세우고 있는 위 지정조건 제2호 소정의 무면허 판매업자에게 주류를 판매한 때 해당한다는 것은 피고가 당초 위 면허취소처분의 근거로 삼은 사유와 기본적 사실관계가 다른 사유이므로 피고는 이와 같은 사유를 위 면허취소처분의 근거로 주장할 수 없다고 보아야 할 것이다(대판 1996.9.6. 96누7427).

[4] 행정처분의 취소를 구하는 항고소송에서는 처분청이 당초 처분의 근거로 제시한 사유와 기본적 사실관계에서 동일성이 없는 별개의 사실을 들어 처분사유로 주장할 수 없다. 피고는 이 사건 소송에서 '이 사건 산업단지 안에 새로운 폐기물시설부지를 마련할 시급한 필요가 없다.'는 점을 이 사건 거부처분의 사유로 추가하였다. 그러나 피고가 당초 처분의 근거로 제시한 사유가 실질적인 내용이 없다고 보는 이상, 위 추가 사유는 그와 기본적 사실관계가 동일한지 여부를 판단할 대상조차 없는 것이므로, 결국 소송단계에서 처분사유를 추가하여 주장할 수 없다(대판 2017.8.29. 2016두44186).

★★

【사례20_2020 변시_제1문의2(196면)】

75 처분의 위법성 판단 기준시점

* 위 난민 인정 거부처분 후 甲의 국적국인 A국의 정치적 상황이 변화하였다. 이와 같이 변화된 A국의 정치적 상황을 이유로 하여, 법원이 난민 인정 거부처분의 적법 여부를 달리 판단할 수 있는지에 대하여 검토하시오

II. 변화된 정치적 상황을 이유로 법원이 거부처분의 적법여부를 달리 판단할 수 있는가?

1. 취소소송의 심리에 있어 위법성 판단의 기준시점

1) 의의, 근거

(1) 위법성 판단의 기준시점에 관해서는 행정소송법에 명문의 규정으로 정하고 있는 바가 없다. (2) 다만 해석이 가능한 규정으로 행정소송법 제4조 '취소소송은 행정청의 위법한

처분을 취소 또는 변경하는 소송', 동법 제1조에서 행정소송법은 '행정청의 위법한 처분으로 인한 국민의 권리 또는 이익의 침해를 구제함을 목적으로 한다'는 규정 등이 있다. ⑶ 이 규정들로 미뤄보건대 위법한 처분이 있었던 때를 기준으로 하여 위법을 판단하고 당시 침해된 권리를 구제하는 것이 일반적이다.

2) 위법성 판단 기준시점에 관한 논의

⑴ 문제는 행정청의 처분이 있은 이후 사실관계의 변경·법령의 개폐가 있는 경우 법원이 판결시점에서, 본 처분의 위법성 판단에 고려할 것인가에 관한 것이다.

⑵ 이에 대하여 ⑺ 學說은 ⒤ 고려하지 않는다는 처분시설 ⒤⒤ 취소소송의 본질을 판결 당시를 기준으로 위법상태의 배제로 보아 고려한다는 판결시설 ⒤⒤⒤ 원칙적으로 처분시로 보나, 계속효가 있는 처분, 거부처분의 경우에는 판결시로 보자는 절충설, ⒥ 判例는 처분시설로 본다. ⒟ 小結로 취소소송의 위법한 행정에 대한 권익구제 기능, 처분시 행정청의 고권적 판단에 대하여 이후 사정변경에 의한 법원 개입의 금지(권력분립), 거부처분의 경우 재처분의무도 기속력이 미치는 범위에서만 인정되는 것이며, 원고의 신뢰보호 및 신의성실의 원칙상 처분시설이 타당하다고 본다.

⑶ 다만, 기준시점이 처분시라는 의미가 처분 당시 행정청이 알고 있었던 자료만으로 위법을 판단하라는 의미는 아니고, 처분 당시의 사실상태 등에 대한 입증은 사실심변론종결시까지 할 수 있다고 봐야 한다(判例).

2. 거부처분의 적법여부를 달리 판단가능한가? - (위법성 판단 기준시점: 처분시)

⑴ 난민인정 거부처분 이후의 변화된 A국의 정치적 상황은 난민인정 거부처분 취소소송 심리에서 고려될 수 없다. ⑵ 따라서 난민인정 거부처분의 적법여부는 이후 상황변화에 따라 달리 판단 불가능하다.

⚖ 처분의 위법성 판단 기준시점 관련 판례

1 행정소송에서 행정처분의 위법 여부는 행정처분이 행하여졌을 때의 법령과 사실 상태를 기준으로 하여 판단하여야 하고, 처분 후 법령의 개폐나 사실상태의 변동에 의하여 영향을 받지는 않으므로, 난민 인정 거부처분의 취소를 구하는 취소소송에서도 그 거부처분을 한 후 국적국의 정치적 상황이 변화하였다고 하여 처분의 적법 여부가 달라지는 것은 아니다(대판 2008.7.24. 2007두3930).

2 행정소송에서 행정처분의 위법 여부는 행정처분이 행하여졌을 때의 법령과 사실상태를 기준으로 하여 판단하여야 하고, 처분 후 법령의 개폐나 사실상태의 변동에 의하여 영향을 받지는 않는다(대판 2007.5.11. 2007두1811).

3 행정소송에서 행정처분의 위법 여부는 행정처분이 있을 때의 법령과 사실상태를 기준으로 하여 판단하여야 하고, 처분 후 법령의 개폐나 사실상태의 변동에 의하여 영향을 받지는 않는다고 할 것이고, 하자 있는 행정행위의 치유는 행정행위의 성질이나 법치주의의 관점에서 볼 때 원칙적으

로 허용될 수 없는 것이고, 예외적으로 행정행위의 무용한 반복을 피하고 당사자의 법적안정성을 위해 이를 허용하는 때에도 국민의 권리나 이익을 침해하지 않는 범위에서 구체적 사정에 따라 합목적적으로 인정하여야 한다(대판 2002.7.9.
2001두10684).

4 항고소송에 있어서 행정처분의 위법 여부를 판단하는 기준 시점에 대하여 판결시가 아니라 처분시라고 하는 의미는 행정처분이 있을 때의 법령과 사실상태를 기준으로 하여 위법 여부를 판단할 것이며 처분 후 법령의 개폐나 사실상태의 변동에 영향을 받지 않는다는 뜻이고 처분 당시 존재하였던 자료나 행정청에 제출되었던 자료만으로 위법 여부를 판단한다는 의미는 아니므로, 처분 당시의 사실상태 등에 대한 입증은 사실심 변론종결 당시까지 할 수 있고, 법원은 행정처분 당시 행정청이 알고 있었던 자료뿐만 아니라 사실심 변론종결 당시까지 제출된 모든 자료를 종합하여 처분 당시 존재하였던 객관적 사실을 확정하고 그 사실에 기초하여 처분의 위법 여부를 판단할 수 있다(대판 1993.5.27.
92누19033).

【사례3_2015 1차 변시모의_제2문(30면)】

76 사정판결의 가능성

* 조선시설의 기초 시설 완성. 이 사건 처분 위법시 취소소송 제기시 어떤 판결?

Ⅱ. 법원의 사정판결 가능 여부 – 행정소송법(이하 '법') 제28조

1. 사정판결의 의의, 요건, 효과

1) 개념, 의의, 요건

(1) 법 제28조는 (ㄱ) 원고의 청구가 이유가 있다고 인정하는 경우에도 (ㄴ) 처분을 취소하는 것이 현저히 공공복리에 적합하지 아니하다고 인정하는 때에는 (ㄷ) 법원이 원고의 청구를 기각할 수 있도록 하는 사정판결을 정하고 있다.

(2) 사정판결을 하는 경우 법원은 (ㄱ) 주문에서 처분의 위법함을 명시하고 (ㄴ) 원고가 입게 될 손해의 정도와 배상방법을 미리 조사하여야 한다. (3) 원고는 또한 피고 행정청이 속하는 지방자치단체를 상대로 손해배상, 재해시설의 설치 등의 청구를 취소소송이 제기된 법원에 병합하여 제기할 수 있다.

2) 사정판결의 적용가능성(무효확인소송)/판단시점/절차

(1) 사정판결은 취소소송의 경우에만 적용가능하다(행소법 제38조). 이에 대하여 무효확인소송 적용 여부가 문제되는 바, ⑺ 學說은 (i) 긍정설 – 무효와 취소는 하자의 정도에 차이에 불과하다 (ii) 부정설 – 행정소송법상 준용규정이 없고, 사정판결은 법치주의의 예외 ⑻ 判例는 당연무효인 처분은 존치시킬 효력조차도 없으므로 사정판결을 할 수 없다고 판시 ⑼ 小結로 법치주의의 예외인 점에서 엄격하게 해석하여야 하므로 부정설이 타당

(2) 또한 처분의 위법여부에 대한 판단은 처분시를 기준으로 하되, 공공복리로 인한 사정

판결의 가능성 판단은 판결시를 기준으로 한다.

⑶ 사정판결은 당사자의 주장과 입증이 필요하나, 법 제26조 직권심리주의에 의거 명백한 주장이 없는 경우에도 기록에 나타난 사실을 기초로 사정판결을 할 수 있다(判例).

2. 법원의 사정판결 가능성 검토

1) 변경승인이 위법한 경우에도 주민 乙이 제기한 취소소송의 수소법원은 매립이 상당부분 이뤄졌고, 조선시설의 기초도 일부 완성되어, 처분의 취소로 시설 철거에 소요되는 막대한 예산의 소요가 제기되어 오히려 현저히 공공복리에 적합하지 않다고 인정하면 기각판결(사정판결)을 할 수 있다고 할 것이다.

2) 이 경우 피고 행정청의 주장과 입증이 없는 경우에도 법원은 직권심리원칙에 근거하여 기록을 근거로 석명권과 증거조사를 바탕으로 사정판결이 가능하다.

3) 이때 주민 乙은 수소법원에 지방자치단체인 A도를 상대로 손해배상청구소송 및 재해시설의 설치 그 밖에 적당한 구제방법의 이행을 요구하는 당사자소송을 병합 제기할 수 있다.

 사정판결 관련 판례

행정소송법 제28조 제1항 전단은 원고의 청구가 이유 있다고 인정하는 경우에도 처분등을 취소하는 것이 현저히 공공복리에 적합하지 아니하다고 인정하는 때에는 법원은 원고의 청구를 기각할 수 있다고 규정하고 있고 한편 같은 법 제26조는 법원은 필요하다고 인정할 때에는 직권으로 증거조사를 할 수 있고 당사자가 주장하지 아니한 사실에 대하여도 판단할 수 있다고 규정하고 있으므로 행정소송에 있어서 법원이 행정소송법 제28조 소정의 사정판결을 할 필요가 있다고 인정하는 때에는 당사자의 명백한 주장이 없는 경우에도 일건 기록에 나타난 사실을 기초로 하여 직권으로 사정판결을 할 수 있다 고 풀이함이 상당하다 할 것이다(대판 1992.2.14.90누9032; 대판 2006.9.22.2005두2506).

【사례11_2015 3차 변시모의_제2문(110면)】

77 취소심판 및 취소소송에서 변경재결 및 변경판결 가능성 검토

* 업무정지처분에 대해 甲이 취소쟁송을 제기한 경우 쟁송을 담당하는 기관이 업무정지처분을 과징금처분으로 전환할 수 있는지에 대해 논하시오.

Ⅲ. 취소소송과 취소심판에 있어서 '변경'의 의미와 과징금처분 전환가능성 검토

1. 취소소송과 취소심판에 있어서 '변경'의 의미 – 적극적 변경 가능?

1) ⑴ 행정소송법 제4조 제1호는 취소소송을 행정청의 위법한 처분등을 취소 또는 변경하는 소송으로 정하고 있다. ⑵ 변경의 의미에 대하여 ㈎學說은 (i) 부정설 – 행정소송법은 의무이행소송을 명시하고 있지 않고 부작위위법확인소송을 규정하는 등 적극적 변경은 행

정소송법의 권력분립원리에 배치되므로 부정하는 견해 (ii) 긍정설 – 권력분립원칙을 기능적 관점에서 이해하여 적극적 이행판결도 가능하다는 견해 ㈏ 判例는 권력분립원리에 충실한 입장으로 적극적 변경판결은 불가능하다고 보고 있다. 다만 가분성이 있는 경우에 일부취소 판시를 하고 있다. ㈐ 小結로 행정심판법과 대비하여 소송제도를 소극적으로 설계하고 있는 점을 감안할 때 적극적 변경은 불가능하다고 보는 것이 타당하겠다.

2) ⑴ 반면 행정심판법은 제5조에서 의무이행심판을 규정하고, 행정심판법 제43조 제3항에서 취소와 변경의 용례를 구분하는 등 '변경'의 의미를 적극적 변경으로 해석가능한 근거가 있다고 판단된다.

⑵ 또한 행정심판은 행정심판법 제1조에 의거하여 국민의 권익구제와 더불어 행정의 적정한 운영을 꾀한다는 것을 선언하고 있는 바, 적극적 행정개입을 통한 행정의 적정화를 유도하는 것으로 해석이 가능하다.

⑶ 취소심판에서의 변경은 적극적 변경도 포함된다고 본다.

2. 본 사안에서 과징금 처분 전환가능성 검토

1) 취소소송에서의 변경에서 적극적 변경은 불가한 바, 과징금 처분으로 전환은 불가능하며

2) 취소심판에서는 적극적 변경이 가능한 바, 행정심판위원회가 재량의 범위 내에서 과징금 처분으로의 전환이 가능하다고 할 것이다.

⚖️ 취소소송에서 변경(일부취소)판결 관련 판례

1 개발부담금부과처분 취소소송에 있어 당사자가 제출한 자료에 의하여 적법하게 부과될 정당한 부과금액을 산출할 수 없을 경우에는 부과처분 전부를 취소할 수밖에 없으나, 그렇지 않은 경우에는 그 정당한 금액을 초과하는 부분만 취소하여야 한다(대판 2004.7.22. 2002두11233).

2 외형상 하나의 행정처분이라 하더라도 가분성이 있거나 그 처분대상의 일부가 특정될 수 있다면 그 일부만의 취소도 가능하고 그 일부의 취소는 당해 취소 부분에 관하여 效力이 생긴다고 할 것인바, 이 사건 처분은 외형상 하나의 행정처분이나 그 중에는 위 규정에 따라 피고가 반환을 명하여야 하는 보조금 44,042,810원에 관한 부분과 피고가 아무런 법적 근거 없이 반환을 명한 위 보조금을 초과하는 부분이 포함되어 있으므로, 법원으로서는 피고가 위 규정에 따라 반환을 명하여야 하는 위 보조금을 초과하는 부분만을 취소할 수 있고 그 일부의 취소는 그 취소 부분에 관하여 效力이 생긴다(대판 2013.12.12. 2011두3388).

3 행정청이 영업정지 처분을 함에 있어서 그 정지기간을 어느 정도로 정할 것인지는 행정청의 재량권에 속하는 사항인 것이며 다만 그것이 공익의 원칙이나 평등의 원칙 또는 비례의 원칙 등에 위반하여 재량권의 한계를 벗어난 재량권 남용에 해당하는 경우에만 위법한 처분으로서 사법심사의 대상이 되는 것이다. 그러므로 법원으로서는 영업정지처분이 재량권 남용이라고 판단될 때에는 위법한 처분으로서 그 처분의 취소를 명할 수 있을 따름이고 재량권의 한계내에서 어느 정도가 적

정한 영업정지기간인지를 가리는 일은 사법심사의 범위를 벗어나는 것이며 그 권한 밖의 일이라고 하겠으니, 이 사건 영업정지처분중 적정한 영업정지기간을 초과하는 부분만 취소하지 아니하고 전부를 취소한 것은 이유의 모순이라는 논지도 받아들일 수 없다(대판 1982.6.22. 81누375).

4│ 처분을 할 것인지 여부와 처분의 정도에 관하여 재량이 인정되는 과징금 납부명령에 대하여 그 명령이 재량권을 일탈하였을 경우 법원으로서는 재량권의 일탈 여부만 판단할 수 있을 뿐이지 재량권의 범위 내에서 어느 정도가 적정한 것인지에 관하여는 판단할 수 없어 그 전부를 취소할 수밖에 없고, 법원이 적정하다고 인정되는 부분을 초과한 부분만 취소할 수는 없다(대판 2017.1.12. 2015두2352).

5│ 외형상 하나의 행정처분이라 하더라도 가분성이 있거나 그 처분대상의 일부가 특정될 수 있다면 일부만의 취소도 가능하고 그 일부의 취소는 당해 취소부분에 관하여 효력이 생긴다고 할 것인바, 이는 한 사람이 여러 종류의 자동차운전면허를 취득한 경우 그 각 운전면허를 취소하거나 그 운전면허의 효력을 정지함에 있어서도 마찬가지라고 할 것이다. 이 사건에 있어서, 원고가 술에 취한 상태에서 레이카크레인을 운전하다가 교통사고를 일으킨 행위는 원고가 가지고 있는 면허 중 제1종 특수면허의 취소사유에 해당될 뿐이고 제1종 보통 및 대형면허의 취소사유에는 해당되지 아니하는 것이므로 이 사건 취소처분 중 제1종 보통 및 대형면허에 대한 부분은 이를 이유로 취소하면 될 것이나 … 이 사건 처분 전체를 취소한 조치는 잘못된 것이라고 하지 않을 수 없다(대판 1995.11.16. 95누8850전원합의체).

【사례6_2018 변시_제2문(54면), 사례2_2014 1차 변시모의_제2문(22면), 사례19_2016 2차 변시모의_제2문(186면), 사례11_2015 3차 변시모의_제2문(110면)】

★★★

78 취소소송 인용판결의 기판력
- 기판력의 의의, 개념, 근거, 인정범위, 효과
- 국가배상청구소송에서의 위법의 의미, 취소소송의 위법과의 관계

* 甲이 위 취소소송에서 승소한 후 인천광역시를 상대로 이사취임승인취소처분의 위법을 이유로 국가배상청구소송을 제기한다면 승소가능성이 있는가? (손해발생은 입증되는 것으로 본다)

II. 취소인용확정판결의 기판력의 인정범위

1. 기판력의 의의, 개념, 근거, 내용

1) 기판력은 (1)행정소송법 제8조 제2항에 의거하여 민사소송법 제216조 및 제218조의 준용에 따라 정의되는 바, (2)판결이 확정되는 경우, 후소에서 동일한 사항이 문제되는 경우 당사자와 승계인은 이에 반하는 주장을 할 수 없고, (3)법원도 그것에 반하는 판단을 할 수 없는 구속력을 말한다.

2) 기판력이 발생하면, (1)당사자는 동일한 소송물을 대상으로 다시 소를 제기할 수 없고(반복금지효), (2)후소에서 전소의 확정판결의 내용에 반하는 주장을 할 수 없고, 법원은 모순되는 판단을 할 수 없다(모순금지효).

2. 기판력의 인정범위 논의(소송물론)

1) 기판력은 (1) 주관적으로 당사자 또는 승계인, 제3자, 처분청이 속하는 국가 또는 공공단체에 미치고 (2) 객관적으로 판결주문에 나타난 판단에만 미치며 (3) 시간적으로 사실심의 변론종결시를 기준으로 미친다.

2) 기판력은 취소소송의 소송물론(견해)에 따라 그 범위를 달리하는 바, (1) 學說은 (i) 취소소송의 소송물은 처분의 적법요건을 충족시키지 않은 모든 위법사유 즉 처분의 위법성 일반으로 처분의 위법성 일반에 기판력이 미친다는 견해 (ii) 위법한 처분으로 자신의 권리가 침해되었다는 원고의 법적 주장이 소송물이므로 위법한 처분과 권리침해 주장에 기판력이 미친다는 견해가 있다.

(2) 判例는 처분의 위법성 일반에 기판력이 미친다고 보고 있다.

(3) (小結) 취소소송이 주관소송이라는 점을 감안할 때 위법한 처분과 권리침해의 법적 주장을 소송물로 보는 견해가 타당하겠다.

(4) 사례의 해결은 判例에 따른다.

III. 국가배상청구소송에서 위법의 의미와 취소확정판결로 인한 위법 인정 여부 판단

1. 국가배상청구소송에서 위법의 의미(국가배상법상 '위법성'의 인정기준)

1) (가) 學說은 (i) 결과불법설, (ii) 행위 자체의 적법·위법뿐 아니라 피침해이익의 성격과 침해의 정도 및 가해행위의 태양 등을 종합적으로 고려하여 행위가 객관적으로 정당성을 결여한 경우를 의미한다는 상대적 위법성설, (iii) 행위위법설이 있고, (iii-1) 행위위법설은 항고소송에서의 위법과 동일하다는 협의의 행위위법설과 (iii-2) 항고소송의 위법보다 넓게 파악하여 행위 자체의 위법뿐만 아니라 인권존중, 권리남용금지원칙, 신의성실의 원칙 등도 포함하는 광의의 행위위법설이 있다. (나) 判例는 법령 위반이라 함은 엄격한 의미의 법령 위반뿐만 아니라 인권존중, 권력남용금지, 신의성실, 공서양속 등의 위반도 포함하여 널리 그 행위가 객관적인 정당성을 결여하고 있음을 의미한다고 하여 기본직으로 광의의 행위위법설을 취한다. (다) 小結로 광의의 행위위법설이 타당하다. 즉 항고소송의 위법과 동일하게 볼 필요는 없다 할 것이다.

2. 취소인용확정판결로 인한 국가배상청구소송에서의 위법 인정 여부 판단

1) 判例는 취소인용확정판결의 기판력이 '재조사의 위법성 일반'에 대하여 인정된다고 하는 바, 광의의 행위위법성을 위법의 인정기준으로 취하는 국가배상청구소송에서도 '재조사'의 위법이 당연히 인정된다고 봄이 타당하다.

2) 다만, 국가배상청구소송에서 위법의 인정범위가 더 넓으므로, 재조사 취소소송에서 재조사가 적법하다는 기각판결이 있더라도, 국가배상청구소송에서 재조사를 적법한 행정이라고 당연히 인정할 수는 없다. 즉 국가배상청구소송에서는 위법성이 별도로 인정될 수 있다.

따라서 취소소송의 기각판결의 기판력은 국가배상청구소송에 미치지 않는다고 볼 것이다.

 기판력 관련 판례

이 사건 법률조항은 확정된 종국판결의 주문 내용에 대하여 기판력을 인정하여, 동일한 사항이 후에 다시 문제되는 경우 당사자가 그에 반하여 다투거나 법원이 그에 모순·저촉되는 판단을 하지 못하도록 함으로써 헌법상 법치국가원리의 한 구성요소인 법적안정성, 즉 사회질서의 유지와 분쟁의 일회적인 해결 및 동일한 분쟁의 반복 금지에 의한 소송경제를 달성하고자 하는 것이므로, 그 입법목적의 정당성이 인정된다. 그리고 이러한 기판력은 전소와 후소의 소송물이 동일한 경우, 전소와 후소의 소송물이 동일하지는 않지만 전소의 소송물이 후소의 선결문제로 되어 있는 경우, 또는 후소 청구가 전소 판결과 모순된 반대관계에 서는 경우에 당사자와 법원을 구속하여 확정판결의 주문 내용에 저촉되는 다툼이나 판단을 금하는 것이므로, 위 입법목적을 달성하기 위하여 적절한 방법이라 할 것이다. 또, 기판력은 후소의 모든 영역에 한정 없이 미치는 것이 아니라 확정판결의 사실심 변론종결시를 표준시로 하여 당사자 및 이와 동일시하여야 할 지위에 있는 제3자에 대하여 원칙적으로 주문에 포함된 것에 한하여 동일한 사항이 다시 소송상 문제가 되었을 때 이에 저촉되는 주장과 판단을 하는 것을 막는 데 그친다. 더욱이 우리나라의 소송법상 재판 당사자는 종국판결에 대하여 미확정의 경우에는 상소를 통하여, 확정된 경우에는 재심을 통하여 이를 바로잡을 수 있다. 즉, 우리의 법제는 심급제도를 두어 하급심의 잘못된 재판을 상소심으로 하여금 바로잡게 함으로써 재판청구권을 실질적으로 보장하기 위한 하나의 수단을 마련하고 있고, 또 재심제도를 두어 확정된 종국판결에 재심사유에 해당하는 중대한 하자가 있는 경우에 그 판결을 취소하고 이미 종결되었던 사건을 재심판하여 구체적 정의를 실현하게 함으로써 재판청구권을 실질적으로 보장하는 또 다른 수단을 마련하고 있다. 뿐만 아니라 판결경정제도를 두어 '판결에 잘못된 계산이나 기재, 그 밖에 이와 비슷한 잘못이 있음이 분명한 때'에는 법원의 직권 또는 당사자의 신청에 의하여 이를 바로잡을 수 있도록 하고 있다. 이러한 점들에다가 기판력 제도가 없을 경우의 법적 불안정, 위험성 등을 보태어 보면 이 사건 법률조항은 피해의 최소성과 법익의 균형성도 갖추고 있다고 할 것이다(헌재 2012. 2. 23. 2011헌바356).

【사례19_2016 2차 변시모의_제2문(186면)】

★★★

79 민사법원은 1차영업정지처분이 위법하다고 판단하여야 하는가? (기판력 문제, 위법성 판단)

* 이 사건 소에서 인용판결이 확정된 후, 甲은 1차 영업정지처분이 위법하다고 주장하면서 영업정지로 인한 손해의 배상을 청구하는 소송을 민사법원에 제기하였다. 이 경우 민사법원은 1차 영업정지처분이 위법하다고 판단하여야 하는가?

Ⅱ. 국가배상소송 위법성인정기준, 취소확정판결의 기판력의 범위, 양자 관계

1. 국가배상법상 위법성 판단 기준

1) ㈎ 學說은 (i) 결과불법설, (ii) 행위 자체의 적법·위법뿐 아니라 피침해이익의 성격과 침해

의 정도 및 가해행위의 태양 등을 종합적으로 고려하여 행위가 객관적으로 정당성을 결여한 경우를 의미한다는 상대적 위법성설, (iii) 행위위법설이 있고, (iii−1) 행위위법설은 항고소송에서의 위법과 동일하다는 협의의 행위위법설과 (iii−2) 항고소송의 위법보다 넓게 파악하여 행위 자체의 위법뿐만 아니라 인권존중, 권리남용금지원칙, 신의성실의 원칙 등도 포함하는 광의의 행위위법설이 있다. (ㄴ) 判例는 법령 위반이라 함은 엄격한 의미의 법령 위반뿐만 아니라 인권존중, 권력남용금지, 신의성실, 공서양속 등의 위반도 포함하여 널리 그 행위가 객관적인 정당성을 결여하고 있음을 의미한다고 하여 기본적으로 광의의 행위위법설을 취한다. (ㄷ) 小結로 광의의 행위위법설이 타당하다.

2. 취소확정판결의 기판력 의의, 내용, 범위

1) 기판력은 (1) 법 제8조 제2항에 의거하여 민사소송법 제216조 및 제218조의 준용에 따라 정의되는 바, (2) 판결이 확정되면, 후소에서 동일한 사항이 문제되는 경우 당사자와 승계인은 이에 반하는 주장을 할 수 없고, (3) 법원도 그것에 반하는 판단을 할 수 없는 구속력을 말한다.

2) 기판력이 발생하면, (1) 당사자는 동일한 소송물을 대상으로 다시 소를 제기할 수 없고(반복금지효), (2) 후소에서 전소의 확정판결의 내용에 반하는 주장을 할 수 없고, 법원은 모순되는 판단을 할 수 없다(모순금지효).

3) 기판력은 (1) 주관적으로 당사자 또는 승계인, 제3자, 처분청이 속하는 국가 또는 공공단체에 미치고 (2) 객관적으로 판결주문에 나타난 판단에만 미치며 (3) 시간적으로 사실심의 변론종결시를 기준으로 미친다.

4) (1) 취소소송의 기판력은 취소소송의 소송물이론(견해)에 따라 그 범위를 달리하는 바, (ㄱ) 學說은 (i) 취소소송의 소송물은 처분의 적법요건을 충족시키지 않은 모든 위법사유 즉 처분의 위법성 일반으로 처분의 위법성 일반에 기판력이 미친다는 견해 (ii) 위법한 처분으로 자신의 권리가 침해되었다는 원고의 법적 주장이 소송물이므로 위법한 처분과 권리침해 주장에 기판력이 미친다는 견해가 있다. (ㄴ) 判例는 처분의 위법성 일반을 소송물로 파악하고 위법성 일반에 기판력이 미친다고 보고 있다. (ㄷ) 小結로 취소소송이 주관소송이라는 점을 감안할 때 위법한 처분과 권리침해의 법적 주장을 소송물로 보는 견해가 타당하겠다. (2) 사례의 해결은 判例에 따른다.

3. 취소소송의 위법과 국가배상소송의 위법 관계(취소소송 확정판결과 민사법원 위법성 판단)

1) 취소소송의 소송물은 처분의 위법성으로 판단하고 국가배상에 있어서 위법은 광의의 행위위법으로 보면 취소인용확정판결의 경우에는 국가배상소송의 위법판단에 전소의 기판력이 미치게 된다.

2) 다만, 취소소송에서 기각확정판결이 있는 경우에는 국가배상소송의 위법성 판단에는 그 기판력이 미치지 않고 국가배상소송에서 독자적으로 위법성 인정이 가능하다 할 것이다.

★★★

80 거부처분취소 확정판결의 기속력

* 乙의 거부회신에 대하여 甲이 제기한 항고소송에서 甲이 승소하여 판결이 확정되었음에도 乙이 재차 문화재보호구역 해제 신청을 거부할 수 있을지 검토하시오.

II. 문화재보호구역해제 신청에 대한 재차 거부 가능성 검토(취소판결의 기속력)

1. 거부처분취소 확정판결의 기속력의 의의, 근거, 내용, 범위

1) 의의, 근거, 법적 성격

⑴ 기속력이란 당사자인 행정청과 관계 행정청에게 처분을 취소하는 확정판결에 구속되는 효력을 말한다(행정소송법 제30조).

⑵ 특히 신청을 거부한 것을 취소하는 확정판결에 대해서는 이전의 신청에 대하여 처분청은 처분을 내려야 하는 기속력을 갖는다(법 제30조 제2항).

⑶ 기속력에 대하여 ㈎ 學說 (i) 기판력설 (ii) 취소인용판결에서 인정되는 특수한 효력이라는 주장 ㈏ 判例는 행정소송법이 판결의 실효성을 확보하는 특수한 효력 ㈐ 小結로 判例의 입장이 타당하다.

2) 내용 범위

⑴ 기속력은 구체적으로 행정청에게 반복금지, 재처분, 결과제거의무를 지운다. 기속력은 ⑵ 소송의 당사자인 행정청과 그밖에 관계행정청을 기속하며(주관적 범위), ⑶ 판결주문과 그 전제가 되는 처분 등의 구체적 위법사유에 관한 이유 중의 판단에 대하여 인정된다(객관적 범위). ⑷ 또한 처분당시를 기준으로 그 때까지 존재하던 처분사유에 한하여 판결의 기속력이 인정된다(시간적 범위).

3) 기본적 사실관계의 동일성

⑴ 특히, 기속력의 객관적 효력범위는 판결주문과 그 이유에서 기 판단한 위법의 사유와 그 기본적 사실관계가 동일한 부분에만 미치는 바, ⑵ 즉 기본적 사실관계의 동일성이 인정되지 않는 부분은 판결의 기속력이 미치지 않고 반복금지, 재처분, 결과제거의무가 인정되지 않는다.

4) 기속력 확보 수단

행정소송법은 거부처분취소판결의 기속력을 확보하기 위하여 간접강제규정을 두고 있다(동법 제34조 제1항).

2. 乙이 재차 문화재보호구역해제 신청을 거부할 수 있는지?(사안포섭)

1) 乙은 동일한 사유로 재차 거부가 불가능하다.

2) 다만 취소의 사유가 절차상 위법에 한정된 경우에 절차를 적법하게 거치면 동일한 사유로도 재거부가 가능하다 할 것이다.

3) 또한 기본적 사실관계가 동일하지 않은 별개의 사유로 또는 처분 이후 사실관계 및 법률

의 변경으로 새로운 사유가 발생한 경우 거부가 가능하다고 하겠다.

 기속력 관련 판례

1. 행정소송법 제30조 제1항은 "처분 등을 취소하는 확정판결은 그 사건에 관하여 당사자인 행정청과 그 밖의 관계행정청을 기속한다."라고 규정하고 있다. 이러한 취소 확정판결의 '기속력'은 취소청구가 인용된 판결에서 인정되는 것으로서 당사자인 행정청과 그 밖의 관계행정청에게 확정판결의 취지에 따라 행동하여야 할 의무를 지우는 작용을 하는 것이다. 이에 비하여 행정소송법 제8조 제2항에 의하여 행정소송에 준용되는 민사소송법 제216조, 제218조가 규정하고 있는 '기판력'이란 기판력 있는 전소 판결의 소송물과 동일한 후소를 허용하지 않음과 동시에, 후소의 소송물이 전소의 소송물과 동일하지는 않다고 하더라도 전소의 소송물에 관한 판단이 후소의 선결문제가 되거나 모순관계에 있을 때에는 후소에서 전소 판결의 판단과 다른 주장을 하는 것을 허용하지 않는 작용을 하는 것이다(대판 2016.3.24. 2015두48235).

2. 행정소송법 제30조 제1항에 의하여 인정되는 취소소송에서 처분 등을 취소하는 확정판결의 기속력은 주로 판결의 실효성 확보를 위하여 인정되는 효력으로서 판결의 주문뿐만 아니라 그 전제가 되는 처분 등의 구체적 위법사유에 관한 이유 중의 판단에 대하여도 인정되고, 같은 조 제2항의 규정상 특히 거부처분에 대한 취소판결이 확정된 경우에는 그 처분을 행한 행정청은 판결의 취지에 따라 다시 처분을 하여야 할 의무를 부담하게 되므로, 취소소송에서 소송의 대상이 된 거부처분을 실체법상의 위법사유에 기하여 취소하는 판결이 확정된 경우에는 당해 거부처분을 한 행정청은 원칙적으로 신청을 인용하는 처분을 하여야 하고, 사실심 변론종결 이전의 사유를 내세워 다시 거부처분을 하는 것은 확정판결의 기속력에 저촉되어 허용되지 아니한다(대판 2001.3.23. 99두5238).

3. 과세처분시 납세고지서에 과세표준, 세율, 세액의 산출근거등이 누락되어 있어 이러한 절차 내지 형식의 위법을 이유로 과세처분을 취소하는 판결이 확정된 경우에 그 확정판결의 기판력은 확정판결에 적시된 절차 내지 형식의 위법사유에 한하여 미친다고 할 것이므로 과세처분권자가 그 확정판결에 적시된 위법사유를 보완하여 행한 새로운 과세처분은 확정판결에 의하여 취소된 종전의 과세처분과는 별개의 처분으로서 확정판결의 기판력에 저촉되는 것은 아니다(대판 1986.11.11.85누231; 대판 1987.2.24.85누229).

4. 주택건설사업 승인신청 거부처분의 취소를 명하는 판결이 확정되었음에도 행정청이 1에 따른 재처분을 하지 않은 채 위 취소소송 계속중에 도시계획법령이 개정되었다는 이유를 들어 다시 거부처분을 한 사안에서, 개정된 도시계획법령에 그 시행 당시 이미 개발행위허가를 신청중인 경우에는 종전 규정에 따른다는 경과규정을 두고 있으므로 위 사업승인신청에 대하여는 종전 규정에 따른 재처분을 하여야 함에도 불구하고 개정 법령을 적용하여 새로운 거부처분을 한 것은 확정된 종전 거부처분 취소판결의 기속력에 저촉되어 당연무효이다(대결 2002.12.11. 2002무22).

【사례19_2016 2차 변시모의_제2문(186면)】

81 기속력 위반한 처분 효력: 영업소폐쇄명령은 유효한가?-폐쇄명령의 유효성? 판단-

* 1차 영업정지처분을 취소하는 판결이 확정되었다. 그 후 종로구청장 A는 甲에게 다시 15일간의 영업정지처분을 하였다. 그런데 甲이 2차 영업정지처분에 정해진 영업정지기간에도 계속 영업을 하자 종로구청장 A는 甲에 대해 영업소폐쇄명령을 하였다. 이 영업소폐쇄명령은 유효한가?

II. 기속력의 내용·범위 및 2차 영업정지처분의 효력

1. 기속력의 의의, 내용, 범위, 위반효과

1) 기속력이란 당사자인 행정청과 관계행정청에게 확정판결에 구속되는 효력을 말한다(법 제30조).

2) 기속력의 내용으로 (ㄱ) 반복금지효와 (ㄴ) 재처분의무와 (ㄷ) 결과제거의무가 있다. 반복금지효는 취소판결이 확정되면 행정청은 동일 사실관계 하에서 동일 당사자를 대상으로 동일 내용의 처분을 하여서는 안 된다는 것이다. 동일성 여부는 취소된 처분사유와 기본적 사실관계의 동일성이 있는지 여부를 가지고 판단한다.

3) 기속력은 당사자인 행정청과 그 밖의 관계 행정청을 기속하며(주관적 범위), 판결주문 및 그 전제가 되는 요건사실의 인정과 판단에 미치고(객관적 범위), 처분 당시를 기준으로 이전에 생긴 사유에 한하여 미친다(시간적 범위).

4) 기속력에 위반한 처분은 그 하자가 중대명백하므로 무효이다. 判例도 같다.

2. 2차 영업정지처분의 효력(기속력 위반 무효)

1) 2차 영업정지처분은 취소판결이 확정된 1차 영업정지처분과 동일한 사실관계에 기초한 내용의 처분이고 종업원의 증언도 '처분 당시에 존재했던 사실'에 대한 증거일 뿐 처분시 이후에 새로이 발생한 사실이 아니다.

2) 따라서 2차 영업정지처분은 확정된 제1차 영업정지처분 취소 판결의 기속력에 반하는 무효인 처분이다.

【사례1_2018 3차 변시모의_제2문(11면), 사례20_2020 변시_제2문(197면)】

82 제2차로 한 거부처분이 적법한가? (기속력 위반인가?)

* 甲이 제기한 제1차 거부처분 취소소송에서 인용판결이 확정된 이후, A는 "乙회사는 관계법령상 외국인이 주식 또는 출자지분의 일부 또는 전부를 소유해야 함에도 불구하고 판결 확정 후 소유관계의 변동으로 인하여 현재는 그렇지 아니하다."는 사유를 들어 甲의 기존 신청에 대해 다시 거부처분(이하 '제2차 거부처분'이라 함)을 하였다. 제2차 거부처분은 적법한가?

Ⅱ. A행정청의 제2차 거부처분의 적법성 판단(재처분의무 위반 판단)

1. 거부처분 취소인용 확정판결의 기속력의 의의, 근거, 내용, 범위

1) 의의, 근거

(1) 기속력이란 당사자인 행정청과 관계행정청에게 처분을 취소하는 확정판결에 구속되는 효력을 말한다(법 제30조).

(2) 특히 신청을 거부한 것을 취소하는 확정판결에 대해서는 이전의 신청에 대하여 처분청은 처분을 내려야 하는 기속력을 갖는다(법 제30조 제2항).

(3) 기속력에 대하여 ㈎ 學說 (i) 기판력설 (ii) 취소인용판결에서 인정되는 특수한 효력이라는 주장 ㈏ 判例는 행정소송법이 판결의 실효성을 확보하는 특수한 효력으로 보며, ㈐ 小結로 判例의 입장이 타당하다.

2) 내용, 범위

(1) 기속력은 구체적으로 행정청에게 반복금지의무, 재처분의무, 결과제거의무를 지운다.

(2) 기속력은 소송의 당사자인 행정청과 그 밖에 관계행정청을 기속하며(주관적 범위), 판결주문과 그 전제가 되는 처분 등의 구체적 위법사유에 관한 이유 중의 판단에 대하여 인정된다(객관적 범위). 또한 처분당시를 기준으로 그 때까지 존재하던 처분사유에 한하여 인정된다(시간적 범위).

3) (1) 특히, 기속력의 객관적 효력범위는 판결주문과 그 이유에서 기 판단한 위법의 사유와 그 기본적 사실관계가 동일한 부분에만 미치는 바, (2) 즉 기본적 사실관계의 동일성이 인정되지 않는 부분은 기속력이 미치지 않고 반복금지의무, 재처분의무, 결과제거의무가 인정되지 않는다.

2. 2차거부처분의 적법성 판단

1) 2차거부의 사유가 판결확정 후에 새롭게 발생한 사유라는 점, 즉 시간적으로 기속력이 미치지 않고,

2) 나아가 외국인이 주식 또는 출자지분의 일부 전부를 소유해야 하는 요건을 결하고 있는 점은 앞선 인용확정판결의 주문과 이유와 관련성이 없고, 기본적 사실관계의 동일성도 인정될 수 없어 객관적으로도 기속력이 인정되기 어렵다.

★ 【사례15_2012 2차 변시모의_제2문(152면)】

83 이주대책 대상자에 포함되었으나, 상당기간 경과해도 주택특별공급결정 부재, 행정쟁송 방법? (심판 소송)

* 乙은 위 수용재결에 따라 생활의 근거를 상실하게 되어 관련 법령에 의해 이주대책대상자에 포함되었다. 乙은 A 주식회사가 수립한 이주대책에 따라 주택 특별공급을 신청하였으나 상당기간이 경과하였음에도 불구하고 A 주식회사가 주택 특별공급 결정을 아니 하고 있다. 이 경우 乙이 취할 수 있는 행정쟁송상의 구제수단?

II. 주택특별공급 결정 부작위에 대한 행정쟁송상 구제수단

1. 행정심판법상 의무이행심판, 임시처분 검토

1) 의무이행심판

⑴ 의무이행심판은 당사자의 신청에 대한 행정청의 위법 또는 부당한 거부처분이나 부작위에 대하여 일정한 처분을 하도록 하는 행정심판이다(행심법 제5조 제3호).

⑵ 의무이행심판은 (ㄱ) 당사자의 신청, (ㄴ) 행정청의 위법 또는 부당한 거부나 부작위가 있어야 적법하다.

⑶ 본 설문에서 당사자의 신청은 존재하므로 부작위의 존재가 문제된다.

2) 부작위가 있는가?(신청권 문제)

⑴ 행심법은 부작위에 대하여 "(ㄱ) 행정청이 (ㄴ) 당사자의 신청에 대하여 (ㄷ) 상당한 기간 내에 (ㄹ) 일정한 처분을 하여야 할 법률상 의무가 있는데도 (ㅁ) 처분을 하지 아니하는 것"로 정의하고 있다(동법 제2조 제2호).

⑵ 부작위의 성립에 있어 당사자의 신청권이 필요한지가 문제되는 바, ㈎ 學說은 (i) 부작위의 성립에는 행정청의 처분의무가 필요하고 따라서 신청인의 신청권이 필요하다는 대상적격설, (ii) 신청권은 당사자가 신청할 권한을 갖고 있느냐의 문제로 당사자를 중심으로 한 주관적·구체적 법률상 이익의 문제로 봐야 한다는 청구인적격설(원고적격설) (iii) 신청권은 부작위의 위법을 판단하는 기준이므로 본안의 (위법)문제로 보아야 한다는 본안문제설이 있으며 ㈏ 判例는 모든 부작위가 소의 대상으로 직결될 수 없으므로 일반적인 신청권을 가진 자의 신청이 전제가 된 경우의 부작위만 소의 대상으로 보는 것이 타당하다고 하여 대상적격설을 취한다. ㈐ 小結로 모든 부작위에 대하여 소의 대상으로 삼을 수 없다는 점, 최소한의 일반적인 신청권은 부작위 인정에서 필요하다는 점에서 대상적격설이 타당하다고 본다.

3) 乙의 의무이행심판 제기 가능성

乙은 법령에 의해 이주대책대상자로 포함된 자로 주택특별공급을 신청할 권리 즉 ⑴ 신청권이 존재하고, ⑵ 신청한 이후 상당한 기간이 경과한 후에도 주택특별공급결정을 하지 않고 있으므로 ⑶ 부작위에 해당하고, 따라서 의무이행심판의 대상이 되므로 심판청구 가능하다. ⑷ 인용재결이 있는 경우 기속력에 따라 피청구인은 주택특별공급결정을 하여야 하고(행심법 제49조 제3항), 만약 이후에도 결정을 안하는 경우 행정심판위원회는 직접처분을 할 수 있다(동법 제50조).

4) 乙의 임시처분신청 가능성

⑴ 행정심판위원회는 처분 또는 부작위가 위법·부당하다고 상당히 의심되는 경우로서 처분 또는 부작위 때문에 당사자가 받을 우려가 있는 중대한 불이익이나 당사자에게 생길 급박한 위험을 막기 위하여 임시지위를 정하여야 할 필요가 있는 경우에는 직권으로 또

는 당사자의 신청에 의하여 임시처분을 결정할 수 있다(동법 제31조). ⑵乙이 특별공급 결정을 받지 못함으로써 중대한 불이익 또는 급박한 위험이 있는 경우에는 임시처분결정이 가능하다.

2. 행정소송법상 부작위위법확인소송 가능성

1) 부작위위법확인소송

⑴부작위위법확인소송은 행정청의 부작위가 위법하다는 것을 확인하는 소송이다(행소법 제4조 제3호). 여기서 ⑵부작위는 ㈀ 행정청이 ㈁ 당사자의 신청에 대하여 ㈂ 상당한 기간 내에 ㈃ 일정한 처분을 하여야 할 법률상 의무가 있음에도 불구하고 ㈄ 이를 하지 아니하는 것(동법 제2조 제1항 제2호)으로 행정심판법상 부작위의 개념과 같다. ⑶즉 부작위의 성립에 있어서 당사자의 신청권이 문제되는 바, 이는 행정심판법과 같다. ⑷결국 신청권은 대상적격의 문제로 부작위 검토시 신청권이 필요하다고 하겠다.

2) 乙의 부작위위법확인소송 가능성

乙은 신청권이 존재하므로 부작위위법확인소송이 가능

3) 부작위위법확인소송 심리와 기속력 범위

⑴심리범위와 관련해서 ㈎學說은 ⑴ 실체적 심리설 – 신청의 실체적 내용의 이유여부 판단, 이에 대한 적정한 처리방향도 판단 ⑵ 절차적 심리설 – 행정청의 응답을 신속하게 하여 무응답의 소극적 위법상태를 제거 목적, 부작위의 위법 여부만을 판단 ㈏判例는 – 절차적 심리설을 취한다 ㈐小結로 – 절차적 심리설

⑵결국 인용판결 후 거부처분을 한 경우 기속력에 반하는 것이 아님(거부처분 취소의 소 제기), 권리구제 한계

3. 의무이행소송 가능성

무명항고소송 가능 여부 ㈎ (學說) ⑴ 긍정 ⑵ 부정 ㈏ (判例)부정

4. 민사집행법상 가처분 가능성

㈎ (學說) ⑴ 긍정 – 준용규정(§8) ⑵ 부정 ㈏ (判例)부정

⚖️ 부작위위법확인소송 관련 판례

1 부작위위법확인의 소에 있어 당사자가 행정청에 대하여 어떠한 행정행위를 하여 줄 것을 요구할 수 있는 법규상 또는 조리상 권리를 갖고 있지 아니한 경우에는 원고적격이 없거나 항고소송의 대상인 위법한 부작위가 있다고 볼 수 없어 그 부작위위법확인의 소는 부적법하다(대판 1999.12.7. 97누17568).

2 부작위위법확인의 소는 부작위상태가 계속되는 한 그 위법의 확인을 구할 이익이 있다고 보아야 하므로 원칙적으로 제소기간의 제한을 받지 않는다. 그러나 행정소송법 제38조 제2항이 제소기간

을 규정한 같은 법 제20조를 부작위위법확인소송에 준용하고 있는 점에 비추어 보면, 행정심판 등 전심절차를 거친 경우에는 행정소송법 제20조가 정한 제소기간 내에 부작위위법확인의 소를 제기하여야 한다(대판 2009.7.23. 2008두10560).

__3__ 소제기의 전후를 통하여 판결시까지 행정청이 그 신청에 대하여 적극 또는 소극의 처분을 함으로써 부작위상태가 해소된 때에는 소의 이익을 상실하게 되어 당해 소는 각하를 면할 수가 없는 것이다(대판 1990.9.25. 89누4758).

 이주대책대상자선정(처분) 관련 판례

__1__ 공공용지의취득및손실보상에관한특례법 제8조 제1항이 사업시행자가 하는 이주대책대상자 확인·결정은 곧 구체적인 이주대책상의 수분양권을 취득하기 위한 요건이 되는 행정작용으로서의 처분인 것이지, 결코 이를 단순히 절차상의 필요에 따른 사실행위에 불과한 것으로 평가할 수는 없다. 따라서 수분양권의 취득을 희망하는 이주자가 소정의 절차에 따라 이주대책대상자 선정신청을 한 데 대하여 사업시행자가 이주대책대상자가 아니라고 하여 위 확인·결정 등의 처분을 하지 않고 이를 제외시키거나 또는 거부조치한 경우에는, 이주자로서는 당연히 사업시행자를 상대로 항고소송에 의하여 그 제외처분 또는 거부처분의 취소를 구할 수 있다고 보아야 한다. 이러한 수분양권은 위와 같이 이주자가 이주대책을 수립·실시하는 사업시행자로부터 이주대책대상자로 확인·결정을 받음으로써 취득하게 되는 택지나 아파트 등을 분양받을 수 있는 공법상의 권리라고 할 것이므로, 이주자가 사업시행자에 대한 이주대책대상자 선정신청 및 이에 따른 확인·결정 등 절차를 밟지 아니하여 구체적인 수분양권을 아직 취득하지도 못한 상태에서 곧바로 분양의무의 주체를 상대방으로 하여 민사소송이나 공법상 당사자소송으로 이주대책상의 수분양권의 확인 등을 구하는 것은 허용될 수 없고, 나아가 그 공급대상인 택지나 아파트 등의 특정부분에 관하여 그 수분양권의 확인을 소구하는 것은 더더욱 불가능하다고 보아야 한다(대판 1994.5.24. 92다35783).

〈참고〉 (소수의견) [1] 공공용지의취득및손실보상에관한특례법에 의한 이주대책은 학설상 이른바 생활보상으로서 실체적 권리인 손실보상의 한 형태로 파악되고 있으며 대법원 판례도 이를 실체법상의 권리로 인정하여, 민사소송으로 이주대책에 의한 주택수분양권의 확인소송을 허용하였었다. 이주대책은 경우에 따라 택지 또는 주택의 분양이나 이주정착금으로 보상되는바, 이주정착금이 손실보상금의 일종이므로 통상의 각종 보상금처럼 실체적 권리가 되는 것을 부정할 수 없을 것이고, 그렇다면 같은 취지의 택지 또는 주택의 수분양권도 실체적인 권리로 봄이 마땅하며 가사 이를 권리로 보지 못한다 하더라도 적어도 확인소송의 대상이 되는 권리관계 또는 법률관계로는 보아야 한다.

[2] 이주자가 분양신청을 하여 사업시행자로부터 분양처분을 받은 경우 이러한 사업시행자의 분양처분의 성질은 이주자에게 수분양권을 비로소 부여하는 처분이 아니라, 이미 이주자가 취득하고 있는 수분양권에 대하여 그의 의무를 이행한 일련의 이행처분에 불과하고, 이는 이주자가 이미 취득하고 있는 수분양권을 구체화 시켜주는 과정에 불과하다. 이를 실체적 권리로 인정해야 구체적 이주대책 이행을 신청하고 그 이행이 없을 때 부작위위법확인소송을 제

기하여 그 권리구제를 받을 수 있고, 그 권리를 포기한 것으로 볼 수 없는 한 언제나 신청이 가능하고 구체적 이주대책이 종료한 경우에도 추가 이주대책을 요구할 수 있게 된다.

[3] 이와 같이 이주대책에 의한 분양신청은 실체적 권리의 행사에 해당된다 할 것이므로 구체적 이주대책에서 제외된 이주대책대상자는 그 경위에 따라 분양신청을 하여 거부당한 경우 권리침해를 이유로 항고소송을 하거나 또는 자기 몫이 참칭 이주대책대상자에게 이미 분양되어 다시 분양신청을 하더라도 거부당할 것이 명백한 특수한 경우 등에는 이주대책대상자로서 분양받을 권리 또는 그 법률상 지위의 확인을 구할 수 있다고 보아야 하며, 이때에 확인소송은 확인소송의 보충성이라는 소송법의 일반법리에 따라 그 확인소송이 권리구제에 유효 적절한 수단이 될 때에 한하여 그 소의 이익이 허용되어야 함은 물론이다(대판 1994. 5. 24. 92다35783 소수의견).

 의무이행소송 관련 판례

1 어업권의 어업권원부에의 등록은 도지사의 어업권면허처분을 전제로 하는 직권행위에 불과하여 도지사의 어업권설정에 관한 등록행위는 어업권을 부여하는 행정처분이 아니고, 같은 이치에서 이러한 어업권은 일정한 소멸사유(존속기간의 만료, 어장의 멸실, 어업권의 포기, 면허의 취소 등)가 발생하면 어업권소멸의 등록을 기다리지 않고 바로 소멸하므로 도지사의 어업권소멸에 관한 등록행위도 어업권을 소멸시키는 행정처분이 아니어서 도지사의 어업권 등록행위는 무효확인 소송의 대상이 될 여지가 없다. … 행정심판법 제3조에 의하면 행정청의 위법 또는 부당한 거부처분이나 부작위에 대하여 의무이행 심판청구를 할 수 있으나 행정소송법 제4조에서는 행정심판법상의 의무이행심판청구에 대응하여 부작위위법확인소송만을 규정하고 있으므로 행정청의 부작위에 대한 의무이행소송은 현행법상 허용되지 않는다(대판 1989. 9. 12. 87누868).

2 의무이행소송의 성격은 취소소송이나 확인의 소인 부작위위법확인소송과는 본질적으로 다르고, 소송요건, 본안 요건, 판결의 효력, 집행 방법 등에 있어서도 본질적으로 구별되는 별도의 소송유형이라는 점, 행정청의 1차적 판단권이 존중되어야 한다는 권력분립적 요청, 법치행정의 요청 및 국민의 효율적인 권리구제의 요청, 사법권의 정치화·행정화를 막고 부담을 경감하여야 한다는 사법자제적 요청, 국가 주도의 발전과정과 행정권의 역할에 대한 고려, 행정기관과 법원의 수용태세 등을 고려하여 현행 행정소송법에 도입되지 않은 입법경위 등을 종합하면, 행정소송법 제4조가 의무이행소송을 항고소송의 하나로 규정하지 아니한 것은 의무이행소송에 대한 입법행위가 없는 경우(입법권의 불행사)에 해당하는 것이지, 항고소송의 유형을 불완전·불충분하게 규율하여 입법행위에 결함이 있는 경우(입법권 행사의 결함)라고 보기 어렵다. 따라서 이 사건 헌법소원심판청구 중 행정소송법 제4조에 대한 청구 부분은 실질적으로 입법이 전혀 존재하지 않는 의무이행소송이라는 새로운 유형의 항고소송을 창설하여 달라는 것으로 헌법재판소법 제68조 제2항에 의한 헌법소원에서 허용되지 않는 진정입법부작위에 대한 헌법소원심판청구이므로 부적법하다(헌재 2008. 10. 30. 2006헌바80).

 민사집행법상 가처분 관련 판례

민사집행법 제300조 제2항이 규정한 임시의 지위를 정하기 위한 가처분은 그 성질상 주장 자체에 의

하여 다툼이 있는 권리관계에 관한 정당한 이익이 있는 자가 가처분 신청을 할 수 있고, 그 경우 주장
자체에 의하여 신청인과 저촉되는 지위에 있는 자를 피신청인으로 하여야 한다. 한편 민사집행법상의
가처분으로 행정청의 행정행위 금지를 구하는 것은 허용될 수 없다(대결 2011.4.18.; 2010마1576).

【사례21_2016 5급공채_제2-1문(210면)】

★

84 부작위위법확인소송의 대상적격 (문항에서 주민 乙의 원고적격을 묻지는 않음)

* B광역시장은 상당한 기간이 경과하였음에도 甲에 대하여 이행강제금을 부과·징수하지 않고 있다. 이에 대하여 B광
역시 주민 乙은 부작위위법확인소송을 통하여 다투려고 한다. B광역시장이 甲에 대하여 이행강제금을 부과·징수하
지 않고 있는 행위는 부작위위법확인소송의 대상이 되는가?

II. 부작위위법확인소송의 대상인 부작위와 B광역시장의 미부과·미징수의 부작위 여부

1. 부작위위법확인소송의 대상으로서 부작위 의의, 요건 등

1) 부작위위법확인소송에서 부작위는 ① 행정청이 ② 당사자의 신청에 대하여 ③ 상당한 기간
내에 ④ 일정한 처분을 하여야 할 법률상 의무가 있음에도 불구하고 ⑤ 이를 하지 아니하
는 것이다(법 제2조 제1항 제2호).

2) 부작위의 성립에 관하여 법에서 정하는 요건 이외에 '당사자'에 신청을 할 수 있는 권한
(신청권)을 필요로 하는가에 대하여 ㈎學說은 (i) 부작위의 성립에는 행정청의 처분의무
가 필요하고 따라서 신청인의 신청권이 필요하다는 대상적격설, (ii) 신청권은 당사자가 신
청할 권한을 갖고 있느냐의 문제로 당사자를 중심으로 한 주관적·구체적 법률상 이익의
문제로 봐야 한다는 원고적격설 (iii) 신청권은 부작위의 위법을 판단하는 기준이므로 본안
의 (위법)문제로 보아야 한다는 본안판단설이 있으며 ㈏判例는 모든 부작위가 소의 대상
으로 직결될 수 없으므로 일반적인 신청권을 가진 자의 신청이 전제가 된 경우의 부작위
만 소의 대상으로 보는 것이 타당하다고 하여 대상적격설을 취한다. ㈐小結로 모든 부작
위에 대하여 소의 대상으로 삼을 수 없다는 점, 최소한의 일반적인 신청권은 부작위 인정
에서 필요하다는 점에서 대상적격설이 타당하다고 본다.

2. B광역시장의 미부과·미징수의 부작위 여부

그렇다면, B광역시의 미부과·미징수가 부작위가 되려면, 주민 乙에게 이행강제금 부과를
신청할 신청권이 있어야 하는 바, ⑴설문에 주어진 조건에 따르면 달리 신청권을 인정할
근거를 찾기 어렵고, ⑵나아가 신청권이 존재한다 하더라도, 설문에서 주민 乙은 부작위
의 요건인 신청 자체를 하고 있지 않은 바, B광역시장의 미부과·미징수는 부작위위법확
인소송의 대상이 되는 부작위에 해당하기 어렵다고 할 것이다.

제 1 편

행정조직법

【사례2_2014 1차 변시모의_제2문(22면)】

★★★

85 권한위임 위법의 경우 처분의 하자의 정도

* 만일 甲의 주장과 같이 교육장 B에 대한 권한위임이 위법하다면 이사취임승인취소처분의 하자의 법적 효과를 검토하시오.

II. 위법한 권한위임규칙에 근거한 이사선임승인취소처분의 효력

1. 권한위임의 위법과 권한위임규칙의 효력

1) (1) 설문상 권한위임규칙은 「사립학교법」 제36조 제1항을 위반한 것으로 위법하다. (2) 행정 입법의 경우 공정력이 인정되지 않으므로 위법한 행정입법(법규명령, 행정규칙)은 무효이 다. (3) 따라서, 권한위임규칙은 무효이다.

2. 무효인 규칙에 근거한 처분의 하자의 정도(취소할 수 있는가? 무효인가?)

1) (1) 처분의 무효와 취소의 구별기준으로 ㈎學說은 (i) 중대설 - 능력규정, 강행규정위반 중 대 하자 - 무효 (ii) 중대명백설 - 중요한 법률요건에 위반하여 하자가 내용적으로 중대하 고 일반인을 기준으로 명백하다고 판단되면 - 무효 (iii) 명백성보충요건설 - 명백성은 이 해관계를 가지고 있는 제3자가 있는 경우에 요구, (iv) 조사의무설 - 명백성의 판단을 공 무원을 기준으로 하여 완화, (v) 구체적 가치형량설 - 일반적 기준에 따라 구분하는 것에 반대하고 구체적인 사안마다 권리구제의 요청과 법적안정성의 요청 및 제3자의 이익 사 이의 구체적 개별적인 비교형량에 의하여 결정 ㈏判例는 중대명백설(법적안정성 사인권 익구제 공히 보호) ㈐小結로 판례의 논거를 따르면서 중대명백설을 취한다.

2) (1) 설문상 권한위임규칙은 무효이므로 동 규칙에 근거해서 이뤄진 처분의 하자는 중대하 다. (2) 하자의 명백성에 관하여, (ㄱ) 지방자치단체장의 이중적 지위(특별행정기관(자치사 무), 국가행정기관(기관위임사무), (ㄴ) 헌법 제107조 제1항의 '규칙'에 조례와 규칙을 포괄 하고 있어 용어사용이 유사하며, (3) 조례로 근거를 정해야 할 것을 규칙에 근거하여 정하 였다 하더라고 이를 명백한 하자로 판단하기는 어렵다.

3. 이사취임승인취소처분의 하자의 법적 효과

무효인 권한위임규칙에 근거한 이사취임승인취소처분의 하자는 중대하나 명백하다고 할 수 없으므로 취소할 수 있겠다(다만 제소기간 도과 전에).

 하자있는 행정입법(조례, 규칙 등)에 근거한 처분의 효력에 관한 판례

1┘구 건설업법(1994.1.7. 법률 제4724호로 개정되기 전의 것) 제57조 제1항, 같은 법 시행령 제53조 제1항 제1호에 의하면 건설부장관의 권한에 속하는 같은 법 제50조 제2항 제3호 소정의 영업정지 등 처분권한은 서울특별시장·직할시장 또는 도지사에게 위임되었을 뿐 시·도지사가 이를 구청장·시장·군수에게 재위임할 수 있는 근거규정은 없으나, 정부조직법 제5조 제1항과 이에 기한 행정권한의위임및위탁에관한규정 제4조에 재위임에 관한 일반적인 근거규정이 있으므로 시·도지사는 그 재위임에 관한 일반적인 규정에 따라 위임받은 위 처분권한을 구청장 등에게 재위임할 수 있다.

2┘'가'항의 영업정지 등 처분에 관한 사무는 국가사무로서 지방자치단체의 장에게 위임된 이른바 기관위임사무에 해당하므로 시·도지사가 지방자치단체의 조례에 의하여 이를 구청장 등에게 재위임할 수는 없고 행정권한의위임및위탁에관한규정 제4조에 의하여 위임기관의 장의 승인을 얻은 후 지방자치단체의 장이 제정한 규칙이 정하는 바에 따라 재위임하는 것만이 가능하다.

3┘[다수의견] 하자 있는 행정처분이 당연무효가 되기 위하여는 그 하자가 법규의 중요한 부분을 위반한 중대한 것으로서 객관적으로 명백한 것이어야 하며 하자가 중대하고 명백한 것인지 여부를 판별함에 있어서는 그 법규의 목적, 의미, 기능 등을 목적론적으로 고찰함과 동시에 구체적 사안 자체의 특수성에 관하여도 합리적으로 고찰함을 요한다.

4┘[다수의견] 조례 제정권의 범위를 벗어나 국가사무를 대상으로 한 무효인 서울특별시행정권한위임조례의 규정에 근거하여 구청장이 건설업영업정지처분을 한 경우, 그 처분은 결과적으로 적법한 위임 없이 권한 없는 자에 의하여 행하여진 것과 마찬가지가 되어 그 하자가 중대하나, 지방자치단체의 사무에 관한 조례와 규칙은 조례가 보다 상위규범이라고 할 수 있고, 또한 헌법 제107조 제2항의 "규칙"에는 지방자치단체의 조례와 규칙이 모두 포함되는 등 이른바 규칙의 개념이 경우에 따라 상이하게 해석되는 점 등에 비추어 보면 위 처분의 위임 과정의 하자가 객관적으로 명백한 것이라고 할 수 없으므로 이로 인한 하자는 결국 당연무효사유는 아니라고 봄이 상당하다 $\left(\begin{smallmatrix} \text{대판 1995.7.11.} \\ \text{94누4615 전원합의체} \end{smallmatrix}\right)$.

제 2 편

지방자치법

【사례2_2014 1차 변시모의_제2문(22면)】

★★

86 국가사무와 자치사무의 구별과 권한 위임의 형식

* 「사립학교법」에 따른 학교법인 이사의 취임승인 사무와 이의 취소에 관한 사무의 법적 성질을 밝히고, 이를 토대로 교육감의 권한을 교육장 B에게 위임하기 위한 규범형식에 대해 설명하시오.

II. 이사취임승인 및 동 취소 사무의 법적 성질과 권한위임의 규범형식(자치사무? 조례?)

1. 이사취임승인 및 승인취소 사무의 법적 성질(자치사무? 국가?)

1) (1) 지방자치법 제9조 제2항과 제11조는 각각 자치사무의 예, 국가사무의 예를 열거하여 정한다. (2) 자치사무와 국가사무의 구별기준은 (ㄱ) 법률의 규정형식과 취지를 고려하고, (ㄴ) 불분명한 경우에는 전국적 통일적 처리가 요구되는지? (ㄷ) 경비부담, 책임귀속주체 등을 고려하여 판단한다. (ㄹ) 지방자치법 제9조 제2항의 자치사무예시가 기준이 된다. (ㅁ) 앞의 기준적용에도 불분명한 경우에는 자치사무의 포괄성원칙을 고려하여 자치사무로 추정한다 (判例, 小結).

2) (1) 설문상 사립학교법 제4조는 사립학교의 일반적 지도감독권을 교육감에게 부여하고 있고, (2) 지방자치법 제9조 제2항도 교육진흥사무는 자치사무로 분류하고 있다. (3) 따라서 사립학교이사승인 또는 승인취소사무는 지자체의 교육·학예에 관한 사무의 교육감이 특별집행기관으로서 가지는 권한으로 자치사무에 해당한다고 하겠다(判例).

2. 교육감의 권한을 교육장 B에게 위임하기 위한 규범형식(자치사무, 조례)

1) (1) 권한의 위임은 행정관청이 자신에게 주어진 권한을 스스로 행사하지 않고 법에 근거하여 타자에게 사무처리권한 일부를 이전하여 그 자의 권한과 책임으로 특정의 사무를 처리하게 하는 것이다.
(2) (a) 권한위임의 근거인 법형식에 대하여, 자치사무는 지방자치법 제104조에 근거하여 조례와 규칙으로 정하고, (b) 국가사무는 정부조직법 및 행정권한의 위임 및 위탁에 관한 규정에 근거하여 규칙으로 정하고 있다.

2) (1) 설문에서 교육감의 학교법인 임원취임의 승인취소권은 지방자치단체의 자치사무에 해당하고 (2) 따라서 설문상 「지방교육자치에 관한 법률」 제36조 제1항에 근거하여 조례로서 권한을 위임할 수 있다.

국가사무와 자치사무의 구별 관련 판례

1│ 구 교원 등의 연수에 관한 규정(2011. 10. 25. 대통령령 제23246호로 개정되기 전의 것) 제18조에 따른 교원능력개발평가 사무와 관련된 법령의 규정 내용과 취지, 그 사무의 내용 및 성격 등에 비추어 보면, 교원능력개발평가는 국가사무로서 각 시·도 교육감에게 위임된 기관위임사무라고 보는 것이 타당하다(대판 2013.5.23. 2011추56).

2│ 국토계획법 제63조 제1항 제2호에 근거한 피고의 개발행위허가 제한에 관한 사무는 같은 법 제139조 제2항 및 서울특별시 도시계획조례 제68조 제1항 [별표 4] 제9호에 의하여 구청장에게 위임된 기관위임사무로서 시·도위임사무에 해당한다(대판 2018.11.29. 2016추5117).

 권한위임의 형식 관련 판례

1│ 사립학교법 제4조 제1항, 제20조의2 제1항에 규정된 교육감의 학교법인 임원취임의 승인취소권은 교육감이 지방자치단체의 교육·학예에 관한 사무의 특별집행기관으로서 가지는 권한이고 정부조직법상의 국가행정기관의 일부로서 가지는 권한이라고 할 수 없으므로 국가행정기관의 사무나 지방자치단체의 기관위임사무 등에 관한 권한위임의 근거규정인 정부조직법 제5조 제1항, 행정권한의위임및위탁에관한규정 제4조에 의하여 교육장에게 권한위임을 할 수 없고, 구 지방교육자치에 관한법률(1995. 7. 26. 법률 제4951호로 개정되기 전의 것) 제36조 제1항, 제44조에 의하여 조례에 의하여서만 교육장에게 권한위임이 가능하다 할 것이므로, 행정권한의위임및위탁에관한규정 제4조에 근거하여 교육감의 학교법인 임원취임의 승인취소권을 교육장에게 위임함을 규정한 대전직할시교육감소관행정권한의위임에관한규칙 제6조 제4호는 조례로 정하여야 할 사항을 규칙으로 정한 것이어서 무효이다(대판 1997.6.19. 95누8669 전원합의체).

2│ 정부조직법 제5조 제1항은 법문상 권한의 위임 및 재위임의 근거규정임이 명백하고 같은 법이 국가행정기관의 설치, 조직, 직무범위의 대상을 정하는데 그 목적이 있다는 이유만으로 권한위임, 재위임에 관한 위 규정마저 권한위임 등에 관한 대강을 정한 것에 불과할 뿐 권한위임의 근거규정이 아니라고 할 수는 없으므로 충청남도지사가 자기의 수임권한을 위임기관인 동력자원부장관의 승인을 얻은 후 충청남도의 사무 시·군위임규칙에 따라 군수에게 재위임하였다면 이는 위 조항 후문 및 행정권한의위임및위탁에관한규정 제4조에 근거를 둔 것으로서 적법한 권한의 재위임에 해당하는 것이다(대판 1990.2.27.89누5287; 대판 1995.7.11.94누4615 전원합의체).

★

87 매립지 지방자치단체 귀속 분쟁에 대한 해결방법 – 지방자치법 제4조

* 이 사건 매립예정지가 A도 내의 B군과 C군에 걸쳐 있고, 매립이 끝난 후 B군과 C군 사이에 매립지가 어느 지방자치단
체에 귀속되어야 하는지에 대한 다툼이 있다면, 이를 해결할 수 있는 「지방자치법」상의 방법에 관하여 약술하시오.

II. 매립지 구역결정 – 지방자치법(이하 '법') 제4조 제3항

1. 구역결정 신청, 결정 및 이의 절차

1) (1) 공유수면의 매립지의 구역은 행정안전부장관이 정한다(법 제4조 제3항). (2) 우선, 공유
수면 매립면허관청 또는 관련 지방자치단체의 장은 준공검사 전에 행정안전부장관에게
해당 지역이 속할 지방자치단체의 결정을 신청하여야 한다(동조 제4항). (3) 이 경우, 매립
지의 매립면허를 받은 자는 매립면허관청에 해당 매립지가 속할 지방자치단체의 결정 신
청을 할 것을 요구할 수 있다(동항).

2) (1) 행정안전부장관은 신청을 받은 후 지체 없이 그 사실을 20일 이상 관보나 인터넷 등의
방법으로 널리 알려야 한다(제4조 제5항).

(2) 알리는 기간이 끝난 이후 행정안전부장관은 지방자치단체중앙분쟁조정위원회의 심의·
의결에 따라 매립지가 속할 지방자치단체를 결정하고, 그 결과를 면허관청, 관계 지방자
치단체의 장 등에게 통보하고 공고하여야 한다(동조 제6항).

(3) 지방자치단체중앙분쟁조정위원장은 심의과정에서 관계 지방자치단체의 장에게는 의견
을 진술할 기회를 주어야 하며, 필요하다고 인정되는 경우 관계 중앙행정기관 및 지방자
치단체의 공무원 또는 관련 전문가를 출석시켜 의견을 듣거나 관계 기관이나 단체에 자
료 및 의견 제출 등을 요구할 수 있다.

3) (1) 관계 지방자치단체의 장은 행정안전부장관의 결정에 이의가 있으면 그 결과를 통보받
은 날부터 15일 이내에 대법원에 소송을 제기할 수 있다(법 제4조 제8항).

(2) 이후 대법원의 인용결정이 있는 경우 행정안전부장관은 그 취지에 따라 다시 결정하여
야 한다(법 제4조 제9항).

2. A도지사B군수C군수 신청, 지자체중앙분쟁조정위원회 심의의결, 행정안전부장관 결정

설문에서 매립면허관청인 A도지사나 관련 지방자치단체장인 B군수 또는 C군수는 행정안
전부장관에게 결정신청을 하고, 행정안전부장관은 지방자치단체중앙분쟁조정위원회의 심
의·의결에 따라 결정한다. 이 결정에 이의가 있는 B군수 C군수는 대법원에 소송을 제기
할 수 있다.

★★
88 조례의 적법성 (자치사무, 법률유보, 법률우위)

* 이 사건 조례안은 적법한가?

II. 이 사건 조례안의 적법성 검토

1. 조례제정 대상사무인가?(자치사무?)

1) 지방자치법 제22조 본문은 "지방자치단체는 법령의 범위 안에서 '그 사무'에 관하여 조례를 제정할 수 있다"고 규정하고 있으며, 제9조 제1항은 "지방자치단체는 관할 구역의 '자치사무'와 '법령에 따라 지방자치단체에 속하는 사무'를 처리한다"고 하므로 조례로 제정할 수 있는 사무는 자치사무와 단체위임사무이며 기관위임사무는 제외된다. 다만 예외적으로 법령이 기관위임사무를 조례로 정하도록 규정한다면 기관위임사무도 조례로 정할 수는 있다.

2) 사안에서 사설묘지 등의 설치허가에 관한 사무를 국가사무로 설시하고 있는 바, 도지사 甲에게, 도지사 甲은 군수 乙에게 위임한 바, 기관위임사무에 해당한다고 할 것이다. 기관위임사무는 조례로 정할 수 없음에도 Y군 의회는 'Y군 사설묘지 등 설치허가 시 주민동의에 관한 조례안'을 재의결하였기 때문에 설문의 조례안은 위법하다 할 것이다.

2. 법률유보의 원칙에 적합한가?

1) 헌법 제117조 제1항은 법률우위원칙만을 규정하나 지방자치법 제22조는 본문에서 조례는 법률우위원칙을, 단서에서 법률유보원칙을 준수해야 함을 규정하고 있는바, 위헌성에 대한 논의가 있는 바, (1) 學說은 (i) 지방자치법 제22조는 헌법이 부여하는 지방자치단체의 자치입법권을 지나치게 제약하고 있으며, 지자체의 포괄적 자치권과 전권한성의 원칙에 비추어 위헌이라는 입장이다 (ii) 헌법 제117조 제1항에 법률유보에 대한 명시적 규정이 없더라도 지방자치법 제22조 단서는 헌법 제37조 제2항에 따른 것이므로 합헌이라는 입장 (2) 判例는 지방자치법 제22조는 기본권 제한에 대하여 법률유보원칙을 선언한 헌법 제37조 제2항의 취지에 부합하기 때문에 합헌이라고 본다 (3) 小結로 判例의 입장이 타당하다 할 것이다.

2) 사안에서 법률은 설치예정지역 인근주민 2분의 1이상의 찬성을 얻도록 규정하고 있기 때문에 법률유보원칙에 부합한다.

3. 법률우위의 원칙에 부합한가?

1) 헌법 제117조 제1항, 지방자치법 제22조 본문, 제24조는 조례에도 법률우위원칙은 당연히 적용된다고 한다.

2) 조례규정사항과 관련된 법령의 규정이 없는 경우 일반적으로 지방자치법 제22조 단서의 법률유보의 원칙에 반하지 않는 한 조례로서 규정할 수 있다. 다만, 행정법의 일반원칙에

위반됨은 없어야 한다.

3) 조례내용이 법령의 규정보다 더 침익적인 경우 법률우위원칙에 위반되어 위법하며 무효이다.

4) 조례내용이 법령의 규정보다 더 수익적인 경우(수익도 침익도 아닌 경우도 포함)라고 할지라도 성문의 법령에 위반되어서는 아니 된다는 것이 일반적인 입장이다.

 조례의 적법성 관련 판례

1 지방자치법 제22조, 제9조에 의하면, 지방자치단체가 조례를 제정할 수 있는 사항은 지방자치단체의 고유사무인 자치사무와 개별 법령에 의하여 지방자치단체에 위임된 단체위임사무에 한하고, 국가사무가 지방자치단체의 장에게 위임되거나 상위 지방자치단체의 사무가 하위 지방자치단체의 장에게 위임된 기관위임사무에 관한 사항은 원칙적으로 조례의 제정범위에 속하지 않는다(대판 2014.2.27. 2012추145).

2 지방자치법 제15조, 제9조에 의하면, 지방자치단체가 자치조례를 제정할 수 있는 사항은 지방자치단체의 고유사무인 자치사무와 개별법령에 의하여 지방자치단체에 위임된 단체위임사무에 한하는 것이고, 국가사무가 지방자치단체의 장에게 위임된 기관위임사무는 원칙적으로 자치조례의 제정범위에 속하지 않는다 할 것이고, 다만 기관위임사무에 있어서도 그에 관한 개별법령에서 일정한 사항을 조례로 정하도록 위임하고 있는 경우에는 위임받은 사항에 관하여 개별법령의 취지에 부합하는 범위 내에서 이른바 위임조례를 정할 수 있다(대판 2000.5.20.99추85; 대판 2000.11.24. 2000추29; 대판 1999.9.17.99추30).

3 지방자치법 제15조는 원칙적으로 헌법 제117조 제1항의 규정과 같이 지방자치단체의 자치입법권을 보장하면서, 그 단서에서 국민의 권리제한·의무부과에 관한 사항을 규정하는 조례의 중대성에 비추어 입법정책적 고려에서 법률의 위임을 요구한다고 규정하고 있는바, 이는 기본권 제한에 대하여 법률유보원칙을 선언한 헌법 제37조 제2항의 취지에 부합하므로 조례제정에 있어서 위와 같은 경우에 법률의 위임근거를 요구하는 것이 위헌성이 있다고 할 수 없다(대판 1995.5.12.94추28; 대판 1997.4.25.96추251).

4 영유아보육법이 보육시설 종사자의 정년에 관한 규정을 두거나 이를 지방자치단체의 조례에 위임한다는 규정을 두고 있지 않음에도 보육시설 종사자의 정년을 규정한 '서울특별시 중구 영유아 보육조례 일부개정조례안' 제17조 제3항은, 법률의 위임 없이 헌법이 보장하는 직업을 선택하여 수행할 권리의 제한에 관한 사항을 정한 것이어서 그 효력을 인정할 수 없으므로, 위 조례안에 대한 재의결은 무효이다(대판 2009.5.28. 2007추134).

5 지방자치법 제15조에 의하면 지방자치단체는 그 내용이 주민의 권리의 제한 또는 의무의 부과에 관한 사항이거나 벌칙에 관한 사항이 아닌 한 법률의 위임이 없더라도 그의 사무에 관하여 조례를 제정할 수 있는바, 지방자치단체의 세 자녀 이상 세대 양육비 등 지원에 관한 조례안은 저출산 문제의 국가적·사회적 심각성을 십분 감안하여 향후 지방자치단체의 출산을 적극 장려토록 하여 인구정책을 보다 전향적으로 실효성 있게 추진하고자 세 자녀 이상 세대 중 세 번째 이후 자녀에게 양육비 등을 지원할 수 있도록 하는 것으로서, 위와 같은 사무는 지방자치단체 고유의 자치사무

중 주민의 복지증진에 관한 사무를 규정한 지방자치법 제9조 제2항 제2호 (라)목에서 예시하고 있는 아동·청소년 및 부녀의 보호와 복지증진에 해당되는 사무이고, 또한 위 조례안에는 주민의 편의 및 복리증진에 관한 내용을 담고 있어 그 제정에 있어서 반드시 법률의 개별적 위임이 따로 필요한 것은 아니다(대판 2006.10.12. 2006추38).

6 도시교통정비촉진법 제19조의10 제3항에서 교통수요관리에 관하여 법에 정한 사항을 제외하고는 조례로 정하도록 규정하고 있고, 차고지확보제도는 차고지를 확보하지 아니한 자동차·건설기계의 보유자로 하여금 그 자동차·건설기계를 운행할 수 없도록 하는 것으로서 결과적으로 자동차 등의 통행량을 감소시키는 교통수요관리(그 중 주차수요관리) 방안의 하나에 해당하므로, 같은 법 제19조의10 제3항의 규정은 비록 포괄적이고 일반적인 것이기는 하지만 차고지확보제도를 규정한 조례안의 법률적 위임근거가 된다(대판 1997.4.25. 96추251).

7 지방자치법 제15조에서 말하는 '법령의 범위 안'이라는 의미는 '법령에 위반되지 아니하는 범위 안'이라는 의미로 풀이되는 것으로서, 특정 사항에 관하여 국가 법령이 이미 존재할 경우에도 그 규정의 취지가 반드시 전국에 걸쳐 일률적인 규율을 하려는 것이 아니라 각 지방자치단체가 그 지방의 실정에 맞게 별도로 규율하는 것을 용인하고 있다고 해석될 때에는 조례가 국가 법령에서 정하지 아니하는 사항을 규정하고 있다고 하더라도 이를 들어 법령에 위반되는 것이라고 할 수가 없다(대판 2000.11.24. 2000추29).

8 자동차관리법(1995. 12. 29. 법률 제5104호로 전문 개정된 것) 및 자동차등록령(1996. 10. 30. 대통령령 제15162호로 전문 개정된 것)은 그 법 제5조에서 자동차등록원부에 등록한 후가 아니면 자동차(이륜자동차 제외)를 운행할 수 없도록 규정한 다음 그 법 제9조, 제11조 제2항, 제12조 제6항과 그 영 제17조에서 자동차등록(신규·변경·이전)의 거부사유를 열거하면서 차고지를 확보하지 아니한 것(차고지확보 입증서류의 미제출)을 그 거부사유로 들고 있지 아니하고 달리 조례로 별도의 등록거부사유를 정할 수 있도록 위임하고 있지도 아니하므로, 하위법령인 조례로서 위 법령이 정한 자동차 등록기준보다 더 높은 수준의 기준(차고지 확보)을 부가하고 있는 이 사건 조례안 제4조, 제5조는 자동차관리법령에 위반된다고 할 것이다. 따라서 이 사건 조례안 제5조가 자동차관리법령에 위반된다고 하는 원고의 주장은 이유 있다. 또한 자동차운수사업법령 및 시행규칙은 그 법 제4조에서 사업용자동차를 사용하여 여객과 화물을 유상으로 운송하는 자동차운송사업을 경영하고자 하는 자는 면허를 받도록 규정하고 그 법 제56조 제1항과 그 영 제8조에서 자가용자동차 중 승차정원 16인 이상의 승합자동차와 적재정량 2.5t 이상의 화물자동차를 사용하여 여객과 화물을 운송하려는 자는 사용신고를 하도록 규정한 다음 그 법 제6조 제1항 제3호, 그 시행규칙 제10조 제2항 제3호, 제13조 [별표 1]의 3에서 자동차운송사업면허를 받으려는 자는 자동차의 종류에 따라 차량 1대당 10㎡ 내지 40㎡ 규모의 차고를 확보하여야 하도록 규정하고 그 시행규칙 제56조 제2항에서 위 자가용자동차의 사용신고를 하려는 자에게 차고지확보서류를 신청서에 첨부하여 제출하도록 규정하며 달리 조례로 차고지확보의 대상 및 기준을 정할 수 있도록 위임하고 있지도 아니하므로, 하위법령인 조례로서 차고지확보의 대상을 위 법령이 정한 것보다 확대하고(자가용자동차 중 승차정원 16인 미만의 승합자동차와 적재정량 2.5t 미만의 화물자동차에까지) 또한 확보해야 할 차고지의 면적 등을 조례안시행규칙이 정하는 바에 따라 위 법령이 정한 기준보

다 확대 또는 감축할 수 있도록 하는 이 사건 조례안 제4조는 자동차운수사업법령에 위반된다고 할 것이다(대판 1997.4.25. 96추251).

9 지방자치단체가 그 재정권에 기하여 확보한 재화는 구성원인 주민의 희생으로 이룩된 것이므로 가장 효율적으로 사용하여야 함은 물론 경비지출로 인하여 얻어지는 이익이 균점되게 함으로써 어느 특정의 개인이나 단체에 재화를 공급함으로 인하여 형평을 잃는 일이 없도록 하여야 할 것인 바, 지역주민이 부담하는 지방세 등으로 조성된 지방자치단체의 수입 일부를 출연하여 소속 공무원의 대학생 자녀에 한정하여 학비를 지급한다면, 이는 지역주민 중 대학생 자녀를 둔 소속 공무원에 한정하여 특혜를 베푸는 조치로서 일반주민은 물론 대학생 자녀를 두지 아니한 다른 공무원과의 관계에서 형평에 반하고, 이는 결과적으로 공익에도 부합되지 아니하므로, 그러한 내용의 장학기금출연조례안은 지방자치법 제133조 제1항 소정의 기금설치를 위한 요건을 구비하였다고 볼 수 없다(대판 1996.10.25. 96추107).

10 특정 사안과 관련하여 법령에서 조례에 위임을 한 경우 조례가 위임의 한계를 준수하고 있는지 여부를 판단할 때는 당해 법령 규정의 입법 목적과 규정 내용, 규정의 체계, 다른 규정과의 관계 등을 종합적으로 살펴야 하고, 수권 규정에서 사용하고 있는 용어의 의미를 넘어 그 범위를 확장하거나 축소하여 위임 내용을 구체화하는 단계를 벗어나 새로운 입법을 하였는지 여부 등도 아울러 고려하여야 한다(대판 2018.8.30. 2017두56193).

11 자사고 제도의 성격, 자사고 지정을 취소하는 과정에서 교육감의 재량을 절차적으로 통제할 필요가 있는 점, 이 사건 시행령 제91조의3의 개정이유 등에 비추어 볼 때, 이 사건 시행령 제91조의3 제5항에서 말하는 교육부장관과의 사전 협의는 특별한 사정이 없는 한 교육부장관의 적법한 사전 동의를 의미한다. 따라서 원고가 피고의 사전 동의를 받지 아니하고 행한 이 사건 지정취소처분은 이 사건 시행령 제91조의3 제5항에 위반하여 위법하다(대판 2018.7.12. 2014추33).

★

【사례22_2016 사법시험_제2문의1(219면)】

89 재의결 조례에 대한 지방자치법상 행정적·사법적 통제수단?

* 재의결 조례에 대하여 도지사 甲과 해당 지자체장 乙이 취할수 있는 통제방법?

– 조례안의 행정적·사법적 통제 방법

• 해당 지자체장: 지방자치법 제26조 제6항 乙의 공포거부, 제107조 제3항 대법원에 소제기 가능, 제172조 제3항

• 상급 지자체장 또는 주무부장관: 지방자치법 제172조 제4항 제소지시, 직접제소, 집행정지 결정신청, 제172조 제6항 직접 제소(지방자치법 해당조문 구조 및 내용 파악)

【사례14_2019 5급공채_제2문의2(144면)】

★★
90 국가 및 상급지방자치단체의 사무에 대한 행정적 통제수단 (기관위임사무: 직무이행명령(§170), 자치사무: 시정명령/직권취소(§169) 및 불복쟁송)

* A광역장이 C구청장의 등재 보류·지연에 대하여 「지방자치법」상 취할 수 있는 행정적 통제수단을 검토하시오.

II. A광역시장의 C구청장에 대한 직무이행명령 검토

1. 지방자치법 제170조상 직무이행명령 의의, 요건, 효과, 불복

1) 의의, 요건

지방자치단체의 장이 법령의 규정에 따라 그 의무에 속하는 국가위임사무나 시·도위임사무의 관리와 집행을 명백히 게을리하고 있다고 인정되면 시·도에 대하여는 주무부장관이, 시·군 및 자치구에 대하여는 시·도지사가 기간을 정하여 서면으로 이행할 사항을 명령할 수 있다.

2) 실효성 확보

주무부장관이나 시·도지사는 해당 지방자치단체의 장이 정해진 기간에 이행명령을 이행하지 아니하면 그 지방자치단체의 비용부담으로 대집행하거나 행정상·재정상 필요한 조치를 할 수 있다. 이 경우에는 행정대집행에 관하여는 「행정대집행법」을 준용한다.

3) 불복 방법

지방자치단체의 장은 직무이행명령에 이의가 있으면 이행명령서를 접수한 날부터 15일 이내에 대법원에 소를 제기할 수 있다. 이 경우 지방자치단체의 장은 이행명령의 집행을 정지하게 하는 집행정지결정을 신청할 수 있다.

2. C구 구청장에 대한 직무이행명령 가능성

1) A광역시 시장은 C구 구청장이 국토이용정보체계 등재사무를 명백히 게을리하고 있는 부분에 대하여 서면으로 등재사무를 이행할 것을 명령할 수 있으며, 이를 지체하는 경우 행정상 재정상 필요한 조치를 할 수 있을 것이다.

2) C구 구청장이 직무이행명령에 대하여 불복하고자 하는 경우 대법원에 소를 제기하고 이행명령에 대한 집행정지결정을 신청할 수 있다.

III. 기타 행정적 통제수단(동법 제167조상 일반통제) 검토

1. 지방자치법 제167조 일반통제

1) 지방자치단체나 그 장이 위임받아 처리하는 국가사무에 관하여 시·도에서는 주무부장관의, 시·군 및 자치구에서는 1차로 시·도지사의, 2차로 주무부장관의 지도·감독을 받는다.

2) 시·군 및 자치구나 그 장이 위임받아 처리하는 시·도의 사무에 관하여는 시·도지사의 지도·감독을 받는다.

국가의 지방자치단체에 대한 행정적 통제 수단 관련 판례

1 지방자치법 제169조 제1항은 "지방자치단체의 사무에 관한 그 장의 명령이나 처분이 법령에 위반되거나 현저히 부당하여 공익을 해친다고 인정되면 시·도에 대하여는 주무부장관이, 시·군 및 자치구에 대하여는 시·도지사가 기간을 정하여 서면으로 시정할 것을 명하고, 그 기간에 이행하지 아니하면 이를 취소하거나 정지할 수 있다. 이 경우 자치사무에 관한 명령이나 처분에 대하여는 법령을 위반하는 것에 한한다."라고 규정하고, 제2항은 "지방자치단체의 장은 제1항에 따른 자치사무에 관한 명령이나 처분의 취소 또는 정지에 대하여 이의가 있으면 그 취소처분 또는 정지처분을 통보받은 날부터 15일 이내에 대법원에 소를 제기할 수 있다."라고 규정하고 있다. 이와 같이 지방자치법 제169조 제2항은 '시·군 및 자치구의 자치사무에 관한 지방자치단체의 장의 명령이나 처분에 대하여 시·도지사가 행한 취소 또는 정지'에 대하여 해당 지방자치단체의 장이 대법원에 소를 제기할 수 있다고 규정하고 있을 뿐 '시·도지사가 지방자치법 제169조 제1항에 따라 시·군 및 자치구에 대하여 행한 시정명령'에 대하여도 대법원에 소를 제기할 수 있다고 규정하고 있지 않으므로, 이러한 시정명령의 취소를 구하는 소송은 허용되지 않는다(대판 2017.10.12. 2016추5148).

2 자사고 제도의 성격, 자사고 지정을 취소하는 과정에서 교육감의 재량을 절차적으로 통제할 필요가 있는 점, 이 사건 시행령 제91조의3의 개정이유 등에 비추어 볼 때, 이 사건 시행령 제91조의3 제5항에서 말하는 교육부장관과의 사전 협의는 특별한 사정이 없는 한 교육부장관의 적법한 사전 동의를 의미한다. 따라서 원고가 피고의 사전 동의를 받지 아니하고 행한 이 사건 지정취소처분은 이 사건 시행령 제91조의3 제5항에 위반하여 위법하다. 지방교육자치에 관한 법률 제3조, 지방자치법 제169조 제1항에 따르면, 시·도의 교육·학예에 관한 사무에 대한 교육감의 명령이나 처분이 법령에 위반되거나 현저히 부당하여 공익을 해친다고 인정되면 교육부장관이 기간을 정하여 서면으로 시정할 것을 명하고, 그 기간에 이행하지 아니하면 이를 취소하거나 정지할 수 있다. 특히 교육·학예에 관한 사무 중 '자치사무'에 대한 명령이나 처분에 대하여는 법령 위반 사항이 있어야 한다. 여기서 교육감의 명령이나 처분이 법령에 위반되는 경우란, '명령·처분이 현저히 부당하여 공익을 해하는 경우', 즉 합목적성을 현저히 결하는 경우와 대비되는 개념으로서, 교육감의 사무 집행이 명시적인 법령의 규정을 구체적으로 위반한 경우뿐만 아니라 그러한 사무의 집행이 재량권을 일탈·남용하여 위법하게 되는 경우를 포함한다(대판 2018.7.12. 2014추33).

【사례21_2016 5급공채_제2-1문(210면)】

★
91 주민소송의 대상적격

* B광역시장은 상당한 기간이 경과하였음에도 甲에 대하여 이행강제금을 부과·징수하지 않고 있다. 이에 대하여 B광역시 주민 丙은 적법한 절차를 거쳐 주민소송을 통하여 다투려고 한다. B광역시장이 甲에 대하여 이행강제금을 부과·징수하지 않고 있는 행위는 주민소송의 대상이 되는가?

Ⅲ. 주민소송의 의의, 요건, 대상, 유형 및 B광역시장의 미부과·미징수에 대한 丙의 주민소송 제기 가능성

1. 주민소송의 의의, 요건, 대상, 유형

1) ⑴주민소송은 지방자치단체의 장, 직원 등의 위법한 재무회계행위에 대하여 주민이 제기하는 지방자치법(이하 '법') 제17조에 근거한 민중소송으로 객관소송에 해당한다. ⑵주민소송이 적법하게 제기되기 위하여는 주민의 감사청구가 미리 필요하여 감사청구에 참여한 주민이 주민소송을 제기할 수 있다(감사청구전치주의, 법 제17조 제1항).

2) ⑴주민소송의 대상은 위법한 재무회계행위이며, ① 공금의 지출, ② 재산의 취득·관리·처분, ③ 계약의 체결·이행, ④ 공금의 부과·징수를 게을리한 사실로 세분된다(법 제17조 제1항).

⑵주민소송의 유형은 제1호 소송(손해발생행위의 중지소송), 제2호 소송(처분의 취소·무효확인소송), 제3호 소송(해태사실의 위법확인소송), 제4호 소송(손해배상등 요구소송)으로 나뉜다.

2. B광역시장의 미부과·미징수의 주민소송의 대상성 판단 및 주민소송 유형

1) ⑴설문상 丙은 적법한 절차를 거쳤다고 한 바, 감사청구를 한 자로 인정되고, B광역시장의 미부과·미징수는 법 제17조 제1항에 따른 공금의 부과·징수를 게을리한 사항에 해당하므로, 주민소송의 대상이 된다고 할 것이다.

⑵判例도 이행강제금의 부과·징수를 게을리한 행위를 주민소송의 대상으로 보고 있다.

2) 주민 丙이 제기할 수 있는 주민소송의 유형은 이행강제금의 부과·징수를 게을리한 사실의 위법 확인을 요구하는 소송(법 제17조 제2항 제3호 소송)이 될 것이다.

⚖️ **주민소송 관련 판례**

1] 위 도로점용허가로 인해 형성된 사용관계의 실질은 전체적으로 보아 도로부지의 지하 부분에 대한 사용가치를 실현시켜 그 부분에 대하여 특정한 사인에게 점용료와 대가관계에 있는 사용수익권을 설정하여 주는 것이라고 봄이 상당하다. 그러므로 이 사건 도로점용허가는 실질적으로 위 도로 지하 부분의 사용가치를 제3자로 하여금 활용하도록 하는 임대 유사한 행위로서, 이는 앞서 본 법리에 비추어 볼 때, 지방자치단체의 재산인 도로부지의 재산적 가치에 영향을 미치는 지방자치법 제17조 제1항의 '재산의 관리·처분에 관한 사항'에 해당한다고 할 것이다(대판2016.5.27. 2014두8490).

2 구 지방자치법(2007. 5. 11. 법률 제8423호로 전부 개정되기 전의 것, 이하 '구 지방자치법'이라 한 다) 제13조의4 제1항, 제13조의5 제1항, 제2항 제4호, 구 지방재정법(2006. 10. 4. 법률 제8050호 로 개정되기 전의 것) 제67조 제1항, 제69조, 제70조의 내용, 형식 및 취지 등을 종합해 보면, 구 지방자치법 제13조의5 제1항에 규정된 주민소송의 대상으로서 '공금의 지출에 관한 사항'이란 지 출원인행위 즉, 지방자치단체의 지출원인이 되는 계약 그 밖의 행위로서 당해 행위에 의하여 지방 자치단체가 지출의무를 부담하는 예산집행의 최초 행위와 그에 따른 지급명령 및 지출 등에 한정 되고, 특별한 사정이 없는 한 이러한 지출원인행위 등에 선행하여 그러한 지출원인행위를 수반하 게 하는 당해 지방자치단체의 장 및 직원, 지방의회 의원의 결정 등과 같은 행위는 포함되지 않는 다고 보아야 한다(대판 2011.12.22.
2009두14309).

3 도로점용허가로 인해 형성된 사용관계의 실질은 전체적으로 보아 도로부지의 지하 부분에 대한 사용가치를 실현시켜 그 부분에 대하여 특정한 사인에게 점용료와 대가관계에 있는 사용수익권을 설정하여 주는 것이라고 봄이 상당하다. 그러므로 이 사건 도로점용허가는 실질적으로 위 도로 지 하 부분의 사용가치를 제3자로 하여금 활용하도록 하는 임대 유사한 행위로서, 이는 앞서 본 법리 에 비추어 볼 때, 지방자치단체의 재산인 도로부지의 재산적 가치에 영향을 미치는 지방자치법 제 17조 제1항의 '재산의 관리·처분에 관한 사항'에 해당한다고 할 것이다(대판 2016.5.27.
2014두8490).

4 행정소송법 제46조 제1항은 민중소송으로서 처분의 취소를 구하는 소송에는 그 성질에 반하지 아 니하는 한 취소소송에 관한 규정을 준용하도록 규정하고 있다. 따라서 주민소송의 대상, 제소기 간, 원고적격 등에 관하여 지방자치법에서 달리 규정하지 않는 한 주민소송과 취소소송을 다르게 취급할 것은 아니므로, 행정처분의 취소를 요구하는 주민소송에서 위법성 심사는 특별한 사정이 없는 한 취소소송에서의 위법성 심사와 같은 방식으로 이루어져야 한다(대판 2019.10.12.
2018두104).

제3편

공무원법

【사례21_2016 5급공채_제2-2문(211면)】

★

92 징계요구행위의 법적 성격 (기속, 재량 판단)

* A행정기관의 장은 甲의 행위가 「국가공무원법」상 징계사유에 해당한다고 판단됨에도 불구하고 징계위원회에 징계
  의결을 요구하지 아니할 수 있는가?

II. 징계의결요구행위의 의의, 법적 성격(기속, 재량)

1. 징계의결요구행위의 의의

1) 법 제78조 제1항 제2호 및 제4항에 따르면 6급 이하의 공무원이 직무상 의무를 위반하면
   소속 기관의 장 또는 소속 상급기관의 장은 징계 의결을 요구하여야 하고, 그 징계의결의
   결과에 따라 징계처분을 하여야 한다고 규정하고 있다.

2) 징계의결요구행위는 내부적 행위로 징계대상자에게 직접적인 법적 효과를 나타내는 의사
   표시가 되지 않으므로(법적행위에 해당하지 않으므로) 처분성 인정은 어렵겠다.

2. 징계의결요구행위의 법적 성격(기속, 재량)

1) 기속행위는 법규상 구성요건이 충족되면 행정청이 반드시 효과로서의 행위를 발하거나
   또는 하지 않아야 하는 행정행위이며, 재량행위는 법규상 구성요건이 충족된 경우에 행정
   청이 법효과를 선택 또는 결정할 수 있는 행정행위이다.

2) 기속행위와 재량행위의 구별에 관해서는 (1)學說은 (i) 법률요건의 기초에 따라 판단하는
   요건재량설, (ii) 요건상 판단여지의 여부에 따라 판단하는 판단여지설, (iii) 행정행위의 효
   과(수익, 침익)를 기준으로 판단하는 효과재량설, (iv) 법령의 규정방식, 취지, 목적, 행정
   행위의 유형을 종합적으로 고려하여 판단하는 종합설이 있고 (2)判例는 종합설을 기본으
   로 하여 효과재량설을 보충기준으로 활용하고 있다. (3)小結로 判例의 입장에 따라 종합
   설을 기본으로 하되 공익과 사익을 비교형량하는 기본권기준설을 가미하는 것이 합당하
   다 할 것이다.

3) 종합설에 입각하여 법 제78조 제1항 제2호 및 제4항의 규정을 판단할 때 징계의결요구행
   위는 기속행위로 봄이 타당하고 할 것이다.

제 4 편

경찰행정법

93 경찰작용

* A경찰공무원이 한 경찰작용(경찰관직무집행법상 표준처분 이외의 경찰행정작용)은 적법한가?

Ⅱ. 경찰작용의 법적 성격

1. 경찰작용 의의, 개념, 종류, 요건

1) ⑴ [일반경찰법상의 특별수권(표준처분)] 경찰관직무집행법 제3조(불심검문), 제4조(보호조치), 제5조(위험발생방지), 제6조(범죄예방저지), 제7조(위험방지출입), 제8조(사실의 확인), 제10조(경찰장비의 사용) 제10조의2(경찰장구의 사용), 제10조의3(분사기의 사용), 제10조의4(무기의 사용) 중 해당 관련 조항의 의의, 요건, 내용 검토

2) ⑴ [일반경찰법상의 일반수권(일반조항)] 일반조항의 인정가능성 – ㈎ 學說 (i) 부정설(엄격한 법률유보) (ii) 일반조항 필요하나 우리 입법에 아직 없으므로 도입 필요하다는 주장 (iii) 일반조항 현행 경찰관직무집행법상으로도 인정될 수 있다는 주장 – (a) 경직법 제2조 제7호가 근거라는 주장, (b) 경직법 제2조, 제5조, 제6조 결합하여 근거라는 주장 ㈏ 判例는 인정되며 근거는 경직법 제2조 제7호 ㈐ 小結로 判例 비판(직무조항에서 권한 도출 불가, 따라서 입법필요가 타당)

Ⅲ. 경찰작용의 위법성 판단(해당 법률 조항 요건 대비 검토)

 경찰작용 관련 판례

구 경찰관 직무집행법(2011. 8. 4. 법률 제11031호로 개정되기 전의 것)은 제2조 제1호에서 경찰관이 수행하는 직무 중 하나로 '범죄의 예방'을 정하고 있고(현행법에서는 제2조 제2호에서 동일한 내용을 규정하고 있다), 제6조 제1항에서 "경찰관은 범죄행위가 목전에 행하여지려고 하고 있다고 인정될 때에는 이를 예방하기 위하여 관계인에게 필요한 경고를 하고, 그 행위로 인하여 인명·신체에 위해를 끼치거나 재산에 중대한 손해를 끼칠 우려가 있어 긴급을 요하는 경우에는 그 행위를 제지할 수 있다."라고 정하고 있다(현행법에서는 제6조에서 동일한 내용을 규정하고 있다). 위 법률에 따라 범죄를 예방하기 위한 경찰관의 제지 조치가 적법한 직무집행으로 평가될 수 있기 위해서는 형사처벌의 대상이 되는 행위가 눈앞에서 막 이루어지려고 하는 것이 객관적으로 인정될 수 있는 상황이고, 그 행위를 당장 제지하지 않으면

곧 생명·신체에 위해를 미치거나 재산에 중대한 손해를 끼칠 우려가 있는 상황이어서, 직접 제지하는 방법 외에는 위와 같은 결과를 막을 수 없는 절박한 사태가 있어야 한다(대판 2017.3.15. 2013도2168).

94 경찰상 손실보상(경찰관직무집행법 제11조의2 내용 체계)

* 경찰작용에 따른 재산권 침해에 대한 권리구제방안은?

II. 경찰상 손실보상 가능성

1. 경찰상 손실보상의 의의, 요건, 내용, 효과, 절차 검토

1) 경찰관직무집행법 제11조의2(손실보상) 내용 열거, 분석

제 5 편

공물법 · 영조물법 · 공기업법

【사례10_2021 변시_제1문의2(98면)】

95 일반주민(제3자)의 도로점용허가 취소소송 원고적격;
일반주민인 丙의 도로 사용관계 및 사용자의 지위

* 甲의 후원회 회장은 자신이 운영하는 주유소 확장 공사를 위하여 보도의 상당 부분을 점하는 도로점용허가를 신청하였고, 甲은 이를 허가하였다. A시의 주민 丙은 甲이 도로 본래의 기능과 목적을 침해하는 과도한 범위의 도로점용을 허가하였다고 주장하며, 이 도로점용허가(이하 '이 사건 허가'라 한다)에 대하여 다투고자 한다. 丙은 이 사건 허가에 대하여 취소소송을 제기하고자 한다. 丙의 원고적격을 검토하시오.

Ⅱ. 일반주민인 丙의 도로 사용관계 및 사용자의 지위

1. 공물로서의 도로의 사용관계

1) 의의 · 사용관계 구분

⑴ 도로법상 도로는 공공목적에 제공되는 공공용물로서 공물에 해당한다.

⑵ 공물로서의 도로의 사용관계는 보통사용과 특별사용으로 분류될 수 있다.

⑶ 보통사용은 공물을 통상의 용도로 사용하는 것으로 모든 사인이 자유롭게 공물을 사용하는 것을 말한다.

⑷ 특별사용은 공물의 본래의 목적범위를 넘어서 보통이상의 정도로 사용하는 것으로 허가사용, 특허사용, 관습법상으로 사용으로 구분된다.

2. 도로의 보통사용과 사용자의 지위

1) 일반 사인의 지위

⑴ 보통사용은 모든 사인이 자유롭게 공물을 사용하는 것으로 일반 사인이 갖는 지위에 관하여 ㈎ 학설은 (i) 반사적 이익설 (ii) 공물을 방해받지 않고 그 공용목적에 따라 자유롭게 사용할 수 있는 정도라는 소극적 공권설이 있고, ㈏ 판례는 반사적 이익설을 취하여 소권을 보장하지 않으며 ㈐ 소결은 판례의 입장을 취한다.

2) 인접 주민의 지위

⑴ 공물의 인접주민에게는 인접지에서 해당 공물을 적정하게 이용할 수 있는 강화된 이용권을 갖는다고 할 것이며, ⑵ 판례도 적극적인 개인적 공권을 갖는다고 보고 있다.

Ⅲ. 丙이 도로점용허가 취소소송의 원고적격을 갖는가?

1. 취소소송 원고적격 일반론

1) 의의 · 근거 – 행정소송법 제12조는 법률상 이익이 있는 자가 취소소송을 제기할 수 있다

고 규정한다.

2) 원고적격의 범위에 관해서는 취소소송의 성질(기능)에 따라 ㈎ 학설 (i) 권리구제설 (ii) 법률상보호이익설 (iii) 보호가치있는이익설 (iv) 적법성보장설이 주장되나 ㈏ 판례는 법률상보호이익설 ㈐ 소결로 법률상보호이익설이 타당하다.

3) 법률상 보호이익은 근거법령, 관련법령, 헌법상 기본권까지 함께 고려하여 판단한다.

2. 丙의 원고적격 가부

1) A시의 주민 丙은 도로의 일반사용자로서 반사적 이익을 갖는 것에 불과하고, 도로점용허가가 통상적 용도로의 사용을 배제한다고 보기 어려운 바, 법률상 이익을 침해한다고 할 수 없고, 따라서 원고적격을 갖는다고 보기 어렵다.

2) 만약 丙이 본 도로의 인접주민으로 강화되고 고양된 사용권을 갖고 있었고, 본 건 도로점용허가로 인하여 그 사용권을 제한하는 경우에는 도로점용허가가 취소소송의 원고적격을 갖는다고 볼 수 있다.

⚖ 공물 일반사용 관련 판례

1] 일반적으로 도로는 국가나 지방자치단체가 직접 공중의 통행에 제공하는 것으로서 일반국민은 이를 자유로이 이용할 수 있는 것이기는 하나, 그렇다고 하여 그 이용관계로부터 당연히 그 도로에 관하여 특정한 권리나 법령에 의하여 보호되는 이익이 개인에게 부여되는 것이라고까지는 말할 수 없으므로, 일반적인 시민생활에 있어 도로를 이용만 하는 사람은 그 용도폐지를 다툴 법률상의 이익이 있다고 말할 수 없다(대판 1992.9.22. 91누13212).

2] 공물의 인접주민은 다른 일반인보다 인접공물의 일반사용에 있어 특별한 이해관계를 가지는 경우가 있고, 그러한 의미에서 다른 사람에게 인정되지 아니하는 이른바 고양된 일반사용권이 보장될 수 있으며, 이러한 고양된 일반사용권이 침해된 경우 다른 개인과의 관계에서 민법상으로도 보호될 수 있으나, 그 권리도 공물의 일반사용의 범위 안에서 인정되는 것이므로, 특정인에게 어느 범위에서 이른바 고양된 일반사용권으로서의 권리가 인정될 수 있는지의 여부는 당해 공물의 목적과 효용, 일반사용관계, 고양된 일반사용권을 주장하는 사람의 법률상의 지위와 당해 공물의 사용관계의 인접성, 특수성 등을 종합적으로 고려하여 판단하여야 한다. 따라서 구체적으로 공물을 사용하지 않고 있는 이상 그 공물의 인접주민이라는 사정만으로는 공물에 대한 고양된 일반사용권이 인정될 수 없다(대판 2006.12.22. 2004다68311).

★★

96 사용허가 취소의 법적 성질, 공법관계?, 행정행위?, 특허?, 재량?

* 甲이 A시 소유의 시설물에서 매점을 운영하는 것이나 사인(私人) 소유의 다른 시설물에서 매점을 운영하는 것이나 모두 오로지 甲 개인의 영리활동이라는 사적 이익을 도모하기 위한 것이므로, A시장이 甲에게 한 사용허가 취소의 법적 성질은 '민법상 임대차계약의 해제'로 보아야 한다고 주장한다. 위 주장의 당부에 대해 논평하시오.

II. 공유재산 사용허가 취소의 법적 성질 – 공법관계

1. 공유재산 사용허가의 근거, 의의, 성질

1) 공유재산 사용허가 근거, 의의

설문상 ⑴사용허가는 공유재산관리법 제20조에 따라 '행정재산'을 대상으로 한다.

⑵행정재산은 공용재산, 공공용재산, 기업용재산, 보존용재산으로 행정목적에 공여되는 재산이다.

⑶행정재산은 시효취득의 대상이 되지 않는다.

⑷반면 일반재산은 행정재산 이외의 재산으로 대부, 매각, 교환, 양여, 신탁의 대상이 되며, 시효취득의 대상이 된다.

2) 행정재산 사용허가의 법적 성질

⑴행정재산 사용허가는 행정재산의 목적 이외의 용도로 행정재산을 사용하도록 하는 것이다. ⑵이에 대하여 공법관계(행정처분설)냐 사법관계(사법상계약설)냐가 문제되는 바, 공사법의 구별에 관한 기준(주체, 성질, 이익, 행정주체에만 귀속-공법, 종합판단)에 따라 ㈎學說은 (i) 행정처분설 – 행정주체가 당사자가 되고, 사용료 미납시 강제징수 등 수직적인 공권력 행사이고, 공익관련성이 큰 것을 근거로 행정처분이라는 견해, (ii) 사법상계약설 – 수평적 관계에 해당하고, 사용수익의 내용이 사익이라는 근거로 사법상계약이라는 견해, (iii) 이원적관계설 – 허가, 허가변경, 허가취소등의 발생변경소멸은 공법관계이나 사용수익의 관계는 사법관계라는 견해가 있다. ㈏判例는 공법관계로 강학상 특허관계로 보고 있다. ㈐小結로 행정처분설 – 국유재산법과 공유재산법이 행정재산과 일반재산의 이용형태를 달리 규율하고 있는 점, 규정의 형태가 행정청의 일방적 의사표시로 규정하고 있는 점, 직권취소와 철회를 규정하고 있는 점, 강제징수규정이 있는 점으로 볼 때 행정처분으로 봄이 맞다.

2. 사안에의 포섭

따라서 행정재산의 사용허가취소는 행정처분 강학상 특허로 보는 것이 타당하다.

공물 관련 판례

__1__ 국유 하천부지는 자연의 상태 그대로 공공용에 제공될 수 있는 실체를 갖추고 있는 이른바 자연공물로서 별도의 공용개시행위가 없더라도 행정재산이 되고 그 후 본래의 용도에 공여되지 않는 상태에 놓여 있더라도 국유재산법령에 의한 용도폐지를 하지 않은 이상 당연히 잡종재산으로 된다고는 할 수 없으며, 농로나 구거와 같은 이른바 인공적 공공용 재산은 법령에 의하여 지정되거나 행정처분으로 공공용으로 사용하기로 결정한 경우, 또는 행정재산으로 실제 사용하는 경우의 어느 하나에 해당하면 행정재산이 된다(대판 2007.6.1. 2005도7523).

__2__ 국유재산법상의 행정재산이란 국가가 소유하는 재산으로서 직접 공용, 공공용 또는 기업용으로 사용하거나 사용하기로 결정한 재산을 말하고(국유재산법 제6조 제2항 참조), 그중 도로와 같은 인공적 공공용 재산은 법령에 의하여 지정되거나 행정처분으로써 공공용으로 사용하기로 결정한 경우 또는 행정재산으로 실제로 사용하는 경우의 어느 하나에 해당하여야 비로소 행정재산이 되는데, 특히 도로는 도로로서의 형태를 갖추고 도로법에 따른 노선의 지정 또는 인정의 공고 및 도로구역 결정·고시를 한 때 또는 도시계획법 또는 도시재개발법에서 정한 절차를 거쳐 도로를 설치하였을 때에 공공용물로서 공용개시행위가 있으므로, 토지의 지목이 도로이고 국유재산대장에 등재되어 있다는 사정만으로 바로 토지가 도로로서 행정재산에 해당한다고 할 수는 없다(대판 2016.5.12. 2015다255524).

__3__ 공용폐지의 의사표시는 명시적이든 묵시적이든 상관없으나 적법한 의사표시가 있어야 하며, 행정재산이 사실상 본래의 용도에 사용되고 있지 않다는 사실만으로 공용폐지의 의사표시가 있었다고 볼 수 없고, 원래의 행정재산이 공용폐지되어 취득시효의 대상이 된다는 입증책임은 시효취득을 주장하는 자에게 있다(대판 1997.8.22. 96다10737).

__4__ 공유수면은 소위 자연공물로서 그 자체가 직접 공공의 사용에 제공되는 것이므로 공유수면의 일부가 사실상 매립되어 대지화되었다고 하더라도 국가가 공유수면으로서의 공용폐지를 하지 아니하는 이상 법률상으로는 여전히 공유수면으로서의 성질을 보유하고 있다(대판 2013.6.13. 2012두2764).

__5__ 일반적으로 도로는 국가나 지방자치단체가 직접 공중의 통행에 제공하는 것으로서 일반국민은 이를 자유로이 이용할 수 있는 것이기는 하나, 그렇다고 하여 그 이용관계로부터 당연히 그 도로에 관하여 특정한 권리나 법령에 의하여 보호되는 이익이 개인에게 부여되는 것이라고까지는 말할 수 없으므로, 일반적인 시민생활에 있어 도로를 이용만 하는 사람은 그 용도폐지를 다툴 법률상의 이익이 있다고 말할 수 없다(대판 1992.9.22. 91누13212).

__6__ 공공용재산이라고 하여도 당해 공공용재산의 성질상 특정개인의 생활에 개별성이 강한 직접적이고 구체적인 이익을 부여하고 있어서 그에게 그로 인한 이익을 가지게 하는 것이 법률적인 관점으로도 이유가 있다고 인정되는 특별한 사정이 있는 경우에는 그와 같은 이익은 법률상 보호되어야 할 것이고, 따라서 도로의 용도폐지처분에 관하여 이러한 직접적인 이해관계를 가지는 사람이 그와 같은 이익을 현실적으로 침해당한 경우에는 그 취소를 구할 법률상의 이익이 있다(대판 1992.9.22. 91누13212).

__7__ 도로법 제40조에 규정된 도로의 점용이라 함은 일반공중의 교통에 공용되는 도로에 대하여 이러한 일반사용과는 별도로 도로의 특정부분을 유형적, 고정적으로 특정한 목적을 위하여 사용하는

이른바 특별사용을 뜻하는 것이므로 허가 없이 도로를 점용하는 행위의 내용이 위와 같은 특별사용에 해당할 경우에 한하여 같은 법 제80조의2의 규정에 따라 도로점용료 상당의 부당이득금을 징수할 수 있는 것인바, 도로의 특별사용은 반드시 독점적, 배타적인 것이 아니라 그 사용목적에 따라서는 도로의 일반사용과 병존이 가능한 경우도 있고 이러한 경우에는 도로점용부분이 동시에 일반공중의 교통에 공용되고 있다고 하여 도로점용이 아니라고 할 수 없다(대판1992.9.8.91누8173; 대판1993.5.11.92누13325).

⑧ 국유재산 등의 관리청이 하는 행정재산의 사용·수익에 대한 허가는 순전히 사경제주체로서 행하는 사법상의 행위가 아니라 관리청이 공권력을 가진 우월적 지위에서 행하는 행정처분으로서 특정인에게 행정재산을 사용할 수 있는 권리를 설정하여 주는 강학상 특허에 해당한다(대판2006.3.9.2004다31074; 대판1998.2.27.97누1105).

★★

【사례3_2015 1차 변시모의_제2문(30면)】

97 공유수면 매립목적변경승인의 법적 성질은?

* 위 사안에서 공유수면 매립목적변경승인의 법적 성질은?

II. 변경승인의 법적 성질 – 행정행위의 내용, 기속·재량, 제3자효 행정행위, 대인대물 여부

1. 변경승인의 내용적 특성 – 특허?

1) ⑴변경승인은 승인을 받은 자에게 매립면허 당시 이용목적에서 변경하여 승인한 용도대로 사용가능하게 하는 처분이다.

⑵여기서 변경승인이 제한의 해제인지? 권리의 설정인지?가 문제가 되겠다. 즉 허가인지, 특허인지의 문제이다.

⑶㈎허가는 예방적 금지의 해제로서, 법령에 의해서 자유가 제한되고, 그 제한을 해제하여 자유를 회복시켜주는 행정행위로, 위험방지가 주목적으로, 요건을 충족한 누구나에게 해제가 예정되어 있으며, ㈏특허는 설권행위로서, 특정인에 대하여만 특정한 권리를 설정하는 행정행위로, 새로운 권리부여가 주목적으로, 누구나 그 권리를 가질 수 있는 것은 아니다.

2) 설문에서 변경승인은 위험방지를 목적으로 일반인에게 제한된 자유를 회복시켜주는 것이 아니라 특정인인 甲에게 조선시설용지로 사용할 수 있는 특정한 권리를 부여하는 설권행위 즉 특허의 성격을 가지고 있다고 봄이 타당하다. 특히 기존의 매립목적에 대한 권리의 내용을 변경하는 변경행위에 해당한다.

2. 기속·재량, 제3자효 행정행위 검토

1) 법 제49조 제1항이 '매립면허취득자가 매립목적을 변경할 수 있다'고 규정하는 바, 매립면허관청의 변경승인의 법적 성격은 명확치 않다. 2) 기속과 재량의 판단에 대해서 ㈎學說은

(i) 요건의 기초에 판단하는 요건재량설 (ii) 행정행위의 효과(수익, 침익)를 기준으로 판단하는 효과재량설 (iii) 법령규정방식, 취지·목적, 행정행위 성질을 종합적으로 고려하는 종합설, (ㄴ) 判例는 종합설의 기본입장에서 효과재량설을 보충기준으로 활용, 최근에는 공익성을 기준으로 제시, (ㄷ) 小結로 判例의 입장을 기본으로, 헌법의 기본권보장 즉 사익과 행정행위의 공익을 교량해 판단하는 기본권기준설을 가미하는 것이 타당하다고 본다.

2) (1) 사례에서 변경승인은 공유수면매립과 그 활용이라는 측면에서 매우 공익성이 요구되고, 이러한 취지는 법 제30조 제1항의 제3자의 피해를 고려한 엄격한 매립면허의 기준, 제48조의 원칙적 변경금지 등에서 살펴진다.

(2) 따라서 변경승인을 받는 자의 사익보다 제3자인 매립관련 권리자의 이익 즉 공익이 매우 중대한 바, 행정청이 폭넓은 재량을 가지고 판단(재량행위)함이 타당하다.

3) 변경승인은 승인을 받는 자에게 권리가 설정되고, 매립 관련 권리자 즉 제3자에게 권리침해 또는 이익이 이뤄질 수 있는 바, 복효적 행정행위로 제3자효 행정행위에 해당한다.

【사례22_2016 사법시험_제1문(218면)】

 98 **공물관리행위의 법적 성질은?**

* A시 시장 乙의 이 사건 토지(시청 민원실 주차장 부지 일부와 그에 붙어 있는 A시 소유의 유휴 토지)를 관리하는 행위의 법적 성질은?

II. 이 사건 토지 관리 행위의 법적 성질

1. 이 사건 토지의 구별(공용재산(공물), 일반재산)과 공물·일반재산의 개념, 특징

1) '이 사건 토지' 중 (1) 시청 민원실 주차장 부지 일부(이하 '주차장 부지')는 공유재산 및 물품관리법 제5조 제2항 행정재산 중 공용재산으로 공물에 해당하고, (2) 유휴 토지는 사용목적이 정해지지 않은 토지이므로 동법 제5조 제3항의 일반재산으로 강학상 재정재산으로 볼 수 있다.

2) (1) 공물은 강학상 개념으로 법령이나 행정주체의 행위에 의해 직접 공적 목적에 제공된 유체물과 무체물 및 집합물을 의미한다.

(2) 공물은 사소유권을 보장하지만 공물로서의 목적 달성을 위해 법률로 공물관리 권한만을 행정주체에게 유보하고 있다고 할 것이다.

(3) 따라서 일정부분 사법의 적용이 배제되고, 사권 행사에 제한이 따른다. 반면, 일반재산은 행정주체가 직접 공적 목적에 제공하지 않는 재정재산으로, 일반적으로 사법의 적용을 받게 된다.

2. 이 사건 토지 관리행위의 법적 성질(공물관리, 일반재산관리)

1) 乙이 주차장 부지 일부를 관리하는 행위는 (1)공물관리행위로, 공물이 제공된 공적 목적에 적합하게 수행할 수 있게 하기 위한 행정주체의 행위에 해당한다.

   (2)공물관리행위에 대하여 ㈎學說은 (i) 소유권에서 기인한다는 주장 (ii) 공법적 권한으로서의 물권적 지배권에 근거한다는 주장이 있고, ㈏判例는 공법상 물권적 지배권설을 취한다. ㈐小結로 공법상 인정되는 특별한 종류의 물권적 지배권에 기인하는 것으로 이해하는 것이 합당하다.

   (3)따라서 사안에서 이 사건 토지 중 주차장 부지 일부의 관리행위는 공법적 권한으로서의 물권적 지배권에 근거한 것으로 '법'이 정하는 공적 목적을 위한 일정의 특권을 향유할 수 있게 된다.

2) 시장이 이 사건 토지 중 유휴 토지를 관리하는 행위는 '법'상 일반재산의 특칙이 있는 경우를 제외하고, 사소유물과 동일하게 사법의 적용을 받게 된다. 즉 유휴 토지 관리행위는 A시의 사소유권에서 비롯된 것으로, 소유권의 한 내용으로 봄이 타당하다.

★★★

【사례22_2016 사법시험_제1문(218면)】

99 변상금 부과 조치 하자로 변상금을 반환받고자 하는 경우 소송?

* 甲이 이미 변상금을 납부하였으나, 乙의 변상금 부과 조치에 하자가 있어 변상금을 돌려받으려 한다. 甲은 어떠한 소송을 제기하여야 하는가?

II. 甲이 제기 가능한 소송 검토

1. 변상금부과 조치의 법적 성격(처분, 하명, 기속)

1) (1)공유재산 및 물품관리법 제81조에 따른 변상금 조치는 징벌적 의미로 2할 상당액을 추가로 납부토록 하고 있고, 행정청이 공권력을 가진 우월적 지위에서 행하는 처분으로 그 유형은 '하명'으로 봄이 상당하다. 判例도 같은 입장이다.

   (2)동 조항의 규정방식, 취지, 목적, 유형을 종합적으로 고려하여 판단할 때 기속행위에 해당한다고 할 것이다.

2) 따라서 변상금부과조치의 하자에 대한 권리구제는 행정소송법에 의거하여, 하자의 정도에 따라 취소 또는 무효확인소송을 통해 이뤄짐이 타당하다. 다만 사안에서 하자의 정도가 언급되지 않은 바, 취소정도(단순위법)의 하자와 무효인 하자로 구분하여 검토함이 타당하겠다.

2. 하자의 정도에 따른 권리구제 방안의 검토(부당이득반환청구소송, 취소소송)

1) 변상금부과처분의 하자가 무효정도인 경우(부당이득반환청구소송)

   (1) 甲은 A시를 피고로 하여 민사소송으로 민법 제741조에 따라 부당이득반환청구소송을

제기할 수 있으며, 이 경우 변상금부과처분의 무효에 해당하는 하자는 행정소송법 제11조 제1항에 의거하여 당해 수소법원에서 직접 심리·판단이 가능하다고 하겠다.

2) 변상금부과처분의 하자가 취소정도인 경우(취소소송-부당이득반환청구소송-객관병합-원시후발병합)

(1) 甲이 먼저 민사법원에 부당이득반환청구소송을 제기하였다면, 변상금부과처분의 공정력(권한 있는 기관에 의해서 당해 행정행위가 취소되기 전까지는 효력을 유효하게 유지) 또는 구성요건적 효력에 따라 민사법원은 변상금부과처분의 효력을 직접 부인할 수 없으므로 변상금부과처분은 유효하고 따라서, 민법 제741조의 '법률상 원인 없이' 요건을 충족하지 못하므로 기각판결을 받을 것이다.

(2) 따라서 甲은 먼저 행정법원에 변상금부과처분 취소소송을 통하여 인용판결을 받아 변상금부과처분의 효력을 없앤 이후에, 민사법원에 부당이득반환청구소송을 제기함이 타당하다고 할 것이다.

(3) 이 경우, 변상금부과처분 취소소송을 제기한 행정법원에 부당이득반환청구소송을 이송 또는 병합할 수 있는지에 대하여 행정소송법 제10조 제1항은 취소소송과 당해 처분과 관련되는 손해배상, 부당이득반환, 원상회복 등 청구소송(이하 '관련청구소송')이 각각 다른 법원에 계속되고 있는 경우에 관련청구소송이 계속된 법원이 상당하다고 인정하는 때에 당사자의 신청과 직권에 의하여 취소소송이 계속된 법원으로 이송할 수 있으며, 동조 제2항에 의거하여 취소소송의 사실심변론종결시까지 피고외의 자를 상대로 한 관련청구소송을 취소소송이 계속된 법원에 병합하여 제기할 수 있다고 규정하는 바, 甲은 원시적 또는 후발적으로 변상금부과처분 취소소송에 부당이득반환청구소송을 병합할 수 있다고 할 것이다.

★★★
【사례9_2013 2차·3차 변시모의_제2-2문(85면)】
100 변상금부과처분의 적법성(공물사용허가, 공용폐지, 취득시효)

* A백화점에 변상금부과처분을 하였다. 변상금부과처분은 적법한가?

II. 변상금 부과처분의 적법성 검토

1. 변상금의 의의, 개념, 요건

1) (1) 도로법 제94조는 도로점용허가를 받지 아니하고 도로를 점용한 자에 대하여 그 점용기간에 대한 점용료의 100분의 120에 상당하는 금액을 변상금으로 징수할 수 있다고 규정하고 있다.

(2) 도로의 점용은 사인이 도로의 구역에 공작물, 물건 그 밖의 시설을 신설, 개축, 변경 또는 제거를 목적으로 지배하는 것으로 점용 허가를 득하여야 한다.

2) 변상금의 적법여부는 ㈎더 이상 도로로서 기능을 상실하여 도로가 아니든지(공물의 폐지), ㈏도로의 성격은 유지하고 있으나, 점용하는 것이 아니든지(일반사용)에 따라 달라짐.

2. 도로인가? (공물폐지 일반재산 취득시효)

(일반재산 − 취득시효완성 − 변상금부과 위법)

3. 점용하고 있나? (일반사용 점용× 점용료×)

(특별사용 일반사용 병존시 점용인가? 점용임)

제 6 편

공용부담법

【사례15_2012 2차 변시모의_제2문(152면)】

★
101 지정승인고시에 대하여 행정소송상 권리구제수단 및 그 인용 가능성

* 이 경우 甲이 위의 지정승인고시에 대하여 다툴 수 있는 행정소송상의 구제수단과 그 인용가능성에 대하여 검토하시오.

II. 지정승인고시에 대한 행정소송수단 및 인용가능성 판단

1. 지정승인고시의 근거, 내용, 법적 성격

1) 근거, 내용

⑴ 지정승인고시는 「산업입지 및 개발에 관한 법률」 제7조의4 제1항에 근거하여 산업입지 지정승인을 일반에게 알리는 것이다. ⑵ 여기서 지정승인고시는 「공익사업을 위한 토지 등의 취득 및 보상에 관한 법률」 상 사업인정고시로 간주되므로, 토지수용의 절차가 되어 대상지역 내 사인의 재산권을 직접 제한하는 효력을 갖는다.

2) 법적 성격

⑴ 고시는 추상적인 사항을 일반인에게 알리는 행정규칙으로 보는 것이 일반적이나, ⑵ 고시에 담겨진 내용에 따라 그 법적 성질을 달리 판단함이 타당하다(判例). 즉 ⑶ (i) 직접 국민의 구체적인 권리의무나 법률관계를 규율하는 성격을 가질 때에는 행정행위 즉 처분으로 판단할 수 있고, (ii) 일반성과 추상성을 띠고 있는 경우에는 행정입법으로 파악할 수 있다. ⑷ 설문에서 지정승인고시는 수용대상토지를 확정하는 효력을 갖고 지정되는 산업단지지역안 일반사인의 재산권을 직접 제한하는 것이므로 처분에 해당한다고 봄이 타당하다.

2. 지정승인고시에 대한 행정소송수단

1) 항고소송

⑴ 고시가 행정소송법의 '처분'에 해당하므로 행정청의 처분에 대하여 제기하는 '항고소송'이 가능하다(행정소송법 제2조 제1호, 제3조 제1호). ⑵ 다만, 하자의 정도에 따라서 무효인 경우는 무효확인소송, 무효에 이르지 않은 경우에는 취소소송이 가능하다. ⑶ 무효와 취소의 구별은 ⑺ 學說 (i) 중대설 (ii) 조사의무설 (iii) 중대명백설 (iv) 명백성보충요건설이 있으나 ⑼ 判例에 따라 중대하고 명백한 하자가 있는 경우 무효로 보는 중대명백설이 타당하겠다. ⑴ 小結로 중대명백설이 타당하다.

2) 행정소송수단

설문에서는 하자의 정도를 '단지 조성에 필요한 범위를 넘어 과도하게' 로 판단하여야 하는 바, 공익사업의 인정에 있어 '공공필요'의 범위, 비례원칙의 기준에 따라 취소 또는 무효확인소송 제기가 가능하겠다.

3. 취소 또는 무효확인소송의 인용가능성(지정승인고시의 적법여부 판단)

1) 지정승인고시의 적법요건

(1) 설문의 「산업입지 및 개발에 관한 법률」상 지정승인고시의 적법요건은 기술되어 있지 않다. (2) 다만, 지정승인고시는 사업인정고시로 간주되므로 사업인정의 기본요건을 검토할 필요가 있다. (3) 사업인정은 공익사업을 위한 토지 등의 취득 및 보상에 관한 법률 제2조 제7호에 따라 '공익사업을 토지등을 수용하거나 사용할 사업으로 결정하는 절차'이다. (4) 사업인정은 헌법 제23조 제3항에 따라 공공필요가 인정되고, 행정법의 일반원칙인 비례원칙을 지켜 이뤄져야 한다.

2) 비례원칙위반 검토

(1) 설문에서 '과도하게', '필요범위를 넘어' 로 적시된 바, 비례원칙 위반여부를 판단한다. (2) 비례원칙은 행정목적에 적합하고 필요한 상당한 수단으로 행정작용이 이뤄져야 한다는 원칙으로 모든 행정작용에 있어 적법성 판단기준이 된다. (3) 사안에서 명시적으로 '필요범위를 넘어'를 확정하고 있는 점을 감안할 때 비례원칙 위반으로 판단 가능하다.

3) 무효확인소송, 취소소송?

(1) 비례원칙위반은 처분의 적법요건 중 내용요건의 문제로 통상 하자가 중대하고 명백에 이르렀다고 판단하고 있지 않은 바, 취소소송이 가능하다.

(2) 취소소송의 여타 적법요건(관할, 원고피고적격, 제소기간, 소의 이익)을 갖췄다면 본안 판단에서 비례원칙 위반으로 인용판결이 가능하다고 본다.

(3) 만약 무효확인소송을 제기한 경우 취소소송의 요건을 다 갖춘 경우라면 취소판결이 가능하다(判例).

4) 가구제

지정승인고시에 대한 행소법상 집행정지결정을 받아 잠정예비적 권리구제 가능하다.

⚖️ **지정승인 고시 사업인정 관련 판례**

[1] 공익사업을 위한 토지 등의 취득 및 보상에 관한 법률 제20조 제1항, 제22조 제3항은 사업시행자가 토지 등을 수용하거나 사용하려면 국토교통부장관의 사업인정을 받아야 하고, 사업인정은 고시한 날부터 효력이 발생한다고 규정하고 있다. 이러한 사업인정은 수용권을 설정해 주는 행정처분으로서, 이에 따라 수용할 목적물의 범위가 확정되고, 수용권자가 목적물에 대한 현재 및 장래

의 권리자에게 대항할 수 있는 공법상 권한이 생긴다.

[2] 산업입지 및 개발에 관한 법률(이하 '산업입지법'이라 한다)도 산업단지지정권자가 "수용·사용할 토지·건축물 또는 그 밖의 물건이나 권리가 있는 경우에는 그 세부 목록"이 포함된 산업단지개발계획을 수립하여 산업단지를 지정·고시한 때에는 공익사업을 위한 토지 등의 취득 및 보상에 관한 법률(이하 '토지보상법'이라 한다)상 사업인정 및 그 고시가 있는 것으로 본다고 규정함으로써, 산업단지 지정에 따른 사업인정을 통해 수용 및 손실보상의 대상이 되는 목적물의 범위를 구체적으로 확정한 다음 이를 고시하고 관계 서류를 일반인이 열람할 수 있도록 함으로써 토지소유자 및 관계인이 산업단지개발사업의 시행과 그로 인해 산업단지 예정지 안에 있는 물건이나 권리를 해당 공익사업의 시행을 위하여 수용당하거나 사업예정지 밖으로 이전하여야 한다는 점을 알 수 있도록 하고 있다. 따라서 산업입지법에 따른 산업단지개발사업의 경우에도 토지보상법에 의한 공익사업의 경우와 마찬가지로 토지보상법에 의한 사업인정고시일로 의제되는 산업단지 지정 고시일을 토지소유자 및 관계인에 대한 손실보상 여부 판단의 기준시점으로 보아야 한다.

[3] 토지이용규제 기본법(이하 '토지이용규제법'이라 한다)의 입법 취지에 비추어 보면, 토지이용규제법 제3조, 제8조는 개별 법령에 따른 '지역·지구 등' 지정과 관련하여 개별 법령에 지형도면 작성·고시절차가 규정되어 있지 않은 경우에도 관계 행정청으로 하여금 기본법인 토지이용규제법 제8조에 따라 지형도면을 작성하여 고시할 의무를 부과하기 위함이지, 이미 개별 법령에서 '지역·지구 등'의 지정과 관련하여 지형도면을 작성하여 고시하는 절차를 완비해 놓은 경우에 대해서까지 토지이용규제법 제8조에서 정한 '지역·지구 등' 지정의 효력발생시기나 지형도면 작성·고시방법을 따르도록 하려는 것은 아니다. 따라서 이미 개별 법령에서 '지역·지구 등'의 지정과 관련하여 지형도면을 작성하여 고시하는 절차를 완비해 놓은 경우에는 '지역·지구 등' 지정의 효력발생시기나 지형도면 작성·고시방법은 개별 법령의 규정에 따라 판단하여야 한다.

산업입지 및 개발에 관한 법률(이하 '산업입지법'이라 한다)은 산업단지와 관련하여 지형도면을 작성하여 고시하도록 하면서도, 이를 산업단지지정권자가 산업단지 지정·고시를 하는 때가 아니라 그 후 사업시행자의 산업단지개발실시계획을 승인·고시하는 때에 하도록 규정하고 있다. 이는 입법자가 산업단지개발사업의 특수성을 고려하여 지형도면의 작성·고시 시점을 특별히 정한 것이므로, 산업단지 지정의 효력은 산업입지법 제7조의4에 따라 산업단지 지정 고시를 한 때에 발생한다고 보아야 하며, 토지이용규제법 제8조 제3항에 따라 실시계획 승인 고시를 하면서 지형도면을 고시한 때에 비로소 발생한다고 볼 것은 아니다.

손실보상의 대상인지 여부는 토지소유자와 관계인, 일반인이 특정한 지역에서 공익사업이 시행되리라는 점을 알았을 때를 기준으로 판단하여야 하는데, 산업입지법에 따른 산업단지개발사업의 경우 "수용·사용할 토지·건축물 또는 그 밖의 물건이나 권리가 있는 경우에는 그 세부 목록"이 포함된 산업단지개발계획을 수립하여 산업단지를 지정·고시한 때에 토지소유자와 관계인, 일반인이 특정한 지역에서 해당 산업단지개발사업이 시행되리라는 점을 알게 되므로 산업단지 지정 고시일을 손실보상 여부 판단의 기준시점으로 보아야 하고, 그 후 실시계획 승인 고시를 하면서 지형도면을 고시한 때를 기준으로 판단하여서는 아니 된다(대판 2019.12.12. 2019두47629).

【사례15_2012 2차 변시모의_제2문(152면)】

★
102 사업시행 자체는 반대하지 않았으나, 보상액이 적다고 할 때 권리구제수단

* 甲이 A 주식회사의 사업시행 자체에는 반대하지 않으나 다만 A 주식회사가 제시한 보상액이 너무 적다고 생각하는 경우 취할 수 있는 적절한 구제수단에 대하여 논하시오.

II. 보상금 증액을 위한 권리구제수단

1. 수용재결에 대한 이의신청 및 중앙토지수용위원회의 이의재결

1) 수용재결의 의의 및 이의신청

(1) 수용재결은 사업시행자로 하여금 토지의 소유권 또는 사용권을 취득하도록 하고, 사업시행자가 지급하여야 할 손실보상액을 정하는 행위이다.

(2) 재결사항으로 수용하거나 사용할 토지의 구역 및 사용방법, 손실보상, 수용 또는 사용의 개시일과 기간 등이 있다(공익사업을 위한 토지 등의 취득 및 보상에 관한 법률 제50조).

(3) 수용재결은 수용에 대한 최초의 원행정처분이며, 이에 대한 불복절차로 중앙토지수용위원회의 이의신청이 있다.

(4) 중앙토지수용위원회의 이의신청 및 이의재결은 일반의 행정심판절차에 대응하는 특별행정심판절차이다.

2) 사안의 적용

甲은 중앙토지수용위원회에 보상금 증액을 이유로 이의신청을 할 수 있고(토지보상법 제83조 제1항), 이의신청을 받은 중앙토지수용위원회는 수용재결이 위법 또는 부당한 경우 수용재결의 전부 또는 일부를 취소하거나 보상금을 증액하는 재결(이의재결)을 할 수 있다(동법 제84조 제1항). 이의재결의 확정은 민사소송법상 확정판결이 있는 것으로 보며, 재결서 정본은 집행력 있는 판결의 정본과 동일한 효력을 갖는다(동법 제86조 제1항).

2. 보상금 증액청구 소송 제기

1) 보상금증감청구소송 의의, 근거, 내용

(1) 사업집행자·토지소유자 또는 관계인은 수용재결에 대하여 불복이 있을 때에는 행정소송을 제기할 수 있다(항고소송)(제85조 제1항).

(2) 보상금의 증감에 관한 경우에는 보상금증감청구소송을 제기하여야 한다(형식적 당사자소송)(제85조 제2항).

(3) 즉 수용 자체에 대해서는 다투지 않고 보상금 액수에 불복이 있는 경우에 이해당사자(토지소유자와 사업시행자)간의 보상금의 증액 또는 감액청구소송을 인정하고 있다.

(4) 법률관계의 조속한 확정을 위하여 수용재결에 대한 항고소송이 아닌 이해당사자간 당사자소송으로 정한 것이다.

2) 보상금증액청구소송의 형태 법적 성격

(1) 원고가 토지소유자이며 피고는 사업시행자이다(동법 제85조 제2항). (2) 즉 형식적으로 당사자간 법률관계를 다투는 소송으로 진행되며, 다툼의 대상은 재결사항 중 보상액에 관한 부분 즉 처분을 다투고 있다는 점에서 형식적 당사자소송이라 칭한다(실질적으로 처분에 대한 항고소송). (3) 또한 법적 성격에 관하여 ㉮ 學說은 (i) 형성소송설 – 재결(처분)의 취소변경 (ii) 확인이행소송설 – 보상금지급의무의 이행 및 확인 ㉯ 判例는 명확히 설시하고 있지 않으나, 확인이행소송으로 판단하는 것으로 보인다. ㉰ 小結로 소송형태(당사자소송)상 확인이행소송설이 타당하다고 본다.

3) 사안의 적용

(1) 甲은 보상금증액소송을 제기할 수 있다.

(2) 이 경우 중앙토지수용위원회의 이의재결을 반드시 거칠 필요는 없다(임의적 전치).

 공용수용 관련 판례

1 청구인들이 주장하는 환매권의 행사는 그것이 공공용지의취득및손실보상에관한특례법 제9조에 의한 것이든, 토지수용법 제71조에 의한 것이든, 환매권자의 일방적 의사표시만으로 성립하는 것이지, 상대방인 사업시행자 또는 기업자의 동의를 얻어야 하거나 그 의사 여하에 따라 그 효과가 좌우되는 것은 아니다. 따라서 이 사건의 경우 피청구인이 설사 청구인들의 환매권 행사를 부인하는 어떤 의사표시를 하였다 하더라도, 이는 환매권의 발생 여부 또는 그 행사의 가부에 관한 사법관계의 다툼을 둘러싸고 사전에 피청구인의 의견을 밝히고, 그 다툼의 연장인 민사소송절차에서 상대방의 주장을 부인하는 것에 불과하므로, 그것을 가리켜 헌법소원심판의 대상이 되는 공권력의 행사하고 볼 수는 없다(헌재 1994.2.24.92헌마283; 헌재 2006.11.30.2005헌가20).

2 공용지의취득및손실보상에관한특례법 제9조 제3항, 같은 법 시행령 제7조 제1항, 제3항 및 토지수용법 제73조 내지 제75조의2의 각 규정에 의하면 토지수용법 제75조의2 제2항에 의하여 사업시행자가 환매권자를 상대로 하는 소송은 공법상의 당사자소송으로 사업시행자로서는 환매가격이 환매대상토지의 취득 당시 지급한 보상금 상당액보다 증액 변경될 것을 전제로 하여 환매권자에게 그 환매가격과 위 보상금 상당액의 차액의 지급을 구할 수 있다(대판 2000.11.28. 99두3416).

제 7 편

건축행정법

★★

【사례4_2017 5급공채_제2문(38면)】

103 조합설립추진위원회 구성승인의 법적 성질과 하자의 다툼 방식

* 丙은 조합설립추진위원회 구성합의에 있어 하자가 있어 그 하자를 다투고자 한다. 이 경우 조합설립추진위원회구성 승인의 법적 성질과 하자를 다투기 위한 분쟁해결의 수단을 검토하라.

II. A시장의 조합설립추진위원회구성 승인의 법적 성질과 구성합의 하자에 대한 다툼의 방법

1. 조합설립추진위원회구성의 승인(이하 '구성승인')의 의의, 법적 성질

1) 의의

A시장의 조합설립추진위원회 구성승인은 조합을 설립하기 위한 전단계 처분으로 도시 및 주거환경정비법 제13조 제2항에 따라 토지등소유자 과반수의 동의를 받은 구성결의에 대하여 행정청이 승인을 하여 효력을 부여하는 것이다.

2) 법적 성질 I(인가?, 특허?, 허가?)

⑴ 이에 대하여 구성승인이 인가에 해당하는지, 특허에 해당하는지, 또는 허가에 해당하는 지가 문제되겠다.

⑵ ㈎ 인가는 행정청이 타자의 법률행위를 동의로써 보충하여 그 행위의 효력을 완성시켜 주는 행정행위이고, ㈏ 특허는 행정청이 특정인에게 특정한 권리를 설정해 주는 행정행위 이며, ㈐ 허가는 법령에 의하여 자유가 제한되어 있는 경우에 행정청이 그 제한을 해제하 여 자유를 회복시켜 주는 행정행위를 말한다.

⑶ 도시 및 주거환경정비법 제13조에 따라 문언을 체계적으로 해석해 보면, 구성승인은 조합설립추진위원회를 구성하겠다는 토지소유자등의 구성결의의 효력을 완성시켜주는 인 가로 보는 것이 타당해 보인다.

⑷ 구성승인에 따라 특별한 권리나 권한이 부여되거나, 예방적 금지의 해제로 보기도 어 려워 특허나 허가로 보기 어렵다.

⑸ 따라서 인가로 봄이 타당하다.

3) 법적 성질 II(기속행위?, 재량행위?)

⑴ 구성승인을 사법상 행위의 효력을 완성시켜주는 인가로 볼 경우 그 법적 성질이 기속 행위에 해당하는지, 재량행위에 해당하는지도 문제가 되겠다.

⑵ 기속과 재량은 행정청의 법규에 대한 구속의 정도와 법원의 사법심사의 방식에 차이, 부관의 가능성 문제 등 그 구별의 실익이 존재한다.

(3) 기속과 재량의 구별기준은 ㈎ 學說은 (i) 법률요건의 내용에 따라 구별(요건재량설), (ii) 법률효과에 따라 구별하는 입장(효과재량설), (iii) 법령의 규정방식, 취지, 목적, 행정행위의 유형을 종합적으로 고려하여 판단하는 입장(종합설)이 있다. (iv) 공익과 사익의 비교형량으로 기본권(사익)보장의 의미가 크면 기속으로 보는 기본권 기준설 ㈏ 判例는 종합설, ㈐ 小結－기본권기준설을 중심으로 한 종합설로 보는 것이 타당해 보인다.

(4) 그렇다면 구성승인은 주택재개발을 통하여 주거환경을 개선하려는 토지소유자의 구성결의에 대하여 효력을 완성시켜 주는 것으로 사인의 기본권과 그들의 적법한 합의를 존중하는데 의의가 있는 바, 행정청 입장에서는 요건을 충족하면 승인하는 기속행위로 보는 것이 합당하다고 사료된다.

2. 구성합의 하자에 대한 다툼의 방법 – 다툼의 대상 기본행위? 인가행위?

1) 인가의 하자에 대한 쟁송방법

(1) 인가는 기본행위와 인가라는 보충행위로 구성되는 바, 기본행위에 하자가 있는 경우 다툼의 방법이 문제되겠다. (2)㈎ 學說은 (i) 기본행위의 하자는 인가의 하자로 볼 수 없으므로 기본행위의 효력을 부인하는 민사소송을 제기하여 민사판결이 확정이 되면 인가의 무효나 취소를 다툴 수 있다는 주장, (ii) 일회적 분쟁해결과 기본행위의 하자를 제대로 검토하지 못한 인가행위에도 하자가 있는 것으로 곧바로 인가의 취소나 무효를 구할 수 있다는 주장 ㈏ 判例는 기본행위의 하자는 민사소송을 통해서 다투도록, ㈐ 小結－기본행위의 하자판단은 민사법원의 전속관할사항이므로 判例의 입장이 타당할 것이다.

2) (1) 사안에서 구성합의의 하자는 기본행위의 하자에 해당하므로, 민사소송을 통해 다투는 것이 타당할 것이다.

(2) 이후 행정소송을 통해 무효의 확인을 구해야 할 것이나, 민사판결에서 구성합의의 무효가 확인되면, 그 효력을 보충 완성시키는 인가도 당연무효가 될 것이다.

⚖ 조합설립추진위원회 관련 판례

구 도시 및 주거환경정비법(2009. 2. 6. 법률 제9444호로 개정되기 전의 것, 이하 '구 도시정비법'이라고 한다) 제13조 제1항, 제2항, 제14조 제1항, 제15조 제4항, 제5항 등 관계 법령의 내용, 형식, 체제 등에 비추어 보면, 조합설립추진위원회(이하 '추진위원회'라고 한다) 구성승인처분은 조합의 설립을 위한 주체인 추진위원회의 구성행위를 보충하여 그 효력을 부여하는 처분으로서 조합설립이라는 종국적 목적을 달성하기 위한 중간단계의 처분에 해당하지만, 그 법률요건이나 효과가 조합설립인가처분의 그것과는 다른 독립적인 처분이기 때문에, 추진위원회 구성승인처분에 대한 취소 또는 무효확인 판결의 확정만으로는 이미 조합설립인가를 받은 조합에 의한 정비사업의 진행을 저지할 수 없다. 따라서 추진위원회 구성승인처분을 다투는 소송 계속 중에 조합설립인가처분이 이루어진 경우에는, 추진위원회 구성승인처분에 위법이 존재하여 조합설립인가 신청행위가 무효라는 점 등을 들어 직접 조합설립인가처분을 다툼으로써 정비사업의 진행을 저지하여야 하고, 이와는 별도로 추진위원회 구성승인 처분에 대하여 취소 또는 무효확인을 구할 법률상의 이익은 없다고 보아야 한다(대판 2013.1.31. 2011두11112).

★★
【사례4_2017 5급공채_제2문(38면)】

104 조합설립인가의 법적 성질과 설립결의의 하자에 대한 다툼 방식

* 乙은 조합설립추진위원회의 조합설립을 위한 소유자 동의 과정에서 하자가 있어 그 하자를 다투고자 한다. 이 경우 조합설립인가의 법적 성질과 이 하자를 다투기 위한 분쟁해결의 수단을 검토하라.

II. 조합설립인가의 법적 성질과 동의과정의 하자에 대한 다툼의 방식 검토

1. 조합설립인가의 법적 성질 I(강학상 인가? 특허? 허가?)

1) 인가, 특허, 허가의 의의

(1) 인가는 행정청이 타자의 법률행위를 동의로써 보충하여 그 행위의 효력을 완성시켜주는 행정행위이며, (2) 특허는 행정청이 특정인에게 특정한 권리를 설정해 주는 형성적 행정행위이다. (3) 허가는 사인의 기본권에 대하여 행정청이 질서의 유지를 위하여 예방적으로 금지하였던 것을 해제하여 자유를 회복시켜 주는 명령적 행정행위이다.

2) 조합설립인가의 법적 성질

(1) 이에 대하여 ⑦ 學說은 (i) 조합설립행위를 기본행위로, 설립인가를 기본행위의 효력을 완성하는 보충행위의 인가로 보는 인가설 (ii) 조합은 법 제8조 제1항에 의하여 주택재개발사업을 시행할 수 있는 시행자의 지위를 갖고, 사업시행계획서를 작성하는 등 일정한 행정작용을 행하는 행정주체로서의 권한을 갖는 바, 권리를 설정하는 형성적 행정행위로서 특허로 보는 특허설 ⑦ 判例는 이전에 인가설을 취하다가 최근에 주택재건축사업을 시행하는 목적범위 내에서 법령이 정하는 행정작용을 행하는 행정주체의 지위를 부여하는 특허로 봄이 타당하다고 하여 현재 특허로 보고 있다. ⑦ 小結 – 判例의 견해가 타당하다.

3) 조합설립인가의 법적 성질 II(기속행위? 재량행위?)

(1) 행정청의 법규의 구속의 정도와 법원의 사법심사의 방식의 차이, 부관의 가능성의 문제로 기속과 재량의 구별이 필요한바, (2) 기속행위와 재량행위의 구별에 관하여 ⑦ 學說 (i) 요건재량설, (ii) 효과재량설, (iii) 판단여지설 (iv) 기본권기준설 (v) 종합설 ⑦ 判例는 종합설 ⑦ 小結로 기본권기준설에 입각한 종합설 (3) 조합설립인가는 행정주체로서의 일정한 권한을 부여하는 설권적 처분으로 법의 규정취지, 목적상 재량행위로 봄이 타당하고 더더욱 기본권기준설에 입각할 때 조합설립인가는 사익보다 공익관련성이 매우 큰 바, 재량행위로 봄이 타당하다고 할 것이다.

2. 소유자 동의 과정의 하자에 대한 분쟁해결의 수단

1) (1) 조합설립인가는 조합에 일종의 행정청의 권한을 부여하는 설권적 처분에 해당하는 바, 조합설립에 있어 소유자 동의는 조합설립인가라는 행정행위를 이루는 하나의 절차에 해당하고 따라서 동의과정의 하자는 일종의 절차상 하자로 봄이 타당하다.

(2) 따라서 조합원의 동의는 별도의 민사소송에 의해서 다투는 것이 아니라 인가의 절차상 하자를 다투는 방식인 인가의 취소를 구하는 방식으로 다툼이 타당할 것이다.

(3) 判例도 조합설립결의의 하자는 항고소송의 방법으로 인가 자체의 취소나 무효를 다투는 것이 합당하다고 판시한 바 있다.

(4) 또한 인가가 있은 이후에 설립결의의 하자만을 다투는 소송에서 인가가 있는 이상 설립결의의 하자만을 다툴 확인의 이익이 없다고 판시한 바 있다(보충성 부재, 최종적 권리구제 수단 아님, 확정이익 없음).

 조합설립인가 관련 판례

행정청이 도시 및 주거환경정비법 등 관련 법령에 근거하여 행하는 조합설립인가처분은 단순히 사인들의 조합설립행위에 대한 보충행위로서의 성질을 갖는 것에 그치는 것이 아니라 법령상 요건을 갖출 경우 도시 및 주거환경정비법상 주택재건축사업을 시행할 수 있는 권한을 갖는 행정주체(공법인)로서의 지위를 부여하는 일종의 설권적 처분의 성격을 갖는다고 보아야 한다. 그리고 그와 같이 보는 이상 조합설립결의는 조합설립인가처분이라는 행정처분을 하는 데 필요한 요건 중 하나에 불과한 것이어서, 조합설립결의에 하자가 있다면 그 하자를 이유로 직접 항고소송의 방법으로 조합설립인가처분의 취소 또는 무효확인을 구하여야 하고, 이와는 별도로 조합설립결의 부분만을 따로 떼어내어 그 효력 유무를 다투는 확인의 소를 제기하는 것은 원고의 권리 또는 법률상의 지위에 현존하는 불안·위험을 제거하는 데 가장 유효·적절한 수단이라 할 수 없어 특별한 사정이 없는 한 확인의 이익은 인정되지 아니한다.

도시 및 주거환경정비법상 주택재건축정비사업조합에 대한 행정청의 조합설립인가처분이 있은 후에 조합설립결의의 하자를 이유로 민사소송으로 그 결의의 무효 등 확인을 구한 사안에서, 그 소가 확인의 이익이 없는 부적법한 소에 해당하다고 볼 여지가 있으나, 재건축조합에 관한 설립인가처분을 보충행위로 보았던 종래의 실무관행 등에 비추어 그 소의 실질이 조합설립인가처분의 효력을 다투는 취지라고 못 볼 바 아니고, 여기에 소의 상대방이 행정주체로서의 지위를 갖는 재건축조합이라는 점을 고려하면, 그 소가 공법상 법률행위에 관한 것으로서 행정소송의 일종인 당사자소송으로 제기된 것으로 봄이 상당하고, 그 소는 이송 후 관할법원의 허가를 얻어 조합설립인가처분에 대한 항고소송으로 변경될 수 있어 관할법원인 행정법원으로 이송함이 마땅하다(대판 2009.9.24. 2008다60568).

저자소개

방 동 희 (房 東 熙)

약 력

연세대학교 법과대학 법학과 졸업
연세대학교 대학원 법학과 졸업(법학석사, 법학박사)

부산광역시 조례입법평가위원회 부위원장, 부산광역시 행정심판위원회 행정심판위원, 부산광역시 교육청 규제개선위원회 위원, 부산광역시 기장군 정보공개심의위원회 위원, 울산광역시 행정심판위원회 행정심판위원, 서울시립대학교 서울법학편집위원회 편집위원

감사원 감사논집편집위원회 편집위원, 대통령소속 자치분권위원회 중앙권한이양분과위원회 제1전문위 위원, 행정자치부 개인정보보호관리수준진단단위원회 위원, 법제처 행정법제혁신자문위원회 제1분과위원회 위원, 대통령소속 지방자치발전위원회 지방이양추진TF 위원, 영상물등급위원회 비디오물등급분류소위원회 위원, 한국산업인력공단 정보공개심의위원회 위원, 한국자산관리공사 국유민원자문위원회 위원, 한국정보화진흥원 청렴시민감사관 등

한국공법학회 · 한국지방자치법학회 · 한국행정판례연구회 · 한국비교공법학회 · 한국국가법학회 · 한국부패학회 정회원 집행이사, 한국행정법학회 · 한국환경법학회 정회원 집행간사, 한국법정책학회 · 한양법학회 · 한국토지공법학회 · 연세법학회 · 한국헌법학회 정회원

한국공법학회 공법연구 · 한국비교공법학회 공법학연구 · 한국지방자치법학회 지방자치법연구 · 한국행정법학회 행정법학 · 연세법학회 연세법학연구 · 한국행정판례연구회 행정판례연구 편집위원회 편집위원 등

변호사시험 사법시험 출제 · 채점위원, 국가직 지방직 공무원시험 출제 · 채점 · 면접위원, 국가자격시험 출제 · 검토 · 채점위원, LEET PSAT 출제 · 검토위원 등

대법원 법원행정처 송무제도개선위원회 조사위원, 한국정보화진흥원 선임연구원, 감사원 감사연구원 연구관, 경성대학교 법정대학 법학과 전임강사 조교수, 부산대학교 법과대학/법학전문대학원 부학장/기획부원장, UC Berkeley Law School Visiting Scholar

현재 부산대학교 법학전문대학원 교수, 법학연구소 지방자치 · 감사법연구센터 센터장

저 서

공공감사법의 이론과 실제(박영사, 2021)
행정법 쟁점 사례형 답안연습(부산대학교 출판부, 2019)
기본 CASE 행정법(홍정선 외 공저, 박영사, 2016)
처분론(한국학술정보, 2010)

제2판
행정법 사례형 연습

초판발행	2020년 2월 28일
제2판발행	2021년 8월 30일

지은이	방동희
펴낸이	안종만 · 안상준

편 집	이승현
기획/마케팅	정성혁
표지디자인	이미연
제 작	고철민 · 조영환

펴낸곳	㈜ **박영사**
	서울특별시 금천구 가산디지털2로 53, 210호(가산동, 한라시그마밸리)
	등록 1959. 3. 11. 제300-1959-1호(倫)

전 화	02)733-6771
f a x	02)736-4818
e-mail	pys@pybook.co.kr
homepage	www.pybook.co.kr
ISBN	979-11-303-4016-6 93360

* 파본은 구입하신 곳에서 교환해 드립니다. 본서의 무단복제행위를 금합니다.
* 저자와 협의하여 인지첩부를 생략합니다.

정 가   29,000원